U1017666

编委会

主　编

高　静

副主编

邹时建　韩小杰

编委会成员

（按汉语拼音排序）

高　静　郭　丽　韩小杰　柯玉珍

王苏春　吴文浩　徐　健　张国权

邹时建　周　伟

参编单位

（按汉语拼音排序）

常州大学　常州工学院　常州信息职业技术学院

东南大学　河海大学　淮阴工学院　江南大学　江苏大学

江苏海洋大学　江苏科技大学　江苏理工学院　江苏师范大学

南京大学　南京工业大学　南京审计大学　南京师范大学

南京信息工程大学　南京医科大学　南京艺术学院　南京邮电大学

苏州大学　无锡商业职业技术学院　扬州大学　中国药科大学

来华留学生参与研究

“一带一路”国家教育信息概略

主　编：高　静

副主编：邹时建　韩小杰

江苏大学出版社
JIANGSU UNIVERSITY PRESS
镇　江

图书在版编目(CIP)数据

“一带一路”国家教育信息概略 / 高静主编. -- 镇江 ：江苏大学出版社，2023.5
ISBN 978-7-5684-1978-9

Ⅰ. ①一… Ⅱ. ①高… Ⅲ. ①高等教育－概况－世界 Ⅳ. ①G649.1

中国国家版本馆 CIP 数据核字(2023)第 047102 号

“一带一路”国家教育信息概略
“Yidai Yilu” Guojia Jiaoyu Xinxi Gailüe

主　　编/高　静
责任编辑/吴春娥
出版发行/江苏大学出版社
地　　址/江苏省镇江市京口区学府路 301 号(邮编：212013)
电　　话/0511-84446464(传真)
网　　址/http://press.ujs.edu.cn
排　　版/镇江市江东印刷有限责任公司
印　　刷/江苏扬中印刷有限公司
开　　本/787 mm×1 092 mm　1/16
印　　张/31
字　　数/730 千字
版　　次/2023 年 5 月第 1 版
印　　次/2023 年 5 月第 1 次印刷
书　　号/ISBN 978-7-5684-1978-9
定　　价/128.00 元

如有印装质量问题请与本社营销部联系(电话:0511-84440882)

PREFACE / 序言

来华留学教育是我国教育对外开放的重要组成部分，在经历了从小到大、从弱向强的快速发展阶段后，现已进入注重内涵、提升质量的新的发展阶段。习近平总书记明确指出：“要打造更具国际竞争力的留学教育，将我国建成全球主要留学中心和世界杰出青年向往的留学目的地，吸引海外顶尖人才来华留学，培养未来全球精英。”这为我国来华留学教育的未来发展指明了方向。伴随着“一带一路”建设不断向前推进，来华留学教育在加强与“一带一路”国家教育合作，加深相互理解，共同培养国际化人才，促进民心相通等方面发挥了不可或缺的作用，为“五通”建设提供了有效的人才保障。

工欲善其事，必先利其器。在深化与“一带一路”国家教育合作、开展来华留学教育过程中，我们亟须充分了解合作伙伴国的教育体系、教育质量及评估方式等方面的最新信息。在“一带一路”倡议提出十周年之际，由江苏省教育厅委托江苏大学牵头，组织江苏高校留学生管理同仁携优秀来华留学生共同对“一带一路”39 个国家的教育信息开展深入研究，并整理出版《“一带一路”国家教育信息概略》，是推进“一带一路”高水平教育对外开放的重要举措。全书体例统一，内容丰富，具体包括每个国家的国家概况、教育体系简介等基本信息，特别对这些国家高中、本专科、硕士、博士等各教育阶段的入学要求、评分系统、证书样式及验证方式等进行了系统介绍。此外，这本书还提供了各国教育主管部门、高校名录列表及护照样式等具体信息。全书编撰过程如下：首先由来华留学生在指导教师带领下搜集各自国家官方发布的信息，按照统一体例用外文编写完成，再联系该国教育主管部门或高校逐一核实信息。最后，将翻译的中文版提交专家评审、核校。在整个编撰过程中，指导教师与来华留学生通力合作，付出了艰辛的劳动。

全书有如下三个特点：一是聚焦“一带一路”国家，由来华留学生提供自己国家的第一手资料并经其教育主管部门核验，内容翔实可信；二是图文并茂、版式新颖、查阅方便，有助于我国高校与“一带一路”国家相关高校及中学开展高质量教育交流与合作；三是专注于各国高等教育入学评价和选拔信息，内容具体翔实，对做好来华留学教育招生工作和开展比较教育研究有较大的参考价值。

当前，面对百年未有之大变局，教育对外开放面临重大的机遇和挑战。《教育部等八部门关于加快和扩大新时代教育对外开放的意见》提出要打造“一带一路”

教育行动升级版，对来华留学教育提出“质量显著提高”的要求，通过加快和扩大教育对外开放，推动“一带一路”教育高质量发展。在这个大背景下，相信《“一带一路”国家教育信息概略》一书在助力“一带一路”教育行动中将发挥积极作用。

是为序。

太和智库高级研究员
中国高等教育学会外国留学生教育管理分会理事长
国家留学基金管理委员会原秘书长

2023 年 3 月

目录
CONTENTS

W

X

Y

Z

阿塞拜疆

一、关于阿塞拜疆

（一）国家概况

阿塞拜疆，全称为阿塞拜疆共和国，1991 年 2 月 6 日改国名为“阿塞拜疆共和国”，同年 10 月 18 日正式独立。

阿塞拜疆位于外高加索东南部，北靠俄罗斯，西部和西北部与亚美尼亚、格鲁吉亚相邻，南接伊朗，东濒里海，国土面积 8.66 万平方千米。巴库是阿塞拜疆的首都，全国人口约 1016.72 万（截至 2022 年 4 月 1 日）。官方语言为阿塞拜疆语，属突厥语系。居民多通晓俄语。大部分居民信奉伊斯兰教。

油气工业是阿塞拜疆支柱产业。2014 年下半年以来，国际石油价格持续下跌促使阿塞拜疆走上了经济多元发展道路，以农业、交通、旅游业为突破口，大力促进非石油经济发展。2019 年，阿塞拜疆继续深入推进经济结构调整，整顿金融市场，推出系列刺激经济增长的措施，并取得初步效果。2019 年阿塞拜疆主要宏观经济指标与 2018 年基本持平，国内生产总值为 816.81 亿马纳特（约 480 亿美元），人均国内生产总值为 8247 马纳特（约 4851 美元）。

阿塞拜疆和中国于 1992 年 4 月 2 日建交。自建交以来，中阿友好合作关系稳定发展，各领域合作不断深化。据中方统计，2019 年中阿贸易额 14.85 亿美元，同比增长 65.44%。据阿方统计，2019 年阿中双边贸易额 21.84 亿美元，同比增长 66.72%。中国是阿塞拜疆第四大贸易伙伴国（仅次于意大利、土耳其和俄罗斯）、第六大出口目的地国（仅次于意大利、土耳其、以色列、印度和德国）和第三大进

---

* 注：本书所有数据以作者查询的年份为准。

口来源国（仅次于俄罗斯和土耳其）①。

（二）护照样式

护照样式见图 1 和图 2。

图 1　护照封面样式

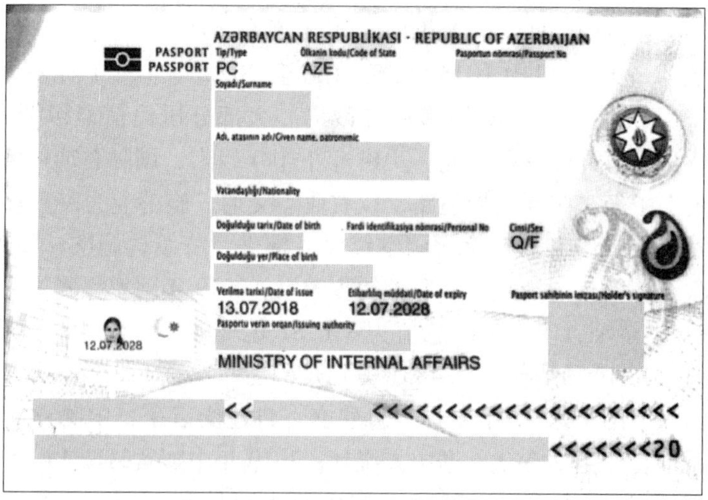

图 2　护照信息页样式

① 中华人民共和国驻阿塞拜疆共和国大使馆．阿塞拜疆国家概况[EB/OL].(2019-05-13)[2021-10-06]. http://az.china-embassy.org/chn/gqzl/201810/t20181031_1129320.htm.

二、教育体系简介

阿塞拜疆教育体系分为学前教育、初等教育（4 年）、初级教育（即 5 年普通教育）、中等教育（含中等职业教育）和高等教育（含高等职业教育）。截至 2020 年年初，在中等教育阶段，阿塞拜疆全国有全日制普通学校共 4433 所，学生约 160 万；职业技术学校 58 所，学生约 5.6 万；中等专科学校 103 所，学生约 5.73 万。在高等教育阶段，阿塞拜疆全国有国立高等院校 40 所，私立高等院校 12 所，学生共计约 18.77 万。阿塞拜疆教育体系见图 3（不包含学前教育）。

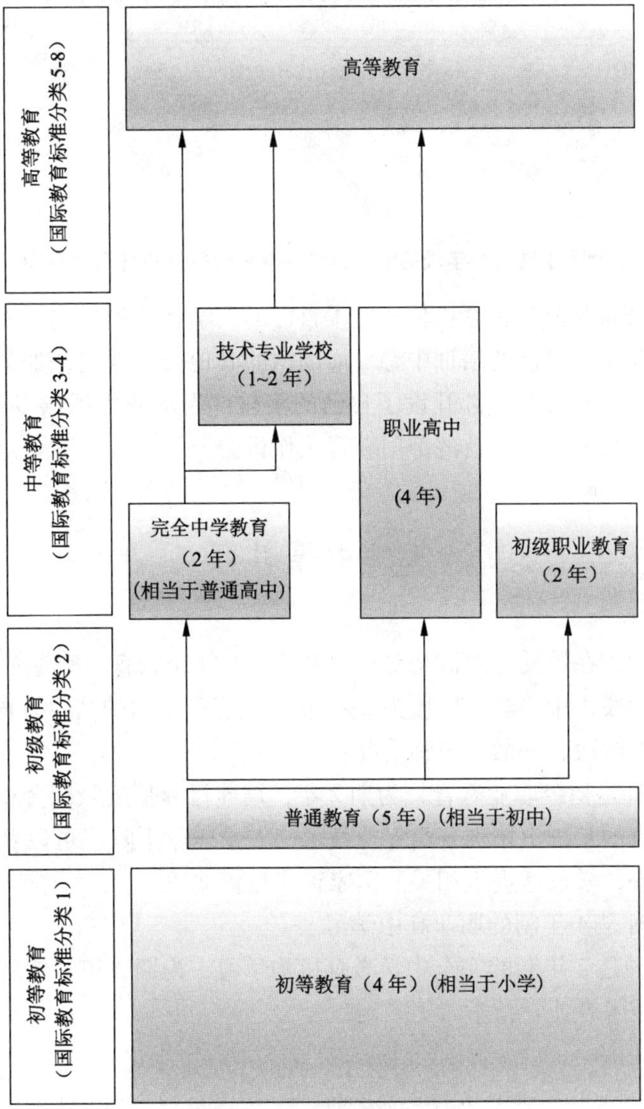

图 3　阿塞拜疆教育体系图

目前，阿塞拜疆现行教育体系中大部分公办中小学的入学率都不足 100%，职业教育与培训学校入学率低于 18%。而在高等教育阶段，由于有严格的条件限制，这一比例相对更低。于是，大部分完成中等教育的毕业生在几乎没有任何职业技能的情况下进入劳动力市场。以 2004 年进入一年级的学生为例的教育阶段分布见图 4。

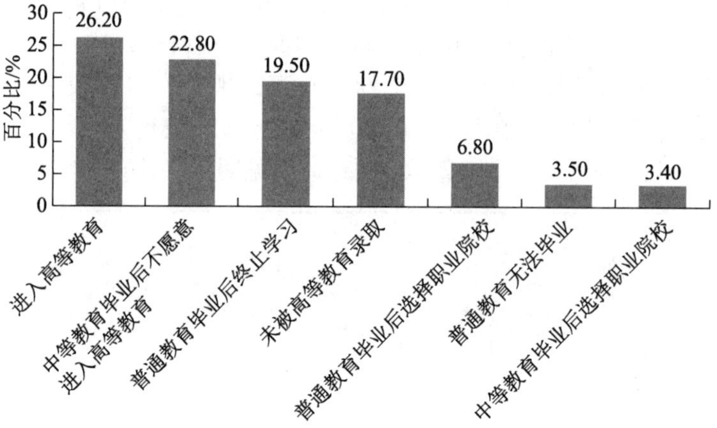

图 4　以 2004 年进入一年级的学生为例的教育阶段分布（适用至 2020 年）①

许多国外公司和公共教育机构建立了自己的大学和培训机构，如英国石油公司就在阿塞拜疆建立了自己的培训中心。而国内的其他公共部门，如紧急事务部、旅游局、国家安全局和海关等都开设了自己的院校，为毕业生提供专业的技能培训，这样就可以相对容易地在各自的部门获得工作机会。

三、中等教育

阿塞拜疆学生在接受 4 年制初等教育和 5 年制初级教育（普通教育）之后正式进入中等教育阶段，中等教育阶段为 2~4 年，相当于中国的高中教育。

在中等教育阶段，一般有三种情况：

（1）第一种是初级职业教育，为期 2 年，培养目标是按照社会和劳动力市场的要求在普通教育的基础上培训各类专业技术工人。毕业生除了可以获得相应的专业技术资格证书外，学校还提供相关的国家正式教育文凭。

（2）第二种是 4 年制的职业高中学习。

（3）第三种是 2 年制的完全中学教育机构学习，为期 2 年，然后直接申请高等教育或者进入技术专业学校学习 1~2 年。

① UNESCO-UNEVOC. World TVET Database：Azerbaijan[EB/OL].(2013-10-01)[2021-10-06]. http://www.unevoc.org/.

（一）高中统考

学生不仅需要参加各中等教育机构组织的毕业考试，还需要按照国家规定参加统一的考核，考核通过后才能获得中等教育毕业证书。

（二）评分系统

中等教育毕业的学生，若教学语言为阿塞拜疆语，则以阿塞拜疆语作为离校考试语言，考核阿塞拜疆语、数学和外语。若教学语言为俄语，则以俄语作为离校考试语言，考核俄语、数学和外语。在中学里没有学习过任何外语的学生，以化学科目代替外语。若学生的教学语言不是阿塞拜疆语或俄语，仅需参加数学和外语考试。每门科目各进行 30 项测试。

评分体系如下（见表 1）：

表 1　中等教育评分体系

等级	正确答案数（个）			
	母语（阿塞拜疆语为教学语言）	母语（俄语为教学语言）	数学	外语（化学）
2	0~7	0~7	0~7	0~5
3	8~17	8~17	8~16	6~15
4	18~25	18~25	17~24	16~24
5	26~30	26~30	25~30	25~30

五分制与百分制评价的对应关系如下（见表 2）：

表 2　五分制与百分制的换算关系

五分制（分）	百分制（分）
5	81~100
4	61~80
3	45~60
2	<45

（三）高中成绩单

高中成绩单样式见图 5。

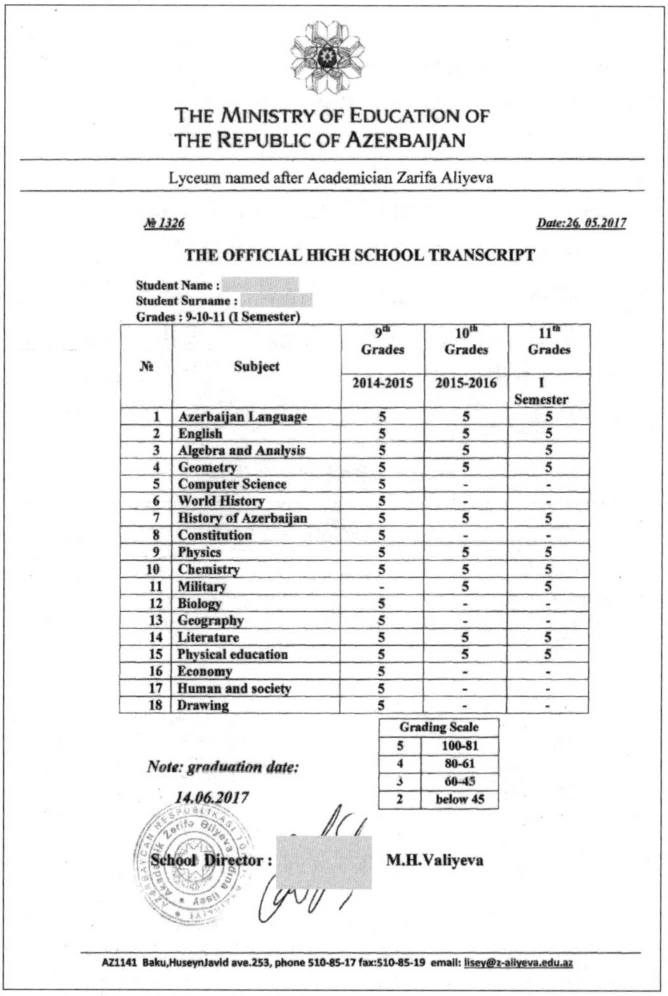

THE MINISTRY OF EDUCATION OF
THE REPUBLIC OF AZERBAIJAN

Lyceum named after Academician Zarifa Aliyeva

№ 1326 Date:26. 05.2017

THE OFFICIAL HIGH SCHOOL TRANSCRIPT

Student Name : [redacted]
Student Surname : [redacted]
Grades : 9-10-11 (I Semester)

№	Subject	9th Grades	10th Grades	11th Grades
		2014-2015	2015-2016	I Semester
1	Azerbaijan Language	5	5	5
2	English	5	5	5
3	Algebra and Analysis	5	5	5
4	Geometry	5	5	5
5	Computer Science	5	-	-
6	World History	5	-	-
7	History of Azerbaijan	5	5	5
8	Constitution	5	-	-
9	Physics	5	5	5
10	Chemistry	5	5	5
11	Military	-	5	5
12	Biology	5	-	-
13	Geography	5	-	-
14	Literature	5	5	5
15	Physical education	5	5	5
16	Economy	5	-	-
17	Human and society	5	-	-
18	Drawing	5	-	-

Grading Scale	
5	100-81
4	80-61
3	60-45
2	below 45

Note: graduation date:
14.06.2017

School Director : [redacted] M.H.Valiyeva

AZ1141 Baku,HuseynJavid ave.253, phone 510-85-17 fax:510-85-19 email: lisey@z-aliyeva.edu.az

图 5 高中成绩单样式

(四) 考试成绩验证

可以联系学生的毕业中学或在阿塞拜疆国家考试中心 https://dim. gov. az/验证高中成绩。

四、本科教育

(一) 入学要求

2016 年 4 月 11 日，阿塞拜疆共和国总统签署法令正式建立国家考试中心(State Examination Center of the Republic of Azerbaiian，SEC)。国家考试中心负责中等教育考核、住院医师考核（医学教育)，以及阿塞拜疆大学和国家科学院的本科和研究生层次考核。

已完成中等教育、专业技术学校或职业高中教育并获得普通教育毕业证书的考生可以参加本科入学考试，各高校根据考试成绩择优录取，本科学制一般为4年。

（二）评分系统

本科入学考试科目主要分为以下四类：

（1）阿塞拜疆语或俄语、数学、物理、化学和外语（选择阿塞拜疆语作为入学考试语言的考生可以选择英语、德语、法语或俄语作为外语，选择俄语作为入学考试语言的考生可以选择英语、德语或法语作为外语）。

（2）阿塞拜疆语或俄语、数学、历史、地理和外语（选择阿塞拜疆语作为入学考试语言的考生可以选择英语、德语、法语、俄语、阿拉伯语或波斯语作为外语，选择俄语作为入学考试语言的考生可以选择英语、德语或法语作为外语）。

（3）阿塞拜疆语或俄语、文学、数学、历史和外语（选择阿塞拜疆语作为入学考试语言的考生可以选择英语、德语、法语、俄语、阿拉伯语或波斯语作为外语，选择俄语作为入学考试语言的考生可以选择英语、德语或法语作为外语）。

（4）阿塞拜疆语或俄语、数学、物理、化学和生物学。

申请人在本年度完成中等教育，可不参加入学考试，根据其离校考试中所取得的成绩作为入学成绩证明。

科目组成优先率排列如下：

（1）数学、物理、化学、阿塞拜疆语（俄语）、外语。数学和物理被认为是核心课程。

（2）数学、地理、阿塞拜疆语（俄语）、外语、历史。数学和地理被认为是核心课程。

（3）阿塞拜疆语（俄语）、历史、文学、外语、数学。阿塞拜疆语（俄语）和历史被认为是核心课程。

（4）生物学、化学、物理、阿塞拜疆语（俄语）、数学。生物学和化学被认为是核心课程。

阿塞拜疆国家入学考试委员会按以下时间组织本科入学考试：

5月18日——选择第2类和第3类的往届毕业生

5月25日——选择第1类和第4类的往届毕业生

7月15日——选择第1类和第4类的应届毕业生

7月27日——选择第2类和第3类的应届毕业生

本科入学考试总分700分，下图为阿塞拜疆各高校的录取平均分（见图6）：

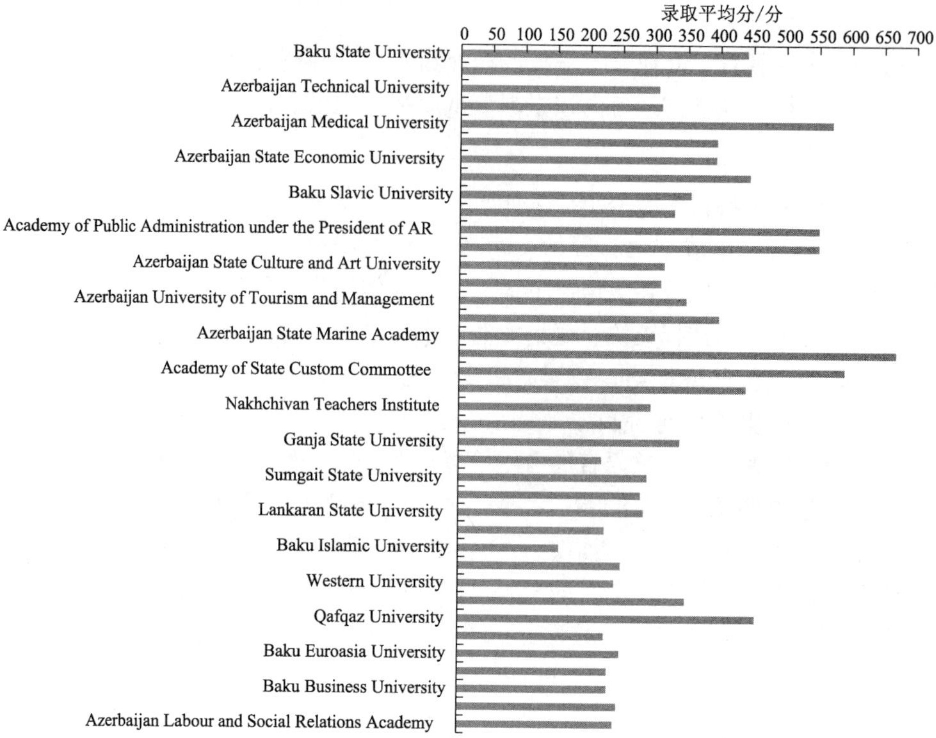

图 6　各高校录取平均分

（三）学位证书和成绩单样式

学士学位证书和成绩单样式见图 7 和图 8。

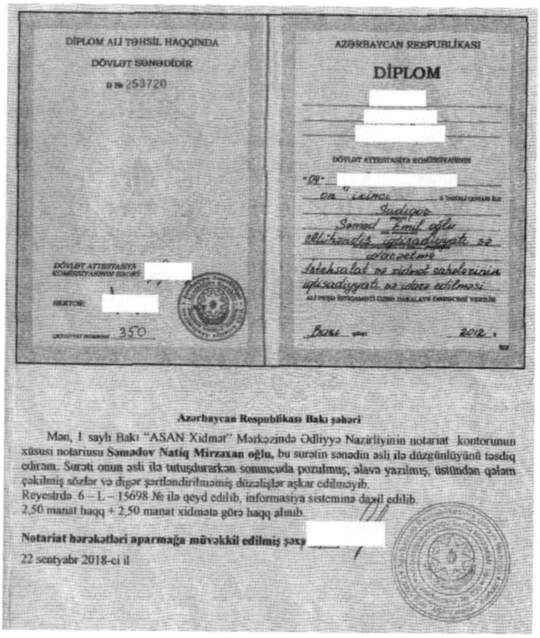

DİPLOM ALİ TƏHSİL HAQQINDA
DÖVLƏT SƏNƏDİDİR
B № 253720

AZƏRBAYCAN RESPUBLİKASI
DİPLOM

Azərbaycan Respublikası Bakı şəhəri

Mən, 1 saylı Bakı "ASAN Xidmət" Mərkəzində Ədliyyə Nazirliyinin notariat kontorunun xüsusi notariusu **Səmədov Natiq Mirzaxan oğlu**, bu surətin sənədin əsli ilə düzgünlüyünü təsdiq edirəm. Surəti onun əsli ilə tutuşdurarkən sonuncuda pozulmuş, əlavə yazılmış, üstündən qələm çəkilmiş sözlər və digər şərtləndirilməmiş düzəlişlər aşkar edilməyib.
Reyestrdə 6 – L – 15698 № ilə qeyd edilib, informasiya sisteminə daxil edilib.
2,50 manat haqq + 2,50 manat xidmətə görə haqq alınıb.

Notariat hərəkətləri aparmağa müvəkkil edilmiş şəxs

22 sentyabr 2018-ci il

图 7　学士学位证书样式

"AZERBAIJAN HAVA YOLLARI"
NATIONAL AVIATION ACADEMY
FACULTY OF AIR TRANSPORT

ACADEMIC TRANSCRIPT

30, Mardakan ave., Baku city

Surname, name and patronymic :	[redacted]
Faculty :	Air transport
Speciality :	Electrical power engineering
Specialization :	Power supply - in railways
Section :	Azerbaijan

No.	Name of the course	Year	Term	Hour	Credit	Mark
1	History of Azerbaijan	I	I	90	6	71 (C)
2	Azerbaijani language and speech culture	I	I	75	5	88 (B)
3	English language – 1	I	I	75	5	76 (C)
4	Mathematics – 1	I	I	60	5	77 (C)
5	Physics – 1	I	I	60	5	71 (C)
6	English language – 2	I	II	90	6	84 (B)
7	Mathematics – 2	I	II	45	4	71 (C)
8	Physics – 2	I	II	60	5	71 (C)
9	Principles of computer science	I	II	60	5	71 (C)
10	Principles of electronics	I	II	45	4	66 (D)
11	Principles of electrical power engineering	I	II	60	5	80 (C)
12	Experience in acquaintance with education	I	II		3	92 (A)
13	Philosophy	I	II	60	4	69 (D)
14	Mathematics 3	II	III	45	4	66 (D)
15	Technical computer science	II	III	60	5	63 (D)
16	Technical mechanics	II	III	45	4	59 (E)
17	Technical foreign language	II	III	60	4	85 (B)
18	Electrotechnical materials	II	III	60	5	89 (B)
19	Principles of electrical engineering – 1	II	III	60	4	68 (D)
20	Culturology	II	III	30	2	81 (B)
21	Principles of electrical engineering – 2	III	IV	90	6	82 (B)
22	Principles of electrical machines	III	IV	75	5	68 (D)
23	Power electronics and transmitter management	III	IV	45	4	53 (E)
24	High voltage technique	III	IV	45	4	70 (D)
25	Diagnostics in electrical power engineering	III	IV	60	5	72 (C)
26	Electric railways	III	IV	45	4	62 (D)
27	Experience in production – 1	III	IV		4.5	85 (B)
28	Principles of measurement technology	III	V	60	5	86 (B)
29	Regulation technology	III	V	60	5	83 (B)
30	Communication and principles of bus system	III	V	60	5	88 (B)
31	Engineering economy	III	V	45	4	81 (B)
32	Electric power production	III	V	60	5	89 (B)
33	Protection of electric networks and equipment	III	V	60	5	86 (B)
34	Professional Russian language	III	V	60		51 (E)
35	Principles of automation technology	IV	VI	60	5	86 (B)
36	Commutation apparatus and devices	IV	VI	60	5	84 (B)
37	Industrial power supply	IV	VI	45	4	93 (A)
38	Power supply of electric railways	IV	VI	45	4	92 (A)
39	Electric equipment and apparatus of electric railway systems	IV	VI	45	4	68 (D)
40	Power electronics and converter technique of electric railways	IV	VI	30	3	61 (D)
41	Electric shaft theory	IV	VI	45	4	86 (B)
42	Experience in production – 1	IV	VI		4.5	94 (A)
43	Programmed logic controller	IV	VII	60	5	91 (A)
44	Design management	IV	VII	45	4	90 (B)
45	Electric power transmission and distribution	IV	VII	60	5	89 (B)
46	Special electric machines of electric railways	IV	VII	45	4	92 (A)
47	Automation, telemechanics and communication systems of electric railways	IV	VII	30	3	90 (B)
48	Automation of power supply of railways	IV	VII	45	4	86 (B)
49	Automated management system of electric movement trains	IV	VII	30	3	75 (C)
50	CGPA					78,80

Chief of the office for
Organization of education and
scientific personnel training,
professor /signature/ [redacted]

Dean of the faculty of Air transport
Associate professor /signature/ [redacted]

Seal: "Azerbaijan Hava Yollari" Close Joint-Stock Company * National Aviation Academy * Office for organization of education and scientific personnel training

图 8　本科成绩单样式

（四）学位证书验证

可以联系学生的毕业高校或在阿塞拜疆国家考试中心 https：//dim. gov. az/验证本科学位证书。

五、硕士研究生教育

（一）入学要求

已经获得本科学位的往届学生和应届本科毕业生可申请攻读硕士研究生学位。硕士学制一般为 2 年，硕士毕业通常需要撰写并提交毕业论文，论文评审合格后，完成论文答辩。

（二）评分系统

阿塞拜疆研究生入学考试分为两个阶段：在第一阶段，通过笔试考核学生的逻辑思维、外语和计算机能力；在第二阶段，通过笔试考核学生的专业水平，两轮考试后的总分为最终成绩。

在第一阶段，考试包括 50 个逻辑思维测试题，25 个外语测试题和 25 个计算机科学测试题。每个测试的最后 5 个问题是开放式问题。考试时间为 2.5 小时。每个正确的答案将获得 1 分。在考试的第二阶段，将通过 50 项测试题来考核学生的专业水平。最后 5 个问题是开放式问题。

阿塞拜疆 2005 年至 2015 年研究生申请人数和研究生录取人数见图 9：

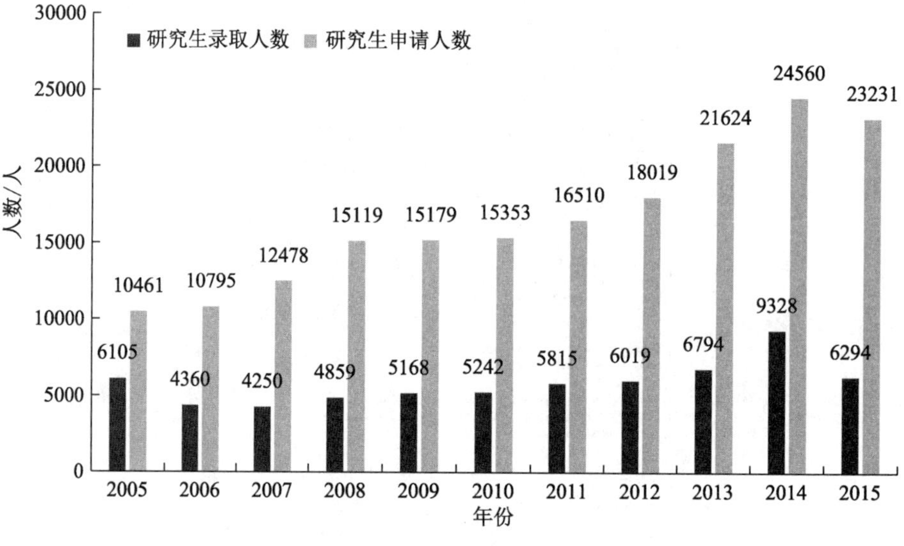

图 9　阿塞拜疆研究生申请和录取人数

（三）学位证书样式

硕士学位证书样式见图 10。

图 10 硕士学位证书样式

（四）学位证书验证

可以联系学生的毕业高校或在阿塞拜疆国家考试中心 https：//dim. gov. az/验证硕士学位证书。

六、博士研究生教育

（一）简况

在阿塞拜疆，博士期间的培养目标是培养高质量的科研和教学方面的专门人才。仅有少数阿塞拜疆顶尖的大学具备博士招生资格和培养能力。一般全日制博士学制为 3 年，非全日制博士学制为 4 年。

（二）入学要求

已经获得硕士学位的往届生和应届硕士毕业生可申请攻读博士学位。目前，各高校根据阿塞拜疆教育部 2010 年颁布的“博士项目培养与入学规定”（“The Rules of the Formation of Doctoral Programs and Admission to Doctoral Programs”）开展博士的招生和培养工作，各校各专业对于博士的招生有各自的要求。

附　录

（一）教育机构联系方式

1. 阿塞拜疆教育部

负责全国的基础教育、高等教育、国际教育合作、监督与评估、教育经济、教育政策、职业教育等。网页有阿塞拜疆语、俄语、英语三种语言版本。

地址：AZ1008，Azerbaijan Republic，Baku，Khatai Avenue，49

电话：（+994 12）599-11-55

传真：（+994 12）496-06-47

邮箱：office@ edu. gov. az

网址：https：//edu. gov. az/en/

2. 阿塞拜疆国家考试中心

负责组织中等教育的最终评估，主要负责集中组织医学教育的入学考试，高等教育（含本科层次和研究生层次）的入学考试，以及阿塞拜疆国家科学院的资格考试。阿塞拜疆国家考试中心主席由阿塞拜疆共和国总统任命。

地址：AZ1022，299 Acad.， Hasan Aliyev St.， Nasimi District，Baku City

邮箱：info@ dim. gov. az

网址：https：//dim. gov. az/en/

3. 阿塞拜疆驻华大使馆

地址：Building No. 1，Liangmaqiao Middle Street No. 5，Chaoyang District，100600

电话：（+8610）65 32 46 14

传真：（+8610）65 32 46 15

邮箱：mailbox@ azerbembassy. org. cn

网址：https：//beijing. mfa. gov. az/en

4. 中华人民共和国驻阿塞拜疆共和国大使馆

地址：str. Khagani 67，Baku，the Republic of Azerbaijan

邮箱：chinaemb_ az@ 163. com

网址：http：//az. china-embassy. gov. cn/chn/

（二）部分公立大学名单及简介

隶属于阿塞拜疆共和国教育部的高等教育机构主要有：国立巴库大学、阿塞拜疆国立石油工业大学、阿塞拜疆科技大学、国立经济大学、国立师范大学、阿塞拜疆建筑与建造大学、巴库斯拉夫大学、阿塞拜疆语言大学等；隶属于其他部门和组织的高等教育机构主要有：阿塞拜疆医科大学、阿塞拜疆国立体育教育与运动学院、阿塞拜疆国立农业大学、阿达大学、阿塞拜疆国立海事学院等。主要公立大学名单如下：

（1）国立巴库大学（Baku State University）

（2）阿塞拜疆国立石油工业大学（Azerbaijan State Oil and Industry University）

（3）阿塞拜疆技术大学（Azerbaijan Technical University）

（4）阿塞拜疆国立经济大学（Azerbaijan State University of Economics）

（5）阿塞拜疆国立师范大学（Azerbaijan State Pedagogical University）

（6）阿塞拜疆建筑与建造大学（Azerbaijan University of Architecture and Construction）

（7）巴库斯拉夫大学（Baku Slavic University）

（8）阿塞拜疆语言大学（Azerbaijan University of Languages）

（9）巴库工程大学（Baku Engineering University）

（10）巴库音乐学院（Baku Music Academy）

（11）阿塞拜疆文化与艺术大学（Azerbaijan State University of Culture and Arts）

（12）苏姆盖伊特国立大学（Sumgayit State University）

（13）兰卡伦国立大学（Lankaran State University）

（14）加尼亚国立大学（Ganja State University）

（15）阿塞拜疆科技大学（Azerbaijan Technological University）

（16）明盖恰乌尔水国立大学（Mingachevir State University）

（17）纳西切万国立大学（Nakhchivan State University）

（18）阿塞拜疆国立美术学院（Azerbaijan State Academy of Fine Arts）

（19）阿塞拜疆国家音乐学院（Azerbaijan National Conservatory）

（20）纳西切万师范学院（Nakhchivan Teachers Institute）

（21）阿塞拜疆医科大学（Azerbaijan Medical University）

（22）阿塞拜疆国立体育教育与运动学院（Azerbaijan State Academy of Physical Education and Sport）

（23）阿塞拜疆国立农业大学（Azerbaijan State Agrarian University）

（24）公共管理学院（Academy of Public Administration）

（25）阿塞拜疆国立海事学院（Azerbaijan State Marine Academy）

（26）国立航空学院（National Aviation Academy）

（27）阿达大学（ADA University）

（28）巴库高等石油学校（Baku Higher Oil School）

（29）阿塞拜疆旅游与管理大学（Azerbaijan Tourism and Management University）

（30）罗蒙诺索夫莫斯科国立大学巴库分校（Baku branch of M. V. Lomonosov Moscow State University）

（31）莫斯科国立谢东诺夫第一医科大学巴库分校（Baku branch of I. M. Sechenov First Moscow Medical University）

（32）巴库舞蹈艺术学院（Baku Choreography Academy）

（33）阿塞拜疆神学院（Institute of Theology of Azerbaijan）

1. 国立巴库大学

国立巴库大学（Baku State University），简称巴大。成立于 1919 年，是阿塞拜疆的第一所国立大学，入选“欧洲大学联盟”，位于阿塞拜疆的首都巴库。一开始称之为“阿塞拜疆国立大学”，四次更名，1991 年最终改称为“国立巴库大学”。它是阿塞拜疆历史最悠久、规模最大、影响力最强的综合性大学。到目前为止，巴大培养出了很多优秀人才，有许多著名的科学家，也有很多如今活跃于阿塞拜疆政界、商界等领域的杰出人士。阿塞拜疆的多位总统及总理均毕业于巴大。阿塞拜疆著名的历史人物，国家领导人伊利哈姆·盖达尔·奥格雷·阿利耶夫总统也是巴大的毕业生。

国立巴库大学提供用三种语言讲授的教学项目（阿塞拜疆语、俄语、英语）。在校学生 2 万余人，教师 2000 余人。巴大 2002 年建设中国区域学专业，学制为 4 年。2009 年，巴大推出了汉语硕士项目，学制为 2 年。学生通过全国大学入学考试后，开始 4 年制的中国区域学专业本科学习，4 年本科毕业后，学生可以选择继续申请学习 2 年的研究生课程。

2. 阿塞拜疆语言大学

阿塞拜疆语言大学（Azerbaijan University of Language）位于阿塞拜疆首都巴库，是一所以语言学与区域学研究著称的公立高校，在阿塞拜疆具有领先地位。学校的初建可以追溯至 1937 年的阿塞拜疆师范学院外国语学院的建立，现已有 80 多年的历史。2000 年该学院正式改名为阿塞拜疆语言大学，有在校生 7000 多人。到目前为止，该校一直努力与很多世界高校开展校际合作关系。该校从成立以来，为阿塞拜疆培养了很多外语教师、语言学家、国际关系专家、翻译人才。

由于阿塞拜疆语言大学是以语言专业为主的高校，所以该校的院系是按语言类别而设置的，比如俄语学院、英语学院、阿拉伯语学院、西欧语学院、中欧语学院、东方语学院。该校的东方学院于 1959 年成立，2012 年该学院设立了中国区域学专业。

3. 阿塞拜疆国立经济大学

阿塞拜疆国立经济大学（Azerbaijan State University of Economics）位于阿塞拜疆首都巴库，是阿塞拜疆唯一一所完全具有经济和商业背景的公立大学。该学校成立于 1930 年，是南高加索地区最大的高等教育机构之一。学校教师 1000 余人，其中包括了国际科学院、纽约科学院的实际成员、国家奖获得者、优秀教师和科学家等。

阿塞拜疆国立经济大学有 9 个学院，21 个本科专业，18,000 多名本科生和研究生。主要专业包括金融学、国际经济学、银行学、管理学、工商管理、会计学等。它也是阿塞拜疆唯一一所用四种语言（阿塞拜疆语、土耳其语、英语和俄语）授课的大学。

4. 阿塞拜疆国立石油工业大学

油气是阿塞拜疆的支柱产业。阿塞拜疆国立石油大学（Azerbaijan State Oil and Industry University）创建于 1920 年，位于首都巴库，现有 30 个专业、7 个系。在校学生约 8000 多人，教师 1000 多人。

学校获得众多科研成果，仅发明专利就达 1300 多项，其斜井钻井技术更是居世界前列。著名科学家门捷列夫教授是该校校友，曾在该校任教。

（三）部分私立大学名单

教育部监管的私立高等教育机构主要有：阿塞拜疆大学、西里海大学、巴库欧亚大学、阿塞拜疆合作大学等。主要私立大学名单如下：

（1）西里海大学（Western Caspian University）
（2）阿塞拜疆大学（Azerbaijan University）
（3）卡扎尔大学（Khazar University）
（4）奥德拉尤尔都大学（Odlar Yurdu University）
（5）巴库欧亚大学（Baku Eurasian University）
（6）巴库女子学院（Baku Girls` Academy）
（7）阿塞拜疆合作大学（Azerbaijan Cooperation University）
（8）巴库商科大学（Baku Business University）
（9）纳西切万私立大学（Nakhchivan Private University）
（10）劳动与社会关系学院（Labour and Social Relations Academy）
（11）巴库伊斯兰大学（Baku Islamic University）

（徐健、郭青、蔡一峰、章昊洋）

埃 及

一、关于埃及

（一）国家概况

埃及，全称为阿拉伯埃及共和国，跨亚非两大洲，大部分位于非洲东北部，只有苏伊士运河以东的西奈半岛位于亚洲西南部。西连利比亚，南接苏丹，东邻红海并与巴勒斯坦、以色列接壤，北濒地中海。全国划分为 27 个省，首都开罗，总人口约 2280 万（截至 2017 年）。①

1952 年 7 月 23 日，以纳赛尔为首的自由军官组织推翻法鲁克王朝，成立革命指导委员会，掌握国家政权，并于 1953 年 6 月 18 日宣布成立埃及共和国。1958 年 2 月埃及同叙利亚合并成立阿拉伯联合共和国。1961 年叙利亚发生政变，退出“阿联”。1971 年 9 月 1 日改名为阿拉伯埃及共和国。②

目前，中国是埃及最大的贸易伙伴国，2020 年双边货物贸易规模达 145.3 亿美元，创历史新高，并且在工业、能源、电信、基础设施建设等领域开展了全方位的合作。截至 2020 年年底，中国对埃及累计直接投资存量为 11.9 亿美元，为当地创造了 3 万余个就业岗位。双方共建的苏伊士（泰达）经贸合作区，吸引了 100 多家企业入驻，成为促进两国投资和技术合作的重要平台。③

根据 2014 年埃及宪法，伊斯兰教是其国教，阿拉伯语是其官方语言。高校院系授课语言通常为阿拉伯语，部分理科专业使用英语授课。埃及有约 1000 万至

---

① 中华人民共和国外交部. 埃及国家概况[EB/OL].[2023-03-12]. https://www.fmprc.gov.cn/web/gjhdq_676201/gj_676203/fz_677316/1206_677342/1206x0_677344/.

② 中华人民共和国外交部. 埃及国家概况[EB/OL].[2023-03-12]. https://www.fmprc.gov.cn/web/gjhdq_676201/gj_676203/fz_677316/1206_677342/1206x0_677344/.

③ 中国驻埃及大使馆经济商务处. 对外投资合作国别（地区）指南 埃及（2021 年版）[EB/OL].[2023-03-12]. http://www.mofcom.gov.cn/dl/gbdqzn/upload/aiji.pdf.

1400 万海外侨民。[1] 埃及现行货币单位是埃及中央银行发行的埃及镑。

近年来，中埃两国教育合作呈现上升势头。2019 学年至 2020 学年有 364 名埃及学生获中国政府奖学金赴华留学，其中博士生占 126 人，多以理工科应用科学为主，旨在为埃及培养高端技术人才。[2]

（二）护照样式

护照样式见图 1 和图 2。

图 1　护照封面样式

图 2　护照信息页样式

---

① 中华人民共和国外交部. 埃及国家概况[EB/OL].［2023-03-12］. https://www.fmprc.gov.cn/web/gjhdq_676201/gj_676203/fz_677316/1206_677342/1206x0_677344/.

② 国际在线. 今年有 364 名埃及学生获中国政府奖学金赴华留学,位居非洲国家之首[EB/OL].(2019-08-29)[2021-10-10]. http://baijiahao.baidu.com/s? id=1643163749705859250&wfr=spider&for=pc.

二、教育体系简介

埃及教育体系分为三个阶段：学前教育和基础教育、高中教育、高等教育。

（一）学前教育和基础教育

4~14 岁，包括三个级别：2 年学前教育、6 年小学和 3 年初中。学前教育面向 4~6 岁的儿童，公立和私立幼儿园皆归教育部管辖。各个级别通过考试升入下一年级。幼儿园升小学时，公立学校不需要考试，私立学校需要考试。小学 3 年级和 6 年级，以及初中 3 年级需要参加地区或省级统一考试。初中学校分为两类：普通初中和职业初中，初中毕业获得基础教育毕业证书。埃及实施九年制义务教育，公办学校费用免费。

（二）高中教育

15~17 岁，为期 3 年。高一和高二不分科目，高三分文理科。文科学生在参加高中二年级的文科考试后不得转入理科，理科（科学）学生在参加高中二年级的理科考试后至本学期 4 月 11 日前可以转至理科（数学），反之亦然。高中生学习的科目共 7 门，其中 3 门科目是必修课，即阿拉伯语、第一外语（英语）、第二外语（如法语、德语和西班牙语等）。高中毕业且通过考试将获得普通高中毕业证书。除前文所述普通高中外，埃及另一类高中是技术高中，技术高中学制为 3~5 年，类别包括工业、商业、酒店业和农业等，学生毕业后可选择直接就业或在最终总成绩达到 70%的情况下选择进入其他院系继续学习。

（三）高等教育

埃及大学的学位授予资格需获得埃及高等教育与科学研究部、大学最高委员会认可。高等教育与科学研究部和大学最高委员会每学年对各校、各系、各专业的学位授予资质进行审查，不符合相关规定的不予承认其学位教育的合法性。政府内阁另设有教学质量评估、保障与监督局，与高教部平级，负责对大学的教学质量进行监管。埃及的高等教育包括大学教育和非大学型中高等技术教育两部分。埃及本科学制大多为 4 年，但部分院校专业可能有 1 年预科。硕士学制一般为 3 年，博士学制一般为 3 年，各级修业期满，均须经考试才能毕业并授予学位。埃及著名的高等院校有开罗大学、亚历山大大学、艾因·夏姆斯大学、爱资哈尔大学等。①

---

① 中华人民共和国外交部. 埃及国家概况[EB/OL]. [2023-03-12]. https://www.fmprc.gov.cn/web/gjhdq_676201/gj_676203/fz_677316/1206_677342/1206x0_677344/.

三、中等教育（高中）

（一）高中统考

埃及高中毕业考试由考试总局负责规划、组织和安排。2019 年埃及高中毕业考试举办两轮，时间分别是 2019 年 6 月 9 日和 2019 年 8 月 17 日。[①] 根据 2013 年埃及教育部决定（88 号），学生仅可以参加 4 次考试。修完规定课程的高三学生可以参加第一轮考试，第一轮考试分为两类，即文科和理科。

考生须符合下列条件：1. 普通高中的学生必须达到至少 85% 的上课出勤率。2. 学生仅允许参加 4 次普通高中毕业考试，在校期间可以参加 2 次，校外期间可以参加 2 次。参加考试步骤：1. 在网上注册登记、填写表格。2. 学校审核学生网上所填信息、整理归类、打印，并在规定时间提交至审查制度委员会。高中成绩单样式见图 3。

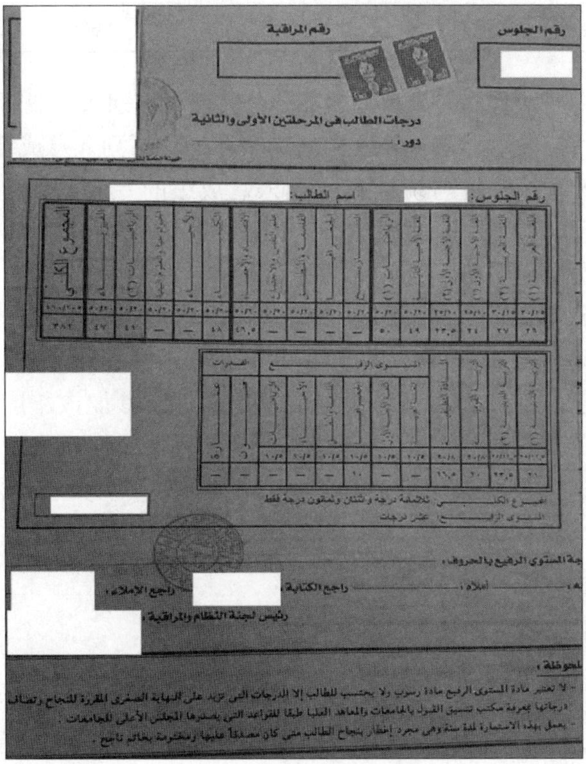

图 3　高中成绩单样式

① 因为每学期的开始日期不同，所以每年高中毕业考试时间也会有所不同，但大致处于 6 月、7 月、8 月。如，2018 年埃及举办了两轮高中毕业考试，时间分别是 2018 年 6 月 3 日和 2018 年 8 月 11 日。

（二）评分系统

普通高中科目设置及分值见表 1。

表 1　普通高中科目设置及分值

分

普通高中理科（科学）		普通高中理科（数学）		普通高中文科	
阿拉伯语	80	阿拉伯语	80	阿拉伯语	80
第一外语（英语）	50	第一外语（英语）	50	第一外语（英语）	50
第二外语（如法语、德语和西班牙语等）	40	第二外语（如法语、德语和西班牙语等）	40	第二外语（如法语、德语和西班牙语等）	40
物理	60	物理	60	历史	60
化学	60	化学	60	心理学	60
地理	60	理论数学	60	地理	60
生物	60	应用数学	60	哲学和逻辑学	60
总分	410	总分	410	总分	410

考核内容：专业课程和公共课程，部分公共课程不列入总成绩。1. 列入总成绩的公共课程包括阿拉伯语、第一外语、第二外语。2. 不列入总成绩的公共课程包括宗教教育、爱国教育、经济与统计。3. 列入总成绩的专业课程包括：（1）文科：历史、地理、心理学、哲学、逻辑学（2）理科（科学）：物理、化学、生物、地理（3）理科（数学）：物理、化学、理论数学、应用数学。

未参加第一轮考试或是考后超过 2 门课程不合格的学生不允许参加第二轮考试，但这类学生可提交申请表，参与下一年度的考试，前提是未超过所规定的 4 次考试限制。若有 1~2 门课程不合格的学生，可以参加该年度第二轮考试，第一轮考试中合格的成绩仍受认可，但是第二轮考试中即便取得高分，也仅按及格分计算；也可以选择放弃参加第二轮考试，参加下一年度的考试，以获取更高的分数。

（三）高中毕业证书样式

高中毕业证书样式见图 4。

جمهورية مصر العربية
وزارة التربية والتعليم
الإدارة العامة للامتحانات

امتحان شهادة إتمام الدراسة الثانوية العامة
(لعامى /)

١ - اسم الطالب ولقبه باللغة العربية :
٢ - اسم الطالب ولقبه باللغة الإنجليزية :
٣ - تاريخ ومحل الميلاد :
٤ - الجنسية : الديانة : النوع (ذكر / أنثى) :
٥ - المدرسة التابع لها : المديرية / الإدارة التعليمية : المحافظة :
٦ - عنوان سكن الطالب : محافظة :
٧ - اسم والد الطالب باللغة العربية : أقرب تليفون (عام) :
٨ - صناعة والد الطالب (أو ولى أمره) وعنوانه :
٩ - اللغة الأجنبية الأولى :
١٠ - اللغة الأجنبية الثانية :
١١ - المواد الاختيارية التخصصية فى المرحلتين :
المرحلة الأولى :
المرحلة الثانية ١ -
٢ -
٣ -
١٢ - المواد التى يرغب الطالب فى تأدية الامتحان فيها بلغته الأجنبية الأولى :
١٣ - المادة التطبيقية التى يرغب الطالب أداء الامتحان فيها فى المرحلة الأولى :
١٤ - مادة المستوى الرفيع التى يرغب الطالب أداء الامتحان فيها فى المرحلة الثانية :
١٥ - القدرات : (أ) فنون : (ب) عمارة :

توقيع الطالب　توقيعات أعضاء اللجنة　يعتمد ،
مدير / ناظر المدرسة :
خاتم شعار الجمهورية

图 4　高中毕业证书样式

（四）考试成绩验证

1. 登录普通高中教育门户网站。2. 输入学生准考证号。3. 选择相应分科，“文科—理科（科学）—理科（数学）”。普通高中教育门户网站查询高中成绩的网页见图 5。①

图 5　普通高中教育门户网站查询高中成绩的网页

① 埃及教育部信息中心门户. 2019 年高中成绩查询[Z/OL]. [2019-12-15]. http://natega.thanwya.emis.gov.eg/Default.aspx.

四、本科教育

（一）入学要求

大学招生：隶属于高等教育、科学研究部的各个大学和学院需遵循 2019 年招收高中生规定，该规定由大学最高委员会制定。高中毕业成绩公布 3 天后开启招生第一阶段。大学最高委员会批准全国范围内普通高中毕业证书前 1500 名学生的分配：500 名理科（科学），500 名理科（数学），500 名文科。该 1500 名学生在公立大学公共课程中的学费将免除。进入大学后，如果这些学生每学期成绩都是优秀，则可继续享有这一特权。埃及自 2018 学年（2018 年 12 月）开始施行新的教育制度改革。

普通高中生能力测试：本科生入学时没有国家统一入学考试，但是各个院校可以自己单独设置的入学考试，按照名额择优录取。入学考试难度普遍不高，大学决定是否接收该生时，更看重该生在高中时期的成绩及其表现。同一所大学内各个院系的录取分数线各不相同。埃及的私立大学入学虽然比公立大学更加容易，但其费用也更加昂贵。入学须提供高中毕业证书、学生证照片和身份证照片。

（二）评分系统

每学年有两学期，每学期期末进行考试。第一学期于每年 9 月开始，第二学期于每年 2 月开始，具体日期不固定。评分等级为“合格、良好、很好、优秀”。以开罗大学文学院为例，评分等级折合成“50 分、65 分、80 分、90 分”，每个学院不同，纸质评分。以开罗大学计算机与人工智能学院本科生评分系统为例，该学院采取学分制度，该制度的基本依据是课程而非年度，评价系统以 GPA 制下每门课程的评分为基础，并按表 2 确定。[①]

表 2　开罗大学计算机与人工智能学院本科生评分系统

分数的百分比（%）	评价	GPA
≥90	A+	4
90>X≥85	A	3.7
85>X≥80	B+	3.3
80>X≥75	B	3
75>X≥70	C+	2.7
70>X≥65	C	2.4
65>X≥60	D+	2.2
60>X≥50	D	2
<50	F	0

① 开罗大学计算机与人工智能学院. 学士阶段的 GPA 制度[EB/OL]. [2019-12-06]. http://fci.cu.edu.eg/ar/GPA_System.

学生 GPA 计算：将每门课程的评分值（表中显示的点数）乘以该课程的学时数，即可得出每门课程的点数。根据表 3 中的 GPA，可得出学生的总体评价。总体评价不低于“很好”，完成了学分制相关课程的学习，且学习期限不超过 4 年，则会被授予学位。①

表 3　GPA 与对应的总体评价

GPA	总体评价
<1. 4	非常差
2>X≥1. 4	差
2. 4>X≥2	合格
2. 8>X≥2. 4	良好
3. 4>X≥2. 8	很好
≥3. 4	优秀

（三）学位证书样式

开罗大学开放教育新闻专业学士学位证书样式见图 6。

图 6　开罗大学开放教育新闻专业学士学位证书样式

① 开罗大学计算机与人工智能学院. 学士阶段的 GPA 制度[EB/OL]. [2019-12-06]. http://fci. cu. edu. eg/ar/GPA_System.

（四）学位证书验证

由大学最高委员会验证证书。部分大学可在其官网验证学位证书。以下是开罗大学验证证书官网（见图 7）。①

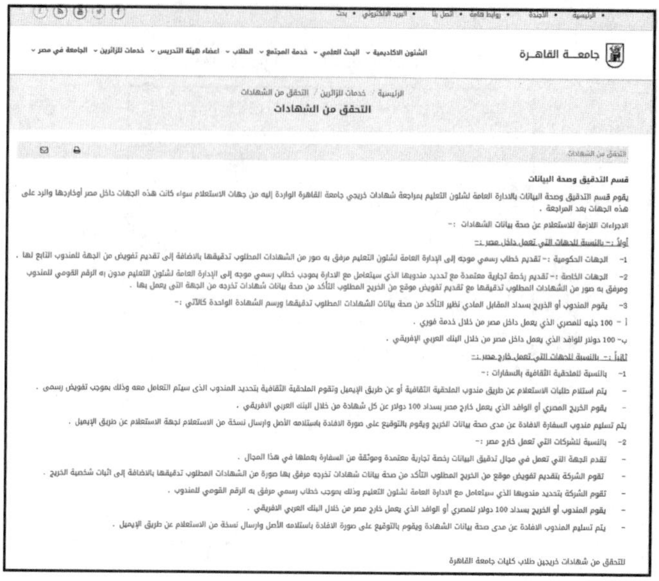

图 7　开罗大学验证证书官网

（五）高校一览

表 4 至表 6 是参考埃及高等教育与科学研究部官网公布资料制作而成的，其最近更新时间是 2018 年 7 月 24 日。埃及高等教育系统教育机构数量统计见表 4。

表 4　埃及高等教育系统教育机构数量统计

类别	数量（所）
公立大学	26
私立大学	24
爱资哈尔大学	1
技术学院	8
中高级私立院校	168
卫生部监管的卫生技术学院	12

埃及高等教育系统教育机构的院系数量统计见表 5。

① 开罗大学. 访客服务-证书验证[Z/OL]. [2023-03-13]. https://cu.edu.eg/ar/CU_Certificates_Verification.

表 5　埃及高等教育系统教育机构的院系数量统计

类别	数量（所）
公立大学	466
私立大学	147
爱资哈尔大学	75
技术学院	45
中高级私立院校	219
卫生部监管的卫生技术学院	12

埃及高等教育系统设置专业（或学科）的院系数量统计见表 6。

表 6　埃及高等教育系统设置专业（或学科）的院系数量统计

设置专业或学科类别	院系数量（所）
文学	173
工程研究	122
商业研究	94
基础科学	77
计算和信息	75
自然治疗和护理	65
教育学	51
农业学	49
法律研究	48
音乐教育和艺术	48
旅游和酒店	44
药学	43
医学	37
牙医学	31
体育教育	29
兽医学	17
其他	12

五、硕士研究生教育

（一）入学要求

申请人的本科成绩应达到"很好"或"优秀"，学制一般是4年，第一年是学习阶段，通过8门课程后才能进入第二年的研究阶段，第二年至第四年是研究阶段。攻读硕士研究生之前有一年预备期，预备期合格后就可以注册硕士研究生，攻读年限1~5年不等。如，艾因·夏姆斯大学本科学制为4年，研究生学制为2年。

以曼苏尔大学商学院为例：1. 学生在大学4年总分及其专业课成绩达到良好及以上，获得商学院学士学位或是由高校认可的研究所颁发的同等学历证书，即可接受硕士学位预科学习。2. 学生应通过所申请的学院委员会组织的笔试和口试，包括外语水平考试等，方可报读硕士预科课程。3. 学院委员会应根据有关学科部门的建议，确定各学科攻读硕士学位预科课程的学生人数，硕士预科学习为两个学期，要求：（1）该学生应为全日制学生（2）每门科目达到75%的出勤率方可参加考试。4. 学院委员会可以根据有关学科部门的建议，让学生学习一些本科阶段没有学过的课程，或者他们认为必要的课程，以便为攻读硕士学位做准备。

（二）评分系统

评分等级为"A、A−、B+、B、B−、C+"，对应是"95分、90分、85分、80分、75分、70分"。以开罗大学计算与信息学院为例，GPA换算见表7。

表7　开罗大学计算与信息学院绩点换算

GPA	分数的百分比（%）	评价
4	≥95	A+
3.7	95>X≥90	A
3.3	90>X≥85	B+
3	85>X≥80	B
2.7	80>X≥75	C+
2.3	75>X≥70	C
2	70>X≥65	D+
1.7	65>X≥60	D
0	<60	F

以下是本哈大学位于希布拉的工程学院的硕士预科评分系统（见图8）。如果学生所获得的分数小于"C"，即小于最终分数的60%，则认为该学生在该课程没有达到硕士预科阶段的要求。

	结果	学生成绩百分制范围	等级	GPA
	الحالة	النسبة المئوية الحاصل عليها الطالب	التقدير	عدد النقاط
合格	ناجح	من 95% فأعلى	A^+	4.00
合格	ناجح	من 90% حتي أقل من 95%	A	4.00
合格	ناجح	من 85% حتي أقل من 90%	A^-	3.70
合格	ناجح	من 80% حتي أقل من 85%	B^+	3.30
合格	ناجح	من 75% حتي أقل من 80%	B	3.00
合格	ناجح	من 70% حتي أقل من 75%	B^-	2.70
合格	ناجح	من 65% حتي أقل من 70%	C^+	2.30
合格	ناجح	من 60% حتي أقل من 65%	C	2.00
不合格	راسب	من 55% حتي أقل من 60%	C^-	1.70
不合格	راسب	من 53% حتي أقل من 55%	D^+	1.30
不合格	راسب	من 50% حتي أقل من 53%	D	1
不合格	راسب	أقل من 50 %	F	0

图 8　本哈大学位于希布拉的工程学院的硕士预科评分系统

（三）学位证书样式

杜姆亚特大学文学院硕士学位证书样式见图 9。

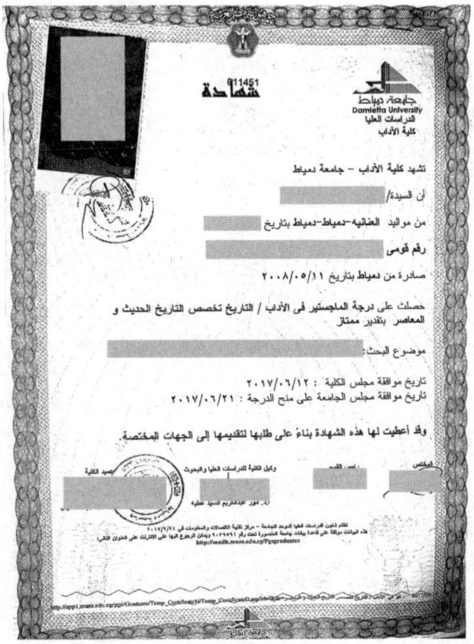

شهادة 011451

جامعة دمياط
Damietta University
الدراسات العليا
كلية الآداب

تشهد كلية الآداب – جامعة دمياط

أن السيدة/ [redacted]

من مواليد العنانيه-دمياط-دمياط بتاريخ [redacted]

رقم قومى [redacted]

صادرة من دمياط بتاريخ ٢٠٠٨/٠٥/١١

حصلت على درجة الماجستير فى الآداب / التاريخ تخصص التاريخ الحديث و المعاصر بتقدير ممتاز

موضوع البحث: [redacted]

تاريخ موافقة مجلس الكلية : ٢٠١٧/٠٦/١٢
تاريخ موافقة مجلس الجامعة على منح الدرجة : ٢٠١٧/٠٦/٢١

وقد أعطيت لها هذه الشهادة بناءً على طلبها لتقديمها إلى الجهات المختصة.

المختص [redacted]　رئيس القسم [redacted]　وكيل الكلية للدراسات العليا والبحوث [redacted]　عميد الكلية [redacted]

http://app1.mans.edu.eg/pgs/Graduate/Temp_Certificate/Temp_CertificateD.aspx

图 9　杜姆亚特大学文学院硕士学位证书样式

（四）学位证书验证

学位证书由大学最高委员会验证（见图 10）。另外，每所大学都有处理研究生事务的办公室，向他们提出申请后，可出具纸质毕业证明。

图 10　埃及大学最高委员会验证学位证书网页

六、博士研究生教育

（一）简况

埃及的高等教育机构提供本科、硕士、博士学位课程，入学要求根据学习水平、教育类型和教育机构的不同而有所不同。诸如开罗大学、亚历山大大学等多所大学都可以申请攻读博士学位。

（二）入学要求

攻读博士学位的前提是申请者已获得相关专业的硕士学位及高等教育机构签发的正式学历证书，除此之外还应提供近期个人简历、3 封推荐信、要求的考试成绩、必要的文件、服兵役情况材料和雅思/托福等英语成绩。此外，注册需要学士、硕士官方学位证书、如 GMAT/ GRE/ IELTS/ TOEFL 等外语成绩（各学校情况不同）、体检证明、有足够的资金支付教育费用的证明、支付所有学习费用的付款时间表。

每所大学对博士的入学申请条件有自己的标准，每个院系的要求也不尽相同。以文学院和医学院为例，申请文学院博士需要取得埃及一所大学的文学硕士学位，或是大学最高委员会认可的其他大学的文学硕士文凭。一些文学院专业需要 1 年的预备期，要根据专业科系委员会建议注册博士学位就读资格，就读期限自学院委员会批准之日起不少于 2 年且不多于 5 年。学生须成功通过相应的托福考试，各学校差异在 450~600 分不等，并要求博士生在完成论文注册后根据学校要求居住在埃及 8 个月至 1 年的时间。而医学院的申请，则需要取得埃及 1 所大学的医学硕士学位，或是大学最高委员会认可的其他大学的医学硕士文凭，学习期限为 3 年。学生须成功通过相应的托福考试，各学校差异在500~550分不等。①

（三）学位证书样式

亚历山大大学文学院博士学位证书样式见图11。

[redacted]

جمهورية مصر العربية

جامعة الإسكندرية

مستخرج رسمى

شهادة دكتوراه الفلسفة

022297

تشهد كلية الآداب– جامعة الإسكندرية بأن الطالب الصيني / ليث [redacted]

من مواليد : [redacted]

محل الميلاد : الصين

رقم جواز : [redacted]

قد حصل على درجة دكتوراة الفلسفة في الآداب بنظام الساعات المعتمدة من قسم اللغة العربية وآدابها تخصص " الدراسات الأدبية والنقدية " في الرسالة المقدمة منه وموضوعها :

[redacted]

وفي ١١ /٦/ ٢٠٢٠ وافق مجلس الكلية على منحة الدرجة واعتمد ذلك مجلس الجامعة بجلسته المنعقدة فى ٢ /٦/ ٢٠٢٠ والممتدة حتى ٢٠٢٠/٦/٣٠

وأعطيت له هذه الشهادة بناء على طلبه لتقديمها إلى من يهمه الأمر.

مدير إدارة الدراسات العليا

[redacted]

المراجع

عميد الكلية

[redacted]

وزارة خارجية جمهورية مصر العربية

مكتب التصديقات والخدمات القنصلية للمواطنين

图11　亚历山大大学文学院博士学位证书样式

附　录

（一）教育机构联系方式

1. 埃及教育部

地址：12 Falaki Street, El Mobtadaian, Cairo, Egypt

电话：（+202）27963273 / 19126

网址：https://moe.gov.eg/

2. 埃及高等教育与科学研究部

地址：101 Kasr El Ainy St., Kasr El Ainy, Cairo, Egypt

① 科威特女性论坛网. 埃及硕士和博士学位的学习制度和条件[EB/OL]. [2019-12-05]. https://www.q8yat.com/t361145.html.

电话：(+202) 27950682 / 27924189

传真：(+202) 27941005

邮箱：info@ mohesr. gov. eg

网址：http：//portal. mohesr. gov. eg/

3. 埃及考试总局

地址：16, Ami Sami Street, Munera, Ms. Zenab, beside the Arais Building, Cairo, Egypt

电话：(+202) 27940016

传真：(+202) 27946509

邮箱：exmdpt@ moe. gov. eg

网址：https：//moe. gov. eg//ar/general-administration-of-exams/about-management

4. 埃及大学最高委员会

地址：Supreme Council of Universities, Cairo University Headquarter (Campus), Giza, Egypt

电话：(+202) 35738583 / 35716348

传真：(+202) 35716347 / 35728722

邮箱：scu@ scu. eg

网址：https：//scu. eg/

(二) 部分大学名单①

(1) 开罗大学 (Cairo University)

(2) 亚历山大大学 (Alexandria University)

(3) 艾因·夏姆斯大学 (Ain Shams University)

(4) 艾斯尤特大学 (Assuit University)

(5) 坦塔大学 (Tanta University)

(6) 曼苏尔大学 (Mansoura University)

(7) 扎加齐克大学 (Zagazig University)

(8) 哈勒旺大学 (Helwan University)

(9) 米尼亚大学 (Minia University)

(10) 姆努菲亚大学 (Menofia University)

(11) 苏伊士运河大学 (Suez Canal University)

(12) 南河谷大学 (South Valley University)

(13) 法尤姆大学 (Fayuom University)

(14) 班尼·苏维夫大学 (Beni Suief University)

---

① 埃及高等教育与科学研究部. 公立大学[EB/OL]. [2019-09-24]. http://portal. mohesr. gov. eg/ar-eg/Pages/governmental-universities. aspx.

（15）本哈大学（Benha University）
（16）卡夫尔·谢赫大学（Kafr El-Sheikh University）
（17）苏哈贾大学（Sohag University）
（18）塞得港大学（Portsaid University）
（19）德曼胡尔大学（Damanhour University）
（20）阿斯旺大学（Aswan University）
（21）杜姆亚特大学（Damietta University）
（22）苏伊士大学（Sues University）
（23）萨达特城大学（University of Sadat City）
（24）阿里什大学（Arish University）
（25）新谷大学（New Valley University）
（26）马特鲁大学（Matrouh University）
（27）卢克索大学（Luxor University）

（三）埃及部分入选 2022 年 QS 世界大学排名的大学名单[①]

2022 年 QS 世界大学排名

	排名	大学	地点
1	445	The American University in Cairo	Cairo，Egypt
2	571~580	Cairo University	Giza，Egypt
3	801~1000	Ain Shams University in Cairo	Cairo，Egypt
4	1001~1200	Al-Azhar University	Cairo，Egypt
5	1001~1200	Alexandria University	Alexandria，Egypt
6	1001~1200	Assiut University	Asyut，Egypt
7	1001~1200	British University in Egypt	El Shorouk，Egypt
8	1001~1200	Suez Canal University	Egypt
9	1201+	German University in Cairo	Cairo，Egypt
10	1201+	Helwan University	Helwan，Egypt
11	1201+	Mansoura University	Mansoura ，Egypt
12	1201+	Tanta University	Tanta，Egypt
13	1201+	Zagazig University	Zagazig，Egypt

（古萍、荣榕、杨帆、OMNIA HASSAN AHMAD SALEM、MAHMOUD MOHAMMED AHMED HAMDY HASSANIEN）

① Topuniversities. QS World University Rankings 2022：Top Global Universities［EB/OL］.［2022-04-24］. https://www.topuniversities.com/university-rankings/world-university-rankings/2022.

埃塞俄比亚

一、关于埃塞俄比亚

（一）国家概况①

埃塞俄比亚，全称为埃塞俄比亚联邦民主共和国，是位于非洲东北部的内陆国。东与吉布提、索马里毗邻，西与苏丹、南苏丹交界，南与肯尼亚接壤，北与厄立特里亚连接。国土面积为 110.36 万平方千米。全国分为包括首都亚的斯亚贝巴市（Addis Ababa，2019 年人口逾 450 万）和商业城市迪雷达瓦在内的 2 个自治行政区，以及 11 个民族州。

埃塞俄比亚全国面积的 2/3 为高原，平均海拔近 3000 米，素有“非洲屋脊”之称。埃塞俄比亚是世界最不发达国家之一，经济以农牧业为主，工业基础薄弱。2021 年国内生产总值为 993 亿美元，经济增长率为 5.6%。农业是国民经济和出口创汇的支柱，占 GDP 总量约 40%。适牧地占国土一半以上，牲畜存栏总数居非洲之首。货币名称是埃塞俄比亚比尔。

埃塞俄比亚全国人口为 1.12 亿，约有 80 多个民族。国民中约有 45%信奉埃塞俄比亚正教，约 40%～45%信奉伊斯兰教，约 5%信奉新教，其余信奉原始宗教。阿姆哈拉语为联邦工作语言，通用语言为英语。

中国与埃塞俄比亚在 1970 年 11 月 24 日建交。近年来两国关系呈现健康、持续的发展势头。中国是埃塞俄比亚第一大贸易伙伴、第一大投资来源国和第一大工程承包方。2021 年，埃塞俄比亚在华留学生 3510 名，其中获奖学金学生为 417 名。该国目前有 2 所孔子学院。

---

① 中华人民共和国外交部．埃塞俄比亚国家概况［EB/OL］．［2023-03-08］．https://www.mfa.gov.cn/web/gjhdq_676201/gj_676203/fz_677316/1206_677366/.

（二）护照样式

护照样式见图 1 和图 2。

图 1　护照封面样式

图 2　护照信息页样式

二、教育体系简介

(一) 发展概况

虽然埃塞俄比亚近年来经济发展迅速，但教育体系仍然处于不发达状态，受到低入学率等问题的困扰。埃塞俄比亚曾经是"全世界教育最不发达的国家之一"。目前全国实行十年制义务教育，包括小学 8 年、初中 2 年。2015 年，埃塞俄比亚小学入学率从 1989 年的 29%跃升至 90%。中学和大学入学率分别为 40.5%和 17%。起点很低的高等教育走过了漫长的道路。1986 年埃塞俄比亚仅有 3 所公立大学，16 所学院，6 家研究机构，注册学生不到 1.8 万人。今天埃塞俄比亚有 30 所以上的公立大学，而且私立高校在不断增多，现有 61 个获得认证的私立高等教育机构。公私高等教育机构学生总人数从 1991 年的 3.4 万人激增至 2014 年的 75.7 万人，其中公立大学入学人数已达 79,000 人。[①] 但埃塞俄比亚在一些关键的教育指标方面仍然落后于其他欠发达国家。

埃塞俄比亚联邦教育部负责管理高等教育。教育部制订各种政策和纲领，由地方不同的教育主管部门实施。此外还有 2 个政府机构负责管理高等教育，即高等教育规划中心（Higher Education Strategy Center，HESC）和教育与培训质量保障局（Education and Training Quality Assurance Agency，ETQAA）。9 个地方民族州都有自己的教育主管部门，即国家地方州教育局（National Regional States Education Bureaus），它们负责普通教育、职业教育、教师培训项目和各种教育机构的行政管理。[②]

(二) 体系简介

埃塞俄比亚的教育体系（见图 3 和图 4）涵盖正式和非正式的教育。正式教育包括学前教育、小学和中学教育（普通教育）、职业技术教育、高等教育。

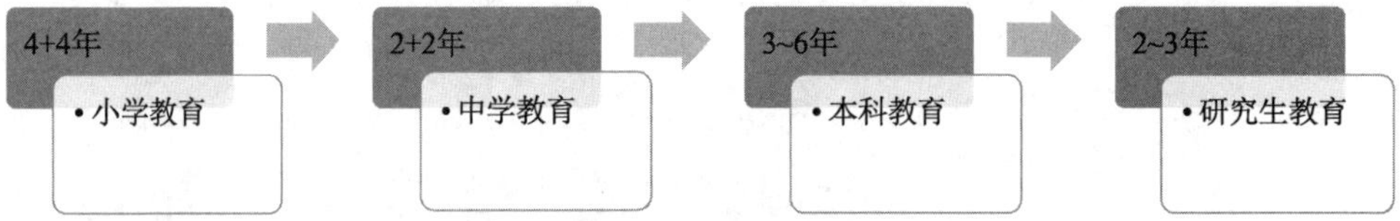

图 3 埃塞俄比亚教育体系略图

① World Education News+Reviews. Education in Ethiopia[EB/OL].(2018-11-15)[2023-03-15]. https://wenr.wes.org/2018/11/education-in-ethiopia.

② Nuffic. Education systems: Ethiopia.[EB/OL].[2023-03-15]. https://www.nuffic.nl/en/education-systems/ethiopia.

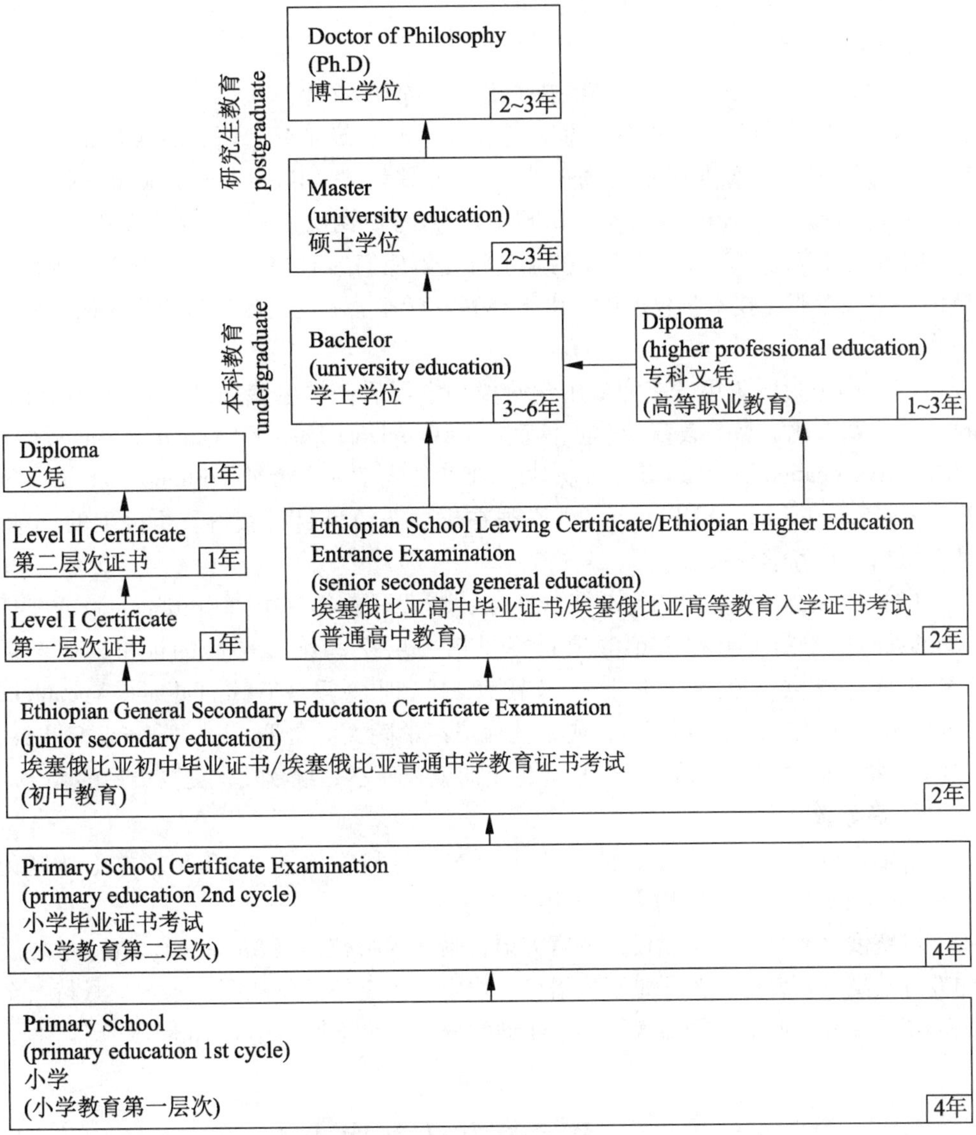

图 4　埃塞俄比亚教育体系

1. 学前教育

埃塞俄比亚为 4~6 岁的儿童提供某种形式的学前教育。

2. 小学教育

为期 8 年（7~14 岁），分为 2 个层次，分别是 1~4 年级的基本教育（Basic Education），以及 5~8 年级的普通小学教育（General Primary Education）。在 8 年级结束时，学生参加小学毕业证书考试（Primary School Certificate Examination），获得

小学毕业证书是进入中学学习的先决条件。①

3. **中学教育**

中学为期4年，分为初中和高中（或职业高中）2个层次。

（1）初中为期2年。初中学生完成学业（10年级结束）时，将参加第一次全国性的考试——埃塞俄比亚普通中学教育证书考试（Ethiopian General Secondary Education Certificate Examination，EGSECE）。该考试淘汰率相对较高，2015年有约1/3的考生没有通过。通过该考试的学生将凭借他们的GPA，进入具有大学预科性质的高中或者职业技术学校就读。由于高等教育容量不足，政府目前优先鼓励职业技术教育。②

（2）高中为期2年。在完成中学阶段的学习后，学生参加最重要的全国性考试——埃塞俄比亚高等教育入学证书考试（Ethiopian Higher Education Entrance Certificate Examination，EHEECE），也称埃塞俄比亚大学入学考试（Ethiopian University Entrance Examination，EUEE）。考生必须在至少7门科目中获得及格以上的成绩，才有资格被高等学校录取。

（3）职业高中为期1年、2年或3年，毕业时获得证书（Certificate）或文凭（Diploma）。学制1年和2年的项目提供第一层次和第二层次的证书，而学制3年的学科提供文凭为：职业技术教育和培训文凭（Technical and Vocational Education and Training，TVET），或者教师培训学院文凭（Teacher Training College，TTC）。此类教育属于终结性质，毕业生走向就业而不是继续接受更高类型的教育。

4. **高等教育**

包括专科、学士、硕士、博士4个层次。专科学制为1~3年，学士学制为3~6年，硕士、博士学制均为2~3年。

埃塞俄比亚小学和中学使用的官方语言是阿姆哈拉语（Amharic）。在中学之后的教育及高等教育里，英语是正式语言。埃塞俄比亚的学年从第一年的9月持续至第二年的6月底或7月初。大学的学年通常分为2个学期，均为16周。③

三、中等教育（高中）

所有在埃塞俄比亚普通中学教育证书考试中获得足够高分数的学生都可以接受

① World Education News+Reviews. Education in Ethiopia[EB/OL].(2018-11-15)[2023-03-15]. https://wenr.wes.org/2018/11/education-in-ethiopia.

② World Education News+Reviews. Education in Ethiopia[EB/OL].(2018-11-15)[2023-03-15]. https://wenr.wes.org/2018/11/education-in-ethiopia.

③ 在审核埃塞俄比亚的学历、学位等证件时，需注意该国遵循一套独特的古老历法。埃塞俄比亚的新年从每年的公历9月11日或公历闰年的9月12日开始，分为13个月：12个为期30天的月份，另有一个月份为期5天（闰年为6天，每4年设一个闰年）。埃塞俄比亚日历年份比公历年份相差接近7年或8年，例如公历2018年11月1日相当于埃塞俄比亚日历上的2011年2月22日。

高中教育。学生在高中阶段可以选择理科或者文科。两者拥有一些共同的课程，约占学习任务的60%，包括英语、公民教育、信息技术、数学、体育和一门选修课（阿姆哈拉语或者地方语言）。理科课程还包括生物、化学、物理、技术制图，文科课程还包括地理、历史、经济和商业。

（一）高中统考

在完成中学的学习后，学生参加埃塞俄比亚高等教育入学证书考试（EHEECE），也称埃塞俄比亚大学入学考试（EUEE）。该考试由国家教育评估与考试局（National Educational Assessment and Examination Agency，NEAEA）实施，每年6—7月进行。

（二）评分系统

参加高等教育入学考试的考生必须在至少7门科目中获得及格以上的成绩，才有被高等学校录取的资格。这7门科目包括数学、英语、公民教育、学术能力（分为面向理科的“科学综合”和面向文科的“社会学科”），以及与文理分科相关的3门特有科目。合计7门课程的成绩得到学生的总分。

该考试要求非常高：2017年，约28.6万名考生当中只有41%的人获得足够高的分数被大学录取。考试成绩按百分制来衡量，7门科目总分为700分。大学录取分数线每年有所变化。2017年最低录取分数线为295分。埃塞俄比亚中学及更高层面评分体系见表1。

表1 埃塞俄比亚中学及更高层面评分体系

等级	分值（分）	对应的美国等级	评级
A	100≥X≥90	A	优秀
B	90>X≥80	B	很好
C	80>X≥60	C	良好
D	60>X≥50	D	一般
E	<60	F	差

（三）高中成绩单样式

大学入学考试（EHEECE或EUEE）结果在每年的8月或9月公布。学生可以在NAEAE的网站上查看考试结果并自行打印成绩单。从考试成绩发布之日起的一个月内，教育部将向所有的考生提供考试成绩证书原件。高中成绩单样式见图5。

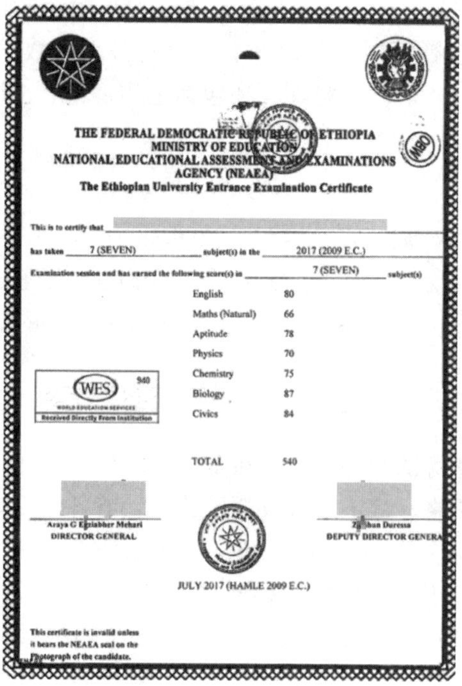

THE FEDERAL DEMOCRATIC REPUBLIC OF ETHIOPIA
MINISTRY OF EDUCATION
NATIONAL EDUCATIONAL ASSESSMENT AND EXAMINATIONS
AGENCY (NEAEA)
The Ethiopian University Entrance Examination Certificate

This is to certify that ______

has taken 7 (SEVEN) subject(s) in the 2017 (2009 E.C.)

Examination session and has earned the following score(s) in 7 (SEVEN) subject(s)

English	80
Maths (Natural)	66
Aptitude	78
Physics	70
Chemistry	75
Biology	87
Civics	84
TOTAL	540

WES 540
WORLD EDUCATION SERVICES
Received Directly From Institution

Araya G Egziabher Mehari
DIRECTOR GENERAL

Z[illegible]han Duressa
DEPUTY DIRECTOR GENERA

JULY 2017 (HAMLE 2009 E.C.)

This certificate is invalid unless it bears the NEAEA seal on the Photograph of the candidate.

图 5　高中成绩单样式

（四）考试成绩验证

埃塞俄比亚教育部国家教育评估与考试局（NEAEA）允许各个机构以付费的方式查询埃塞俄比亚学生的成绩和证书的真实性。各个机构只需将考试成绩或证书的扫描件发送给埃塞俄比亚教育部的电子邮箱，并且支付 120 埃塞俄比亚比尔（大约 5 美元）。查询结果将会发送给咨询机构。此外，也可以登录 NEAEA 学生平台，通过输入学生的注册编号，查询其大学入学考试成绩。

四、专科 & 本科教育

埃塞俄比亚各个大学的规模和范围有着显著的不同，大多是多学科的教育机构，提供本科和研究生教育。虽然也通过收取适度的学费和校园住宿费用筹集部分资金维持运转，但公立大学主要由联邦政府资助。亚的斯亚贝巴大学（Addis Ababa University）是埃塞俄比亚最大且最优秀的高等教育机构，拥有约 5 万名学生、70 个本科和近 300 个研究生教学项目。另一所拥有 4 万名以上学生的公立研究型大学是位于奥罗莫地区的吉马大学（Jimma University）。除了公立大学之外，埃塞俄比亚还拥有 32 所公立的教师培训学院，以及由其他联邦部委监管的众多公立院校，包括军事院校和埃塞俄比亚公务员大学。

私立高等教育机构往往是规模较小的、以赢利为目的的学院，专攻商业管理、计算机科学、信息技术，以及联合培养的医疗和护理等专业领域。学生一般不超过数千人，只提供本科及以下的项目。只有圣玛丽大学（St. Mary's University）等屈指可数的私立大学提供研究生课程。2018 年，埃塞俄比亚拥有 61 所得到认证的私立高等教育机构，大多数私立机构是在过去 15 年里建立的，在埃塞俄比亚的声望不高。①

（一）入学要求

埃塞俄比亚以前所有高等教育机构都要求学生通过高中毕业证书考试，这一考试从 2003 年以来被埃塞俄比亚高等教育入学考试所取代。高等教育由大学、学院、理工学院、专科院校提供。高等教育文凭分为四个级别：专科文凭、第一级文凭（本科）、第二级文凭（硕士）、第三级文凭（博士）。

大学实施统一的录取制度，录取标准由联邦教育部为所有公立和私立高等教育机构制定。学生录取通常基于大学入学考试成绩，考虑到大学学位的稀缺，录取具有很大的竞争性。政府过去数年来的目标是将 70%的学生引入工程和自然科学领域，30%的学生引入人文和社会科学领域。为了让公立大学优先招到最优秀的学生，公立大学的分数线比私立大学更高。

以 2017 年为例，埃塞俄比亚为所有高等教育学科设定的最低录取分数线是在高校入学考试（EUEE）中总分获得 295 分以上。公立高等教育机构理科录取分数线比这要高得多，需达到 352 分，文科录取分数线为 335 分。弱势群体（比如女生）在录取上获得优待，但来自城市富裕家庭的男生还是占主体地位（2015 年，只有约 35%的大学生和 24%的研究生是女性）。②

（二）评分系统

埃塞俄比亚使用的评分系统与美国类似（见表 2），只有如亚的斯亚贝巴大学及另外几所大学使用的是欧洲学分转换制（European Credit Transfer System，ECTS）。在大多数公立大学里，每学期每周面授课时至少 1 小时可以获得 1 学分。大多数的 4 年制学士学位要求至少获得 128～136 学分（每个学期 16 或者 17 学分），而 3 年制的学士学位至少需要 102～108 学分。获得足够高的 GPA 学生，在每个学期拿到更多学分就可以提前毕业。

---

① World Education News+Reviews. Education in Ethiopia[EB/OL].(2018-11-15)[2023-03-15]. https://wenr.wes.org/2018/11/education-in-ethiopia.

② World Education News+Reviews. Education in Ethiopia[EB/OL].(2018-11-15)[2023-03-15]. https://wenr.wes.org/2018/11/education-in-ethiopia.

表 2　埃塞俄比亚高等教育通行评分等级①

Common Higher Education Grading Scales in Ethiopia			
GRADING SCALE	WES CONVERSION	GRADING SCALE	WES CONVERSION
A+	A+	A	A
A	A		
A-	A-		
B+	B+	B	B
B	B		
B-	B-		
C+	C+	C	C
C	C		
C-	C-		
D	D	D	D
F	F	F	F

埃塞俄比亚的评分等级与美国标准的"A~F"等级类似，一些机构使用较为简单的等级，而没有进一步用"+"或"-"对各个等级进行细分。获得学士学位通常至少需要 2.0 的 GPA（C 等），而获得硕士学位需要 GPA 达到 3.0（B 等）。

（三）学位证书样式

埃塞俄比亚高等教育学制和证书包括以下类型（见表 3）。

表 3　埃塞俄比亚高等教育学制及证书（文凭）一览表

教育类别	学制（年）	证书（文凭）
职业/短期项目	1	证书（Certificate）
工程技术/商业/农业	2~3	专科文凭或者专科高级文凭（Diploma/Advanced Diploma）
教师培训	3	专科文凭（Diploma）
护理培训	3~4	专科文凭（Diploma）
理工学院	4	专科文凭/全国最高专科文凭（Diploma / Highest National Diploma）
学士	3~6	文学学士（BA），理学学士（BSc.）
硕士	2~3	文学硕士（MA），理学硕士（MSc.）
博士	2~3	博士学位（Doctor of Philosophy，Ph. D）

① World Education News+Reviews. Education in Ethiopia[EB/OL].(2018-11-15)[2023-03-15]. https://wenr. wes. org/2018/11/education-in-ethiopia.

1. 专科文凭

专科学校、学院和技术大学提供着眼于培养学生实践能力的学科，这些学科学制通常为 1 年或 2 年。虽然它们旨在让学生走向劳动力市场，但也让一些有能力的学生获得通往学士学位的渠道。一些专科文凭的学科也能在综合性大学里进行教学。最为普遍的专业是农学或会计学。

专科文凭分为多种，包括教师结业证书（Teacher's Certificate），需要在教师培训学院进行 1 年的学习；专科文凭或者专科高级文凭（Diploma/Advanced Diploma），需要在工程技术、商业或者农业院校进行 2~3 年的学习；（教育）专科文凭（Diploma）则需要在教师培训学院进行 3 年的学习。①

2. 学士学位

包括文学士、理学士、教育学学士，学制通常为 4 年；药学、工程学、建筑学、法学，学制 5 年；医学或兽医学，学制 6 年。但从 2003—2004 学年以来，大学也开始提供 3 年制的学士项目。

大学颁发的文凭注明学生所获得的学位。学习年限同样可以从附带的成绩单上获得。学生经常递交临时毕业证书或成绩单的学生副本申请就业，或申报更高层次的学习项目。

学士学位证书样式见图 6。

图 6 学士学位证书样式

① 对于具有能力的职业技术教育文凭(第三层次或者更高)持有者而言,在工作几年之后,还有各种替代途径进入大学深造。专科院校颁发的文凭不注明学习专业的年限。这一信息可以从同一机构发布的成绩单附件上获得。

（四）学位证书验证

科技与高等教育部（Ministry of Science and Higher Education）网站提供在线的学位证书查询服务（Graduation Verification System），查询时需要验证码也就是学生的身份证号码（Student ID）。

五、硕士研究生教育

埃塞俄比亚现有29所大学提供194个硕士教育项目，涵盖管理、商业、环境研究、教育学、经济学、自然科学、农业、医疗卫生、建筑等领域。硕士学位的类别分为文学硕士和理学硕士。① 硕士项目通常持续2年（30~36个学分），但也有1年、1年半、3年的项目。医学或兽医学专业学生可以同时获得专业资格证书或者专业文凭，需要进行3年的学习。大部分的硕士学位项目要求撰写一份毕业论文（或做毕业设计），不过也可以选择不撰写，但这需要获得更高的学分。

（一）入学要求

硕士生录取标准由各个大学规定。但学生想要被录取通常需要拥有相关专业的学士学位，学业成绩足够高，并且在硕士研究生入学考试中获得及格分数，有时还需要进行其他的能力测试及英语熟练度考试。

（二）评分系统

硕士学位评分体系和学士学位评分体系一样，各个院校的硕士学位评分体系各异，但通常分为"A+"至"F"等多个等级，获得"B"及以上成绩的学生被认为"很好"（见表4）。

表4 硕士学位评分体系

分值（分）	以数字表示的等级	以字母表示的等级	状态描述	等级描述
100≥X≥90	4.0	A+	优秀	一等特别优异
90>X≥83	4.0	A	优秀	一等特别优异
83>X≥80	3.75	A−	优秀	一等特别优异
80>X≥75	3.5	B+	很好	一等优异
75>X≥68	3.0	B	很好	一等优异
68>X≥65	2.75	B−	良好	一等
65>X≥60	2.5	C+	良好	二等

① Free Apply. Master programs in Ethiopia[EB/OL]. [2023-03-15]. https://free-apply.com/en/articles/country/337996/degree/2.

续表

分值（分）	以数字表示的等级	以字母表示的等级	状态描述	等级描述
60>X≥50	2.0	C	一般	二等
50>X≥45	1.75	C-	不好	较低等级
45>X≥40	1.0	D	很糟	较低等级
40>X≥30	0	F_x	失败	最低等级
<30	0	F	失败	最低等级

（三）学位证书样式

硕士学位证书样式见图 7。

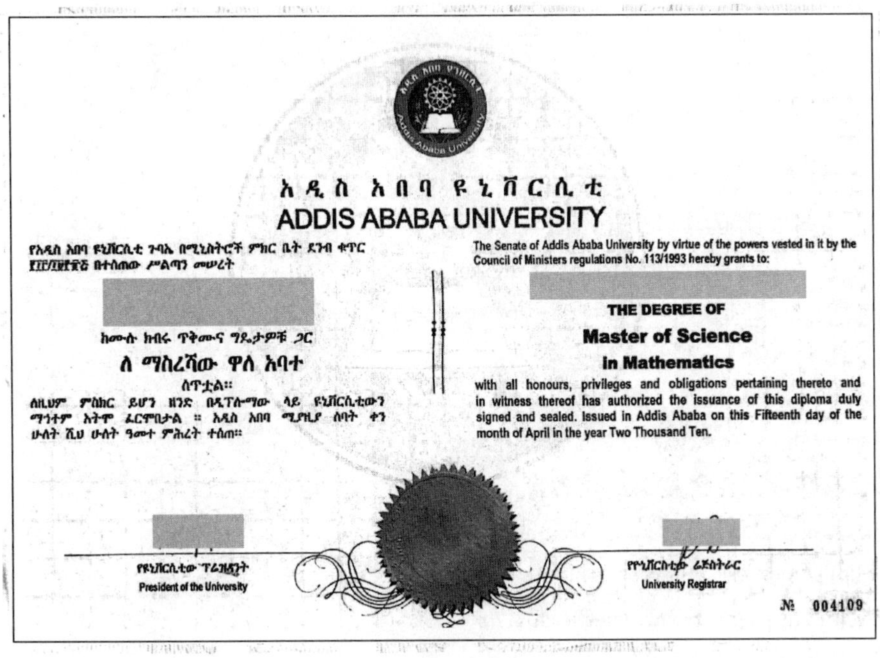

图 7　硕士学位证书样式

（四）学位证书验证

硕士学位证书验证方式与学士学位证书验证方式一致。

六、博士研究生教育

埃塞俄比亚目前在 11 所大学设有博士学位授权点，其中亚的斯亚贝巴大学提供覆盖广泛的博士学位项目。

（一）入学要求

博士生的录取通常需要获得相关专业的硕士学位，但实际上学生也可能凭借学士学位和优秀的成绩而被录取。其他要求可能还包括入学考试、一份研究计划或者英语熟练度考试。

（二）毕业要求

大多数的博士教育项目通常包括 2~3 个学期的课程学习。

凭借硕士学位而被录取的博士生，必须在 5 年内完成博士学位的学习。凭借学士学位而被录取的博士生，必须在 7 年之内完成学习。

博士生教育项目要求完成博士学位论文，以口头的方式通过论文答辩才能毕业。

附　录

（一）教育机构联系方式

1. 埃塞俄比亚国家教育评估与考试局

地址：5 Kilo，Addis Ababa，Ethiopia

电话：（+251）11-1-26-05-06/（+251）11-1-23-28-84

传真：（+251）11-1-23-28-90

邮箱：neaeaneaea@ gmail. com

网址：http：//www. neaea. gov. et/

2. 埃塞俄比亚科技与高等教育部

电话：（+251）111-55-31-33

邮箱：moshe@ ethernet. edu. et

网址：https：//www. moshe. gov. et/

3. 埃塞俄比亚教育部

地址：Arada Sub-City，Addis Ababa，Ethiopia

电话：（+251）11-155-3133

邮箱：info@ . moe. gov. et

网址：https：//www. moe. gov. et/

（二）部分大学名单

（1）亚的斯亚贝巴科技大学（Addis Ababa Science and Technology University）

（2）阿达玛科技大学（Adama Science and Technology University）

（3）亚的斯亚贝巴大学（Addis Ababa University）

（4）阿迪格拉特大学（Adigrat University）

（5）安博大学（Ambo University）
（6）阿尔巴明奇大学（Arba Minch University）
（7）阿尔西大学（Arsi University）
（8）阿索萨大学（Asossa University）
（9）阿克苏姆大学（Axum University）
（10）巴希尔达大学（Bahir Dar University）
（11）邦加大学（Bonga University）
（12）布勒霍拉大学（Bule Hora University）
（13）迪巴克大学（Debark University）
（14）德布雷伯汉大学（Debrebirhan University）
（15）德布雷马科斯大学（Debremarkos University）
（16）德布雷塔博尔大学（Debre Tabor University）
（17）丹比多洛大学（Dembi Dolo University）
（18）迪拉大学（Dilla University）
（19）迪尔达瓦大学（Dire Dawa University）
（20）甘贝拉大学（Gambella University）
（21）冈达尔大学（University of Gondar）
（22）哈拉马亚大学（Haramaya University）
（23）哈瓦萨大学（Hawassa University）
（24）因吉巴拉大学（Injibara University）
（25）吉吉加大学（Jigjiga University）
（26）吉马大学（Jimma University）
（27）金加大学（Jinka University）
（28）克布里德哈大学（Kebri Dehar University）
（29）科特比城市大学（Kotebe Metropolitan University）
（30）梅达维拉布大学（Meda Welabu University）

（*石志宏*、ABDALA KAMAL ADAM）

安哥拉

一、关于安哥拉

（一）国家概况

安哥拉，全称为安哥拉共和国，安哥拉位于非洲大陆西南部，国土面积为124.67万平方千米，海岸线长1650千米，陆地边界4837千米。北邻刚果（布）和刚果（金），东接赞比亚，南连纳米比亚，西濒大西洋。安哥拉地势东高西低，主要由平原、丘陵和高原组成。安哥拉水利资源丰富，流量较大河流约有30条，主要河流有宽扎河、库邦戈河、库内内河和刚果河等。

安哥拉北部等大部分地区属于热带草原气候，南部属于亚热带气候，高海拔地区则为温带气候。全年分旱、雨两季，5月至9月为旱季，相对凉爽；10月至次年4月为雨季，气温高，湿度大。①

安哥拉总人口约为2578.9万（2014年人口普查），主要有奥温本杜、姆本杜、巴刚果和隆达等民族。

安哥拉官方语言为葡萄牙语，首都为罗安达。安哥拉属于葡语非洲国家（简称PALOP），又称非洲葡语国家（Lusophone Africa），这是对以葡萄牙语为官方语言的非洲国家的称呼。

安哥拉大部分国民信奉基督教。在安哥拉，49%的人信奉罗马天主教，13%的人信奉基督教新教，其余国民大多信奉原始宗教。

（二）护照样式

护照样式见图1和图2。

---

① 中华人民共和国驻安哥拉共和国大使馆经济商务处. 安哥拉国家概况[EB/OL].(2018-01-04)[2023-03-15]. http://ao.mofcom.gov.cn/article/ddgk/201801/20180102694151.shtml.

图 1　护照封面样式

图 2　护照信息页样式

二、教育体系简介

安哥拉于 1975 年 11 月 11 日独立。独立后，国家制定发展生产、恢复经济、重建家园的建国方针，执行清除殖民主义影响，大力开展成人扫盲教育，培养政治、科学和技术干部的教育政策。安哥拉从小学到大学实施免费教育。学前教育 2 年。初等教育为义务教育，共 8 年，分三个阶段。

儿童 7 岁入学，所学课程包括自然学科、社会学科和葡萄牙语。所有学校均使用葡萄牙语授课。从初等教育第三阶段（即小学 7 年级）开始，设置 3 年制的正规职业培训计划，该计划又分第一和第二两个阶段。不愿升 7 年级的 6 年级学生可参加该计划第一阶段学习，一年半后再参加第二阶段学习。完成小学 8 年学习的学生可直接进入第二阶段学习。该计划亦招收曾经就业而未经正规职业培训者。中等教育分为 2 年制的大学预科教育（主要面向有升学意愿的学生）和 4 年制与正规职业计划相衔接的教育（主要面向就业）。中小学课程全国统一，采取半日授课的方式。

据政府报告显示，安哥拉中小学教育薄弱，安哥拉儿童入学率较低。学生通常需支付书费、餐费等额外费用才能入学。城乡之间的入学比例差距很大，男孩的入学比例远高于女孩。

安哥拉中央设教育部管理全国中、小学教育。职业教育培训和成人在职训练由中央教育部与其他部门共同负责。

三、中等教育

如前文所述，安哥拉的高中分为两种，即 4 年制的中等职业教育或 2 年制的大学预科教育。

（一）高中统考

安哥拉高中国家考试是全国性的考试，高中统考取代了各省教育局组织的考试，各省教育局负责向全国考试委员会提交考试提案。

安哥拉的高考被称为能力考试，每年一次，在每年的 2 月进行。考生先注册报名，再填写报考志愿。必考科目是葡萄牙语，考生可根据报考的专业学科选择对应的考试科目。

（二）评分系统

安哥拉的中学评分体系为 0~20 分（见表 1），其中 20 分是最高成绩，评分为 10 分是最低及格要求；评分为 10~12 分，评价为及格，评分为 13~15 分，评价为良好，评分为 16~20 分，评价则是优秀。

表 1　安哥拉中学评分体系

分数范围（分）	评价	等第
16~20	优秀	A
13~15	良好	B
10~12	及格	C
1 ~9	不及格	F

（三）高中成绩单样式

安哥拉高中毕业生如要去国外就读，必须在安哥拉外交部对个人的高中成绩单进行认证（见图 3）。成绩单的认证需提交高中成绩单原件、身份证等材料，认证需约 3~5 个工作日。通过认证的成绩单将在其文件背面贴如图 4 所示的图片。

VISTO

Lic. [redacted]VEIRA

REPÚBLICA DE ANGOLA
GOVERNO PROVINCIAL DO CUNENE
GABINETE DA EDUCAÇÃO
COMPLEXO ESCOLAR DR. MARTINHO LUTERO EM SHANGALALA

CERTIFICADO DE HABILITAÇÕES LITERÁRIAS

José Tobias Peuyelenga, Director da Escola do II Ciclo do Ensino Secundário Complexo Escolar Dr. Martinho Lutero, Certifica em cumprimento do despacho exarado no requerimento arquivado na Secretaria desta Instituição, que [redacted] filho de [redacted] nascido aos [redacted] natural de Ondjiva, Município do Cuanhama, Província do Cunene Portador do [redacted] passado pelo arquivo de identificação de Luanda aos 11 de Setembro de 2015, concluiu neste Complexo no Ano Lectivo de 2019 a 12ª classe, na turma A no curso de **Ciências Físicas e Biológicas**, tendo obtido as seguintes classificações:

DISCIPLINAS	COTAÇÃO		
FORMAÇÃO GERAL	10ª Classe/**2017**	11ª Classe/**2018**	12ª Classe/**2019**
Lingua Portuguesa	14	16	13
Lingua Estrangeira	14	12	13
Matemática	15	17	18
Informática	17	-------	-------
Educação Física	11	16	16
Filosofia	-------	14	14
FORMAÇÃO ESPECIFICA			
Física	17	17	13
Química	14	13	14
Biologia	19	17	13
Geologia	-------	16	17
OPÇÃO			
Sociologia	-------	16	15
Empreendedorismo	-------	13	13
Média por classe	**15**	**15**	**14**
Média geral	**15**		

Por ser verdade e me ter sido solicitado, e assim constar nos documentos que ficam arquivados na secretaria, mandei passar o presente Certificado, que por mim vai assinado e autenticado com carimbo a óleo, em uso nesta Escola.

Complexo Escolar Dr. Martinho Lutero, aos 18 de Dezembro de 2019.

O DIRECTOR DO COMPLEXO

[redacted]

18 12 2019

图 3　高中成绩单样式

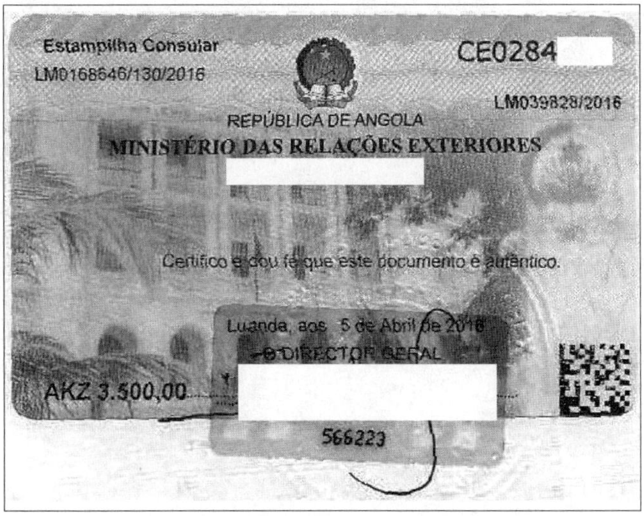

图 4　通过认证材料示意图

四、专科 & 本科教育

安哥拉的高等教育是指完成中学教育之后接受的教育。在安哥拉，高等教育通常被称为中学后教育，是指高中毕业后的学术深造。本科是指 4 年完成培养方案的高等教育，包括副学士和学士学位。申请研究生通常需要先完成本科教育，研究生学位包括硕士学位和博士学位。

从 2000 年开始，安哥拉高等教育有了相当大的发展。罗安达大学发展成为阿戈斯蒂纽·内图大学。该校现在拥有大约 40 个学院，遍布全国主要城市。另外，私立大学也得到了发展。

截至 2014 年，安哥拉全国拥有 39 所高等教育机构，其中公立教育机构 17 所，包括 7 所大学、7 所高等学院和 3 所高级学校。阿戈斯蒂纽·内图大学是唯一的国立综合性大学。私人教育机构 22 所，包括 10 所大学和 12 所高等学院。教育支出占国家预算的 8.09%。

（一）大学入学要求

在安哥拉，无论是申请公立学校还是私立学校，原则上都必须参加入学考试。入学考试一般在每学年开始前（大约 2 月）举行。少部分私立大学亦可自行决定考试时间和申请入学的其他条件，如学生要携带的文件等。申请时一般需要支付申请费，费用多少取决于所申请的大学和专业。

（二）综合理工学院入学要求

综合理工学院要求申请者具有相关技术背景的高中学历，或具有在技术学院接受过一般技术或手工艺课程教育的经历。和其他非洲国家一样，安哥拉的理工学院比大学更具有导向性，且提供中等职业教育。

（三）评分系统

安哥拉的高等教育评分体系与高中一致，满分为 20 分，10 分及格，评价分为及格、良好、优秀。

（四）学位证书和成绩单样式

学位证书和成绩单样式见图 5 和图 6。

UNIVERSIDADE AGOSTINHO NETO
REITORIA
SERVIÇOS ACADÉMICOS
Certificado de Habilitações
Nº UAN.2691.21
2860PGV2015

Serviços Académicos da Reitoria da Universidade Agostinho Neto, em Luanda aos 29 de Setembro de 2021.

图 5　学士学位证书样式

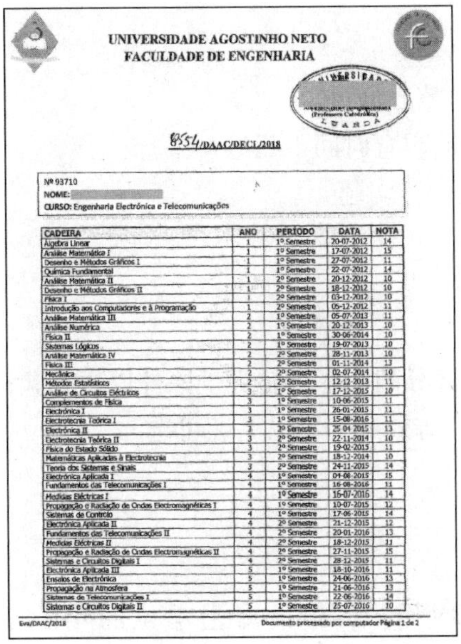
UNIVERSIDADE AGOSTINHO NETO
FACULDADE DE ENGENHARIA
8554/DAAC/DECI/2018
Nº 93710
NOME: [redacted]
CURSO: Engenharia Electrónica e Telecomunicações

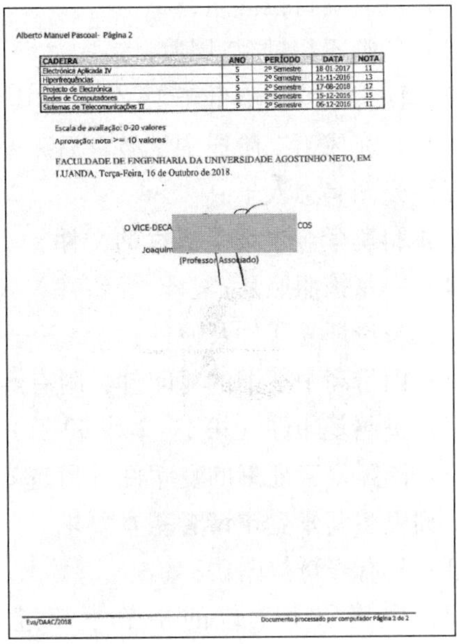
Escala de avaliação: 0-20 valores
Aprovação: nota >= 10 valores
FACULDADE DE ENGENHARIA DA UNIVERSIDADE AGOSTINHO NETO, EM LUANDA, Terça-Feira, 16 de Outubro de 2018.

图 6　本科成绩单样式

（五）学位证书验证

高等教育学位证书和成绩单的认证和高中一样，通常用于学生留学，必须在安哥拉外交部进行认证。

五、硕士研究生教育

和非洲其他国家一样，安哥拉的硕士学制通常为2年。

（一）入学和毕业要求

安哥拉的硕士申请条件通常由教育机构自行决定，大多数情况下，需要申请者先取得学士学位。学士学位既可以作为单独的学位，也可以作为综合课程的一部分。

硕士毕业生要求应在所研究的领域内具备理论和应用方面的先进专业知识，应具有较强的分析、判断能力或专业应用的技巧，应具有解决复杂问题和独立思考的能力。

（二）奖学金申请流程

高等教育科学技术和创新部（MESCTI）规定，本科（学士学位）和研究生（硕士和博士学位）的奖学金申请通常于每年的3月31日截止。申请者必须亲自到指定的国立奖学金管理学院（INAGBE）提出申请。

1. 本科奖学金申请者基本要求

（1）具有安哥拉国籍；

（2）年龄不超过22周岁；

（3）课程平均分不低于14分，尤其是核心科目；

（4）在完成第二阶段中学教育后，中断教育时间不超过1年；

（5）爱国有志人士。

2. 本科奖学金申请需提供的文件

（1）一张护照照片；

（2）身份证复印件及原件；

（3）两份高中证书的复印件，附有经区分的注释，并提供原件以供查验；

（4）护照复印件（第1、2和32页），有效期2年以上（可选）；

（5）国际语言证书的复印件（可选）。

3. 研究生奖学金申请者基本要求

（1）具有安哥拉国籍；

（2）申请硕士学位的年龄不超过35周岁，申请博士学位的年龄不超过45周岁；

（3）在打算攻读硕士或博士学位的专业领域有经过认证的专业经验；

（4）爱国有志人士。

4. 研究生奖学金申请需提供的文件

（1）向国立奖学金管理学院总局申请外部奖学金的申请表；

（2）经申请人所在单位批准的临时培训计划（如适用）；

（3）申请人工资或薪水的复印件（如适用）；

（4）拟进行的科研项目概述，包括主题、目的、研究现状、理论基础、研究方法和研究执行进度等；

（5）经国家高等教育研究评估认证所（INAAREES）正式认证的学位证明或相当的学位证明；

（6）一张护照照片；

（7）身份证复印件及正本；

（8）护照复印件（第1、2和32页），有效期2年以上；

（9）国际语言证书的复印件（可选）。

六、博士研究生教育

安哥拉国立奖学金管理学院每年提供6500个内部奖学金名额，其中本科生5500个名额，研究生1000个名额（硕士研究生和博士研究生）。博士学位具体申请要求与申请硕士学位的要求基本相同。

在安哥拉，申请博士学位比较罕见，其原因有以下几点：第一，能够提供博士学位的大学很少；第二，选择攻读本国博士学位的人较少，大多数情况下，安哥拉的学生更喜欢赴国外攻读博士学位。

在安哥拉，全日制博士学制为4年，非全日制博士学制为6年。

附　录

（一）部分公立大学名单

（1）阿戈斯蒂纽·内图大学（Agostinho Neto University）

（2）高等国际关系学院（Higher Institute of International Relations）

（3）十一月十一日大学（University November 11）

（4）何塞·爱德华多·多斯桑托斯大学（Jose Eduardo dos Santos University）

（5）卡蒂瓦拉·比拉大学（Katyavala Bwila University）

（6）金帕维塔大学（Kimpa Vita University）

（7）卢吉安康德大学（Lueij A'Nkonda University）

（8）曼杜梅亚恩德穆法约大学（Mandume Ya Ndemufayo University）

（二）部分私立大学名单

（1）高等社会科学与国际关系学院（Higher Institute of Social Sciences and International Relations)

（2）安哥拉综合理工学院（Polytechnic Institute of Technology and Science）

（3）卡曾加高等理工学院（Cazenga Higher Polytechnic Institute）

（4）万博高等理工学院（Huambo Higher Polytechnic Institute）

（5）朝阳高等理工学院（Higher Polytechnic Institute of the Rising Sun）

（6）安哥拉大都会高等理工学院（Metropolitan Higher Polytechnic Institute of Angola）

（7）安哥拉天主教大学（Catholic University of Angola）

（8）贝拉斯大学（University of Belas）

（9）格雷戈里奥·塞梅多大学（Gregório Semedo University）

（10）安哥拉独立大学（Independent University of Angola）

（11）安哥拉让·皮亚杰大学（Jean Piaget University of Angola）

（12）卢西亚达大学（Lusíada University）

（13）卢索佛纳大学（Lusófona University）

（14）安哥拉梅托蒂斯特大学（Methodist University of Angola）

（15）奥斯卡里巴斯大学（Oscar Ribas University）

（16）安哥拉私立大学（Private University of Angola）

（17）安哥拉技术大学（Technical University of Angola）

（三）部分名校名单

（1）阿戈斯蒂纽·内图大学（Agostinho Neto University）

（2）安哥拉综合理工学院（Polytechnic Institute of Technology and Science）

（3）安哥拉天主教大学（Catholic University of Angola）

（4）安哥拉独立大学（Independent University of Angola）

（5）安哥拉梅托蒂斯特大学（Methodist University of Angola）

（6）奥斯卡里巴斯大学（Oscar Ribas University）

（7）安哥拉私立大学（Private University of Angola）

（8）安哥拉让·皮亚杰大学（Jean Piaget University of Angola）

（9）曼杜梅亚恩德穆法约大学（Mandume Ya Ndemufayo University）

（10）安哥拉技术大学（Technical University of Angola）

（李君钰、周曾、张颖、BRAGA PAULO OSCAR ITARI、MARIO MONTEIRO DA COSTA、REBECA BUANGA DUDA）

巴基斯坦

一、关于巴基斯坦

（一）国家概况

巴基斯坦，全称为巴基斯坦伊斯兰共和国，位于南亚次大陆西北部。东接印度，西邻伊朗，南濒阿拉伯海，东北与中国毗邻，西北与阿富汗交界。巴基斯坦原为英属印度的一部分，1858 年随印度沦为英国殖民地。1940 年 3 月，全印穆斯林联盟通过了关于建立巴基斯坦的决议。1947 年 6 月，英国公布“蒙巴顿方案”，实行印巴分治。同年 8 月 14 日，巴基斯坦宣告独立，成为英联邦的一个自治省，包括东、西巴基斯坦两部分。1956 年 3 月 23 日，巴基斯坦伊斯兰共和国成立。①

巴基斯坦总人口约 2.25 亿（截至 2020 年 4 月），是多民族国家，首都为伊斯兰堡。95%以上的居民信奉伊斯兰教（国教），少数居民信奉基督教、印度教和锡克教等。巴基斯坦的行政区域主要分为以下四大省：旁遮普省、信德省、俾路支省、开伯尔-普什图赫瓦省。伊斯兰堡是一个独立的首都特区。

巴基斯坦奉行独立和不结盟外交政策，注重发展同伊斯兰国家和中国的外交关系。巴中两国一直友好相处，保持着密切的文化往来，建交后两国即互派文化团组访问和举办展览。巴基斯坦和印度两国则历史积怨甚深，克什米尔问题是两国的核心问题。历史上曾三次爆发印巴战争，武装冲突始终不断。

巴基斯坦的主要民族语言有旁遮普语、信德语、俾路支语和普什图语等，乌尔都语为国语，乌尔都语和英语为官方语言。普通中等教育考试由 26 个省级委员会决定。

---

① 中国领事服务网. 国家概况[EB/OL].[2023-03-11]. http://cs.mfa.gov.cn/zggmcg/ljmdd/yz_645708/bjst_6459581/.

巴基斯坦儿童从5岁起必须接受十年制义务教育①。但受到经济状况的制约，小学的入学率较低，很多适龄孩童无法入学。因此，巴基斯坦历届政府都重视提高小学入学率。不仅如此，学生小学毕业后，还将面临中等教育资源供给不足的情况。只有少数学生在接受完初等教育后能够接受中等或高等教育，这对社会进步、经济发展、科技提高等方面都有潜在的负面影响。除此之外，巴基斯坦教育体系中还普遍存在重理轻文的现象。

（二）护照样式

护照样式见图1和图2。

图1　护照封面样式

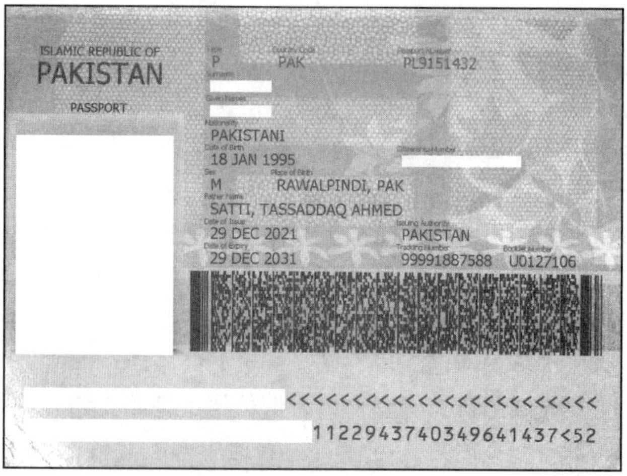

图2　护照信息页样式

① World Education News+Reviews. Education in Pakistan[EB/OL].(2020-02-25)[2023-03-11]. https://wenr.wes.org/2020/02/education-in-pakistan.

二、教育体系简介

巴基斯坦的教育体系与英国相似，由教育部统一管理，26个省级委员会统筹安排普通中等教育考试。许多私立高等教育机构已获高等教育委员会认可。自然科学学科和艺术学科之间有明显的区别，自然科学更受学生重视。

巴基斯坦的教育体系分为四个阶段：学前教育、基础教育、中等教育和高等教育（见图3）。

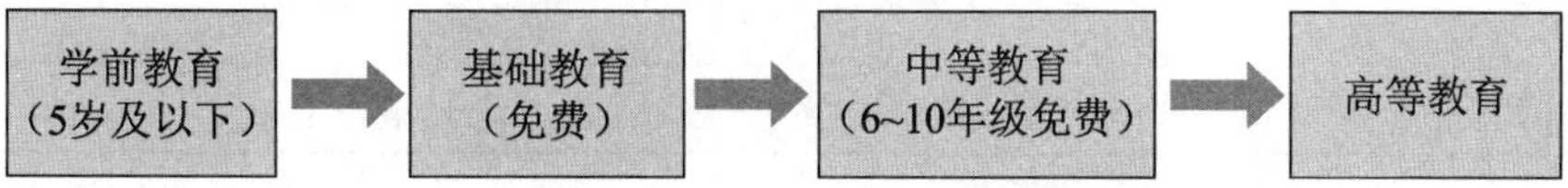

图3　巴基斯坦教育系统

学前教育是第一阶段。在巴基斯坦，年满2岁半的孩子可以进入幼儿园学习，为基础教育做准备。在巴基斯坦基础教育并不被重视，据巴基斯坦政府估计，在3~4岁的儿童中，只有大约1/3的儿童参加了正规的学前教育。尽管联邦政府和省政府致力于发展学前教育，但收效不大。

基础教育是第二阶段。年满5岁的孩子可以接受免费的基础教育，学制为5年。课程包括科学、巴基斯坦研究、伊斯兰研究、乌尔都语、英语和数学。学生毕业后如果想升入较好的学校，需要参加该学校的入学考试；如果想升入相应的公立学校，不需参加入学考试。

中等教育是第三阶段。该阶段包括6~12年级，共7年。6~8年级为免费教育，英语和阿拉伯语是两门必修课程。学习结束后，所有学生都要参加毕业考试，考试成绩合格者会获得相应的毕业证书。8年级结束后，学生才有资格参加中学入学考试。入学考试由各省中高等教育委员会组织，每年一次，时间为4—6月，考试成绩合格方可入学。9~10年级为中学，此阶段也为免费教育①，学生每年都要参加考试。学生从此开始接受职业教育，课程由职业学院或技术培训学院开设。学制从3个月到2年不等。男女学生课程分开设置，包括20%的理论教育和80%的实践教育，使毕业生满足劳动力市场的需求。学生顺利完成所有课程后须通过考试才能获得初等中学学位证书（SSC证书）。11~12年级为高中教育。学生可以选择自然科学类、人文类、通用课程、医学预科、工程学预科或医学技术类中任意一种课程。每类课程包括4个必修科目：英语、乌尔都语、伊斯兰研究/伦理学（非穆斯林）和巴基斯坦研究。学生除了必修课还要学习3门选修课，如数学、化学和计算机。顺利完成所有课程后，学生须参加由各省级教育委员会组织的考试，考试合格后方

① World Education News+Reviews. Education in Pakistan[EB/OL]. (2020-02-25)[2023-03-11]. https://wenr.wes.org/2020/02/education-in-pakistan.

可获高等中学学位证书（HSSC 证书）。

高等教育是第四阶段。包括大学教育和研究生教育。大学阶段学制 2~4 年不等，临床医学专业、建筑专业、法律专业学制为 5 年。研究生教育分硕士和博士，硕士学制为 1~2 年，博士学制为 3~7 年。详细情况见表 1。

表 1　高等教育学制和所获证书一览表

教育类别	学制（年）	所获证书
普通学士	2	文学学士、理学学士等
学士	4	工程学士、理学学士等
硕士	2	哲学硕士、工程硕士
博士	3~7	哲学博士

三、中等教育（高中）

巴基斯坦的高中包含 11~12 年级。在高中阶段，学生可以选择主修专业，可选择的专业包括自然科学类、人文类、通用课程、医学预科、工程学预科和医学技术类。所有高中学生都要学习 4 门核心课程：英语、乌尔都语、伊斯兰研究/伦理学（非穆斯林）和巴基斯坦研究。此外，学生还要根据自己的实际学习方向选择 3 门选修课，如数学、化学和计算机。总体来说，高中生要学习 4 门核心课程，另加 3 门或 4 门选修课程，共计 7 门或 8 门课程。

（一）高中统考

中等教育委员会（BISC）是巴基斯坦负责基础教育和中等教育的全国性考试机构。高中阶段学生需要参加中等教育委员会组织的考试。11 年级时，学生需参加中等教育委员会组织的第一阶段结业考试，该考试在每年的 4 月举行，只有通过的考生才能进入下一阶段学习。12 年级时，学生需参加中等教育委员会组织的第二阶段结业考试，该考试也在每年 4 月举行，通过的考生可以获得 HSSC 证书。此外，中等教育委员会在每年 10 月份或 11 月份也会组织补考，没有通过的学生可以申请参加。

（二）评分系统

英语、巴基斯坦研究、伊斯兰研究 3 门核心课程都被纳入考核范围，成绩计入总分。对于打算在高等教育阶段攻读工程等相关专业的学生，物理、数学、化学等选修课也要纳入考核。对于打算攻读医学等相关专业的学生，生物、化学、物理等选修课也要纳入考核。一般来说，共有 3 门选修科目纳入总成绩计算范围。最后，合计 6 门课程的成绩得到学生的总分。

考生的成绩通常由考试委员会评定。根据所取得成绩的百分率给予“A+、A、B、C、D、E、F”成绩。“A+”指综合成绩（包括理论和实践成绩）达到 80 分以上，接下来按照 80 分往下类推。“F” 是不及格。在这个系统中，一个科目的及格分数是 33 分。详细评分体系见表 2。

表 2 巴基斯坦高中评分体系

等级	分值（分）	总体评价
A+	100≥X≥80	优秀
A	80>X≥70	好
B	70>X≥60	良好
C	60>X≥50	良好
D	50>X≥40	及格
E	40>X≥33	及格
F	<33	不及格

按照巴基斯坦高等院校的要求，工程类专业和医学专业需要的 HSSC 成绩为“A+、A、B”，文学专业需要的 HSSC 成绩为“A+、A、B、C”。除参考 HSSC 成绩外，不少大学都组织单独的入学考试，例如国立科学技术大学、工程技术大学。也有大学不组织单独的入学考试，仅依据学生的 HSSC 成绩和申请资料决定是否录取，例如真纳大学。

（三）高中成绩单样式

参加 HSSC 考试的学生通常可在考试后 3 个月左右查询成绩。考试成绩一般会在网上公布，因此学生需要在线查看结果并自行打印。中等教育委员会将在成绩发布之日起一周内向所有参加考试的学生提供证书原件。高中在线查询成绩单样式和高中成绩单样式见图 4 和图 5。

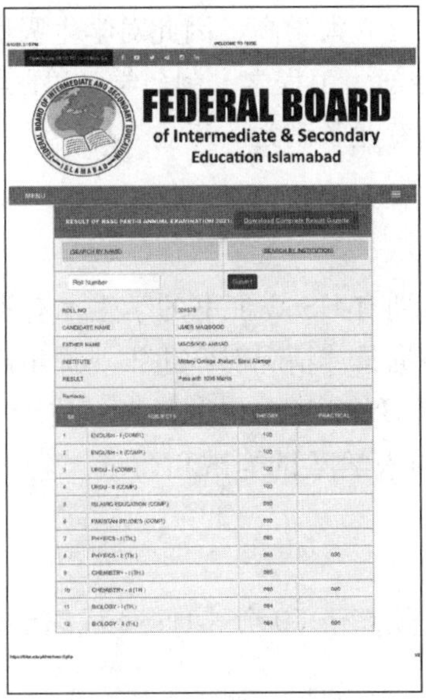

图 4 高中在线查询成绩单样式

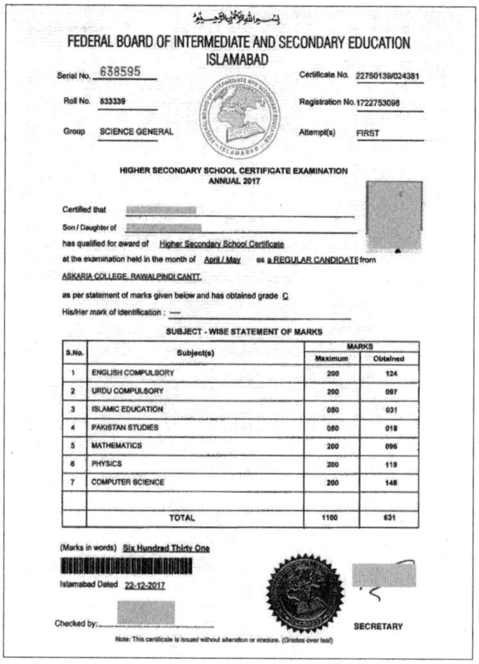

بسم الله الرحمن الرحيم

FEDERAL BOARD OF INTERMEDIATE AND SECONDARY EDUCATION
ISLAMABAD

Serial No. 638595　　Certificate No. 22750139/024381

Roll No. 533339　　Registration No. 1722753098

Group SCIENCE GENERAL　　Attempt(s) FIRST

HIGHER SECONDARY SCHOOL CERTIFICATE EXAMINATION
ANNUAL 2017

Certified that

Son / Daughter of

has qualified for award of Higher Secondary School Certificate

at the examination held in the month of April / May as a REGULAR CANDIDATE from

ASKARIA COLLEGE, RAWALPINDI CANTT.

as per statement of marks given below and has obtained grade C

His/Her mark of identification : —

SUBJECT - WISE STATEMENT OF MARKS

S.No.	Subject(s)	MARKS	
		Maximum	Obtained
1	ENGLISH COMPULSORY	200	124
2	URDU COMPULSORY	200	097
3	ISLAMIC EDUCATION	050	031
4	PAKISTAN STUDIES	050	018
5	MATHEMATICS	200	096
6	PHYSICS	200	119
7	COMPUTER SCIENCE	200	146
	TOTAL	1100	631

(Marks in words) Six Hundred Thirty One

Islamabad Dated 22-12-2017

Checked by:　　SECRETARY

Note: This certificate is issued without alteration or erasure. (Grades over leaf)

图 5　高中成绩单样式

四、专科 & 本科教育

巴基斯坦的高等教育由大学、附属于大学的独立学院和技术学院组成。全国共有 201 所公立高等教育机构和 74 所被认可的私立高等教育机构。私立大学学费昂贵，但是其教学质量并不比公立大学高，因此对学生吸引力不大。学士学位课程学制为 4~5 年。农业学、口腔学、工程学、制药学、兽医学专业学制为 4 年，而临床医学专业、建筑专业、法律专业学制为 5 年。

（一）入学要求

1. 大学入学要求

在巴基斯坦，通常只有拥有 HSSC 证书的学生才有资格报考大学。除了统一的入学标准外，各专业还可根据具体情况对学生学业提出附加要求。大学入学要求一般包括以下几点：（1）获得 HSSC 证书，并且考试成绩介于"A+"和"C"之间；（2）通过国家或大学组织的入学考试笔试和面试，笔试和面试成绩各占总成绩的 50%；（3）年龄不超过 24 岁。

2. 独立学院入学要求[①]

申请者入学考试成绩必须高于 60 分，HSSC 成绩必须高于 65 分。录取计算总

① Independent Medical College. Admissions[EB/OL].[2023-03-11]. http://www.imc.edu.pk/.

成绩时，入学考试成绩占总成绩的 50%，HSSC 成绩占总成绩的 30%，面试成绩占总成绩的 20%。申请者的年龄不超过 24 岁。

3. 技术学院入学要求

申请者需持有 HSSC 工程预科证书，或者在高中选修了物理、化学和数学 3 门课程且 3 门课程分数均高于 60 分。部分学院也接受选修计算机科学、化学和物理 3 门课程且 3 门课程分数均高于 50 分的申请者。大部分学院要求申请者的入学考试分数不低于 50 分。通过笔试者要参加面试。申请者的年龄不超过 24 岁。

（二）评分系统

各个大学使用的评分系统不完全相同。评分等级由“A、A-、B+、B、B-、C+、C、C-、D、F”组成。通常来说，“A、A-、B+、B”被认为是优秀等次。每学期或每学年末的分数是根据期中考试、作业、测验和实验综合评定的。分数出来之后，由不同的教授根据学生的课堂表现、学习能力和考试成绩给出不同的分数。最终成绩以 GPA 的形式给出，GPA 总分为 4 分。计算最终成绩时，将所有学期总分数相加，再除以总的学时数，得出 GPA。旁遮普大学的 GPA 评分标准见表 3。

表 3　旁遮普大学的 GPA 评分标准

分数的百分比（%）	评价	GPA
≥85	A	4.00
85>X≥80	A-	3.70
80>X≥75	B+	3.30
75>X≥70	B	3.00
70>X≥65	B-	2.70
65>X≥61	C+	2.30
61>X≥58	C	2.00
58>X≥55	C-	1.70
55>X≥50	D	1.00
<50	F	0.00

（三）学位证书和成绩单样式

学士学位证书和本科成绩单样式见图 6 和图 7。

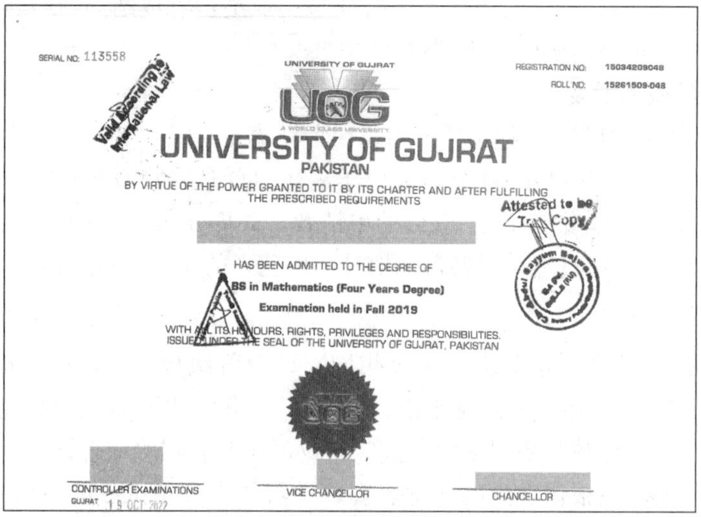
SERIAL NO: 113558
UNIVERSITY OF GUJRAT
REGISTRATION NO: 15034209048
ROLL NO: 15261509-048
UOG
A WORLD CLASS UNIVERSITY
UNIVERSITY OF GUJRAT
PAKISTAN
BY VIRTUE OF THE POWER GRANTED TO IT BY ITS CHARTER AND AFTER FULFILLING THE PRESCRIBED REQUIREMENTS
[redacted]
HAS BEEN ADMITTED TO THE DEGREE OF
BS in Mathematics (Four Years Degree)
Examination held in Fall 2019
WITH ALL ITS HONOURS, RIGHTS, PRIVILEGES AND RESPONSIBILITIES.
ISSUED UNDER THE SEAL OF THE UNIVERSITY OF GUJRAT, PAKISTAN
[redacted]
CONTROLLER EXAMINATIONS
GUJRAT 19 OCT 2022
[redacted]
VICE CHANCELLOR
[redacted]
CHANCELLOR

图 6　学士学位证书样式

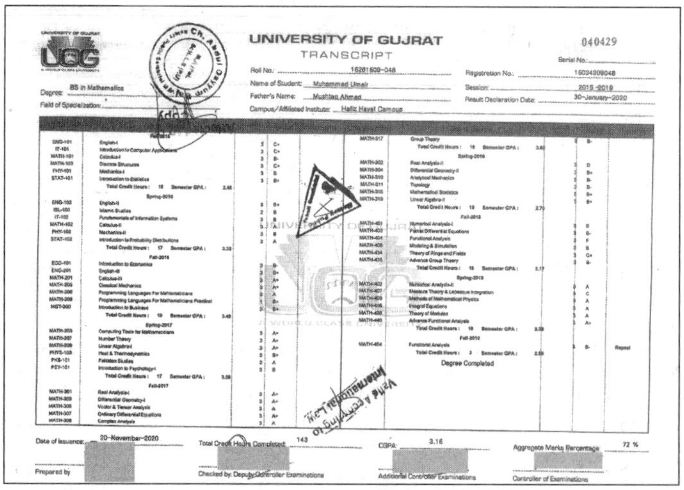
UNIVERSITY OF GUJRAT
TRANSCRIPT
Serial No: 040429
Degree: BS in Mathematics
Field of Specialization:
Roll No.: 15261509-048
Name of Student: Muhammad Umair
Father's Name: Mushtaq Ahmad
Campus/Affiliated Institute: Hafiz Hayat Campus
Registration No.: 15034209048
Session: 2015-2019
Result Declaration Date: 30-January-2020
Degree Completed
Date of Issuance: 20-November-2020
Total Credit Hours Completed: 143
CGPA: 3.16
Aggregate Marks Percentage: 72 %
Prepared by [redacted]
Checked by: Deputy Controller Examinations [redacted]
Additional Controller Examinations [redacted]
Controller of Examinations [redacted]

图 7　本科成绩单样式

（四）学位证书验证

达到学位授予要求后，学生将获得由行政机关正式认证的学位证书和学校颁发的成绩单。学位证书通常由学位授予机构进行核实。如果颁发学位证书的高等教育机构在高等教育委员会的名册之内，学位认证可在高等教育委员会官网上进行核实，或由学生本人亲自去高等教育委员会认证。如果学位授予学校不在高等教育委员会名册内，则不予认证。

五、硕士研究生教育

完成学士学位课程后，学生可以申请硕士学位课程，硕士学制为 2 年。

（一）入学要求

具有 16 年学习时长或同等学分的学生才有资格申请硕士课程的学习。硕士研究生的录取方式有两种。一部分大学倾向于自行组织入学考试或者使用国家考试服务中心（NTS）的考试，另一部分大学倾向于将 GAT 和 GRE 成绩作为入学依据。此外，有的学校在录取时也会参考学生本科阶段的学习成绩。

（二）评分系统

硕士学位和学士学位的评分制度类似，一般依据学期期末论文或该学科期末考试的笔试分数。每个大学的评分系统可能不同，常见的评分系统见表 4。

表 4　硕士评分系统

分值（分）	等级
≥60	Ⅰ类
60>X≥45	Ⅱ类
45>X≥33	Ⅲ类
<33	不及格

（三）学位证书和成绩单样式

硕士学位证书和成绩单样式见图 8 和图 9。

Serial No. 2021/ 059324　الرقم المسلسل　Registration No. 725-FBAS/MSMA/F20 رقم التسجيل

INTERNATIONAL ISLAMIC UNIVERSITY　الجامعة الإسلامية العالمية

Islamabad - Pakistan

This is to certify that MUHAM[illegible] UMAIR　تشهد الجامعة أن محمد عمير

son/daughter of MUSHTAQ AHMED　ابن / بنت مشتاق احمد

on having fulfilled the prescribed requirements in the examination　قد أتمّ/ أتمّت المتطلّبات الدّراسيّة للجامعة في الامتحان

held in August 2022 is awarded the degree of　المنعقد في أغسطس ٢٠٢٢ و منح / منحت بناء على ذلك درجة

MS in Mathematics　ماجستير العلوم في الرياضيات

He/She has secured Cumulative Grade Point Average　ونال/و نالت درجة تراكمية قدرها

of 3.60 out of 4.00　٣،٦٠ نقطة من ٤،٠٠ نقاط

We pray Allah to guide him/her to serve Islam and Knowledge.　نسأل الله أن يوفقه/ يوفقها لخدمة الإسلام والعلم

Attested to be True Copy

Director (Academics)　President　Vice President (Academics)

Issued in Islamabad on October 20, 2022

图 8　硕士学位证书样式

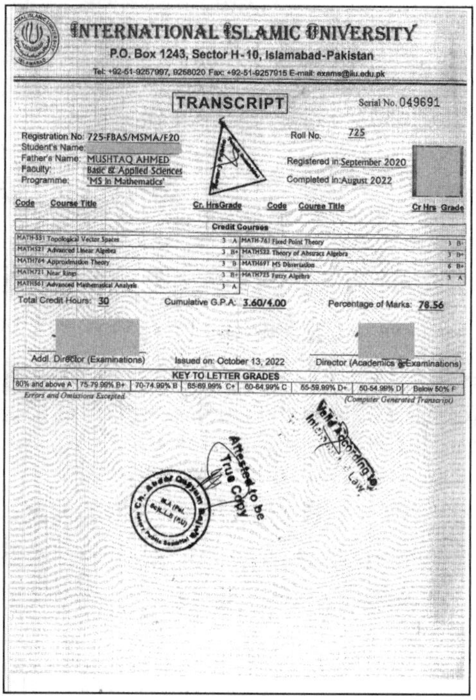

INTERNATIONAL ISLAMIC UNIVERSITY
P.O. Box 1243, Sector H-10, Islamabad-Pakistan
Tel: +92-51-9257997, 9258020 Fax: +92-51-9257915 E-mail: exams@iiu.edu.pk

TRANSCRIPT

Serial No. 049691

Registration No: 725-FBAS/MSMA/F20
Student's Name: [redacted]
Father's Name: MUSHTAQ AHMED
Faculty: Basic & Applied Sciences
Programme: 'MS In Mathematics'

Roll No. 725
Registered in: September 2020
Completed in: August 2022

Code	Course Title	Cr. Hrs	Grade	Code	Course Title	Cr Hrs	Grade
Credit Courses							
MATH-551	Topological Vector Spaces	3	A	MATH-761	Fixed Point Theory	3	B+
MATH521	Advanced Linear Algebra	3	B+	MATH522	Theory of Abstract Algebra	3	B+
MATH764	Approximation Theory	3	B	MATH691	MS Dissertation	6	B+
MATH721	Near Rings	3	B+	MATH725	Fuzzy Algebra	3	A
MATH561	Advanced Mathematical Analysis	3	A				

Total Credit Hours: 30 Cumulative G.P.A: 3.60/4.00 Percentage of Marks: 78.56

[redacted]
Addl. Director (Examinations)

Issued on: October 13, 2022

[redacted]
Director (Academics & Examinations)

KEY TO LETTER GRADES							
80% and above A	75-79.99% B+	70-74.99% B	65-69.99% C+	60-64.99% C	55-59.99% D+	50-54.99% D	Below 50% F

Errors and Omissions Excepted

(Computer Generated Transcript)

Attested to be True Copy

图 9　硕士成绩单样式

（四）学位证书验证

方法同验证学士学位证书一样。

六、博士研究生教育

申请攻读博士学位者必须拥有硕士学位。如果申请者具备必要的知识、技能和科研能力，一些学校也允许获得学士学位的申请者直接攻读博士学位。博士学位学制为 3~4 年（全日制），如果是非全日制学习，则需要更长时间。在此期间，学生要完成一篇研究论文，还必须完成博士学位的答辩。传统上，博士生需要在校接受严格的学术训练，而随着远程教育学习计划的发展，越来越多的大学也正在接受非全日制和远程学习的博士生。

入学要求：

博士的录取主要看申请人的成绩（通常是学士和硕士阶段）及其潜在的研究能力。有的院校会组织单独的入学考试，录取时根据申请者的考试成绩和以往的成绩综合评定。也有的院校直接依据申请者以往的成绩进行录取。

附 录

(一) 教育机构联系方式

1. 国内教育委员会

电话：(+051) 111 142 222

邮箱：islamabad@ ibcc. edu. pk

网址：https：//www. ibcc. edu. pk/

2. 高等教育委员会

电话：92-21-99231076-79

网址：https：//www. hec. gov. pk/

(二) 部分大学名单

(1) 旁遮普大学 (University of the Punjab)

(2) 阿卡空大学 (Aga Khan University)

(3) 拉合尔管理科学大学 (Lahore University of Management Sciences)

(4) 国立科学技术大学 (National University of Sciences and Technology)

(5) 信息技术科学研究所 (COMSATS Institute of Information Technology)

(6) 管理和技术大学 (University of Management and Technology)

(7) 瑞法国际大学 (Riphah International University)

(8) 国立计算机与新兴科学大学 (National University of Computer and Emerging Sciences)

(9) 工商管理学院 (Institute of Business Administration)

(10) 巴赫莱亚大学 (Bahria University)

(11) 巴哈乌丁扎卡利亚大学 (Bahauddin Zakariya University)

(12) 拉合尔工程技术大学 (University of Engineering and Technology, Lahore)

(13) 费萨拉巴德农业大学 (University of Agriculture, Faisalabad)

(14) 拉合尔大学 (The University of Lahore)

(15) 伊斯兰巴哈瓦布尔大学 (The Islamia University of Bahawalpur)

(16) 瓦基德阿扎姆大学 (Quaid-i-Azam University)

(17) 伊斯兰堡国际伊斯兰大学 (International Islamic University, Islamabad)

(18) 卡拉奇大学 (University of Karachi)

(19) 撒尔戈达大学 (University of Sargodha)

(20) 中央旁遮普大学 (University of Central Punjab)

(21) 苏比利尔大学 (The Superior University)

(22) 福曼基督教学院 (Forman Christian College)

（23）巴基斯坦工程技术与应用科学研究所（Pakistan Institute of Engineering and Applied Sciences）

（24）费萨拉巴德政府大学（Government College University，Faisalabad）

（25）纳德工程技术大学（NED University of Engineering and Technology）

（26）拉合尔政府学院（Government College University，Lahore）

（27）白沙瓦大学（University of Peshawar）

（28）忠费卡尔·阿里·布托科学技术研究所（Shaheed Zulfiqar Ali Bhutto Institute of Science and Technology）

（29）派尔·梅尔·阿里·沙阿干旱农业大学（Pir Mehr Ali Shah Arid Agriculture University）

（陈雯、MATI UR REHMAN、MUHAMMAD ISMAL）

白俄罗斯

一、关于白俄罗斯

（一）国家概况

白俄罗斯，全称为白俄罗斯共和国，位于东欧平原西部，领土面积为 20.76 万平方千米，是位于东欧的内陆国家①。

白俄罗斯于 1991 年 8 月 25 日从苏联独立，是统一的民主社会法治国家。白俄罗斯从 1994 年起实行总统制，同年 7 月卢卡申科当选首任总统，并一直执政至今。全国划分为 6 个州和 1 个直辖市（首都明斯克）。全国总人口约为 925.55 万（截至 2022 年 1 月）②。国内有 130 多个民族，其中白俄罗斯族占全国人口 80% 以上。官方语言是白俄罗斯语和俄语③。

白俄罗斯是中等发达的工农业国家，2021 年白俄罗斯国内生产总值为 1732 亿白俄罗斯卢布，约合 682.37 亿美元，同比增长 2.3%④。国内农业和机械制造业发达，最重要的外贸伙伴是俄罗斯联邦。货币单位为白俄罗斯卢布，1 美元≈2.53 白俄罗斯卢布（2022 年 9 月 20 日）。

白俄罗斯与周边国家建立了稳固的经济联盟，在苏联时期，该地区被称为苏联的“装配车间”。白俄罗斯至今仍与俄罗斯、乌克兰及其他独联体国家保持紧密的工业联系。2020 年白俄罗斯与中国的货物和服务贸易总额达到 54 亿美元。中国首

---

① 中华人民共和国驻白俄罗斯共和国大使馆. 白俄罗斯国家概况[EB/OL].（2022-09-20）[2023-03-09]. http://by.china-embassy.gov.cn/belsgk/201704/t20170421_2169871.htm.

② 白俄罗斯共和国. 白俄罗斯共和国概况[EB/OL].[2022-04-23]. http://www.belarus.by/cn/about-belarus/key-facts.

③ 中华人民共和国外交部. 白俄罗斯国家概况[EB/OL].[2023-03-09]. https://www.mfa.gov.cn/web/gjhdq_676201/gj_676203/oz_678770/1206_678892/1206x0_678894/.

④ 中华人民共和国驻白俄罗斯共和国大使馆经济商务处. 2021 年白俄罗斯 GDP 同比增长 2.3%[EB/OL].（2022-01-18）[2022-04-23]. http://by.mofcom.gov.cn/article/jmxw/202201/20220103277861.shtml.

次成为白俄罗斯第二大贸易合作伙伴，仅次于俄罗斯联邦。①

（二）护照样式

护照样式见图 1 和图 2。

图 1　护照封面样式

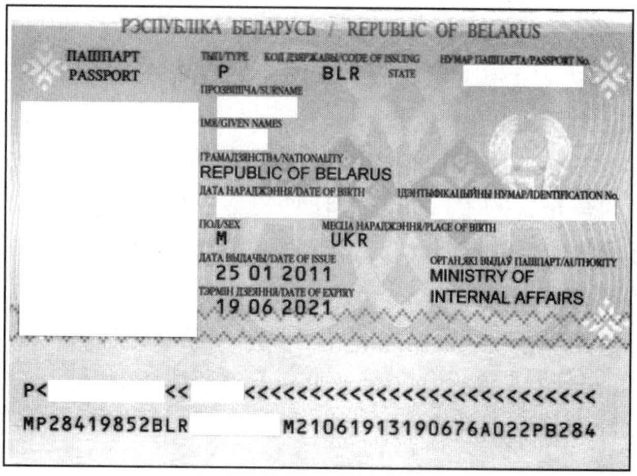

图 2　护照信息页样式

① 新浪网. 白俄罗斯驻华大使尤里·先科：中欧班列使中白双边贸易额创新高[EB/OL].（2021-07-07）[2022-04-23]. http://k.sina.com.cn/article_3164957712_bca56c1002001nki8.html.

二、教育体系简介

（一）发展概况

白俄罗斯是一个历史悠久的教育文化大国，教育资源丰富，教育体系完善，成年人口的识字率达到 99.7%，全国 98%的人接受过基础教育、中等教育和职业教育。近年来，白俄罗斯对教育系统划拨的经费占全国 GDP 的 5%以上，这一数字可与发达欧洲国家的教育经费相媲美[1]。2015 年，白俄罗斯加入了欧洲高等教育区（European Higher Education Area），进一步表明该国具有高水平的教育质量。白俄罗斯教育采用双语（白俄罗斯语和俄语）进行。

白俄罗斯的教育体系分几个阶段：学前教育、中等教育（包括普通基础教育、普通中等教育）、职业技术教育、中等专业教育、高等教育和研究生教育（见图 3）。

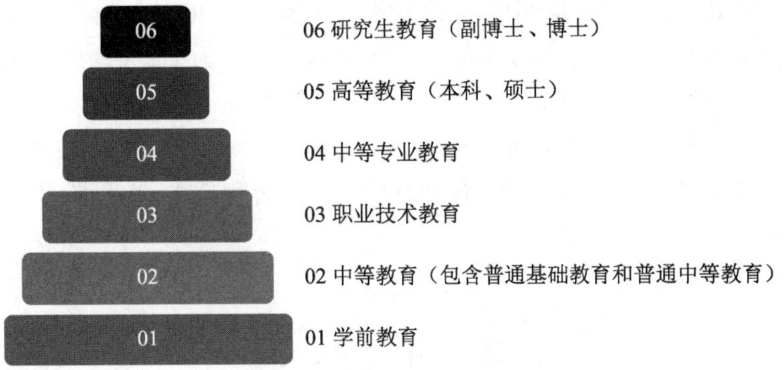

图 3　白俄罗斯教育系统

（二）外国公民在白俄罗斯留学的要求[2]

外国学生入学时，学习本科课程需提供高中（中专）同等阶段文凭和相关授课语言水平等级证书。绝大多数外国人采用俄语授课，如果没有语言基础，需进行 1 年的俄语预科学习。持有本科文凭者，预科毕业后可直接进入硕士阶段学习。高中毕业生预科毕业后可选择连续学习 6 年直接获得硕士学位，中间无须参加学历提升考试。学生大学本科 4 年结束后，通过国家考试并顺利完成论文答辩，获颁学士学位证书。

---

① President of the Republic of Belarus. Education in the Republic of Belarus [EB/OL]. [2023-03-09]. https://president.gov.by/en/belarus/social/education.

② 白俄罗斯共和国驻华大使馆. 白俄罗斯共和国教育[EB/OL]. [2022-04-23]. https://china.mfa.gov.by/zh/education/.

考生申请白俄罗斯大学应向高校招生办公室提交如下文件[①]：

1. 入学申请表（表格样本参见学校网站）；
2. 毕业证书复印件及公证书，成绩（分数）公证书；
3. 身份证明及公证书；
4. 带照片的护照复印件；
5. 国家检疫部门出具的体检证书，无艾滋病毒感染的健康证明。

所需文件语言需翻译为白俄罗斯语或俄语。原文件如果为英语、法语、西班牙语、意大利语也需要翻译成俄语或白俄罗斯语。

（三）"一带一路"中的中白教育合作

白俄罗斯特别重视与我国的关系，教育领域合作也是白俄罗斯优先发展领域之一。2006 年 12 月，白俄罗斯国立大学成立了国家汉学研究院，致力于汉语的推广、文化融合和互补。2011 年 9 月在明斯克国立语言大学成立了孔子学院。白俄罗斯中小学已经开始推广汉语教学，部分学校将汉语作为必修课或选修课。

白俄罗斯高等教育机构与中国高校和研究所签订了 400 多份合作协议，主要集中在共建科学实验室、学生和专家的互派互访等方面。为了让白俄罗斯语和白俄罗斯文化在中国更好地传播和发展，白俄罗斯在中国成立了 11 个白俄罗斯研究中心，在兰州财经大学建立了白俄罗斯研究院，在北京、上海、天津、西安的高校单独开设了白俄罗斯语专业。2022 年约有 8000 名中国公民在白俄罗斯各专业和领域学习[②]。

三、中等教育

白俄罗斯中等教育包括普通基础教育和普通中等教育。普通基础教育分为两个阶段：第一阶段为普通初等教育，学制为 4 年（1~4 年级）；第二阶段为普通基础教育，学制为 5 年（5~9 年级）。普通中等教育学制为 2 年（10~11 年级）。完成普通基础教育后，学生可以选择继续接受普通中等教育，也可以选择到中等专科院校、中学（对具体专业方向授课的学校）或者职业技术学院继续学习。

2002 年以来，白俄罗斯对中等教育、职业技术教育、中等专业教育和高等教育实行 10 分制的知识评分系统，代替了过去的 5 分制体系。学生不仅需要学习 2 门官方语言——白俄罗斯语和俄语，还要在英语、德语、法语、西班牙语、汉语中再选择 1 门外语学习。白俄罗斯实行九年制义务教育，普通基础教育、普通中等教育

---

① 白俄罗斯共和国. 白俄罗斯的教育[EB/OL].[2022-04-23]. https://www.belarus.by/cn/about-belarus/education.

② 白俄罗斯共和国驻华大使馆. 教育领域的合作[EB/OL].[2023-03-09]. https://china.mfa.gov.by/ru/bilateral/humanitarian/education/.

均免费（九年制义务教育指的是普通基础教育，普通中等教育为学生自选学习但免费）。

（一）中学毕业考试和大学入学考试

白俄罗斯的中学毕业考试通常在每年 6 月进行。9 年级的毕业考试包括 3 门科目：俄语、白俄罗斯语和数学。11 年级的毕业考试包括 4 门科目：俄语或白俄罗斯语、数学、外语和白俄罗斯历史。学生通过毕业考试后，分别获颁普通基础教育证书（9 年级毕业）（见图 4）和普通中等教育毕业证书（11 年级毕业）（见图 5）。

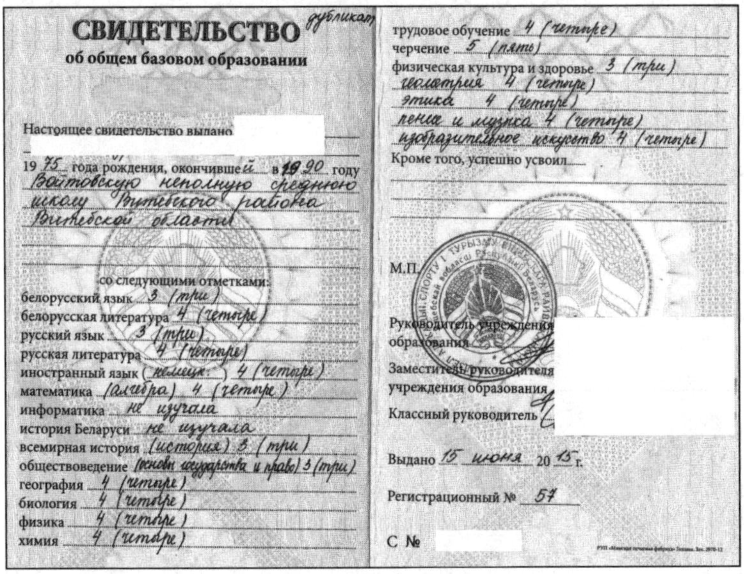

СВИДЕТЕЛЬСТВО дубликат
об общем базовом образовании

Настоящее свидетельство выдано

1975 года рождения, окончившей в 1990 году Войтовскую неполную среднюю школу Витебского района Витебской области

со следующими отметками:
белорусский язык 3 (три)
белорусская литература 4 (четыре)
русский язык 3 (три)
русская литература 4 (четыре)
иностранный язык (немецк.) 4 (четыре)
математика (алгебра) 4 (четыре)
информатика не изучала
история Беларуси не изучала
всемирная история (история) 3 (три)
обществоведение (основы государства и права) 3 (три)
география 4 (четыре)
биология 4 (четыре)
физика 4 (четыре)
химия 4 (четыре)

трудовое обучение 4 (четыре)
черчение 5 (пять)
физическая культура и здоровье 3 (три)
геометрия 4 (четыре)
этика 4 (четыре)
пение и музыка 4 (четыре)
изобразительное искусство 4 (четыре)
Кроме того, успешно усвоил

М.П.
Руководитель учреждения образования
Заместитель руководителя учреждения образования
Классный руководитель

Выдано 15 июня 2015 г.
Регистрационный № 57
С №

图 4 普通基础教育证书样式

АТТЕСТАТ
об общем среднем образовании

Этот аттестат выдан

1989 года рождения, окончившему в 2006 году учреждение образования „Государственная общеобразовательная средняя школа №2 г. Смолевичи" Минской области (юридический профиль)

со следующими отметками:
белорусский язык 9 (девять)
белорусская литература 9 (девять)
русский язык 10 (десять)
русская литература 10 (десять)
иностранный язык (англ.) 10 (десять)
математика 10 (десять)
история Беларуси 10 (десять)
всемирная история 10 (десять)
«Человек. Общество. Государство» 9 (девять)
география 10 (десять)
биология 10 (десять)
физика 9 (девять)

астрономия 10 (десять)
химия 9 (девять)
мировая художественная культура 10 (десять)
физическая культура 9 (девять)
допризывная и медицинская подготовка 9 (девять)

Кроме того, успешно усвоил курсы по выбору по русскому языку, английскому языку

За отличные результаты в учебной деятельности награжден
ЗОЛОТОЙ МЕДАЛЬЮ

М. П. Директор
Заместитель директора по учебной (учебно-воспитательной) работе
Классный руководитель

Выдан «10» июня 2006 г.
А3 №

图 5 普通中等教育毕业证书样式

集中测试（Trial Testing）是针对所有中学应届毕业生为申请高等教育院校而进行的统一入学考试，由专门的国家教育机构——白俄罗斯教育部共和国知识监察研究院（Republican Institute for Knowledge Control）负责统一组织。从2006年起，白俄罗斯的中学毕业考试与集中测试分开进行，毕业考试由各个中学自行组织，集中测试由国家相关机构组织并在指定场所进行。

集中测试包括11门考试科目：俄语、白俄罗斯语、外语（英语、德语、法语、西班牙语、汉语）、数学、社会学、生物、化学、物理、世界历史、白俄罗斯历史和地理。白俄罗斯的高等教育院校对考试科目和录取分数有单独的录取标准，考试科目通常分为俄语或白俄罗斯语、第一科目和第二科目，每个科目要求的课程不同，每名考生最多要考4门。受新冠疫情影响，2021年的应届中学毕业生有3次模拟集中测试的机会，可提前通过网上答题的形式熟悉考试题型，测试者可查看最终分数和答题情况。

（二）评分系统

白俄罗斯中学的评分系统采用10分制（见表1）。在申请学校时，集中测试成绩和毕业考试成绩均纳入审核范围。

表1　白俄罗斯10分制评分体系标准

分数（分）	评级
0	不及格
1～2	
3	及格
4	
5	
6	中等
7	
8	良好
9	
10	优秀

白俄罗斯集中测试满分为100分，每年的合格分数都不同，根据白俄罗斯教育部网站2020年3月3日第16号文件内容①，2021年集中考试各科目及格分数为：

1. 白俄罗斯语或俄语，10分，申请语言学领域专业，25分。

2. 个人测试第一科目：数学、物理、化学、生物，20分；白俄罗斯历史、世

① 白俄罗斯共和国国家法律信息中心．白俄罗斯共和国教育部2020.03.03第16号决议《关于不合格分数的认定》[EB/OL].[2021-12-15].https://etalonline.by/document/?regnum=w22035143&q_id=3871291.

界历史、社会学、地理、外语，25 分。

3. 个人测试第二科目：数学、物理、化学、生物，10 分；白俄罗斯历史、世界历史、社会学、地理、外语，15 分。

（三）高中成绩单样式

集中测试的考试时间为 1 天，考试结束 10 日后公布考试结果，可以在白俄罗斯教育部共和国知识监察研究院网站上查询（见图 6）[①]。成绩公布后，考生可以在参加考试的考点领取成绩证书（每科目分别出具一张成绩证书）（见图 7），有效期为发证之日起 2 年之内。

图 6　考试结果网上查询样式

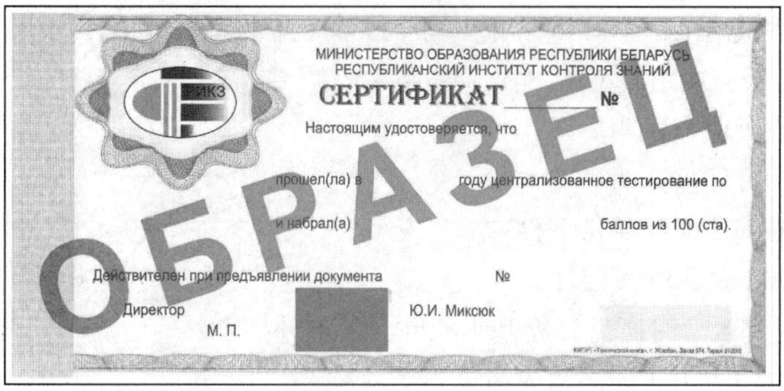

图 7　集中测试成绩证书样式

（四）考试成绩验证

集中测试的成绩可以在白俄罗斯教育部共和国知识监察研究院网站上验证。考

① 白俄罗斯教育部共和国知识监察研究院. 集中测试成绩查询［EB/OL］.［2021－12－15］. https://result. rikc. by/ru/testing/ResultCT. aspx.

生可以在该网站上注册、缴费、查询成绩。考试成绩公布后，考生可以登录个人信息中心或在考试结果查询页面输入考试查询科目等信息进行查询验证。

四、高等教育

白俄罗斯的高等教育在世界上享有盛誉，其发展的最大特点是向大众化过渡。白俄罗斯的高等教育包括两个阶段。第一阶段（本科阶段）：主要培养具有基本专业知识、技术、能力，熟练掌握技能的专业人才。第二阶段（硕士阶段）：主要是深化对专业人才的培养，完善知识、能力、技能、科教和科研工作。白俄罗斯的高等教育可以通过全日制、非全日制、夜校或远程教育等形式开展。通常本科学习年限为4~6年，硕士研究生学习年限为1~2年。为了尽快融入欧洲一体化教育进程，白俄罗斯即将实施新的教育标准，届时将普遍采取4年本科和2年硕士的学制。[①]

（一）本科、硕士研究生入学要求

中学毕业生申请进入大学学习需参加国家统一的集中测试，成绩合格后向学校递交申请材料，个别学校还要求进行入学考试。本科生申请进入硕士研究生阶段学习时需要通过入学考试和面试。

申请者需提供下列清单所示的材料，这一清单也是申请白俄罗斯任何教育形式的大学所需要的标准清单[②]：

1. 入学申请，注明想要学习的专业和学制。
2. 中学毕业证书原件，大学、学院的毕业证书原件。如果是职业或技术学院毕业，可以提供最高平均分文件。
3. 集中测试结果证书。可以提交当年或前1年的考试证书，如果连续2年都参加考试，可以提交成绩较高的一次。
4. 身体健康检查证明。
5. 享受学习优惠证明。
6. 护照或其他证明身份证件。
7. 6张30 cm×40 cm照片。

硕士研究生入学时所需材料基本相同，需额外提供：

1. 本科阶段的毕业证书和成绩单。
2. 推荐信。
3. 发表文章或学术论文的清单及其内容。

---

① 中华人民共和国教育部教育涉外监管信息网. 白俄罗斯[EB/OL].[2022-04-23]. http://jsj.moe.gov.cn/n1/12062.shtml.

② 白俄罗斯共和国总统. 高等教育和中等专业教育录取规则(2022年1月27日第23号令)[EB/OL].(2022-01-27)[2022-04-23]. https://president.gov.by/ru/documents/ukaz-no-23-ot-27-yanvarya-2022-g.

4. 获得国家和国际比赛奖项证书。

（二）评分系统

白俄罗斯高等教育的评分系统与中学的评分系统相同，采用10分制。

（三）学位证书和成绩单样式

白俄罗斯的毕业证书和学位证书为一体（见图8和图9），发放毕业证书时通常会附带一份成绩单（见图10）。

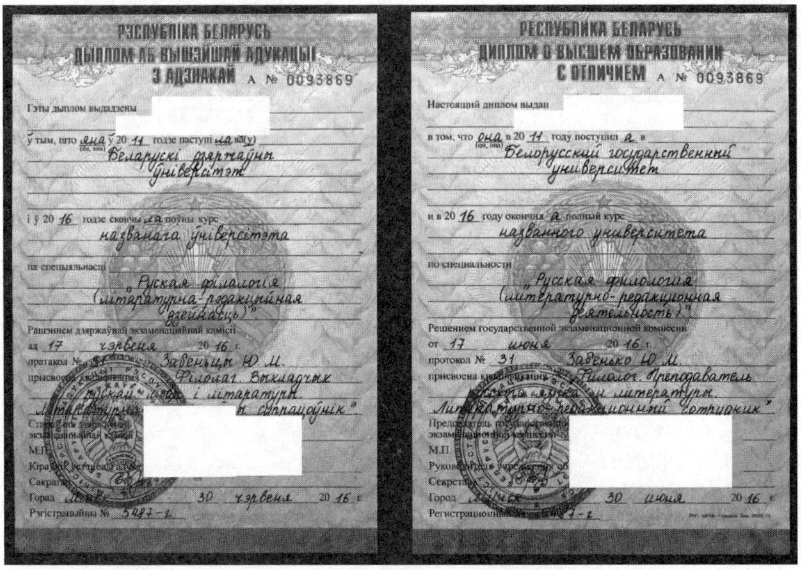

РЭСПУБЛІКА БЕЛАРУСЬ
ДЫПЛОМ АБ ВЫШЭЙШАЙ АДУКАЦЫІ
З АДЗНАКАЙ А № 0093869
Гэты дыплом выдадзены
ў тым, што яна ў 2011 годзе паступіла ва Беларускі дзяржаўны універсітэт
і ў 2016 годзе скончыла поўны курс названага універсітэта
па спецыяльнасці „Руская філалогія (літаратурна-рэдакцыйная дзейнасць)"
Рашэннем Дзяржаўнай экзаменацыйнай камісіі ад 17 чэрвеня 2016 г.
Горад Мінск 30 чэрвеня 2016 г.

РЕСПУБЛИКА БЕЛАРУСЬ
ДИПЛОМ О ВЫСШЕМ ОБРАЗОВАНИИ
С ОТЛИЧИЕМ А № 0093869
Настоящий диплом выдан
в том, что она в 2011 году поступила в Белорусский государственный университет
и в 2016 году окончила полный курс названного университета
по специальности „Русская филология (литературно-редакционная деятельность)"
Решением государственной экзаменационной комиссии от 17 июня 2016 г.
протокол № 31
присвоена квалификация Филолог. Преподаватель русского языка и литературы. Литературный редакционный сотрудник"
Город Минск 30 июня 2016 г.

图8　本科毕业证书样式

РЭСПУБЛІКА БЕЛАРУСЬ
ДЫПЛОМ МАГІСТРА
А № 0019234
Гэты дыплом выдадзены
ў тым, што яна ў 2008 годзе паступіла ў магістратуру Беларускага дзяржаўнага універсітэта
і ў 2009 годзе скончыла магістратуру названага універсітэта
па спецыяльнасці тэорыя і методыка навучання і выхавання (методыка выкладання рускай літаратуры)
Рашэннем Дзяржаўнай экзаменацыйнай камісіі ад 18 чэрвеня 2009 г. пратакол № 84
Горад Мінск «19» чэрвеня 2009 года
Рэгістрацыйны № 1290-м

РЕСПУБЛИКА БЕЛАРУСЬ
ДИПЛОМ МАГИСТРА
А № 0019234
Настоящий
в том, что она в 2008 году поступила в магистратуру Белорусского государственного университета
и в 2009 году окончила магистратуру названного университета
по специальности теория и методика обучения и воспитания (методика преподавания русской литературы)
Решением Государственной экзаменационной комиссии от «18» июня 2009 г. протокол № 84
присвоена степень магистра педагогических наук
Город Минск июня 2009 года

图9　硕士毕业证书样式

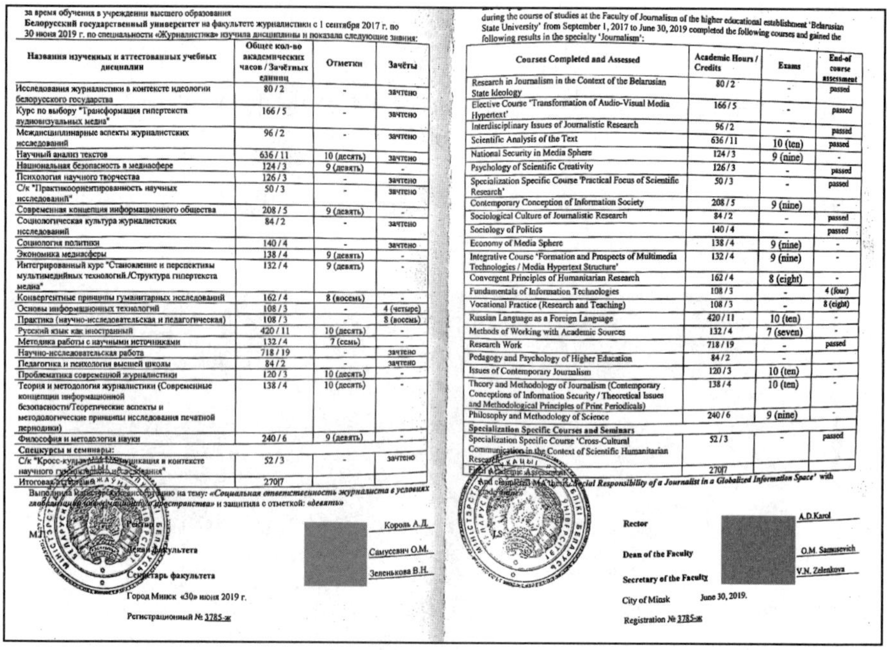

за время обучения в учреждении высшего образования
Белорусский государственный университет на факультете журналистики с 1 сентября 2017 г. по 30 июня 2019 г. по специальности «Журналистика» изучила дисциплины и показала следующие знания:

Названия изученных и аттестованных учебных дисциплин	Общее кол-во академических часов / Зачётных единиц	Отметки	Зачёты
Исследования журналистики в контексте идеологии белорусского государства	80 / 2	-	зачтено
Курс по выбору "Трансформация гипертекста аудиовизуальных медиа"	166 / 5	-	зачтено
Междисциплинарные аспекты журналистских исследований	96 / 2	-	зачтено
Научный анализ текстов	636 / 11	10 (десять)	зачтено
Национальная безопасность в медиасфере	124 / 3	9 (девять)	-
Психология научного творчества	126 / 3	-	зачтено
С/к "Практикоориентированность научных исследований"	50 / 3	-	зачтено
Современная концепция информационного общества	208 / 5	9 (девять)	-
Социологическая культура журналистских исследований	84 / 2	-	зачтено
Социология политики	140 / 4	-	зачтено
Экономика медиасферы	138 / 4	9 (девять)	-
Интегрированный курс "Становление и перспективы мультимедийных технологий./Структура гипертекста медиа"	132 / 4	9 (девять)	-
Конвергентные принципы гуманитарных исследований	162 / 4	8 (восемь)	-
Основы информационных технологий	108 / 3	-	4 (четыре)
Практика (научно-исследовательская и педагогическая)	108 / 3	-	8 (восемь)
Русский язык как иностранный	420 / 11	10 (десять)	-
Методика работы с научными источниками	132 / 4	7 (семь)	-
Научно-исследовательская работа	718 / 19	-	зачтено
Педагогика и психология высшей школы	84 / 2	-	зачтено
Проблематика современной журналистики	120 / 3	10 (десять)	-
Теория и методология журналистики (Современные концепции информационной безопасности/Теоретические аспекты и методологические принципы исследования печатной периодики)	138 / 4	10 (десять)	-
Философия и методология науки	240 / 6	9 (девять)	-
Спецкурсы и семинары:			
С/к "Кросс-культурная коммуникация в контексте научного гуманитарного исследования"	52 / 3	-	зачтено
Итоговая аттестация	270|7		

Выполнила магистерскую диссертацию на тему: *«Социальная ответственность журналиста в условиях глобализации информационного пространства»* и защитила с отметкой: *«девять»*

М.П.

Ректор [redacted] Король А.Д.

Декан факультета Самусевич О.М.

Секретарь факультета Зеленькова В.Н.

Город Минск «30» июня 2019 г.

Регистрационный № 3785-ж

during the course of studies at the Faculty of Journalism of the higher educational establishment 'Belarusian State University' from September 1, 2017 to June 30, 2019 completed the following courses and gained the following results in the specialty 'Journalism':

Courses Completed and Assessed	Academic Hours / Credits	Exams	End-of course assessment
Research in Journalism in the Context of the Belarusian State Ideology	80 / 2	-	passed
Elective Course 'Transformation of Audio-Visual Media Hypertext'	166 / 5	-	passed
Interdisciplinary Issues of Journalistic Research	96 / 2	-	passed
Scientific Analysis of the Text	636 / 11	10 (ten)	passed
National Security in Media Sphere	124 / 3	9 (nine)	-
Psychology of Scientific Creativity	126 / 3	-	passed
Specialization Specific Course 'Practical Focus of Scientific Research'	50 / 3	-	passed
Contemporary Conception of Information Society	208 / 5	9 (nine)	-
Sociological Culture of Journalistic Research	84 / 2	-	passed
Sociology of Politics	140 / 4	-	passed
Economy of Media Sphere	138 / 4	9 (nine)	-
Integrative Course 'Formation and Prospects of Multimedia Technologies / Media Hypertext Structure'	132 / 4	9 (nine)	-
Convergent Principles of Humanitarian Research	162 / 4	8 (eight)	-
Fundamentals of Information Technologies	108 / 3	-	4 (four)
Vocational Practice (Research and Teaching)	108 / 3	-	8 (eight)
Russian Language as a Foreign Language	420 / 11	10 (ten)	-
Methods of Working with Academic Sources	132 / 4	7 (seven)	-
Research Work	718 / 19	-	passed
Pedagogy and Psychology of Higher Education	84 / 2	-	
Issues of Contemporary Journalism	120 / 3	10 (ten)	-
Theory and Methodology of Journalism (Contemporary Conceptions of Information Security / Theoretical Issues and Methodological Principles of Print Periodicals)	138 / 4	10 (ten)	-
Philosophy and Methodology of Science	240 / 6	9 (nine)	-
Specialization Specific Courses and Seminars			
Specialization Specific Course 'Cross-Cultural Communication in the Context of Scientific Humanitarian Research'	52 / 3	-	passed
Final Academic Assessment	270|7		

And completed MA thesis *'Social Responsibility of a Journalist in a Globalized Information Space'* with grade *nine*

L.S.

Rector [redacted] A.D.Karol

Dean of the Faculty O.M. Samusevich

Secretary of the Faculty V.N. Zelenkova

City of Minsk June 30, 2019.

Registration № 3785-ж

图 10　成绩单样式

（四）学位证书验证

查验毕业证书可致电颁发证书的白俄罗斯高校存放学生资料的档案馆，工作人员会在几个工作日内给予答复。也可向白俄罗斯教育部发送邮件咨询，要注明毕业生完成学业的地点、时间和所学专业。

五、研究生教育

白俄罗斯的研究生教育包括两个阶段：第一阶段是副博士研究生，培养具有独立研究能力且理论知识深厚的专家，要求完成副博士学位水平的科学研究著作（论文）。第二阶段是博士研究生，培养在新的科学研究领域中组织研究工作或发展科学研究的能力，要求完成高水平的科学论文。

（一）副博士研究生教育

白俄罗斯的副博士研究生教育以全日制（学制 3 年）和非全日制（学制 4 年）形式进行。副博士研究生教育需要完成所有规定课程，通过副博士论文答辩，被授予副博士学位（见图 11）。

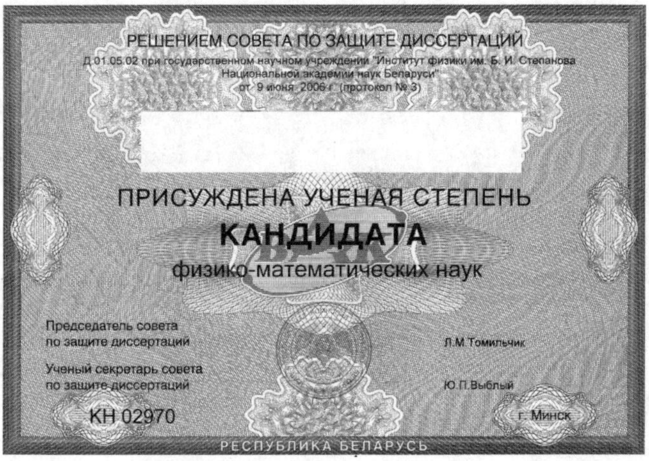

图 11　副博士研究生学位证书样式

1. 入学要求

在申请副博士研究生时，应准备以下文件：

（1）入学申请函；

（2）个人陈述；

（3）本科学位证书、成绩单；

（4）硕士学位证书、成绩单；

（5）推荐信；

（6）科学出版物、发表文章或学术论文的清单及其内容；

（7）参与学术研讨会或完成项目课题的文件；

（8）3 张 40 cm×60 cm 照片；

（9）所在国官方健康状况证明书和无艾滋病毒感染证明；

（10）护照复印件或其他证明身份的文件。

2. 评分系统

白俄罗斯高等教育的评分系统与中学的评分系统相同，均采用 10 分制。

3. 学位证书验证

查验证书可以致电颁发证书的白俄罗斯高校存放学生资料的档案馆，工作人员会在几个工作日内给予答复。也可以给白俄罗斯教育部发邮件，要注明毕业生获得证书的地点、时间和专业。

（二）博士研究生教育

博士研究生教育采取全日制模式进行，学制不超过 3 年。在学期结束前，博士研究生需要提交博士学位论文，通过答辩后获颁博士学位证书（见图 12）。

图 12　博士研究生学位证书样式

入学要求：

在申请博士研究生时，应准备以下文件：

（1）个人陈述；

（2）副博士学位证书；

（3）主要发表科学论文的清单和副本，参加学术会议、专业研讨会和其他类似活动的材料和（或）报告摘要；

（4）专利、与知识产权有关的材料、研究和开发报告、科学研究成果的使用证明；

（5）博士研究期间论文计划；

（6）2 张 40 cm×60 cm 照片；

（7）身体健康体检报告；

（8）所在国官方健康状况证明书和无艾滋病毒感染证明；

（9）护照复印件或其他证明身份的文件。

附　录

（一）教育机构联系方式

白俄罗斯教育部

电话：+375（17）327 47 36

传真：+375（17）200 84 83

邮箱：info@ edu. gov. by

网址：https：//edu. gov. by

（二）部分大学名单①

（1）白俄罗斯共和国总统公共行政学院（Academy of Public Administration

① 中华人民共和国教育部教育涉外监管信息网. 白俄罗斯——国立高等院校名单[EB/OL].[2022-04-23]. http://jsj. moe. gov. cn/n1/12062. shtml.

under the aegis of the President of the Republic of Belarus)

(2) 白俄罗斯共和国内政部学院(Academy of the Ministry of Internal Affairs of the Republic of Belarus)

(3) 巴拉诺维奇州立大学(Baranovichy State University)

(4) 白俄罗斯国家农业技术大学(Belarusian State Agrarian Technical University)

(5) 白俄罗斯国立艺术学院(Belarusian State Academy of Arts)

(6) 白俄罗斯国立音乐学院(Belarusian State Academy of Music)

(7) 白俄罗斯国立体育大学(Belarusian State University of Physical Culture)

(8) 白俄罗斯国立医科大学(Belarusian State Medical University)

(9) 白俄罗斯国立师范大学(Belarusian State Pedagogical University Named after Maxim Tank)

(10) 白俄罗斯国立农科院(Belarusian State Agricultural Academy)

(11) 白俄罗斯国立技术大学(Belarusian State Technological University)

(12) 白俄罗斯国立大学(Belarusian State University)

(13) 白俄罗斯国立信息技术无线电电子大学(Belarusian State University of Informatics and Radioelectronics)

(14) 白俄罗斯国立文化和艺术大学(Belarusian State University of Culture and Arts)

(15) 白俄罗斯国立交通大学(Belarusian State University of Transport)

(16) 白俄罗斯国立经济大学(Belarusian State Economic University)

(17) 白俄罗斯国家技术大学(Belarusian National Technical University)

(18) 白俄罗斯—俄罗斯大学(Belarusian-Russian University)

(19) 布列斯特国立技术大学(Brest State Technical University)

(20) 布列斯特国立普希金大学(Brest State A. Pushkin University)

(21) 维捷布斯克荣誉勋章国立兽医学院(Vitebsk State Academy of Veterinary Medicine)

(22) 维捷布斯克国立医科大学(Vitebsk State Order of Peoples' Friendship Medical University)

(23) 维捷布斯克国立工科大学(Vitebsk State University of Technology)

(24) 维捷布斯克国立大学(Vitebsk State University named after P. M. Masherov)

(25) 白俄罗斯共和国军事学院(Military Academy of the Republic of Belarus)

(26) 高等国立通讯学院(Higher State College of Communications)

(27) 戈梅利国立医科大学(Gomel State Medical University)

(28) 戈梅利国立工科大学(Sukhoi State Technical University of Gomel)

(29) 戈梅利国立大学(Francisk Skorina Gomel State University)

(30) 戈梅利工程学院(Gomel Engineering Institute)

(林洋、徐小凤、陈伟、PONOMAREVA EVGENIIA、NASSYROVA AIMIRA)

波　兰

一、关于波兰

（一）国家概况

波兰，全称为波兰共和国，是一个位于中欧、由16个省组成的民主共和制国家。领土面积为32.26万平方千米，总人口为3803万（截至2022年3月）。官方语言为波兰语。全国约87%的居民信奉罗马天主教。波兰位于欧洲中部，东邻乌克兰、白俄罗斯、立陶宛和俄罗斯，西临德国，南接捷克、斯洛伐克，北濒波罗的海。2021年波兰国内生产总值为5744亿欧元，人均国内生产总值约13,580欧元。①

波兰地势平坦，国土大部分都是平原。位于西北部的什切青亦是波兰的重要港口。在南部，喀尔巴阡山脉构成了波兰同捷克、斯洛伐克和乌克兰的国界。波兰地势北低南高，中部下凹，海拔200米以下的平原约占全国面积的72%。

波兰于公元9—10世纪建立封建王朝，14—15世纪进入鼎盛时期，18世纪下半叶国力衰退进而亡国。拿破仑战争期间，波兰在法国的扶持下短暂复国后，又再次被沙俄、普鲁士和奥匈帝国瓜分。第一次世界大战后波兰恢复独立，成立资产阶级共和国，但不久又在第二次世界大战中被苏联和德国瓜分，战后建立波兰共和国，后改名波兰人民共和国。1989年12月29日改名为波兰共和国。

近年来波兰无论在欧盟还是在国际舞台上的地位与日俱增。自1918年11月11日恢复独立以来，经过90多年的发展变迁，波兰加入了欧盟、北约、联合国、经济合作与发展组织、世贸组织等。自2004年加入欧盟后，波兰获得了稳定发展。至2009年，波兰已经成为一个标准的欧盟成员国，欧盟多数发达国家对其

① 中华人民共和国外交部. 波兰国家概况[EB/OL]. [2023-03-22]. https://www.mfa.gov.cn/web/gjhdq_676201/gj_676203/oz_678770/1206_679012/1206x0_679014/.

入盟初期保留的所有限制都已经被取消。

（二）护照样式

护照样式见图 1 和图 2。

图 1　护照封面样式

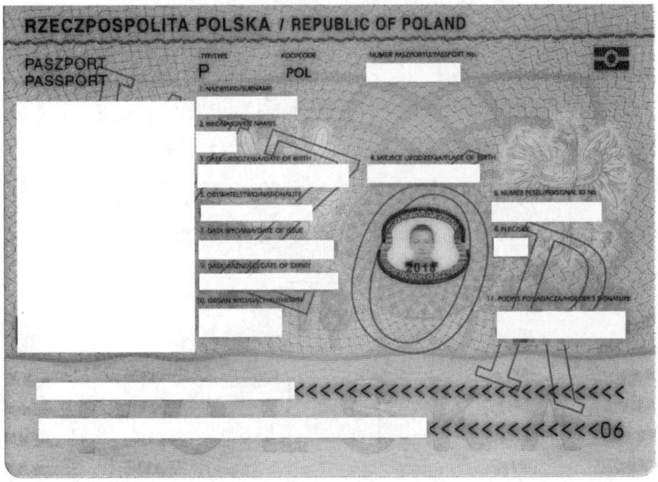

图 2　护照信息页样式

二、教育体系简介

波兰的教育体系分为 4 个阶段：幼儿教育、基础教育、中等教育和高等教育。其中，基础教育和中等教育为义务教育阶段。从 2017 年 9 月 1 日起，波兰实行新的国民教育体制，取消初中。目前的教育体系包括：小学 8 年，普通中学 4 年或职业技术中学 4~5 年，高等教育一般为 3 或 5 年①。

幼儿教育是第一阶段，教育对象为3~6 岁的儿童，可在公立和私立幼儿园、小学学前部门及其他形式的学前教育机构中接受教育，为接受基础教育做准备。

基础教育是第二阶段，入学年龄为 7 岁。因为规定学生在入学前必须接受过幼儿教育，因此入学时已经有一定的基础。基础教育阶段实行全国统一的教学大纲，学制为 8 年，1~4 年级为开始学习阶段，5~8 年级是系统学习阶段。该阶段学习具有强制性，毕业须参加考试。

不能在正常学校学习的病残和智力障碍儿童，则在特殊学校里履行学习义务。

中等教育是第三阶段。中等教育包括：普通中学和职业技术学校。学生完成 8 年基础教育阶段的学习后，根据升学考试成绩和个人选择，进入普通中学或职业技术学校。普通中学学制 4 年，学生毕业时参加统一的毕业考试，获得毕业证，之后根据成绩和个人爱好选择大学和专业就读。普通中学毕业生大学升学率较高。而另一部分成绩不理想或想要参加工作的学生，可选择报考职业技术学校，学制为 4~5 年。职业技术学校分为普通职业学校和中等技术学校。毕业生可以在中等技术学校继续学习，进而取得中等教育毕业文凭，获得进入大学的资格或选择直接就业。

高等教育是波兰教育体系的最后阶段。高等教育是由进行第一、第二、第三学位研究（学士/工程、硕士、博士学位）的自治大学实施的。大学办学主体可以是《高等教育法》所规定的州、地方政府或私人组织单位。高等教育不在波兰的义务教育体系中，但公立（州）大学的全日制教育是免费的。

波兰的大学包括综合大学、技术大学、体育大学、医科大学、经济大学、艺术学院、农业大学、教育大学、海事大学、私立大学等类型。

波兰各教育阶段情况见图 3。

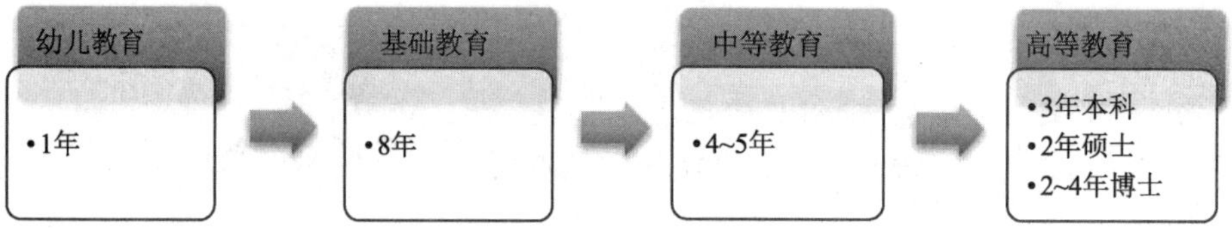

图 3　波兰各教育阶段情况

① 中华人民共和国外交部. 波兰国家概况[EB/OL].[2023-03-22]. https://www.mfa.gov.cn/web/gjhdq_676201/gj_676203/oz_678770/1206_679012/1206x0_679014/.

三、中等教育

8年制基础教育完成后，学生就进入中等教育阶段学习①。

波兰的中等教育包括中学（学制4年）和普通职业学校（学制4~5年）。1999年至2017年新的国民教育体制取消初中前，学校以高中的名义运营，并从初中毕业生中接收学生。2017年改革之后，小学毕业生直接进入学校学习。

中等教育阶段完成后，未顺利考上大学的那部分毕业生，可以在大专院校继续学业，通过资格考试后，同样有资格申请大学。初级技术学校的毕业生可以继续在中等技术学校或成人中学学习②。

（一）普通中学

普通中学即许多国家的高中类型。波兰中学学制为4年，4年结束后学生参加升学考试。

要在普通中学学习，必须先完成小学阶段8年学习并通过毕业考试。在普通中学阶段，学生有机会学习高级课程（2~4个科目）。波兰教育重视外语教育，普通中学也有双语班，其中一些科目使用外语授课。此类班级的学生可以选择参加双语高中毕业会考（Matura考试）（matura源自拉丁语maturus，意为“成熟”课程）。学生毕业后，可以在专上学校③或大学学习（需要中学毕业证书）。

1. 分科制

在中学阶段，学生可以选择他们想要主修的高级课程。中学根据学生主修的课程，对学生进行分班，每个班都有对应其个人分科的高级课程。分科类型与相应的课程内容见表1。

表1　分科类型与相应的课程内容

分科类型	高级课程
人文学班	历史、波兰语、英语、社会学
生物化学班	化学、生物学、数学、英语
数学与物理班	数学、物理、地理、英语
计算机科学班	计算机科学、数学、物理、英语

---

① 欧洲教育信息. 关于波兰教育系统的简短信息[EB/OL].(2022-02-18)[2023-03-22]. https://eurydice.org.pl/system-edukacji-w-polsce/krotka-informacja-o-polskim-systemie-edukacji.

② 波兰教育部. 中等技术学校[EB/OL].(2020-12-17)[2022-03-22]. https://www.gov.pl/web/edukacja-i-nauka/branzowa-szkola-ii-stopnia.

③ 专上学校(post-secondary school),即大专院校,波兰教育系统中面向中学毕业生的学校,学生无须具备中学文凭,但必须具有中等教育经历。大专院校可以提供职业资格课程,完成这些课程就可以参加考试,用于确认从事该职业的资格。

2. 预备教育

在每个学年的32周学习中，必修科目学时需达到规定学时。各科学时要求见表2。

表2　各科学时要求

科目	学时（小时）
波兰语	360
现代外语	450
关于文化的知识	30
历史	60
关于社会的知识	30
创业基础	60
地理	30
生物学	30
化学	30
物理	30
数学	300
计算机科学	30
体育课	270
安全教育	30
辅导课程	90
扩展科目和补充科目	870

每个学生都必须选修一定的高级课程，要求至少2门且不超过4门科目[①]。高级课程学时情况见表3。

表3　高级课程学时情况

科目	学时（小时）
波兰语	240
历史	240
地理	240
生物学	240
化学	240
物理	240

① 波兰教育部. 中学新核心课程签约[EB/OL].（2020-12-17）[2022-03-22]. https://www.gov.pl/web/edukacja-i-nauka/nowa-podstawa-programowa-dla-liceum-technikum-i-branzowej-szkoly-ii-stopnia-podpisana.

续表

科目	学时（小时）
现代外语	180
关于社会的知识	180
数学	180
计算机科学	180

（二）职业学校

1. 普通职业学校

普通职业学校，是中等教育阶段的一种学校类型，1948 年引入波兰。8 年小学教育后学生可以进入普通职业学校，学制为 5 年。学生入校时选择特定的职业种类，在此期间学习相关知识，并在完成学业后通过特定的职业资格考试，获得相应的职业资格文凭，职业种类不能更改。如果学生想取得其他职业资格证书，也可以参加政府组织的职业资格考试，获得该职业的技术员文凭。普通职业学校的毕业生可以选择进入大学继续深造，也可以直接参加工作。

普通职业学校的课程包括以下几类：（1）基础通修课：文化知识、创业基础、体育教育、安全教育；（2）专业必修课：波兰语、现代外语、少数民族语言、区域语言、数学；（3）专业选修课：历史、社会研究、地理、生物学、化学、物理学、计算机科学（须选修 2~4 门高级课程），有些学校也会开设音乐史、艺术史、古代文化、哲学等选修课。

中专学生必须选择 2 门与所学专业相关的选修课程，范围限于数学、生物学、地理、物理学、化学这几门学科。

进入大学的条件是获得 Matura 考试证书。普通职业学校的毕业生如通过 Matura 考试，也可视为具有与中学毕业生同等的水平，从而获得进入大学的资格。

2. 初级技术学校和中等技术学校

技术学校有两个阶段：初级技术学校和中等技术学校。

小学毕业后，毕业生如果未能进入普通中学和普通职业学校，可以进入初级技术学校。初级技术学校的学制为 3 年，包括普通教育和职业教育。这类学校的教育目的是让学生获得工作理论知识和实践技能。学生完成学业并通过资格考试后，将获得职业资格文凭，初级技术学校毕业生可以直接参加工作，也可以进入中等技术学校继续深造①。

中等技术学校学制为 2 年，毕业生将获得相关证书，进入社会工作。如果中等技术学校毕业生想进入大学学习，则需要在普通职业学校完成学业，参加 Matura 考试。

---

① 波兰教育部. 初级技术学校教育核心课程[EB/OL]. (2017-02-14)[2022-03-22]. https://podstawa-programowa.pl/Branzowa-szkola-I-stopnia.

（三）评分系统

波兰的教育体系通过以下方式衡量学生的成绩：（1）课堂作业；（2）课堂测试：选取至少3门课程内容进行测试（至少提前一周告知学生）；（3）听写：最多包含最近3节课的课程内容及作业内容（可能不提前通知）；（4）学习成绩：学校考试、中期/年度评估；（5）书面论文：书面论文则根据评分标准进行评估，评分标准见表4。

表4　论文评分标准

分值（%）	等级	评级
100	6	优秀
100>X>90	5	很好
90≥X>74	4	好
74≥X>60	3	足够
60≥X>40	2	及格
≤40	1	不及格

中期/年度评估不是看成绩的算术平均值，而是看其加权平均值（见表5）。权重分布情况大致如下：（1）班级工作、文体活动，权重4；（2）模拟考试、期中/期末测试，权重4；（3）平时测验，权重3~4；（4）听写、背诵，权重1~3；（5）课堂问答，权重2~4；（6）体育活动，权重2；（7）作业，权重1~2；（8）其他。

表5　中期/年度评估等级情况

加权平均值	等级	评级
≤1.75	1	不及格
2.75≥X>1.75	2	及格
3.75≥X>2.75	3	较好
4.75≥X>3.75	4	好
5.75≥X>4.75	5	很好
>5.75	6	优秀

（四）中学毕业证书样式

中学毕业证书样式见图4。

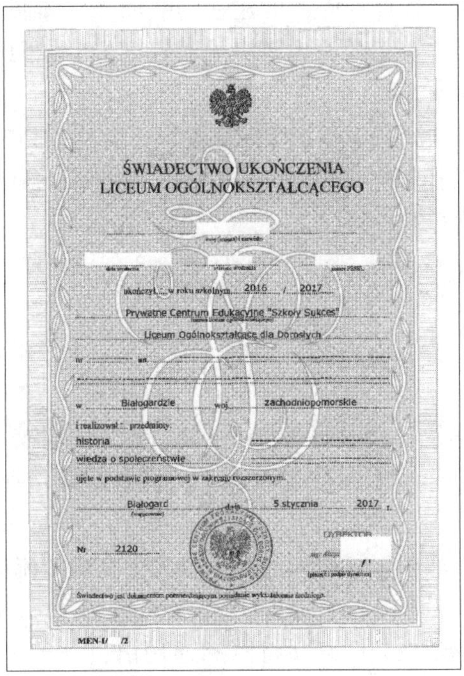

ŚWIADECTWO UKOŃCZENIA
LICEUM OGÓLNOKSZTAŁCĄCEGO

ukończył... w roku szkolnym 2016 / 2017

Prywatne Centrum Edukacyjne "Szkoły Sukces"

Liceum Ogólnokształcące dla Dorosłych

nr ... im. ...

w Białogardzie woj. zachodniopomorskie

i realizował... przedmioty:

historia

wiedza o społeczeństwie

ujęte w podstawie programowej w zakresie rozszerzonym.

Białogard dnia 5 stycznia 2017 r.

Nr 2120

DYREKTOR

Świadectwo jest dokumentem potwierdzającym posiadanie wykształcenia średniego.

MEN-I/ /2

图 4　中学毕业证书样式

（五）考试成绩验证

Matura 考生成绩的真实性可以通过证书左下角的编号来检验，编号由字母、斜线和数字组成。

波兰的多数大学都要求申请者在线注册，除填写个人信息及申请专业外，有些大学要求输入 Matura 证书编号。此外，大学还可以从波兰政府的学士学位注册系统（KReM）[①] 中获取这些数据。

四、本科教育

具有中学文凭的学生可以申请本科教育，进行本科课程学习。学士学位专业学制一般为 3 年，即 6 个学期（理学学士学位为 3.5 年，即 7 个学期）。获得学士学位者可进行第二阶段即硕士阶段学习。

（一）博洛尼亚进程

博洛尼亚进程（Bologna Process）是欧洲诸国在高等教育领域互相衔接的一个

---

① KReM（National Matura Register）信息技术系统，收集了来自波兰各地的 Matura 考试结果，授权本科及以上院校查询使用（必须与华沙大学就数据交换、保密和基本安全规则签署协议）。借助该系统，大学可在最短的时间内查看 Matura 考试电子证书，从而提高录取工作效率。

项目，以整合欧盟的高等教育资源，构建新的欧洲教育体制。1999 年欧洲 29 个国家在意大利的博洛尼亚大学签订了《博洛尼亚宣言》，故得此名。随后，该体系对所有愿意参加的欧洲国家开放。①

博洛尼亚进程使得欧洲高等教育领域通过以下方式得到整合：

1. 引入欧洲学分转换制度（European Credit Transfer System，ECTS）。

2. 将研究分为三个学位。

（1）本科（学士学位）阶段学习至少持续 3 年（6 个学期），最终获得学士学位。

（2）硕士（第二学位）阶段学习至少持续 2 年（4 个学期），最终获得科学硕士学位或同等学历。

（3）博士（第三学位）阶段研究持续 4 年（8 个学期），最终获得博士学位。

3. 欧洲国家通过合作确保高质量教育，共同指定质量评估的标准和方法（认证系统等）。

4. 实施包含学生、教师、科研人员和行政人员在内的流动性计划。

5. 实施终身教育。

6. 为了更好地识别学位，已确立将欧洲通用语言（绝大多数为英语）引入文凭证明的必要性。

该体系统一了成员国高等教育阶段的学制。全日制欧洲学生，每学年应获得 60 学分（ECTS）。每 1 学分对应 25 至 30 小时的课程学习时长。按照参加学习人数，成绩分为七个等级，其中最后两个等级为不及格。

全部高等教育分为三个阶段：

第一阶段：180 ECTS，授予文学学士学位；240 ECTS，授予理学学士学位。

第二阶段：120 ECTS，授予文学硕士学位；90 ECTS，授予理学硕士学位。

第三阶段：不受该体系影响，通常授予博士学位。

相比而言，该体系更接近于英国的教育体系而非欧洲传统体系。

（二）入学要求

大学各院系不设置入学考试（艺术系除外）。招生信息会提前在大学的网站上公布，申请者需要在大学的申请系统中提交申请，注册申请费用标准每年由波兰科学与高等教育部②规定。中学毕业考试结果发布后，申请者即可注册申请，等待申请结果。

Matura 考试范围涵盖了中学核心课程。多数大学专业招生普遍适用的参考标准

---

① 波兰教育部. 博洛尼亚进程[EB/OL]. (2022-05-31)[2023-03-22]. https://www.gov.pl/web/edukacja-i-nauka/proces-bolonski.

② 波兰设有国家教育部（Ministry of National Education）、科学与高等教育部（Ministry of Science and Higher Education）。前者负责教育管理、制定政策、设置核心课程，在教育领域开展与其他组织和单位的合作等；地方政府负责学校运营、政策实施、教学监督等。后者监管高等教育体系和高等教育机构，监督科研发展和高等教育机构的运行等。

是 Matura 考试成绩。Matura 考试由中央考试委员会负责组织。不同于通过中学毕业考试后获得的毕业证书，Matura 成绩是申请大学时必要的条件，相当于中国的高考成绩。Matura 成绩证书样式见图 5。

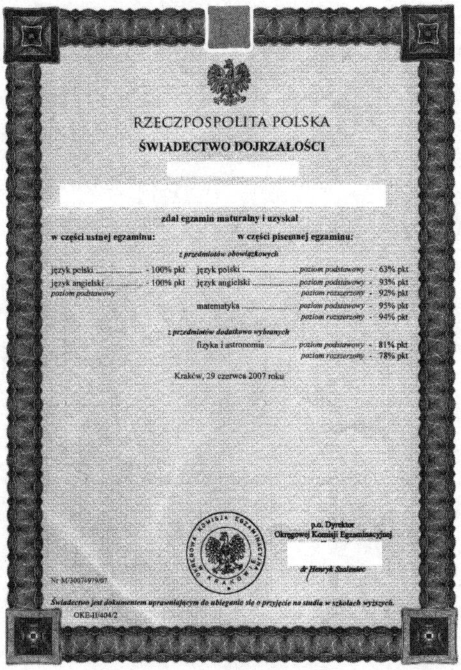

RZECZPOSPOLITA POLSKA

ŚWIADECTWO DOJRZAŁOŚCI

zdał egzamin maturalny i uzyskał

w części ustnej egzaminu: **w części pisemnej egzaminu:**

z przedmiotów obowiązkowych

język polski .... - 100% pkt język polski .... *poziom podstawowy* - 63% pkt
język angielski .... - 100% pkt język angielski .... *poziom podstawowy* - 93% pkt
poziom podstawowy *poziom rozszerzony* - 92% pkt
matematyka .... *poziom podstawowy* - 95% pkt
poziom rozszerzony - 94% pkt

z przedmiotów dodatkowo wybranych

fizyka i astronomia .... *poziom podstawowy* - 81% pkt
poziom rozszerzony - 78% pkt

Kraków, 29 czerwca 2007 roku

p.o. Dyrektor
Okręgowej Komisji Egzaminacyjnej

dr Henryk Szaleniec

Nr M/300749798/07

Świadectwo jest dokumentem uprawniającym do ubiegania się o przyjęcie na studia w szkołach wyższych.

OKE-II/404/2

图 5 Matura 成绩证书样式

该考试考查以下必修科目：波兰语、数学（自 2010 年起）、少数民族语言（仅针对使用该语言的学校或部门的学生）、现代外语，以及其他科目（最多 6 门）。所有考试均以书面形式进行，波兰语、少数民族语言和现代外语还需进行口试。入学考试的时间表由中央考试委员会制定，并在考试日前至少 4 个月在波兰中央考试委员会官方网站（CKE）公布。考试一般在 6 月进行，只有在发生严重的突发事故时，应试者才能取消考试。如果笔试或口试中仅有 1 门必修科目考试没有通过，则可以在补考时（一般在 8 月）再次参加考试。如果考试成绩不及格（低于 30%），可以申请在第二年 5 月再次参加考试。

（三）评分系统

大学的成绩评分系统与前期各教育阶段完全不同，一般来说合格线为 50%，这意味着通过考试课程的难度比中学毕业考试更高。

大学阶段成绩等级分为“1~5”，学生一般不会得到等级“1”。等级“2”是最低等级（意味着低于 50%）。成绩考查有多种形式，基础是个人汇报和口语考试，包括练习或实验。通常也有其他形式，例如个人或以小组为单位进行的汇报。大学评分系统等级情况见表 6。

表 6　大学评分系统等级情况

分值（分）	等级	评级	要求标准的说明
>90	5.0	优秀	各方面完全达到预期的教育效果
90≥X>80	4.5	很好	各方面完全达到预期的教育效果，存在些许不足
80≥X>70	4.0	好	绝大多数方面达到预期的教育效果
70≥X>60	3.5	较好	部分方面达到预期的教育效果
60≥X>50	3.0	合格	基本达到预期的教育效果
≤50	2.0	不合格	未达到预期的教育效果
	1.0	不合格	未达到预期的教育效果（一般不给定）

（四）毕业证书和学位证书样式

在波兰，毕业证书和学位证书为一张证书，且从 2020 年开始证书上不再有照片。证书样式见图 6 和图 7。

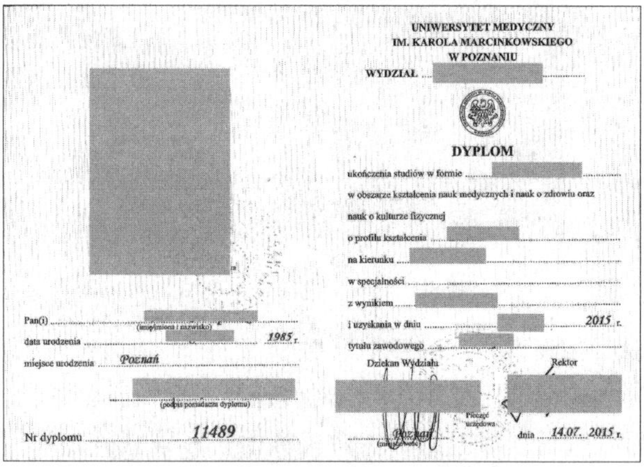

UNIWERSYTET MEDYCZNY
IM. KAROLA MARCINKOWSKIEGO
W POZNANIU
WYDZIAŁ ....

DYPLOM

ukończenia studiów w formie ....
w obszarze kształcenia nauk medycznych i nauk o zdrowiu oraz
nauk o kulturze fizycznej
o profilu kształcenia ....
na kierunku ....
w specjalności ....
z wynikiem ....
i uzyskania w dniu .... 2015 r.
tytułu zawodowego ....

Pan(i) ....
(imię/imiona i nazwisko)
data urodzenia .... 1985 r.
miejsce urodzenia Poznań
....
(podpis posiadacza dyplomu)
Nr dyplomu 11489

Dziekan Wydziału　　Rektor
Pieczęć urzędowa
Poznań　dnia 14.07. 2015 r.

图 6　本科毕业证书（2020 年之前）样式

UAM

UNIWERSYTET IM. ADAMA MICKIEWICZA W POZNANIU
z siedzibą w Poznaniu

UKOŃCZENIA STUDIÓW PIERWSZEGO STOPNIA
WYDANY W RZECZYPOSPOLITEJ POLSKIEJ

imię/imiona
nazwisko
data urodzenia
miejsce urodzenia
numer dyplomu

Kierunek studiów:
Specjalność:
Forma studiów:
Profil studiów:
Dyscyplina
Wynik ukończenia studiów:
Tytuł zawodowy:
Data uzyskania tytułu zawodowego:

PRK VI
Kwalifikacja pełna na poziomie szóstym Polskiej Ramy Kwalifikacji i europejskich ram kwalifikacji

Poznań, 15 listopada 2021 roku

prof. dr hab. Katarzyna Dziubalska-Kołaczyk

图 7　本科毕业证书（2020 年及之后）样式

（五）学位证书验证

学校颁发的毕业证书加盖学校公章，并附有学校校长的签名与印章。这些足以证明证书的真实性。

自2018年起，学位证书仍按传统颁发纸质证书，但电子证书也越来越重要。主要由于以下几个原因：

1. 电子证书可以更有效地实现防伪；
2. 方便外部机构（大学、雇主）对证书进行验证；
3. 在毕业生本人同意的前提下，为外部机构核实真实性提供便捷。

根据2017年7月7日关于波兰国家学术交流机构的法律第2条第3款第5项，毕业证书及学位证书官方验证机构为波兰国家学术交流机构（NAWA）。自2018年2月1日起，NAWA对以下文件进行验证：

1. 毕业证书及其附件，文件复印件及翻译件复印件；
2. 学位证书；
3. 学习结业证书。

以上仅包括对与已完成学业有关的文件进行验证。

五、硕士研究生教育

硕士阶段即波兰高等教育第二阶段，硕士专业分为普通硕士专业和本硕连读专业。

普通硕士专业，申请人必须具有本科学位，硕士阶段专业选择不受本科专业限制，既可以作为本科阶段的延伸，也可以选择攻读新的专业领域。硕士阶段的研究持续3~4个学期，完成学业后须通过毕业论文答辩。

本硕连读专业，例如医学、法律、兽医、艺术修复等，通常需要9~12个学期，即5~6年。申请者持有中学文凭并通过Matura考试，即可申请专业学习，学生可以参加本科阶段学习，但不获得本科学位，而是在毕业后直接获得硕士学位。完成第二阶段学习后，可以继续第三阶段（即博士学位）学习。获得一等文凭的学生则可以申请第二硕士学位学习。

（一）入学要求

在波兰，硕士学位也叫作第二学位。硕士阶段专业选择不受本科专业限制，既可以作为本科阶段的延伸，也可以选择攻读新的专业领域，但申请者必须具备学士学位或硕士学位，其他国家同等学位证明文件同样适用。

入学时需要参加入学考试（包含笔试和口试）和面试。招生从8月开始，通常持续到9月底，10月初学生入学。一些专业还提供夏季入学的课程选项。

（二）评分系统

就像本科学生一样，大多数情况下，评分系统等级由高到低分别为“5、4.5、

4、3.5、3、2.5、2”。等级在“4”及以上的学生可以说是非常优秀的。

（三）毕业证书和学位证书样式

波兰的毕业证书和学位证书是同一张证书，证书样式见图8和图9。

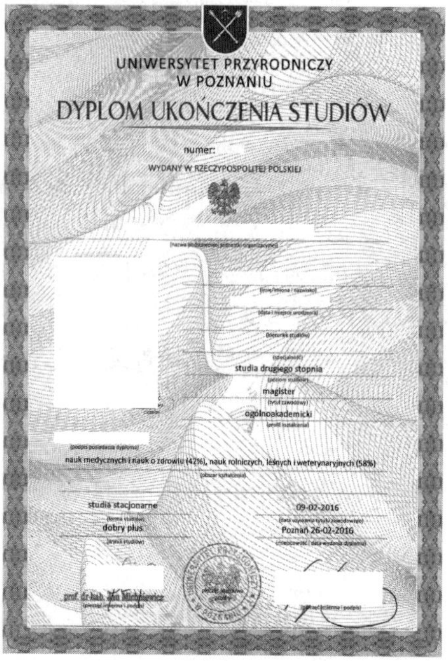

图8　硕士毕业证书（2020年之前）样式

图9　硕士毕业证书（2020年及之后）样式

（四）学位证书验证

硕士学位证书和毕业证书的验证方式同本科：根据 2017 年 7 月 7 日关于波兰国家学术交流机构的法律第 2 条第 3 款第 5 项，毕业证书及学位证书官方验证机构为波兰国家学术交流机构（NAWA），自 2018 年 2 月 1 日起执行。

六、博士研究生教育

（一）简况

博士学位在波兰也被称为第三学位。第三学位学制通常为 4 年，且可以申请全日制和非全日制两种形式进行。

（二）入学要求

具有硕士学位或同等学力的人可以申请全日制或非全日制第三阶段（博士学位）研究。全日制和非全日制第三阶段（博士）研究的招生均根据资格程序进行选拔。

附　录

（一）教育机构联系方式

1. 波兰教育部

地址：00-529，Wspólna 1/3 路，华沙，波兰

电话：（+48）22 52 92 718

邮箱：kancelaria@ mein. gov. pl

网址：http：//nauka. gov. pl/

2. 波兰国家学术交流机构

地址：00-635，Polna Street no 40，华沙，波兰

电话：（+48）22 390 35 00

传真：（+48）22 826 28 23

邮箱：biuro@ nawa. gov. pl

网址：https：//nawa. gov. pl/en/

（二）部分大学名单

（1）华沙大学（University of Warsaw）

（2）比亚威斯托克大学（University of Bialystok）

（3）格但斯克大学（University of Gdansk）

（4）波兹南密茨凯维奇大学（Adam Mickiewicz University in Poznan）
（5）雅盖隆大学（Jagiellonian University in Cracow）
（6）罗兹大学（University of Lodz）
（7）居里夫人大学（Maria Curie-Sklodowska University in Lublin）
（8）托伦哥白尼大学（Nicolaus Copernicus University in Torun）
（9）奥波莱大学（University of Opole）
（10）什切青大学（University of Szczecin）
（11）卡托维兹西里西亚大学（University of Silesia in Katowice）
（12）热舒夫大学（University of Rzeszow）
（13）奥尔什丁瓦尔米亚玛祖里大学（University of Warmia and Mazury in Olsztyn）
（14）弗罗茨瓦夫大学（University of Wroclaw）
（15）华沙维申斯基红衣主教大学（Cardinal Stefan Wyszynski University）
（16）绿山大学（University of Zielona Gora）
（17）卢布林天主教大学（John Paul Ⅱ Catholic University of Lublin）
（18）比得哥熙卡基米日维尔基大学（Kazimierz Wielki University in Bydgoszcz）

（许秦竹、曹力前、Katarzyna Maria Paruch）

博茨瓦纳

一、关于博茨瓦纳

（一）国家概况

博茨瓦纳，全称为博茨瓦纳共和国，非洲南部内陆国家。博茨瓦纳的领土大致呈三角形，领土东端突出呈尖角状。东部边界有数条河道；南部边界仍保有一条古老的马车道；西部边界地处卡拉哈里沙漠；北部边界有多条航线，奥卡万戈河也流经于此。

随着博茨瓦纳境内发现大量钻石矿藏，政府收入逐年攀升，博茨瓦纳在经济、教育、医疗等社会领域快速发展，人们受教育的机会也日益增多。博茨瓦纳政府向民众提供免费教育，但不强制民众接受教育。1966年独立后，博茨瓦纳的教育事业蓬勃发展。博茨瓦纳教育历经两次改革，其宗旨在于培养有思辨能力、善于解决问题、有创新精神的人才。博茨瓦纳教育制度力求为所有学生提供学习机会，提高教育质量，减少文盲数量，帮助人们改善生活。

（二）护照样式

护照样式见图1和图2。

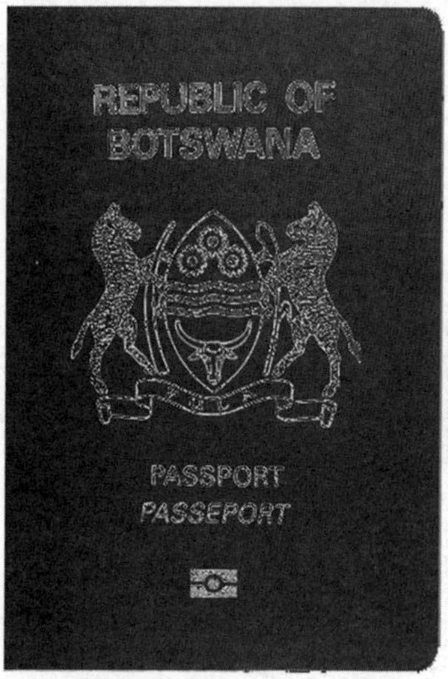

图1　护照封面样式

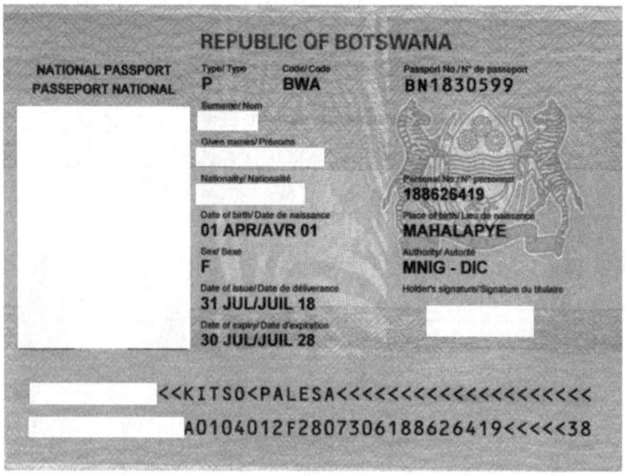

图 2　护照信息页样式

二、教育体系简介

博茨瓦纳教育结构与英国相同：小学、初中实行全民教育，经过考试选拔，只有部分人能升入高中和大学。初中和高中的课程大纲都包含就业前的预备课程。博茨瓦纳教育制度概况见表 1。

基础教育阶段包括小学和初中教育两部分。小学阶段教育持续 7 年，初中阶段教育持续 3 年。初中毕业后学生可以再学习 2 年的高中课程。博茨瓦纳的教育制度与国际小学和初中教育相适应，高中和高等教育的录取都以学习成绩为依据。除博茨瓦纳大学外，博茨瓦纳境内所有学校都归教育部管辖。

表 1　博茨瓦纳教育制度概况

教育层次	学校/水平	年级	年龄（岁）	学制（年）	备注
初等教育	小学	1~7	6~12	7	教育体制：小学 7 年，初中 3 年，高中 2 年 义务教育持续时间：10 年 小学毕业考试（PSLE）
中等教育	初中	8~10	13~15	3	初级证书考试（JCE）
中等教育	高中	11~12	16~17	2	博茨瓦纳普通中等教育证书考试（BGCSE）
职业教育	师范学校 护理学校		18~35	3	
高等教育	学士		18~25	4~5	
高等教育	硕士		35 及以下	2	
高等教育	博士			3~4	

三、中等教育（高中）

（一）中等教育层次

博茨瓦纳中等教育包括3年初中、2年高中两个层次。每一年是一个学级，初中完成1~3学级，高中完成4~5学级。

目前，博茨瓦纳小学毕业升入初中就读率为100%。这意味着国民现在可以普遍获得10年基础教育。2022年10月6日至2025年4月1日的国家发展计划，重点是为所有社区初中提供设施和设备以提高教育质量。

初中、高中大力推行课程多样化。部分初中开设了计算机入门课程，并在第九个“五年计划”中对所有初中普及该课程。

高中课程设置也实现多样化，实践课程和商务课程增多。教育部也正在努力将中学的监管权力完全下放给地方。

（二）高中统考

从中学4年级到5年级是高中教育阶段，在该阶段学生可以获得更多的独立自主空间。学生在该阶段学习无固定教室，可自主选择部分选修课。2年后，学生需参加博茨瓦纳普通中等教育证书考试（BGCSE）。

博茨瓦纳普通中等教育证书考试是基于课程的考试。考试含多门科目，每科均为8分制（A+~G），“G”为及格，未达此分者一律为“U”，成绩不计入证书。

（三）评分系统

博茨瓦纳中等教育证书考试，得分由高至低分别为“A+、A、B、C、D、E、F、G、U”。学生参加6门科目考试，总分为48分。具体评分体系见表2。

表2　博茨瓦纳评分体系

等级	分数的百分比（%）	分数（分）
A+	100≥X>84	8
A	84≥X>74	8
B	74≥X>64	7
C	64≥X>54	6
D	54≥X>44	5
E	44≥X>39	4
F	39≥X>34	3
G	34≥X>29	2
U	≤29	0

(四) 高中成绩单样式

高中成绩单样式见图 3。

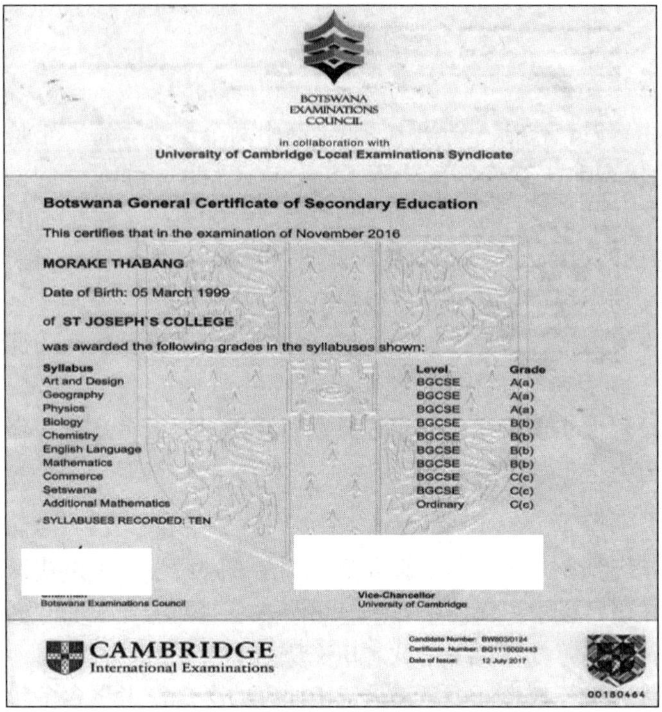
BOTSWANA EXAMINATIONS COUNCIL

in collaboration with
University of Cambridge Local Examinations Syndicate

Botswana General Certificate of Secondary Education

This certifies that in the examination of November 2016

MORAKE THABANG

Date of Birth: 05 March 1999

of ST JOSEPH'S COLLEGE

was awarded the following grades in the syllabuses shown:

Syllabus	Level	Grade
Art and Design	BGCSE	A(a)
Geography	BGCSE	A(a)
Physics	BGCSE	A(a)
Biology	BGCSE	B(b)
Chemistry	BGCSE	B(b)
English Language	BGCSE	B(b)
Mathematics	BGCSE	B(b)
Commerce	BGCSE	C(c)
Setswana	BGCSE	C(c)
Additional Mathematics	Ordinary	C(c)

SYLLABUSES RECORDED: TEN

Chairman
Botswana Examinations Council

Vice-Chancellor
University of Cambridge

CAMBRIDGE
International Examinations

Candidate Number: BW603/0124
Certificate Number: BG1116002443
Date of Issue: 12 July 2017

00180464

图 3　高中成绩单样式

四、本科教育

(一) 入学要求

博茨瓦纳高校录取学生时，采取综合评估形式。除了学习成绩外，课程难度、英语水平、分数波动等其他因素也在考虑之列。博茨瓦纳学生若想被高校录取，那么高中阶段 9 门课至少取得 6 个"C"才能达到录取标准。

(二) 学位证书样式

学士学位证书样式见图 4 和图 5。

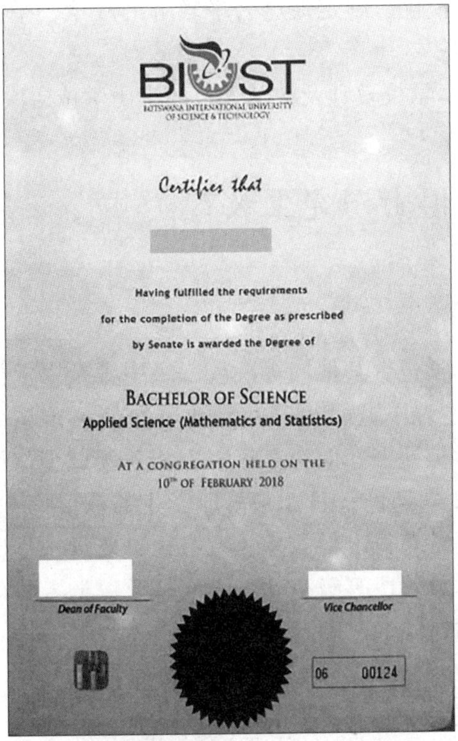

图 4　学士学位证书样式（1）

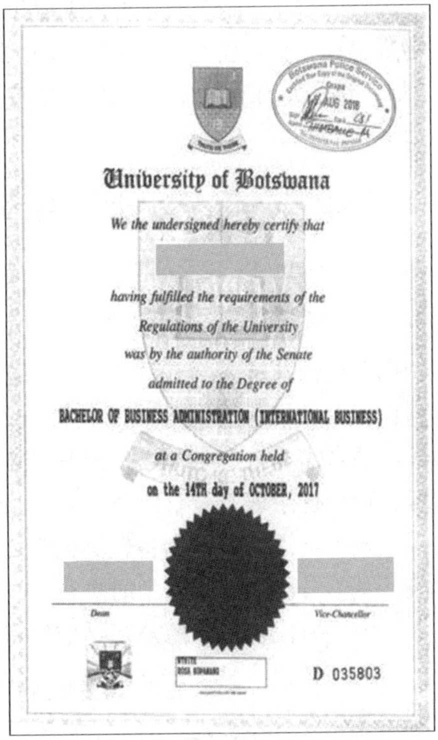

图 5　学士学位证书样式（2）

（三）大学教育政策

扩大高等教育规模仍是当下的工作重心。2006 年成立的博茨瓦纳国际科技大学即是在政府支持下建立的工程科技研究型院校，招收本科生、硕士研究生、博士研究生。博茨瓦纳国际科技大学位于帕拉佩东南部的茨佤蓬山坡地，占地 2500 公顷，校园广阔，环境优美。博茨瓦纳国际科技大学的建立是国家的战略新方案，旨在培训学生工程科技方面的技能，助力博茨瓦纳从资源型经济向知识型经济转型。

五、职业教育

近年来，博茨瓦纳在进行职业教育培训改革，重点改革教育内容，确保教学质量。第十一个国家发展计划（2017. 4—2023. 3）期间，职业教育培训的重大成就包括：

1. 发展博茨瓦纳技术教育。该教育项目提供基础技能培训，也可以颁发职业技能证书，主要涵盖以下职业领域：电机工程、建筑施工、信息通信技术、多媒体、商务、服装设计与纺织、酒店经营、旅游旅行、美发美容等。这些项目是与博茨瓦纳雇主及私营部门合作开发的，旨在满足地方产业的需求。

2. 推出多项举措为弱势群体提供技术教育。制定促进公平教育的政策，举办识字讲习班，执行符合该项方针的入学政策。

3. 开发人力资源项目，以提升职业技术学校教师及教辅人员的学历学位层次。

六、硕士研究生和博士研究生教育

（一）硕士研究生入学要求

持有博茨瓦纳大学或其他认可大学学士学位、其他同等院校二级甲等及以上学位、在相关领域获得同等成绩（即 5 分制情况下，GPA 须达到 3 分）者可申请入学。申请者需要持有学士学位或其他同等学位证书，但有 2 年以上相关领域工作经历者，可择优录取。全日制学生如期修完 2 学期课程、非全日制学生修满 24 个学分，学校则会承认该生具备较高的学术水平。获得本科文凭才有资格申请硕士学历学位，其学分会在硕士入学时进行评估。本科阶段等级达到二级甲等及以上者方可进入研究生阶段学习。博茨瓦纳成绩等级与对应的美国等级见表 3。

表 3　博茨瓦纳成绩等级与对应的美国等级

博茨瓦纳成绩等级	（对应的）美国成绩等级
A（一级）	A
B（二级甲等）	B
C（二级乙等）	C
D（通过/合格）	D
E，F（不及格/不合格）	F

（二）博士研究生入学要求

博士学位体现了该学位获得者的研究兴趣及主要成果。博士阶段学习有全日制与非全日制两种。拥有硕士学位或同等学力的人员可以申请继续攻读博士学位。

附　录

部分大学名单：

（1）哈博罗内健康科学研究所（Institute of Health Sciences，Gaborone）

（2）博茨瓦纳大学（University of Botswana）

（3）发展管理研究所（Institute of Development Management）

（4）弗朗西斯敦健康科学研究所（Institute of Health Sciences，Francistown）

（5）黛博拉·雷蒂夫纪念护理学院（Deborah Retief Memorial School of Nursing）

（6）洛巴策健康科学研究所（Institute of Health Sciences, Lobatse）

（7）基督复临安息日会护理学院（Seventh Day Adventist School of Nursing）

（8）特洛克文教育学院（Tlokweng College of Education）

（9）博茨瓦纳农业学院（Botswana College of Agriculture）

（10）博茨瓦纳农业与自然科技大学（Botswana University of Agriculture and Natural Resources）

（11）巴马莱特路德护理学院（Bamalete Lutheran School of Nursing）

（12）塞罗教育学院（Serowe College of Education）

（13）东乃教育学院（Tonota College of Education）

（14）莫勒波罗村教育学院（Molepolole College of Education）

（15）博茨瓦纳远程和开放学习学院（Botswana College of Distance and Open Learning）

（16）博茨瓦纳野生动物培训学院（Botswana Wildlife Training Institute）

（17）莫莱波洛尔健康科学研究所（Institute of Health Sciences, Molepolole）

（18）塞罗韦健康科学研究所（Institute of Health Sciences, Serowe）

（19）弗朗西斯敦教育学院（Francistown College of Education）

（20）博茨瓦纳工程技术学院（Botswana College of Engineering and Technology）

（21）博茨瓦纳会计学院（Botswana Accountancy College）

（22）博托大学（Botho University）

（23）巴伊萨戈大学学院（Ba Isago University College）

（24）哈博罗内专业研究所（Gaborone Institute of Professional Studies）

（25）林科克温创意科技大学（Limkokwing University College of Creative Technology）

（26）ABM 大学学院（ABM University College）

（27）新时代艺术学院科学技术学院（New Era College of Arts Science and Technology）

（28）大会圣经学院（Assembly Bible College）

（29）科戈拉加诺神学院（Kgolagano College of Theological Education）

（30）博伊特卡内洛学院（Boitekanelo College）

（31）哈博罗内环球法学院（Gaborone Universal College of Law）

（32）哈博罗内教育学院（Gaborone Academy of Education）

（33）博萨博塞勒培训学院（BosaBosele Training Institute）

（戴国伟、李慧敏、MORAKE OTSILE、PHALE KOKETSO）

布隆迪

一、关于布隆迪

（一）国家概况

布隆迪，全称为布隆迪共和国，是一个位于非洲中东部赤道南侧的内陆国，北与卢旺达接壤，东、南与坦桑尼亚交界，西南濒坦噶尼喀湖，西与刚果（金）为邻。布隆迪全国划分为 1 个直辖市（布琼布拉市）和 17 个省，政治首都为基特加，经济首都为布琼布拉。截至 2022 年，布隆迪全国人口约 1260 万。

布隆迪境内多高原和山地，大部分由东非大裂谷东侧高原构成，全国平均海拔 1600 米，有“山国”之称。西部湖滨河谷及东部属于热带草原气候，中西部属于热带山地气候。2—5 月为大雨季，9—11 月为小雨季，其他月份为旱季。

布隆迪的官方语言为基隆迪语和法语，国语为基隆迪语，部分居民讲斯瓦希里语。语言上的同质性使布隆迪拥有紧密的文化和种族联系。布隆迪的主要教学语言是法语。英语作为第二语言，从小学一年级开始教授。而布隆迪的国语——基隆迪语则是通过中学教育学习。斯瓦希里语也在公立的小学中进行教授。

为提高国民的受教育程度，布隆迪自 2005 年 9 月起进行教育改革，开始实行小学六年制义务教育。据联合国儿童基金会统计，自布隆迪实施小学免费教育以来，布隆迪学生入学率已经从 2005 年的 59%增长至 2011 年的 96. 1%。近年来，在布隆迪政府的努力下，不少学校得以恢复或重建，布隆迪教育水平有所提高。

（二）护照样式

2007 年 6 月，布隆迪加入东非共同体与坦桑尼亚、肯尼亚、乌干达、卢旺达、南苏丹等其他 5 个国家组建次区域性国际组织，并开始使用统一样式的东非护照。护照样式见图 1 和图 2。

图 1　护照封面样式

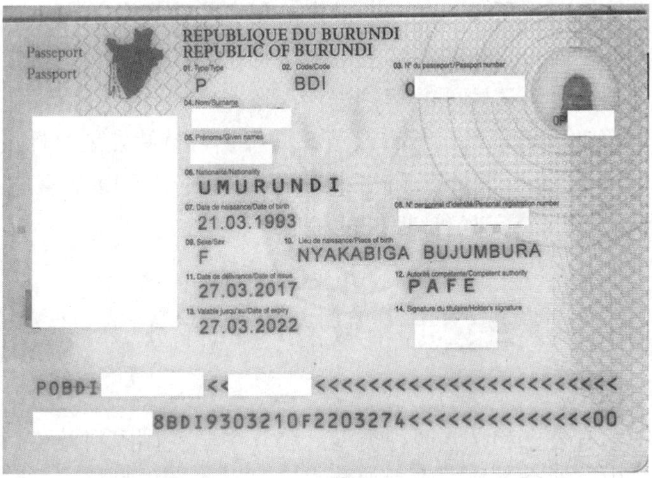

图 2　护照信息页样式

二、教育体系简介

布隆迪的教育体系分为以下几个阶段：幼儿教育、小学教育、中学教育、高等教育。

幼儿教育是第一个阶段。布隆迪的私立学校提供 2 年的学前教育，通常孩子们会在 3~5 岁完成本阶段的教育。

小学教育是第二个阶段。包括 1—6 年级共 6 个学年的教育，孩子们通常从 6 岁开始本阶段的学习，一般在 12 岁时完成小学的学业并取得小学毕业证。布隆迪自 2005 年 9 月开始实行小学六年制义务教育。

中学教育是第三个阶段，分为初中和高中。通过国家入学考试的小学毕业生们就可以开始为期 4 年的初中学习，学生一般在 16 岁时完成这一阶段的学习。而高中阶段则分为 3 种类型：普通高中、中等师范学校和中等技术专业学校。学生初中毕业时需参加全国统一考试，考试成绩将会上报国家教育指导委员会，成绩合格才能继续高中的学习。学生在顺利完成 3 年的高中学习之后将获得国家文凭，该文凭可用于申请大学等高等教育机构。若学生没能考入高中，则可以选择中等专业教育。中等专业学校包括中等师范学校和中等技术专业学校两类，提供为期 2~4 年的专业教育。如学生选择 2 年制的专业技术教育，则会获得 A3 证书（A3 Technician），如学生选择 4 年的专业技术学习，则会获得 A2 证书（A2 Technician）。

高等教育是第四个阶段，包括大学教育和研究生教育。大学阶段的学制有 4~7 年不等，具体年限视所学习的专业而定。研究生阶段分为硕士研究生教育和博士研究生教育，但目前布隆迪的大学基本无法提供相关的教育，若学生想继续研究生阶段的学习，则需要申请国外的学校进行深造。

2012 年，布隆迪进行了基础教育改革，并根据可持续发展目标设立了为期 9 年的基础教育周期，包括小学教育和初中教育。这项改革由布隆迪政府牵头，是《2012—2020 年布隆迪教育部门计划》的核心。

三、中等教育（高中）

布隆迪的中学有公立和私立两种类型。公立中学受国家财政支持，私立中学各类形式都有，其中以教会支持的中学教育水平最高、条件最好，布隆迪的学制和中国类似。不同的是，布隆迪的中学也分文科和理科，类似大学的管理制度实行学分制。

（一）高中概况

高中教育主要包括通识教育模块、技术教育模块、公共卫生模块等，各模块详细信息见表1。

表1 高中教育模块

类别	模块（法语）	模块（中文）	学制（年）
通识教育	Bio-Chimie-Sciences de la terre	生物、化学、地球科学	3
	Langue	语言	3
	Maths-Physique et Technologie	数学、物理、科技	3
	Economique	经济	4
	Pédagogie	教育学	4
	Sciences sociales et Humaines	社会科学、人文科学	3
技术教育	Agriculture	农业	4
	Arts plastiques	造型艺术	3
	Assistance sociale	社会工作	4
	Banque et Assurance	银行保险	3
	Conducteurs des travaux	工程管理	3
	Dessinateurs projecteurs	工程设计	3
	Eau et Foret	水资源与林学	4
	Economie Familiale	家庭经济	4
	Electricite industrielie	工业电力	3
	Electro-mécanique	机电工程	3
	Electronique	电力工程	3
	Gestion	管理学	3
	Génie rural	农业工程	3
	Géomètre topographe	测量	3
	Hôtellerie et Restauration	酒店餐饮	3
	Hôtellerie et Tourisme	酒店与旅游	3
	Hydro	水利工程	3
	Informatique de gestion	计算机信息管理	3
	Informatique de maintenance	计算机系统与维护	3
	Informatique de Télécommunication	计算机通信	3
	Juridique	法律	3
	Mécanique générale	机械工程	3
	Secrétariat	秘书学	3
	Textile et Habillement	纺织与服装工程	3
	Technologie des industries agro-alimentaire	食品工程	4
	Veterinaire	兽医学	4
公共卫生	Assainissement	卫生学	4
	Laboratoire	化验学	4
	Nutrition	营养学	4
	Pharmacie	药剂学	4
	Soins infirmiers	医疗保健	4

（二）评分系统

高中应届毕业生需要参加由国家统一组织的考试，该考试一般于每年的 6—7 月举行。考试通过的学生将获得受国家认可的文凭，以申请更高层次的教育。对未能通过考试的学生，如取得 40% 以上的分数，则可以参加统一考试结束后一周的补考。以下为布隆迪高中毕业国家统一考试评分体系（见表 2）。

表 2　布隆迪高中毕业国家统一考试评分体系

分值（分）	评级	等级
100≥X>89	优秀	A+
89≥X>79	好	A
79≥X>69	良好	B
69≥X>59	中等	B-
59≥X>49	合格	C
≤49	不合格	F

（三）高中成绩单和毕业证书样式

高中成绩单和毕业证书样式见图 3 和图 4。

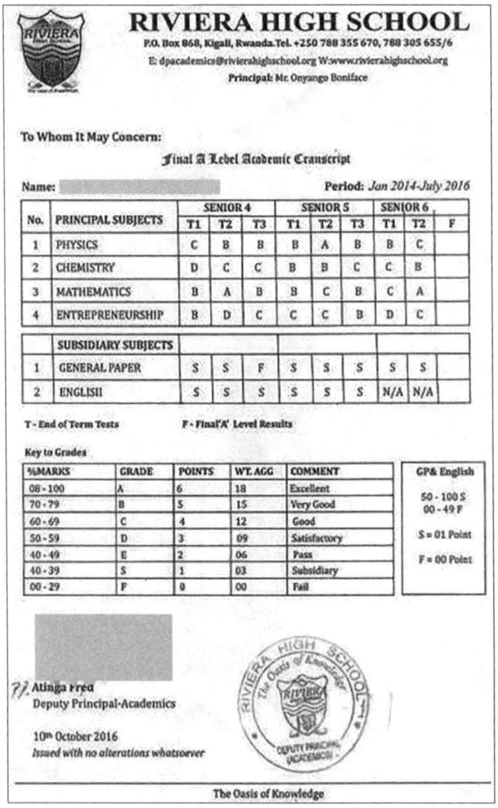

RIVIERA HIGH SCHOOL
P.O. Box 868, Kigali, Rwanda.Tel. +250 788 355 670, 788 305 655/6
E: dpacademics@rivierahighschool.org W:www.rivierahighschool.org
Principal: Mr. Onyango Boniface

To Whom It May Concern:

Final A Level Academic Transcript

Name:　　Period: Jan 2014-July 2016

No.	PRINCIPAL SUBJECTS	SENIOR 4			SENIOR 5			SENIOR 6		
		T1	T2	T3	T1	T2	T3	T1	T2	F
1	PHYSICS	C	B	B	B	A	B	B	C	
2	CHEMISTRY	D	C	C	B	B	C	C	B	
3	MATHEMATICS	B	A	B	B	C	B	C	A	
4	ENTREPRENEURSHIP	B	D	C	C	C	B	D	C	

	SUBSIDIARY SUBJECTS									
1	GENERAL PAPER	S	S	F	S	S	S	S	S	
2	ENGLISH	S	S	S	S	S	S	N/A	N/A	

T - End of Term Tests　　F - Final'A' Level Results

Key to Grades

%MARKS	GRADE	POINTS	WT. AGG	COMMENT
08-100	A	6	18	Excellent
70-79	B	5	15	Very Good
60-69	C	4	12	Good
50-59	D	3	09	Satisfactory
40-49	E	2	06	Pass
40-39	S	1	03	Subsidiary
00-29	F	0	00	Fail

GP& English
50-100 S
00-49 F
S = 01 Point
F = 00 Point

Atinga Fred
Deputy Principal-Academics

10th October 2016
Issued with no alterations whatsoever

RIVIERA HIGH SCHOOL
The Oasis of Knowledge
DEPUTY PRINCIPAL ACADEMICS

The Oasis of Knowledge

图 3　高中成绩单样式

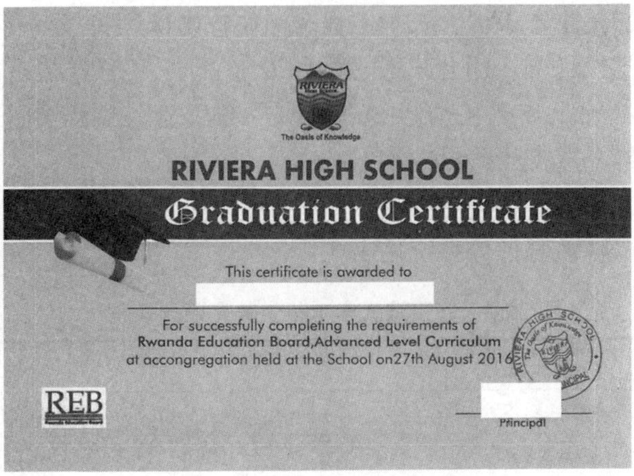

图 4　高中毕业证书样式

四、高等教育

布隆迪有 6 所公立大学，24 所私立大学。布隆迪大学是唯一的综合性公立大学，2015 年在校生达 13,000 余人。此外还有高等农业学院、城市建设规划技术学院、军事干部学院、神学院、国际关系研究中心和高等贸易、新闻、司法警官等院校。

（一）本科教育

1. 入学要求

布隆迪籍学生需满足以下条件：

（1）如学生顺利升入高中，在完成高中学习之后，学生必须通过国家统一考试并获得国家文凭，才能够申请高等教育机构。同时，获得国家文凭的学生可以获得小额的奖学金，用于支付在州立大学学习时的食宿费用。

（2）如学生在完成 4 年的初中学习之后进入中等专业学校，则需要选择农学、护理学、会计学、电力学、力学等专业进行学习，在顺利完成 3~4 年的专业学习并获得 A2 证书后，方能申请相关专业的大学教育。

非布隆迪籍学生需满足以下条件：

（1）接受过 7 年普通中学教育，并取得高中文凭或持有技师文凭。

（2）持有有效的签证和居留证件。

（3）精通法语。

（4）通过国家高等教育指导委员会向布隆迪进行申请。

2. 本科模式

布隆迪的大学本科教育一般可以分为两个阶段：

（1）学生入学后进行 2 年的基础学习，以获得学士学位的候选人资格。

（2）获得学士学位候选人资格后，学生再进行 2 年的学习就可以获得学士学位。

如学生学习的是土木工程、农学工程等专业，则课程持续5年，在顺利完成学习后，除了学士学位证书，还会获得工程师专业证书（在学习的第3~4年时，可以获得工程师技术员证书）。如学生选择的是医学专业，则需要进行7年的本硕博连读，且必须出国完成博士阶段的学习。

3. **评分系统**

布隆迪大学本科教育评分系统见表3。

表3　布隆迪大学本科生教育评分系统

分值（分）	评级
100≥X>89	优秀
89≥X>79	好
79≥X>69	良好
69≥X>59	中等
59≥X>49	合格
≤49	不合格

4. **成绩单样式**

成绩单样式见图5。

UNIVERSITE LUMIERE DE BUJUMBURA
(LIGHT UNIVERSITY OF BUJUMBURA)
FACULTY OF MANAGEMENT AND ADMINISTRATION

Name and surname : [redacted]
Registration number : 8052/12
Level : Bac III (FC)
Academic Year : 2014/2015

DELIVRE EN BREVET A BUJUMBURA Le: 18 JAN 2018

MARKS REPORT

COURSES	Coef.	Marks/20	Marks weighted	Percentage	Mention/ Grade	Credits/60
1st SEMESTER						
UE1:Quantitative Techniques						
Statistics applied to management	2	11	22	55.00	C	2
Operational research	2	13	26	65.00	B-	2
Econometrics	3	13	39	65.00	B-	3
Average Teaching Unit	7	12.43	87	62.14	C+	7
UE2:Management I						
Strategic management	4	11.5	46	57.50	C	4
Theory of organizations	3	10.3	30.9	51.50	C-	3
Conflict management	3	10.3	30.9	51.50	C-	3
Average Teaching Unit	10	10.78	107.8	53.90	C-	10
UE3: Management II						
Entrepreneurship	3	14	42	70.00	B	3
Project analysis	3	13	39	65.00	B-	3
Average Teaching Unit	6	13.50	81	67.50	B-	6
UE4: Computer science						
Computer management (ACCESS)	3	13	39	65.00	B	3
Computerized management (sage saari)	4	16	64	80.00	A	4
Average Teaching Unit	7	14.71	103	73.57	B	7
Mid – Year Average	30	12.63	378.8	63.13	C+	30/30
2nd SEMESTER						
UE5: Law and Ethics						
Company law	2	14	28	70.00	B	2
Business taxation	2	10.4	20.8	52.00	C-	2
Company ethics	1	14.0	14	70.00	B	1
Average Teaching Unit	5	12.56	62.80	62.80	C+	5
UE6: Finance						
Business finance	3	10.5	31.5	52.50	C-	3
Finances of the markets	3	10	30	50.00	C-	3
Accounting and financial audit	2	10.5	21	52.50	C-	2
Average Teaching Unit	8	10.33	82.5	51.56	C-	8
UE7: Accounting						
Deep accounting	4	10.5	42	52.50	C-	4
Bank accounting	3	13.9	41.7	69.50	B-	3
Average Teaching Unit	7	12.0	83.7	59.79	C	7
UE 8 : Training and report						
Training	10	13.5	135	67.50	B-	10
Average Teaching Unit	10	13.5	135	67.50	B-	10
Semester average	30	12.13	364	60.67	C+	30/30
General average of 2 semesters	Total Marks/20	Weighted marks	%	Mention /Grade	Valid Credits	
	12.4	742.8	61.9	C+	60/60	

Translated by [redacted]

Done in Bujumbura, on November 3rd, 2016
The Dean of the Faculty
Josette NGENDAKUMANA

Evaluation scale: [90-100] : ... ; [85-90]TB/A ; [80-85]TB/A- ; [75-80] Good /B+ ; [70-75]Good /B ; [65-70] Fair /B- ; [60-65]Fair /C+ ; [55-60]Passable/C ; [50-55]Passable/C- ; [45-50] Poor /D+ ;[40-45] Poor /D ; [0-40] Unacceptable work /E

Maître Jocelyne NTIBANGANA
[redacted]

OFFICE NOTARIAL

VU POUR LEGALISATION DE LA SIGNATURE
DE Innocent SEBITAMA
APPOSEE CI- dessus
Fait a BUJUMBURA
Le 18 JAN 2018

图5　本科成绩单样式

5. **毕业证书和学位证书样式**

本科毕业证书和学位证书样式见图 6 和图 7。

REPUBLIC OF BURUNDI
UNIVERSITE LUMIERE DE BUJUMBURA
(LIGHT UNIVERSITY OF BUJUMBURA)

BACHELOR'S DEGREE

We, Dean, President of the Jury, Chancellor, certify that Miss., ...**NCUTI Darlène**............ of the Faculty of ....**ADMINISTRATION AND MANAGEMENT**........ Registration No ......**8052/2012**..., born at **GIKUNGU** .....in ......**1992**........has met the required conditions for the obtention of the Bachelor's Degree in ...**ADMINISTRATION AND MANAGEMENT** , ...**OPTION** : ....**FINANCE AND ACCOUNTING** ....

In witness whereof we have issued her this Bachelor's Degree, with the mention....**SATISFACTION**...to enjoy with all the rights and prerogatives attached thereto.

VU POUR LEGALISATION DE LA SIGNATURE DE [redacted] APPOSEE CI-dessous Fait à BUJUMBURA Le 18 JAN 2018

Issued in Bujumbura, on the 18th of August 2016

DELIVRE EN BREVET A BUJUMBURA Le: 18 JAN 2018

THE DEAN (Signed) — THE PRESIDENT OF THE JURY (Signed) — THE CHANCELLOR (Signed and sealed)

THE HOLDER (Signed)

Registered under the N° [redacted] A../2014-2015

Translated by [redacted] UKIYE

图 6 本科毕业证书样式

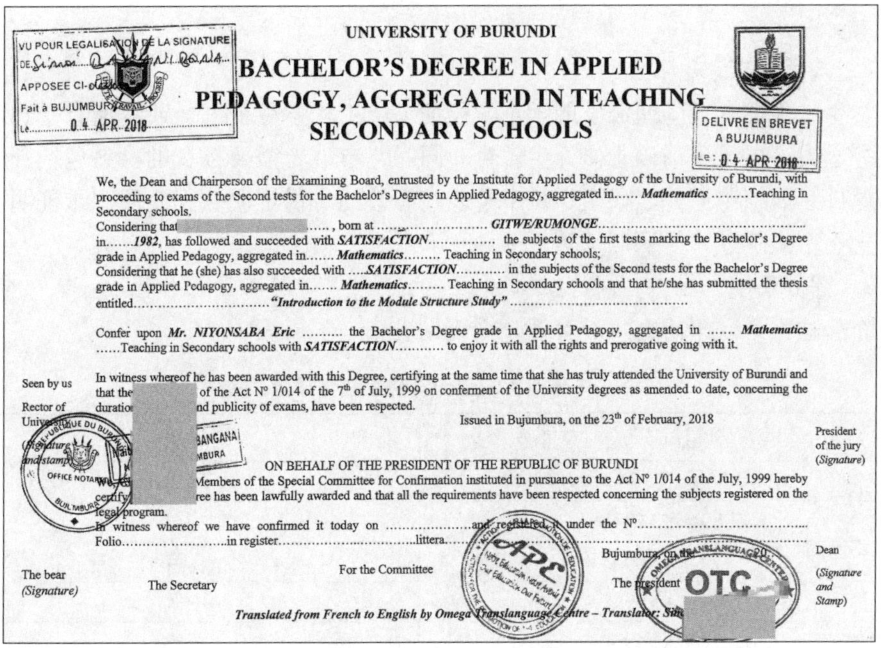

UNIVERSITY OF BURUNDI

BACHELOR'S DEGREE IN APPLIED PEDAGOGY, AGGREGATED IN TEACHING SECONDARY SCHOOLS

VU POUR LEGALISATION DE LA SIGNATURE DE ... APPOSEE CI-dessous Fait à BUJUMBURA Le 04 APR 2018

DELIVRE EN BREVET A BUJUMBURA Le: 04 APR 2018

We, the Dean and Chairperson of the Examining Board, entrusted by the Institute for Applied Pedagogy of the University of Burundi, with proceeding to exams of the Second tests for the Bachelor's Degrees in Applied Pedagogy, aggregated in...... ***Mathematics*** ....Teaching in Secondary schools.
Considering that [redacted]....., born at .... ***GITWE/RUMONGE***............ in.......***1982***, has followed and succeeded with ***SATISFACTION***............ the subjects of the first tests marking the Bachelor's Degree grade in Applied Pedagogy, aggregated in....... ***Mathematics*** .... Teaching in Secondary schools;
Considering that he (she) has also succeeded with .....***SATISFACTION***........... in the subjects of the Second tests for the Bachelor's Degree grade in Applied Pedagogy, aggregated in....... ***Mathematics***......... Teaching in Secondary schools and that he/she has submitted the thesis entitled.............***"Introduction to the Module Structure Study"***..........

Confer upon ***Mr. NIYONSABA Eric*** .... the Bachelor's Degree grade in Applied Pedagogy, aggregated in .... ***Mathematics*** ......Teaching in Secondary schools with ***SATISFACTION***........... to enjoy it with all the rights and prerogative going with it.

Seen by us Rector of University (Signature and stamp)

In witness whereof he has been awarded with this Degree, certifying at the same time that she has truly attended the University of Burundi and that the [redacted] of the Act N° 1/014 of the 7th of July, 1999 on conferment of the University degrees as amended to date, concerning the duratio[redacted]nd publicity of exams, have been respected.

Issued in Bujumbura, on the 23th of February, 2018

President of the jury (*Signature*)

ON BEHALF OF THE PRESIDENT OF THE REPUBLIC OF BURUNDI

We, [redacted] Members of the Special Committee for Confirmation instituted in pursuance to the Act N° 1/014 of the July, 1999 hereby certify [redacted]ree has been lawfully awarded and that all the requirements have been respected concerning the subjects registered on the legal program.
In witness whereof we have confirmed it today on ....and registered it under the N°...................
Folio......................in register..............................littera..............

Bujumbura, on the ....20..

The bear (*Signature*) — The Secretary — For the Committee — The president — Dean (*Signature and Stamp*)

Translated from French to English by Omega Translanguage Centre – Translator: [redacted]

图 7 学士学位证书样式

6. **学位证书验证**

国家学历认证委员会是布隆迪负责高校毕业证书认证的官方机构，其联系方式如下：

地址：PO Box 1990，Bujumbura，Burundi

电话：(+00257) 22 5112/5514

7. **高校一览**

布隆迪部分大学一览见表4。

表4　布隆迪部分大学一览表

序号	大学名称	法语名称	所在城市
1	布琼布拉卢米埃大学（Lumière University of Bujumbura）	Université Lumière de Bujumbura	布琼布拉
2	布隆迪大学（Burundi University）	Université du Burundi	布琼布拉
3	希望非洲大学（Hope University of Africa）	Université Espoir d'Afrique	布琼布拉
4	恩戈齐大学（University of Ngozi）	Université de Ngozi	恩戈齐
5	姆瓦罗大学（University of Mwaro）	Université de Mwaro	布琼布拉

*注：布隆迪仅有一所综合型公立大学，即布隆迪大学。

（二）硕士研究生教育

目前，大部分布隆迪高校都不提供硕士阶段的教育。仅有布隆迪大学的医学院、光明大学的工商管理与领导/管理学院提供硕士教育，可以颁发相应的硕士学位证书。

1. **入学要求**

学生必须拥有布隆迪颁发的学士学位证书、工程学位证书，或者拥有受到认可的同等学力，方可申请硕士研究生教育。同时，申请者需要提交的材料包括：学位证书原件、成绩单原件、硕士学位申请表、有效的身份证明、无犯罪记录证明、体检报告、个人陈述、护照照片等。

2. **评分系统**

布隆迪大学硕士研究生教育评分系统见表5。

表5　布隆迪大学硕士研究生教育评分系统

分值（分）	评级
100≥X>89	优秀
89≥X>79	好
79≥X>69	良好
69≥X>59	中等
59≥X>49	合格
≤49	不合格

3. **学位证书样式**

布隆迪的硕士学位证书上必须有学位委员会主席、学院院长、学校校长、获得学位者的签名。

4. **学位证书验证**

同学士学位证书验证一样，由国家学历认证委员会负责。

（三）博士研究生教育

在布隆迪，没有院校能够独立进行博士的培养教育。因此，如果学生想要攻读博士学位，需要选择出国留学以完成相关的学习和研究。

布隆迪的高等教育正在进行变革，其中最具代表性的就是布隆迪大学于2017年7月正式启动的硕博国际接轨改革，新制度将研究生阶段学制变为国际通用的硕士阶段学制2年、博士阶段学制3年，并积极推动布隆迪的高等院校或机构与各国国际院校间的学历互认。

附　录

布隆迪高等教育机构相关介绍见表6。

表6　布隆迪高等教育机构一览表

类型	学校名称
Public Higher Education Institutions 公立高等教育机构	1. 布隆迪大学（Burundi University） 2. 高等师范学校（Higher Normal School） 3. 高等商业管理学院（Higher Institute of Business Management） 4. 警察学院（Higher Police Institute） 5. 高等军事干部学院（Higher Institute of Military Executives） 6. 国家公共卫生研究所（National Institute of Public Health） 7. 国家行政学院（Normal School of Administration）
Private Higher Education Institutions 私立高等教育机构	1. 希望非洲大学（Hope University of Africa） 2. 布琼布拉卢米埃大学（Lumière University of Bujumbura） 3. 坦噶尼喀湖大学（University of Lake Tanganyika） 4. 大湖大学（University of the Great Lakes） 5. 姆瓦罗大学（University of Mwaro） 6. 马丁路德金大学（Martin Luther King University） 7. 恩戈齐大学（University of Ngozi） 8. 和平大学（University of Peace and Reconciliation） 9. 非洲智慧大学（Wisdom University of Africa） 10. 恩塔雷鲁甘巴大学（University of the Hills） 11. 国际领导力大学（International Leardership University） 12. 基特加理工大学（Polytechnic University of Gitega）

续表

类型	学校名称
Private Higher Education Institutions 私立高等教育机构	13. 布琼布拉国际大学（Bujumbura International University） 14. 东非之星大学（East Africa Star University de Rugombo） 15. 布琼布拉基督教大学（Christian University of Bujumbura） 16. 厄瓜多尔国际大学（International University of Equador）

（王斌、沈嘉怡、RAKHWE KAMA、DESIRE NTAHOMVUKIYE）

多 哥

一、关于多哥

（一）国家概况

多哥，全称为多哥共和国，位于非洲西部，赤道北侧。截至 2018 年，人口约 790 万。国土面积约 5.68 万平方千米。东邻贝宁，西界加纳，北接布基纳法索，南濒几内亚湾。多哥首都为洛美。主要的矿业资源是磷酸盐，产量居撒哈拉以南非洲前列。官方货币是西非法郎。

中国与多哥于 1972 年 9 月 19 日建交。建交以来，两国关系发展顺利，并在许多领域开展合作至今。随着中国经济的持续发展，特别是随着中国“走出去”战略的实施，更多的中国企业进入多哥市场开展经贸与投资合作。2016 年，多哥因中国承诺援助建设该国工业体系而迎来发展机遇。

多哥的官方语言为法语。大多数多哥人从小学开始学习其他语言，如英语、德语。英语是多哥初中教育体系阶段最主要的语言课程，并且被列入重要考试科目。多哥是个多民族国家，很多民族至今保留着古老的传统。

多哥积极落实联合国“人人享有教育”的千年目标，努力发展基础教育。据世界银行统计，多哥 2019 年 15 岁及以上成人识字率为 66.5%，2020 年小学毕业率为 88.4%。2018 年，共有 483 名多哥学生在中国留学，其中学历生 295 名。2019 年全年多哥在华留学生总数为 478 名，其中获得奖学金学生为 145 名。

（二）护照样式

多哥和尼日利亚、贝宁等 17 个国家共属于西非国家经济共同体（Economic Community of West African States，ECOWAS），根据西非国家经济共同体分区域组织协议，各成员国公民持统一护照，不需事先获得签证便可前往西非国家经济共同体内任何国家旅行、工作和定居，完全实现了成员国间人员的自由流动。护照样式见图 1 和图 2。

图 1　护照封面样式

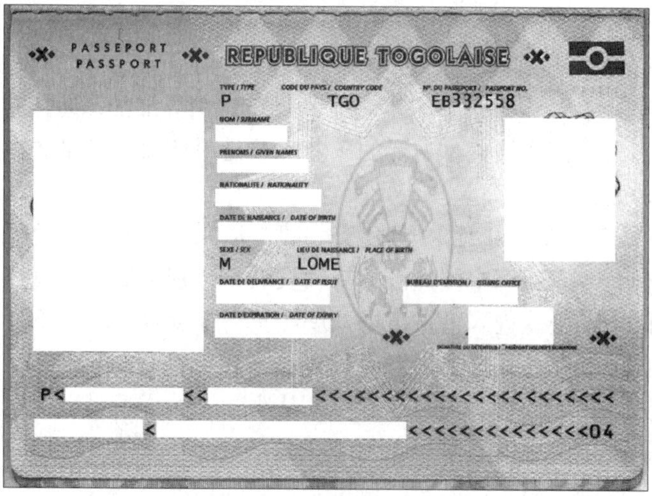

图 2　护照信息页样式

二、教育体系简介

多哥的教育体系承袭法国的模式，主要分为：一级教育（小学）、二级教育（初中）、三级教育（高中）和四级教育（大学）。

一级教育是**小学教育**，学制为 6 年。一般来说，学生在 12 岁完成一级教育。多哥的一级教育是义务教育。学生在完成一级教育后需要参加教育部组织的统一考试，考试成绩合格的学生直接升入中学学习，不合格的学生可继续学习，在下一年度再次参加考试。

二级教育和三级教育是**中学教育**，中学教育分为初中教育和高中教育，学制是7年，其中初中4年、高中3年。高中毕业生的平均年龄是19岁。学生在完成初中和高中教育后分别需要参加教育部组织的统一考试。高中毕业会考（Baccalauréat，简称“BAC”）的成绩作为评价学生和继续接受高等教育的参考依据。

四级教育是**大学教育**，本科学制一般是3年，医学和牙医专业学制最长可达7年。自2008年起，多哥高等教育引入“学士—硕士—博士”学位制度。研究生阶段分为硕士和博士，硕士阶段学制一般为2~3年，而博士阶段学制亦为2~3年。

三、中等教育（高中）

在多哥，所有高中学生都要学习3门必修课，也称为基础科目，即英语、数学（核心课程）和法语。除此之外，他们还要选择5~6门选修科目，高中学生总共需要学习8~9门课。根据选修的科目，高中学生被划分为不同的学习方向，包括电子技术、房屋建筑类（F1类和F2类），电子学、物理学类（E类），金融、法律、会计、工商管理等（G1类、G2类和G3类），科学类（D类和C类），以及社会科学类（A4类）。

（一）高中统考

在高中阶段，学生要参加BAC考试，该考试分为BAC Ⅰ和BAC Ⅱ两个阶段。高中2年级结束后学生需要参加BAC Ⅰ考试，考试通常在每年5月举行。高中第3年也就是最后1年，学生在毕业前要参加BAC Ⅱ考试。只有通过BAC Ⅰ考试才有资格参加BAC Ⅱ考试。

一般来说，申请进入多哥的大学学习需要提交BAC Ⅱ成绩，申请者还需要提供BAC Ⅱ证书的公证书副本。

（二）评分系统

多哥BAC考试评分体系见表1。

表1 BAC考试评分体系

分值（分）	等级	评级
20≥X≥16	A+	优秀
16>X≥14	A	良好
14>X≥12	B	较好
12>X≥10	C	中等
10>X≥8	D/F	勉强合格
<8	F	不合格

BAC 考试各科目的总分都是 20 分。根据要求，在 BAC Ⅱ考试中累计加权平均分达到 9.5 分及以上才有资格接受高等教育，而多数大学的不同专业都有自己的分数线。多哥的教育体系规定，申请的大学专业必须与其高中的学习方向相关。例如，若高中选择的是会计类（G2 类），在申请大学专业时就不能选择数学或工科等不相关的专业。

（三）BAC Ⅱ证书和成绩单样式

参加 BAC Ⅱ考试的考生通常在考试结束后一个月内获知成绩，国内各考试中心公示后，可以在网上查询考试成绩。BAC Ⅱ成绩单原件在公示结束 2~3 日后由 BAC 考试办公室通过其所在高中转交给考生本人。BAC Ⅱ证书样式和成绩单样式见图 3 和图 4。

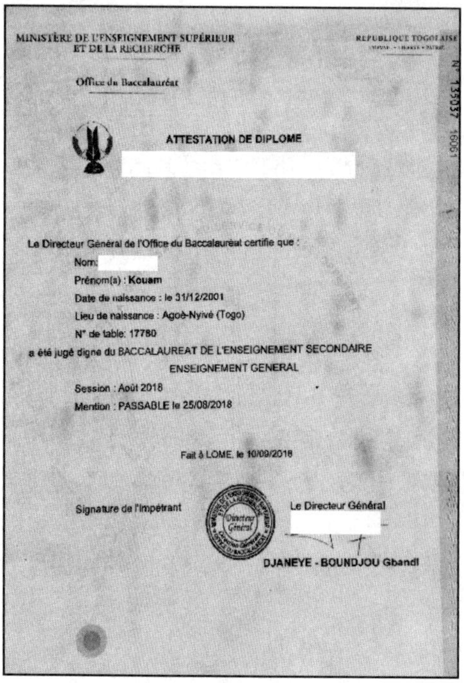

MINISTÈRE DE L'ENSEIGNEMENT SUPÉRIEUR
ET DE LA RECHERCHE

REPUBLIQUE TOGOLAISE

N° 135037 16061

Office du Baccalauréat

ATTESTATION DE DIPLOME

Le Directeur Général de l'Office du Baccalauréat certifie que :

Nom:

Prénom(s) : Kouam

Date de naissance : le 31/12/2001

Lieu de naissance : Agoè-Nyivé (Togo)

N° de table: 17780

a été jugé digne du BACCALAUREAT DE L'ENSEIGNEMENT SECONDAIRE

ENSEIGNEMENT GENERAL

Session : Août 2018

Mention : PASSABLE le 25/08/2018

Fait à LOME, le 10/09/2018

Signature de l'Impétrant

Le Directeur Général

DJANEYE - BOUNDJOU Gbandi

图 3　BAC Ⅱ证书样式

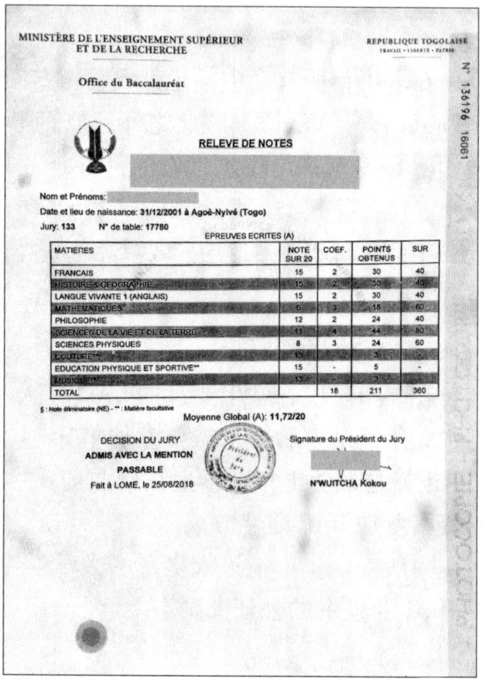

MINISTÈRE DE L'ENSEIGNEMENT SUPÉRIEUR
ET DE LA RECHERCHE

REPUBLIQUE TOGOLAISE
TRAVAIL · LIBERTÉ · PATRIE

N° 136196 16061

Office du Baccalauréat

RELEVE DE NOTES

Nom et Prénoms:

Date et lieu de naissance: 31/12/2001 à Agoè-Nyivé (Togo)

Jury: 133　N° de table: 17780

EPREUVES ECRITES (A)

MATIERES	NOTE SUR 20	COEF.	POINTS OBTENUS	SUR
FRANCAIS	15	2	30	40
HISTOIRE & GEOGRAPHIE	15	2	30	40
LANGUE VIVANTE 1 (ANGLAIS)	15	2	30	40
MATHEMATIQUES	6	3	18	60
PHILOSOPHIE	12	2	24	40
SCIENCES DE LA VIE ET DE LA TERRE	11	4	44	80
SCIENCES PHYSIQUES	8	3	24	60
COUTURE**	13	-	3	-
EDUCATION PHYSIQUE ET SPORTIVE**	15	-	5	-
MUSIQUE**	13	-	3	-
TOTAL		18	211	360

§ : Note éliminatoire (NE) - ** : Matière facultative

Moyenne Global (A): 11,72/20

DECISION DU JURY
ADMIS AVEC LA MENTION
PASSABLE
Fait à LOME, le 25/08/2018

Signature du Président du Jury

N'WUITCHA Kokou

图 4　BAC Ⅱ成绩单样式

（四）BAC Ⅱ证书和成绩验证

BAC Ⅱ证书和成绩的真实性可以通过 BAC 考试办公室进行验证，验证需要支付一定费用。可以将需要验证的证书和成绩的扫描件，连同考生的护照扫描件发至 BAC 考试办公室邮箱进行验证，验证结果通常会在两周内通过邮箱反馈。1993 年以后的 BAC Ⅱ成绩都可以通过以上方法进行验证。

四、专科 & 本科教育

多哥的公立大学有洛美大学（原名为贝宁大学）和卡拉大学两所。洛美大学是多哥第一所公立大学，也是多哥最大的一所公立大学，成立于 1970 年。设有 5 个学院、5 个系、2 个研究所和 2 个培训中心，学生约 1.7 万人①。卡拉大学于 1999 年 1 月建校，2017—2018 学年注册学生 1.8 万人②。跟其他非洲国家情况类似，近年来多哥的私立高校数量大幅增长，主要原因是公立大学的设施和资源不足，限制了招生人数，无法满足多哥人接受高等教育的需求。多哥的高等教育分为四类：职业教育、学历教育、本科教育和高等学历教育。这四类高等教育机构均由多哥高等教育研究部管理。

技术教育与职业培训分为第二产业培训、第三产业培训和综合培训，前二者培训由公立或私立的职业学校提供。自 2016—2017 学年起，综合培训也可以由私立学校提供。全国技术教育和职业培训学校共有 68 所（包括公立、私立和教会学校）③。职业教育学制为 2~3 年，具体期限由专业及院校决定。多哥的职业教育比本科教育更注重实践，提供中等专业技能水平教育。学历教育学制为 2 年，学生毕业需修满 120 学分。学历教育为那些未能达到本科录取要求的考生提供学习的机会，层次低于本科教育。本科教育学制为 3 年，学生需在毕业前修满 180 学分。高等学历教育为 4 年，学生需修满 180 学分的同时，还必须在毕业前有 1 年的实践经历。

多哥的公立大学可向本校毕业生颁发学位证书。大多数私立高校以所隶属的高校名义为本校学生颁发学位证书。

（一）入学要求

1. 本科入学要求

获得参加本科和高等学历教育的资格要满足两个主要条件。

第一，获得 BAC Ⅱ证书是最基本的要求。一般来说，在 BAC Ⅱ考试中获得 10~20 分的学生被认为有资格接受大学教育。需要注意的是，BAC Ⅱ考试分数在 9.50~9.99 分的学生有资格参加额外的一次面试。若通过面试，该生有资格参加大学入学考试并被录取。

---

① 朱玉珊．阿洛树下汉教花开——多哥洛美大学孔子学院白描[J]．中国投资(中英文),2022(Z3):106-108.

② 商务部国际贸易经济合作研究院．2018 年对外投资合作国别（地区）投资指南——多哥［M］．北京：中国商务出版社，2018.

③ 商务部国际贸易经济合作研究院．2022 年对外投资合作国别（地区）投资指南——多哥［M］．北京：中国商务出版社，2022.

表 2　BAC Ⅱ考试分数及对应等次

累计加权平均分（分）	等次
<9.5	未通过
10>X≥9.5	必须参加面试
12>X≥10	通过
14>X≥12	较好
16>X≥14	良好
20≥X≥16	优秀

第二，有的大学部分专业要求申请者参加入学考试。拥有 BAC Ⅱ证书或通过面试的学生才有资格参加入学考试。对于在国外接受高中教育的申请者，入学考试也是测试他们知识水平的重要途径和决定是否录取的重要依据。是否能被录取主要由考生所选的专业、BAC Ⅱ考试成绩和入学考试结果决定。考生要经过激烈竞争才能被理想的大学和专业录取。以洛美大学和卡拉大学两所公立大学为例，不同专业的入学要求也各不相同（见表 3）。

表 3　两所公立大学的录取分数要求

专业类别	专业	要求	是否须参加入学考试
经管类专业	会计；质量管理控制；审计；组织与人力资源管理；市场营销	BAC Ⅱ类型为 C、D、E、F、G2 或 G3，G2 和 G3 类要求数学考试成绩不低于 12 分	否
	国际贸易；会计；金融	BAC Ⅱ类型为 C、D、G2 或 G3	是
	经济学	BAC Ⅱ类型为 C、D、G2 或 G3，G2 和 G3 类要求数学考试成绩不低于 12 分	否
语言和社会类专业	德语	所有 BAC Ⅱ类型均有资格，A4 类且有一定德语基础的优先	否
	英语	所有 BAC Ⅱ类型均有资格，英语考试成绩不低于 10 分，法语考试成绩不低于 8 分	否
	西班牙语	BAC Ⅱ类型为 A4，选修西班牙语且考试成绩不低于 10 分	是
	人类学	BAC Ⅱ类型为 A4、C 或 D，且法语、哲学、历史及地理考试成绩均不低于 10 分	否
计算科学类专业	信息技术；软件开发；网络维护	BAC Ⅱ类型为 C、D 或 E，数学考试成绩不低于 12 分	否
农业科学类专业	农业工程；动物学	BAC Ⅱ类型为 C 或 D，生物、物理、化学和数学考试成绩均不低于 10 分。	否
生物与食品科学学院	环境科学；生物医学；食品科学	BAC Ⅱ类型为 C 或 D	否

续表

专业类别	专业	要求	是否须参加入学考试
理学类专业	生物；化学；数学	BAC Ⅱ类型为 C 或 D	否
	物理	BAC Ⅱ类型为 C 或 E，物理考试成绩不低于 11 分；BAC Ⅱ类型为 D，物理考试成绩不低于 11 分，数学考试成绩不低于 12 分；BAC Ⅱ类型为 F，数学和物理考试成绩均不低于 12 分	否
工程类专业	电子学；力学；土木工程	BAC Ⅱ类型为 C、D、E 或 F	否
医药类专业	医学；药学	BAC Ⅱ类型为 C 或 D	否
法学类专业	文秘	BAC Ⅱ类型为 A4 或 G1	是
	法律	所有 BAC Ⅱ类型均有资格，法语考试成绩不低于 10 分	是

上述 BAC Ⅱ类型和考试成绩的要求只是大学入学的最低要求，最终是否能够被录取还取决于申请者的 BAC Ⅱ成绩和入学考试成绩在所有同类申请者中的排名和申请专业的录取人数。

2. 职业教育和学历教育的入学要求

高中毕业生申请职业教育和学历教育只需要 BAC Ⅱ考试成绩，不需要参加入学考试。大多数的职业教育和学历教育都由私立高校提供。相对来讲，职业教育和学历教育的录取不像本科和高等学历教育那样严格，申请者只需通过最低要求，即 BAC Ⅱ为 9.5 分。

（二）评分系统

和高中一样，大学也有统一的评分体系，分数范围为 0~20 分。大多数情况下，16 分以上被认为是非常好的成绩。了解学生成绩最直观的方式是参考采用累计加权平均分的成绩单（见表 4）。

表 4　多哥大学的累计加权平均分评分体系

等级	分数（分）
一等	20≥X≥17
二等上	17>X≥15
二等下	15>X≥13
三等	13>X≥11
及格	11>X≥9.5
不及格	<9.5

（三）学位证书样式

学士学位证书样式见图 5 和图 6。

Université de Lomé

REPUBLIQUE TOGOLAISE
Travail-Liberté-Patrie

PRÉSIDENCE

SECRÉTARIAT GÉNÉRAL

N° 39690/470647/2019/UL/P/SG/DAAS

ATTESTATION DE DIPLOME

Le Secrétaire Général de l'Université de Lomé soussigné, atteste que
Mademoiselle [redacted]
née le 14 novembre 1998 à Lomé (TOGO)
et de nationalité Togolaise,
a obtenu

LE DIPLOME DE

LICENCE PROFESSIONNELLE EN ANALYSES BIOMEDICALES
Spécialité : ANALYSES MEDICALES ET BIOLOGIQUES

Au semestre Mousson 2018 - 2019 **Mention : ASSEZ - BIEN**

Pour avoir capitalisé les 180 crédits requis pour le parcours LICENCE.

Lomé, le 23 juillet 2020

Signature du Secrétaire Général

[redacted]

MENSAH ATTOH Akossiwoa

Document délivré en un exemplaire unique. Il appartient à l'impétrant d'en faire des copies et de les certifier

01B.P.1515 Lomé1-Togo Téléphone : (+228) 22 21 35 00 Fax : +228 22 21 85 95 / www.univ-lome.tg

图 5　学士学位证书样式（1）

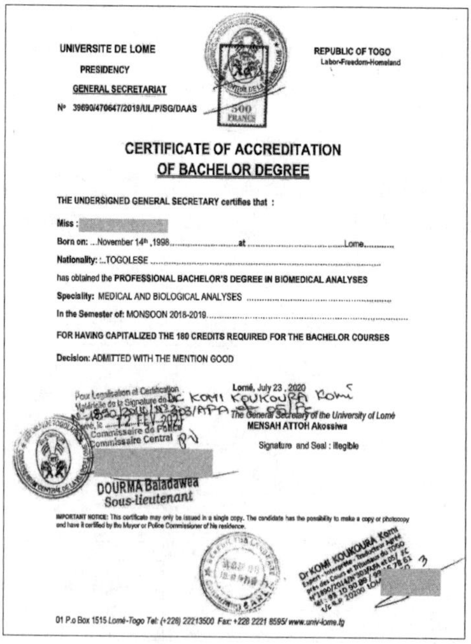

UNIVERSITE DE LOME
PRESIDENCY
GENERAL SECRETARIAT
N° 39690/470647/2019/UL/P/SG/DAAS

REPUBLIC OF TOGO
Labor-Freedom-Homeland

CERTIFICATE OF ACCREDITATION
OF BACHELOR DEGREE

THE UNDERSIGNED GENERAL SECRETARY certifies that :

Miss : [redacted]

Born on: ...November 14th ,1998.......................at ....Lome...........

Nationality: :..TOGOLESE ....

has obtained the **PROFESSIONAL BACHELOR'S DEGREE IN BIOMEDICAL ANALYSES**

Speciality: MEDICAL AND BIOLOGICAL ANALYSES ....

In the Semester of: MONSOON 2018-2019...

FOR HAVING CAPITALIZED THE 180 CREDITS REQUIRED FOR THE BACHELOR COURSES

Decision: ADMITTED WITH THE MENTION GOOD

Lomé, July 23 , 2020
The General Secretary of the University of Lomé
MENSAH ATTOH Akossiwa
Signature and Seal : Illegible

Pour Légalisation et Certification
Matérielle de la Signature de
Lomé, le 12 FEV 2021
Commissaire de Police
Commissaire Central
[redacted]
DOURMA Baladawea
Sous-lieutenant

IMPORTANT NOTICE: This certificate may only be issued in a single copy. The candidate has the possibility to make a copy or photocopy and have it certified by the Mayor or Police Commissioner of his residence.

Dr KOMI KOUKOURA Komi
[redacted]

01 P.o Box 1515 Lomé-Togo Tel: (+228) 22213500 Fax: +228 2221 8595/ www.univ-lome.tg

图 6　学士学位证书样式（2）

（四）学位证书验证

多哥学术事务和学校管理主管单位（DAAS）是多哥负责公立学校学位证书验证的部门，位于洛美大学校园内。学术机构可以向学术事务和学校管理主管单位申请验证学位证书真伪，通过邮箱将待验证的证书扫描件和证书所有者的护照扫描件发至指定邮箱，大概2~3周可通过邮件获得验证结果。有意出国留学的学生也可以自己进行验证，并将验证报告副本作为必要材料之一提交给申请入学的学校。验证私立大学的证书真伪要直接联系发证单位进行验证。

五、硕士研究生教育

在多哥，由于获得学士学位的人数不断增加，大多数本科毕业生为了提高自身在职场的竞争力，选择攻读硕士学位。硕士学位学制一般为2年。某些特定的硕士项目要求申请者有工作经验。完成第一年的学习之后，申请者获得硕士Ⅰ级学位（Master Ⅰ），完成第二年的学习之后，获得硕士Ⅱ级学位（Master Ⅱ）。硕士分为两类，一是学术型硕士，以学术研究为主，二是专业型硕士，学习专业领域知识。

（一）入学要求

硕士申请者必须从国家认可的大学里以较好的成绩获得相关专业学士学位或高等教育文凭（获得180学分）。除此之外，某些大学和专业（特别是申请学术型硕士）还有其他入学要求，如入学考试或面试。未获得180学分的职业文凭或学历文凭的持有者如果录取为硕士，学制为3年，其中第一年用于补修学分以满足180学分的最低要求。本科或高等学历教育阶段累计加权平均分达到14分及以上的学生才有资格攻读硕士学位。

除了提供相关专业的学士学位或高等教育文凭和成绩单外，申请者还要提交其他材料以证明他们有能力攻读硕士学位。

（二）评分系统

就像本科阶段一样，硕士研究生阶段的成绩评分系统因学校而异，评分为0~20分不等。与本科学生不同，硕士研究生学位证书上没有按等级划分，但14分及以上可以被视为优秀。

（三）学位证书样式

硕士学位证书样式见图7和图8。

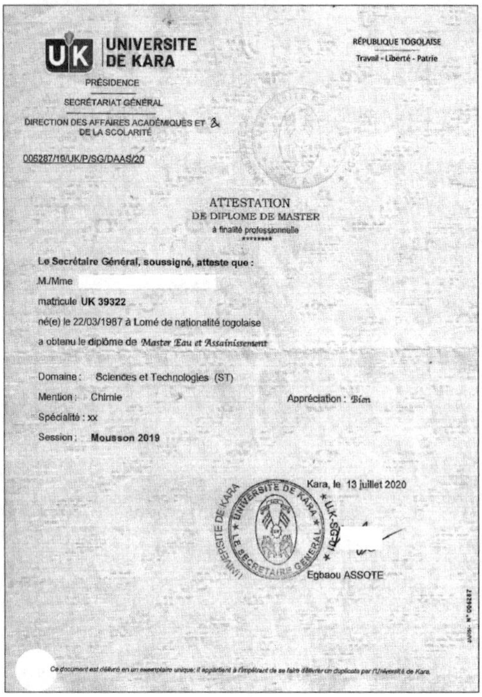

UNIVERSITE DE KARA
PRÉSIDENCE
SECRÉTARIAT GÉNÉRAL
DIRECTION DES AFFAIRES ACADÉMIQUES ET & DE LA SCOLARITÉ
006287/19/UK/P/SG/DAAS/20

RÉPUBLIQUE TOGOLAISE
Travail - Liberté - Patrie

ATTESTATION
DE DIPLOME DE MASTER
à finalité professionnelle

Le Secrétaire Général, soussigné, atteste que :
M./Mme
matricule UK 39322
né(e) le 22/03/1987 à Lomé de nationalité togolaise
a obtenu le diplôme de *Master Eau et Assainissement*

Domaine : Sciences et Technologies (ST)
Mention : Chimie
Appréciation : *Bien*
Spécialité : xx
Session : Mousson 2019

Kara, le 13 juillet 2020
Egbaou ASSOTE

N° 006287

Ce document est délivré en un exemplaire unique; il appartient à l'impétrant de se faire délivrer un duplicata par l'Université de Kara.

图 7　硕士学位证书样式（1）

Université de Lomé

REPUBLIQUE TOGOLAISE
Travail-Liberté-Patrie

PRÉSIDENCE
SECRÉTARIAT GÉNÉRAL

N° 44446/170107/2019/UL/P/SG/DAAS

ATTESTATION DE DIPLOME

Le Secrétaire Général de l'Université de Lomé soussigné, atteste que
Monsieur
né le 23 décembre 1991 à Kara (TOGO)
et de nationalité Togolaise,
a obtenu
LE DIPLOME DE
MASTER RECHERCHE EN SCIENCES AVIAIRES
Spécialité : MARKETING ET SOCIOECONOMIE
Le 06 décembre 2019　Mention : BIEN
Pour avoir capitalisé les 120 crédits requis pour le grade MASTER.

Lomé, le 22 juin 2021
Signature du Secrétaire Général
MENSAH ATTOH Akossiwoa

Document délivré en un exemplaire unique. Il appartient à l'impétrant d'en faire des copies et de les certifier
01B.P1515 Lomé1-Togo Téléphone : (+228) 22 21 35 00 Fax : +228 22 21 85 95 / www.univ-lome.tg

图 8　硕士学位证书样式（2）

（四）学位证书验证

硕士学位证书的验证同学士学位证书验证一样，由多哥学术事务和学校管理主管单位（DAAS）负责。

六、博士研究生教育

（一）简况

在多哥，博士并不常见，只有少数想要进入学术界的学生攻读博士学位。博士根据学习方式可分为全日制或非全日制学习，全日制学制需要 3 年，非全日制年限更长。目前，只有少数公立大学有博士学位点。因此，很多学生选择到国外攻读博士研究生学位。

（二）入学要求

攻读博士学位的前提是申请者已获得相关专业的硕士学位。通常只有成绩良好、学术能力较强、具备获得博士学位潜力的申请者才有可能被录取。一般来说，只有学术型项目的硕士毕业生才能攻读博士研究生学位。

附　录

教育机构联系方式：

1. BAC 考试办公室

电话：（+228）22 21 58 95

邮箱：ofbac. togo@ yahoo. fr

网站：https：//service-public. gouv. tg/service_ concerne/office-du-baccalaureat/

2. 多哥学术事务和学校管理主管单位

电话：（+228）22 25 48 44

邮箱：daas_ ul@ univ-lome. tg

网站：https：//daas. univ-lome. tg

（吴文浩、孙建莹、陆柳、JEAN-CLAUDE BIMENYIMANA、ANDREW OSEI AGYEMANG）

俄罗斯

一、关于俄罗斯

（一）国家概况

俄罗斯，全称为俄罗斯联邦，位于欧亚大陆北部，是由22个自治共和国、46个州、9个边疆区、4个民族自治区、1个自治州、3个联邦直辖市组成的联邦共和立宪制国家。邻国西北面有挪威、芬兰，西面有爱沙尼亚、拉脱维亚、立陶宛、波兰、白俄罗斯，西南面是乌克兰，南面有格鲁吉亚、阿塞拜疆、哈萨克斯坦，东南面有中国、蒙古和朝鲜，东面与日本和美国隔海相望。总面积1709.82万平方千米，国土面积居世界第一位，首都为莫斯科，俄罗斯联邦政府是最高国家执行权力机关。俄罗斯是联合国安理会五大常任理事国之一，与我国的建交日为1949年10月2日。

俄罗斯是一个由194个民族构成的统一的多民族国家，主体民族为俄罗斯族，主要少数民族有鞑靼、乌克兰、巴什基尔、楚瓦什、车臣、亚美尼亚、阿瓦尔、摩尔多瓦、哈萨克、阿塞拜疆、白俄罗斯等族。俄语是俄罗斯联邦全境内的官方语言。俄罗斯主要宗教为东正教，其次为伊斯兰教。

俄罗斯大部分地区处于北温带，以大陆性气候为主，温差普遍较大，1月平均气温为-5~-40℃，7月平均气温为11~27℃，首都莫斯科1月的平均气温为-8℃，7月平均气温为21℃。

俄罗斯自然资源丰富，种类多，储量大，自给程度高。国民经济基础雄厚，拥有巨大的经济潜力，工农业和交通运输业等已达到相当的发展水平。2022年，俄罗斯国内生产总值为2.0467万亿美元，人均GDP为1.398万美元。俄罗斯现有717所大学、学院和其他教育机构，其中501所是国立及州立高等院校，216所是私立高等院校。截至 2021 年 9 月初，共有 400 多万名教师、研究人员和在校学生①。截至 2022 年 6 月 28 日，中国教育部承认的俄罗斯院校共 438 所。

（二）护照样式

俄罗斯公民可持有“国内”和“国际旅行”两种护照。“国内”护照相当于公民的身份证明，“国际旅行”护照则是通常概念上的护照。“国际旅行”护照由俄罗斯内务部和各驻外使领馆负责签发，发放给俄罗斯公民用于国际旅行，护照持有人在海外受俄罗斯领事馆保护。护照样式见图 1 至图 4。

图 1　“国际旅行”护照封面样式

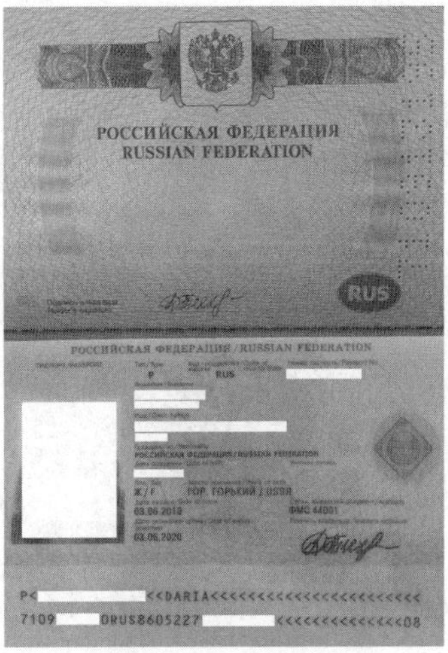

图 2　“国际旅行”护照信息页样式

图 3　“国内”护照封面样式

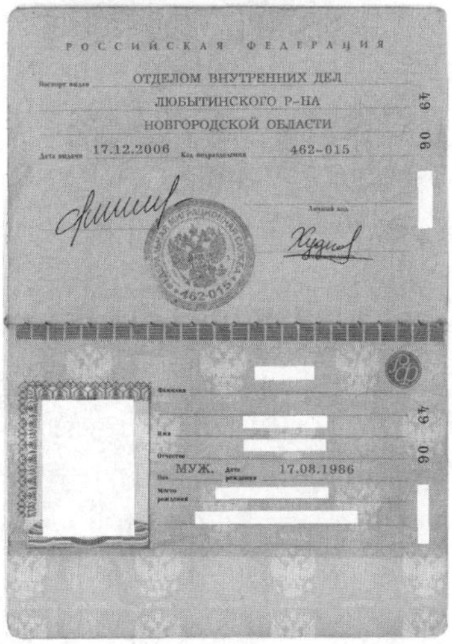

图 4　“国内”护照信息页样式

① Гохберг Л. М.，Кузьмичева Л. Б.，Озерова О. К.，Сутырина Т. А.，Шкалева Е. В.，Шугаль Н. Б. Образование в цифрах：2022：краткий статистический сборник[R]. НИУ ВШЭ，2022.

二、教育体系简介

根据新版的《俄罗斯联邦教育法》，俄罗斯的教育体系分为学前教育、普通教育和职业教育。学前教育涵盖托儿所和幼儿园，普通教育涵盖初等普通教育、基础普通教育和中等（完全）普通教育三个层次，职业教育涵盖初等职业教育、中等职业教育、高等职业教育和大学后职业教育四个层次（见图5）。俄罗斯十分关注职业教育的衔接问题，对初等职业教育、中等职业教育衔接的各要素都进行了详细规定，为初等职业教育和普通教育高年级毕业生顺利进入中等职业学校学习提供了政策保障。

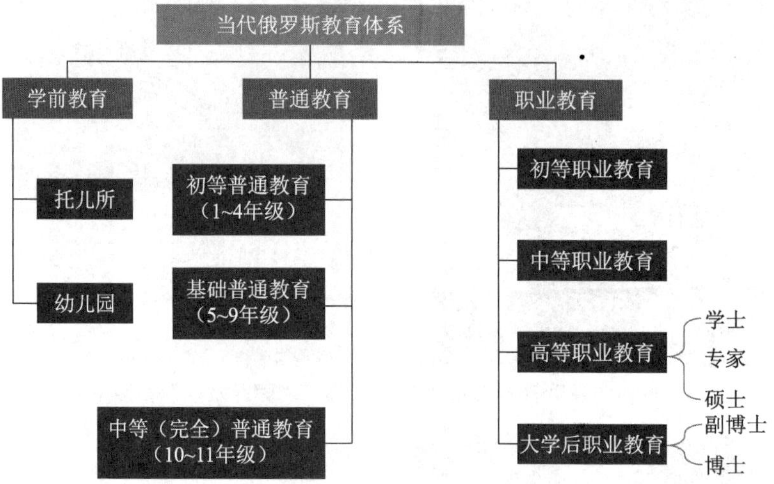

图5　当代俄罗斯教育体系

（一）学前教育

学前教育涵盖托儿所和幼儿园，托儿所面向2个月至3岁的儿童招生，幼儿园面向3岁至6岁的儿童招生。

（二）普通教育

普通教育分为三个阶段：初等普通教育、基础普通教育和中等（完全）普通教育，这三个阶段的教育和我国的小学、初中和高中阶段的教育相对应。初等普通教育学制4年，从1年级到4年级，学生年龄为6~10岁；基础普通教育学制5年，从5年级到9年级，学生年龄为10~15岁；中等（完全）普通教育学制2年，从10年级到11年级，学生年龄为15~17岁。法律规定俄罗斯公民必须完成十一年制义务教育，具体为初等普通教育、基础普通教育、中等（完全）普通教育或初等职业教育。

（三）职业教育

俄罗斯把学前教育、普通教育以外的教育形式统称为职业教育，认为能够赋予人职业能力的教育均属于职业教育，从而形成了大职教观。对比联合国教科文组织统计局 1997 年制定的《国际教育标准分类法》，俄罗斯的职业教育体系涵盖了其中的 3~6 级教育，其对应关系如表 1 所示。

表 1　俄罗斯职业教育与国际教育标准对应关系①

国际教育分类	俄罗斯对应的教育层次和类型
ISCED 3-Upper secondary education	中等（完全）普通教育，初等职业教育（学生为初中毕业生）
ISCED 4-Post-secondary non-tertiary education	初等职业教育（学生为高中毕业生）
ISCED 5B-Tertiary-type B education	中等职业教育
ISCED 5A-Tertiary-type A education	高等职业教育
ISCED 6-Advanced research qualifications	大学后职业教育

初等职业教育：俄罗斯职业教育中的第一个层次，相当于我国的中等职业教育，主要培养技术工人和服务人员。学生学习时间由其入学时的受教育程度决定，9 年级毕业入学一般学习 2~3 年，11 年级毕业入学一般学习 1~2 年。初等职业教育属于义务教育，学生入学基本不存在竞争。

中等职业教育：相当于我国的高等职业专科教育，培养具备中等职业教育程度、有熟练技能的专门人才。11 年级毕业入学的学生学习期限为 2~3 年，9 年级毕业入学的学生学习期限比 11 年级毕业入学的多一年。

高等职业教育：按照《俄罗斯联邦教育法》，高等教育机构分为综合性大学（университет）、专科性大学（академия）和专科学院（институт）。根据培养计划和培养时间不同，毕业生可获得学士学位证书、专家文凭证书和硕士学位证书。

大学后职业教育：即研究生教育，包含副博士研究生和博士研究生两个层级。

三、中等教育（高中）

俄罗斯的高中阶段称为中等（完全）普通教育。俄罗斯《普通教育国家教育标准（高中）》将课程的掌握分为基础水平和加深学习水平，基础水平的课程定位主要是保证获得一般的教育和文化知识；加深学习水平的课程定位是为继续接受职业教育做准备，通过比基础课程更深入的学习，掌握系统的科学知识并加以运用，达到发展个人能力的目的。学生学习的科目分成 5 个版块（语文和外语，社会科学，数学与信息学，自然科学，体育、生态学与生命活动安全基础），每一版块涵盖几门具体的学科科目，如社会科学包括社会学、历史、地理、经济学、法律

① 姜晓燕. 俄罗斯重构职业教育体系[J]. 大学(研究版),2014(6):63-72.

等。学生至少需要选修9门课，并且至少从每个版块中选择1门课程，侧重性的教学计划应该至少包括3门加深学习水平的课程①。

（一）高中统考

俄罗斯国家统一考试（Единый государственный экзамен，以下简称ЕГЭ）是由俄罗斯联邦教育部为公共教育机构11年级或12年级学生组织的中等（完全）普通教育阶段的毕业考试和升入高等学校的入学考试。考试时间从5月25日一直持续到6月18日。国家统一考试共包含15个普通科目，分别为俄语、数学、物理、化学、文学、历史、社会学、生物、地理、信息与信息通信技术、英语、德语、法语、西班牙语、汉语等②，其中数学、俄语是必考科目。不打算继续深造的高中生只需参加俄语和数学考试。

俄罗斯《高等教育机构入学考试目录》根据入学考试科目的组合将所有专业分为38类，每个分类包含3~4门课程。学生可根据未来想要报考的专业种类查询所需的考试科目，根据考试科目确定自己高中阶段的侧重专业类型。表2为部分大学专业、统考科目与高中侧重专业类型对照举例。

表2　大学专业、统考科目与高中侧重专业类型对照举例③

大学的专业	所需国家统一考试科目	高中阶段可选择的侧重专业类型
数学与计算机科学、 专业机电系统等121个	俄语、数学、物理 信息与信息通信技术	数学、物理
化学工艺、 轻工业制造工艺等22个	俄语、数学 物理、化学	物理、化学
传媒、 文学创作等38个	俄语 文学、历史	社会、人文

大多数高校根据统考成绩录取考生，不组织额外考试，但部分大学（如莫斯科国立大学、圣彼得堡国立大学等）可就某些专业进行补充考试。组织补充考试的大学的名单每年由政府划定，数量为10~20所。

（二）评分系统

俄罗斯国家统一考试采用相同的题型、统一的评分标准。考试题型包括选择题、简答题、论述题等。除数学科目外，所有考试科目均为百分制。数学分为两个水平，基础水平为五分制，较高水平为百分制。考试结束后由教育管理局专家依据标准划定当年考试通过分数线，审批后将考试结果于1个工作日内移送教育组织并纳入联邦信息体系，保存4年。

如果考生的必考科目（俄语和数学）在第一次考试中没有达到获取毕业证书的

① 王丽伟. 俄罗斯普通高中课程改革进展述评[J]. 比较教育研究，2013(9):55.

② ЕГЭ [EB/OL]. [2021-04-21]. http://www.ege.edu.ru/ru/main/main_item.

③ 王丽伟. 俄罗斯普通高中课程改革进展述评[J]. 比较教育研究，2013(9):55.

分数，学生可在 6 月 22 日至 26 日规定的考试“备用时间”进行补考。如果补考仍没有及格，考生还可以参加第二年的 ЕГЭ，成绩合格者可获得高中毕业证书。此外，ЕГЭ 成绩连续 2 年有效，拥有 2 年 ЕГЭ 成绩的考生可自行决定选择哪一年成绩作为报考高等院校的成绩。

（三）高中成绩单与毕业证书样式

学生高中毕业时，学校会将各门科目成绩由百分制换算成联邦五分制（见表 3）写入学生成绩单，并发放毕业证书。高中成绩单和毕业证书样式如图 6 和图 7 所示。

表 3　百分制换算成联邦五分制表

百分制分数（分）	五分制分数（分）	等级
0~59	1	不合格
	2	
60~69	3	合格
70~89	4	良好
90~100	5	优秀

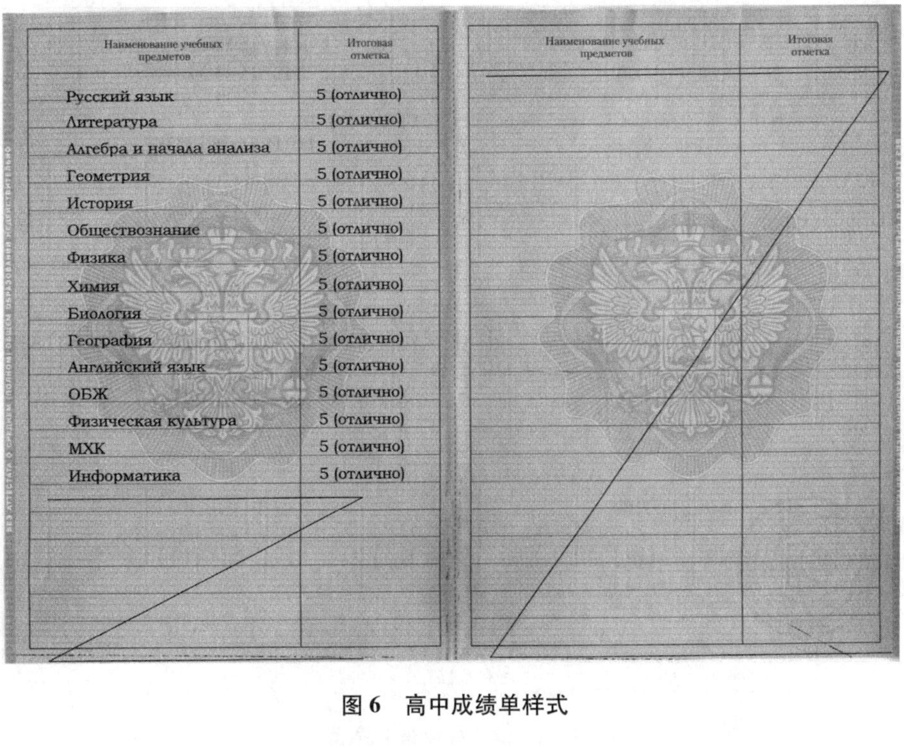

Наименование учебных предметов	Итоговая отметка
Русский язык	5 (отлично)
Литература	5 (отлично)
Алгебра и начала анализа	5 (отлично)
Геометрия	5 (отлично)
История	5 (отлично)
Обществознание	5 (отлично)
Физика	5 (отлично)
Химия	5 (отлично)
Биология	5 (отлично)
География	5 (отлично)
Английский язык	5 (отлично)
ОБЖ	5 (отлично)
Физическая культура	5 (отлично)
МХК	5 (отлично)
Информатика	5 (отлично)

Наименование учебных предметов	Итоговая отметка

图 6　高中成绩单样式

图 7　高中毕业证书样式

（四）考试成绩验证

国家统一考试结束后的 8~11 天内，考生可凭考试的相关证件查询成绩，成绩查询网址为 http：//check. ege. edu. re/。国家统一考试成绩查询界面见图 8。

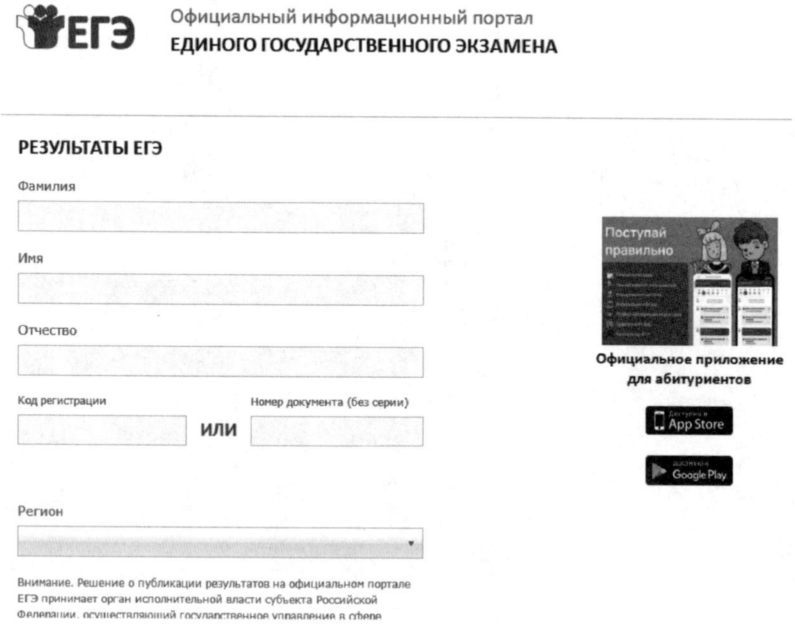

图 8　ЕГЭ 成绩查询界面

四、本科教育

为了与世界高等教育接轨，加强国际交流与合作，俄罗斯联邦政府对高等教育进行了一系列改革，实行双轨并行的学位制度（见图 9）。旧学制是从苏联时期沿袭下来的传统的学位模式，其学习时间为 5~6 年，学生经过考试，获得高等教育毕业证书，同时获得“专家”称号。获得此项证书后，通过考试或推荐，可以攻读副博士学位，论文答辩通过后，获副博士学位证书，在俄罗斯副博士学位相当于西方国家的哲学博士学位。

新学制将高等教育和研究生教育分为四个阶段进行。

不完全高等教育：高等教育的初级阶段，学制 2 年，毕业后，学生可获得不完全高等教育毕业证书。

基础高等教育：高等教育的中间阶段，学制 4 年（2+2），即在不完全高等教育的基础上加 2 年的专业知识教育。学生毕业并通过论文答辩后可获得学士学位证书。

完全高等教育：高等教育的完成阶段，学制 6 年，即在基础高等教育的基础上加 2 年的专业学习，学生毕业并通过论文答辩后可获得硕士学位证书。

研究生教育：几乎与老学制相同，该阶段课程面向完成完全高等教育阶段课程的学生①。

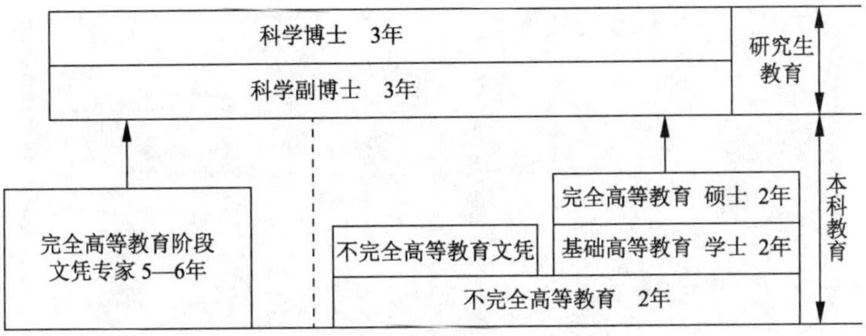

图 9 俄罗斯联邦高等教育学制结构②

（一）入学要求

高等院校的选拔基于报考学生的入学考试科目成绩、中等普通教育毕业证书、面试表现、中学生奥林匹克竞赛成绩等进行。入学考试科目由大学根据专业的具体

① 俄罗斯．中华人民共和国教育部教育涉外监管信息网［EB/OL］.（2021-12-09）［2022-04-22］. http://jsj.moe.gov.cn/n1/12044.shtml.

② 蒋炳军．俄罗斯高等教育学制结构及研究生教育的结构特点［J］．佳木斯大学社会科学学报，2008（3）：92.

要求决定，入学考试科目应当和中等普通教育的科目相一致①，入学考试科目成绩是考生选拔的主要依据之一。

学生参加国家统一考试后将收到附有成绩的考试证书，考生需将考试证书与入学申请书一并交至高校，等待录取结果。每个考生最多可申请 5 所高校，每所高校最多填报 3 个专业。

（二）评分系统

俄罗斯大学每一学年分为 2 个学期，每个学期有 20 个学习周，其中前 16 周是教学，后 4 周是考试。课程有考查和考试两种形式，一般考试课占全部课程的 1/3，考查课占 2/3，比例会根据不同的专业要求变化。

考查课成绩以平时考试成绩、课堂表现、作业完成情况等进行综合评定，只有通过和不通过两种成绩。

考试课成绩主要以期末考试成绩为主，并参考学生的平时学习表现，实行 5 分制。5 分（отлично）为优秀，4 分（хорошо）为良好，3 分（удовлетворит ельно）为合格，2 分、1 分（неудовлетворительно）为极差。

（三）学位证书样式

俄罗斯学士学位证书样式和专家文凭证书样式分别见图 10 和图 11。学生在校学习期间，如果所有考试课程的平均分在 4. 5 以上，并且单科成绩不低于 3 分（合格），毕业时可获得红本毕业证书（见图 12）。红本毕业证书与一般毕业证书不同，在获得学位的下方会打印 С ОТЛИЧИЕМ（优秀）字样，代表该生是优秀毕业生。

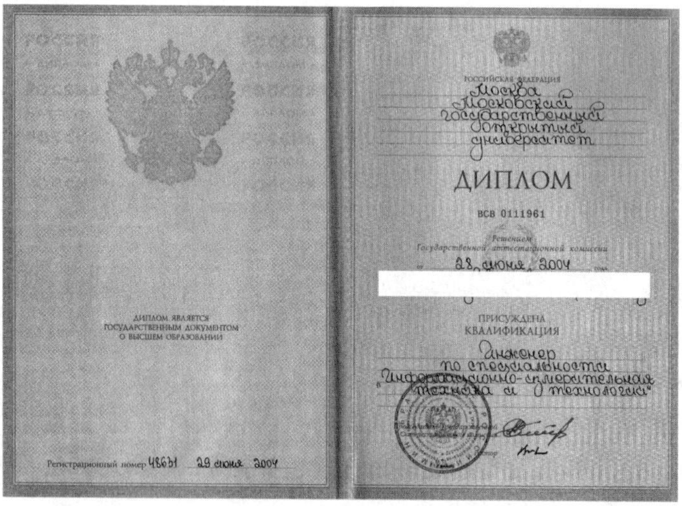

图 10　学士学位证书样式

① Министерство науки и высшего образования Российской Федерации（俄罗斯联邦高等教育与科学部）. Новые правила приема студентов в вузы вступят в силу с 2021/22 учебного года［EB/OL］.（2020-09-17）［2022-04-22］. https://www. minobrnauki. gov. ru/press-center/news/? ELEMENT_ID=25216.

图 11　专家文凭证书样式

图 12　红本毕业证样式

（四）学位证书验证

各高校会在颁发学位证书后 2 个月内将数据输入联邦信息系统，相关人员可凭借姓名、学位证书编号验证学位证书的真伪，学位证书查询界面如下（见图 13），其查询网址为：https//obrnadzorgov. ru/。

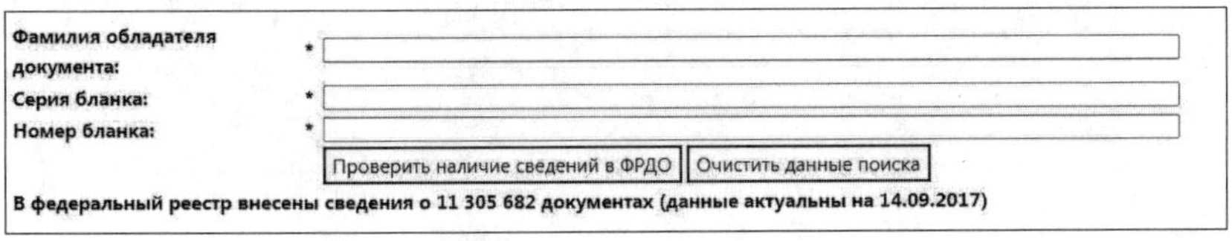

图 13　学位证书查询界面

五、硕士研究生教育

俄罗斯的硕士研究生教育属于高等教育的第三个阶段，培养研究型人才。标准学制为 2 年，在学士学位教育的基础上再接受 2 年的专业培养（包括科研或教学实习）。学校向按规定修完全部硕士学位课程，通过考核、论文答辩的学生颁发高等教育毕业证，同时授予硕士学位。

（一）入学要求

已获得学士或以上学位，无论年龄或国籍，都可以提出申请，通过硕士研究生招生院校的入学考核后被录取。高等院校有权在法律规定的范围内提出补充条件，入学考核的程序和内容由高校自行决定，各个高校有很大的不同。

（二）评分系统

根据俄罗斯国家高等职业教育的标准，硕士的培养一般定位于科研和科学教育领域，需要经过不少于 2 年的专业化培养。硕士层次的教育大纲规定了学生应具备初始科学工作者的学术水平、科研能力、专业方向和成为大学教师的必要技能和技巧。

硕士毕业考核方式为国家总结性考核和硕士学位论文，硕士学位论文必须是学生在导师参与下独立研究的成果。

（三）学位证书验证

俄罗斯硕士学位证书样式见图 14，其验证方法参考学士学位证书验证方法。

图 14　硕士学位证书样式

六、博士 & 副博士研究生教育

（一）简况

在俄罗斯的高等教育体系中，有副博士研究生和博士研究生教育。副博士研究生教育和博士研究生教育学制均为 3 年，完成所有培养环节、考试合格并通过论文答辩者可获得科学副博士学位和科学博士学位（D. S. , Doctor of Science）（分别见图 15 和图 16）。俄罗斯的科学副博士学位相当于我国和其他国家的博士学位。在俄罗斯获得科学副博士学位证书的外国学生，可向学校提出申请，获得俄罗斯国家最高学位评审委员会颁发的英文版哲学博士学位证书。

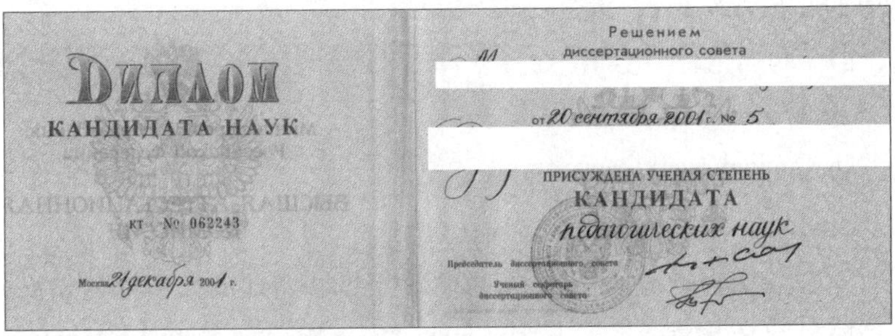

图 15　科学副博士学位证书样式

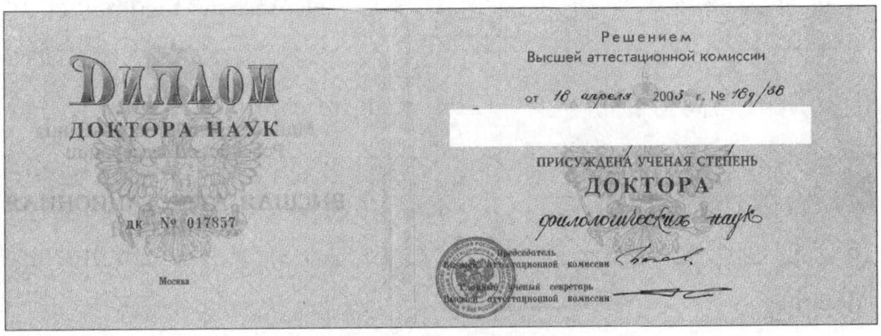

图 16　科学博士学位证书样式

（二）入学要求

获“硕士学位”或“专家文凭证书”的高等院校毕业生均可申请攻读副博士学位，报考要求主要涉及学历、年龄、工作经验和科研成果等方面，考试科目包括哲学、外语和专业科目，专业科目考试由所报专业的招生考试委员会指定。考试形式主要有笔试、面试，以及提交专业专题报告等，以面试为主。副博士研究生的入学考试通常在每年的 9 月 1 日至 9 月 15 日之间举行，在 9 月 25 日前完成录取工作。入学考试成绩当年有效，不可转入下一报考年度。

学生取得副博士学位后才能修读科学博士。研究生在科学博士阶段自行进行研究，需要发表对学术界有重大贡献的论文后才有资格申请科学博士学位，通过论文答辩后可取得科学博士学位。

附 录

（一）教育机构联系方式

1. 俄罗斯联邦教育部

电话：+7（495）539-55-19

邮箱：info@ edu. gov. ru

网站：edu. gov. ru

2. 俄罗斯联邦高等教育与科学部

电话：+7（495）547-13-16

邮箱：info@ minobrnauki. gov. ru

网站：www. minobrnauki. gov. ru

（二）部分大学名单

1. 俄罗斯独立调查平台 vuzoteka. ru 2021 年俄罗斯部分大学排名[①]

（1）莫斯科国立罗蒙诺索夫大学（Lomonosov Moscow State University）

（2）圣彼得堡国立大学（St. Petersburg University）

（3）莫斯科物理技术学院（国立大学）（Moscow Institute of Physics and Technology）

（4）俄罗斯国立高等经济大学（Natioinal Research University Higher School of Economics）

（5）莫斯科国立鲍曼技术大学（Bauman Unversity）

（6）国立核能研究大学—莫斯科工程物理学院（National Research Nuclear University Mephi）

（7）托木斯克理工大学（Tomsk Polytechnic University）

（8）新西伯利亚国立大学（Novosibirsk State University）

（9）托木斯克国立大学（Tomsk State University）

（10）喀山联邦大学（Kazan Federal University）

（11）南联邦大学（Southern Federal University）

（12）俄罗斯政府金融大学（ Financial University）

（13）莫斯科国立谢东诺夫第一医科大学（Sechenov University）

（14）圣彼得堡理工大学（Peter the Great St. Petersburg Polytechnic University）

---

① Лучшие вузы РФ［EB/OL］.（2022-1-10）［2022-04-22］. https://vuzoteka. ru.

（15）乌拉尔联邦大学（Ural Federal University）

（16）俄罗斯人民友谊大学（RUDN University）

（17）俄罗斯国立石油天然气大学（Gubkin University）

（18）圣彼得堡国家信息技术、机械学与光学研究型大学（ITMO University）

（19）圣彼得堡国立电子工程技术大学（Saint Petersburg Electrotechnical University "LETI"）

（20）莫斯科国立国际关系学院（大学）（MGIMO University）

2. 俄罗斯国际文传电讯社 Интерфакс2021 年部分大学排名①

（1）莫斯科国立罗蒙诺索夫大学（Lomonosov Moscow State University）

（2）国立核能研究大学—莫斯科工程物理学院（National Research Nuclear University Mephi）

（3）莫斯科物理技术学院（国立大学）（Moscow Institute of Physics and Technology）

（4）新西伯利亚国立大学（Novosibirsk State University）

（5）俄罗斯国立高等经济大学（National Research University Higher School of Economics）

（6）圣彼得堡国立大学（St Petersburg University）

（7）托木斯克国立大学（Tomsk State University）

（8）国家研究型技术大学（莫斯科钢铁合金学院）（National University of Science and Technology MISIS）

（9）托木斯克理工大学（Tomsk Polytechnic University）

（10）喀山联邦大学（Kazan Federal University）

（11）圣彼得堡信息、机械与光学研究型大学（ITMO University）

（12）俄罗斯人民友谊大学（RUDN University）

（13）圣彼得堡理工大学（Peter the Great St. Petersburg Polytechnic University）

（14）乌拉尔联邦大学（Ural Federal University）

（15）莫斯科国立鲍曼技术大学（Bauman Unversity）

（16）俄罗斯联邦总统直属国民经济和国家服务学院（Russian Presidential Academy of National Economy and Public Administration）

（17）西伯利亚联邦大学（Siberian Federal University）

（18）别尔哥罗德国立大学（Belgorod State University）

（19）远东联邦大学（Far Eastern Federal University）

（王文琴、陆榕、吴晓蓉、朱颖祯、Бандыло Вячеслав Владимилович）

① "Интерфакс" опубликовал Национальный рейтинг университетов - 2021 [EB/OL].(2021-07-08) [2022-04-22]. https://academia. interfax. ru/ru/news/articles/6802/.

哈萨克斯坦

一、关于哈萨克斯坦

（一）国家概况

哈萨克斯坦，全称为哈萨克斯坦共和国，地处欧亚大陆中心地带，西濒里海，北临俄罗斯，南接乌兹别克斯坦、土库曼斯坦和吉尔吉斯斯坦，东接中国，地理位置十分重要。全国人口约 19,765,004 人（截至 2023 年 1 月），国土面积约为 272.49 万平方千米，是世界上最大的内陆国①。哈萨克斯坦自然资源十分丰富，有着“能源和原材料基地”之称，多种矿产资源储量位居全球排名前列。

哈萨克斯坦位于北温带，为典型的大陆性气候，夏热冬寒。境内各地区气候有较大的差异，北部地区气候较为寒冷，南部地区气候比较温和。年降水量在不同地区差别也很大，荒漠地带年降水量不足 100 毫米，北方地区为 300~400 毫米，而山区可达 1000~2000 毫米。

近年来，哈萨克斯坦依托其丰富的自然资源和优越的地理位置，在《哈萨克斯坦—2050》（2012）、“光明大道”新经济计划（2014）、第三个现代化建设（2017）等一系列政策的指导下，哈萨克斯坦由资源型经济向创新型经济转型，加强对外贸易，经济呈现多元化发展②。

哈萨克斯坦统计委员会 2019 年 1—8 月的统计数据显示，中国为哈萨克斯坦第三大贸易伙伴，占哈萨克斯坦外贸总额 12.1%。在哈萨克斯坦出口目的国中，位列

---

① 哈萨克斯坦(哈萨克斯坦共和国). 百度百科[EB/OL]. [2023-03-15]. https://baike.baidu.com/link?url=ue6g858wL3hAIx69QJ-auFRl4bSxY-WgH6SNA21hbyEdeUq3nqqRUZzxtlFZtXrV7uhW86YKKQMOPHo7zeDCxyVkyyM750Nar1TbQWGVZ3Dry6Jc4U-3yFe-WUA0cIqX64RO7qmYWpazAVwmRJzKaK.

② 郝新鸿,张琬悦. 试析哈萨克斯坦高等教育与科学和产业融合[J]. 比较教育研究，2018,40(9):19-25.

第三，占哈萨克斯坦出口总额的 9.6%；在哈萨克斯坦进口来源国中，排名第二，占哈萨克斯坦进口总额的 16.8%。

哈萨克斯坦是一个多民族国家，约有 140 个民族，哈萨克族和俄罗斯族为两大主要民族。哈萨克语和俄语同为官方语言。哈萨克斯坦民众普遍有宗教信仰，全国有 17 个经过再注册的宗教派别。伊斯兰教（逊尼派）为哈萨克斯坦第一大教派，教徒主要为哈萨克族人。东正教是哈萨克斯坦第二大宗教，教徒主要为俄罗斯族人。

哈萨克斯坦教育基础较好，全国基本无文盲，成年人识字率 99.7%。中小学实行义务教育，中等教育覆盖率 98.5%。

（二）护照样式

2022 年，哈萨克斯坦为 74 国公民恢复了免签入境政策，2023 年拟将免签入境哈萨克斯坦的国家数量增至 100 个[1]。护照样式见图 1 和图 2。

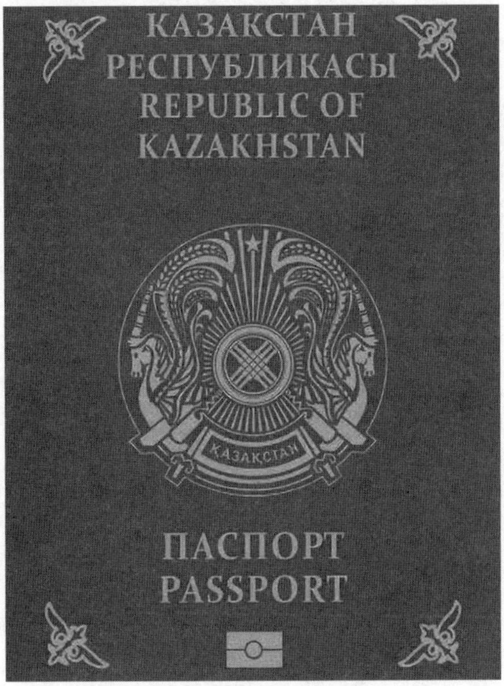

图 1　护照封面样式

① 哈萨克斯坦拟将免签入境国家数量增至 100 个[EB/OL].(2022-09-28)[2023-03-15]. https://baijiahao.baidu.com/s?id=1745200533362361444&wfr=spider&for=pc.

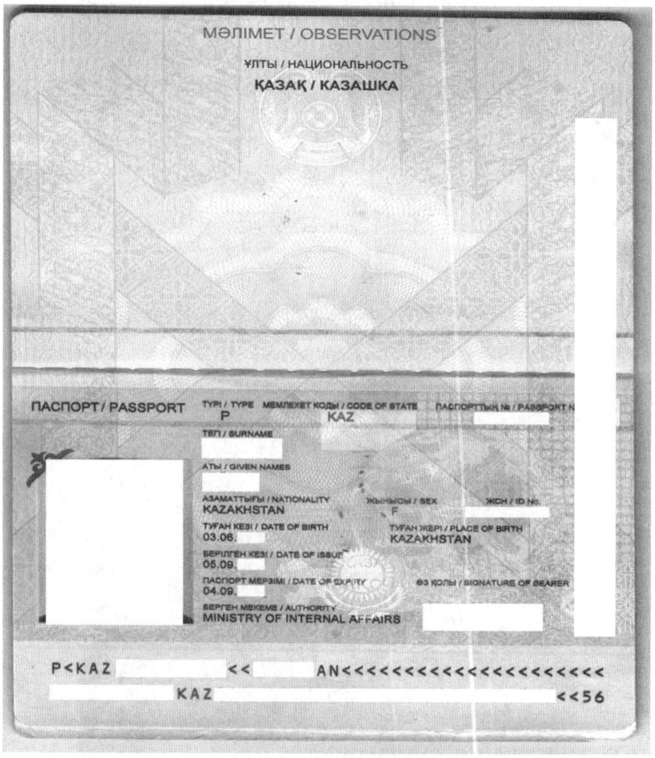

图 2　护照信息页样式

二、教育体系简介

哈萨克斯坦的教育体系包括：学前教育、普通中等教育和高等教育①（见图 3）。

第一阶段：学前教育。在哈萨克斯坦，3~6 岁的孩子要进入学前预备班学习。学前教育为孩子的全面发展创造了良好的条件。

第二阶段：普通中等教育。普通中等教育在哈萨克斯坦也被称为初等教育和基础教育，其基本内容就是对 6~18 岁的适龄学生提供基础教育，包括基本知识、基本技能、基本行为标准、基本学习生活能力等多方面的教育。普通中等教育阶段共 11 年，属于国家义务教育阶段，承担义务教育的学校不论其为公立或私立，都享有哈萨克斯坦国家资助。

普通中等教育包含三个阶段：小学（1~4 年，又称初级教育）、初中（5~9/10 年，又称基础普通教育）、高中（10~11 或 11~12 年）② 学生在 11 或 12 年义务教

① 叶玉华. 哈萨克斯坦现代教育体系的发展[J]. 外国教育研究，2003，30（9）：59-62.

② 博萨科娃·古扎丽. 哈萨克斯坦基础教育学制改革中的问题及对策思考[D]. 上海：上海师范大学，2017.

育结束之后参加全国统一考试，凭考试成绩进入大学。

早在2004年，哈萨克斯坦国家教委在《2005—2010年国家教育发展规划》中提出了12年制学校的概念，并且在全国几百所学校内进行了试验，提出过渡12年制规划。由“4+5+2”的学制模式过渡到“4+6+2”的学制模式。自2016—2017学年，哈萨克斯坦全国范围内的所有学校都在一年级学生中推行新教育体系标准①。

职业技术教育（又称初级职业教育）也是普通中等教育的组成部分，旨在培养公共职业技术服务劳动干部，职业技术教育一般在职业学校或职业实用中学进行，为期2~4年。完成2年学习并且通过中期评估的学生可以获得特定专业相应年级的文凭，完成3年学习并且通过中期评估的学生可以获得特定专业的高级文凭，完成整个教学过程并且通过最终评估的学生可以获得中级专家文凭②。

第三阶段：高等教育。哈萨克斯坦的高等教育包括大学和研究生阶段。大学学制为4年。研究生阶段分为硕士研究生和博士研究生，硕士研究生的学制一般是2年，博士研究生的学制一般是3年。

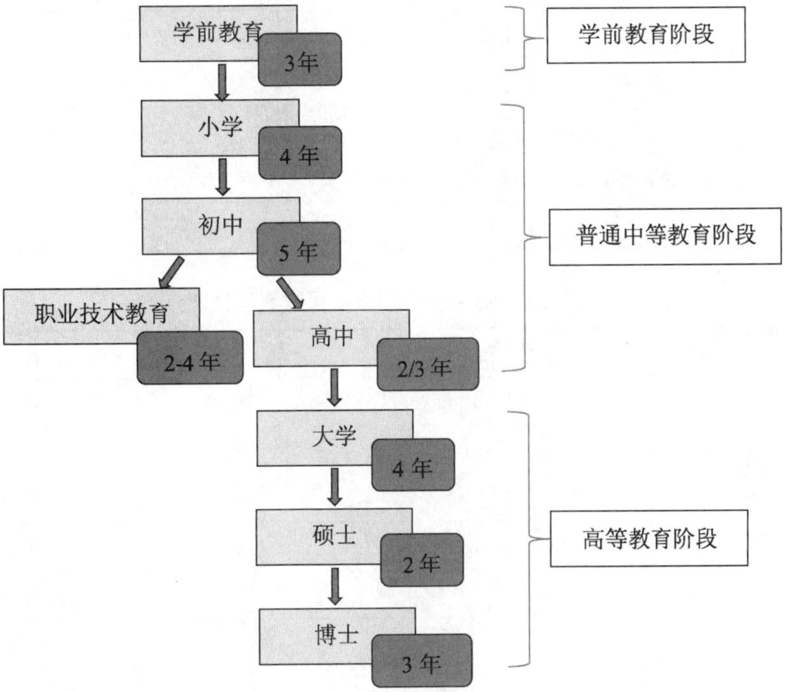

图3　哈萨克斯坦教育系统

① 博萨科娃·古扎丽. 哈萨克斯坦基础教育学制改革中的问题及对策思考[D]. 上海：上海师范大学，2017.

② Dossaly Aigul. 哈萨克斯坦共和国义务教育改革研究：基于中国上海教师队伍建设的若干经验[D]. 上海：上海师范大学，2019.

三、中等教育（高中）

哈萨克斯坦的高中被称为 Upper Secondary School。在高中阶段课程由语言和文学、数学和计算机科学、自然科学、人文和社会科学、艺术、技术、体育和初级军事训练 7 个领域的课程组成，主要课程设置包括哈萨克语、俄语、英语、俄罗斯文学、数学、计算机科学、哈萨克斯坦历史、世界历史、经济学、法律、生物、物理、化学、地理、世界艺术文化、人文社会、工艺、基本军事理论、体育。在部分学校，物理、化学、生物学、计算机科学等课程用英语授课[①]。大多数学校采取的是 5 分制评分系统，个别学校采取的是欧洲学分制[②]（见普通中等教育评分体系表 1 和表 2）。

表 1　哈萨克斯坦普通中等教育阶段 5 分制评分体系

分数	分数描述	美国评分	评价
5	Өте жақсы（Excellent）	A	优秀
4	Жақсы（Good）	B	好
3	Қанағаттанарлық（Satisfactory）	C	良好
PASS	Сынақ（Pass）	P	通过

表 2　哈萨克斯坦普通中等教育阶段欧洲学分评分体系

分数	分数描述	美国评分	评价
A	Excellent	A	优秀
B	Very Good	AB	好
C	Good	B	良好
D	Satisfactory	BC	中等
E	Sufficient	C	及格
F_X	Fail	F	不及格
F	Fail	F	不及格

哈萨克斯坦的中等教育阶段毕业证书依据学生在校内的表现情况颁发，作为学生校内平时成绩的体现。不同表现的学生将会获得相应等级的毕业证书。

① Dossaly Aigul. 哈萨克斯坦共和国义务教育改革研究：基于中国上海教师队伍建设的若干经验[D]. 上海：上海师范大学，2019.

② Scholaropro. Grading System in Kazakhstan [EB/OL]. [2019－11－28]. https://www.scholaro.com/pro/Countries/kazakhstan/Grading-System.

1. 金牌学生毕业证书

金牌学生毕业证书是浅蓝色封面，用于发给从 5~11 年级各科均获得 5 分的学生（见图4、图5）。

图4　金牌学生毕业证书封面

图5　金牌学生毕业证书信息页

2. 优秀学生毕业证书

优秀学生毕业证书是红色封面，用于发给 10~11 年级各科均获得 5 分的学生（见图 6、图 7）。

图 6　优秀学生毕业证书封面

图 7　优秀学生毕业证书信息页

3. 普通学生毕业证书

普通学生毕业证书是深蓝色封面，用于发给中等教育阶段表现较为普通的学生（见图 8、图 9）。

图 8　普通学生毕业证书封面

Жалпы орта білім туралы
АТТЕСТАТ
ЖОБ №
Осы аттестат Даркен Улугбекке
берілді,
ол 2018 жылы Астана каласы
әкімдігінің «77 мектеп-гимназия»
Коммуналдық мемлекеттік
мекемесін бітірді
және жалпы орта білімнің жалпы білім беретін оқу
бағдарламасын меңгерді.
Г.П. Байменова
А.Д. Субебаева
Л.О.Имакова
М.О.
2018 жылғы «15» маусымда берілді
Елді мекен Астана каласы
Тіркеу нөмірі № 7

АТТЕСТАТ
об общем среднем образовании
ЖОБ №
Настоящий аттестат выдан Даркен Улугбеку
в том, что он(-а)
в 2018 году окончил(-а) Коммунальное
государственное учреждение
«77 школа-гимназия» акимата г.Астаны
и освоил(-а) общеобразовательную учебную программу
общего среднего образования.
Г.П. Байменова
А.Д. Субебаева
Л.О.Имакова
М.П.
Выдан «15» июня 2018 года.
Населенный пункт г. Астана
Регистрационный номер № 7

图 9　普通学生毕业证书信息页

（一）高中统考

全国统一考试（The Unified National Test，以下简称“UNT”）是哈萨克斯坦教育体系中最为重要的外部评估考试，是高中生的高中毕业考试，也是他们的大学入学考试，是哈萨克斯坦用于评估学生能力及学校表现的重要方式①。全国统一考试的分数将决定学生是否能被大学录取和能否申请得到奖学金。

每年全国统一考试在5—6月进行，考试时长共3小时50分钟。每个城市会选一所大学作为考点。

（二）评分系统

全国统一考试共涉及5个科目，其中3个为必修科目，2个为选修科目。3个必修科目为：数学、哈萨克历史、教学语言（哈萨克语或俄语）。选修科目有以下选择：物理、化学、生物、地理、世界历史、英语、德语、法语、哈萨克文学、俄罗斯文学、俄语（哈萨克语教学学校）或哈萨克语（俄语教学学校）。5个科目的考试成绩相加为学生高中统考的总分。

哈萨克斯坦的全国统一考试题型均为选择题，其中3门必修课考试题目分别为20道单选题，每题1分，每门共计20分。2门选修课考试题目均为20道单选题和10道多选题，每题2分，每门共计40分。5门考试合计140分（见图10）。

哈萨克斯坦的大学入学录取分数线因学科不同而有差异。一般而言，物理、化学等较难的学科的大学录取分数在110分左右。其他不是特别难的学科的大学录取分数在120分左右。

（三）UNT评分标准

Структура теста ЕНТ/КТА для выпускников школ

		Количество заданий	Форма заданий	Объект оценивания
1 блок	Математическая грамотность	20	С выбором одного правильного ответа из пяти предложенных	Функциональная грамотность, логика, задания на количественное сравнение
	Грамотность чтения	20 (4 текста)	С выбором одного правильного ответа из пяти предложенных	Чтение, понимание текста, рефлексия на содержание текста, умение анализировать, сопоставлять и т.д.
	История Казахстана	20	С выбором одного правильного ответа из пяти предложенных	Предметные знания, умения, навыки согласно требованиям учебной программы
2 блок	Профильные предметы (два предмета для каждой специальности)	20	С выбором одного правильного ответа из пяти предложенных	углубленные знания предмета (продвинутый уровень усвоения), умения и навыки широкого спектра
		10	С выбором нескольких правильных ответов из множества предложенных	Углубленные знания предмета (продвинутый уровень усвоения), умения и навыки широкого спектра

Всего заданий: **120**

Максимальное количество баллов: **140.** Проходной балл: **50 из 140**

Процедура оценивания заданий с выбором одного или нескольких правильных ответов из множества предложенных: - *полный выбор правильных ответов – 2 балла;*
- 1 ошибка (не найден 1 правильный ответ или выбран 1 неправильный ответ) – 1 балл;
- 2 или более ошибок – 0 баллов.

13

图10 高中考试评分标准

① OECD. Reviews of National Policies for Education: Secondary Education in Kazakhstan [R/OL]. http://dx.doi.org/10.1787/9789264205208-en.

（四）UNT 成绩单

UNT 结束后 2 周内便会公布成绩。考试成绩一般会在网上公布，学生可在线查询成绩（见图 11）并自行打印成绩单。学生领取高中毕业证书时可领到 UNT 纸质成绩单（见图 12）。

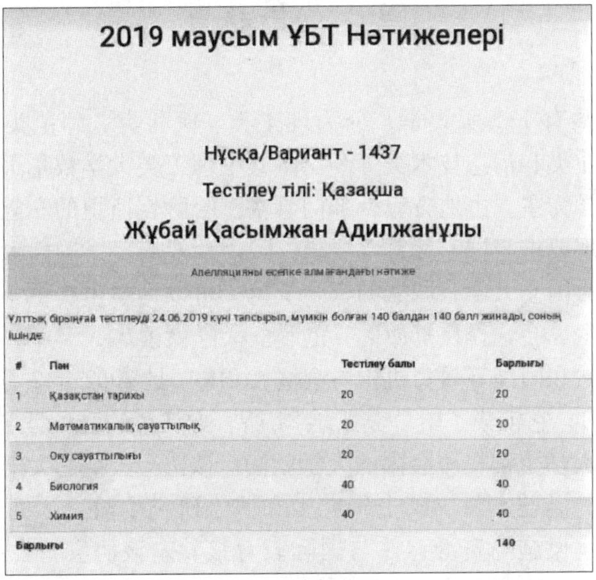

2019 маусым ҰБТ Нәтижелері

Нұсқа/Вариант - 1437

Тестілеу тілі: Қазақша

Жұбай Қасымжан Адилжанұлы

Апелляцияны есепке алмағандағы нәтиже

Ұлттық бірыңғай тестілеуді 24.06.2019 күні тапсырып, мүмкін болған 140 балдан 140 балл жинады, соның ішінде:

#	Пән	Тестілеу балы	Барлығы
1	Қазақстан тарихы	20	20
2	Математикалық сауаттылық	20	20
3	Оқу сауаттылығы	20	20
4	Биология	40	40
5	Химия	40	40
Барлығы			140

图 11　UNT 在线查询成绩单样式

Серия ST　СЕРТИФИКАТ　№

ТЖК/ИКТ - 901001399

2015 жылы жалпы білім беретін пәндер бойынша халықаралық олимпиадалар мен ғылыми жарыстарға қатысушылардың жалпы орта білімі туралы аттестаттарындағы жылдық, қорытынды бағаларын сертификат балдарына ауыстыру жөніндегі Республикалық комиссия шешімімен (22.05.15 жылғы ҚР БҒМ № 320 бұйрығы), 125 (жүз жиырма бес) балл берілді, соның ішінде:

1. Орыс тілі　25 балл
2. Қазақстан тарихы　25 балл
3. Математика　25 балл
4. Физика　25 балл
5. Қазақ тілі орыс тілінде оқытын мектептер үшін　25 балл

Білім беру гранттарын тағайындау конкурсына қатысу және ЖОО қабылдау үшін барлық жинаған балл саны 100 (жүз).

решением Республиканской комиссии по переводу годовых, итоговых оценок аттестатов о среднем общем образовании участников Международных олимпиад и научных соревнований по общеобразовательным предметам 2015 года в баллы сертификатов (приказ МОН РК № 320 от 22.05.15) присуждено 125 (сто двадцать пять) баллов, в том числе:

1. Русский язык　25 баллов
2. История Казахстана　25 баллов
3. Математика　25 баллов
4. Физика　25 баллов
5. Казахский язык для школ с русским языком обучения　25 баллов

Для участия в конкурсе на присуждение образовательного гранта и зачисления в ВУЗ набрал(ла) 100 (сто) баллов.

100

Қазақстан Республикасы Білім және Ғылым вице-министрі　Е. Иманғалиев

Мектепке дейінгі және орта білім, ақпараттық технологиялар департаментінің директоры　Ж. Жонтаева

"Дарын" РҒПО директоры　Ш. Кирабаева

Сертификаттың жарамдылық мерзімі 31.12.2015 ж.　Срок действия сертификата до 31.12.2015 г.

ТҰЛҒАНЫ КУӘЛАНДЫРАТЫН ҚҰЖАТ БОЛҒАН ЖАҒДАЙДА КҮШІ БАР.
ДЕЙСТВИТЕЛЕН ПРИ ПРЕДЪЯВЛЕНИИ ДОКУМЕНТА, УДОСТОВЕРЯЮЩЕГО ЛИЧНОСТЬ

图 12　UNT 纸质成绩单样式

（五）考试成绩验证

考试成绩的真实性可通过哈萨克斯坦教育科学部考试中心网站（https：//app. testcenter. kz/auth.）在线核查。学生在申请大学时除提交毕业证书和成绩单之外还须提供查询考试成绩的考试号，以便学校验证成绩。（UNT）纸质成绩单上的哈萨克斯坦教育科学部的公章和防伪安全线，在一定程度上也可用于验证成绩真伪。

四、本科教育

哈萨克斯坦共有131所大学，分为理工类、医科类、师范类、设计类、法律类、人文类、农业类和信息技术类等8类，其中理工类大学数量最多。哈萨克斯坦的大学以国立大学为主，由地方教育部门管辖。哈萨克斯坦的私立大学较少，实行自治，运行和管理要求与国家教育部要求一致。一般而言，国立大学的办学条件优于私立大学，因为国立大学有国家的资金支持，可以为学生提供丰厚的奖学金。经济条件较好的学生也会选择在资质优异的私立大学就读。

哈萨克斯坦共和国高等教育机构协会（AURK）是2002年2月成立的非营利性政府性组织。目前，它汇集了哈萨克斯坦81所官方认可的各种类型的大学，哈萨克斯坦86%以上的大学生都在协会内的大学就读。该协会吸纳的大学在相关专业领域都处于领先地位，涵盖本科、硕士研究生和博士研究生教育，拥有强大的师资力量、现代化的教学设施与资源，并与国际教育接轨。该协会旨在提高本国教育质量，使本国教育水平接近发达国家教育水平，促进社会经济发展①。

（一）入学要求

哈萨克斯坦的大学入学分为常规入学和成人入学2种。

进入州立高等教育机构攻读热门专业相当困难。对于热门或者强势专业，部分院校也会额外组织入学考试，申请者必须在UNT和入学考试成绩都达标时才可被录取。各大学的招生办根据申请者的UNT成绩和学校自主举办的入学考试成绩进行评估并确定正式录取名单。成人在申请大学时，不必参加UNT，只需要参加其申报学校的入学考试，通过考试的成人申请者才能正式入学。

私立大学虽然每年也有固定的招生录取名额，但是学生申请入学相对较容易。私立大学入学申请者数量比国立大学少很多，入学考试也以简单测试为主。因此，近些年来不少学生选择私立大学。

哈萨克斯坦大学录取规定：

（1）招生对象：自愿接受更高专业性教育的人员。申请人有机会自费（收费）或通过州教育令（补助金）进入大学。除哈萨克斯坦共和国公民外，非哈萨克斯坦籍的哈萨克族人和拥有永久居住权的外籍人士也有权利通过州教育令（补助金）进入大学。

---

① Ассоциация высших учебных заведений Республики Казахстан [EB/OL]. [2023-03-11]. http://edurk.kz.

(2) 基本要求：高等教育机构的录取是根据国家统一的高等教育入学考试(UNT) 或申请人参加的综合测试 (KTA) 成绩选拔考生的。正常高中毕业的申请者需参加 UNT；对于当年未通过 UNT 或未获得所需分数的毕业生、中专和职业院校的毕业生、国际交流的中学毕业生、非哈萨克语和非俄语教学语言的中学毕业生、从国外教育机构毕业的人员需要参加 KTA 才可申请大学。

(3) 入学材料：入学申请书、教育文件 (证书或文凭)、体检证明、UNT 或 KTA 证书、证件照片 6 张 (3 cm×4 cm)、教育补助金授予证书 (如有)。

(4) 其他：如申请人需要申请银行助学贷款，则需要向银行提供相关文件。如成功申请助学贷款，可以延期支付大学学费。申请人须将外文入学申请材料翻译成哈萨克语或俄语，并在入学第一学期内完成翻译件的公证[①]。

(二) 评分系统

哈萨克斯坦各大学采用统一的评分系统，通常采用百分制 (见表 3)。

表 3 哈萨克斯坦各大学采用的统一的评分系统表

等级	GPA	百分制 (%)	评价
A	4.00	100	优秀
A-	3.67	90~94	
B+	3.33	85~89	良好
B	3.00	80~84	
B-	2.67	75~79	
C+	2.33	70~74	及格
C	2.00	65~69	
C-	1.67	60~64	
D+	1.33	55~59	
D	1.00	50~54	不及格
F	0.00	0~49	

(三) 学位证书样式

哈萨克斯坦所有高等院校在大学毕业时使用教育部统一规定的学位证书样式 (见图 13)。学位证书上印有哈萨克语、俄语和英语三种语言。

① Правила приема в ВУЗы в Казахстане[EB/OL]. [2023-03-11]. https://findhow.org/1019-pravila-priema-v-vuzyi-v-kazahstane.html.

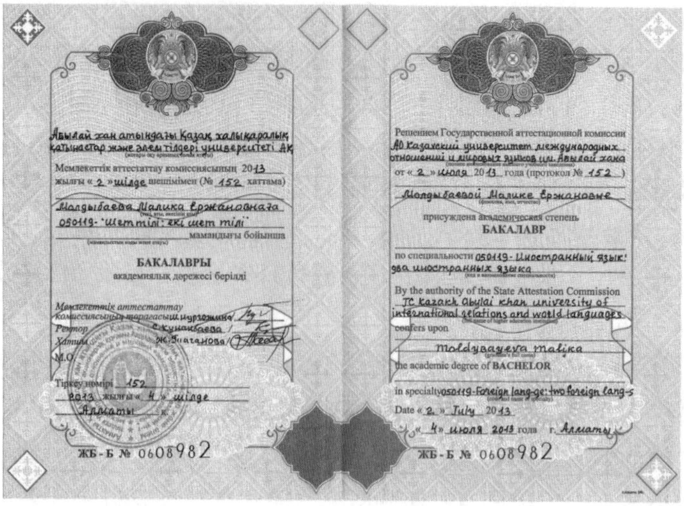

图 13　学士学位证书样式

（四）学位证书验证

如果想验证学位证书，毕业生可以向发放证书的大学发送验证请求，注明证书的编号、颁发日期、毕业生姓名、毕业生专业等信息，并附上学位证书复印件。在请求文件中，注明需要验证文凭真实性的相关问题。哈萨克斯坦共和国政府颁发的《国家批准的教育文件发布规定》中规定：已颁发的学位证书应一式两份留存复印件，以既定方式分别留存在教育机构档案和毕业生个人档案中①。

（五）高校一览

哈萨克斯坦第一所高等学校是哈萨克斯坦师范学院，建于 1928 年，当时只有一个系，内含三个部：物理—数学部，自然科学部和语言文学部。20 世纪 90 年代初，全国有高等院校 63 所，学生 28 万人（50%的学生为哈萨克族），教师 2 万人，其中，有博士学位 700 人，有副博士学位 9000 人。

哈萨克斯坦较著名的大学有：哈萨克斯坦国立大学、国立欧亚大学、南哈萨克斯坦州立大学、哈萨克斯坦国家技术大学和哈萨克斯坦国立师范大学等。

五、硕士研究生教育

在哈萨克斯坦，硕士课程是研究生教育的专业课程，旨在培养管理和科学教学人员，并授予相关专业的硕士学位。硕士培养分为两种教育类型：专业教育和科学师范教育。为了在就业市场争取竞争优势，选择继续进修硕士学位的人逐年增多。硕士学位学制一般为 2 年，对申请者无年龄限制。目前哈萨克斯坦的所有大学均设有硕士

① КАЗАХСТАНСКИЙ ЮРИДИЧЕСКИЙ ФОРУМ[EB/OL].[2023-03-11].http://forum.zakon.kz.

点。根据州教育令（补助金），成绩优秀的申请者可以免费入学。哈萨克斯坦的公民只能申请一次硕士学费减免，如攻读第二学历，则不能享受学费减免政策。

（一）入学要求

（1）招生对象：取得学士学位后，自愿接受更高专业性教育的人员。

（2）基本要求：申请者必须参加两项入学考试：专业课和外语测试。外语测试可从英语、德语或法语中进行选择。如果申请专业需要掌握阿拉伯语，在入学考试中则可以用阿拉伯语作为外语进行测试。

招生人数由所在大学当年的招生委员会决定。哈萨克斯坦的硕士入学考试一般在每年的 8 月 10 日—8 月 20 日举行，统一入学时间为 8 月 25 日。

在入学考试中，专业硕士入学考试成绩超过 130 分（外语至少 30 分）者，科学师范教育类硕士入学考试成绩超过 150 分者，获得国际外语考试合格证书者（等同外语测试满分）可以免除硕士研究生学习期间学费。申请者在该专业领域的科研成就证明材料、学术出版物、奖学金证书、参加科学竞赛获奖证书等也可作为入学申请材料。

（3）入学材料：入学申请表、身份证明复印件、大学毕业证书复印件、外语证书复印件（如有）、劳动证明和工作证明（如有工作经验）、发表过的论文和其他科研材料（如有）、体检证明、证件照片 6 张（3 cm×4 cm）。

除复印件以外，需要时还必须提交各项原件以进行验证，验证后予以返还①。

（二）评分系统

哈萨克斯坦各大学的学士和硕士采用统一的评分系统，通常采用百分制（见表 4）。

表 4　硕士生考试评分系统表

等级	绩点	百分制（%）	评价
A	4.00	95~100	优秀
A-	3.67	90~94	
B+	3.33	85~89	良好
B	3.00	80~84	
B-	2.67	75~79	
C+	2.33	70~74	及格
C	2.00	65~69	
C-	1.67	60~64	
D+	1.33	55~59	
D	1.00	50~54	不及格
F	0.00	0~49	

① Как поступить в магистратуру в Казахстане[EB/OL].[2023-03-11]. https://findhow.org/1263-kak-postupit-v-magistraturu-v-kazahstane.html.

(三) 学位证书样式

硕士学位证书样式见图 14。

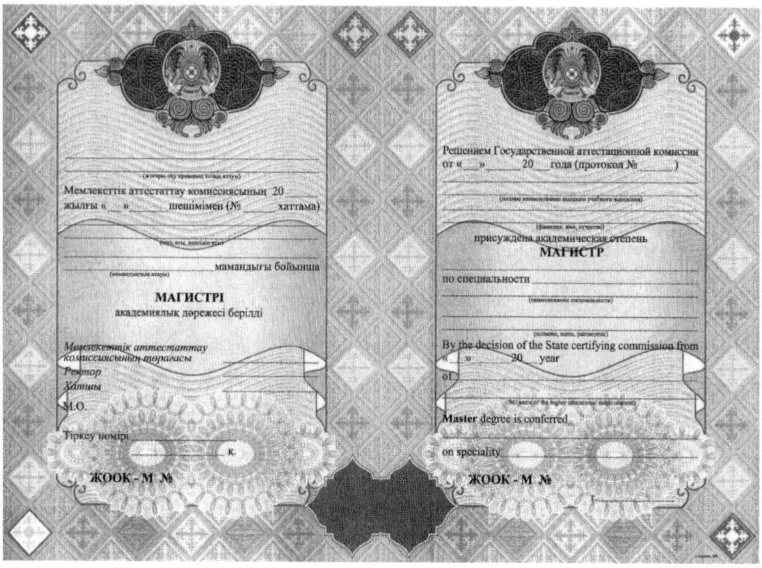

图 14 硕士学位证书样式

(四) 学位证书验证

验证硕士学位证书，与本科学位证书验证程序相同。申请者需向发放证书的大学发送验证请求，注明相关信息，并附上学位证书复印件①。

六、博士研究生教育

(一) 简况

哈萨克斯坦的最高学位是博士学位，授予已完成博士研究并完成博士论文答辩者。博士分为全日制和非全日制，全日制需要 2.5~3 年，非全日制需要 4 年。哈萨克斯坦具有博士招生资格的大学以公立大学为主。

(二) 入学要求

博士研究生的招生是根据教育领域的中央授权机构通过科学分支机构批准的教育计划进行的。招生对象是目前已获得相关专业的硕士学位、接受过高等专业教育者或学科候选人。具有博士研究生招生资格的大学在每年的 6 月 20 日—7 月 30 日接受博士研究生入学申请，8 月 1 日—8 月 20 日举行博士研究生入学考试。申请者

① КАЗАХСТАНСКИЙ ЮРИДИЧЕСКИЙ ФОРУМ[EB/OL].[2023-03-11].http://forum.zakon.kz.

必须通过外语和专业考试才能入学，因为入学要求较高，考试难度较大，所以哈萨克斯坦攻读博士学位的人不多①。

附　录

（一）部分大学简介

1. 哈萨克斯坦国立大学

哈萨克斯坦国立大学位于阿拉木图市，创办于 1934 年，是哈萨克斯坦最早创办、规模最大的综合性大学。目前在本科生和研究生阶段学习的学生约有 2 万名。该校的 Kazgugrad 校区规模位居全国校区规模之首，占地 100 公顷，拥有 14 个学院和 98 个部门。哈萨克斯坦国立大学在 QS2020 世界大学排名中位列 207 位。

2. 国立欧亚大学

国立欧亚大学是该国顶级著名学府之一，该校曾在 QS2017 世界排名 345 位，QS2019 世界大学排名 394 位。成立于 1996 年，位于首都阿斯塔纳，大约有 13,000 名学生。采用多种语言授课，包括哈萨克语、俄语、英语、法语、汉语、德语、土耳其语。

国立欧亚大学的目标是成为欧亚地区顶级的研究和教育中心。目前有 26 个科学机构，包括研究所、实验室和科学中心。

3. 国立科技大学

国立科技大学有 24 门研究生课程，主要涉及工程类课程。该校的博士研究生课程学习周期至少需要 3 年。目前，该校共有 10 个论文委员会。

国立科技大学在 QS2020 世界大学排名中位列 400 位。

4. 南哈萨克斯坦国立大学

南哈萨克斯坦国立大学是该国规模最大的地区大学，长期以来在哈萨克斯坦高等教育中处于领导地位。该校有 47 个硕士学位点，内容涉及教育学、法律、社会科学、商科、人文、工程技术、艺术、文化。有 9 个博士学位点。教学语言采用哈萨克语、俄语和英语。

南哈萨克斯坦国立大学加盟了欧洲高等教育协会、欧亚大学协会、CIS 大学联盟、欧盟-哈萨克斯坦理工大学联盟等多个组织。同 80 多所高校和科研机构签有合作协议，同英国、希腊、德国、俄罗斯等国均有合作。

5. 哈萨克斯坦国家教育大学

哈萨克斯坦国家教育大学是哈萨克斯坦主要的高校之一。截至 2019 年，哈萨克斯坦国家教育大学有 10 个学院，25,000 多名学生（包括全日制、在职、远程、

---

① Как поступить в докторантуру PhD в Казахстане[EB/OL].[2023-03-11]. https://findhow.org/1269-kak-postupit-v-doktoranturu-phd-v-kazahstane.html.

晚间学习）。该校在 54 个方向开设专项培训，设有 60 个主席席位。除此之外，该校设有预科部门。预科接收 1500 名学生。

哈萨克斯坦国家教育大学已签署《欧洲大学宪章》，是欧洲大学联盟成员之一。加入该联盟意味着在教育和科学方面需要遵照所有的国际标准，意味着有望成为世界上较有前景的一个教育科学中心。

（二）2022QS 哈萨克斯坦大学排名[①]（见表 5）

2022 年，在哈萨克斯坦国家排名第一、第二的大学仍是哈萨克斯坦国立大学和国立欧亚大学。这两所顶尖大学的 2022QS 世界大学排名分别为 175 和 328。

表 5　2022QS 哈萨克斯坦大学排名

排名	大学名	国家
175	哈萨克斯坦国立大学	哈萨克斯坦
328	国立欧亚大学	哈萨克斯坦
482	南哈萨克斯坦国立大学	哈萨克斯坦
501～510	哈萨克斯坦国家技术大学	哈萨克斯坦
551～560	哈萨克斯坦国家教育大学	哈萨克斯坦
551～560	哈萨克斯坦国家农业大学	哈萨克斯坦
601～650	哈萨克斯坦国立医科大学	哈萨克斯坦
751～800	卡拉甘达国立技术大学	哈萨克斯坦
801～1000	卡拉甘达州立大学	哈萨克斯坦
801～1000	哈萨克斯坦 Ablai 汗国际关系与世界语言大学	哈萨克斯坦
801～1000	哈萨克斯坦英国技术大学	哈萨克斯坦
801～1000	KIMEP 大学	哈萨克斯坦
1001～1200	哈萨克农业大学	哈萨克斯坦
1201 以后	巴甫洛达尔国立大学	哈萨克斯坦

（郁敏、徐晓梅、赵黎平、吉芊融、ANGELINA MUN）

① QS World University Rankings 2022: Top Global Universities | Top Universities[EB/OL].[2022-03-26]. https://www.qschina.cn/university-rankings/world-university-rankings/2022.

韩 国

一、关于韩国

（一）国家概况

韩国，全称为大韩民国（Republic of Korea），位于东亚朝鲜半岛南部，总面积约为10.329万平方千米（占朝鲜半岛面积的45%），为单一民族，通用韩国语，首都为首尔。

韩国三面环海，西面濒临黄海，东南是朝鲜海峡，东面是日本海，北面隔着三八线非军事区与朝鲜相邻。

1910年朝鲜半岛沦为日本殖民地，1945年8月15日光复取得独立。1948年8月半岛南半部建立大韩民国。20世纪60年代以来，韩国政府实行了“出口主导型”开发经济战略，创造了被称为“汉江奇迹”的经济高速增长期，并跻身“亚洲四小龙”之一。韩国是一个发达的资本主义国家，是APEC、世界贸易组织和东亚峰会的创始成员国，也是经合组织、二十国集团和联合国等重要国际组织成员。1997年亚洲金融危机后，韩国经济进入中速增长期。产业以制造业和服务业为主，半导体、电子、汽车、造船、钢铁、化工、机械、纺织、化妆品等产业产量均进入世界前列。

1992年8月中国与韩国建立了正式的外交关系。建交以来，中韩政治关系实现了“三级跳”。1998年，时任韩国总统金大中访问中国，双方宣布建立面向21世纪的中韩合作伙伴关系。2003年，时任韩国总统卢武铉访问中国时，两国关系升级为全面合作伙伴关系。2008年，时任韩国总统李明博访问中国，双方宣布建立战略合作伙伴关系。截至2019年12月，建交27年里，两国最高领导人会晤46次。

中韩建交以来，两国贸易往来和投资发展迅速。2022年，中韩建交30年，双边贸易投资合作实现跨越式发展。目前中国是韩国的第一大贸易伙伴、第一大出口市场、第二大投资对象国和最大进口来源国，而韩国是中国的第四大贸易伙伴国和第二大外资来源国。

在教育方面，二战结束后，韩国分别用了 20 年和 15 年的时间，实现了本国高等教育的大众化和普及化。在此之后，韩国的高等教育不断地发展和完善，近年更是取得了举世瞩目的成就。在 2017 年世界一流大学的排名当中，韩国的首尔国立大学、韩国高等科技学院、浦项科技大学，以及高丽大学进入世界大学 100 强名单，而韩国的成均馆大学世界排名第 106 位、延世大学排名第 112 位。在韩国这个仅有 100 多所大学、高等教育发展不足百年、人口不足 5000 万的国家中，进入世界大学 100 强名单的就有 4 个，由此可见韩国高等教育的综合实力。

韩国地狭人稠，其大学入学考试的通过率远低于中国，加上出国留学可以申请延期服兵役的特殊原因，越来越多的韩国学生选择留学。目前，随着中国国际地位和教育质量的提升，韩国留学生来中国就读的人数较多。根据教育部 2017 年 3 月发布的数据，在华韩国留学生在 2016 年已经达到 70,540 人，占当年在华学习的 44 万多名各类外国留学人员的近 16%，位居第一。2018 年，在华韩国留学生达 50,600 人，占比 10.28%①，依旧位居来华留学总人数第一。

（二）护照样式

大韩民国护照，通称韩国护照，是大韩民国政府发给韩国公民供其出入国（边）境和在国（境）外旅行或居留时证明其国籍和身份的旅行证件。韩国护照由韩国外交部签发，由韩国造币与安全印刷合作公司印制。

1. 护照类型和封面

（1）普通护照

普通护照发放给普通居民使用，有效期视年龄而定，有效期为 1、5 或 10 年（见图 1）。

图 1　普通护照封面样式

① 教育部. 2018 年来华留学统计[DB/OL].(2019-04-12)[2023-03-10]. http://www.moe.gov.cn/jyb_xwfb/gzdt_gzdt/s5987/201904/t20190412_377692.html.

（2）公务护照

公务护照发放给韩国国会议员和公务员使用（见图2）。

图2 公务护照封面样式

（3）外交护照

外交护照发放给外交官员使用（见图3）。

图3 外交护照封面样式

2. 护照信息页样式

护照信息页样式见图 4。

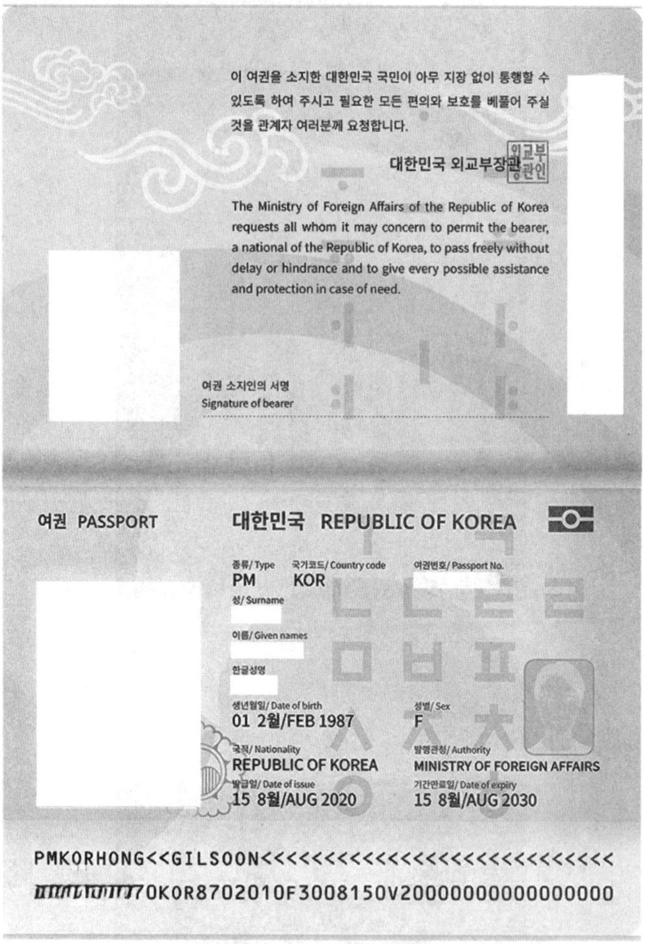

图 4　护照信息页样式

二、教育体系简介①

韩国的教育体系主要分为四个阶段：学前教育、基础教育、中等教育（包括初中、高中）和高等教育。

学前教育是第一阶段，在韩国上幼儿园不是必须的，家长可以选择是否将家里 6 岁以下的孩子送去幼儿园。

① Ministry of Education. Korean Education System[EB/OL]. [2023-02-20]. https://english. moe. go. kr/sub/infoRenewal. do? m=0301&page=0301&s=english.

基础教育是第二阶段，6 岁以上的儿童必须去学校接受义务的基础教育（小学阶段、初级中学阶段）。小学阶段学制一般为 6 年，学习基础内容包括：国语、数学、英语、社会学、科学、算术、音乐、美术和实用美术等。

中等教育是第三阶段，包括初中和高中教育。初级中学学制 3 年，对学习的重视程度很高，纪律也严格。韩国的高级中学分文科和理科，学制均为 3 年，招生对象为初中毕业生及具有同等学力者。高中最后一年，学生需要参加韩国的高考即"大学修学能力考试（CSAT）"，主要测试学生是否具备接受高等教育的能力。

高等教育是第四阶段，包括专门实施专科教育的专门大学，一般学制 2—3 年。还有实施本科教育的综合大学（大学校），教育大学，大学等，一般学制为 4 年。综合大学（大学校）是内设多所不同学科的大学；教育大学是专门培养教师的机构；大学指的是按理、工、医、农、师范、艺术、体育等学科独立设立的高校，一般学制 4 年，其中医科大学、韩医医科大学、口腔医科大学等医科大学学制为 6 年（2 年预科，4 年专业）。实施研究生教育的机构称为大学院，大学院多数设在大学校里，也有单独设立的"大学院"，其中硕士一般学制为 2 年，博士一般学制为 3 年。

三、中等教育（高中）

根据办学主体不同，韩国高中分为国立高中、公立高中和私立高中三种类型；根据学校类型则有普通高中、职业高中和特殊高中（如外语高中、艺术高中、科学高中）。

韩国的高中学制 3 年，学生一般在第一年统一学习学校的核心课程，在高二、高三阶段可以选修数理、英语、第二外语等课程。

根据教育部大纲，韩国高中课程包括学科课程和创造性活动两部分，学科课程又分为通识课程和专业课程两类。通识课程包括语文、数学、英语的基础课，还有社会与科学、艺术、文化研究等科目，学生可以根据学分要求在不同的模块中选择课程。专业课程包括农业基础技术、工业普通技术、商业经济、渔业和航运等。2009 年课程改革将所有课程都定义为选修课，学生在高中 3 年总共需要修满 116 个课程学分和 24 个创造性体验活动学分。

（一）高中统考（CSAT）①

韩国的高考称为"大学修学能力考试"（简称"修能考试"，CSAT），考试内容是各科基本知识的综合，侧重考查学生解决问题的能力。考试对象为高三应届毕业生、往届生或具备同等学力资格者中想要应试的人。

---

① 世界教育新网与评论网站. 韩国教育[EB/OL]. [2023-02-20]. https://wenr. wes. org/2018/10/education-in-south-korea.

韩国高考在每年 11 月中旬举行。韩国课程与评价院（Korea Institute of Curriculum and Evaluation，KICE）负责高考的命题、考试的组织实施、试卷的评阅、公布考试答案和成绩。

韩国的高考分文理科，设文理科的必考、选考科目和任选考试科目共 5 科 24 门。以 2019 年大学入学考试为例，考试科目包括：语文、数学（数学 1，数学 2）、英语、韩国史/社会/科学/职业探索、第二外语，考生可以根据个人学习情况选考全部或部分科目，但是“语文”“数学”“英语”是所有考生的必考科目（见图 5）。

考试科目		考试时间	题数	备注
08：10 入考场				
语文		08:40~10:00 (80分钟)	45	
10:00~10:20 休息				
数学		10:30~12:10 (100分钟)	30	微积分Ⅰ，微积分Ⅱ，概率与统计，几何
12:10~13:00 午休				
英语		13:10~14:10 (70分钟)	45	
14:20~14:40 休息				
探究	韩国史	14:50~15:20 (30分钟)	20	
	社会探究	15:30~16:30 (60分钟)	20	生活与伦理，伦理与思想， 韩国地理，世界地理，东亚地理， 世界史，法律与政治，经济，社会与文化 9选2
	科学探究		20	物理Ⅰ，化学Ⅰ，生命科学Ⅰ，地球科学Ⅰ， 物理Ⅱ，化学Ⅱ，生命科学Ⅱ，地球科学Ⅱ 8选2
	职业探究		20	农业的理解，农业基础技术，工业普通技术， 基础制度，商业经济，会计原理， 海洋的理解，水产与海运行业基础， 人类发展，生活服务行业的理解 10选2
16:32~16:50 休息				
二外		17:00~17:40 (40分钟)	30	德语Ⅰ，法语Ⅰ，西班牙语Ⅰ， 中文Ⅰ，日语Ⅰ，俄罗斯语Ⅰ， 阿拉伯语Ⅰ，越南语Ⅰ，汉语Ⅰ 9选1

图 5　2019 年韩国高考时间表

（二）评分系统

1. 高中评分系统

韩国高中阶段会对学生的每一科成绩进行评定，分值为 0~100 分，最低及格线为 60 分，一般对应“A、B、C、D、F”5 个等级，其中“D”等级是最低合格等级（见表 1）。

表 1　韩国高中评分系统表

分值（分）	评级	对应等级
90~100	特别优秀	A
80~89	优秀	B
70~79	良好	C
60~69	中	D
0~59	差	F

2. 韩国高考评分系统

韩国高考制度的最大特点是对考试成绩不再计算总分，而将各科目的考试成绩分别打分，然后依据分数段确定各科目的等级及综合等级。等级分为 9 等，每年的等级比例根据每年的考生人数确定。

韩国考生修能考试的“百分位分数”分为 9 个等级，具体比例为：全体考生中前 4%的考生为第一等级；除第一等级外剩余考生中的前 11%的考生为第二等级，以此类推，具体比例见表 2。百分位分数指考生成绩在所有考生中的排名，即比自己成绩低的考生占总考生的百分比就是自己的百分位分数。

表 2　高考评分系统

评级	等级	具体比例（%）
第一等级	A+	4
第二等级	A	5~11
第三等级	B+	12~23
第四等级	B	24~40
第五等级	C+	41~60
第六等级	C	61~77
第七等级	D+	78~89
第八等级	D	90~96
第九等级	F	97~100

此外，韩国的学校建立了学生学校生活记录簿，注重对学生的诊断性评价、形成性评价和终结性评价。韩国的大学在录取学生时，学生的学校生活记录簿也是非常重要的参考依据。

学生在韩国教育过程评价院（KICE）公布高考成绩后，可以选报三所大学，然后在次年 1 月至 2 月参加各所大学自主命题的复试。各大学将根据高考各科目考试的等级、学生的高中生活记录簿、大学的面试成绩等综合情况录取新生。

（三）高考成绩证明书发放及成绩验证

考试结束后，韩国教育课程评价院（KICE）会公布考试答案和考生的考试成绩。考试成绩一般会在网上公布，学生可在线查看结果，并在 KICE 网站上自行操作，通过在线领取或传真、邮件等形式获得自己的高考成绩证明书。

另外 KICE 网站还提供成绩单验证，考生可在网站输入为了确认成绩证明而签发的文档确认号，按顺序进行证明确认/验证过程，即可确认签发的成绩证明的真实性（见图6）。

J100000-748-2021-000087

10000001	홍길동		03.01.12.	남	평가고등학교 (3)		
영 역	한국사	국어	수학	영어	탐구		제2외국어/한문
선택과목		화법과 작문	확률과 통계		생활과 윤리	지구과학I	독일어I
표준점수		130	130		64	50	
백 분 위		95	96		97	47	
등 급	1	2	1	1	1	5	6

★유의사항★ 본 성적통지표는 성적을 통지하기 위한 용도이며, 다른 용도(성적 증명 등)로는 사용할 수 없습니다.

2021. 12. 10.

한 국 교 육 과 정 평 가 원 장

【주요 용어 설명】

■ **표준점수**: 원점수(정답한 문항에 부여된 배점을 합한 점수)의 분포를 영역의 선택과목별로 정해진 평균과 표준점수를 갖도록 변환한 분포에서 수험생이 획득한 원점수가 어느 위치에 해당하는가를 나타낸 점수

$$\text{표준점수} = 20\ (\text{또는 } 10) \times \left(\frac{\text{수험생의 원점수} - \text{수험생이 속한 집단의 원점수 평균}}{\text{수험생이 속한 집단의 원점수 표준편차}} \right) + 100\ (\text{또는 } 50)$$

- 국어, 수학 영역의 표준점수는 평균 100, 표준편차 20으로 함.
- 탐구(사회·과학·직업) 영역의 표준점수는 과목당 평균 50, 표준편차 10으로 함.
- 표준점수는 소수 첫째 자리에서 반올림한 정수로 표기함.

※ 공통+선택과목 구조가 적용되는 국어, 수학 영역은 공통과목 점수를 활용한 선택과목 점수 조정 방식을 거쳐 표준점수를 산출함.

■ **백 분 위**: 수험생이 받은 표준점수보다 낮은 표준점수를 받은 수험생 집단의 비율을 백분율로 나타낸 점수

- 백분위는 정수로 표기된 표준점수에 근거하여 산출되며, 소수 첫째 자리에서 반올림한 정수로 표기함.

■ **등 급**: 점수의 분포를 9개 구간(1~9)으로 나누어 결정함.

- **국어, 수학, 탐구(사회·과학·직업) 영역**: '정수로 표기된 표준점수'를 기준으로 수험생의 상위 4%까지를 1등급으로, 그 다음 7%를 2등급으로 하여 아래와 같이 순차적으로 등급을 부여함.

비율 \ 등급	1	2	3	4	5	6	7	8	9
비율(%)	4	7	12	17	20	17	12	7	4
누적비율(%)	4	11	23	40	60	77	89	96	100

※ 등급 구분 점수에 놓여 있는 동점자에게는 해당되는 등급 중 상위 등급을 부여함.

- **한국사, 영어, 제2외국어/한문 영역**: 등급 분할 '원점수'에 따라 아래와 같이 등급을 부여함.

영역 \ 등급	1	2	3	4	5	6	7	8	9
한국사	50−40	39−35	34−30	29−25	24−20	19−15	14−10	9−5	4−0
영어	100−90	89−80	79−70	69−60	59−50	49−40	39−30	29−20	19−0
제2외국어/한문	50−45	44−40	39−35	34−30	29−25	24−20	19−15	14−10	9−0

※ 성적통지표의 점수 표기란에 미선택한 경우 '−'로, 선택 후 결시한 경우 '*'로 표기됨.
※ 자세한 사항은 수능 홈페이지(www.suneung.re.kr)를 참조하시기 바랍니다.

图6　高考成绩单样式

四、高等教育①

韩国的大学由综合大学（大学校）、教育大学、大学等机构组成。韩国大学包括国立（公立）和私立大学，其中私立大学占的比例超过了80%。不管是公立大学还是私立大学，教育质量都是有保障的，某些私立大学的教育水平甚至更胜一筹。根据韩国教育法及相关规定，公立和私立大学都要接受教育部（Ministry of Education，MOE）的监管，教育部负责核定各学校招生的名额，审查和验证教师的资格，设置课程，以及制定统一的课程标准，等等。

（一）入学要求

1. 大学入学要求

韩国大学采用了“大学修学能力考试”与各高校自主选拔考试相结合的改革策略，大学招生录取确立了“随时”和“定时”二元化招生的模式（见表3）。

其中“随时招生综合考试”主要通过论述、学校生活记录簿（简称：学生簿）、面试、修学能力测试、特长考试等一系列的综合考察来对学生的综合素质进行评价（一般9月开始申请）；“定时招生综合考试”则将修能考试成绩作为主要考察要素，同时将学生簿成绩、各校自主考试成绩作为辅助参考。学生簿的内容包括“教科”和“非教科”两方面，前者包括学年所学科目成绩排名、科目平均分数及所选专业相关的课外活动；后者包括出勤、获奖、取得资格证、社会奉献、课外阅读等学习以外的活动内容。

同时，韩国还引入“入学面试官制度”，对学生个人潜力、素质、发展可能性等进行多方面评估，招收符合各学校特色和培养目标的人才。“入学面试官”招生方式广泛应用于“随时招生”和“定时招生”考试中的“特长生招生”“学校自主标准招生”“机会均衡特别招生”等类别当中，具体情况因学校而异。

韩国的首尔国立大学、高丽大学、延世大学三所院校一般只招录每年高考（CSAT）人员的前2%~3%。

2. 首尔国立大学录取方式②

首尔国立大学根据本校专业发展实际需要，对学生所需要参加的考试科目和内容都做了详尽细致的规定，人文学院、社会科学学院、经济管理学院、艺术学院、美术学院、音乐学院等人文社会科学领域和艺术领域文理科兼收，理学院、工学院、医学院等理工科领域只招收理科生。文科生修学能力考试应考国语、数学Ⅱ、英语、韩国史、社会探究和第二外国语；理科生修学能力考试应考国语、数学Ⅰ、

---

① Ministry of Education. Higher Education[EB/OL].[2023-02-20]. https://english. moe. go. kr/sub/infoRenewal. do? m=0305&page=0305&s=english.

② 韩国首尔大学招生网站[EB/OL].[2023-02-20]. http://admission. snu. ac. kr/file_down/2020susi. pdf.

英语、韩国史和科学探究。

表 3 首尔国立大学录取方式

定时招生综合考试 以高考成绩为最主要参考因素，一般每年仅招收当年参加高考人数的前 2%。			
普通招生	一般专业	高考成绩×100%	其中语文、英语按成绩单标准分数计算；数学按成绩单分数×1.2；探究按成绩单分数×0.8 计入。
	教育类专业	高考成绩×80%+实际技能×20%	
	医科类专业	高考成绩+面试	
特殊类别招生	文件资料×60%+面试×40%		
随时招生综合考试 主要材料包括论述、修学能力成绩、面试、素质考查、学生生活记录簿、自我介绍信、推荐信、其他材料等			
普通招生	文件评估×70%+面试×30%	国语、英语、数学、探究四个领域中要有三个领域成绩在 2 等之内。	

（二）评分系统

韩国大学一般采用的是“相对评价”的成绩评定方法，综合考虑考试、出勤率、作业、论文发表等方面评定最终成绩。一般评分采用 1~100 分，最低及格线为 60 分，同时采用“A—F”等级评定，通常来说，“A+、A、B+、B”等级是优秀等次，同时大多数采用 GPA 4.5 或者 4.3 的换算方法（见表 4）：

表 4 韩国累计 GPA 系统

最高 GPA 4.5	GPA	4.5	4	3.5	3	2.5	2	1.5	1	0				
	等级	A+	A	B+	B	C+	C	D+	D	F				
最高 GPA 4.3	GPA	4.3	4	3.7	3.3	3	2.7	2.3	2	1.7	1.3	1	0.7	0
	等级	A+	A	A-	B+	B	B-	C+	C	C-	D+	D	D-	F

（三）学位证书样式

学士学位证书样式见图 7。

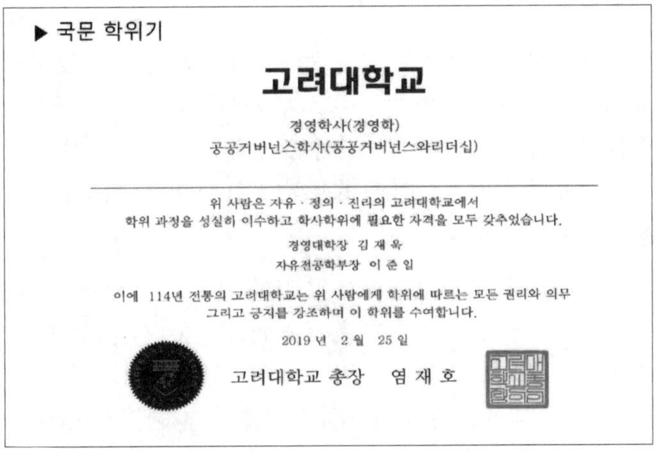
▶ 국문 학위기

고려대학교

경영학사(경영학)
공공거버넌스학사(공공거버넌스와리더십)

위 사람은 자유 · 정의 · 진리의 고려대학교에서
학위 과정을 성실히 이수하고 학사학위에 필요한 자격을 모두 갖추었습니다.

경영대학장 김 재 욱
자유전공학부장 이 준 일

이에 114년 전통의 고려대학교는 위 사람에게 학위에 따르는 모든 권리와 의무
그리고 긍지를 강조하며 이 학위를 수여합니다.

2019 년 2 월 25 일

고려대학교 총장 염 재 호

图 7 学士学位证书样式（韩语版、英文版）

（四）学位证书验证

韩国大学的学生除了在毕业典礼上可以拿到学士学位证书，还可以用自己的学号和密码登录学校系统打印学士学位证书，打印的学士学位证书左上方有证书编号。高校可以通过电子邮件的方式发送学生提交的证书扫描件或者学位编号至学生的毕业学校验证证书，也可让学生去其学校所在地教育厅打印带学位编号的证书并进行公证。

五、硕士研究生教育

韩国的大学院有三类：一般大学院（学硕）、专门大学院（专硕）和特殊大学院。

一般大学院相当于国内的学术学位课程，培养学术型硕士。以学术基础理论和学术研究为主要导向，通常普通本科毕业生选择这类大学院入学。一般大学院毕业生只授予学术学位（Academic Degree）。

专门大学院相当于国内的专硕，以培养专门领域的专门人才为教育目标，学习市场参与度较高的相关理论基础知识和实践操作。专业性大学院突出的特点是学术性与职业性紧密结合，只设立硕士学位课程。专门大学院普通情况下被授予专业学位（Professional Degree），根据学校和专业的政策，也可以授予学术学位。

特殊大学院是为在职人员或普通成年人提供系统化继续教育为主要目的而设立的大学院。只设立硕士学位课程。以实践性为教育目标，以职业的专业性为基础，适合有一定经验的在职人员或专业人士就读。特殊大学院毕业只授予专业学位（Profession Degree）。

（一）入学要求

韩国采取宽进严出的招生制度。在入学时以考试成绩为重要指标，申请人需取得学士学位或为即将取得学士学位的学生，大学平均 GPA 2.0 以上（各学校的招生要求不同，这里列举的是最低成绩）。同时综合考虑申请者的其他能力和优势，包括科研能力、工作经验等各因素以计分的形式来计算申请者的综合指数。

（二）评分系统

硕士阶段评分系统跟本科阶段一样，采用的是"相对评价"的成绩评定方法，综合考虑考试、出勤率、作业、论文发表等方面评定最终成绩。GPA 计算方式也与本科一样有 4.5 和 4.3 两种，评分的等级"A+、A、B+、B"等级是优秀等级。一般硕士毕业需要修满 24 学分，并完成毕业论文，与本科阶段相比，硕士阶段需要平均 GPA 要达到 3.0 及以上。

（三）学位证书样式

硕士学位证书样式见图 8。

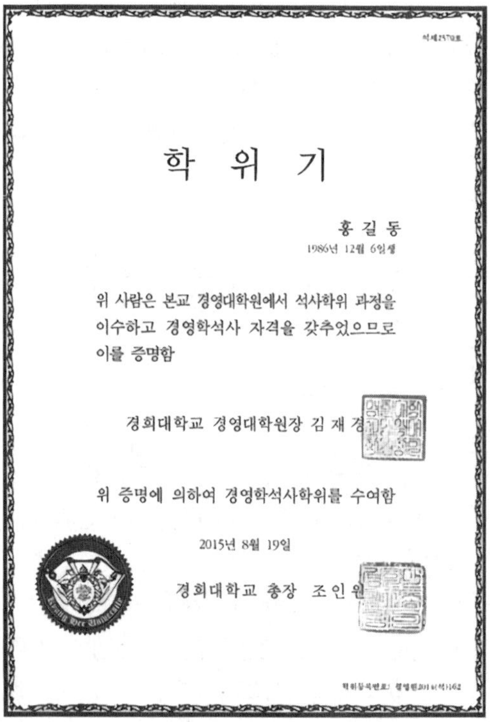
학 위 기

홍 길 동
1986년 12월 6일생

위 사람은 본교 경영대학원에서 석사학위 과정을 이수하고 경영학석사 자격을 갖추었으므로 이를 증명함

경희대학교 경영대학원장 김 재 경

위 증명에 의하여 경영학석사학위를 수여함

2015년 8월 19일

경희대학교 총장 조 인 원

图 8　硕士学位证书样式

（四）学位证书验证

学生除了在毕业典礼上可以拿到学位证书，还可以通过自己的学号和密码登录学校系统打印毕业证书和学位证书，打印的学位证书左上方有证书编号。高校可以用通过电子邮件的方式发送学生提交的证书扫描件或学生学位证书编号至学生毕业的学校验证，也可让学生去其学校所在地教育厅打印带学位编号的证书并进行公证。

六、博士研究生教育

（一）简况

韩国博士没有固定的学制，一般为 3 年，但是很多学生需要 3~5 年才可以完成课程，每个教授每年只招收 1~3 名博士研究生。毕业一般要求取得 36 学分，想要获得博士学位的人需要取得规定的学分，在通过综合考试之后，提交学位论文，并要通过 5 人以上评审委员的评审。

（二）入学要求

攻读博士学位的前提是申请者要取得相关专业硕士学位。高校一般仅接受能证明有能力完成博士学位的申请者，韩国的博士招生考试工作主要有 8 个环节，分别为网上填报志愿、递交申请材料、发放准考证、组织面试（口试）和专业笔试考试、发布第一轮选拔合格者名单、组织第二外语考试、公布最终录取名单和入学。

（三）学位证书样式

博士学位证书样式见图 9。

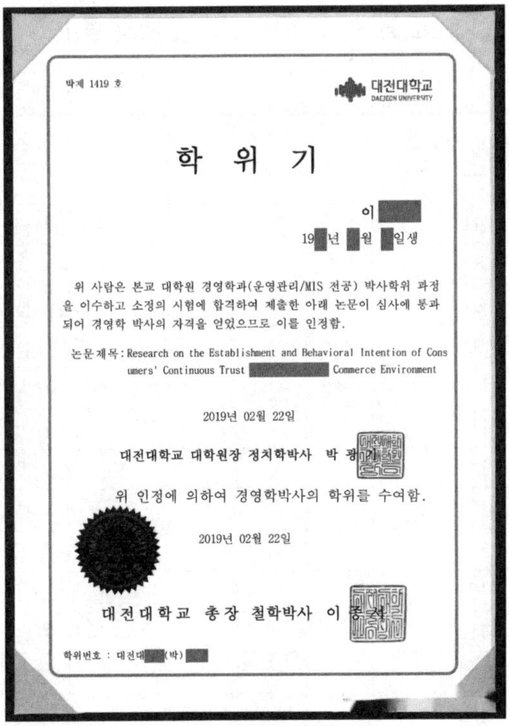

박제 1419 호

대전대학교
DAEJEON UNIVERSITY

학 위 기

이 [redacted]
19[redacted]년 [redacted]월 [redacted]일생

위 사람은 본교 대학원 경영학과(운영관리/MIS 전공) 박사학위 과정을 이수하고 소정의 시험에 합격하여 제출한 아래 논문이 심사에 통과되어 경영학 박사의 자격을 얻었으므로 이를 인정함.

논문제목: Research on the Establishment and Behavioral Intention of Consumers' Continuous Trust [redacted] Commerce Environment

2019년 02월 22일

대전대학교 대학원장 정치학박사 박 광 기

위 인정에 의하여 경영학박사의 학위를 수여함.

2019년 02월 22일

대전대학교 총장 철학박사 이 종 서

학위번호 : 대전대[redacted](박)[redacted]

图 9　博士学位证书样式

博士阶段评分系统、博士学位证书验证方式均与硕士研究生阶段一样。

（四）培养要求

韩国博士研究生培养区别于硕士研究生，主要侧重于理论研究的创新及追踪和跟进本学科专业的国际最新研究动向，学习年限一般是3~5年。博士课程的前3个学期修满10~12门课程。考生须拿到毕业要求学分的2/3以上学分，方可参加毕业资格考试，考试通过后才有资格提出申请进行学位论文开题，提交学位论文，考生的学位论文要通过5人以上评审委员的评审。

韩国高水平大学研究生院一般都实行严格的"末位淘汰制度"，在国际学术期刊的发表方面对博士生要求很高，韩国一些重点理工高校的理工科学生要想取得博士学位，必须在世界知名的学术刊物上至少发表3篇SCI论文。且学生的外语要通过托福或托业考试之后，方可参加学位论文的开题答辩。

韩国高校并不专门开设研究生外语课程，但是采取入学申请时或者论文开题前必须提交外语资格证书（托福或者托业）代替专门的外语教学。重点高校的研究生院甚至会要求博士研究生学位论文必须用英文撰写，并使用英文答辩。

附　录

（一）韩国排名前20位大学名单（排名表根据2019—2020年QS世界大学排名所列）

排名	2019—2020年QS世界排名	学校名称
1	37	首尔国立大学
2	41	韩国高等科技学院
3	83	高丽大学
4	87	浦项科技大学
5	95	成均馆大学
6	104	延世大学
7	150	汉阳大学
8	247	庆熙大学
9	322	光州科技学院
10	331	梨花女子大学
11	407	韩国外国语大学
12	412	韩国中央大学
13	454	东国大学
14	454	西江大学
15	462	韩国加图立大学

续表

排名	2019~2020 年 QS 世界排名	学校名称
16	511~520	蔚山大学
17	521~530	仁荷大学
18	551~560	釜山国立大学
19	571~580	翰林大学
20	601~650	全北国立大学

（二）部分公立大学名单

序号	学校名称（韩文）	学校名称（中文）
1	안동대학교	安东大学
2	부산교육대학교	釜山教育大学
3	창원대학교	昌原大学
4	청주교육대학교	清州教育大学
5	진주교육대학교	晋州教育大学
6	전북대학교	全北大学
7	춘천교육대학교	春川教育大学
8	충북대학교	忠北大学
9	충남대학교	忠南大学
10	대구교육대학교	大邱教育大学
11	공주교육대학교	公州教育大学
12	광주교육대학교	光州教育大学
13	경인교육대학교	京仁教育大学
14	경남과학기술대학교	庆南科学技术大学
15	경상대학교	庆尚大学
16	강릉원주대학교	江陵原州大学
17	한밭대학교	韩博大学
18	한경대학교	韩京大学
19	인천대학교	仁川大学
20	제주대학교	济州大学
21	전주교육대학교	全州教育大学
22	한국교통대학교	韩国交通大学

续表

序号	学校名称（韩文）	学校名称（中文）
23	강원대학교	江原大学
24	공주대학교	公州大学
25	한국방송통신대학교	韩国放送通信大学
26	한국체육대학교	韩国体育大学
27	한국예술종합학교	韩国艺术综合学校
28	한국교원대학교	韩国教员大学
29	금오공과대학교	金乌工科大学
30	군산대학교	群山大学
31	경북대학교	庆北大学
32	한국전통문화대학교	韩国传统文化大学
33	목포해양대학교	木浦海洋大学
34	목포대학교	木浦大学
35	부경대학교	釜庆大学
36	부산대학교	釜山大学
37	서울대학교	首尔大学
38	서울교육대학교	首尔教育大学
39	서울과학기술대학교	首尔科学技术大学
40	울산과학기술원	蔚山科学技术院

（三）教育机构联系方式

1. 韩国教育部（MOE）

电话：82-2-6222-6060，82-44-203-6118/6119

网站：english. moe. go. kr/main. do？ s=english

2. 韩国教育课程评价院（KICE）

电话：82-43-931-0114

网站：www. kice. re. kr/main. do？ s=english

（张洪源、张乔源、张晟、卢婷）

加纳

一、关于加纳

（一）国家概况

加纳，全称为加纳共和国，位于非洲西部，西临科特迪瓦，北接布基纳法索，东毗多哥，南濒大西洋。加纳于 1957 年由英国殖民地黄金海岸和原英国托管的“西多哥”合并而成，成为撒哈拉以南非洲第一个独立的国家。加纳共设 16 个省，首都是阿克拉，全国总人口约为 3283 万①。

加纳沿海平原和西南部阿散蒂高原属热带雨林气候，沃尔特河谷和北部高原地区属热带草原气候。4 月至 9 月为雨季，11 月至次年 4 月为旱季。各地降雨量差别很大，西南部平均年降雨量 2180 毫米，北部地区为 1000 毫米。

根据 2018 年世界银行报告，加纳是非洲发展较快的经济体之一。加纳实行贸易自由化政策，对外贸易逐年增长，外贸收入占国内生产总值的 40%左右。长期以来近 90%的外汇收入来自黄金、可可和木材三大传统出口产品。加纳与中国有着长期的友好关系，多年来这种关系不断深化。中国是加纳最大的贸易伙伴和主要投资来源国②。加纳官方货币是加纳塞地（GHS）。

加纳的官方语言是英语，但在基础教育阶段，学生可以选择 11 种当地语言中的一种作为所修课程。除了那些主修本地语言的学生外，其他学生在基础教育阶段之后不再学习本地语言。由于加纳与 3 个法语国家接壤，因此有一些学校在基础教育阶段使用法语教学。

近年来加纳在教育领域进行了改革，教育水平得到提高。近十年，加纳高中和

① 中华人民共和国外交部. 加纳国家概况[EB/OL].[2023-03-11]. https://www.mfa.gov.cn/web/gjhdq_676201/gj_676203/fz_677316/1206_677776/1206x0_677778/.

② 卢坤. 加快构建新时代中非命运共同体.[EB/OL].(2022-08-29)[2023-03-11]. http://new.fmprc.gov.cn/web/zwbd_673032/wjzs/202208/t20220829_10757187.shtml.

大学毕业生的人数大幅增加，许多加纳青年学子选择去境外学习。中国和加纳签有文化合作协定。中国自 1960 年开始接受加纳留学生。2020 年共有 5777 名加纳学生在中国学习①。

（二）护照样式

加纳和另外 15 个国家组成了西非国家经济共同体（西非经共体），根据成员国之间达成的协议，所有成员国使用统一护照。加纳护照样式见图 1。

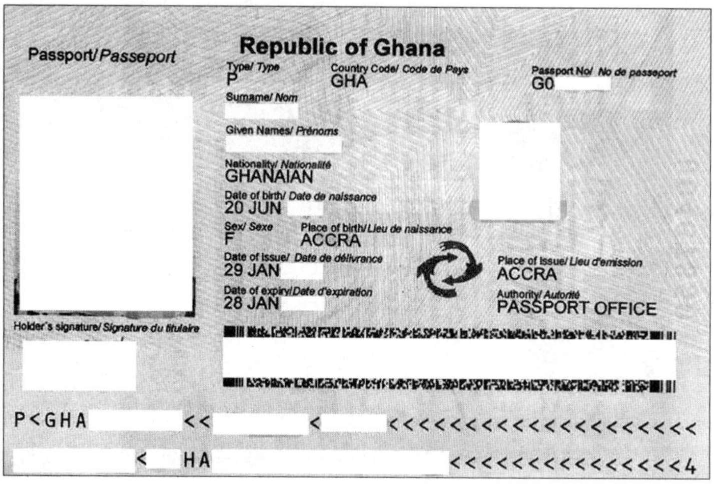

图 1　护照信息页样式

二、教育体系简介

加纳的教育体系②分为三个阶段：基础教育、高中教育和高等教育。

基础教育是第一阶段。属义务教育阶段，包含幼儿教育、小学教育和初中教育，分别为 2 年、6 年和 3 年，总计 11 年。毕业时，学生要参加西非考试委员会（WAEC）组织的基础教育证书考试统考（BECE），其结果用于评估学生水平，并据此分配高中的学校。

高中教育是加纳教育体系的第二阶段。学生可选择普通高中或技术及职业教育，高中阶段共学习 3 年。在第 3 年结束时，学生参加西非高中毕业考试（简称“西非联考”或“WASSCE”），考生的考试成绩作为评价学生和继续接受高等教育的参考。

---

① 中华人民共和国外交部官网. 中国同加纳的关系[EB/OL]. [2023-03-11]. https://www.mfa.gov.cn/web/gjhdq_676201/gj_676203/fz_677316/1206_677776/sbgx_677780/.

② 加纳教育部. 加纳教育改革[EB/OL]. (2019-02-10)[2022-05-01]. https://moe.gov.gh/index.php/education-reform/.

高等教育是加纳教育体系的第三阶段，包括大学和研究生阶段。大学分为综合型大学、理工学院和专科学校，学制 2 至 4 年不等，但临床医学和口腔医学专业的学制为 6 年。研究生阶段分为硕士和博士，硕士阶段学制一般为 1.5~4 年，而博士阶段一般在 4~6 年。高等教育学制和所获证书一览如表 1 所示。

表 1　高等教育学制和所获证书一览表

教育类别	学制（年）	获得的证书
技能/短期项目	2	非学历证书
教育学院	3	基础教育文凭
护理培训	3	毕业文凭（Diploma）
理工学院	3	毕业文凭/大专文凭（HND）
学士	4	文学学士学位证书（BA） 理学学士学位证书（BSc.），教育学学士学位证书（BEd）
硕士	1.5~4	哲学硕士学位证书（MPhil）； 应用型硕士学位证书（理学 MSc、文学 MA）；MBA
博士	4~6	哲学博士学位证书（Ph. D）

三、中等教育（高中）

在高中阶段，所有高中学生都要学习英语，综合科学，数学（核心）和社会科学四门核心课程。此外，他们还要根据自己的实际学习方向选择 3~4 门选修科目。可选择的各种课程包括：农业、商业（会计和文秘可选）、技术课程、职业课程（家政学和视觉艺术可选）和一般课程（艺术类和科学类可选）。

总体来说，高中生要学习 4 门核心课程，另加 3 门或 4 门选修课程，共计 7 门或 8 门课程。

（一）高中统考

西非考试委员会（WAEC）是负责处理加纳基础教育阶段和高中教育阶段全国性考试的主要机构。顾名思义，该委员会在加纳、利比里亚、尼日利亚等西非国家都能行使职权。在高中阶段毕业时，学生要参加西非联考（WASSCE）。

WAEC 每年为高中学生组织两次考试。第一次考试适用于高中最后一年并准备毕业的学生，一般在每年 5/6 月举行，所以通常被称为 5/6 月考试。第二次是针对部分第一次考试不理想并想再次参加考试的学生，不过，有部分高中二年级的学生也会尝试参加第二次考试，以检测自己的备考程度。第二次考试也被称为 11/ 12 月考试，因为它通常在 11/ 12 月举行。

（二）评分系统

在给学生评分时，要计算3门核心科目和3门选修科目。在3门核心科目中，数学和英语是学生的必考科目，希望在高等教育阶段中攻读自然科学相关专业的学生需参加综合科学考试，希望攻读社科类相关专业的学生需参加社会科学考试。此外，有3门选修科目纳入总成绩计算范围。如果学生在大学阶段的拟修专业需要从特定课程中获得必备的基础知识，那么该课程将会被列入3门选修课程之一。最后，合计6门课程的成绩，得到学生的总分。加纳西非联考（WASSCE）评分体系见表2。

表2　加纳西非联考（WASSCE）评分体系①

等级	分值（%）	级值分	格次
A1	75~100	1	优秀
B2	70~74	2	好
B3	65~69	3	良好
C4	60~64	4	中等
C5	55~59	5	中等
C6	50~54	6	中等
D7	45~49	7	及格
E8	40~44	8	及格
F9	0~39	9	不及格

按照加纳高等院校的要求，获得A1至C6级的学生有机会进入高校学习。但是，不少大学的各专业都有自己的分数线。例如，加纳最好的三所公立大学的医学专业，法律专业和工商管理专业要求所录取的学生需要取得6个A1。

（三）WASSCE结果和证书

参加WASSCE考试的学生通常会在考试后3个月左右得知成绩。考试成绩一般会在网上公布，学生需要在线查看结果并自行打印。WAEC将在WASSCE成绩发布之日起6个月内向所有参加考试的学生提供证书原件。以下是WASSCE在线查询的成绩单样式和WASSCE正式成绩单样式（分别见图2和图3）。

① 西非考试委员会加纳分会. WASSCE考试介绍[EB/OL].（2018-03-17）[2022-05-01] https://ghana.waecdirect.org/.

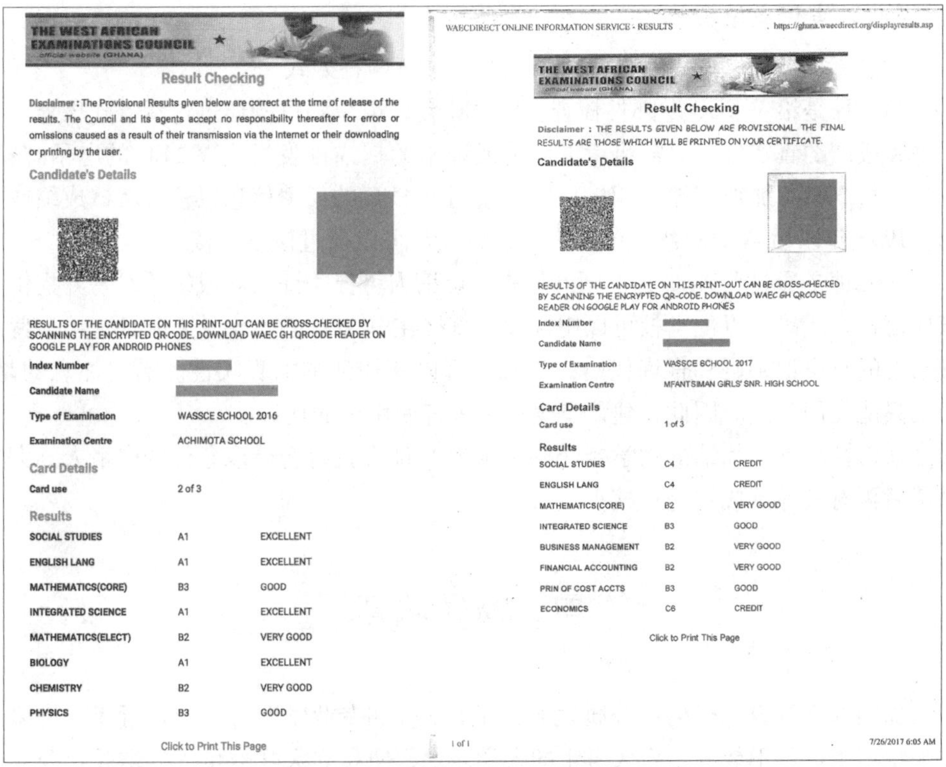

图 2　WASSCE 在线查询成绩单样式

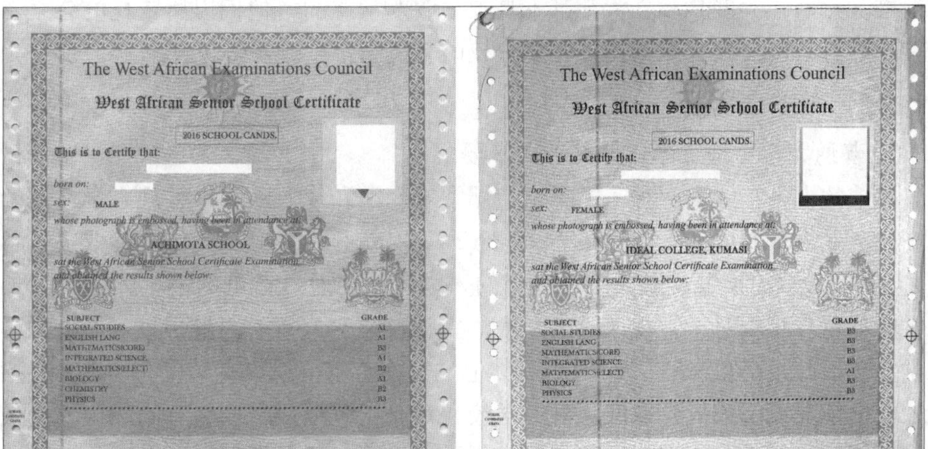

图 3　WASSCE 正式成绩单样式

（四）考试成绩验证

考试成绩及证书的真实性是可以核查的，有两种方式。

第一种是给 WAEC 发邮件核查。WAEC 允许组织和机构通过付费方式核查学生证书和成绩的真实性，只需将考试成绩或证书的扫描件发送到 WAEC 的电子邮箱，并且支付 37.50 加纳塞地（GHS）即可收到 WAEC 的反馈信息以核查考试成绩或证书。1993 年以后 WAEC 组织的所有考试成绩都可以通过该方式核查。

第二种是通过 WAEC 官方网站核查。申请人可提交证书和成绩单时一并提供考试成绩核查代码，以便学校可以用该代码直接在 WAEC 官方网站上验证成绩。使用证书上的身份识别码和查询代码，学校就可以获知证书的真实性。需要注意的是，代码只能使用三次。因此，建议学生提供未曾使用过的代码。

通常情况下，加纳的大学接受持 WASSCE 证书且符合录取条件的申请人到大学就读后再对其考试成绩进行核查。

四、高等教育

加纳的高等教育机构由普通大学、理工学院和专业学院等组成。近年，许多公立大学招生数量不能满足广大考生的入学需求，使私立大学数量大幅增长。公立高校由全国高等教育委员会（NCTE）负责，实行自治，直接向毕业生发放自己的学位证书。然而，大多数私立大学都不是独立颁发学位的，他们以所依托的公立学校或在加纳有学位授权资质的国外大学分校的名义为学生颁发学位证书。

（一）入学要求

1. 普通大学（理工学院除外）入学要求

加纳的大学主要有两种入学渠道，即常规入学和成人入学。常规入学适用于应届高中毕业生，而成人入学适用于 25 岁或 27 岁以上的学生（具体年龄取决于各高校）。成人入学的学生，需要参加专门的入学考试，通过考试的学生才能攻读他们想学的专业。院校对于常规入学的学生，主要参考 WASSCE 考试成绩。此外，常规入学还包括已经获得专科（HND）或其他文凭，希望申请本科学位的学生。各招生院校根据情况设定最低录取线。好的学校和专业竞争激烈，虽然有的学生超过最低录取控制线，但录取到理想专业的难度很大。一般来说，WASSCE 考试的 6 科成绩均介于 A1 至 C6 级之间的学生有资格在加纳接受大学教育，但最终能否被录取还取决于他们选择的专业。

除了 WASSCE 的一般要求，报考医学和法律专业的学生在录取之前还要参加面试。WASSCE 成绩只是学习以上 2 个专业的前提要求，如果申请者在面试中表现不佳，很有可能不被相关专业录取。

成人申请者和持有其他证书（如 HND 英国国家高等教育文凭）的学生可以申

请到大学继续接受教育以升至本科。

2. **理工学院的入学要求**

理工学院要求申请者是具有技术背景的高中毕业生，或在职业技术学校学习过技术或手工艺专业的毕业生。加纳的理工学院比普通大学更注重培养学生的实践能力，毕业时可以获得专科毕业证书（HND），达到中等专业技能水平。理工学院入学要求学生任意3门核心课程和3门选修课程成绩介于A1至D7级之间，且至少3门或3门以上课程成绩达到或高于C4—C6等级。

3. **加纳两所顶尖公立大学录取分数线（部分专业）**

加纳两所顶尖大学2018年的录取分数线见表3。

表3 两所顶尖大学在2018年的录取分数线

专业	加纳大学①	恩克鲁玛科技大学②
医学（MBBS）	7	6
法律	9	6
商务管理	10	7
土木工程	–	8
电气工程	–	7
制药学	8	6
计算机科学	11	8
化学工程	–	8
机械工程	–	9
经济学	15	12
食品科学	14	8
材料科学	9	11

（二）评分系统

与高中不同，不同高等教育机构的评分制度并不相同。评分的等级有“A+、A、B+、B、B-、C+、C、C-、D+、D、D-、E、F”。通常来说，“A+、A、B+、B、B-”等级被认为是优秀等级。由于评分系统不同，评估学生表现的最便捷方式是使用成绩单的累计GPA。然而，应该注意的是，即使是使用累计GPA，每所大学还是略有不同。大多数大学的累计GPA系统见表4。

---

① 加纳大学. 本科入学要求[EB/OL].（2018-05-17）[2023-03-11]. https://admission.ug.edu.gh/applying/content/entry-requirements-west-africa-wassce.

② 恩克鲁玛科技大学. 本科入学要求[EB/OL].（2022-04-17）[2023-03-11]. https://webapps.knust.edu.gh/check/forms/Admission_Requirement.pdf.

表 4　大多数大学的累计 GPA 系统

等级	A 类	B 类	C 类	D 类
一等	3.60~4.00	3.60~4.00	3.60~4.00	4.50~5.00
二等上	3.00~3.59	3.00~3.59	3.25~3.59	3.50~4.49
二等下	2.50~2.99	2.50~2.99	2.50~3.24	2.50~3.49
三等	2.00~2.49	2.00~2.49	2.00~2.49	-
及格	1.50~1.99	1.00~1.99	1.50~1.99	1.50~2.49
不及格	0.00~1.49	0.00~0.99	0.00~1.49	0.00~1.49

大多数高校使用 A 类和 B 类体系，少量高校使用 C 类和 D 类体系。

（三）学位证书样式

学士学位证书样式见图 4 和图 5。

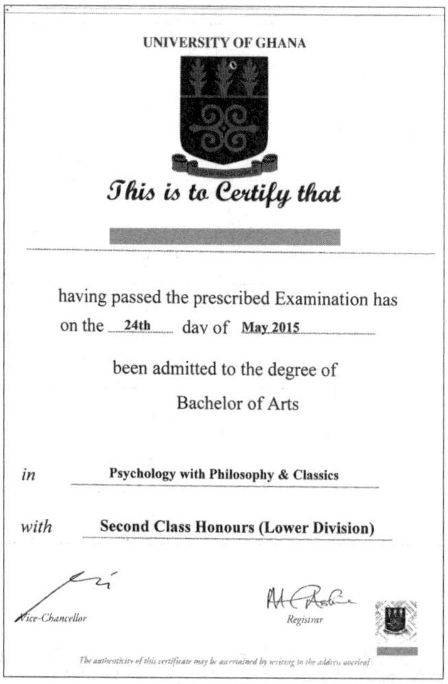
UNIVERSITY OF GHANA

This is to Certify that

[redacted]

having passed the prescribed Examination has on the 24th day of May 2015

been admitted to the degree of

Bachelor of Arts

in Psychology with Philosophy & Classics

with Second Class Honours (Lower Division)

Vice-Chancellor　Registrar

[redacted]

图 4　学士学位证书样式（1）

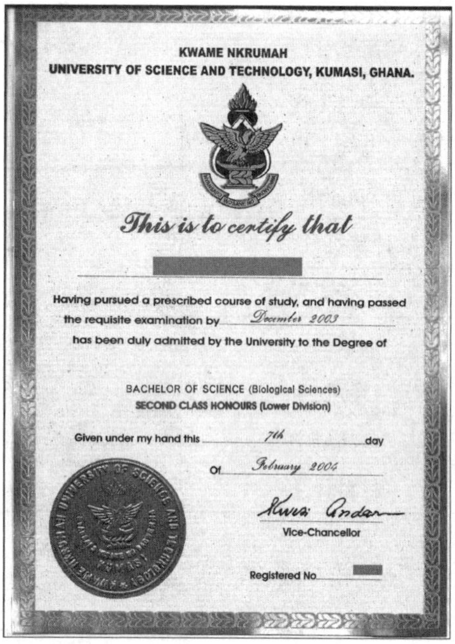
KWAME NKRUMAH
UNIVERSITY OF SCIENCE AND TECHNOLOGY, KUMASI, GHANA.

This is to certify that

[redacted]

Having pursued a prescribed course of study, and having passed the requisite examination by December 2003 has been duly admitted by the University to the Degree of

BACHELOR OF SCIENCE (Biological Sciences)
SECOND CLASS HONOURS (Lower Division)

Given under my hand this 7th day

of February 2004

Vice-Chancellor

Registered No. [redacted]

图 5　学士学位证书样式（2）

（四）学位证书验证

国家认证委员会（NAB）是加纳负责高校毕业证书认证的官方机构，其官方网站是 www.nab.gov.gh。申请机构或个人可以用电子邮件发送证书扫描件至国家认证委员会进行认证，认证时间至少需 4 周。验证费用根据加纳国内和国外机构有所区分，分别为 100 或 250 加纳塞地（GHS）。高校也可以要求申请者自己认证，然后将认证报告作为申请大学的必要材料提交。

(五)机构一览

加纳各类高等教育机构情况见表5。

表5 加纳各类高等教育机构

序号	类别	机构数量(所)
1	提供HND/学位课程的私立大专院校	104
2	特许私立大专院校	10
3	公立大学	15
4	公立护士培训学院	68
5	补习学院	11
6	公立教育学院	46
7	公立学位授予和专业机构	8
8	公立技术大学	10
9	私立理工学院	1
10	私立护士培训学院	14
11	私立教育学院	4
12	远程教育机构	2
13	农学院	4
14	区域所有(西非)高等教育机构	1
15	注册的外国教育机构	4
合计		302

资料来源:加纳高等教育委员会官方网站,gtec. edu. gh/institution-category。

五、硕士研究生教育

在加纳,由于获得学士学位的人数不断增加,不少本科毕业生为了使自己在就业市场中更具竞争优势,而选择攻读硕士学位。硕士学位学制一般为2年,有些硕士项目如工商管理硕士(MBA)只需要1.5年。对于某些特定的硕士项目,要求申请者有工作经验。在加纳,硕士共分为三类:一是哲学硕士(Master of Philosophy,简称MPhil),与我国学术型硕士类似,以学术研究为主;二是应用型理学硕士(Master of Science,简称MSc),类似我国的专业型硕士,可参与学术研究,学习科学类相关专业;三是应用型文学硕士(Master of Arts,简称MA),也类似我国的专业型硕士,但非学术研究类学位,主要学习人文相关专业。

（一）入学要求

申请人须获得被全国高等教育委员会（NCTE）认可的大学颁发的学士学位，成绩良好，毕业等级不低于二级下（a second class lower division）[①]。除了这些要求之外，某些专业还有特殊要求，如入学考试或面试，特别是申请学习学术型硕士项目（MPhil）的学生。除了学士学位和成绩单，申请人还要提交其他文件以证明他们有接受硕士阶段教育的能力。

（二）评分系统

就像本科学生一样，硕士生阶段的成绩评分系统因学校而异。大多数情况下，评分系统的级别为“A、B+、B、C+、C、D、F”。“A、B+、B”是优秀等级。

与本科学生不同，硕士学位证书上没有按等级划分，通常分为优异（Distinction）和及格（Pass），一般成绩特别优秀的学生会获得优异等级。

（三）学位证书样式

硕士学位证书样式见图 6 和图 7。

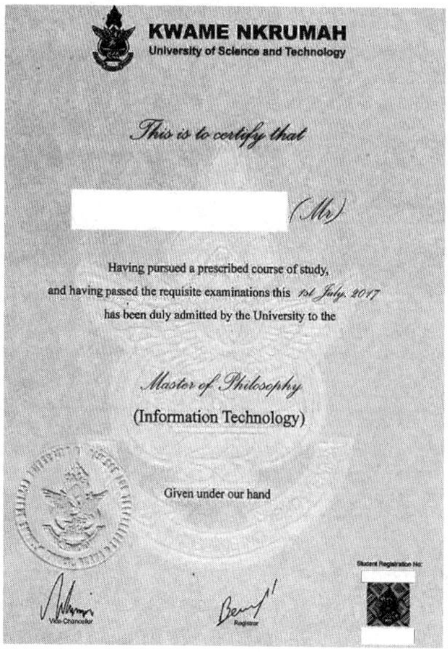

图 6　硕士学位证书样式（1）

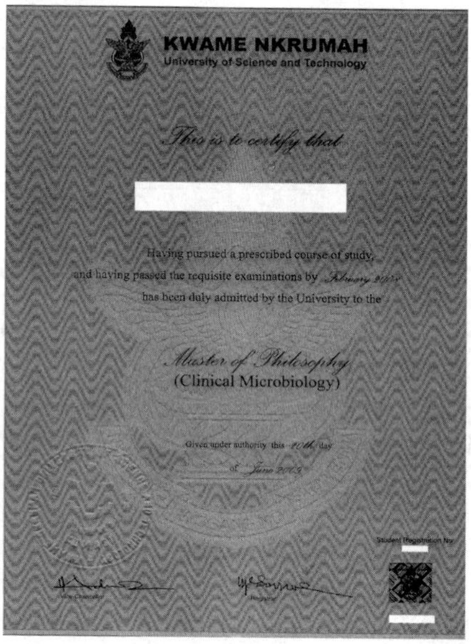

图 7　硕士学位证书样式（2）

（四）学位证书验证

硕士学位证书验证和学士学位证书验证一样，由国家认证委员会（NAB）负责。

① 加纳大学. 研究生入学要求[EB/OL]. (2022-04-17)[2023-03-11]. http://admission. ug. edu. gh/applying/postgraduate/entry-requirements-post-graduate-admissions.

六、博士研究生教育

（一）简况

在加纳，只有少数想进入学术界的学生攻读博士学位。博士分全日制或非全日制，全日制学制一般为4年，非全日制学制一般为6年。目前，加纳只有少数公立大学设有博士学位点。因此，部分学生会选择到国外攻读博士学位。

（二）入学要求

申请博士学位的前提是申请者已获得相关专业的硕士学位。高校一般仅接受有证据表明其能成功完成博士学位的申请者，如过往成绩优秀，学术潜力突出。通常来说，只有 MPhil 研究生才能在加纳获得博士学位，但是持有优异（Distinction）等级的应用型文学硕士或理学硕士也能在加纳攻读博士学位。

在加纳，一般情况下获得 MBA 学位的学生不能申请博士学位，因为它不是学术型的硕士。但少数院校可以录取 MBA 毕业的硕士生，他们会要求取得 MBA 学位的学生在攻读博士学位之前进行为期一个学期的学术研究强化学习。

附　录

部分公立大学名单：

（1）加纳管理与公共行政学院（Ghana Institute of Management and Public Administration）

（2）恩克鲁玛科技大学（Kwame Nkrumah University of Science and Technology）

（3）教育大学（University of Education，Winneba）

（4）发展研究大学（University For Development Studies）

（5）海岸角大学（University of Cape Coast）

（6）能源与自然资源大学（University of Energy and Natural Resources）

（7）加纳大学（University of Ghana）

（8）健康与联合科学大学（University of Health and Allied Science）

（9）矿业与技术大学（University of Mines and Technology）

（10）专业研究大学（University of Professional Studies）

（11）环境与可持续发展大学（University of Environment and Sustainable Development）

（12）S. D. 东博商业与综合发展研究大学（S. D. Dombo University of Business and Integrated Development Studies）

（13）加纳通信技术大学（Ghana Communication Technology University）

（14）阿肯滕阿皮亚-门卡技能培训和创业发展大学（Akenten Appiah-Menka University of Skills and Entrepreneurial Development）

（15）C. K. 泰丹科技与应用科学大学（C. K. Tedam University of Technology and Applied Sciences）

（邹时建、Andrew Osei Agyemang、Dragana Ostic）

柬埔寨

一、关于柬埔寨

（一）国家概况

柬埔寨，全称为柬埔寨王国，位于中南半岛南部，西邻泰国，东邻越南，东北部与老挝接壤，西南部邻泰国湾，国土面积约 18 万平方千米。人口约 1600 万人（截至 2019 年）。

柬埔寨实行君主立宪制，诺罗敦·西哈莫尼是现任国王，人民党主席洪森为首相。柬埔寨语（又称高棉语）是柬埔寨官方语言，受全球化及东盟一体化等因素的影响，柬埔寨外语教学由法语逐步转向以英语为主。近年来，随着中国“一带一路”倡议的实施，汉语教学在柬埔寨也开始流行起来。

柬埔寨首都金边位于中南部的洞里萨湖、湄公河和巴萨河交汇处的三角洲地带。金边是柬埔寨最大的城市和政治、经济及文化中心。

柬埔寨属热带季风气候，受西南热带季风影响，每年 5 月至 10 月为雨季，11 月至次年 4 月为旱季，年平均气温为 24℃。

柬埔寨高等教育吸收了法国、苏联及越南等国的经验，形成了一种“混合式高等教育”。进入 21 世纪以来，柬埔寨高等教育取得快速发展，初步建成了公立、私立大学并存，专科、本科、硕士、博士层次齐全，专业门类多样化的现代高等教育体系。截至 2020 年，柬埔寨共有 129 所高校，22.29 万高校在校生，但柬埔寨整体教育发展水平仍较低。根据世界经济论坛 2019 全球竞争力报告，在全球 141 个国家和地区中，柬埔寨综合竞争力排名 106，人口平均受教育年限排名 126，劳动力技能排名 120。据世界知识产权组织公布的 2021 年全球创新指数报告①，柬埔寨在

① World Intellectual Property Organization. Global Innovation Index 2021[R/OL]. (2021-09-20)[2022-03-02]. https://www.wipo.int/edocs/pubdocs/en/wipo_pub_gii_2021.pdf.

世界 130 个经济体中综合排名 109，教育排名 120，高等教育排名 86。

尽管柬埔寨高校数量在近 30 年增长了十多倍，但其高校人才培养质量和科研能力与周边国家相比有较大差距。柬埔寨至今尚无一所高校达到泰晤士世界高校排名和 QS 世界大学排名前 1000。

（二）护照样式

以下是柬埔寨护照样式，图 1 为护照封面样式，图 2 为护照信息页样式。

图 1　护照封面样式

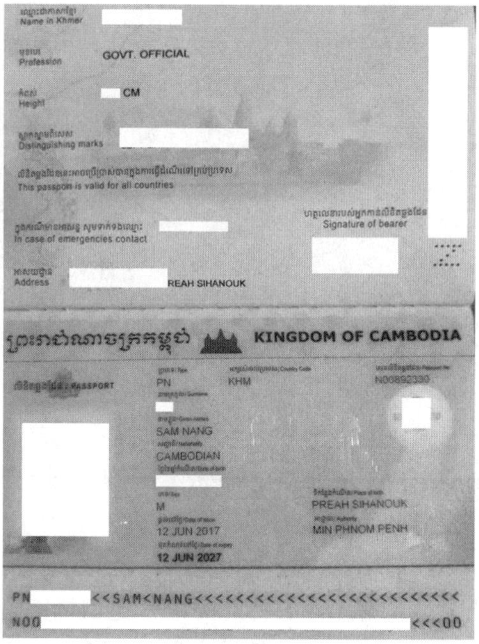

图 2　护照信息页样式

二、教育体系简介

柬埔寨 2017 年颁布的《教育法》规定的柬埔寨教育体系及学制如表 1 所示，其中小学（1~6 年级）和初中（7~9 年级）“6+3”两阶段构成九年制义务教育阶段。柬埔寨公立学校从小学到高中均实行免费教育，教科书也由国家免费提供。

表 1　柬埔寨教育体系及学制

年龄（岁）	3	4	5	6	7	8	9	10	11	12	13	14	15	16	17	18+
年级				1	2	3	4	5	6	7	8	9	10	11	12	
层次	学前教育			小学教育						初中教育			普通高中			普通高等教育
													职业技术高中			高等职业教育

学前教育。2018—2019 学年柬埔寨接受各种学前教育的 0~5 岁儿童只占该年龄段人口的 38.4%。提供学前教育的机构既有政府公办的隶属于小学的幼教班或独立的幼教学校，也有教学设施、条件较好的私立幼教学校①。

小学教育（1~6 年级）。2018—2019 学年柬埔寨小学毛入学率为 97.7%，毕业率为 79.9%。小学一般开设高棉语、数学、科学、社会学习和体育等课程②。

中等教育（7~9 年级）。2018—2019 学年柬埔寨初中毛入学率只有 59.9%。初中学校一般开设高棉语、数学、科学（地球科学、物理、化学、生物）、外语（公立学校一般开设英语或法语，部分私立学校开设汉语）、社会学习（历史、地理、道德、家政）、ICT 基础，体育、艺术、健康教育及当地生活技能等课程③。

2012 年，柬埔寨政府颁布了《柬埔寨资历框架》(Cambodia Qualifications Framework)，规定了从职业技术教育证书到博士学位教育的 8 个资历等级（见表 2）。高中毕业生可以选择接受普通高等教育或高等职业教育。普通高等教育与职业教育的文凭证书有所不同，如学生完成 2 年制专科普通高等教育后获颁高等教育副学士学位/文凭（Associate Degree/Diploma of Higher Education），而完成 2 年制专科职业教育则获颁高等技术/商务教育文凭（Higher Diploma of Technology/Business Education）。职业教育通道毕业的学士、硕士和博士学位需注明职业领域（Field Descriptors），如商务/教育/工程学士、硕士或博士学位，而普通高等教育序列的学士、硕士和博士学位则沿用国际通用的文学士（Bachelor of Arts）、理学硕士（Master of Science）和哲学博士（Doctor of Philosophy）等。

表 2 《柬埔寨资历框架》等级（2012）

级别	普通高等教育	职业技术教育与培训	最低学分时数
8	博士学位	博士学位	54
7	硕士学位	硕士学位	45
6	学士学位	学士学位	120
5	副学士学位	高等职业教育文凭	60

① Ministry ofEducation, Youth and Sport. The education, youth and sport performance in the academic year 2018—2019 and goals for the academic year 2019—2020[R/OL].(2020-03-25)[2022-03-02]. https://nepcambodia.org/wp-content/uploads/2021/08/Report Education-Congress-2020.pdf.

② Ministry ofEducation, Youth and Sport. The education, youth and sport performance in the academic year 2018—2019 and goals for the academic year 2019—2020[R/OL].(2020-03-25)[2022-03-02]. https://nepcambodia.org/wp-content/uploads/2021/08/Report Education-Congress-2020.pdf.

③ Ministry ofEducation, Youth and Sport. The education, youth and sport performance in the academic year 2018—2019 and goals for the academic year 2019—2020[R/OL].(2020-03-25)[2022-03-02]. https://nepcambodia.org/wp-content/uploads/2021/08/Report Education-Congress-2020.pdf.

续表

级别	普通高等教育	职业技术教育与培训	最低学分时数
4		3 级职业技术证书	30
3		2 级职业技术证书	30
2		1 级职业技术证书	30
1		职业技能证书	30

三、中等教育（高中）

受法国教育体系的影响，柬埔寨独立的高中学校（10~12 年级）或完全中学（7~12 年级）。普及高中教育仍是柬埔寨面临的一项十分艰巨的任务。2018—2019 学年柬埔寨高中毛入学率为 30.9%，通过高中毕业考试学生比例为 68.6%。

柬埔寨高中学校（10~12 年级）实行文、理科分科教育。尽管一般高中都开设高棉文学、数学、外语（英语或法语）、物理、化学、生物、地球与环境科学、历史、地理、道德、体育、ICT、健康教育及家政等共 14 门课程，理科生每周的外语、物理、生物、化学等课程比文科生多 1~2 课时。同样，文科生每周的高棉文学、数学、历史、地理和道德等课程比理科生多 1~2 课时。在柬埔寨完成初中教育的学生可以选择进入普通高中或职业技术高中学习。2018—2019 学年柬埔寨全国共有 2717 名学生在 16 所中等职业技术学校就读。普通高中毕业生或职业技术高中毕业生都可以凭毕业考试成绩报考普通高等学校或高等职业院校继续学习。

（一）高中毕业考试

柬埔寨每年 8 月底（2020 年受疫情影响，柬埔寨取消高考，2021 年受疫情影响，考试推迟到 12 月底）举行一次全国统一高中毕业及大学入学考试（Baccalaureate Ⅱ Examination，简称 Bacc Ⅱ，也称"12 年级毕业考试""Grade 12 Examination"）。目前柬埔寨 Bacc Ⅱ考试与高中文、理科分科教育相一致实行文、理科分科考试。理科生考数学、高棉语、外语（英语或法语）、物理、化学、生物和由柬埔寨教育、青年和体育部从历史、地理、道德和地球与环境科学 4 门课程中随机选定的一门，共考 7 科。文科生考数学、高棉语、外语（英语或法语）、历史、地理、道德和由柬埔寨教育、青年和体育部从物理、化学、生物和地球与环境科学 4 门课程中随机选定的一门，共考 7 科。柬埔寨高中毕业文凭（Upper Secondary Certificate of Education）及高考成绩单信息十分详尽，包括各科考试成绩等级和考生姓名、性别、出生年月日、父母姓名、考试地点、考场号、考号和条形识别编码等考生识别信息。证书盖有柬埔寨教育、青年和体育部基础与中等教育司印章及司长签名章（见图 3）。

（二）评分系统

柬埔寨全国统一高考 Bacc Ⅱ成绩中，各科成绩分为 A（优秀）、B（良好）、C（较好）、D（中等）、E（及格）和 F（不及格）共 6 个等级，除各门课程考试等级外证书上还注有 12 年级总评成绩等级。2018—2019 学年共有 79,052 名考生取得 Bacc Ⅱ考试及格（E）及以上等级，其中 443 名（0.56%）考生获得 A 等级。Bacc Ⅱ考试获得 A 等级的考生有机会获得首相亲自颁发的奖品。

（三）Bacc Ⅱ考试证书样式

Bacc Ⅱ考试证书样式见图 3。

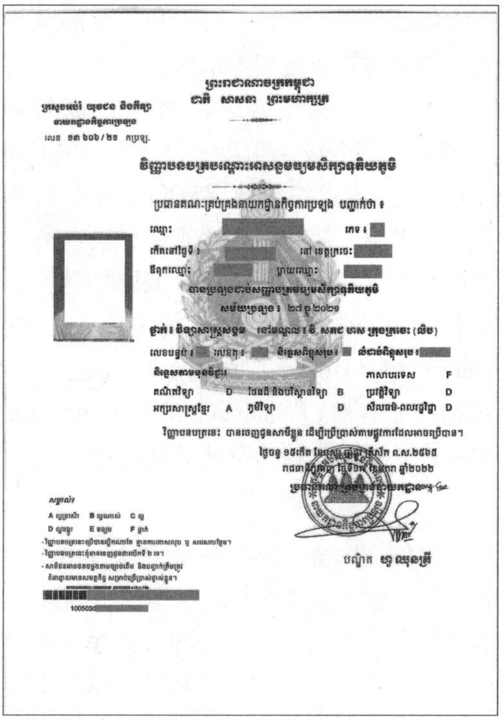

图 3　Bacc Ⅱ考试证书样式

（四）考试成绩验证

柬埔寨高考成绩公布后，学生可以在柬埔寨教育、青年和体育部脸书（Facebook）网址免费查询自己的 Bacc Ⅱ考试成绩。

四、高等教育

2018—2019 学年柬埔寨高等教育毛入学率仅有 11.6%。柬埔寨高等教育院校分为普通高等教育院校和高等职业教育院校两大类，分别由教育、青年和体育部

(Ministry of Education Youth and Sport）和劳工与职业培训部（Ministry of Labor and Vocational Training）主管。除此之外，柬埔寨国防部、农林渔业部、宗教信仰部及卫生部等10多个部委都有下属的高等教育院校。根据专业学科设置的不同，柬埔寨高校又分为综合性大学（University）和非综合性学院（Institute）。截至2021年，柬埔寨共有129所高校，其中公立高校48所，私立高校81所。柬埔寨高校地域分布十分不均，首都金边高校众多，现有高校70余所。

柬埔寨高等教育文凭由副学士或高等职业教育文凭（2年）、学士（4年）、硕士（2年）和博士（3年）四个层次组成。无论公立还是私立大学发放的毕业证书都须经教育、青年和体育部或劳工与职业培训部审核签发。普通高校颁发的副学士、学士、硕士及博士文凭证书均由教育、青年和体育部统一审核签发，高等职业院校的各级文凭证书则由劳工与职业培训部审核签发。

根据柬埔寨高等教育法规，无论普通高校还是高等职业教育院校都实行"1+3"两段式人才培养模式，即开设1学年"基础年"（Foundation Year）课程和3学年专业课程。基础年一般开设通识教育课程和部分专业基础课程。所有高校在基础年必须开设包括人文艺术类、数学、科学或信息技术类、社会科学类和外语类等四大类至少各类2门课程和2门专业基础课。根据柬埔寨国家认证委员会2004年公布的《高等教育实行学分及学分转移制度的决定》（Decision on Credit System and Credit Transfer Implements for Higher Education），柬埔寨1年级大学生修完基础年课程并获得"基础年结业证书"（Foundation Year Certificate）后可以选择在所就读高校继续修读专业课程或通过学分转移申请其他高校修读专业课程。

（一）入学要求

柬埔寨高中毕业生可以凭全国统一高中毕业及大学入学考试Bacc Ⅱ成绩申请就读大学。成绩优异者可以得到全额或部分奖学金，成绩较差（如高考成绩有几门课程为"F"等级（不及格）或总分为"F"等级的学生仍然可以申请就读大学，但学生入学后要先修读预科（补习）课程，待达到大学入学要求后，再正式进入大学课程学习。申请就读金边皇家大学、皇家法律政治大学等柬埔寨著名高校的学生人数众多，为了选拔出申请者中的优秀学生，这些高校会单独组织大学入学考试。金边皇家大学等名校过去大多使用法语进行教学，随着柬埔寨国际化步伐的加快和东盟一体化发展的需要，如今许多柬埔寨高校正在转向以英语为教学语言开展教学，许多高校硕士、博士教育入学考试中一般都包括英语水平考试。

柬埔寨普通高等院校和高等职业教育院校都可以招收高中毕业或获得3级职业技术证书的学生。取得普通高等教育或高等职业技术学士学位，需要修满4年全日制教育课程的规定学时，至少120学分（一般15学时为1学分）。

（二）评分系统

柬埔寨各类高校须从教育、青年和体育部或劳工与职业培训部和国家认证委员会（ACC）获得办学资格执照方可办学招生。本科毕业生理论上需在毕业时达到

《柬埔寨资历框架》6级规定的知识，认知技能，心理运动技能，人际技能与责任，沟通、信息技术与算术技能等5项指标规定的要求。

各类高校对学生学业考核评价一般包括出勤率、平时作业、测验、论文、报告、实践（实验）活动、研究项目及学期末笔试成绩等项目并按权重比例以百分制或等级制计分。金边皇家大学基础年的成绩等级划分标准见表3。

表3　金边皇家大学基础年成绩等级划分标准

百分制（%）	等级	GPA	评价
85～100	A	4.0	优秀
80～84	B+	3.5	良好
70～79	B	3.0	较好
65～69	C+	2.5	中等
50～64	C	2.0	及格
<49	D	1.5	不及格

（三）学位证书样式

柬埔寨金边皇家大学（Royal University of Phnom Penh）隶属柬埔寨教育、青年和体育部，是柬埔寨著名的大学。该校学士学位证书为法语和高棉语左右分列对照格式。证书注有持证人个人信息（姓名、性别、出生年月日）、毕业时间、学位名称、专业领域及授予时间，证书上有学校印章、校长签名章，以及教育、青年和体育部印章及部长签名章（见图4）。

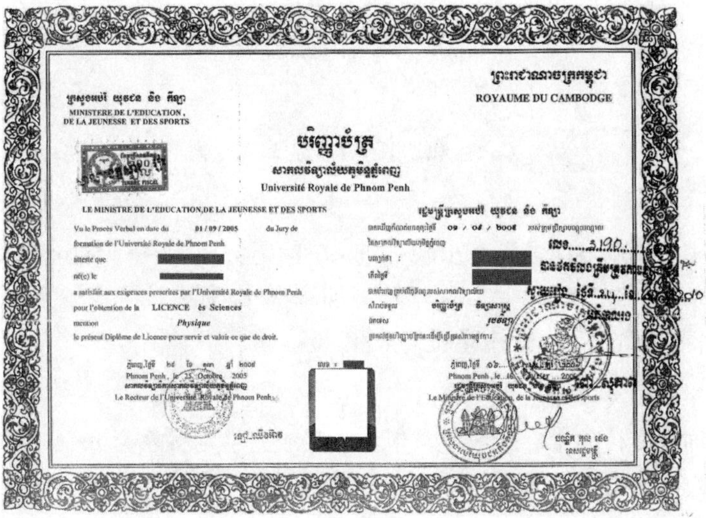
ROYAUME DU CAMBODGE

MINISTERE DE L'EDUCATION, DE LA JEUNESSE ET DES SPORTS

Université Royale de Phnom Penh

LE MINISTRE DE L'EDUCATION,DE LA JEUNESSE ET DES SPORTS

Vu le Procès Verbal en date du 01 / 09 / 2005 du Jury de formation de l'Université Royale de Phnom Penh

atteste que [redacted]

né(e) le [redacted]

a satisfait aux exigences prescrites par l'Université Royale de Phnom Penh

pour l'obtention de la LICENCE ès Sciences

mention *Physique*

le présent Diplôme de Licence pour servir et valoir ce que de droit.

Phnom Penh, le 25 Octobre 2005

Le Recteur de l'Université Royale de Phnom Penh

图4　柬埔寨金边皇家大学学士学位证书样式

柬埔寨劳工与职业培训部所属高等职业院校颁发的“技术学士文凭”左列为英

文，右列为高棉语，证书注有持证人个人信息（姓名、性别、出生年月日、出生地）、入学考试时间、学位名称、专业领域及授予时间，证书上有学校印章、校长签名章，以及劳工与职业培训部印章及部长签名章（见图 5）。

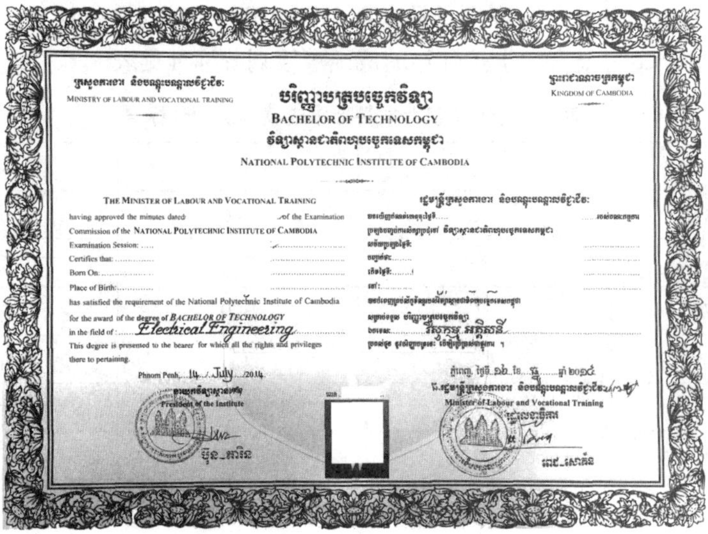
MINISTRY OF LABOUR AND VOCATIONAL TRAINING

KINGDOM OF CAMBODIA

BACHELOR OF TECHNOLOGY

NATIONAL POLYTECHNIC INSTITUTE OF CAMBODIA

THE MINISTER OF LABOUR AND VOCATIONAL TRAINING

having approved the minutes dated .../of the Examination

Commission of the NATIONAL POLYTECHNIC INSTITUTE OF CAMBODIA

Examination Session: ...

Certifies that: ...

Born On: ...

Place of Birth: ...

has satisfied the requirement of the National Polytechnic Institute of Cambodia

for the award of the degree of BACHELOR OF TECHNOLOGY

in the field of: Electrical Engineering

This degree is presented to the bearer for which all the rights and privileges there to pertaining.

Phnom Penh, 14 / July /2014

President of the Institute

Minister of Labour and Vocational Training

图 5 高等职业院校学士学位证书样式

（四）学位证书验证

柬埔寨普通高校颁发的学位证书均由教育、青年和体育部统一审核签发（学位证书上有教育部教育、青年和体育部公章及部长签名章），高等职业院校的文凭证书则由劳工与职业培训部审核签发（学位证书上有劳工与职业培训部公章及部长签名章），目前柬埔寨尚无全国统一的高等教育学历学位证书查询验证系统。

五、硕士研究生教育

柬埔寨硕士学制一般要求至少为 2 年，学生需完成 45~57 学分的课程、论文及研究项目等学习任务。2018—2019 学年柬埔寨有 42 所高校开设硕士学位课程，共有 23,256 名在读硕士生，硕士学位毕业生 4613 名。

（一）入学要求

攻读柬埔寨高校硕士，一般要求申请者完成大学本科教育并获得学士学位。硕士招生高校也会自行组织入学考试来考核录取学生。柬埔寨硕士层次教育部分课程使用英语教学，因此，高校一般都会要求提供雅思、托福等英语考试成绩证明或参加本校入学英语考试。部分招生院校可以让学生选择通过修读课程（Master's Degree by Coursework）或进行课题研究（Master's Degree by Research）2 种途径来完成硕士学业。另外，柬埔寨高校一般会要求学士专业与硕士专业领域不同的跨专业学生先修读一定学分的专业衔接课程方可进入专业学习。

（二）评分系统

柬埔寨高校硕士学位获得者理论上应当在毕业时达到《柬埔寨资历框架》7级规定的知识，认知技能，心理运动技能，人际技能与责任，沟通、信息技术与算术技能5项指标规定的要求。实际操作中各高校可自主决定课程和学业考核评价办法，一般都包括出勤率、平时作业、测验、考试、论文、项目、实践活动等内容按权重计分考核。柬埔寨国立管理大学（National University of Management）研究生院对硕士生成绩评定体系见表4。

表4　柬埔寨国立管理大学硕士生成绩评定体系

等级	分值	GPA	评价
A+	96~100	4.00	突出
A	90~95	3.67	优秀
B+	80~89	3.33	良好
B	70~79	3.00	较好
C+	60~69	2.67	中上
C	55~59	2.33	中等
C-	50~54	2.00	中下
D	45~49	1.67	差
F	40~44	1.33	不及格
I	0~39	1.00	-

（三）学位证书样式

隶属柬埔寨教育、青年和体育部的高校颁发的硕士学位为英语（或法语）和高棉语左右分列对照格式。证书注有持证人个人信息（姓名、性别、出生年月日）、毕业时间、学位名称、专业领域及授予时间，证书上印有学校印章、校长签名章，以及教育、青年和体育部印章及部长签名章。高等职业院校颁发的硕士学位证书除了盖有劳工与职业培训部印章及部长签名章外，其余内容及格式与普通高校硕士学位证书基本一致。柬埔寨智慧大学（Pannasastra University of Cambodia）硕士学位证书样式见图6。

图 6　柬埔寨智慧大学硕士学位证书样式

（四）学位证书验证

目前柬埔寨尚无全国统一的硕士学位证书查询验证系统。

六、博士研究生教育

（一）简况

柬埔寨高等教育整体比较薄弱，博士教育规模较小，即使柬埔寨顶尖大学——金边皇家大学、柬埔寨智慧大学和柬埔寨理工学院等高校也仅有部分专业开展博士层次教育。2018—2019 学年有 20 所高校提供博士层次教育，共有 790 名在读博士研究生，同期仅有 20 名博士毕业生。

博士学位阶段需要完成 3~6 年全日制或 8 年非全日制教育，修完最低 54 学分的课程，以及完成博士毕业论文。部分领域研究型博士学位课程须修满至少 12 学分课程并完成博士研究课题及博士论文。

柬埔寨研究型博士毕业授予哲学博士学位（Ph. D，Doctor of Philosophy）。职业技术教育序列博士和部分专业博士授予带专业领域说明的博士学位，如工商管理博士（DBA，Doctor of Business Administration）、教育学博士（Ed. D，Doctor of Education）或工学博士（EngD，Doctor of Engineering）等。

（二）入学要求

攻读柬埔寨博士学位者一般须具有相关领域硕士学位和较高的 GPA、相关领域的工作经历，英语考试成绩（托福、雅思等）、还需提交硕士阶段成绩、研究计划、推荐信等。部分招生院校还要求学生通过入学研究计划答辩及录取委员会组织的面试。

附　录

部分大学名单[1]：

（1）金边皇家大学（Royal University of Phnom Penh）

（2）皇家法律经济大学（Royal University of Law and Economics）

（3）柬埔寨智慧大学（Pannasastra University of Cambodia）

（4）柬埔寨理工学院（Institute of Technology of Cambodia）

（5）皇家农业大学（Royal University of Agriculture）

（6）管理经济大学（University of Management and Economics）

（7）皇家美术大学（Royal University of Fine Arts）

（8）国立管理大学（National University of Management）

（9）国立教育学院（National Institute of Education）

（10）国立马德望大学（National University of Battambang）

（11）柬埔寨国际大学（Cambodia International University）

（12）诺顿大学（Norton University）

（徐福文、Somalux Ek）

① 柬埔寨目前尚无高校排名系统，本名单仅列出 12 所代表性大学，排列顺序不代表大学排名。

捷 克

一、关于捷克

（一）国家概况

捷克，全称为捷克共和国，其官方语言为捷克语，地处欧洲大陆的中部，国土面积约为7.89万平方千米，人口约为1053万人（2022年统计数据），首都及最大城市均为布拉格（Prague）。捷克北部与波兰接壤，东部紧靠斯洛伐克，南部和奥地利毗邻，西部又同德国相接。捷克地处北温带，属于海洋性向大陆性气候过渡的温带气候，四季分明，气候湿润。作为中东欧地区的重要国家，捷克在经济上属于中等发达国家，国内的褐煤、硬煤和铀矿等矿产和能源储量丰富，具有较雄厚的工业基础。在民族构成上，约有90%以上为捷克族，此外还有2.9%的斯洛伐克族，1%的德意志族，以及少量的波兰族和罗姆族（吉普赛人）①。

捷克共和国作为中国“一带一路”政策沿线的中东欧国家之一，中捷两国已于2015年11月26日签署了关于共建“一带一路”合作谅解备忘录，编织双边合作规划。近年来，中捷两国在政治、经济、文化、艺术、教育等领域的沟通交流日益增多。在教育层面，2016年10月12日，中捷两国在北京共同签署了《中捷高等教育学历学位互认协议》，积极推动了中捷两国在高等教育方面的合作，为中捷两国学生的学术交流和留学深造提供了有力保障。2017年5月30日，捷中教育交流协会在捷克共和国首都布拉格成立，为传播中国文化，促进两国教育间的沟通和交流搭建了桥梁。2018年3月，捷克的第一所高校孔子课堂在奥斯特拉发技术大学揭牌，标志着中捷文化交流的历史翻开了新的篇章。截至2018年年底，捷克在华留

---

① 中华人民共和国外交部．捷克国家概况［EB/OL］．［2023-03-10］．https://www.fmprc.gov.cn/web/gjhdq_676201/gj_676203/oz_678770/1206_679282/1206x0_679284/.

学生约 400 人，在捷中国留学生超过 1000 人，其中 600 多人攻读学位①。

（二）护照样式②

捷克护照为捷克公民国际旅行时的重要证件，亦是其捷克公民国籍的关键证明，可在必要时获得捷克驻外领事馆和其他欧盟成员国的援助。截至 2019 年 10 月 1 日，捷克公民已在 183 个国家和地区享有免签或落地签政策。同时，作为欧盟成员国之一，捷克公民也可依据欧盟条约第 21 条，在瑞士及欧盟、欧洲经济区内的任何国家工作和生活。

以下为捷克护照样式，此版本护照于 2006 年 9 月 1 日起签发，有效期为 10 年。护照封面样式见图 1，护照信息页样式见图 2。

图 1　护照封面样式

图 2　护照信息页样式

① 中华人民共和国驻捷克共和国大使馆．中捷教育与合作概况［EB/OL］.（2018-12-20）［2022-05-30］. http://cz. china-embassy. gov. cn/chn/jylx/jygx/.

② Czech passport. Wikipedia［EB/OL］.（2022-04-06）［2023-02-20］. https://en. wikipedia. org/wiki/Czech_passport.

二、教育体系简介

捷克的教育体系①具有悠久的历史。自1774年以来，捷克便已开始实施义务教育，目前受教育比例在99%以上②。总体而言，捷克的教育体系大致可分为5类：学前教育、基础教育、高中教育、高等教育和成人教育与培训。在法律法规的设置上，教育相关的基本法案共有3个。其中，《教育法》（*The Education Act*）是针对学前、小学、中学和职业技术教育的法案；《教育工作人员法》（*The Act on Education Staff*）是针对上述各级教师职业道德、素养、规范的基本法案；《高等教育法》（*The Higher Education Act*）则涵盖了国内的高等教育机构，对高等教育机构设立的标准、资格、程序等进行审核，并依法设立高等教育认证委员会（Accreditation Commission Czech Republic），对高等教育机构的教学质量、实施手段、课程设置和教育成果等进行监管。在机构的设置上，主管捷克教育的全国性机构是"捷克教育、青年和体育部"（The Ministry of Education, Youth and Sports），旨在通过制定长期的教育政策、方针、法案来发展和维护捷克的教育事业。此外，它还负责科学、青年和运动等领域的全面发展，为国家制定教育预算，并确定其最终的分配原则。

（一）学前教育

学前教育的对象主要为3~6岁的学前儿童。儿童通常在4周岁入学，在幼儿园接受教育，但也可在满足教育法所规定的法律条款下，选择个人（家庭）教育形式。学前教育旨在帮助儿童养成良好的学习习惯，锻炼其记忆力、想象力和逻辑思维能力，促进其与同龄人之间的社会交往。同时，儿童在此阶段的表现将有助于评估学生在进入小学之前的知识能力和教育水平。

（二）基础教育

与中国类似，捷克的基础教育也采用九年制义务教育模式，其教育对象通常为6~15岁的学生。通常，九年制义务教育分为2个阶段，在教育内容和教学组织上相互联系：小学阶段（1~5年级）、初中阶段（6~9年级）。学生可以选择就读正规的9年制基础学校，也可根据自己的需要就读其他类型的学校。这些不同类型的学校主要针对某些特殊的学习领域。例如，侧重语言课程的语言学校，培养艺术特长的艺术学校，照顾残障学生的特殊学校等。所有类型的学校均可为学生提供基础教育，以便他们能够继续在高中和大学接受更高层次的教育。在完成基础教育之

① 捷克共和国驻中华人民共和国大使馆．教育制度[EB/OL].（2018-09-07）[2023-02-20]. https://www.mzv.cz/beijing/zh/political_affairs/x2018_07_09/x2018_07_09_1/index.html.

② Embassy of the Czech Republic in Washington, D. C.. Education System in the Czech Republic[EB/OL].（2022-05-05）[2023-02-20]. https://www.mzv.cz/washington/en/culture_events/education/education_system_in_the_czech_republic/index.html.

后，大多数学生会选择继续接受高中教育，学习水平较高的学生也可进入高校预科学校①，为就读高等院校做准备。其余学生也可选择就读职业技术学校。

（三）高中教育

捷克的高中教育从教育模式上可分为 3 类，即普通高中教育、中等专业教育和中等职业教育。其中，普通高中提供普通中等教育；中等专业学校（SOŠ）则提供针对具体专业（如商业、工业、卫生等）的教育。普通高中和中等专业学校的学制一般为 4 年（10～13 年级），高中教育不属于义务教育阶段，学生完成学业时需参加高中毕业考试（Maturita）。中等职业学校则为学生提供针对具体职业（如厨师、美发师、工匠、电工等）的教育和训练，学制一般为 3 年，完成学业时需参加考试并获得相应的职业证书。

（四）高等教育②

按照教学形式，捷克的高等教育可分为两种：一是职业技术教育为主的大专和职业院校；二是提供高等教育课程的高等教育机构。高等教育的总体目标是为学生提供足够的学术训练和专业教育，为他们从事研究和终身学习而做准备，并使他们为捷克社会及国际合作，特别是欧洲的发展做出贡献。

1. 高等职业教育

高等职业教育旨在为不需要大学学位的学生提供普通的高等教育和职业培训，以便满足其日后从事职业技术活动的各项要求。这一阶段的教育活动通常由大专和高等职业学校承担，也可由艺术学校承担。每个学校都可自主制定录取标准和入学考试的内容。高等职业学校会收取学费。目前，公立机构的费用在 2500～5000 捷克克朗（CZK）。其教育模式采用现场教学、远程教学或二者结合的教学模式。学业课程的完成一般以毕业考试为标志，包括职业课程的理论部分、外语测验和论文答辩。毕业生将获颁毕业考试证书和职业资格证书。大部分学校还会颁发其他文凭补充文件，但毕业生不获得学位。目前，捷克的大专和职业学院约有 175 所。

2. 普通高等教育

普通高等教育包括三个阶段：学士、硕士和博士。大多数高校均可授予学士、硕士和博士学位。其中，学士学位课程的完成通常需要 3～4 年，学生进行专业领域的初级研究。毕业生通过毕业考试和学士学位论文答辩后获得学士学位和毕业文凭。硕士研究生学位课程的学制可分为短期学位课程（1～3 年，学分要求为 60～180 学分）和长期学位课程（4～6 年，学分要求为 300 学分）。毕业生必须参加国家组织的考试，并通过论文答辩，才能获得硕士学位和毕业文凭。博士研究生学位课程通常持续 3～4 年。在完成博士学位课程之后，学生要参加博士学位考试和论

---

① 捷克语：Gymnázium，提供高校预备课程的学校，课程包括拉丁语和希腊语的学习。

② 中华人民共和国教育部教育涉外监管信息网．捷克高等教育体制简介[EB/OL].（2019-10-09）[2022-05-30]. http://jsj.moe.gov.cn/api/index/sortdisplay/MUT2I9xSMdjAYeQeQeQ/%E6%8D%B7%E5%85%8B%E9%AB%98%E7%AD%89%E6%95%99%E8%82%B2.

文答辩，均通过之后，才会被授予博士学位。此外，毕业生也可获得高等教育文凭补充文件，以文件的形式确认其已完成相关的学习和研究，并且有权利使用相关学术职称。

（五）成人教育与培训

成人教育与培训的性质及范围主要由捷克的社会文化、经济和政治因素决定，并受到现有人口、国民经济的需要和劳动力市场等条件的制约。其相关法律包括《教育法》《高等教育法》《继续教育成果验证与认可法案》等，监管机构主要有捷克教育、青年和体育部，劳工和社会事务部，文化部，各区、市政府等。承担成人教育和培训的机构则包括学校（基础教育学校、高中、高等职业学校）和高等教育机构、相关组织（企业、事业单位、国家行政机关）、非营利性组织、文化机构（博物馆、展览馆、图书馆、社区文化中心）、商业教育机构等。

成人教育主要分为以下三种：

（1）通识教育：为未达到基础教育程度的人士开设的基础教育课程。包括参加高中及高等教育机构入学考试的预科学习、语言教育、信息与通信技术课程等。

（2）继续教育和职业培训：主要提供职业资格培训或再培训的机会。帮助一些特殊职业（如医学和一些技术行业）的职员及时更新自己的知识和技能，并在规定时间之内通过相关职业资格考试。再培训是促进就业政策的有效措施之一，可帮助失业人群再就业。

（3）兴趣导向型教育：这种教育模式与劳力市场没有直接联系，旨在满足学生对政治、历史、文化及其他知识领域的兴趣。

三、中等教育（高中）

（一）高中统考

在捷克，高中生必须在毕业前参加全国统考，即 Maturita 考试（或 Matura/Maturitni Zkouška）。毕业生只有在顺利通过考试之后，才能升入高等教育机构继续学习。Maturita 考试在类型上可分为国家统一考试和专业考试。其中，国家考试部分由捷克教育、青年和体育部负责，由 CERMAT（教育结果检测中心）管理。专业考试部分则由学校自行准备、组织、实施和评估。

在考试科目的设置上，国家统一考试部分包括 2 门必修科目和至少 2 门选修科目的测验。2 门必修科目的组合为：捷克语言文学（包括阅读和语法、写作、口语），以及一门外语（英语、德语、法语、西班牙语、俄语等）或数学。2 门选修科目的组合可由学生自选。专业部分的科目则由不同学校依据各自需求和教学实际自行设置，侧重于对学生专业能力的测试。在形式上，国家考试可分为笔试和面试两类。其中，笔试设置在一天内进行。面试分为准备时间和考试时间两部分，考试时间均为 15 分钟，除捷克语言文学的准备时间为 20 分钟之外，其余科目的准备时间为 15 分钟。

每个学生均有 3 次考试的机会。如果学生只有一门未通过，可选择重考该科目；如果有多门未通过，必须重考包括笔试在内的所有课程；如果学生 3 次均未通过考试，则没有资格申请大学。

（二）评分系统

捷克高中的评分系统采用 5 分制，1 分为最高层次，5 分为最低层次。在具体分数的表示上，用“+”、“-”和“*”做出区分。例如，3^+ 比 3 略高，3^- 比 3 略低，1^* 代表非常杰出，学习成绩单将在期中和期末发放。高中评分等级见表 1。

表 1　捷克高中评分体系

评分等级	评价（捷克语）	含义
1	Výborný	杰出
2	Chvalitebný	值得称赞
3	Dobrý	良好
4	Dostatečný	满意
5	Nedostatečný	不满意

（三）考试结果和证书

以下为 Maturita 考试的证书样式，正面见图 3，反面见图 4。

ČESKÁ REPUBLIKA

VYSVĚDČENÍ O MATURITNÍ ZKOUŠCE

Jméno a příjmení: Petra Porubová

Maturitní zkoušku vykonal(a)

ve společné části z předmětů

v profilové části z předmětů

Celkové hodnocení:

V Čelákovicích　dne 2. 6. 2016

Mgr. Milada Jandová

图 3　Maturita 考试证书样式（正面）

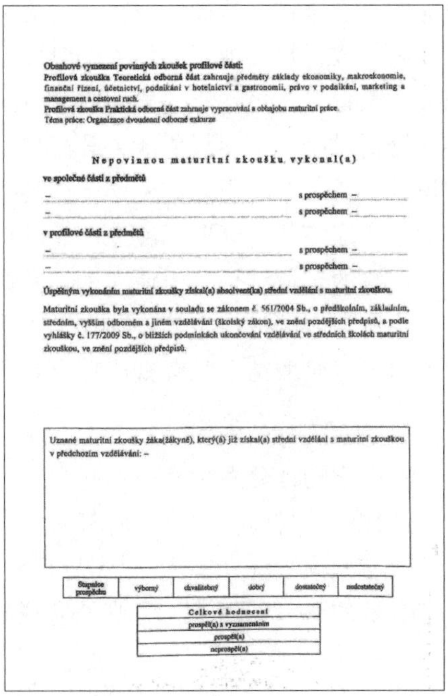

Obsahové vymezení povinných zkoušek profilové části:
Profilová zkouška Teoretická odborná část zahrnuje předměty základy ekonomiky, makroekonomie, finanční řízení, účetnictví, podnikání v hotelnictví a gastronomii, právo v podnikání, marketing a management a cestovní ruch.
Profilová zkouška Praktická odborná část zahrnuje vypracování a obhajobu maturitní práce.
Téma práce: Organizace dvoudenní odborné exkurze

Nepovinnou maturitní zkoušku vykonal(a)

ve společné části z předmětů

– s prospěchem –

– s prospěchem –

v profilové části z předmětů

– s prospěchem –

– s prospěchem –

Úspěšným vykonáním maturitní zkoušky získal(a) absolvent(ka) střední vzdělání s maturitní zkouškou.

Maturitní zkouška byla vykonána v souladu se zákonem č. 561/2004 Sb., o předškolním, základním, středním, vyšším odborném a jiném vzdělávání (školský zákon), ve znění pozdějších předpisů, a podle vyhlášky č. 177/2009 Sb., o bližších podmínkách ukončování vzdělávání ve středních školách maturitní zkouškou, ve znění pozdějších předpisů.

Uznané maturitní zkoušky žáka(žákyně), který(á) již získal(a) střední vzdělání s maturitní zkouškou v předchozím vzdělávání: –

Stupnice prospěchu	výborný	chvalitebný	dobrý	dostatečný	nedostatečný

Celkové hodnocení
prospěl(a) s vyznamenáním
prospěl(a)
neprospěl(a)

图 4　Maturita 考试证书样式（反面）

（四）考试成绩验证

在捷克，组织、管理和评估的官方机构是CERMAT（教育结果检测中心 Centre for Detection of Education Results），学生可登录其官方网站 https：//www. cermat. cz/查看详细信息。学生可选择考试结果审查选项，输入其姓名和毕业生代码等信息进行注册和身份验证，相关成绩文件将会以邮件的形式发送到指定邮箱，验证的网站为：vpz. cermat. cz。

此外，学生亦可在规定期限之内对有异议的成绩提出复核。复核须提交申请者姓名、联系电话或邮箱、毕业学校名称、毕业生代码、复核申请表等材料，复核结果将发送到指定邮箱。

四、本科教育

（一）入学要求[①]

一般而言，进入捷克高等教育机构的最低要求是学生必须通过高中毕业考试，并获得毕业证书。在一些特殊情况下，没有完成中学教育并参加毕业考试的申请人若满足入学要求也有可能被录取。除此之外，根据捷克2004年通过的《高等教育法》修正案，高等教育机构也可按照具体需求对学生某些特定领域的知识、能力、才艺和成绩等做出具体规定。因此，高校可为不同教育背景和经历的申请人设置相适应的入学条件，从而有效提高捷克的高等教育水平。

高等教育机构考察申请人的具体形式是入学考试。考试的内容和形式则完全由相关的教育机构负责，一般包括侧重知识的笔试，以及侧重素质能力（如语言思维、分析思维、空间想象能力等）的学习能力测试，旨在全面考察和评估申请人的知识水平与综合能力。此外，一些高等教育机构会组织入学面试，或直接以学生之前的平均成绩作为录取标准之一。

最终的录取结果和申请人入学考试的所有数据，高等教育机构都会及时对外公布。录取与否的最终决定，则会在成绩公布后30天之内以书面形式告知申请人。如申请人对录取结果和考试成绩存在异议，有权在规定期限内提出申诉。

（二）评分系统

与中学的评分系统有所不同，捷克高等教育机构的学习成绩主要是通过学分体系来评估的。目前，捷克的所有公立高校和大多数私立高等教育机构实施了欧洲学分转换与积累系统（ECTS）或与其相当的学分评估系统。学生每门课程都能获得一定数量的ECTS学分，反映了完成这门课所需要的总工作量，其中1学分等于

---

① Study in the Czech Republic. Czech Republic Higher Education System[EB/OL]. (2022-04-03)[2022-12-20]. https://www. euroeducation. net/prof/czechco. htm.

30 学时，1 学期为 30 学分，1 学年为 60 学分。学生只有满足课程的要求，如定期出勤、通过考试、参加实践活动等才能获得相应学分。具体学分由各教育机构根据教学实际和考试情况的标准工作量进行设置，其评分标准略有不同。

捷克高校一般的评分系统和 ECTS① 的转换标准见表 2。

表 2　捷克高校一般评分系统和 ECTS 的转换标准

捷克评分等级	ECTS 等级	评价（捷克语）	分数区间	可达到等级的学生比例	定义
1.0	A	*Výborně*	90~102	10	杰出—表现出色，仅有一些小纰漏
1.5	B	*Velmi dobře*	80~89	25	优秀—高于平均水平但仍有一些错误
2.0	C	*Dobře*	70~79	30	良好—总体表现较好，但有很多明显错误
2.5	D	*Uspokojivě*	60~69	25	合格—可通过但有较严重的缺陷
3.0	E	*Dostatečně*	50~59	10	通过—满足最低要求
4.0	F	*Nedostatečně*	0~49	-	不合格—未满足最低要求

（三）学位证书样式

学士学位的学制通常为 3 年，毕业时可获 Bc. 或 BcA. 证书（艺术类除外）。学士学位证书样式见图 5。

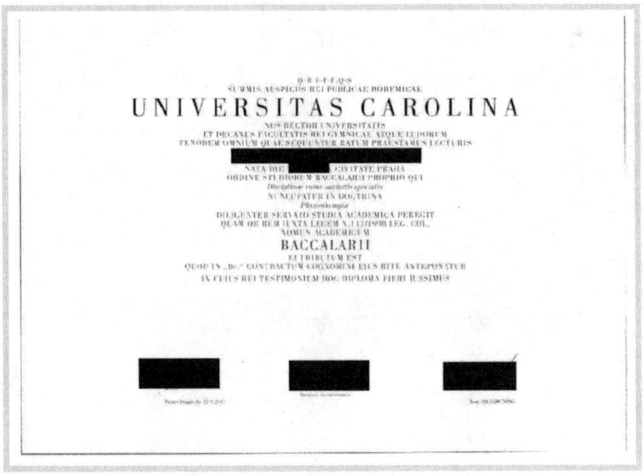

图 5　学士学位证书样式

① 有关 ECTS 的具体内容和要求可参看文件“ECTS Users' Guide”. https://ec.europa.eu/education/ects/users-guide/docs/ects-users-guide_en.pdf.

（四）学位证书验证

捷克验证学士学位证书的方法主要有以下三种：

（1）学士学位证书通过官方机构进行公证。其中，国防部主要负责认证军事教育方面的证书；内政部负责安全领域的学习项目及证书；捷克教育、青年和体育部则主要负责双边国际条约国家间的教育认证事项。

（2）登录毕业院校的官方网站，查看学历认证的具体程序。此外，学生也可向自己预申请的学校提交验证材料，由其进行学历认证，但需缴纳一定的申请费用。院校一般会提供三种验证方式，一是发送学位证书的相关文件和表格至学校邮箱或传真进行验证①；二是通过相关院校官网上的学位证书认证系统验证；三是将学位证书的文件和申请表格等纸质材料邮寄到院校有关部门验证。

（3）学生可登录网站 https：//pravydiplom. cz/进行学位证书的验证。这一网站主要由马萨里克大学研发、更新和维护，截至 2023 年 3 月，提供 31 所捷克院校共 717,790 份学位证书的信息，查询者只需知道学位证书编号，便可验证其姓名、毕业年份、所学专业等相关信息的真实与否。

（五）高校一览②

捷克的高等教育机构按办学性质可分为公立、国立和私立三类，按课程类型可分为大学型和非大学型两类。其中，大学型高等教育机构可提供包括学士、硕士和博士在内的所有类型的学位课程教育；而非大学型高等教育机构则大多只提供学士学位课程，另有少数学校也开设硕士学位课程。公立和私立高校均受到捷克教育、青年和体育部的监管，国立高校（国防大学和警察学院）则依法受到国防部的监管。一般而言，公立的高等教育机构不收取学费。然而，若出现以下情况，学生则必须支付一定费用：办理入学手续，办理延期手续，学习额外增设的课程，学习用外语教授的课程。私立教育机构可根据机构规定、课程计划和教学实际自主设定学费。此外，所有公立高等教育院校均会根据学生在学业、研究、艺术及其他方面的卓越表现，向学生发放奖学金，同时也会向经济困难的学生提供社会性的奖学金。

五、硕士研究生教育

（一）入学要求

硕士研究生入学的基本要求是申请人在正规的高等教育机构完成了学士学位课

① 例如捷克理工大学要求 2006—2007 年之前的毕业生发送邮件至 archiv@ cvut. cz 进行证书验证，2006—2007 年之后的毕业生发送邮件至相关学院、学生注册部门进行证书验证。

② Ministry of Education Youth and Sports. High Education[EB/OL].（2020-12-16）[2022-05-30]. http://www. msmt. cz/areas-of-work/tertiary-education/overview-of-higher-education-institutions.

程，并获得学士学位。一些院校也将对申请人在某些特定学习领域或学科所获得的学分进行进一步规定。此外，与大学的入学要求和具体程序相似，高等教育机构也会单独设置入学考试，其内容和形式完全由相关机构负责。因此，取得学士学位的毕业生可按照所申请院校的具体要求，申请与其学士学位课程相同或相关的硕士学位课程，并在满足所有入学条件之后，攻读硕士学位课程。

（二）评分系统

捷克遵循“博洛尼亚进程”（Bologna Process），硕士的学习成绩同样是通过学分体系来评估的。捷克的公立高校和大多数私立高等教育机构都实施了欧洲学分转换与积累系统（ECTS）或与其相当的学分评估系统。这将有助于留学生在欧洲其他国家自由地申请相关学位课程和寻找就业机会。

捷克一般的评分系统和 ECTS① 的转换标准见表 3。

表 3　捷克高校一般评分系统和 ECTS 的转换标准

捷克评分等级	ECTS 等级	评价（捷克语）	分数区间	可达到等级的学生比例	定义
1.0	A	*Výborně*	100~90	10	杰出—表现出色，仅有一些小纰漏
1.5	B	*Velmi dobře*	89~80	25	优秀—高于平均水平但仍有一些错误
2.0	C	*Dobře*	79~70	30	良好—总体表现较好，但有很多明显错误
2.5	D	*Uspokojivě*	69~60	25	合格—可通过但有较严重的缺陷
3.0	E	*Dostatečně*	59~50	10	通过—满足最低要求
4.0	F	*Nedostatečně*	49~0	-	不合格—未满足最低要求

（三）学位证书样式

硕士研究生学位证书样式见图 6。

① 有关 ECTS 的具体内容和要求可参看文件“ECTS Users' Guide”. https://ec.europa.eu/education/ects/users-guide/docs/ects-users-guide_en.pdf.

Master

Q.B.F.F.F.Q.S

SUMMIS AUSPICIIS REI PUBLICAE BOHEMICAE

UNIVERSITAS CAROLINA PRAGENSIS

NOS RECTOR UNIVERSITATIS
ET DECANUS FACULTATIS ....

TENOREM OMNIUM QUAE SEQUUNTUR RATUM PRAESTAMUS LECTURIS

....

NATUS/NATA DIE .... IN CIVITATE ....

ORDINE STUDIORUM MAGISTRI PROPRIO QUI

....

NUNCUPATUR IN DOCTRINA

....

DILIGENTER SERVATO STUDIA ACADEMICA (SUMMA CUM LAUDE) PEREGIT

QUAM OB REM IUXTA LEGEM N. 111/1998 LEG. COL.

NOMEN ACADEMICUM

MAGISTRI

EI TRIBUTUM EST

QUOD IN „Mgr." CONTRACTUM COGNOMINI EIUS RITE ANTEPONATUR

IN CUIUS REI TESTIMONIUM HOC DIPLOMA FIERI IUSSIMUS

(CETERA SCIENTIARUM ATQUE ARTIUM INSTITUTA QUAE DISCIPLINAM SUPRA
DICTAM COLUNT IN HUIUS DIPLOMATIS SUPPLEMENTO LEGUNTUR)

RECTOR PROMOTOR RITE CONSTITUTUS DECANUS

DATUM PRAGAE DIE NUM.

图 6 硕士学位证书样式

六、博士研究生教育

（一）简况

博士学位课程是捷克高等教育的第三环节，旨在进一步培养具备学术研究能力和自主创新能力的科研人才。博士研究生在导师的帮助下，制定符合个人实际和教学目标的学习方案，并进行博士学位课程的学习。完成学业后，毕业生必须通过国家设置的博士学位考试，并进行博士论文答辩，其学位论文也应出版或取得出版许可之后方可毕业。博士毕业后可获得学术职称。

（二）入学要求

博士入学的最低要求是申请人已完成与所选研究计划相关的硕士学位课程，并获得相应专业的硕士学位。如果硕士学位由国外大学授予，还需进行国外学历证书的认证，以确定其符合捷克国内的学位课程要求。国外学历证书认证的具体要求和流程可访问网站：http：//www. msmt. cz/查询。

此外，不同学校对博士入学的要求有具体规定，详细信息可在学校官方网站上检索。申请人一般还需参加入学考试或面试，提供语言能力的证明材料，提交的材料包括：个人简历、个人陈述、专家推荐信、学术研究计划、作品集等。申请人须按照院校要求，在线提交或邮寄申请材料到预申请的院校，该院校将对申请人提交的材料进行审核。

（三）评分系统

博士一般性测验的评分原则与学士和硕士大致相同，但 ECTS 通常不用于博士学位课程，目前只有马萨里克大学、奥斯特拉发大学等采用这一评估系统。博士生的具体评分标准通常由高等教育机构依照个人培养计划制定。学校一般规定了学生必须参加的必修课和选修课的数量。个人培养计划的完成则必须接受博士研究委员会的定期评审，通常为每年一次。高等教育机构在向评审机构提交培养计划时，必须说明其中所占理论知识的份额。其学分评估标准还包括：博士研究生应专注于科学研究和自主创新活动（包括科研和艺术），应积极发表学术论文和参加学术会议，其学位论文的主题也必须符合研究的专业领域。

（四）学位证书样式

博士学位证书样式见图 7。

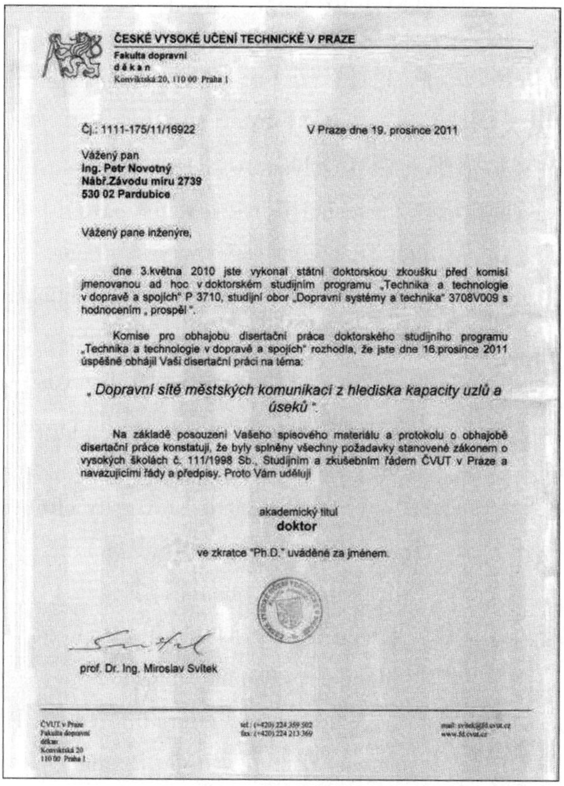

ČESKÉ VYSOKÉ UČENÍ TECHNICKÉ V PRAZE
Fakulta dopravní
děkan
Konviktská 20, 110 00 Praha 1

Čj.: 1111-175/11/16922 V Praze dne 19. prosince 2011

Vážený pan
Ing. Petr Novotný
Nábř.Závodu míru 2739
530 02 Pardubice

Vážený pane inženýre,

dne 3.května 2010 jste vykonal státní doktorskou zkoušku před komisí jmenovanou ad hoc v doktorském studijním programu „Technika a technologie v dopravě a spojích" P 3710, studijní obor „Dopravní systémy a technika" 3708V009 s hodnocením „ prospěl ".

Komise pro obhajobu disertační práce doktorského studijního programu „Technika a technologie v dopravě a spojích" rozhodla, že jste dne 16.prosince 2011 úspěšně obhájil Vaši disertační práci na téma:

„ Dopravní sítě městských komunikací z hlediska kapacity uzlů a úseků ".

Na základě posouzení Vašeho spisového materiálu a protokolu o obhajobě disertační práce konstatuji, že byly splněny všechny požadavky stanovené zákonem o vysokých školách č. 111/1998 Sb., Studijním a zkušebním řádem ČVUT v Praze a navazujícími řády a předpisy. Proto Vám uděluji

akademický titul
doktor

ve zkratce "Ph.D." uváděné za jménem.

prof. Dr. Ing. Miroslav Svítek

ČVUT v Praze
Fakulta dopravní
děkan
Konviktská 20
110 00 Praha 1

tel.: (+420) 224 359 502
fax: (+420) 224 213 369

mail: svitek@fd.cvut.cz
www.fd.cvut.cz

图 7 博士学位证书样式

附录

（一）部分大学名单

2019年10月，中国教育部涉外监管信息网公布所有经捷克教育、青年和体育部认证的高校名单，包括26所公立大学、2所国立大学、39所私立大学。

具体名单如下①：

公立高校（共26所）

（1）查理大学（Charles University）

（2）捷克布杰约维采南波西米亚大学（University of South Bohemia in České Budějovice）

（3）拉贝河畔乌斯季扬·埃万盖利斯塔·普尔基涅大学（Jan Evangelista Purkyně University）

（4）马萨里克大学（Masaryk University）

（5）帕拉茨基大学（Palacký University，Olomouc）

（6）布尔诺兽医学与药物科学大学（University of Veterinary and Pharmaceutical Sciences，Brno）

（7）奥斯特拉发大学（University of Ostrava）

（8）赫拉德茨-克拉洛维大学（University of Hradec Králové）

（9）奥帕瓦西里西亚大学（Silesian University in Opava）

（10）捷克理工大学（Czech Technical University in Prague）

（11）布拉格化工大学（University of Chemistry and Technology，Prague）

（12）皮尔森西波西米亚大学（University of West Bohemia）

（13）利贝雷茨理工大学（Technical University of Liberec）

（14）帕尔杜比采大学（University of Pardubice）

（15）布尔诺理工大学（Brno University of Technology）

（16）奥斯特拉发理工大学（VŠB-Technical University of Ostrava）

（17）托马斯拔佳大学（Tomas Bata University in Zlín）

（18）布拉格经济大学（University of Economics，Prague）

（19）捷克生命科学大学（Czech University of Life Sciences，Prague）

（20）布尔诺孟德尔大学（Mendel University in Brno）

（21）布拉格表演艺术学院（Academy of Performing Arts in Prague）

（22）布拉格美术学院（Academy of Fine Arts in Prague）

---

① 中华人民共和国教育部教育涉外监管信息网．教育部认证的捷克高校名单[EB/OL].（2019-10-09）[2021-02-20]. http://jsj. moe. gov. cn/n1/12126. shtml.

（23）布拉格艺术、建筑与设计学院（Academy of Arts, Architecture & Design in Prague）

（24）布尔诺亚纳切克音乐与表演艺术学院（Janáček Academy of Music and Performing Arts in Brno）

（25）伊赫拉瓦理工学院（College of Polytechnics, Jihlava）

（26）捷克布杰约维采技术与商务学院（Institute of Technology and Business in České Budějovice）

私立高校（共 39 所）

（1）区域发展与银行学院（College of Regional Development and Banking Institute）

（2）欧洲理工学院（European Polytechnical Institute, Ltd）

（3）布拉格酒店管理学院（The Institute of Hospitality Management in Prague）

（4）弗兰克-戴森教育学院（Frank Dyson Education Institute）

（5）高级法律研究大学（University of Advance Legal Studies）

（6）经济与管理大学（University of Economics and Management）

（7）纽约大学布拉格分校（University of New York in Prague）

（8）布拉格国际和公共关系学院（College of International and Public Relations, Prague）

（9）政治和社会科学学院（Academia Rerum Civilium）

（10）欧洲和区域研究学院（College of European and Regional Studies）

（11）皮塞克国际电影研究学院（International Film Studies Písku）

（12）体育学院（The College of Physical Education and Sport Palestra）

（13）牛顿学院（NEWTON College）

（14）物流学院（College of Logistics）

（15）护理医学院（Medical College in Nursing）

（16）布尔诺国际商学院（The Brno International Business School）

（17）私立经济研究学院（The Private College of Economic Studies Znojmo）

（18）布拉格商业大学（University College of Business in Prague）

（19）斯丁学院（Sting Academy）

（20）布拉格大都会大学（Metropolitan University, Prague）

（21）夸美纽斯大学（The Jana Amos Komensky University, Prague）

（22）卡雷尔英语学院（Karel Englis College）

（23）英美大学（Anglo-American University）

（24）布拉格心理学研究学院（Prague College of Psychological Studies）

（25）西摩拉维亚学院（Westmoravian College, Třebíč）

（26）私立经济研究学院（Private College of Economic Studies）

（27）奥洛穆茨摩拉维亚商学院（Moravian Business College Olomouc）

（28）Cervo 学院（Cevro Institute）

(29) 麒麟学院（Unicorn College）
(30) 商业与酒店管理学院（College of Business and Hotel Management）
(31) 社会与行政学院（College of Social and Administrative）
(32) Akcent 学院（Akcent College）
(33) 布拉格建筑学院（Architectural Institute in Prague）
(34) 应用心理学学院（College of Appllied Psychology）
(35) 斯柯达汽车大学（Škoda Auto University）
(36) 艺术与设计学院（Art & Design Institut）
(37) 创业与法律学院（College of Entrepreneurship and law）
(38) 创意传播大学（University of Creative Communication）
(39) 布拉格金融管理大学（University of Finance and Administration）
国立高校（共 2 所）
(1) 捷克共和国警察学院（The Police Academy of the Czech Republic）
(2) 捷克国防大学（University of Defense）

（二）排名前 30 位的大学名单①

(1) 查理大学（Charles University）
(2) 马萨里克大学（Masaryk University）
(3) 捷克理工大学（Czech Technical University in Prague）
(4) 帕拉茨基大学（Palacký University, Olomouc）
(5) 奥斯特拉发理工大学（VŠB-Technical University of Ostrava）
(6) 捷克生命科学大学（Czech University of Life Sciences, Prague）
(7) 布拉格化工大学（University of Chemistry and Technology, Prague）
(8) 捷克布杰约维采南波西米亚大学（University of South Bohemia in České Budějovice）
(9) 布尔诺理工大学（Brno University of Technology）
(10) 皮尔森西波西米亚大学（University of West Bohemia）
(11) 布尔诺孟德尔大学（Mendel University in Brno）
(12) 托马斯拔佳大学（Tomas Bata University in Zlín）
(13) 布拉格经济大学（University of Economics, Prague）
(14) 赫拉德茨-克拉洛维大学（University of Hradec Králové）
(15) 奥斯特拉发大学（University of Ostrava）
(16) 利贝雷茨理工大学（Technical University of Liberec）
(17) 帕尔杜比采大学（University of Pardubice）

① Ranking Web of Universities. Czech Reblic [EB/OL]. (2023-03-09) [2023-03-15]. https://www.webometrics.info/en/Europe/Czech%20Republic%20.

（18）奥帕瓦西里西亚大学（Silesian University in Opava）

（19）拉贝河畔乌斯季扬·埃万盖利斯塔·普尔基涅大学（Jan Evangelista Purkyně University）

（20）捷克国防大学（University of Defense）

（21）布尔诺兽医学与药物科学大学（University of Veterinary and Pharmaceutical Sciences，Brno）

（22）布拉格表演艺术学院 Acadamy of Performing Arts in Prague）

（23）布拉格金融管理大学 University of Finance and Administration）

（24）经济与管理大学（University of Economics and Management）

（25）布尔诺亚纳切克音乐与表演艺术学院 Janáček Academy of Music and Performing Arts in Brno）

（26）布拉格艺术、建筑与设计学院 Academy of Arts，Architecture & Design in Prague）

（27）捷克布杰约维采技术与商务学院 Institute of Technology and Business in České Budějovice）

（28）英美大学（Anglo-American University）

（29）斯柯达汽车大学（Škoda Auto University）

（30）纽约大学布拉格分校 University of New York in Prague）

（三）教育机构联系方式

1. 捷克教育、青年和体育部（Ministry of Education，Youth and Sports）

查询有关捷克的教育体系、机构、政策、现状和发展等的信息，包括验证高等教育证书的具体流程，所需时间、费用、文件等，均可联系捷克教育、青年和体育部。

地址：Karmelitská 7，118 12 Praha 1

电话：（+420）234 811 111

传真：（+420）234 811 790

邮箱：posta@msmt.cz

网站：www.msmt.cz/index.php? lchan=1&lred=1

2. 内政部（Ministry of the Interior）

地址：Education and Police Schools Administration Department，P. O. BOX 21/OV，Nad Štolou 3，170 34 Praha 7

电话：（+420）974 832 746，（+420）974 832 687

传真：（+420）974 833 518

邮箱：ov@mvcr.cz，

网站：www.mvcr.cz

3. 国防部（Ministry of Defence）

地址：Personnel Department，nám. Svobody 471，160 01 Praha 6-Dejvice

电话：（+420）979 201 111，（+420）973 212 238

网站：www. army. cz a

4. 捷克对外教育合作机构

地址：Na Poříčí 1035/4，110 00 Prague，Czech Republic

邮箱：info@ studyin. cz

网站：www. dzs. cz

“在捷克留学”（Studyin. cz）https：//www. studyin. cz/zh/是捷克对外教育合作机构发布有关捷克高等教育官方信息的平台，此平台提供国际学生在捷学习，生活所需的基本信息。

（白薇臻、骆小春）

喀麦隆

一、关于喀麦隆

（一）国家概况

喀麦隆，全称为喀麦隆共和国，是位于非洲中西部的单一制共和国，国土面积为475,442平方千米。喀麦隆西南濒几内亚湾，西接尼日利亚，东北接乍得，东与中非共和国、刚果（布）为邻，南与加蓬和赤道几内亚毗连。植被茂密，河流系统广阔，气候炎热潮湿，雨量充沛。其中杜阿拉是第一大城市，因其商业和工业地位成为该国主要的港口和经济中心；雅温得是第二大城市兼政治中心；其他主要的城市中心有埃代阿，林贝和克里比。埃代阿以其重工业和水力发电厂著名；林贝是石油工业的总部；克里比为乍得——喀麦隆输油管道的终点。截至2022年年底，喀麦隆有2861万人口①。官方语言为英语和法语，常用语为法语。

喀麦隆主要宗教有：天主教、基督新教、伊斯兰教和喀麦隆传统宗教。官方货币为中非法郎（CFA）。据世界银行2018年报告，喀麦隆是中部非洲经济与货币共同体（CEMAC）最大的经济体。喀麦隆与中国有着长期的友好关系，是中国在非洲的重要合作伙伴。②

1993年，喀麦隆高等教育进行了重大变革，喀麦隆引进孔子学院，在高中教授汉语。近十年，喀麦隆高中和大学毕业生人数不断增加，喀麦隆与中国之间的友谊不断增强，各领域合作不断深化，越来越多的喀麦隆学生选择进入中国大学学习。

（二）护照样式

喀麦隆护照是喀麦隆公民用于国际旅行的有效证件。作为中部非洲经济与货币

---

① 中华人民共和国外交部. 喀麦隆国家概况[EB/OL][2023-02-20]. https://www.fmprc.gov.cn/web/gjhdq_676201/gj_676203/fz_677316/1206_677848/1206x0_677850/.

② 新华网. China, Cameroon agree to further advance relationship[EB/OL]. (2018-03-22)[2023-03-10]. http://www.xinhuanet.com/english/2018-03/22/c_137058022.htm.

共同体（CEMAC）的一员，喀麦隆护照的封面上印有中部非洲经济与货币共同体（CEMAC）标志。喀麦隆护照持有者无须签证即可前往其他中部非洲经济与货币共同体（CEMAC）成员国。护照信息页样式见图 1。

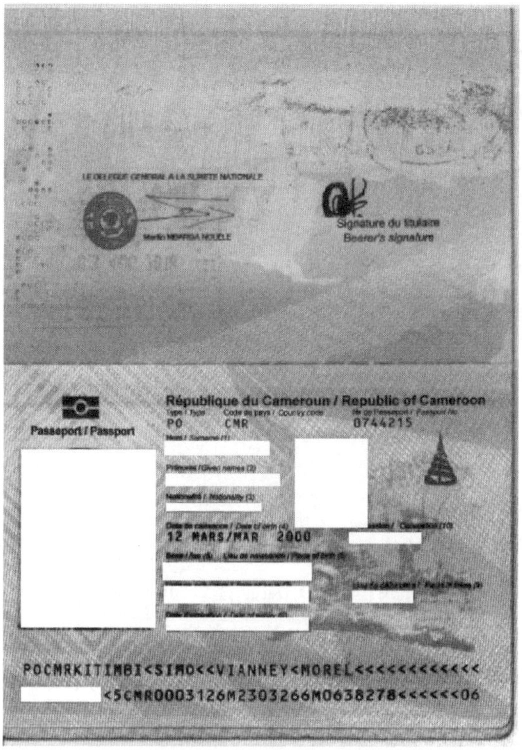

图 1　护照信息页样式

在 2015 年 5 月举行的第 12 届中部非洲经济与货币共同体委员会常规会议对共同体人员自由流动政策进行了审议，并决定在中部非洲经济与货币共同体全境实施关于人员自由流动的附加法案。自汉案实施后，喀麦隆公民无须签证就可以前往刚果共和国、赤道几内亚和加蓬。

截至 2023 年 3 月，喀麦隆籍公民可免签或落地签进入 51 个国家和地区。

持有喀麦隆护照的公民可免签入境的国家有：中非共和国、乍得、多米尼加、厄瓜多尔、格林纳达、海地、牙买加、莱索托、马里、密克罗尼西亚、尼日利亚、菲律宾、圣多美、普林西比、新加坡、圣文森特、格林纳丁斯和瓦努阿图。通过陆路或者水路从喀麦隆进入克里斯河州的喀麦隆公民凭喀麦隆籍身份证件可以在尼日利亚畅游 90 天。

持有喀麦隆护照的公民可以落地签的国家有：孟加拉国、柬埔寨、佛得角、科摩罗、刚果（布）、吉布提、加纳、几内亚比绍、伊朗、马达加斯加、马尔代夫、毛里塔尼亚、毛里求斯、莫桑比克、尼加拉瓜、帕劳、卢旺达、圣卢西亚、萨摩亚、塞内加尔、塞舌尔、坦桑尼亚、东帝汶、多哥、土耳其、图瓦卢、乌干达。喀麦隆也是入境印度尼西亚共和国不需要签证的 84 国之一①。

二、教育体系简介

喀麦隆有两种不同的教育体系：一种是基于法语系统而形成的法语喀麦隆教育体系（以下简称法语教育体系），另一种是基于英语体系而形成的英语喀麦隆教育体系（以下简称英语教育体系）。

喀麦隆并不存在真正意义上的双语教育学校。在喀麦隆，有许多学校都宣称自己是双语教育，然而，这些学校只是由各自独立、互不影响的英语教育体系和法语教育体系构成。学生只学习原隶属的教育体系中教授的知识，与另一教育体系几乎没有交叉互动。

英语教育体系（约占 20%）在喀麦隆的西南和西北两省，以及杜阿拉和雅温得的几所学校实行，为城区的人口提供英语体系教育服务。法语教育体系（约占 80%）在喀麦隆其余的 8 个省实行②。除了彼此独立的英语体系和法语体系，喀麦隆目前仍在努力建设真正意义上的双语学校。

教育系统：

喀麦隆的教育系统主要分为 3 类：由基础教育部主管的基础教育，由中等教育部主管的中等教育，以及由高等教育部主管的高等教育。

基础教育位于喀麦隆教育系统的初级水平，由 2 年的幼儿园教育和 6 年的小学教育组成。英语教育体系中的学生需要在基础教育最后一年参加 FSLC（First School Leaving Certificat）考试。法语教育体系中的学生也需参加 CEP（Certificatd' Etude Primaire）考试（见表 1）。

表 1　2022 年法语教育体系 CEP 考试时间一览表③

CEP	考试时间
体育	2022 年 5 月 27 日—5 月 29 日
笔试	2022 年 6 月 9 日—6 月 10 日
口试	2022 年 6 月 10 日
成绩计算	2022 年 6 月 15 日—6 月 19 日

① Cameroon：Indonesia Now Accessible Visa-Free to Cameroonians[EB/OL].(2015-12-28)[2023-02-20]. https://allafrica.com/stories/201512280076.html.

② Cameroon Today. The Cameroon Education System[EB/OL].[2023-02-20]. https://www.cameroon-today.com/education-in-cameroon.html.

③ Fixing the Calendar of official Examinations in the Ministry of Basics Education for 2022 Session[EB/OL]. [2023-02-20]. https://kamerpower.com/calendar-of-fslc-cep-commom-entrance-cameroon-official-examinations-2019-2020-minedub/.

续表

CEP	考试时间
核分	2022 年 6 月 22 日—6 月 26 日
公布成绩日期	2022 年 7 月 5 日

中等教育位于喀麦隆教育系统的第二层次，由初中和高中教育、技术和职业教育组成。在 7 年的中等教育结束时，学生可以参加由中等教育考试管理机构——喀麦隆大学文凭办公室组织的校外考试。这个校外考试可以是 BACC（Baccalaureat）考试或者 GCE（The General Certificate of Education）考试。根据考试成绩，达到分数线的学生可被高校录取。

高等教育是喀麦隆教育系统的最高阶段，它由综合性大学、理工学院、教育学院组成，学制一般为 2~5 年，医学和牙科专业的学制为 7 年。研究生阶段分为硕士研究生和博士研究生。硕士研究生通常需要 1~2 年的时间来完成他们的学业。博士研究生需要 3~6 年完成学业。喀麦隆高等教育学习期限及学历证书相关情况见表 2。

表 2 高等教育学习期限及学历证书一览表

类别	学习期限（年）	获得资质
技术/短期课程	2	初级职称证书
教育学院	2	BTS（Brevet de Technicien Superieur）证书； HND（Higher National Diploma）证书
理工学院	3~5	工程学士
大学/本科	4	文学学士、理学学士、教育学士
大学/硕士	1~2	文学硕士、理学硕士、哲学硕士
大学/博士	3~6	哲学博士

三、中等教育（高中）

喀麦隆的高中入学考试由两所机构——OBC（office du Baccalaureat）委员会和 GCE 委员会主管。OBC 主管法语教育体系中的高中考试，GCE 委员会主管英语教育体系中的高中考试。喀麦隆高中的学习内容因专业和教育体系的不同而有所不同。喀麦隆高中教育体系分为法语教育体系（见图 2）和英语教育体系（见图 3）两种类型。

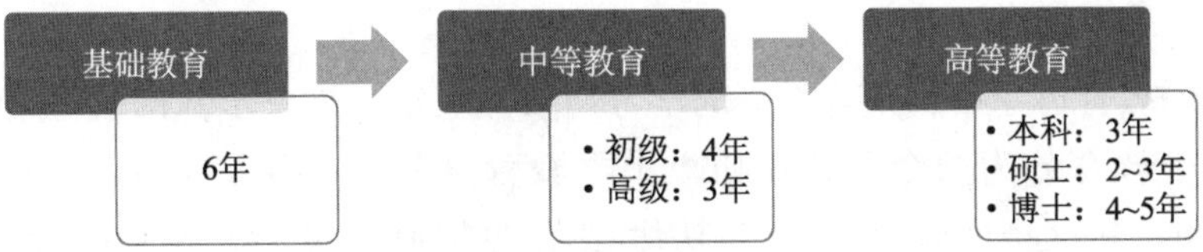

图 2　法语教育体系

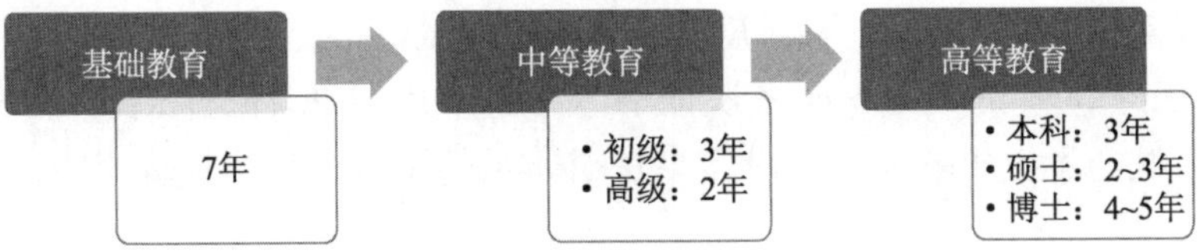

图 3　英语教育体系

法语教育体系①：

高中学习年龄段为 17 岁至 19 岁，学习期限为 3 年。在高中学习结束后，学生们参加大学入学考试，升入大学学习。

除了上述的普通高中外，还有一些技术和职业培训学校，如中专学校。与邻国相比，喀麦隆受教育程度很高，识字率超过 60%。

喀麦隆的人才流失现象增长迅速，日益威胁喀麦隆教育的可持续发展。喀麦隆高中和大学的优秀毕业生最终会去更富裕的西方国家寻求广阔的发展空间。这一趋势始于 20 世纪 90 年代中期，从未放缓。这使得许多人担忧喀麦隆教育的发展前景。

英语教育体系②：

学生经过激烈的考试选拔，成绩优秀的进入优质的公办高中。优质公办高中因招生规模有限，招收的初中毕业生很少。

富裕的家庭会将子女送入私立教会学校。这些教会学校收费昂贵，每年的学费、住宿费和伙食费在 1000~2000 美元。在喀麦隆，只有极少数富裕家庭能负担得起所有子女的学费。

除了公办学校和教会学校之外，由个人以营利为目的经营的大型私立学校是学生们的第三个选择。这些私立学校的办学质量参差不齐。大多数学校管理不善，教学条件有限，师资水平不高。即使这些学校取得了理想的招生率，学校的经营者也会出于利益最大化考虑，缩减教学投资。虽然这些私立学校收费较高，但能提供灵活的教学计划，以保障学生完成学业。因此，对于来自贫困家庭且成绩不佳的学生来说，私立学校是较好的选择。由于成绩不佳的这部分学生占了私立学校大部分生源，导致学校的学习氛围欠佳，学生 GCE 考试成绩表现不理想。

---

① Cameroon Today. The Cameroon Education System[EB/OL]. [2023-02-20]. https://www.cameroon-today.com/education-in-cameroon.html.

② Cameroon Today. The Cameroon Education System[EB/OL]. [2023-02-20]. https://www.cameroon-today.com/education-in-cameroon.html.

（一）高中统考

在法语教育体系中，中等教育的学习期限为 7 年，是位于基础教育之后的一个环节。中等教育分为两个阶段：初级中学教育（Junior High school）和高级中学（High school/Baccalaureate）教育。初级中学的学制为 4 年。高级中学的学制为 3 年，高中毕业的标志是学生完成学业并且通过 BACC 考试。

在英语教育体系中，中等教育也分为初级中学教育和高级中学教育。初级中学教育学制 5 年，学生毕业获得 GCE 的 O-Level 考试证书；高级中学教育学制 2 年，学生毕业获得 GCE 的 A-Level 考试证书。考试采用 GCE 评分量表，参加 GCE 的 A-Level 考试的学生年龄为 17~19 岁。法语体系的中等教育毕业证书由法国文凭办公室颁发。

英语教育体系的中等职业教育中，学生毕业可获得商业/技能中等职业教育证书。接受中等职业教育的学生年龄为 12~19 岁，学习期限为 7 年。中等职业教育为学生提供商业或技术 O-Level 到 A-Level 的教育。毕业考试由 GCE 委员会负责，毕业证书是申请喀麦隆高等教育的必备材料。

（二）评分系统

GCE 的 A-Level 考试评分等级为："A、B、C、D、E、O、F"。"A、B、C、D、E"均为通过，"A"为最高，"E"为最低。"F"为不及格，但"F"等级不会呈现在证书上。在 A-Level 考试中，分数区间对应的等级不是固定不变的，会随着考生整体成绩变动，考生必须通过至少 2 门考试。GCE 的 A-Level 考试等级情况见表 3。

在 O-Level 考试中，分数区间对应的等级不是固定不变的，会随着考生整体成绩变动，考生必须通过至少 4 门科目考试。成绩"O"的含义：如果考生在 GCE 的 A-Level 考试中某科成绩未通过，但该科成绩等同于 GCE 的 O-Level 考试中的"C"，则用"O"标记。GCE 的 O-Level 考试等级情况见表 4。法语教育体系评分量表详见表 5，英语教育体系评分量表详见表 6。

表 3 GCE 的 A-Level 考试等级

等级	分数（分）	积分	成绩说明
A	80.0~100.0	5	非常好
B	70.0~79.9	4	优秀
C	60.0~69.9	3	良好
D	50.0~59.9	2	中等
E	40.0~49.9	1	及格
O	35.0~39.9	0	等同 O-Level 考试中的 C
F	0.0~34.9	0	不及格

表 4　GCE 的 O-Level 考试等级

等级	分数（分）	积分	成绩说明
A	75.0~100.0	3	非常好
B	65.0~74.9	2	优秀
C	45.0~64.9	1	良好
D	30.0~44.9	0	不及格
E	15.0~29.9	0	不及格
U	0.0~15.0	0	无效成绩

表 5　法语教育体系评分量表①

分数（分）	等级描述
15.00~20.00	非常好
13.00~14.99	好
12.00~12.99	良好
11.00~11.99	中等
10.00~10.99	及格
0.00~9.99	不及格

表 6　英语教育体系评分量表②

等级	等级描述	组别
A	一等	
A-	二等	高等
B	二等	次等
C	通过	

（三）BACC/GCE 成绩单样式

BACC/GCE 证书由政府在成绩公布后，通过中等教育部专门交付给考生。考生取得证书后，可通过一些步骤来申请大学，而大多数考生会进入职业培训学校。法语教育体系成绩单见图 4，英语教育体系成绩单见图 5。

① Scholaro database. Grading System in Cameroon[EB/OL].[2023-02-20]. https://www.scholaro.com/pro/Countries/Cameroon/Grading-System.

② Scholaro database. Grading System in Cameroon[EB/OL].[2023-02-20]. https://www.scholaro.com/pro/Countries/Cameroon/Grading-System.

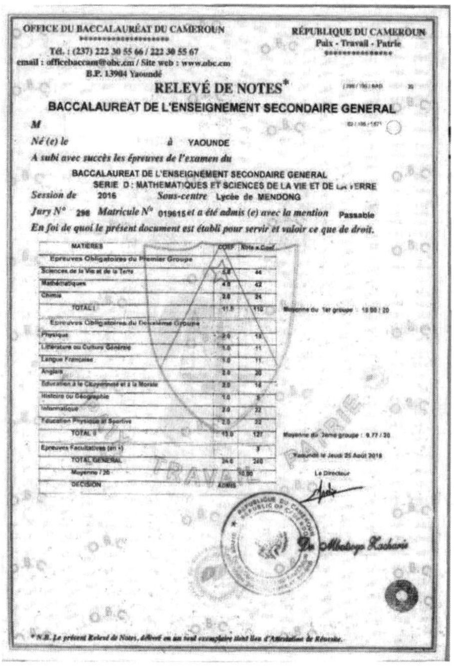
OFFICE DU BACCALAURÉAT DU CAMEROUN
Tél. : (237) 222 30 55 66 / 222 30 55 67
email : officebaccam@obc.cm / Site web : www.obc.cm
B.P. 13984 Yaoundé

RÉPUBLIQUE DU CAMEROUN
Paix - Travail - Patrie

RELEVÉ DE NOTES*
BACCALAUREAT DE L'ENSEIGNEMENT SECONDAIRE GENERAL

M
Né (e) le à YAOUNDE
A subi avec succès les épreuves de l'examen du
BACCALAUREAT DE L'ENSEIGNEMENT SECONDAIRE GENERAL
SERIE D : MATHEMATIQUES ET SCIENCES DE LA VIE ET DE LA TERRE
Session de 2016 Sous-centre Lycée de MENDONG
Jury N° 298 Matricule N° 019615 et a été admis (e) avec la mention Passable
En foi de quoi le présent document est établi pour servir et valoir ce que de droit.

MATIERES	COEF	Note x Coef
Epreuves Obligatoires du Premier Groupe		
Sciences de la Vie et de la Terre	4.0	44
Mathématiques	4.0	42
Chimie	3.0	24
TOTAL I	11.0	110
Epreuves Obligatoires du Deuxième Groupe		
Physique	2.0	16
Littérature ou Culture Générale	1.0	11
Langue Française	1.0	11
Anglais	2.0	20
Education à la Citoyenneté et à la Morale	2.0	16
Histoire ou Géographie	1.0	9
Informatique	2.0	22
Education Physique et Sportive	2.0	22
TOTAL II	13.0	127
Epreuves Facultatives (en +)		3
TOTAL GENERAL	24.0	240
Moyenne / 20		10.00
DECISION	ADMIS	

Moyenne du 1er groupe : 10.00 / 20
Moyenne du 2eme groupe : 9.77 / 20
Yaoundé le Jeudi 25 Août 2016
Le Directeur
Dr Mbatsogo Zacharie

* N.B. Le présent Relevé de Notes, délivré en un seul exemplaire tient lieu d'Attestation de Réussite.

图 4　法语教育体系成绩单样式

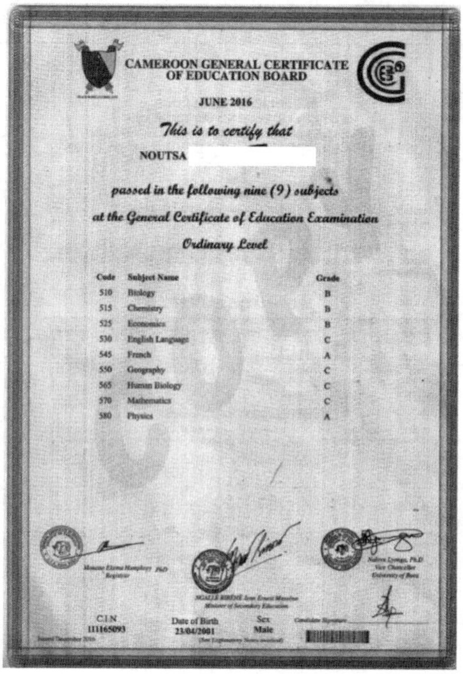
CAMEROON GENERAL CERTIFICATE OF EDUCATION BOARD
JUNE 2016
This is to certify that
NOUTSA
passed in the following nine (9) subjects
at the General Certificate of Education Examination
Ordinary Level

Code	Subject Name	Grade
510	Biology	B
515	Chemistry	B
525	Economics	B
530	English Language	C
545	French	A
550	Geography	C
565	Human Biology	C
570	Mathematics	C
580	Physics	A

Registrar
Minister of Secondary Education
Vice Chancellor
University of Buea
C.I.N. 111165093
Date of Birth 23/04/2001
Sex Male
Candidate Signature

图 5　英语教育体系成绩单样式

（四）考试成绩验证

喀麦隆 GCE 考试分为 A-Level 和 O-Level 考试。GCE 考试成绩由中等教育部部长在网上公布。考试成绩可以通过喀麦隆学士学位委员会进行验证。考生成绩单可以通过喀麦隆学士学位委员进行查询并获取每门科目的成绩分布。甚至可以查询考生的评分文件以检查是否有记分错误。

个人或机构均可以申请成绩认证。认证步骤如下：

（1）提交申请；

（2）在收款办公室取得支付收据，每名考生需缴纳 1000 中非法郎的费用；

（3）提供考生的毕业证书或成绩单的复印件。

如有集体认证（超过 10 名考生），需另附考生电子名单。

四、大学教育

喀麦隆的高等教育体系由公立和私立大学及职业/技术培训机构组成。喀麦隆共有 8 所公立大学和 200 多所教会/私立高等院校。

（一）入学要求

1. 综合性大学入学要求

英语教育体系的大学教育与英国的高等教育极为相似。申请者要在 GCE 的

A-Level 考试中通过一定量的科目。本科阶段的学习期限为 3 年，毕业后学生可获得学士学位。研究生阶段包括 1 年的研究生学历课程和 1~2 年的硕士研究项目。所有研究生研究项目招生都要求考生具备学士学位。博士研究项目为 3 年，要求考生具备硕士学位。

喀麦隆法语教育体系的高等教育实际上与法国的高等教育是一样的，包括采用"本科—硕士—博士"（Licence-Master-Doctorat，缩写 L-M-D）系统。这是法国为了响应《博洛尼亚宣言》而实施的教育制度。L-M-D 系统由布埃尔大学于 2007—2008 学年率先推行的，喀麦隆其他大学亦处于不同的推行阶段。

在实行 L-M-D 系统之前，喀麦隆法语教育体系包含三个周期。第一周期，历时三年，学生完成前两年的学习可以拿到 DEUG（Diplôme d'Études Universitaire Générales）学历证书，完成第 3 年的学习可以拿到学士学位；第二周期，这个周期包含 1 年的硕士研究，申请攻读硕士研究生者必须先获得学士学位；第三周期始于一年的高等通识教育和专业教育，通过者分别取得 DEA（Diplôme d'Etudes Approdondies）学历证书和 DESS（Diplôme d'Etudes Supérieures Specialisées）学历证书。申请博士者需取得 DEA 或者 DESS 证书。喀麦隆大学的录取要求并没有因推行 L-M-D 系统而改变。

2. 理工学院入学要求

理工学院要求学生需获得高中学历，并通过理工学院入学考试。喀麦隆的理工学院比综合性大学更注重实践导向，理工学院的毕业生可获得中级水平职称。

（二）评分系统①

喀麦隆高等教育的英语教育体系评分量表见表 7。

表 7　英语教育体系评分量表②

等级	分数（分）	等级描述
A	80.00~100.00	4.0 GP
B+	70.00~79.00	3.5 GP
B	60.00~69.00	3.0 GP
C+	55.00~59.00	2.5 GP
C	50.00~54.00	2.0 GP
D+	45.00~49.00	1.5 GP
D	40.00~44.00	1.0 GP
F	0.00~39.00	0.0 GP

① Scholaro database. Grading System in Cameroon[EB/OL]. [2023-02-20]. https://www.scholaro.com/pro/Countries/Cameroon/Grading-System.

② Scholaro database. Grading System in Cameroon[EB/OL]. [2023-02-20]. https://www.scholaro.com/pro/Countries/Cameroon/Grading-System.

（三）学位证书样式

喀麦隆大学或机构有多种样式的学历证书和学位证书，多种样式的证书并存，且均有效。以喀麦隆法语体系的蒙塔涅大学提供的学位证书为例（见图 6），它与另一所英语教育体系的某大学颁发的证书有所不同（见图 7）。

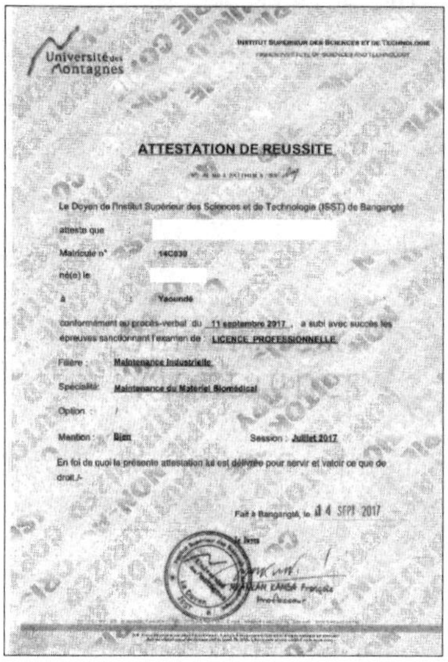

Université des Montagnes

INSTITUT SUPÉRIEUR DES SCIENCES ET DE TECHNOLOGIE

ATTESTATION DE REUSSITE

Le Doyen de l'Institut Supérieur des Sciences et de Technologie (ISST) de Bangangté

attesto que

Matricule n° 14C030

né(e) le

à Yaoundé

conformément au procès-verbal du 11 septembre 2017, a subi avec succès les épreuves sanctionnant l'examen de : LICENCE PROFESSIONNELLE

Filière : Maintenance Industrielle

Spécialité : Maintenance du Matériel Biomédical

Option : /

Mention : Bien Session : Juillet 2017

En foi de quoi la présente attestation lui est délivrée pour servir et valoir ce que de droit./-

Fait à Bangangté, le 14 SEPT 2017

图 6　法语教育体系蒙塔涅大学学士学位证书样式

UNIVERSITE DES MONTAGNES HIGHER INSTITUTE OF SCIENCE AND TECHNOLOGY

(University of the Highlands)

SUCCESS TESTIMONIAL

The Dean of the Higher Institute of Science and Technology (IST) of Bangangte

Hereby testifies that

Registration No. : 14C030

Born on :

At : Yaounde

In accordance with the report of the jury dated 13th September 2017, sat and passed all prescribed examinations leading to the award of the professional Bachelor's Degree

Field of Study : Industrial Maintenance

Specialty : Maintenance of Biomedical Equipment

Option : /

Grade : Good Session : July 2017

TRADUIT PAR / TRANSLATED BY
SEPPI SAMOU NATHALIS

(Sgd) Nkankam Kamga Francois

19 OCT 2017

Dean

NB. : Only one copy of this success testimonial shall be issued. It is in the interest of the holder to make as many certified true copies as s/he may desire.

图 7　英语教育体系某大学学士学位证书样式

（四）学位证书验证

可以通过以下几种方式对考生成绩或证书进行核实：（1）登录大学的官方网站，发送邮件说明所需要查询的信息；（2）通过电话或电子邮件直接联系学校；（3）如果考生所在学校为高等教育部直属学校，可以直接联系高等教育部查询考生信息。

五、硕士研究生教育

（一）入学要求

喀麦隆所有的研究生教育都需要申请者获得学士学位证书，除此之外，一些学校会有其他要求，比如入学笔试或面试。

（二）评分体系

研究生的评分系统因校而异，大多数情况下，评分等级为“A、B+、B、C+、C、D+、D、F”（见表 8）。成绩为“A”、“B+”和“B”的学生都被认为是非常优秀。

表 8　硕士评分制度①

等级	分数（分）	等级说明
A	80.00~100.00	4.0 GP
B+	70.00~79.00	3.5 GP
B	60.00~69.00	3.0 GP
C+	55.00~59.00	2.5 GP
C	50.00~54.00	2.0 GP
D+	45.00~49.00	1.5 GP
D	40.00~44.00	1.0 GP
F	0.00~39.00	0.0 GP

获得硕士和博士学位的论文成绩可以用以下 3 种方式来表示：

（1）非常优秀；

（2）优秀；

（3）良好。

（三）学位证书验证

喀麦隆的硕士学位证书没有统一的样式。通常每个学校都有特定类型的证书。证书类型因发证单位、研究领域而异。可以通过联系发证学校进行验证。为确保验证结果的准确性，还可以联系高等教育部进行验证。

六、博士研究生教育

（一）简况

喀麦隆博士研究包括至少 3 年的基础研究，在喀麦隆考生申请博士学位，需先取得硕士学位。博士的学制一般为 3 年。学生满足毕业要求并通过论文答辩后可获得博士学位。

博士论文需符合 1999 年 12 月 23 日颁布的部长令 99/008/ MINESUP/DDES 中有关组织的博士培养方案的条款及 2004 年 1 月 1 日颁布的关于注册论文和组织答辩的通知（0005/UD/CAB/VRE）中的相关条款。

博士的学制为 3 年，最长不得超过 5 年。博士研究生学习必须包含方法论研讨会、小组辅导、进展报告及后续在导师指导下进行的研究。博士论文收录必须经过大学校长授权。

---

① Scholaro database. Grading System in Cameroon[EB/OL]. [2023-02-20]. https://www.scholaro.com/pro/Countries/Cameroon/Grading-System.

（二）毕业要求

在喀麦隆，学生获得博士学位须满足以下要求（研究生院的最低要求）：

（1）完成学生所在院系和督导委员会安排的学习和研究项目。

（2）通过课程考试，获得学分。

（3）学生必须在考试后入学前完成学位注册。

（4）发表一篇相关领域且有学术影响力的学位论文，论文须获得申请学院的研究生院院长认可。

（5）学位论文的学分须至少占总学分的 1/3。

（6）论文答辩和相关领域研究视作考试成绩的一部分。

除以上要求外学生还须满足获得学位所规定的其他要求。

附 录

（一）部分大学名单

喀麦隆有 8 所公立大学，其中最著名的是雅温得大学，它现在由两所独立的大学组成，雅温得第一大学和雅温得第二大学。除了公立大学，喀麦隆还有许多私立大学。私立大学的创办由高等教育部负责。

（1）巴门达大学（University of Bamenda）

（2）布埃尔大学（University of Buea）

（3）杜阿拉大学（University of Douala）

（4）德昌大学（University of Dschang）

（5）马鲁阿大学（University of Maroua）

（6）恩冈代雷大学（University of Ngaoundéré）

（7）雅温得第一大学（University of Yaoundé Ⅰ）

（8）雅温得第二大学（University of Yaoundé Ⅱ）

（二）排名前 15 位的大学名单

（1）德昌大学（University of Dschang）

（2）布埃尔大学（University of Buea ）

（3）杜阿拉大学（University of Douala）

（4）蒙塔涅大学（University of the Mountains）

（5）雅温得天主教学院（Institut Catholique de Yaoundé）

（6）恩冈代雷大学（University of Ngaoundéré）

（7）中非新教徒大学（Protestant University of Central Africa）

（8）雅温得第二大学（University of Yaoundé Ⅱ）

（9）巴门达大学（University of Bamenda）

（10）喀麦隆天主教大学（Catholic University of Cameroon）
（11）马鲁阿大学（University of Maroua）
（12）巴门达科技大学（Bamenda University of Science and Technology）
（13）科森达大学（Cosendai Adventist University）
（14）雅温得第一大学（University of Yaoundé Ⅰ）
（15）巴门达国际大学（International University，Bamenda）

（三）教育机构联系方式

1. 高等教育部
电话：（+237）2 2222 4660
邮箱：iga@ minesup. gov. cm
网站：www. minesup. gov. cm

2. 中等教育部
电话：（+237）2 2222 6716
邮箱：contact@ minesec. cm
网站：www. minesec. gov. cm

3. 喀麦隆学位委员会
电话：（+237）2 2230 5567
邮箱：www. OBC. cm
网站：www. obc. cm

（赵海晓、闵敏、顾秉成）

科特迪瓦

一、关于科特迪瓦

（一）国家概况

科特迪瓦，全称为科特迪瓦共和国，于1960年8月7日独立。人口为2681万人（2020年统计数据）[①]。它位于西非南部海岸，在赤道和北回归线之间，西面与利比里亚和几内亚接壤，北面与布基纳法索和马里接壤，东面与加纳接壤，南濒几内亚湾。全国分为14个区（包括2个自治区）和31个大区，亚穆苏克罗是政治首都，阿比让是经济首都，以强劲的工业化和快速的城市化而闻名。阿比让是许多国内和国际公司的总部，也是西非法语国家人口最多的城市。科特迪瓦的官方语言是法语，货币是非洲金融共同体法郎（XOF）。

科特迪瓦是西非区域的主要经济大国。科特迪瓦是咖啡、棕榈油和腰果的重要生产和出口国，是继巴西和哥伦比亚之后的第三大咖啡出口国，2016年超过印度成为世界上最大的腰果生产国。自2006年以来，石油和天然气的生产进一步促进了科特迪瓦经济，成为科特迪瓦经济活动的主要推动力之一，并出口大量非原油到加纳、多哥、贝宁、马里和布基纳法索[②]。

多年来，科特迪瓦和中国建立了众多的伙伴关系，2021年，双边贸易额为37.62亿元，同比增长29.1%。中国主要向科特迪瓦出口化工产品、钢材、建材等，进口农产品、锰矿石、木材等[③]。

---

① Population, total - Cote d'Ivoire [EB/OL]. [2023-03-10]. https://data.worldbank.org/indicator/SP.POP.TOTL? locations=CI.

② Ivory-Coast-Overview [EB/OL]. (2022-08-10) [2022-08-15]. http://taxsummaries.pwc.com/ivory-coast.

③ 中华人民共和国外交部. 中国同科特迪瓦的关系[EB/OL]. [2023-02-20]. https://www.mfa.gov.cn/gjhdq_676201/gj_676203/fz_677316/1206_677922/sbgx_677926/.

（二）护照样式

护照样式见图 1 和图 2。

图 1 护照封面样式

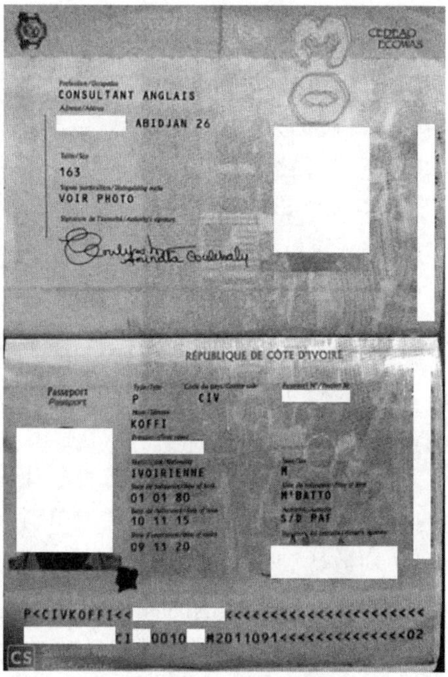

图 2 护照信息页样式

二、教育体系简介

科特迪瓦教育体系包括 3 个阶段：小学，学制 6 年，毕业后获得初级教育证书。中学，学制 7 年，毕业后获得中学毕业文凭。科特迪瓦的大学主要集中在大城市，高等教育学制为 3~4 年。

小学包含 6 个年级：CP1、CP2、CE1、CE2、CM1 和 CM2，完成初等教育，学生须通过入学考试并在国家相关机构登记后接受普通中等教育。

初中包含 4 个年级：6 年级、5 年级、4 年级和 3 年级。初中结业后，学生可以选择在普通教育和技术高中或者职业高中继续其学业，在普通方向或者技术方向中做出选择。

高中包含 3 个年级：2 年级、1 年级和结业班。学生在 2 年级时，根据其职业规划，在普通方向或者技术方向中做出选择。学生在 1 年级和结业班学习所选方向的必修课程，参加相关专业的高考。其中普通教育获得毕业证书，职业技术教育获得工商技术员或高级技术员职业能力证书。

三、中等教育（高中）

高中为15~18岁的学生提供为期3年的中等教育课程。高中阶段的学习结束后学生可获得普通高中毕业证书、职业高中毕业证书或者技术高中毕业证书。普通高中毕业证书是教育部颁发的证书，获得该证书的学生有资格升入大学。

1. 全国高中考试

高中毕业后学生可以选择业士文凭，或更加职业一点的专业技术或职业会考文凭。普通业士考试分为3类，文科类、理科类，以及经济与社会类。平均年龄在16~17岁，无论他们所修的是哪门具体的高中课程，学生都将学习法语、历史、地理、外语、哲学、数学和科学。分数按其专业领域加权。

2. 评分系统

科特迪瓦的评分系统，成绩在0至20分之间划分等级。一般情况下，16分以上的分数少见，20分极其罕见。单科及格分数通常是10分。当年所有成绩的综合加权平均数达到10分时，就被认为通过了这一年的考试。必考科目设加权，加权系数视该科课程安排的时数和重要性而定；同一科目在不同组别可以有不同的加权系数，试题也不同。学科权重系数为1~9不等，系数越大，对相应科目成绩的影响越大，体现了不同学科对学生成长的不同作用。基本的成绩转换①见表1。

表1　基本的成绩转换表

分值	等级	美国成绩等级	备注
18.00~20.00	优秀	A+	比较少见
16.00~17.99	非常好	A+	
14.00~15.99	良好	A	
12.00~13.99	中等	B	
10.00~11.99	及格	C	只要平均成绩保持在10分以上就可以通过
0.00~9.99	不及格	F	

3. 中等教育成绩和证书

科特迪瓦的教育制度深受法国的教育制度影响。两国的业士证书也很相似。科特迪瓦考试和竞赛部门通过考试中心主任宣布考试中心的BAC结果，考试中心也在同一天公布结果。与国家教育或高等教育认可的几项文凭一样，那些没有结业但符合考试和竞赛指导所要求的条件的考生可以通过个人考试获得业士文凭。考试满

① Baccalaureate exam Grading Scheme[EB/OL].[2023-02-20]. http://www.google.com/url? sa=t&source=web&cd=1&ved=2ahUKEwiX2Oakv6_kAhWIyoUKHYJ6BDMQFjAAegQIAxAB&url=https%3A%2F%2Fwww.eursc.eu%2FDocuments%2F2014-03-D-25-en-5.pdf&usg=AOvVaw2mEncERG9aF-t3AL7arx4B.

分为 400 分，考生通过考试需要获得至少 200 分。对于考试结果考生有 3 天时间申诉，申诉程序可能需要一周时间。科特迪瓦的业士文凭样式见图 3，法国的业士文凭样式见图 4。

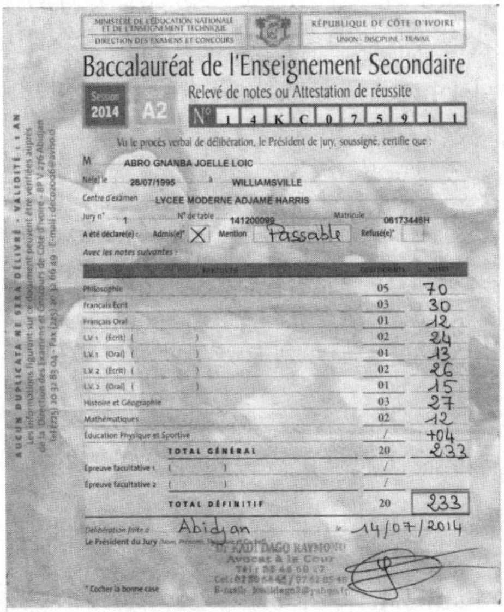

MINISTERE DE L'EDUCATION NATIONALE ET DE L'ENSEIGNEMENT TECHNIQUE
DIRECTION DES EXAMENS ET CONCOURS
REPUBLIQUE DE COTE D'IVOIRE
UNION · DISCIPLINE · TRAVAIL
Baccalauréat de l'Enseignement Secondaire
Session 2014 A2
Relevé de notes ou Attestation de réussite
N° 1 4 K C 0 7 5 9 1 1
Vu le procès verbal de délibération, le Président de jury, soussigné, certifie que :
M ABRO GNANBA JOELLE LOIC
Né(e) le 28/07/1995 à WILLIAMSVILLE
Centre d'examen LYCEE MODERNE ADJAME HARRIS
Jury n° 1 N° de table 141200099 Matricule 06173446H
A été déclaré(e) : Admis(e)* X Mention Passable Refusé(e)*
Avec les notes suivantes :

Philosophie	05	70
Français Écrit	03	30
Français Oral	01	12
LV.1 (Écrit) ( )	02	24
LV.1 (Oral) ( )	01	13
LV.2 (Écrit) ( )	02	26
LV.2 (Oral) ( )	01	15
Histoire et Géographie	03	27
Mathématiques	02	12
Éducation Physique et Sportive	/	+04
TOTAL GÉNÉRAL	20	233
Épreuve facultative 1 ( )	/	
Épreuve facultative 2 ( )	/	
TOTAL DÉFINITIF	20	233

Délibération faite à Abidjan le 14/07/2014
Le Président du Jury
* Cocher la bonne case
AUCUN DUPLICATA NE SERA DÉLIVRÉ · VALIDITÉ : 1 AN

图 3　科特迪瓦的业士文凭样式

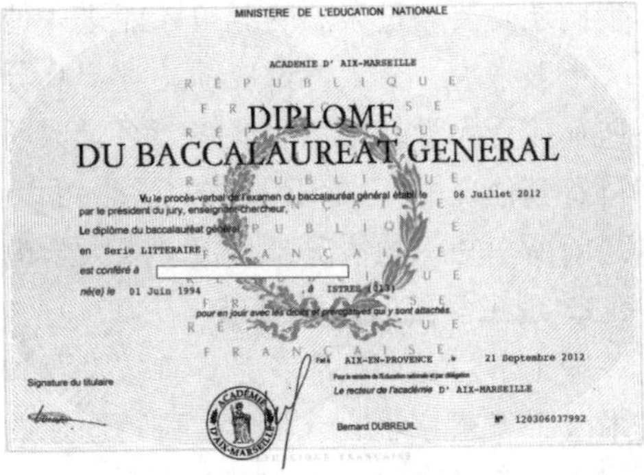

MINISTERE DE L'EDUCATION NATIONALE
ACADEMIE D' AIX-MARSEILLE
DIPLOME
DU BACCALAUREAT GENERAL
Vu le procès-verbal de l'examen du baccalauréat général établi le 06 Juillet 2012
par le président du jury, enseignant-chercheur,
Le diplôme du baccalauréat général
en Serie LITTERAIRE
est conféré à
né(e) le 01 Juin 1994 à ISTRES (13)
pour en jouir avec les droits et prérogatives qui y sont attachés.
Fait à AIX-EN-PROVENCE le 21 Septembre 2012
Signature du titulaire
Le recteur de l'académie D' AIX-MARSEILLE
Bernard DUBREUIL
N° 120306037992

图 4　法国的业士文凭样式

4. 考试成绩验证

验证考试或测试结果，必须联系国家考试和测试机构（DECO－Direction des Examens et Concours，以下简称 DECO）。

DECO 允许机构对其成员/学生证书进行认证，但需支付一定的费用。需验证证书的机构将结果声明或证书的扫描件发送到 DECO 邮箱（courriel@men-deco.org），DECO 核实后会将核验结果通过回复邮件的方式发送给相关机构。需验证证书的机构可以要求申请人在申请时提供检查代码，机构可以使用检查代码和学生信息通过 www.men-deco.org 在线验证结果，核实成绩的真实性。

四、高等教育

（一）大学教育

1. 入学要求（理工学院除外）

申请者要进入高等教育机构，必须通过国家高中考试。

科特迪瓦的高等教育包括大学、理工学院和其他类似专门学院的机构。近年，科特迪瓦的私立大学有了巨大的发展，这些私立大学通常与国际社会有联系，学校可以向毕业生颁发经官方认可的学位证书。大多数私立大学并不是自治的，是公立大学的附属学校，因此可以为学生颁发学位证书。

科特迪瓦的大学主要有两个入学渠道，即常规入学和成人入学。常规录取是指学生直接从高中毕业并成功通过高中毕业考试被学校录取。25 岁以上的成人可以申请成人教育，但要参加入学考试。在科特迪瓦，常规入学的主要要求是高中学生的高中毕业证书。此外，常规入学还包括已经获得其他文凭，但希望升格至本科学位的学生。每所大学对于不同的研究项目都有不同的录取分数线。尽管过了分数线，学生们还是要经过激烈的竞争才能进入他们喜欢的专业学习①。

一般来说，个人考试成绩达到 200 分（总分 400 分）以上的学生才有资格在科特迪瓦接受大学教育。但最终能否录取还取决于他们选择的专业。成人教育申请者和持有其他证书（如 HND）的学生可以申请到大学继续接受教育以升至本科，根据之前所学知识的情况，直接进入大学的第 2 年或第 3 年。

2. 理工学院的入学要求

理工学院要求申请者是具有技术背景的高中毕业生，或在职业技术学校学习过技术或手工艺专业的毕业生。科特迪瓦的理工学院比大学更注重实践，需要获得职业高中毕业证书或者技术高中毕业证书。

3. 评分系统

与法国大学类似，科特迪瓦的大学也采用 20 分的评分系统。单一科目的及格分数通常是 10 分。

当一个学生当年所有成绩的加权平均数总和至少达到 10 分时，就被认为通过了这一年的考试。每名学生在评估期结束后 5 周内由主办机构给出考试结果。

主要学科的评分方案见表 2。

表 2　主要学科评分方案

分值	等级	解释
>18	优秀	杰出的结果
16~18	好	非常好的结果
14~16	良好	超过预期水平，但是还有一些错误
12~14	中等	满意的结果，但是有很多错误
10~12	及格	勉强通过的结果
<10	不及格	没有达到预期水平的结果

附属学科的评分系统与主要学科的评分系统相同。

科特迪瓦和法语国家的大学采用 20 分的评分标准，学生总成绩必须达到 10 分

---

① Grading system in francophone countries [EB/OL]. [2023-03-10]. http://www.google.com/url? sa = t&source = web&cd = 10&ved = 2ahUKEwiX2Oakv6_kAhWIyoUKHYJ6BDMQFjAJegQIBBAB&url = https%3A%2F%2Fwww.scholaro.com%2Fpresentations%2FThe-French-Grading-System.pptx&usg = AOvVaw1ndrt562Czp_652Db3CIiL.

以上才能获得学位。成绩转换的详细内容见表 3。

表 3　成绩转换表

大学分数（分）	转换的等级	等级
20	A+	优秀
19	A+	优秀
18	A+	优秀
17	A+	优秀
16	A	好
15	A	好
14	A-	良好
13	B+	中等
12	B	中等
11	B-	及格
10	C	及格
<10	F	不及格

4. 学位证书样式

科特迪瓦大学的两份学士学位证书样式见图 5，左图为 COCO 大学（现费利克斯-乌弗埃-博瓦尼大学）的证书样式，右图是一所私立大学的证书样式。

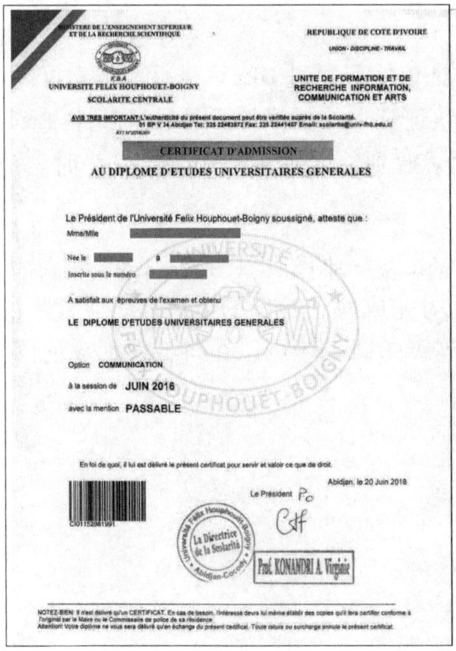

MINISTERE DE L'ENSEIGNEMENT SUPERIEUR ET DE LA RECHERCHE SCIENTIFIQUE

REPUBLIQUE DE COTE D'IVOIRE

UNION - DISCIPLINE - TRAVAIL

K.B.A

UNIVERSITE FELIX HOUPHOUET-BOIGNY

SCOLARITE CENTRALE

UNITE DE FORMATION ET DE RECHERCHE INFORMATION, COMMUNICATION ET ARTS

AVIS TRES IMPORTANT: L'authenticité du présent document peut être vérifiée auprès de la Scolarité. 01 BP V 34 Abidjan Tel: 225 22483972 Fax: 225 22441407 Email: scolarite@univ-fhb.edu.ci

CERTIFICAT D'ADMISSION

AU DIPLOME D'ETUDES UNIVERSITAIRES GENERALES

Le Président de l'Université Felix Houphouet-Boigny soussigné, atteste que :

Mme/Mlle [redacted]

Née le [redacted] à [redacted]

Inscrite sous le numéro [redacted]

A satisfait aux épreuves de l'examen et obtenu

LE DIPLOME D'ETUDES UNIVERSITAIRES GENERALES

Option COMMUNICATION

à la session de JUIN 2016

avec la mention PASSABLE

En foi de quoi, il lui est délivré le présent certificat pour servir et valoir ce que de droit.

Abidjan, le 20 Juin 2018

Le Président

CI01152981991

La Directrice de la Scolarité

Prof. KONANDRI A. Virginie

NOTEZ-BIEN: Il n'est délivré qu'un CERTIFICAT. En cas de besoin, l'intéressé devra lui même établir des copies qu'il fera certifier conforme à l'original par le Maire ou le Commissaire de police de sa résidence.
Attention! Votre diplôme ne vous sera délivré qu'en échange du présent certifical. Toute rature ou surcharge annule le présent certificat.

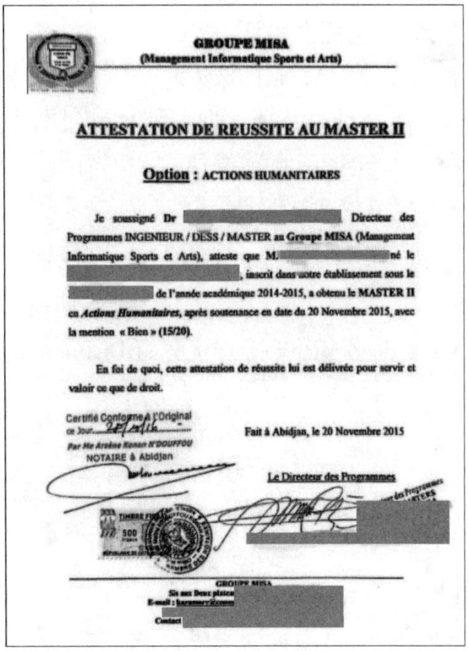

GROUPE MISA
(Management Informatique Sports et Arts)

ATTESTATION DE REUSSITE AU MASTER II

Option : ACTIONS HUMANITAIRES

Je soussigné Dr [redacted] Directeur des Programmes INGENIEUR / DESS / MASTER au Groupe MISA (Management Informatique Sports et Arts), atteste que M. [redacted] né le [redacted], inscrit dans notre établissement sous le [redacted] de l'année académique 2014-2015, a obtenu le MASTER II en *Actions Humanitaires*, après soutenance en date du 20 Novembre 2015, avec la mention « Bien » (15/20).

En foi de quoi, cette attestation de réussite lui est délivrée pour servir et valoir ce que de droit.

Certifié Conforme à l'Original ce Jour
Par Me Arsène Konan N'DOUFFOU
NOTAIRE à Abidjan

Fait à Abidjan, le 20 Novembre 2015

Le Directeur des Programmes

[redacted]

GROUPE MISA
Sis aux Deux [redacted]
E-mail : [redacted]
Contact [redacted]

图 5　学士学位证书样式

5. 学位证书验证

国家考试和测试机构是科特迪瓦负责认证证书的官方机构。机构可以扫描学生的证书，并通过邮件（courriel@ men-deco. org）将其发送到 DECO 申请认证。每次验证的费用随证书的不同而不同。从国家考试和测试机构获得验证回复大约需要 72 小时。可以通过 www. men-deco. org 访问国家认证委员会的网站进行查询。

学生也可以自己进行验证，并将验证报告作为申请入学文件的一部分发送给机构。

（二）硕士研究生

1. 入学要求

申请在科特迪瓦的硕士课程的申请人必须持有学士学位，并在相关学习领域获得优异的成绩。除此之外，一些学科，如医学、法律和工程等，还有额外的入学要求如入学考试或面试。除学士学位和成绩单外，申请人还需提交学术论文和申请人撰写或参与的出版物或其他文件，以确认其拥有接受高等教育的能力。

2. 评分系统

硕士研究生的评分系统因院校而异。硕士与本科相似，分为"A、B+、B、C+、C、D、F"级。获得"A"、"B+"和"B"级的学生是优秀学生。

与本科学位证书不同，硕士生学位证书上没有按等级划分，如"一等""二等上"，硕士学位证书上只标明优异（Distinction）或及格（Pass），优异一般是成绩特别高的学生。

3. 学位证书验证

与学士学位证书的认证一样，硕士学位证依然要通过 DECO 进行验证。可以向 DECO 申请证书认证，向 DECO 支付费用。认证证书的扫描件必须通过邮件（courriel@ men-deco. org）发送，费用需提前支付。收到验证回复大约需要 72 小时。

（三）博士研究生

攻读博士学位的前提是申请者已获得相关专业的硕士学位（MA / MSc / MPhil）。高校一般仅接受有证据表明其有能力完成博士学位的申请者，通常来说，MA / MSc / MPhil 持有优异（Distinction）等级的硕士才可以在科特迪瓦攻读博士学位。

附　录

部分大学名单①：

（1）国家理工学院（Institut National Polytechnique Félix Houphouët-Boigny）

① Top Public Universities in the Ivory Coast[EB/OL].[2023-02-20]. https://www. 4icu. org/ci/.

（2）费利克斯-乌弗埃-博瓦尼大学（Université Félix Houphouët-Boigny）

（3）国家高等应用经济和统计学校（École Nationale Supérieure de Statistique et d'Economie Appliquée）

（4）科特迪瓦国家行政学院（École Nationale d'Administration de Côte d'Ivoire）

（5）阿拉萨内瓦塔拉大学（Université Alassane Ouattara）

（6）Jean Lorougnon Guédé 大学（Université Jean Lorougnon Guédé）

（7）非洲信息和通信技术研究所（École Supérieure Africaine des Technologies de l'Information et de la Communication）

（8）南圭阿布罗瓜大学（Université Nangui Abrogoua）

（9）国家艺术和文化行动高等学院（Institut National Supérieur des Arts et de l'Action Culturelle）

（10）国家高等师范学校（École Normale Supérieure d'Abidjan）

（11）通信科学技术研究所（Institut des Sciences et Techniques de la Communication）

（12）国家青年和体育研究所（Institut National de la Jeunesse et des Sports）

（13）Péléforo-Gbon-Coulibaly 大学（Université Péléforo-Gbon-Coulibaly）

（14）曼恩大学（Université de Man）

（15）San-Pedro 大学（Université de San Pedro）

（蔡朝辉、BUDDIGA ARUN KUMAR、梁伟松、ASSAMALA INGRID RUTH EPE-ZAGNE、AKA LUCIEN KOFFI）

肯尼亚

一、关于肯尼亚

（一）国家概况

肯尼亚，全称为肯尼亚共和国，位于非洲东部，赤道横贯中部，东非大裂谷纵贯南北。总面积为582,646平方千米。东邻索马里，南接坦桑尼亚，西连乌干达，北与埃塞俄比亚、南苏丹交界，东南濒临印度洋，海岸线长536千米。境内多高原，平均海拔1500米。全国分为47个郡，首都是内罗毕，全国总人口4756.4万（2019年人口普查结果），共有44个民族。

全境位于热带季风区，沿海地区湿热，高原气候温和，全年最高气温为22～26℃，最低为10～14℃。肯尼亚是人类发源地之一，境内曾出土约250万年前的人类头骨化石。

肯尼亚是撒哈拉以南非洲经济基础较好的国家之一。农业、服务业和工业是国民经济三大支柱，茶叶等农产品、旅游、侨汇是三大创汇来源。工业在东非地区相对发达，门类较齐全，日用品基本自给。

肯尼亚的国语为斯瓦希里语，和英语同为官方语言。肯尼亚人主要信奉基督教新教、天主教、伊斯兰教，其余信奉原始宗教和印度教。官方货币是肯尼亚先令。

肯尼亚政府重视发展教育，成人识字率近90%，在非洲国家中名列前茅。教育体制分为正规和非正规教育两类，正规教育实施小学、中学、大学“8—4—4”学制。非正规教育包括成人教育和扫盲活动。①

① 一带一路官网．肯尼亚国家介绍[EB/OL].[2022-03-09].https://www.yidaiyilu.gov.cn/gbjg/gbgk/66280.htm.

（二）护照样式

肯尼亚护照是出于公民国际旅行目的发放给肯尼亚公民使用的旅行证件，有效期最长 10 年①。肯尼亚使用东非共同体成员国统一电子护照，护照采用电子芯片，护照封面颜色为浅蓝色（见图 1 和图 2）②。

图 1　护照封面样式

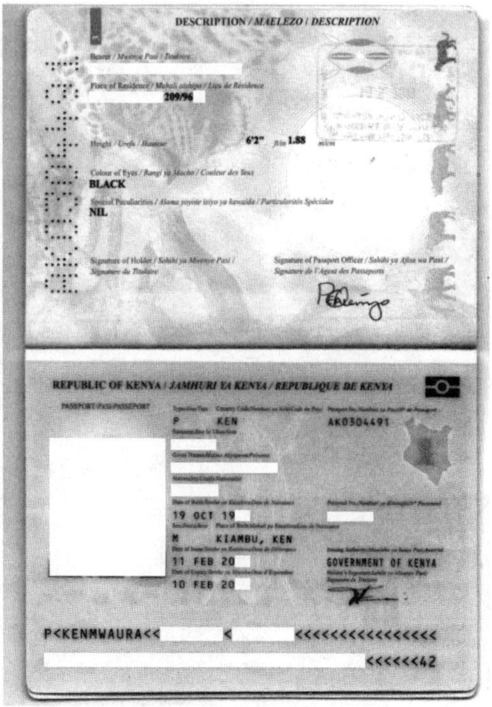

图 2　护照信息页样式

二、教育体系简介

肯尼亚的教育体系分为四个阶段：幼儿教育、基础教育、高中教育和高等教育。

幼儿教育是第一阶段。在肯尼亚，3~5 岁儿童进入幼儿园学习 1~2 年，为正式开始基础教育做准备，尽管幼儿教育是教育的第一阶段，但这并不是进入基础教育的必要条件。

---

① 肯尼亚国家内务协调部. Ministry of Interior and Coordination of National Government[EB/OL].[2023-03-09]. http://immigration. go. ke.

② 中华人民共和国驻肯尼亚共和国大使馆经济商务处. 东非共同体国家将启用电子护照[EB/OL].(2015-09-14)[2023-03-09]. http://ke. mofcom. gov. cn/article/jmxw/201509/20150901112253. shtml.

基础教育是第二阶段。从2003年起政府将基础教育纳入义务教育，学生入学年龄为6岁，学制8年。学习课程有语言、数学、历史、地理、科学、技工和宗教。毕业时学生参加肯尼亚基础教育证书考试（Kenya Certificate of Primary Education，以下简称"KCPE"），通过考试者受颁KCPE证书。通过KCPE考试的学生才有资格申请高中，其他学生可进入中等职业技术教育学校（中专）或职业培训机构继续学习，也有学生直接进入社会就业。

高中教育是第三阶段。中学招生以标准化KCPE考试为基础，学生入学年龄一般为14岁，学制4年，公立高中教育免学费。毕业时学生参加肯尼亚高中教育证书考试（Kenya Certificate of Secondary Education，以下简称"KCSE"）。

高等教育是第四阶段，包括大学和研究生阶段，大学学制不少于4年。入学者需通过KCSE考试，且成绩达到高校最低录取分数线。其他考生分流至高等职业技术学院（大专）继续学习，或直接进入社会就业。

研究生阶段分为硕士研究生和博士研究生，硕士研究生阶段学制一般为1~2年，而博士研究生阶段学制一般为3年或以上。肯尼亚教育体系学制和所获证书一览见表1。

表1　肯尼亚教育体系学制和所获证书一览表①

<table>
<tr><th colspan="3">教育类别</th><th>学制（年）</th><th>获得的证书</th></tr>
<tr><td colspan="3">学前教育</td><td>1~2</td><td>—</td></tr>
<tr><td colspan="3">基础教育</td><td>8</td><td>KCPE证书</td></tr>
<tr><td rowspan="2">高中教育</td><td colspan="2">普通高中</td><td>4</td><td>KCSE证书</td></tr>
<tr><td colspan="2">中专</td><td>2~3</td><td>技工或技师证书</td></tr>
<tr><td rowspan="5">高等教育</td><td colspan="2">大专</td><td>2~3</td><td>高级文凭/文凭/证书</td></tr>
<tr><td rowspan="2">大学</td><td>学位项目</td><td>4~6</td><td>学士学位</td></tr>
<tr><td>文凭项目</td><td>1~3</td><td>文凭/证书</td></tr>
<tr><td colspan="2">硕士研究生</td><td>1~2</td><td>硕士学位</td></tr>
<tr><td colspan="2">博士研究生</td><td>3或以上</td><td>博士学位</td></tr>
</table>

① 肯尼亚教育体系 Education System Kenya[R].[2023-03-09]. 肯尼亚国家资格认证局 KNQA. P3.

三、中等教育（高中）

肯尼亚中学大致分为2类：① 公立中学。全部由政府出钱和管理。公立中学又分为国立中学、省属中学和区属中学。国立中学教学质量最好，省属次之，区属较差。② 私立中学。由私营企业或个人兴办，设施齐全，多数私立中学采用英国教育体系，包含英国O-levels和A-levels课程，但因此类学校以营利为目的，所以学费较高。

公立中学根据KCPE考试选拔学生，根据分数由高到低学生可依次进入国立中学、省属中学和区属中学学习。未通过KCPE考试的学生可进入中等职业技术教育学校（中专）学习，但也有一些低分学生辍学。

最初，肯尼亚公立中学只有17所，这17所老牌公立中学办学历史悠久，办学成果突出。这些公认的名校可以优先挑选KCPE考试高分考生。随着基础教育毕业生人数增长，为缓解择校危机和提高办学质量肯尼亚教育部陆续将不少私立中学扩充到公办梯队中。近些年，私立中学因办学条件优越、教学质量出众吸引了不少成绩优异、家境富裕的考生报考，这些学生高中毕业后将成为出国留学的潜在生源。

（一）高中统考

肯尼亚学生高中毕业后需参加KCSE考试，该考试相当于中国的普通高等学校招生全国统一考试。通过KCSE考试的学生才有资格申请大学。考生至少要参加8门科目KCSE考试。KCSE考试时间为每年10—11月，持续1个月。

（二）评分系统

KCSE评分系统（分别见表2 KCSE科目评分系统和表3 KCSE总分均值评分系统）如下：

表2　KCSE科目评分系统

等级评分	A PLAIN	A-MINUS	B+PLUS	B PLAIN	B-MINUS	C+PLUS	C PLAIN	C-MINUS	D+PLUS	D PLAIN	D-MINUS	E FORK
数字评分	12	11	10	9	8	7	6	5	4	3	2	1

表3　KCSE总分均值评分系统

等级评分	A PLAIN	A-MINUS	B+PLUS	B PLAIN	B-MINUS	C+PLUS	C PLAIN	C-MINUS	D+PLUS	D PLAIN	D-MINUS	E FORK
数字评分	81~84	74~80	67~73	60~66	53~59	46~52	39~45	32~38	25~31	18~24	11~17	7~10

KCSE证书上每门科目成绩只出现等级，不出现分数。每门科目满分为12分，对应“A—E”12个等级。每门考试12分制分数相加，得到的总分对应的等级即为考试等级（Mean Grade），考试等级取得分最高的7门科目（见图3）。

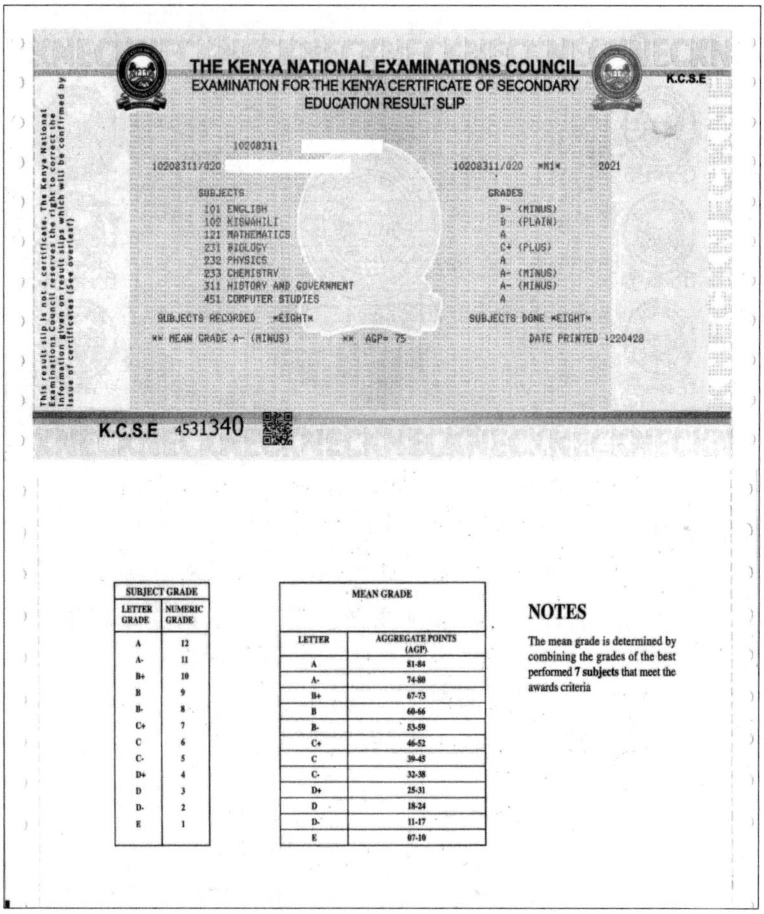
THE KENYA NATIONAL EXAMINATIONS COUNCIL
EXAMINATION FOR THE KENYA CERTIFICATE OF SECONDARY EDUCATION RESULT SLIP
K.C.S.E

This result slip is not a certificate. The Kenya National Examinations Council reserves the right to correct the information given on result slips which will be confirmed by issue of certificates (See overleaf)

10208311
10208311/020 10208311/020 *M1* 2021

SUBJECTS	GRADES
101 ENGLISH	B- (MINUS)
102 KISWAHILI	B (PLAIN)
121 MATHEMATICS	A
231 BIOLOGY	C+ (PLUS)
232 PHYSICS	A
233 CHEMISTRY	A- (MINUS)
311 HISTORY AND GOVERNMENT	A- (MINUS)
451 COMPUTER STUDIES	A

SUBJECTS RECORDED *EIGHT* SUBJECTS DONE *EIGHT*
** MEAN GRADE A- (MINUS) ** AGP= 75 DATE PRINTED :220428

K.C.S.E 4531340

SUBJECT GRADE	
LETTER GRADE	NUMERIC GRADE
A	12
A-	11
B+	10
B	9
B-	8
C+	7
C	6
C-	5
D+	4
D	3
D-	2
E	1

MEAN GRADE	
LETTER	AGGREGATE POINTS (AGP)
A	81-84
A-	74-80
B+	67-73
B	60-66
B-	53-59
C+	46-52
C	39-45
C-	32-38
D+	25-31
D	18-24
D-	11-17
E	07-10

NOTES
The mean grade is determined by combining the grades of the best performed **7 subjects** that meet the awards criteria

图 3 KCSE 成绩单（正反面）

（三）KCSE 结果和证书

每年 12 月肯尼亚教育部公布 KCSE 考试结果，媒体公布当年 KCSE 考试状元、高分考生和高分中学。

考生可通过手机短信发送考生号到指定号码查询成绩，短信查询收取通信费用，也可通过用户名和密码登录肯尼亚国家考试委员会（The Kenyan National Examinations Council，以下简称"KNEC"）网站，用考生号在线查询成绩，下载成绩条并打印，或到毕业母校领取纸质成绩条。学校可通过用户名和密码登录 KNEC 网站，查阅本校考生成绩。[①] 考生于考试成绩公布数月后可至毕业母校领取 KCSE 证书，考试不理想学生可复读后来年重考。

以下是 KCSE 考试证书式样。老版证书无考生照片，新版证书有考生照片（见图 4）。

① 非洲国家考试成绩查询网站[EB/OL].(2022-12-22)[2023-03-09]. https://www.resultscouncil.com/ke/knec/kcse-results.

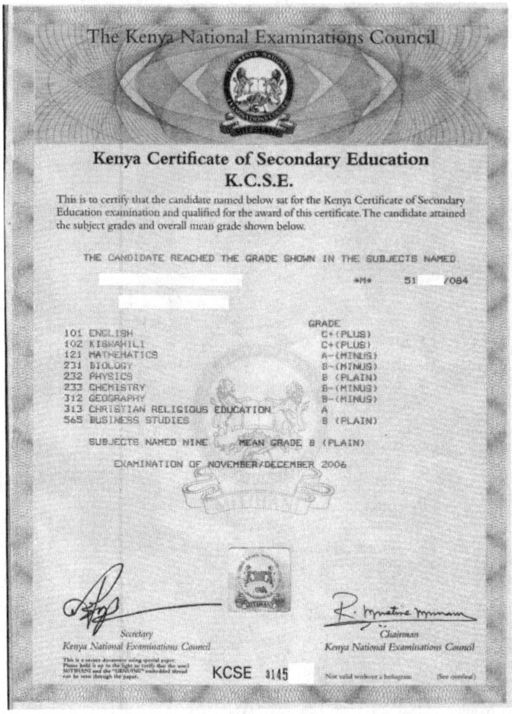

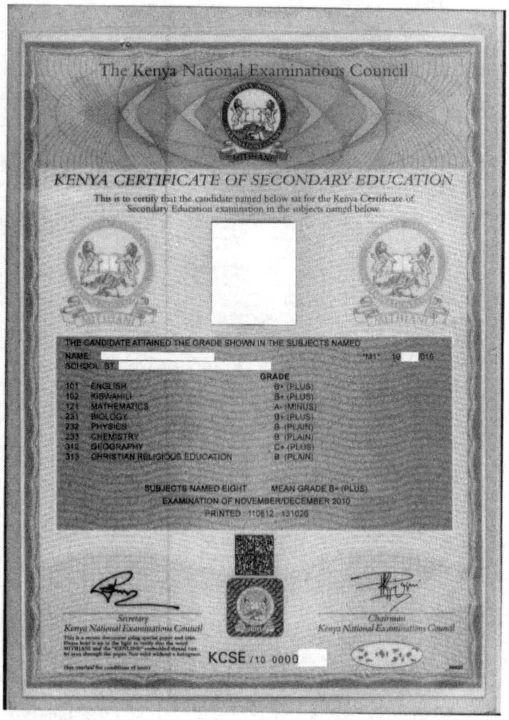

图 4　KCSE 老版证书（左）和新版证书（右）

（四）KCSE 证书验证

KCSE 证书的真伪可通过以下 2 种方式认证：肯尼亚国家考试委员会（KNEC）和肯尼亚国家资格认证局（KNQA）出具证明。

1. 肯尼亚国家考试委员会（KNEC）①

和 KCPE 考试一样，KCSE 考试由肯尼亚国家考试委员会（KNEC）组织，并负责认证考试证书。申请人可在 KNEC 办公室领取考试成绩证明申请表，或到 KNEC 官网下载申请表，按要求提交材料，认证一般需要 10 个工作日。KCSE 证书持有者和第三方（如雇用公司、学校机构等）均可发起认证。但认证结果只提供给认证申请人，不可同第三人共享。肯尼亚境内认证费为 2320 肯尼亚先令，境外机构发起认证费用为 3480 肯尼亚先令。认证结果以邮件形式发送到申请人登记的邮箱地址，不收取额外费用。若需纸质认证材料快递服务或传真服务则需要收取额外费用。

KNEC 各项费用收取标准及认证注意事项见图 5。

① 肯尼亚国家考试委员会(KNEC)[EB/OL].[2023-03-09].https://www.knec.ac.ke.

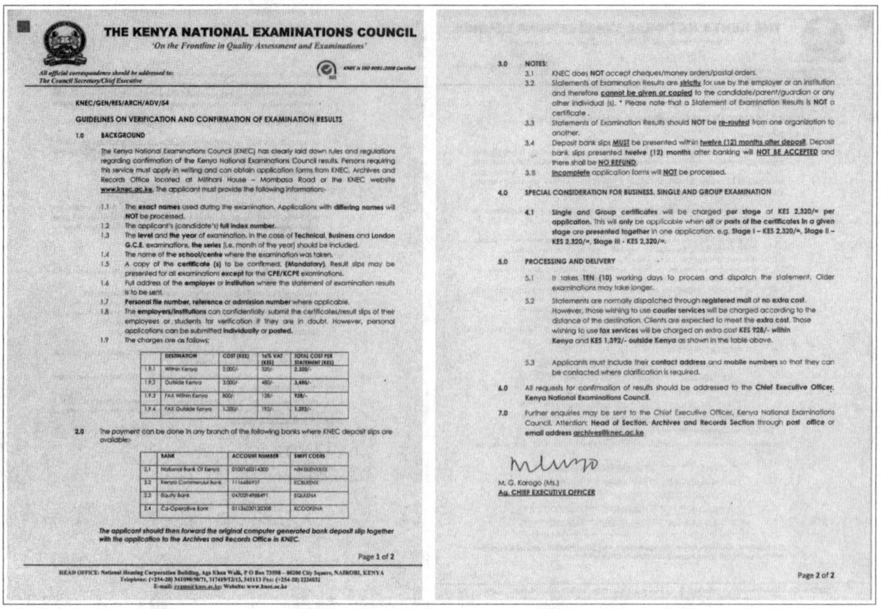

THE KENYA NATIONAL EXAMINATIONS COUNCIL

'On the Frontline in Quality Assessment and Examinations'

All official correspondence should be addressed to:
The Council Secretary/Chief Executive

KNEC is ISO 9001:2008 Certified

KNEC/GEN/RES/ARCH/ADV/54

GUIDELINES ON VERIFICATION AND CONFIRMATION OF EXAMINATION RESULTS

1.0 BACKGROUND

The Kenya National Examinations Council (KNEC) has clearly laid down rules and regulations regarding confirmation of the Kenya National Examinations Council results. Persons requiring this service must apply in writing and can obtain application forms from KNEC, Archives and Records Office located at Mitihani House – Mombasa Road or the KNEC website www.knec.ac.ke. The applicant must provide the following information:-

1.1 The **exact names** used during the examination. Applications with **differing names** will **NOT** be processed.
1.2 The applicant's (candidate's) **full index number.**
1.3 The **level** and **the year** of examination. In the case of **Technical, Business** and **London G.C.E.** examinations, **the series** (i.e. month of the year) should be included.
1.4 The name of the **school/centre** where the examination was taken.
1.5 A copy of the **certificate (s)** to be confirmed. **(Mandatory).** Result slips may be presented for all examinations **except** for the **CPE/KCPE** examinations.
1.6 Full address of the **employer** or **institution** where the statement of examination results is to be sent.
1.7 **Personal file number, reference** or **admission number** where applicable.
1.8 The **employers/institutions** can confidentially submit the certificates/result slips of their employees or students for verification if they are in doubt. However, personal applications can be submitted **individually** or **posted.**
1.9 The charges are as follows:

	DESTINATION	COST (KES)	16% VAT (KES)	TOTAL COST PER STATEMENT (KES)
1.9.1	Within Kenya	2,000/-	320/-	2,320/-
1.9.2	Outside Kenya	3,000/-	480/-	3,480/-
1.9.3	FAX Within Kenya	800/-	128/-	928/-
1.9.4	FAX Outside Kenya	1,200/-	192/-	1,392/-

2.0 The payment can be done in any branch of the following banks where KNEC deposit slips are available:-

	BANK	ACCOUNT NUMBER	SWIFT CODES
2.1	National Bank Of Kenya	0100160314300	NBKEKENXXXX
2.2	Kenya Commercial Bank	1116486937	KCBLKENX
2.3	Equity Bank	0470294988491	EQBLKENA
2.4	Co-Operative Bank	01136030120308	KCOOKENA

The applicant should then forward the original computer generated bank deposit slip together with the application to the Archives and Records Office in KNEC.

Page 1 of 2

HEAD OFFICE: National Housing Corporation Building, Aga Khan Walk, P O Box 73598 – 00200 City Square, NAIROBI, KENYA
Telephone: (+254-20) 341098/50/71, 317419/12/13, 341113 Fax: (+254-20) 2226032
E-mail: exams@knec.ac.ke; Website: www.knec.ac.ke

3.0 NOTES:

3.1 KNEC does **NOT** accept cheques/money orders/postal orders.
3.2 Statements of Examination Results are **strictly** for use by the employer or an institution and therefore **cannot be given or copied** to the candidate/parent/guardian or any other individual (s). * Please note that a Statement of Examination Results is **NOT** a certificate .
3.3 Statements of Examination Results should **NOT** be **re-routed** from one organization to another.
3.4 Deposit bank slips **MUST** be presented within **twelve (12) months after deposit**. Deposit bank slips presented **twelve (12) months** after banking will **NOT BE ACCEPTED** and there shall be **NO REFUND**.
3.5 **Incomplete** application forms will **NOT** be processed.

4.0 SPECIAL CONSIDERATION FOR BUSINESS, SINGLE AND GROUP EXAMINATION

4.1 **Single and Group certificates** will be charged **per stage** at **KES 2,320/= per application.** This will **only** be applicable when **all** or **parts of the certificates in a given stage** are **presented together** in one application. e.g. **Stage I – KES 2,320/=, Stage II – KES 2,320/=, Stage III - KES 2,320/=.**

5.0 PROCESSING AND DELIVERY

5.1 It takes **TEN (10)** working days to process and dispatch the statement. Older examinations may take longer.
5.2 Statements are normally dispatched through **registered mail** at **no extra cost.** However, those wishing to use **courier services** will be charged according to the distance of the destination. Clients are expected to meet the **extra cost.** Those wishing to use **fax services** will be charged an extra cost **KES 928/- within Kenya** and **KES 1,392/- outside Kenya** as shown in the table above.
5.3 Applicants must include their **contact address** and **mobile numbers** so that they can be contacted where clarification is required.

6.0 All requests for confirmation of results should be addressed to the **Chief Executive Officer, Kenya National Examinations Council.**

7.0 Further enquiries may be sent to the Chief Executive Officer, Kenya National Examinations Council. Attention: **Head of Section, Archives and Records Section** through **post office** or **email address** archives@knec.ac.ke

M. G. Karogo (Ms.)
Ag. CHIEF EXECUTIVE OFFICER

Page 2 of 2

图 5　KNEC 申请认证考试证书注意事项

2. 肯尼亚国家资格认证局（KNQA）①

肯尼亚国家资格认证局（The Kenya National Qualifications Authority，以下简称“KNQA”），于 2015 年成立，旨在认证肯尼亚境内各类考试、培训、评估证书。肯尼亚本国公民申请认证，费用为 1000 肯尼亚先令；境外人员申请认证，费用为 2000 肯尼亚先令。证书认证申请表样式见图 6。

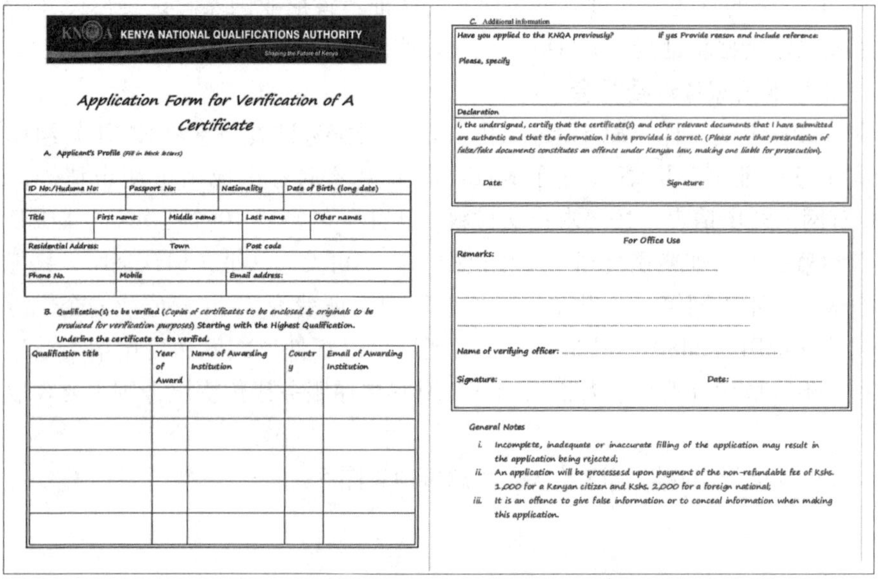

KENYA NATIONAL QUALIFICATIONS AUTHORITY

Shaping the Future of Kenya

Application Form for Verification of A Certificate

A. Applicant's Profile (Fill in block letters)

ID No./Huduma No:	Passport No:	Nationality	Date of Birth (long date)
Title	First name:	Middle name	Last name	Other names
Residential Address:	Town	Post code	
Phone No.	Mobile	Email address:	

B. Qualification(s) to be verified (Copies of certificates to be enclosed & originals to be produced for verification purposes) Starting with the Highest Qualification. Underline the certificate to be verified.

Qualification title	Year of Award	Name of Awarding Institution	Country	Email of Awarding Institution

C. Additional information

Have you applied to the KNQA previously? If yes Provide reason and include reference:

Please, specify

Declaration

I, the undersigned, certify that the certificate(s) and other relevant documents that I have submitted are authentic and that the information I have provided is correct. (Please note that presentation of false/fake documents constitutes an offence under Kenyan law, making one liable for prosecution).

Date: Signature:

For Office Use

Remarks:

Name of verifying officer:

Signature: Date:

General Notes

i. Incomplete, inadequate or inaccurate filling of the application may result in the application being rejected;
ii. An application will be processesd upon payment of the non-refundable fee of Kshs. 1,000 for a Kenyan citizen and Kshs. 2,000 for a foreign national;
iii. It is an offence to give false information or to conceal information when making this application.

图 6　KNQA 认证申请

① 肯尼亚国家资格认证局(KNQA)[EB/OL].[2023-03-09]. https://www.knqa.go.ke.

四、专科 & 本科教育

肯尼亚的高等教育受《肯尼亚大学法案》(Universities Act) 约束与规范。肯尼亚大学教育委员会 (Commission for University Education, 以下简称"CUE") 对公立和私立大学资质进行认证。近年来，肯尼亚大学的数量持续增长，2018 年有 74 所，其中公立大学有 37 所，2018 年录取学生超过 52 万人。1989 年之前，学位项目设置是基于英国的 3 年本科学位模式。现在大学学制至少为 4 年。大学课程以文科和社会科学为主。2016 年肯尼亚大学几乎 3/4 的课程为文科和人文科学，其次为商科，而科学、技术、工程和数学 (Science, Technology, Engineering, and Mathematics, STEM) 课程开设较少。①

(一) 入学要求

1. 本科入学要求

在肯尼亚攻读大学课程有学位项目和文凭项目之分，在肯尼亚攻读大学可分为公费学习和自费学习两种形式。② 肯尼亚大学和学院中央招生就业处 (The Kenya Universities and Colleges Central Placement Service，以下简称为"KUCCPS")，负责肯尼亚高等教育公费生录取工作。高中毕业生可登录 KUCCPS 网站，根据自己的 KCSE 考试成绩，参考往年分数线自行填报 6~8 个志愿 (含学位项目和文凭项目)。除了考试等级达标外，考生相关科目考试成绩需达到报考专业要求。KUCCPS 负责分配各大学公费生录取指标，根据报名考生的成绩排序择优录取。根据试卷难易程度、考生人数、大学录取指标，每年录取分数线有所不同。一般来说，KCSE 考试成绩为"C+"及以上的考生就可以申请攻读大学学位课程，成绩"C-"及以上的考生可申请攻读文凭项目。由于同伴竞争和大学招生指标的限制，成绩为"B"及以上，以及少数"B-"的考生才可以享受政府补贴，在公办大学攻读学位课程，成绩不理想的考生可申请私立大学或专科院校，或以自费生身份申请公立大学。

2. 高等职业技术学院 (大专) 入学要求

KCSE 考试成绩"D"及以下的考生可申请职业技术学院技师 (Craft Person) 培训和职业技术学院技工 (Artisan) 培训。

(二) 评分系统

在肯尼亚每所大学的评分制度并不相同，大学可以制定本学校的评分系统和评分规则。及格线一般为 40~49 分，70~75 分以上为优秀。不及格课程有一次补考机会，补考成绩不高于 40~49 分则不通过，补考不通过可重修，但重修会影响学位成

① National Education Sector Strategic Plan (NESSP) for The Period 2018—2022[R]. 2018. 肯尼亚教育部. P26-27.

② 内罗毕大学官网招生信息[EB/OL]. https://www.uonbi.ac.ke/content/how-apply.

绩。以内罗毕大学为例，评分系统见表 4。①

表 4　大学评分系统

等级	分数段（分）	证书等级
A	70~100	一等学位 First Class Honours
B	60~69	二等上学位 Second Class Honours（Upper Division）
C	50~59	二等下学位 Second Class Honours（Lower Divison）
D	40~49	三等学位 Pass
E	0~39	不及格 Fail

（三）学位证书和成绩单样式

肯尼亚本科学位证书及成绩单样式见图 7。

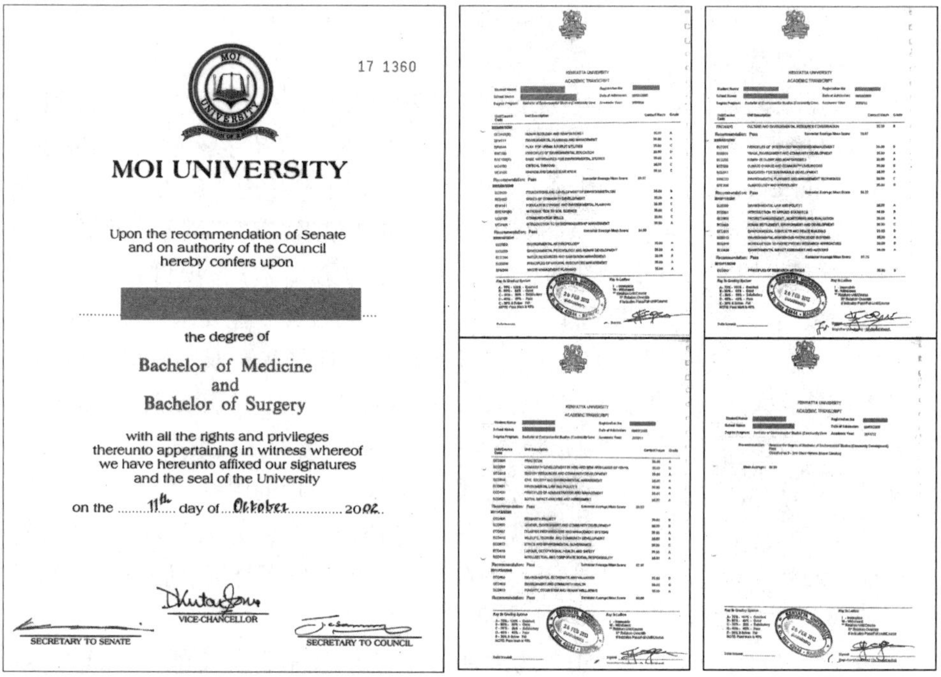

图 7　本科学位证书及成绩单样式

（四）学位证书验证

同 KCPE、KCSE 证书一样，肯尼亚国家资格认证局（KNQA）提供学位证书认证服务。

① 肯尼亚教育信息网站[EB/OL].（2021-01-12）[2023-03-09]. https://kenyaeducationguide. com/university-grading-system-in-kenya.

（五）高校一览

肯尼亚各类高等教育院校汇总情况见表5。

表5　高等教育院校汇总

序号	类别	数量（所）
1	经认证的公办大学	31
2	公办大学附属学院	7
3	经认证的私立大学	20
4	私立大学附属学院	3
5	持有临时授权书的机构	13

五、硕士研究生教育

硕士学位项目学期期限一般为2年，第一年学习专业课程，第二年专注科研，撰写毕业论文。

1. 入学要求

一般情况下，硕士学位项目的申请者需要获得经大学教育委员会（CUE）认证的大学颁发的二等上学位及以上等级证书。没有获得二等上学位及以上等级证书的学生如达到其他附加条件也有可能被录取，如有对口专业工作经验、公开发表过论文、获得对口专业的文凭等。一些高校也向未获得二等上学位及其以上等级证书的申请者提供应用型研究生文凭项目。

2. 评分系统

在肯尼亚，不同大学对于学位授予有着不同的要求，但最基本的要求是学生至少学满2年，进行学术研究，完成毕业论文，通过答辩。和本科一样，肯尼亚的大学可以制定本学校的评分系统和评分规则，同一个学校不同学科评分系统也可能存在差异。但与本科生不同，硕士学位证书上没有等级。评分系统的分数区间和对应等级见表6。

表6　评分系统

等级	分数（分）
A	70～100
B	60～69
C	50～59
D	40～49
E（不及格）	0～39

3. **学位证书样式**

肯尼亚硕士学位证书样式，见图 8。

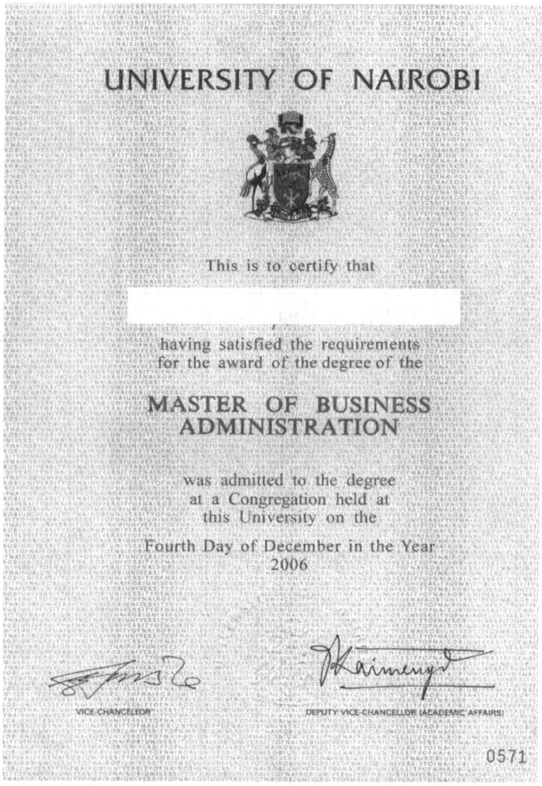
UNIVERSITY OF NAIROBI

This is to certify that

having satisfied the requirements
for the award of the degree of the

MASTER OF BUSINESS
ADMINISTRATION

was admitted to the degree
at a Congregation held at
this University on the

Fourth Day of December in the Year
2006

VICE-CHANCELLOR

DEPUTY VICE-CHANCELLOR (ACADEMIC AFFAIRS)

0571

图 8　硕士学位证书样式

4. **学位证书验证**

同学士学位证书一样，毕业生可以通过国家资格认证局（KNQA）来认证证书真伪。

六、博士研究生教育

1. **简况**

博士学制一般不少于 3 年。博士项目含课程学习和科研论文写作，也有一些大学博士项目仅含科研论文写作。通过公平公正的方式，根据研究领域、科研经费、教学成果及其他相关研究活动，大学给博士生分配导师。博士生在读期间除了撰写论文、接受大学的考核，还需在专业期刊上发表规定篇数的论文。

2. **入学要求**

博士申请者须获得经大学教育委员会（CUE）认证的大学颁发的硕士学位证书，并提交研究计划，阐述其原创性研究。

附 录

（一）教育机构联系方式

（1）肯尼亚国家考试局（KNEC）

邮政地址：P. O. Box 73598- 00200 City Square，Nairobi

总部地址：Aga Khan Walk，National Housing Corporation House

传真：+254-020-2226032

邮箱：info@ knec. ac. ke

网站：www. knec. ac. ke

（2）肯尼亚国家资格认证局（KNQA）

邮政地址：P. O. Box 72635-00200 ，Nairobi

办公地址：Uchumi House，6th Floor，Aga Khan Walk ，Nairobi

电话：+254-020-2100272

邮箱：info@ knqa. go. ke

网站：www. knqa. go. ke

（3）肯尼亚大学教育委员会（CUE）

邮政地址：P. O. Box 54999-00200

办公地址：Nairobi Redhill Rd. off Limuru Rd. Gigiri

电话：+254（02）7205000；0780656575

邮箱：info@ cue. or. ke

网站：www. cue. or. ke

（4）肯尼亚大学和学院中央招生就业处（KUCCPS）

邮政地址：P. O. Box 105166-00101

办公地址：ACK Gardens，1st Ngong’ Avenue，Upperhil Nairobi

邮箱：info@ kuccps. ac. ke

网站：www. kuccps. net

（二）部分中学名单

（1）内罗毕高中（Nairobi School）

（2）莱纳纳高中（Lenana School）

（3）肯尼亚高中（Kenya High School）

（4）斯特拉赫男子学校（Starehe Boys Centre and School）

（5）莫依福瑟斯学院（Moi Forces Academy）

（6）曼古高中（Mangu High School）

（7）联合男子高中（Alliance Boys High School）

（8）联合女子高中（Alliance Girls High School）

（9）洛雷托高中（Loreto High School）

（10）利马鲁女子高中（Limuru Girls High School）

（11）玛丽希尔斯女子高中（Mary Hills Girls High School）

（12）马塞洛高中（Maseno School）

（13）莫依高中卡（Moi High School Kabarak）

（14）莫依女子高中（Moi Girls High School Eldoret）

（15）纳库鲁高中（Nakuru High School）

（16）加巴图拉高中（Garbatulla High School）

（三）部分大学名单

（1）内罗毕大学（University of Nairobi）

（2）莫伊大学（Moi University）

（3）肯雅塔大学（Kenyatta University）

（4）埃格顿大学（Egerton University）

（5）乔莫肯尼亚塔农业与技术大学（Jomo Kenyatta University of Agriculture and Technology）

（6）马西诺大学（Maseno University）

（7）马辛德穆里罗科技大学（Masinde Muliro University of Science and Technology）

（8）德丹·基玛提理工大学（Dedan Kimathi University of Technology）

（9）楚卡大学（Chuka University）

（10）肯尼亚理工大学（Technical University of Kenya）

（11）蒙巴萨技术大学（Technical University of Mombasa）

（12）普瓦尼大学（Pwani University）

（13）基西大学（Kisii University）

（14）埃尔多雷特大学（University of Eldoret）

（15）马赛马拉大学（Maasai Mara University）

（16）贾拉莫吉奥金加奥廷加理工大学（Jaramogi Oginga Odinga University of Science and Technology）

（17）莱基皮亚大学（Laikipia University）

（18）肯尼亚东南大学（South Eastern Kenya University）

（19）梅鲁理工大学（Meru University of Science and Technology）

（20）肯尼亚多媒体大学（Multimedia University of Kenya）

（21）卡比安加大学（University of Kabianga）

（22）卡拉蒂纳大学（Karatina University）

（23）基巴比大学（Kibabii University）

（24）荣戈大学（Rongo University）

（25）肯尼亚合作大学（The Co-operative University of Kenya）
（26）泰塔塔维塔大学（Taita Taveta University）
（27）穆兰大学理工大学（Murang'a University of Technology）
（28）恩布大学（University of Embu）
（29）马查科斯大学（Machakos University）
（30）基里尼亚加大学（Kirinyaga University）
（31）加里萨大学（Garissa University）

（景元书、汪洋、孙伟、AYUGI BRIAN ODHIAMBO、MISIANI ZACHARY MWAMBI、KAILA EMMANUEL LEKARRI、NJUGUNA ADRIAN MWAURA）

卢旺达

一、关于卢旺达

（一）国家概况

卢旺达，全称为卢旺达共和国（Republic of Rwanda），是位于非洲中东部赤道以南的内陆共和国，首都为基加利，国土面积26,338平方千米。卢旺达南连布隆迪、北接乌干达、东接坦桑尼亚、西邻刚果共和国。卢旺达全年四季如春，有“常青之国”的美誉，境内多山地和高原，分布着1800多个大大小小的山丘，又有“千丘之国”之称。

卢旺达人口稠密。按2019年人口1263万计算，人口密度为每平方千米479.5人，居世界第14位，其中49%为男性，51%为女性。主要民族是胡图族、图西族和特瓦族，分别占总人口的85%、14%和1%。卢旺达人口数据统计见表1。

表1　卢旺达人口（2019年）

人

卢旺达人口（截至2019年10月22日）	12,726,244
联合国数据（2019年7月1日）	12,626,950
每日出生人数	1075
每日死亡人数	179
每日净移民人数	25
每日净变化人数	871
人数变化（从1月1日起）	256,945

卢旺达有四种官方语言：卢旺达语（基尼亚卢旺达语）、英语、法语、斯瓦希里语。虽然英语在2008年被指定为教学语言，但懂英语和法语的人只占一小部分。目前卢旺达城镇中广泛使用斯瓦希里语。

（二）护照样式

卢旺达于2019年6月开始签发东非共同体生物识别护照，也就是电子护照，以取代原有效期至2021年6月的护照。新护照的有效期为5年和10年，分为普通护照、公务护照和外交护照三种。[①] 卢旺达普通护照封面和信息页样式见图1与图2。

图1 护照封面样式

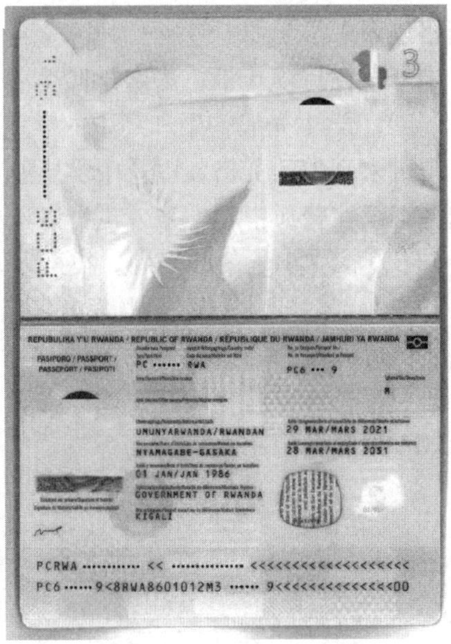

图2 护照信息页样式

二、教育体系简介

（一）教育发展形势

卢旺达政府教育工作的主要目标是让更多的儿童受到教育，特别是增加农村地区的儿童接受教育的机会。卢旺达政府1996年引入了6年小学教育、3年初中教育和3年高中教育制度。2006年，教育部门战略计划（ESSP 2006—2010）引入了免费的九年制基础教育制度（包括小学和初中共9年）。自2012年以来，通过实行12年基础教育政策，高中教育也得以免费。

（二）教育系统

在卢旺达，教育系统主要包括：学前教育、小学教育、中学教育、高等教育及

---

① Rwanda Directorate General of Immigration and Emigration [EB/OL]. [2023-02-20]. https://www.migration.gov.rw/our-services/e-passport/ordinary-e-passport.

研究生教育，中学教育和高等教育都有大量的技职教育。此外，还有非正规教育，即成人基础教育（ABE）。现在所指义务教育，涵盖从7~15岁的9年，包括小学和初中教育，通常称为九年基础教育（9YBE）。①

学前教育是为4~6岁的幼儿提供的为期3年的教育。

小学教育为6年，法定学龄为7~12岁。重点培养读写和计算技能，以及为中学阶段做准备。小学教育阶段结束后学生需参加国家组织的考试，通过国家考试才有资格进入中学学习。

中等教育持续6年，法定学龄为13~18岁，被细分为初中（前3年）和高中（后3年）。学生完成初中和高中的学业后也要参加相应的国家级考试，考试通过才能获得进入高中的资格，以及中学毕业进入高等教育的机会。在中学阶段，学生可以选择继续在普通中学学习，也可以选择进入中等技术学校（TSS）或教师培训学院（TTC）接受小学教师培训。技术和职业教育与培训（TVET）不仅能够提高年轻人和失业者的职业技能，也为就业者提供提升职业技能的机会。在高等教育阶段，学生可以在一系列学术方向上继续学业，也可以进入一系列的技术或职业领域。研究生教育根据个人需要选择修读，硕士研究生和博士研究生共修读5年。卢旺达教育系统见图3。

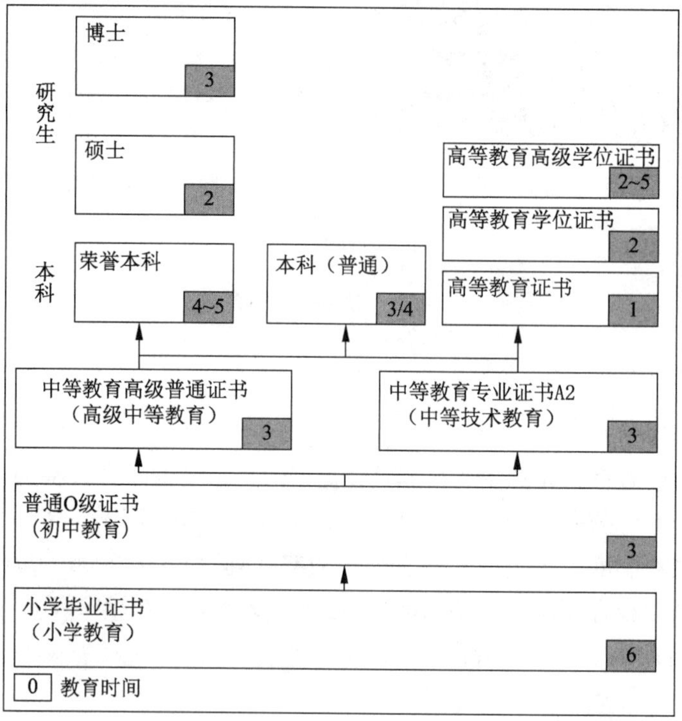

图3　卢旺达教育系统

① K. Banya and J. Elu. Implementing basic education: an African experience[J]. International Review of Education, 1997(43):481-496.

三、学前教育

2018 年，226,706 名学生进入幼儿园，与 2017 年（220,435 人）相比，增加 6,271 人（2.84%）。在政府资助的学校，学生规模由 2016 年的 97,226 人增至 2018 年的 108,750 人。然而，公立和私立学校分别从 2017 年的 32,281 所和 90,928 所下降到 2018 年的 31,940 所和 86,016 所。幼儿园学生比例：公立学校占 14.1%，政府资助占 48.0%，私立学校占 37.9%。性别指数（Gender Parity Index）是 1.02，表明新的教育部门战略计划（ESSP 2013—2015）设定的目标已实现。然而，进入幼儿园的儿童数量仍旧很低，需作出更多努力提高幼儿园入学率[①]。卢旺达 2016—2018 年幼儿园学生数见表 2。

表 2　2016-2018 年幼儿园学生数

指标	2016 年	2017 年	2018 年
学生总人数（人）	185,666	220,435	226,706
男（人）	91,356	108,462	112,044
女（人）	94,310	111,973	114,662
男性百分比（%）	49.20	49.20	49.40
女性百分比（%）	50.80	50.80	50.60
公立学校学生人数（人）	34,335	32,281	31,940
公立学校男生人数（人）	16,836	15,765	15,978
公立学校女生人数（人）	17,499	16,516	15,962
政府资助学校学生人数（人）	62,106	97,226	108,750
政府资助学校男生人数（人）	30,242	47,431	53,386
政府资助学校女生人数（人）	31,864	49,795	55,364
私立学校学生人数（人）	89,225	90,928	86,016
私立学校男生人数（人）	44,278	45,266	42,680
私立学校女生人数（人）	44,947	45,662	43,336

① Republic of Rwanda Ministry of Education. 2018 Rwanda education statistics[R/OL].(2018-12)[2020-02-20]. http://statistics.gov.rw/publication/2018-education-statistics-report.

四、基础教育

在基础教育阶段（小学），前 3 年的教学语言是卢旺达语。第 4 年至第 6 年，教学语言变为英语。卢旺达以前的教学语言是法语，后来改为英语。然而，自 2016 年起，小学每周重新开设法语课。整个卢旺达教育系统有三种官方教学语言：小学 1~3 年级的基尼亚卢旺达语和从 4 年级到大学的英语，法语是公立中小学的选修课或辅修课。

一些私立小学和高中都有法语和英语系统，分别使用法语和英语作为教学语言。这些学校的学生选修或辅修语言课程。在卢旺达，"九年基础教育"（9YBE）包括 6 年的小学教育和 3 年的初中教育。① 小学生通常 7 岁入学，通过全国的考试后毕业。

基础教育的培养目标为②：

（1）读写能力、计算能力、创造力和沟通能力；

（2）享受学习，以及终身学习的欲望和动力；

（3）批判性思维和逻辑判断能力；

（4）对工作的尊重和欣赏；

（5）正确的社会标准、道德和宗教价值观；

（6）自律、健康；

（7）悦人和悦己的审美观；

（8）对环境的认知和欣赏；

（9）对其他国家和民族的了解和尊重；

（10）热爱祖国；

（11）发展个人的天赋与才能；

（12）社会责任感与时间管理能力；

（13）对科学技术作用于国家发展的认知。

卢旺达 2017 年与 2018 年小学生注册人数见表 3。

---

① J. Bridgeland, S. Wulsin, M. McNaught. Rebuilding Rwanda: From Genocide to Prosperity through Education [R]. Lynde and Harry Bradley Foundation, 2009.

② Centre for Mathmatics. Science and Technology Education in Africa [EB/OL]. [2023-02-20]. http://www.schoolnet.org.za/conference/sessions/jogwel/objectives_of_primary_education.html.

表3 2017年与2018年小学生注册人数

人

年级	2017年			2018年		
	男	女	共计	男	女	共计
一年级	255,953	237,833	493,786	268,745	248,498	517,243
二年级	278,399	255,325	533,724	239,865	221,634	461,499
三年级	245,021	233,916	478,937	233,530	219,215	452,745
四年级	208,425	213,490	421,915	214,819	214,593	429,412
五年级	174,152	193,357	367,509	183,634	199,112	382,746
六年级	110,892	133,611	244,503	118,751	141,309	260,060
总计	1,272 ,842	1,267,532	2,540,374	1,259,344	1,244,361	2,503,705

五、中等教育

中等教育分为初中和高中，均为3年。初中侧重于获取基本知识和技能，它与小学教育一起构成九年基础教育。初中结束时，学生需参加O-Level国家考试，获得一定成绩后才有机会进入高中阶段的公立学校。未进公立学校的学生可进入TVET系统——接受技术和职业教育与培训。从高中开始，学生进入特定的学习轨道：①接受普通中等教育（GSS）即学术性的教育，通常是为高等教育做准备，学生专攻科学、人文或语言，参加A-Level国家考试；②接受中专教育（TSS）：获得A2水平认证的技术培训。根据第二次教育改革方案，发展技术和职业技能培训被确定为刺激卢旺达经济增长的关键。

初中阶段：每年约有28,000名学生在初级中学3年级结束时参加9个科目的国家中等教育普通水平考试。如果未达到高中入学分数线，可重修第3年课程，或进入私立学校。

高中阶段：绝大多数学生就读于公立寄宿学校。学生必须参加国家中等教育高级水平考试及格后才能毕业。每年参加国家不同级别考试以获得高中文凭的个体学生不足1000人。

（一）高中入学考试

2011年以前，卢旺达国家考试委员会（RNEC）负责组织小学和中学最后2年的全国考试。卢旺达教育委员会（REB）自2011年1月起负责全国考试。根据2019年考试时间表，高中考试每年11月开始。[①]学生从选择的专业中至少参加3个

① Rwanda Education Board. Televeision Leaning Program[EB/OL].(2019-11)[2020-02-20]. https://reb.rw/fileadmin/Timetable/Timetible%20National.pdf.

预先确定的科目考试，还必须写一篇一般性论文，并选修实践课程。考试成绩用 A 到 E 等级表示。科目论文的分数以 S（附属）为限。卢旺达 2016—2018 年中学生人数见表 4。

表 4　2016-2018 年中学生人数

指标	2016 年	2017 年	2018 年
学生总人数（人）	553,739	592,501	658,285
男（人）	260,679	276,437	308,367
女（人）	293,060	316,064	349,918
男性百分比（%）	47.10	46.70	46.80
女性百分比（%）	52.90	53.30	53.20
公立学校学生人数（人）	173,109	186,914	212,250
公立学校男生人数（人）	83,457	89,354	102,414
公立学校女生人数（人）	89,652	97,560	109,836
政府资助学校学生人数（人）	301,554	331,712	364,096
政府资助学校男生人数（人）	136,108	148,362	162,963
政府资助学校女生人数（人）	165,446	183,350	20,1133
私立学校学生人数（人）	79,076	73,875	81,939
私立学校男生人数（人）	41,114	38,721	42,990
私立学校女生人数（人）	37,962	35,154	38,949

（二）中学课程及评分制度

在高中阶段，学生重点学习以下科目组合：物理—化学—数学（PCM），物理—化学—生物（PCB），数学—化学—生物（MCB），数学—物理—地理（MPG），数学—经济学—地理（MEG），历史—经济学—地理（HEG），英语—法语—卢旺达语（EFK），英语—斯瓦希里语—卢旺达语（EKK），数学—物理—计算机科学（MPC），历史—经济学—文学（HEL），数学—计算机科学—经济学（MCE），生物—化学—地理（MCG），物理—经济学—数学（PEM），历史—地理—文学（HGL）和文学—经济学—地理（LEG）。

在 A-Level 课程中，学生除了主修课程外，还会选修更多的课程（如法语），但这些课程不参与全国中学毕业考试的考核。中学成绩单包含高中 3 年（相当于 10 年级到 12 年级）每学期每一科目的等级或百分比分数。学生的学期报告（简报）包含每门课程的班级排名及班级作业和期末考试的成绩。80～100 分通常是 A。在高中（12 年级）结束时，所有学生都要参加全国考试，即自选 3 个科目的组合考试及社会实践和论文。每年 11 月在全国范围内举行这些考试，但直到次年才有结果。只有不到3%的学生成绩是A，30%的学生所有考试都不及格。评分系统会显示在证书的背面。所有课程的分数从A（表示最高分）到F（表示不及格），论文成绩S不会显示。字母等级的分数值如下：A（6）、B（5）、C（4）、D（3）、E（2）、F（0）、S（1）。加权总分等于总权重为1的论文分数加上等级分数乘以3。最高总分为73分（计算方法如下：3个主要科目各18分，实践类18分，论文1分）。例如，一个学生选了物理—化学—数学（PCM）组合，数学得了A，化学得了B，物理得了C，创业得了D，论文得了S，那么总分是55分（计算方式：6×3+5×3+4×3+3×3+1×1）。

（三）高中成绩和证书确认

参加全国考试的学生通常在第二年2月底收到成绩，可以通过互联网和卢旺达教育委员会（REB）总部确认结果，通过后会在确认信上盖章并寄到学校。因此，学生们可以在网上查看自己的成绩并打印。卢旺达教育委员会将于考试当日起6个月内，为所有参加考试的学生提供证书正本。证书样式见图4。

(a) (b) (c)

（a）2011年以前卢旺达国家考试委员会颁发的高级水平证书

（b）当前卢旺达教育委员会颁发的高级水平证书

（c）当前劳动力发展管理局颁发的高级水平证书

图4 高中证书样式

中学教育通常为高等教育做准备，学生专门学习科学、人文或语言，并参加高级水平的全国考试。中专教育（TSS）提供技术培训，通过后可以获得A2水平证书。

六、本科教育

卢旺达的高等学校共招收本科和研究生 44,000 多名，学生就读于各种学校，钻研各专业领域知识以获取相应学位证书。卢旺达大学（University of Rwanda）由多所公立大学合并而成，合并后各大学变成了卢旺达大学的各学院。卢旺达的高等教育院校分为两类：高等教育院校和综合职业技术学院，共有 40 所，其中 37 所是私立学校，3 所是公立学校（见表 5）。公立理工学院提供为期 3 年的教育，以及技术培训，学生通过测试从而获取人类健康、动物健康和护理方面的国家文凭（高级文凭）。本科文凭并不等同于学士学位，教师培训学院和其他非学位高等教育项目也是如此。高等教育委员会也认可一些私立学校授予学士学位。卢旺达大学的入学竞争非常激烈，尤其是在医学、工程、法律和药学等热门学科领域。尽管卢旺达缺乏物质资源，但教育质量很高。为吸引国际学生到卢旺达留学，卢旺达的大学大多采用模块化学期制。接受高等教育的学生可以选择在每年年底获取一张证书，作为对其已获学分的确认。大学的学年从每年 9 月开始，到次年 7 月结束①。

表 5　2015—2018 年卢旺达高等教育院校数量

所

指标	2015—2016 年	2016—2017 年	2017—2018 年
总数（大学）	45	54	40
公立	10	10	3
私立	35	44	37
技术职业院校	16	17	10
公立	8	8	1
私立	8	9	9
高等教育机构	29	37	30
公立	2	2	2
私立	27	35	28

① Republic of Rwanda Ministry of Education. 2018 Rwanda education statistics [R/OL]. [2020-02-20]. http://statistics.gov.rw/publication/2018-education-statistics-report.

（一）入学要求

原则上，中等教育的高级普通证书和中等教育的专业证书 A2 获得者有接受高等教育的权利。

院校及学位课程亦可依据学生的考试成绩制定具体要求。卢旺达大多数高等教育院校的录取要求是至少有 2 门课程及格，最低成绩为“C”。理工学院要求拥有技术背景的高中毕业证书或有及格成绩的普通技术证书。在卢旺达，与普通教育证书相比，获得理工学院或综合职业技术学院证书的学生在就业上更有优势。

（二）评分系统

卢旺达高等教育的成绩等级制度见表 6。该等级制度的范围为“A，B+，B，C、F”，其中“A”和“B+”是非常好的成绩。

表 6　卢旺达高等教育的成绩等级制度

成绩	分数（分）	等级
A	80~100	第一级荣誉
B+	70~79	第二级荣誉（高级）
B	60~69	第三级荣誉（低级）
C	50~59	及格
F	0~49	不及格

（三）普通学位及相关程度（资格框架）

卢旺达的国家资格框架包括 7 个等级，该框架概述了高等教育院校授予学位的要求，以及基于学分制的模块化方案，具体内容见表 7 与表 8。

表 7　普通学位及相关程度

资格	等级	学分
高等教育证书	1	120
高等教育学位证书	2	240（120 水平 1+120 水平 2）
高等教育高级文凭	3	300（120 水平 1+120 水平 2+60 水平 3）
普通本科	4	360（120 水平 1+120 水平 2+60 水平 3+60 水平 4）
普通荣誉本科	5	480（120 水平 1+120 水平 2+60 水平 3+60 水平 4+120 水平 5）
艺术类硕士、科学类硕士	6	180（水平 6）
博士	7	不基于学分

表 8　最后评分的荣誉

等级	要求
第一级荣誉	等级 4、5 中一半以上成绩达到 80 分（包括期末报告）并且没有成绩低于 70 分
第二级荣誉（高级）	等级 4、5 中一半以上成绩达到 70 分（包括期末报告）并且没有成绩低于 60 分
第二级荣誉（低级）	等级 4、5 中一半以上成绩达到 60 分（包括期末报告）并且没有成绩低于 50 分
及格	等级 4、5 中一半以上成绩达到 50 分（包括期末报告）或是等级 4、5 中只要期末报告达到 50 分以上，45-49 分的不超过 20 学分

（四）证书样式

卢旺达学士学位证书样式见图 5，高等职业技术学校证书样式见图 6。

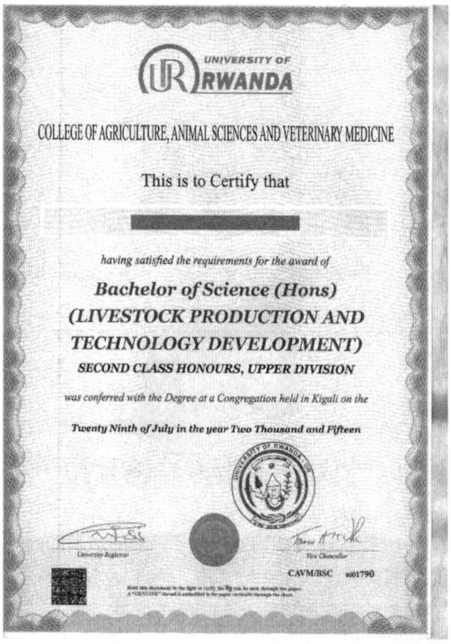

图 5　学士学位证书样式

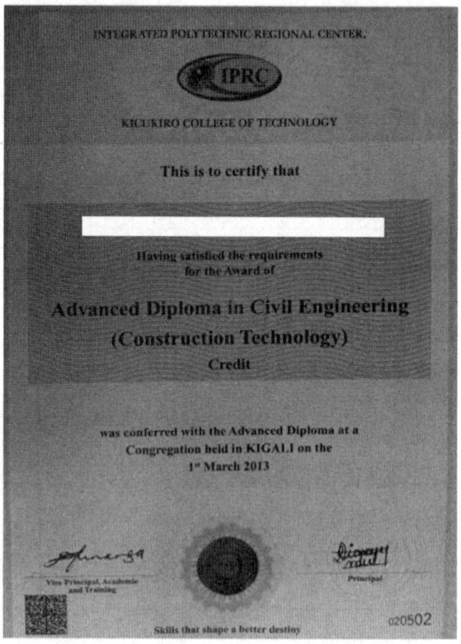

图 6　高等职业技术学校证书样式

（五）学位验证

卢旺达教育委员会和高等教育理事会负责卢旺达高等教育院校颁发的学位和证书的认证，学生或院校需要将邮件发送到上述教育机构进行认证，每次认证费用为 1200 卢旺达法郎。通常，一周内便会收到卢旺达教育委员会或高等教育理事会关于认证的通知。也可以通过访问网站进行学位认证，包括组织名称、学院或部门，学生证号码，注册日期，毕业日期，颁发学位日期，学位，学分，专业，各种荣誉、奖项，纪律行动和评论的认证①。

① Owens OnLine. Rwanda [EB/OL]. [2023-02-20]. https://www.owens.com/country/252#! about/252/3952-rwanda-verifications-references-education-verification.

七、硕士研究生教育

硕士研究生教育学制一般为 1 年或 2 年。进入硕士阶段前需获得荣誉学士学位。为期 1 年的硕士研究生教育通常从 9 月延续到次年 8 月，包含 180 学分。

（一）入学要求①

（1）获得优秀的荣誉学士学位（二等荣誉及以上）。

（2）申请者须达到所申请院校规定的英语要求。

（二）评分系统

卢旺达的硕士学位评分系统和荣誉学士学位的是一样的，评分系统包括“A、B+、B、C、F”，被评为“A”和“B+”的学生即非常优秀，硕士评分系统见表 9。

表 9　硕士评分系统

分数（分）	等级	GPA
80~100	A（优秀）	5
70~79	B+（很好）	4
60~69	B（良好）	3
50~59	C（及格）	2

（三）学位证书及成绩单样式

硕士学位证书及成绩单样式见图 7。

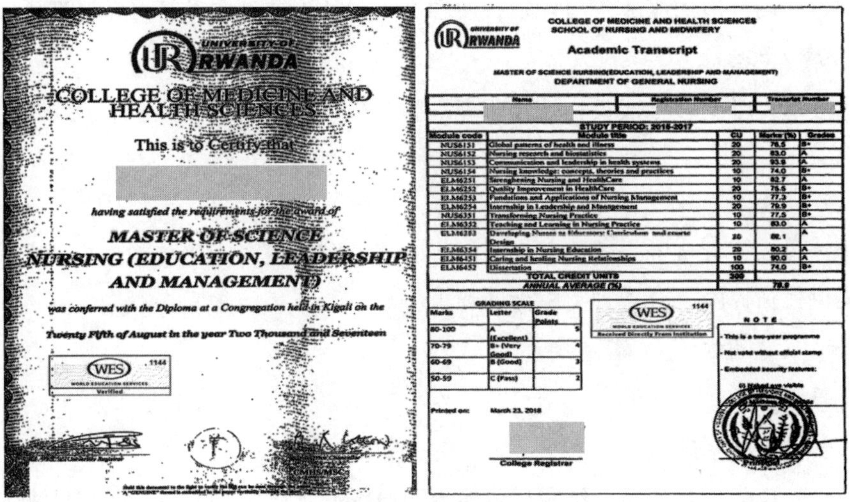

图 7　硕士学位证书及成绩单样本

① Stefan Trines, Research Editor, Wenr. Education in Rwanda[EB/OL]. (2019-10-15)[2020-02-20]. https://wenr.wes.org/2019/10/education-in-rwanda.

八、博士研究生教育

卢旺达大学于2014年开始博士研究生招生，目前是卢旺达唯一一所提供博士研究生教育的大学。入学需要硕士学位，博士项目包括至少3年的研究并通过论文答辩。博士毕业论文必须参加公开答辩。

九、个案研究——卢旺达大学

卢旺达大学成立于2013年，由6个学院组成：科学和技术学院；教育学院；医学和健康科学学院；商业与经济学学院；农业、动物科学和兽医学院；艺术和社会科学学院。

（一）理念

成为一所顶尖大学，培养有高度进取心、创新力的毕业生。

（二）使命

支持卢旺达发展，致力于达到学术水平的最高标准，让学生具有服务精神、领导力和解决问题的能力。

（三）目标

通过国内外应用服务学习计划，使学生为服务国家、服务社区做好准备。

（四）管理

卢旺达大学的领导成员：校长、理事会、学术参议院、副校长、高级管理人员和院长。

（五）教学资源

学校投入了大量资金建设图书馆、实验室、网络资源，因此教学资源丰富。学校还提供住宿保障，有各种学生资助政策。

（六）学习方式

全日制。

（七）考试系统

总结性评估，目的是总结应试者能力，检查学生已掌握技能，给学生打分或进行排名，形成评价并指导他们进行下一步学习。

（八）课程改革

为吸引国际学生入学，卢旺达所有大学都采用模块化的学期制。

（九）教师教育

根据教师学位等级确定职级：辅导课助教需高层次荣誉学士学位，助理讲师需具备硕士学位，讲师需具备博士学位。

（十）国际交流与合作

卢旺达大学与世界各地的大学有着密切合作，其中包括中国的重庆师范大学。2008 年 1 月 30 日，重庆师范大学与基加利教育学院签署了共建孔子学院的协议。

附　录

（一）部分公立大学名单

（1）卢旺达大学（University of Rwanda）

（2）卢旺达法律实践与发展学院（Institute of Legal Practice and Development of Rwanda）

（3）卢旺达综合职业技术学院（Rwanda Polytechnic）

（二）部分私立大学名单

（1）非洲数学科学研究所（African Institute for Mathematical Sciences）

（2）非洲领导大学（African Leadership University）

（3）中非基督复临安息日会大学（Adventist University of Central Africa）

（4）卡耐基梅隆大学卢旺达分校（Carnegie Mellon University-Rwanda）

（5）卢旺达天主教大学（Catholic University of Rwanda）

（6）卢旺达基督教大学（Christian University of Rwanda）

（7）东非、中非和南部非洲外科医生学院（The College of Surgeons of East, Central and Southern Africa）

（8）东非大学卢旺达分校（East African University Rwanda）

（9）伊丹加布雷兹教育学院（Indangaburezi College of Education）

（10）天主教卡布加伊大学（Catholic University of Kabgayi）

（李雷、何倩楠、张任、ILDEPHONSE HABIMANA、HARINDINTWALI JEAN DAMASCENE）

马达加斯加

一、关于马达加斯加

（一）国家概况

马达加斯加，全称为马达加斯加共和国，位于非洲大陆东南部、印度洋西南面的马达加斯加岛上，为世界第四大岛。南回归线穿过该国南部，马达加斯加大部分地区位于南回归线以北的热带地区，隔莫桑比克海峡与非洲大陆相望。在莫桑比克海峡最窄处，该国与非洲相距约 400 千米。马达加斯加海岸线长约 5000 千米，东南沿海为热带雨林气候，终年湿热，年平均气温 24℃；中部为热带高原气候，温和凉爽，年平均气温 18.3℃；西部为热带草原气候，干旱少雨，年平均气温 26.6℃。首都是塔那那利佛（Antananarivo），货币为阿里亚里（Ariary）。

20 世纪以来，马达加斯加受非洲、东南亚（印度尼西亚）、欧洲等不同国家、地区的影响，形成了当前的多元文化社会。截至 2022 年，人口约 2800 万。马达加斯加人占总人口的 98%以上，由 18 个民族组成，其中较大的有：伊麦利那（占总人口的 26.1%）、贝希米扎拉卡（14.1%）、贝希略（12%）、希米赫特（7.2%）、萨卡拉瓦（5.8%）、安坦德罗（5.3%）和安泰萨卡（5%）等。各民族语言、文化、风俗习惯大体相同。在马达加斯加定居的尚有少数科摩罗人、印度人、巴基斯坦人和法国人，另有华侨和华裔约 5 万人。民族语言为马达加斯加语（属马来—波利尼西亚语系），官方语言为法语。居民中信奉传统宗教的占 52%，信奉基督教（天主教和新教）的占 41%，信奉伊斯兰教的占 7%。①

① 中华人民共和国外交部. 马达加斯加概况[EB/OL]. [2022-12-20]. https://www.mfa.gov.cn/web/gjhdq_676201/gj_676203/fz_677316/1206_678092/1206x0_678094/.

（二）护照样式

马达加斯加的护照是公民的国际旅行证件，护照样式见图 1 和图 2。

图 1　护照封面样式

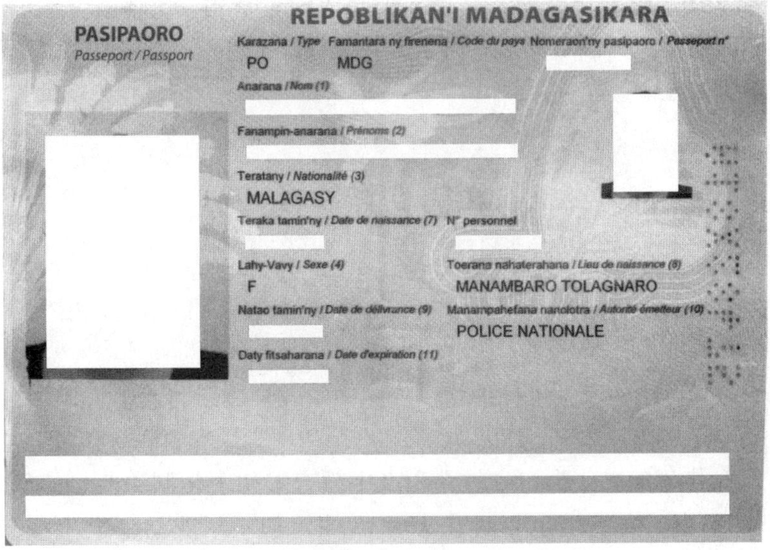

图 2　护照信息页样式

二、教育体系[①]简介

马达加斯加实行五年制义务教育。城市地区使用法语教学，农村地区大部分中小学使用马达加斯加语教学。自 1978 年起，正式教育分为：5 年基础教育（小学）、4 年普通初中教育、3 年高中教育和高等教育。

基础教育：6~13 岁的儿童必须上学，前 5 年为小学。

初中教育：接下来的 4 年为初中，毕业后颁发证书。

高中教育：马达加斯加的高中为非义务教育，学生主要为较富裕的城市孩子。学生高中毕业后获得高中文凭，高中文凭是进入大学的必要条件。

高等教育：塔那那利佛大学是 1955 年成立的最核心高等教育机构。它催生了该国其他主要的高等教育机构，分别设在安齐拉纳纳、菲亚纳兰楚阿、图阿马西纳、图利亚拉和马哈赞加。

在传统的马达加斯加，人们认为教育与生活的其他领域没有区别。它强调要保持自己在等级社会中的地位，训练人们遵守礼仪和无数禁令，最重要的是教导人们尊重祖先。现代意义上的正规教育最早出现于 1820 年，为伦敦传教协会传教士大卫·琼斯在塔那那利佛建立的一所学校，由拉达玛一世国王资助，学校的第一批学生是王室成员。

马达加斯加大学于 1955 年在塔那那利佛创立，原先是一所高级研究所，于 1961 年更名为塔那那利佛大学，是主要的高等教育机构。大学院系设置包括法学院、理学院和文学院，以及众多专门从事公共行政、管理、医学、社会福利、公共工程和农学类院校。

三、中等教育（高中）

马达加斯加的高中一般是公立学校，高中通过选拔考试招生，招生人数取决于每个高中的接收能力，学生高中毕业时要参加毕业考试。

高中的课程、结构、学术标准均以法国中学教育体系为蓝本。1972 年，300 多所中学共有 100,000 名学生。1998 年，2000 余所中学约有 500,000 名学生。

中学教育共 7 年，分为初中教育和高中教育。初中学制 4 年，该级别的学生年龄在 12~15 岁。高中学生年龄在 16~18 岁。初中毕业后，学生将获得证书，高中毕业生会获得高中文凭。职业教育的毕业生将获得职业学院颁发的职业证

---

① Helen C M. Madagascar:A Country Study[M]. Washington: GPO for the Library of Congress,1994.

书，被技术学院录取的高中毕业生将获得技术学士学位文凭。①

（一）高中统考

高中文凭，通常在法国被称为 BAC（Baccalauréat en France，简称 BAC），是马达加斯加采用的法国国家学历。学生在达到中等学习水平时可以通过满足一定的要求来获得该学历。高中统考由高等教育和科学研究部负责组织。

（二）评分系统

马达加斯加高中评分系统的等级为 A~F，见表 1。

表 1　高中评分系统

分数区间（分）	等级
14.00~20.00	A
12.00~13.90	B+
11.00~11.90	B
10.50~10.90	B−
10.10~10.40	C+
10.00~10.00	C
9.00~9.90	C−
8.00~8.90	D
0.00~7.90	F

（三）高中统考结果查询和证书

考生可在官方网站上输入考生号查询考试结果。查询结果和正式证书样式见图 3 和图 4。

① Helen C M. Madagascar: A Country Study[M]. Washington: GPO for the Library of Congress, 1994.

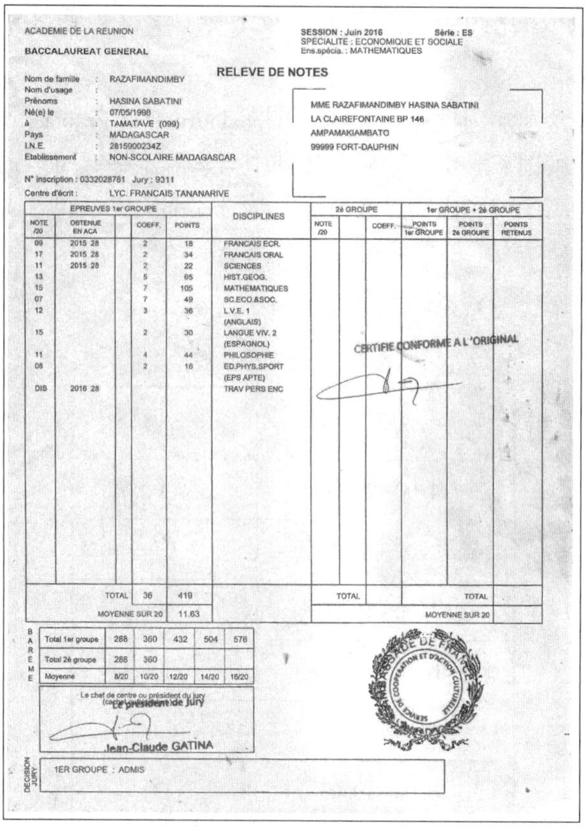

ACADEMIE DE LA REUNION

BACCALAUREAT GENERAL

SESSION : Juin 2016 Série : ES
SPECIALITE : ECONOMIQUE ET SOCIALE
Ens.spécia. : MATHEMATIQUES

RELEVE DE NOTES

Nom de famille : RAZAFIMANDIMBY
Nom d'usage :
Prénoms : HASINA SABATINI
Né(e) le : 07/05/1998
à : TAMATAVE (099)
Pays : MADAGASCAR
I.N.E. : 2815900234Z
Etablissement : NON-SCOLAIRE MADAGASCAR

MME RAZAFIMANDIMBY HASINA SABATINI
LA CLAIREFONTAINE BP 146
AMPAMAKIAMBATO
99999 FORT-DAUPHIN

N° inscription : 0332028781 Jury : 9311
Centre d'écrit : LYC. FRANCAIS TANANARIVE

EPREUVES 1er GROUPE					DISCIPLINES	2è GROUPE			1er GROUPE + 2è GROUPE		
NOTE /20	OBTENUE EN ACA		COEFF.	POINTS		NOTE /20		COEFF.	POINTS 1er GROUPE	POINTS 2è GROUPE	POINTS RETENUS
09	2015 28		2	18	FRANCAIS ECR.						
17	2015 28		2	34	FRANCAIS ORAL						
11	2015 28		2	22	SCIENCES						
13			5	65	HIST.GEOG.						
15			7	105	MATHEMATIQUES						
07			7	49	SC.ECO.&SOC.						
12			3	36	L.V.E. 1 (ANGLAIS)						
15			2	30	LANGUE VIV. 2 (ESPAGNOL)						
11			4	44	PHILOSOPHIE						
08			2	16	ED.PHYS.SPORT (EPS APTE)						
DIS	2016 28				TRAV PERS ENC						
		TOTAL	36	419		TOTAL			TOTAL		
		MOYENNE SUR 20		11.63					MOYENNE SUR 20		

CERTIFIE CONFORME A L'ORIGINAL

BAREME

Total 1er groupe	288	360	432	504	576
Total 2è groupe	288	360			
Moyenne	8/20	10/20	12/20	14/20	16/20

Le chef de centre ou président du jury
(cachet ou signature)
Le président de Jury
Jean-Claude GATINA

AMBASSADE DE FRANCE
SERVICE DE COOPERATION ET D'ACTION CULTURELLE

DECISION JURY
1ER GROUPE : ADMIS

图 3　高中统考查询结果

MINISTÈRE DE L'ÉDUCATION NATIONALE, DE L'ENSEIGNEMENT SUPÉRIEUR
ET DE LA RECHERCHE

ACADEMIE DE LA REUNION

DIPLÔME
DU BACCALAURÉAT GÉNÉRAL

Vu le procès-verbal de l'examen du baccalauréat général établi par le président du jury;
Le diplôme du baccalauréat général
en [redacted]
est délivré au titre de la session [redacted]
à [redacted]
né(e) le [redacted] *, à* [redacted]

conféré le grade de bachelier,
pour en jouir avec les droits et prérogatives qui y sont attachés.

Fait à [redacted] le 23 Aout [redacted]

Signature du titulaire :

RECTORAT
SAINT-DENIS - REUNION

Pour la ministre de l'Éducation nationale,
de l'enseignement supérieur et de la recherche
et par délégation :
Le recteur de l'Académie de La Réunion

[redacted]

N° [redacted]

图 4　高中毕业证书样式

（四）考试成绩验证

考试成绩及证书的真实性是可以核查的。相关机构或个人可以通过高等教育和科学研究部官网在线核查。学校可以按照申请人提供的正式成绩单，根据成绩单上的核查代码，直接输入代码验证。

四、本科教育

马达加斯加大学系统有几个常见院系，其中法律、经济、科学、文学和人文科学占主导地位。此外，有些学校进一步细分为院系。例如，菲亚纳兰楚阿大学，有20多个系，包括建筑学、城市规划、建筑公共工程、电子工程、地质、水力学、气象、材料、冶金科学、电信、光学、应用物理学和国际关系学等。该校有200名教职员工，其中120名为正式教职员工，其余为在技术部门和专业行业工作的非正式教职员工。本科教育提供本科文凭，毕业后可获得学士学位证书。

（一）入学要求

1. 普通高等学校

学士学位：高中教育文凭/技术教育文凭+相关证明

为验证申请者资格，学生需提交毕业证和成绩单（所有学期）及所获得的所有一级学位。

2. 理工科学习要求

理工学院要求具有技术教育的高中文凭或具有技术学院的一般技术或工艺课程学习经历。马达加斯加的理工学院比大学更注重实践，并提供相应专业文凭。

（二）评分系统

马达加斯加高等教育评分系统采用20分制。马达加斯加大学评分系统见表2。

表2　大学评分系统

20分制（分）	对应等级	对应评价
20	A+	优
19	A+	优
18	A+	优
17	A+	优
16	A	良好
15	A	良好
14	A−	良

续表

20分制（分）	对应等级	对应评价
13	B+	一般
12	B	一般
11	B-	合格
10	C	合格
<10	F	不合格

（三）学位证书样式

学士学位证书样式见图5。

REPOBLIKAN'I MADAGASIKARA

Fitiavana - Tanindrazana - Fandrosoana

Faculté de Droit, d'Economie, de Gestion et de Sociologie

Université d'Antananarivo

DIPLÔME DE LICENCE

Le Ministre de l'Enseignement Supérieur et de la Recherche Scientifique, et par délégation le Président de l'Université d'Antananarivo,
Vu l'ensemble des textes en vigueur portant création des Universités et fixant l'organisation et le fonctionnement des Universités et des Etablissements d'Enseignement Supérieur,
Vu le décret n° 2012 – 831 du 18 septembre 2012 modifiant certaines dispositions du décret 2008 – 179 du 15 février 2008 portant réforme du système de l'Enseignement Supérieur et de Recherche en vue de la mise en place du système « Licence, Master, Doctorat » (LMD) ;
Vu l'arrêté n° 04. 149/2010 – MESupReS du 24 mars 2010 relatifs aux grades, titres et diplômes nationaux dans le système LMD
Vu l'arrêté n° 04. 150/2010 – MESupReS du 24 mars 2010 fixant la liste des domaines de formation ouverts dans l'enseignement supérieur ;
Vu l'arrêté n° 04. 152/2010 – MESupReS du 24 mars 2010 portant organisation des études universitaires conduisant au diplôme et grade de Licence ;
Vu les pièces justificatives produites par l'intéressé(e) en vue de son inscription à la Licence ;
Vu les Procès – Verbaux du jury attestant que l'intéressé(e) a satisfait au contrôle des connaissances et des aptitudes prévues par des textes réglementaires ;

Délivre le diplôme de LICENCE, à :

Nom : RAHELIARIMIANDRY Nantenaina Vetsotiana

Né(e) le : 26 décembre 1991 à Alasora (Madagascar)

Domaine : SCIENCES DE LA SOCIÉTÉ
Mention : ECONOMIE
Parcours : ECONOMIE GÉNÉRALE
Et lui confère le Grade de LICENCE
Au titre de l'année universitaire 2016 - 2017

Mention : ____________ pour en jouir avec les droits et prérogatives qui y sont attachés

Antananarivo, le 08 août 2018

L'impétrant

Le Doyen

Le Président,

Panja RAMANOELINA
Professeur Titulaire

NUMÉRO D'ORDRE : 668856 / 2 294

MINISTÈRE DE L'ENSEIGNEMENT SUPÉRIEUR ET DE LA RECHERCHE SCIENTIFIQUE

图5　学士学位证书样式

（四）学位证书验证

高等教育和科学研究部（MINISTERE DE LENSEICNEMENT SUPERIHOR ET DE LA RECHERCHE SCIENTIFIQUE，缩写为MESupReS）是马达加斯加负责高校毕业证书认证的官方机构，其官方网址为http：//www. mesupres. gov. mg/。

（五）高校一览①

马达加斯加高校具体信息见表3。

---

① 马达加斯加高等教育和科学研究部[EB/OL].[2022-02-20]. http://www. mesupres. gov. mg/IMG/pdf/liste_des_institutions_superieures_about_2021-privees-ok. pdf.

表 3　高校一览

所

高校类型	高校数量	开设项目数
私立院校	138	386
医学院校	109	243
公共类院校	22	435
与其他政府部门有合作的院校	5	8
公立博士学校	29	98
私立博士学校	3	6
合计	306	1176

五、硕士研究生教育

硕士学位包含旧制度的硕士学位和深入学习文凭及高等专业学习文凭（DiplôMe D'éTudes Approfondies，缩写为 DEA/DESS）学位。

报考要求：本科学士学位或同等学力。

学习期限：该文凭是在获得学士学位后 2 年内完成的。

第一年（“M1”）分为 2 个学期（“S1 和 S2”）

第二年（“M2”）2 个学期（“S3 和 S4”）

（一）入学要求

马达加斯加的大学学习遵循本科、硕士、博士制度（Licence，Master，Doctorat，缩写为 LMD），同时遵循法国教育制度。

需获得马达加斯加或法国高等教育机构至少 3 年高等教育文凭（“最低学士学位”）。

在法国高等教育机构获得了 180 个学分。

学校与大学签署了合作协议的可以免试进入资格阶段。

可以佐证所获学历水平相当于在法国高等教育机构中获得 180 学分的证明。

另外：

申请者每学年只能提交一种申请文件。

不可以通过多种文件、多种途径申请硕士。

申请 180 个学分的申请人必须提供已核验的至少 3 年的高级课程、学士学位证书（BAC+3），且获得至少 180 个学分。

（二）评分系统

评分系统分为 A~F 等级，见表 4。

表 4 硕士评分系统

等级	占比（%）	评分结果	分值区间（分）
A	10	优秀	17～20
B	25	良好	15～16
C	30	良	13～14
D	25	一般	11～12
E	10	合格	10
F	–	不合格	<10

（三）学位证书样式

硕士学位具体证书样式见图 6。

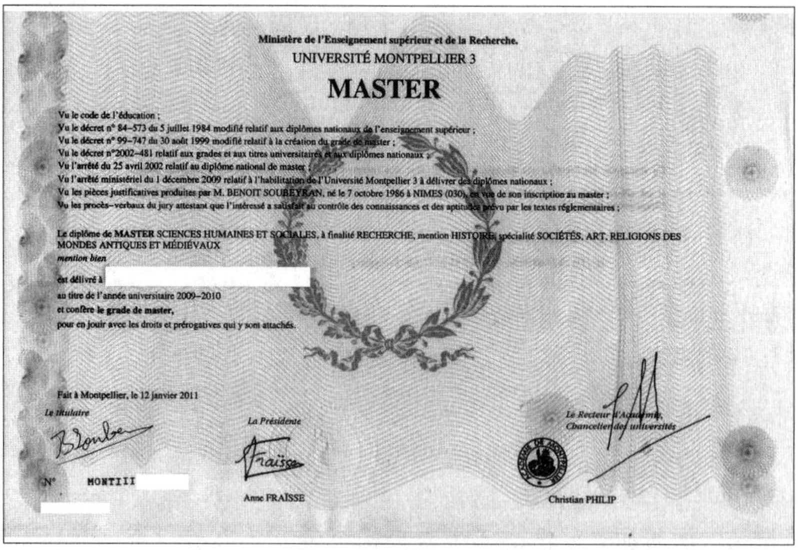
Ministère de l'Enseignement supérieur et de la Recherche.
UNIVERSITÉ MONTPELLIER 3
MASTER

Vu le code de l'éducation ;
Vu le décret n° 84–573 du 5 juillet 1984 modifié relatif aux diplômes nationaux de l'enseignement supérieur ;
Vu le décret n° 99–747 du 30 août 1999 modifié relatif à la création du grade de master ;
Vu le décret n°2002–481 relatif aux grades et aux titres universitaires et aux diplômes nationaux ;
Vu l'arrêté du 25 avril 2002 relatif au diplôme national de master ;
Vu l'arrêté ministériel du 1 décembre 2009 relatif à l'habilitation de l'Université Montpellier 3 à délivrer des diplômes nationaux ;
Vu les pièces justificatives produites par M. BENOIT SOUBEYRAN, né le 7 octobre 1986 à NIMES (030), en vue de son inscription au master ;
Vu les procès–verbaux du jury attestant que l'intéressé a satisfait au contrôle des connaissances et des aptitudes prévu par les textes réglementaires ;

Le diplôme de **MASTER** SCIENCES HUMAINES ET SOCIALES, à finalité RECHERCHE, mention HISTOIRE, spécialité SOCIÉTÉS, ART, RELIGIONS DES MONDES ANTIQUES ET MÉDIÉVAUX
mention bien
est délivré à [redacted]
au titre de l'année universitaire 2009–2010
et confère **le grade de master,**
pour en jouir avec les droits et prérogatives qui y sont attachés.

Fait à Montpellier, le 12 janvier 2011

Le titulaire
N° MONTIII[redacted]
[redacted]

La Présidente
Anne FRAÏSSE

Le Recteur d'Académie, Chancelier des universités
Christian PHILIP

图 6 硕士学位证书样式

（四）学位证书验证

同本科学士证书验证一样，由高等教育和科学研究部负责。

六、博士研究生教育

（一）简况

博士研究生是本科、硕士、博士制度（L–M–D）的最后阶段，适用于拥有硕士学位并希望致力于某领域深入研究的申请者。

因此，在获得硕士学位之后，申请者要在大学团队、研究机构或公司中至少准备3年，且必须确保有精深的专业知识、深入的研究性培训并提供原创作品。

（二）入学要求

学生需持有硕士学位或同等学力，才可攻读博士学位。因此，硕士2年级学生必须开始着手准备申请博士（从1月开始）。

物理、化学、数学、生物学、工程学等学科领域，申请者需要缴纳注册费。人文和社会科学领域，有时不用交注册费，具体要咨询报考学校。

附　录

（一）教育机构联系方式

1. 高等教育和科学研究部（高中）

网站：www. bac-madagascar. net

2. 高等教育和科学研究部（高等教育）

地址：M. le Director General of Higher Education，Tsimbazaza，P. O. BOX 4163，Antananarivo 101，Madagascar

电话：（+261）20 22271 85 /（+261）20 22211 09

传真：（+261）20 22238 97

网站：www. mesupres. gov. mg/

（二）部分大学名单[①]

（1）塔那那利佛大学（University of Antananarivo）
（2）安齐拉纳纳大学（University of Antsiranana）
（3）图阿马西纳大学（University of Toamasina）
（4）菲亚纳兰楚阿大学（University of Fianarantsoa）
（5）马哈赞加大学（University of Mahajanga）
（6）马达加斯加天主教大学（Catholic University of Madagascar）
（7）塔那那利佛高等技术学院（Higher Institute of Technology of Antananarivo）
（8）图利亚拉大学（University of Toliary）
（9）阿森纳理工高等学院（Arsenal Higher Polytechnic Institute）
（10）马达加斯加高等理工学院（Higher Polytechnic Institute of Madagascar）
（11）马达加斯加政治研究所（Madagascar Institute of Political Studies）
（12）苏黎世复临大学（Zurcher Adventist University）

---

① 马达加斯加高等教育和科学研究部[EB/OL].[2022-02-20]. http://www. mesupres. gov. mg/IMG/pdf/liste_des_institutions_superieures_about_2021-privees-ok. pdf.

（三）排名前5位的大学名单①

（1）塔那那利佛大学（University of Antananarivo）

（2）图利亚拉大学（University of Toliary）

（3）菲亚纳兰楚阿大学（University of Fianarantsoa）

（4）马哈赞加大学（University of Mahajanga）

（5）图阿马西纳大学（University of Toamasina）

（贾亚超、ERIC ABDON ANDRINIAINA、LEAKHATALY RICHAD、ANDRIAMANDIMBY TAHINJANAHARY TANYA FLORENCE）

① 2021 Malagasy University Ranking[EB/OL].[2022-09-28].https://www.4icu.org/mg/#.

毛里求斯

一、关于毛里求斯

（一）国家概况

毛里求斯，全称为毛里求斯共和国，面积为2040平方千米（包括属岛面积175平方千米）。毛里求斯是非洲东部的岛国，位于印度洋西南方，西距马达加斯加约800千米，与非洲大陆相距2200千米，海岸线长250千米。作为火山岛国，毛里求斯四周被珊瑚礁环绕，岛上地貌千姿百态，沿海是狭窄平原，中部是高原山地，有多座山脉和孤立的山峰。首都是路易港。毛里求斯经历荷兰、法国和英国等国殖民统治后，于1968年3月12日获得独立，岛上亦有不少华人。毛里求斯是非洲经济发展较好的国家之一，2022年，毛里求斯人均国内生产总值达到10,625美元①，经济较为发达，生活相对富裕，被称为“非洲瑞士”。

图1所示是毛里求斯国徽。

图1 毛里求斯国徽

毛里求斯是非洲人口密度最高的国家，截至2022年11月，常住人口约为123.53万人。毛里求斯是多种族国家，居民主要由印度和巴基斯坦裔（69%）、克里奥尔人（欧洲人和非洲人混血，27%）、华裔（2.3%）和欧洲裔（1.7%）组成。毛里求斯居民中52%信奉印度教，30%信奉基督教，17%信奉伊斯兰教，另有少数人信奉佛教。②

① 中华人民共和国外交部. 毛里求斯国家概况[EB/OL].[2022-05-01]. https://www.fmprc.gov.cn/web/gjhdq_676201/gj_676203/fz_677316/1206_678164/1206x0_678166/.

② 中华人民共和国外交部. 毛里求斯国家概况[EB/OL].[2022-05-01]. https://www.fmprc.gov.cn/web/gjhdq_676201/gj_676203/fz_677316/1206_678164/1206x0_678166/.

毛里求斯克里奥尔语是毛里求斯大多数人的母语，英语和法语通常被认为是毛里求斯的国家通用语言，是政府管理、教育、法院、媒体和商业行为等中使用的语言。学生必须学习英语和法语，还需选择一门亚洲语言或克里奥尔语。

毛里求斯属于亚热带海洋性气候，全年分夏、冬两季。每年 11 月到次年 4 月为夏季，此时，海水的温度较高，约为 27 ℃，沿海平均气温 27 ℃，中部高原稍低，平均为 22 ℃。每年 5 月到 10 月为冬季，沿海的平均气温为 24 ℃，中部高原平均为 19 ℃，此时海水温度约 22 ℃。毛里求斯全年气候温热，每年 6~11 月气候较为凉爽，少雨，是最佳的旅行时间，而 1~3 月多雨，有时候还会有龙卷风，气候炎热潮湿。

毛里求斯承袭了英国的教育体制，截至 2021 年 10 月，毛里求斯全国共有学前教育学校 789 所，在校生 2.36 万余人；小学 319 所，在校生约 8.4 万人；中学 178 所，在校生约 10.27 万人；职业学校 110 所，在校生 8000 余人。毛里求斯有 2 所主要的公立大学，分别为毛里求斯大学和毛里求斯技术大学，培养本科生、硕士研究生和博士研究生。另有 8 所专科学校，其中毛里求斯教育学院是以培训中小学教师为主的专科学院，甘地学院是由印度援建的东方语言艺术学院。①

（二）护照样式

护照样式见图 2 和图 3。

图 2　护照封面样式

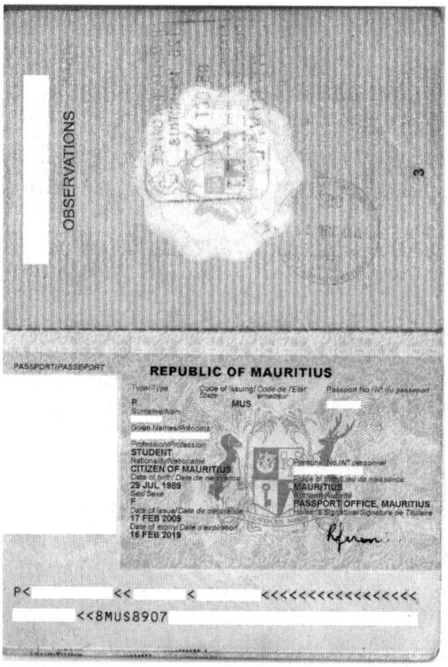

图 3　护照信息页样式

① 中华人民共和国外交部. 毛里求斯国家概况[EB/OL].[2022-05-01]. https://www.fmprc.gov.cn/web/gjhdq_676201/gj_676203/fz_677316/1206_678164/1206x0_678166/.

二、教育体系简介

毛里求斯的教育体系包括2~3年的学前教育；6年的小学教育（完成后获得小学毕业证书）；3年的初中教育（完成后获得初中毕业证书）；2年的高中教育（第一阶段）（完成后获得O-Level毕业证书）；2年的高中教育（第二阶段）（完成后获得A-Level毕业证书）；高等教育阶段包括本科、硕士、博士教育等。

学前教育是指小学开始之前完成的教育阶段，毛里求斯所有3~5岁的学生都必须接受这一教育。学前教育课程为期2~3年，完成学习后，学生可以进入小学。

小学教育是从1年级到6年级的教育阶段，有6门科目：数学、语言、健康和体育、社会、科学和环境教育、艺术。在小学教育即将结束时，学生会接受评估，合格后获得小学毕业证书（PSAC-Primary School Achievement Certificate）。

毛里求斯的评分等级按1~6将每个核心科目进行相应分数范围的划定，评分1为最高等级，见表1。

表1 1~6评分的分数范围

数字评分	分数（分）
1	>75
2	60~75
3	50~59
4	40~49
5	30~39
6	<30

三、中等教育

（一）概况

毛里求斯的中学教育是从7年级到13年级的教育阶段，共7年，由国家通过教育和人力资源部、高等教育部和科学研究部进行管理。2016年，毛里求斯进行了9年持续基础教育（NYCBE）改革，所有儿童在完成小学1~6年级基础教育学习后，升入中学开始7~9年级初中教育学习，即义务教育阶段的最后3年。完成义务教育阶段后，学生在10~11年级接受高中教育（第一阶段）后，参加剑桥大学国际考试中心O-Level考试。考试通过的学生将进入12、13年级高中教育（第二阶段），然后参加剑桥大学国际考试中心的 A-Level 测试。

技术和职业教育及培训（TVET-Technical and Vocational Education and Training）分别为完成 9 年级、11 年级、13 年级学业的学生提供不同的职业技术学习途径，从而获得特定领域的国家证书、国家文凭或国家高等文凭。毛里求斯的学生接受教育的路径图见图 4。毛里求斯中学的数量和类型见表 2。

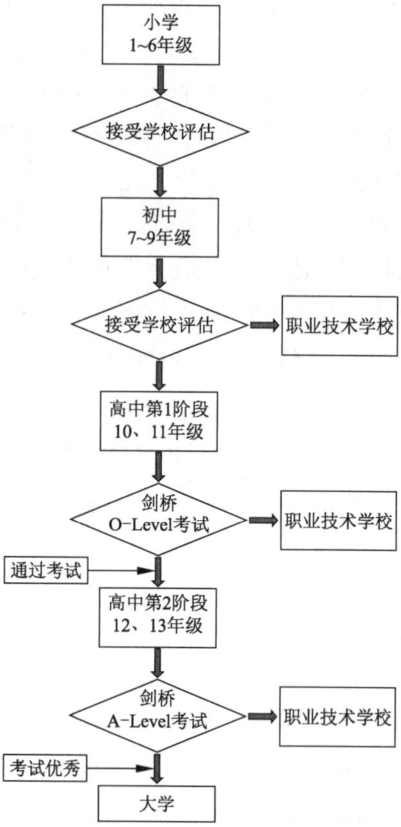

图 4　毛里求斯的学生接受教育的路径图

表 2　毛里求斯中学的数量和类型

中学类型	中学数量（所）	
	毛里求斯	外岛
国立中学（免学费）	69	0
私立中学（免学费）	79	9
私立中学（收费）	24	0
总计	172	9

中学教授的科目可分为："核心科目"和"非核心科目"。

核心科目列表：

- 英语（包括口语技能和文学）
- 数学
- 法语（包括口语技能和文学）
- 科学（化学，物理和生物学）
- 信息通信技术
- 技术研究
- 商业和企业家精神教育（企业家精神、经济学和会计）
- 社会和现代研究（历史、地理和社会学）
- 艺术与设计
- 可选语言（亚洲语言、阿拉伯语或克里奥尔语）

非核心科目列表：

- 表演艺术
- 体育
- 生活价值观和技能

毛里求斯教育部门扩展课程是为已升入 7 年级但到 6 年级小学毕业时未达到毕业要求标准的学生设置的，教学目标以公平教育为基本理念，并具有包容性。学习扩展课程的学生除与其他 7 至 9 年级学生学习相同的课程外，还需要完成专门设计的扩展课程学习，其时间跨度为 4 年，以适应他们学习速度较慢的状况。这些学生在基础教育阶段完成后将获得新的国家教育证书（NCE）。

（二）统考

O-Level 和 A-Level 考试由英国剑桥大学通过剑桥大学国际考试中心进行。英国国家考试局对每一个开设 A-Level 的教育机构都进行严格的教学质量监控，以确保每一位学生都能接受到高质量的教育。

A-Level 考试通常在每年 10~12 月进行，次年的 2 月公布成绩，8 月大学开学。A-Level 考试包含 70 多门供学生选择的科目，一般学生选择 3~4 门科目学习后参加考试。下面列出部分科目的中英文名称以供参考：

Accounting 会计学
Archaeology 考古学
Arts & Crafts 手工艺
Art 艺术
Art：Interior Design 艺术：室内设计
Art：Pottery 艺术：制陶
Arabic 阿拉伯语
Art：Embroidery 艺术：刺绣
Art & Design 艺术设计
Ancient History 古代史
History of Art 艺术史
Biology 生物
Bengali 孟加拉语
Business Studies 商业研究
Business & Law 商业和法律
Chinese 汉语
Chemistry 化学
Classical Civilization 古代文明

Computer Science 计算机科学
Drama 戏剧
Dance 舞蹈
Drawing & Painting 绘画
Economics 经济学
English Language 英语语言学
Europe History 欧洲史
European Studies 欧洲研究
French 法语
Further Mathematics 高等数学
Geography 地理学
German 德语
Greek 希腊语（古代和现代）
Classical Greek 古希腊语
Communication Studies 传媒学
Dutch 荷兰语
Electronics 电子学
English Literature 英语文学
Environmental Studies 环境学
Economic and Social History 经济和社会史
Economics and Public Affairs 经济学和公共事务
Fashion and Textiles 时装和纺织品
Film Studies 电影
Geology 地质
General Studies 通识教育
General Principles of English Law 英国法规和法律
Government & Politics 政府与政策
History 历史
Home Economics 家政学
Italian 意大利语
Instrumental Music 器乐演奏
Japanese 日本语
Law 法律
Modern Greek 现代希腊语
Mathematics 数学
Mechanics 机械学
Music 音乐
Photography 摄影学
Physical Education 体育
Portuguese 葡萄牙语
Public Affairs 公共事务
Punjab 旁遮普语
Russian 俄语
Sociology 社会学
History of Art 美术史
Human Biology 人类生物学
Human Physiology 人体生理学
Industrial Design 工业设计
Information Technology 信息技术
Latin 拉丁语
Modern History 现代史
Media Studies 媒体研究
Music Technology 音乐技术
Philosophy 哲学
Physics 物理
Psychology 心理学
Politics 政治学
Performance Art 表演艺术
Religious Studies 宗教学
Social biology 社会生物学
Spanish 西班牙语
Sports Studies 运动学
Social and Environmental Biology 社会及环境生物学
Statistics 统计学
Turkish 土耳其语
Urdu 乌尔都语
Theology 神学
Theatre Studies 戏剧学

学生可以选择考试科目中最擅长的 3 个科目，根据选择的科目情况，申请大学的相关专业。A-Level 考试的成绩分为“A、B、C、D、E、U”共 6 个等级，“A”为最优，“B-E”为通过，“U”为不及格。如果学生对某门课的成绩不满意，可以选择重考，最终成绩以最好的一次为准。A-Level 考试的及格等级“E”相当于百分制中的 40 分。学生达到及格成绩，就可以申请大学。具体的等级与分制之间的关系如下所示：

A-Level 考试成绩是百分制，分为 A：80 ~ 100；B：70 ~ 80；C：60 ~ 70；D：50~60；E：40~50；U：40 以下。

考试通过后，学生同时可以获得高中文凭。A-Level 考试证书样式见图 5。

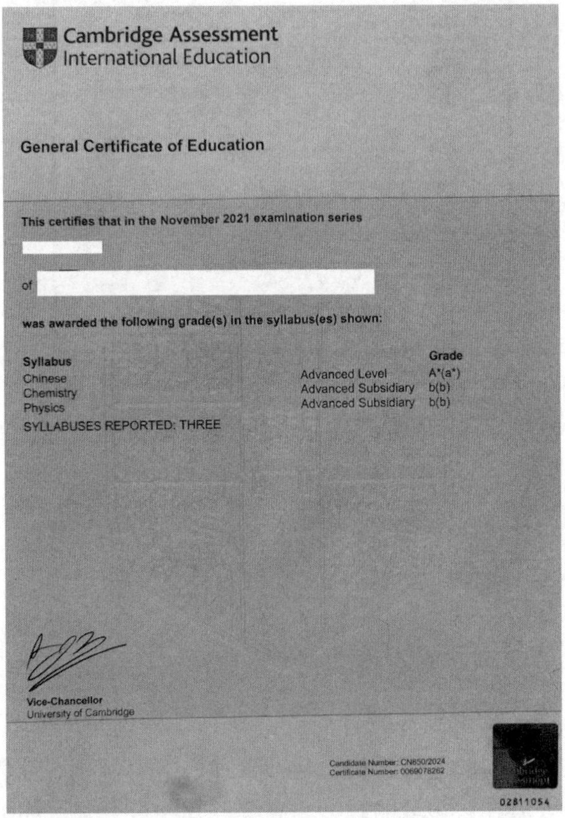
Cambridge Assessment
International Education

General Certificate of Education

This certifies that in the November 2021 examination series

of

was awarded the following grade(s) in the syllabus(es) shown:

Syllabus		Grade
Chinese	Advanced Level	A*(a*)
Chemistry	Advanced Subsidiary	b(b)
Physics	Advanced Subsidiary	b(b)

SYLLABUSES REPORTED: THREE

Vice-Chancellor
University of Cambridge

Candidate Number: CN850/2024
Certificate Number: 0069078262

02811054

图 5　A-Level 考试证书样式

（三）考试成绩验证

毛里求斯的高中毕业统考由地方考试委员会——毛里求斯考试集团与剑桥考试中心合作，统一按照 A-Level 测试举行，且最终由这两个机构共同发布结果。另外，每一年参加高中毕业统考的人数只有 10,000~15,000 人。因此，在国家级别考试上，该考试成绩无须进一步验证。毛里求斯高中毕业证书样式见图 6。

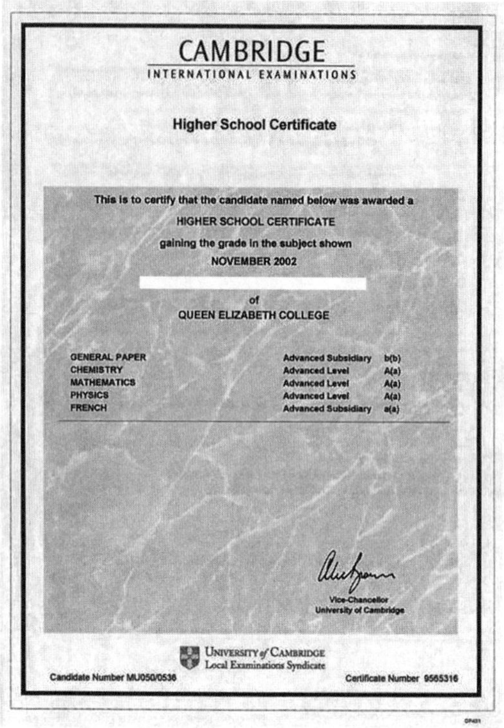
CAMBRIDGE
INTERNATIONAL EXAMINATIONS

Higher School Certificate

This is to certify that the candidate named below was awarded a
HIGHER SCHOOL CERTIFICATE
gaining the grade in the subject shown
NOVEMBER 2002

of
QUEEN ELIZABETH COLLEGE

GENERAL PAPER	Advanced Subsidiary	b(b)
CHEMISTRY	Advanced Level	A(a)
MATHEMATICS	Advanced Level	A(a)
PHYSICS	Advanced Level	A(a)
FRENCH	Advanced Subsidiary	a(a)

Vice-Chancellor
University of Cambridge

UNIVERSITY of CAMBRIDGE
Local Examinations Syndicate

Candidate Number MU050/0536
Certificate Number 9565316

图 6　高中毕业证书样式

四、专科 & 本科教育

（一）概况

毛里求斯的高等教育由高等教育委员会（Tertiary Education Commission，TEC）负责。它是高等教育部门的监管机构，与教育和人力资源部、高等教育和科学研究部合作，共同执行政府在该领域的政策。高等教育委员会宗旨如下：

（1）促进发展大专院校教育和培训设施；

（2）向大专院校提供指导方针，以制定关于高等教育和培训的运作及发展年度计划和长期计划；

（3）就发展毛里求斯的高等教育向部长提出建议；

（4）就与奖学金授予有关的政策事项向部长提供咨询；

（5）促进高等教育机构间在以下方面的协调：

① 使用基础设施和其他物质资源；

② 使用最佳雇员；

③ 组织教学计划；

④ 研究的计划和实施；

（6）管理在毛里求斯注册并获得认可提供高等教育的私立大学和其他机构；

（7）通过适当的质量保证和认证机制，促进和维持高等教育的高质量标准；

（8）核查在毛里求斯境内或境外获得的中等教育证书或专业资格的真实性。

毛里求斯主要的高等教育机构情况见表3，毛里求斯其他高等教育机构见表4。

表3　毛里求斯主要的高等教育机构

学校名称	性质	地点
Greenwich University, Karachi	私立	Ebene
Middlesex University	私立	Cascavelle
Open University of Mauritius	国立	Reduit
Universite des Mascareignes	国立	Rose hill
University of Mauritius	国立	Reduit
University of Technology	国立	Pointe aux Sables

表4　毛里求斯其他高等教育机构（部分）

学校名称	性质	地点
African Leadership College	私立	Pamplemousses
Alliance Francaise de L'ile Maurice	私立	Bell Village
Amity Institue of Higher Education	私立	Ebene
Anna Medical College and Resesarch Centre	私立	Solitude
Appollo Bramwell Nursing Scool	私立	Port Louis
Appavoo Business School	私立	Port Louis
BSP School of Accountancy and Management	私立	Curepipe, Port Louis
Belstar Training Centre	私立	Rose Hill
C-DAC School of Advanced Computing	私立	Quatre Bornes
Centre d'Etudes Superieures de la MCCI	私立	Ebene
Centre for Legal and Business Studies	私立	Rose Hill
Charles Telfair Institute	私立	Moka
Ecole de Medecine Louis Pasteur	私立	Port Louis
Elite Business School	私立	Ebene
Fashion and Design Institute	私立	Quatre Bornes
Glamis Business School	私立	Quatre Bornes
Grant Thornton Business School	私立	Ebene
ISITECH Business School	私立	Ebene
Institue of Marketing and Management	私立	Quatre BOrnes
JSS Academy of Technical Education	私立	Vacoas

续表

学校名称	性质	地点
Jhurry Rya School	私立	Port Louis
London College of Accountancy	私立	Ebene
Mahatma Gandhi Insitute	国立	Moka
Mauras College of Dentistry and Hospital and Oral Institute	私立	Arsenal
Mauritius Institute of Education	国立	Reduit
Mauritius Institute of Health	国立	Pamplemousses
Mauritius Institute of Training and Development	国立	Moka
Padmashree Dr DY Patil Medical College	私立	Quatre Bornes
Rabindranath Tagore Institute	国立	Pamplemousses
Rushmore Business School	私立	Quatre Bornes
Sir Seewoosagur Ramgoolam Medical College	私立	Belle Rive
Sup'CG Management and Networks	私立	Ebene
SUPINFO International University	私立	Pierrefonds
The Datamatics Computer Centre	私立	Rose Hill
Vatel Hotel and Tourism Management School	私立	Quatre Bornes
Vocational Training Institute	私立	Vacoas
Whitefield Business School	私立	Quatre Bornes
YK Business School	私立	Highlands

（二）入学要求

考生选择 3 个科目参加 A-Level 考试，根据选择的科目情况，可以申请大学的相关专业。同时，3 个科目均需达到及格成绩。

（三）GPA 系统

毛里求斯大学教育 GPA 评分系统见表 5。

表 5　大学教育 GPA 评分系统

等级	GPA	百分制成绩（分）
A+	4	≥80
A		80>X≥70
B	3	70>X≥60
C	2	60>X≥50
D	1	50>X≥40
F	0	<40
N	–	–

（四）收费标准

大学教育收费标准根据专业不同存在差别，其中毛里求斯公立大学本科生学费由该大学承担。注册费：Rs1000。毛里求斯大学本科收费情况见表6。

表6　毛里求斯大学本科收费一览表

收费项目	全日制	在职
一般性费用和注册费	Rs 4950/年	Rs 3700/年
学生福利基金	Rs 50/年	Rs 50/年
学费	Rs 27，500/学期	Rs 20，625/学期
学期数	6	8

注：Rs 指毛里求斯卢比。

（五）学位证书认证

毛里求斯的学士学位证书由毛里求斯高等教育委员会核实其真伪。学士学位证书样式见图7。

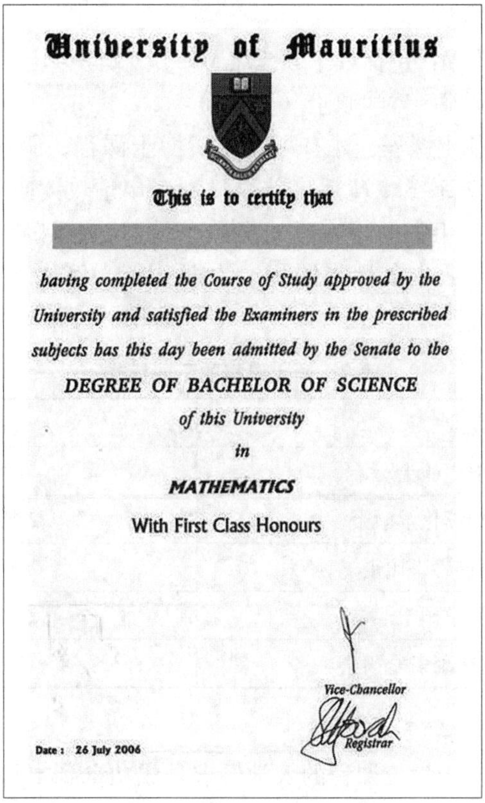
University of Mauritius

This is to certify that

having completed the Course of Study approved by the University and satisfied the Examiners in the prescribed subjects has this day been admitted by the Senate to the

DEGREE OF BACHELOR OF SCIENCE

of this University

in

MATHEMATICS

With First Class Honours

Vice-Chancellor

Date: 26 July 2006

Registrar

图7　学士学位证书样式

五、硕士研究生教育

（一）概况

毛里求斯的主要公立大学——毛里求斯大学，硕士培养单位和有硕士学位点的学院分别为：

- 农业学院
- 工程学部
- 法律与管理学院
- 信息、通信和数字技术学院
- 理学院
- 社会科学与人文学院
- 与圣雄甘地研究所合作
- 创新和终身学习中心

硕士课程有两种类型：

- 通用型硕士课程：包括理学硕士（MSc）、文学硕士（MA）、MBA
- 研究型硕士课程：哲学硕士（MPhil）

只有完成研究型硕士课程，才有可能申请博士课程；研究型硕士学生可在1~2.5年后（全日制）/1.5~3.5年后（非全日制）申请攻读博士。

硕士课程可以在1年中的特定时间提出申请。一些课程是全日制课程，为期1年，而另一些课程则是非全日制课程，为期2年。例如，在理学院内，提供了5个不同的模式，见表7。

表7　硕士课程的不同模式

专业	模式
公共卫生硕士	1年全日制
应用与可持续化学硕士	2年非全日制
沿海和海洋管理硕士	2年非全日制
海洋科学硕士	2年非全日制
辐射物理与辐射安全硕士	1年全日制

（二）入学要求

毛里求斯大学的硕士学位课程的入学要求是成功拿到本科文凭，同时毕业时具有二级优等荣誉学士学位或该专业排名前50%；GPA不少于2.5分（满分4分）或同等水平；或其他被认可的同等条件。

另外，各专业存在特别的专业要求。

（三）评分标准及毕业要求

对于全日制课程，学生需要最少 2 个学期，最多 4 个学期完成课程。如果所有模块均已完成，但研究项目尚未完成，学生可以毕业，但仅可获得研究生学历证书。硕士课程的最低学分要求为 48 学分，研究项目 24 学分。每个授课的模块包含 6 个学分。每个模块的评分由笔试（60%）和课程连续性评估（40%）组成。每个模块满分 100 分，50 分为合格。

硕士研究生毕业要求为：

（1）能够在该学科的最前沿对现有文献和最新研究进行严格审查；

（2）全面了解正在调查的问题，以及获得在研究领域创造和解释知识所需的技术；

（3）运用知识对研究问题提出新的见解和独创性建议。

（四）收费标准

硕士研究生收费标准（根据不同专业有差别）：毛里求斯大学研究生学费由该大学承担。毛里求斯大学硕士研究生（4 个学期）收费情况见表 8。

表 8　毛里求斯大学硕士研究生（4 个学期）收费一览表

收费项目	金额
一般性费用和注册费	Rs 4950/年
学生福利基金	Rs 50/年
学费	Rs 47,500/学期

注：Rs 指毛里求斯卢比。

（五）学历、学位证书样式

硕士研究生学历证书样式见图 8，硕士学位证书样式见图 9。

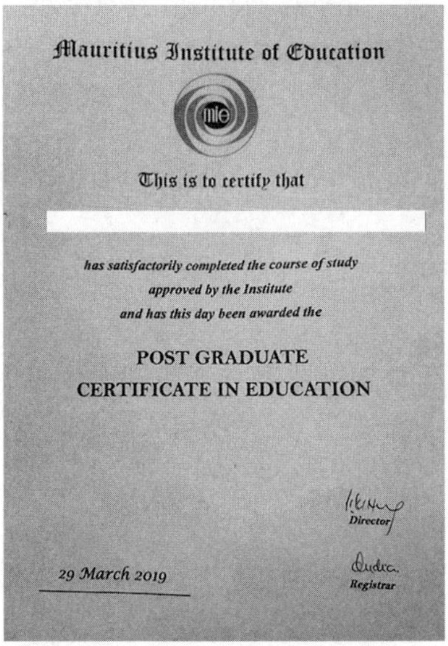

图 8　硕士研究生学历证书样式

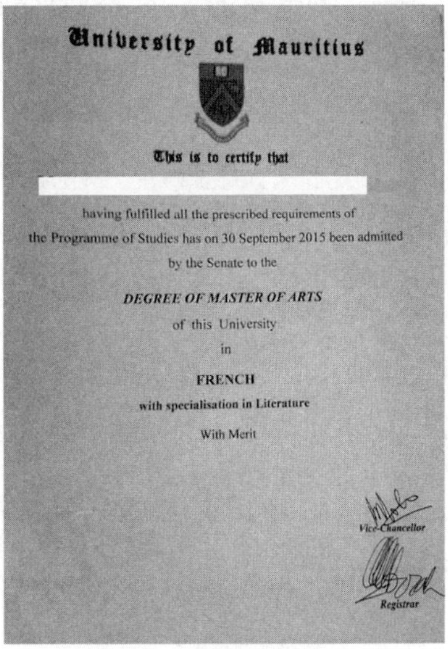

图 9　硕士学位证书样式

六、博士研究生教育

（一）简况

毛里求斯的主要公立大学——毛里求斯大学，培养博士研究生和有博士学位授权点的专业主要包括：

- 农业（包括水产养殖、林业）
- 生物信息学
- 生物技术
- 商业和贸易
- 地球科学
- 经济学
- 教育学
- 技术管理
- 能源系统和技术
- 环境管理
- 环保技术
- 金融服务
- 食品科技
- 健康/生物医学
- 人文（语言研究、文学、历史）
- 信息和通信技术
- 国际业务
- 法律
- 生命科学
- 管理学
- 材料和制造
- 数学
- 纳米技术
- 自然科学
- 品牌管理
- 政治学
- 可再生能源
- 社会科学（社会学、社会工作、心理学）
- 旅游和酒店管理

攻读博士期限为2~4年（全日制）/3~5年（非全日制）。

（二）入学要求

对于博士课程，可以招收两类候选人：

（1）毛里求斯大学研究型硕士研究生在1~2.5年后（全日制）/1.5~3.5年后（非全日制）可申请直接攻读博士。

（2）若学生已经在相关领域获得了研究型硕士学位或同等学力，那么还需同时具备以下条件：

① 成功拿到本科文凭，同时毕业时具有二级优等荣誉学士学位或排名该专业前50%；GPA不少于2.5分（满分4分）或同等水平；或其他被认可的同等条件。

② 各专业其他特别的专业要求。

③ 具备开展具有原创性、前沿性研究的能力。

④ 对研究中的问题及研究领域中所涉及的前沿理论、技术和知识有透彻的理解。

申请人需要将他们的申请表连同研究计划概述一起发送给招生办公室。在提交申请之前，研究型硕士和博士申请者可以预先注册。在预注册期间（通常时间为2个月），他们可以访问大学的图书馆和在线数据库，并可以与他/她的导师定期开会，以准备研究计划。

（三）毕业要求

博士研究生毕业要求为：

（1）全面了解其研究领域及拥有研究和高级学术探究的技术水平；

（2）具有一定的设计和实施研究项目的能力，以在学科的最前沿产生新知识和新认识；

（3）拥有运用原创研究解释新知识的能力。

（四）收费标准

毛里求斯大学博士研究生的收费情况见表9。

表9 毛里求斯大学博士研究生的收费一览表

收费项目	金额
预注册费	Rs 2000
申请费	Rs 1100
一般性费用	Rs 21,400/年
学生福利基金	Rs 400/年
学费	全日制-Rs 40,000 /年
	非全日制-Rs 30,000/年
研究课程的论文费	Rs 17,500（在最后一年支付）
毕业典礼费	Rs 1800

注：Rs 指毛里求斯卢比。

附 录

（一）毛里求斯教育、人力资源、高等教育与科学技术部地址及联系方式

地址：MITD House，Pont Fer，Phoenix，Mauritius

电话：+2306015200

传真：+2306989627

邮箱：moeps@ govmu. org

网站：ministry-education. govmu. org

（二）毛里求斯高等教育委员会地址及联系方式

地址：4th Floor，HEC Building，Réduit 80835，Mauritius

电话：+2304678800

传真：+2304676579

邮箱：contact@ tec. mu

网站：www. tec. mu

（三）毛里求斯考试中心地址和联系方式

毛里求斯考试中心与其他国家和国际考试机构合作，致力于根据国家政策和目标，以及根据国际趋势的新变化，组织和举办各级考试，确保考试的可靠性，保持具备国际认可的标准。在考试过程中，该中心提供高度的保密性和安全性，这对于增强服务用户和公众的信心至关重要。毛里求斯考试中心力求保持该中心在毛里求斯的考试、评估和评价领域的领先地位。

地址：Mauritius Examinations Syndicate，Réduit 80834，Mauritius

电话：+2304038400（30 Channels），+2304545450，+2304546487

传真：+2304547675

邮箱：info@ mesonline. mu

网站：mes. intnet. mu

（四）毛里求斯大学地址及联系方式

地址：Level 7，Academic Complex Tower Block，Univeristy of Mauritius，Reduit，Mauritius

电话：+2304037400

传真：+2304667900

邮箱：vc@ uom. ac. mu

网站：www. uom. ac. mu

（奚协、刘璟之）

孟加拉国

一、关于孟加拉国

（一）国家概况

孟加拉国，全称为孟加拉人民共和国。孟加拉国地处南亚，位于孟加拉湾之北，东南山区一小部分与缅甸为邻，东、西、北三面与印度毗连。2021年，孟加拉国人口约为1.6305亿，为世界第八大人口国，人均密度为每平方英里2889人，人口密度排在世界第10位。国土面积147,570平方千米。首都达卡为孟加拉国最大的城市，同时也是孟加拉国经济、政治和文化中心。第二大城市是吉大港市拥有该国最大港口的。孟加拉塔卡是孟加拉国的通用货币。

孟加拉国拥有世界上最长的海滩和最大的红树林。孟加拉国的生物种类丰富多样，拥有大量的植物和野生动物，其中孟加拉虎为该国的国家级珍稀保护动物。

孟加拉族占全国总人口的98%，其他民族（包括部落民族和非孟加拉族穆斯林）占全国总人口2%。伊斯兰教为孟加拉国国教，国民中信奉伊斯兰教的人口占88.3%，信奉印度教的占10.5%，信奉佛教的占0.6%，信奉基督教的占0.3%。孟加拉语是孟加拉国的官方语言。在教育界和商界交流广泛使用的则是英语。

1975年10月4日，中国与孟加拉国正式建立外交关系。中国与孟加拉国建交后，两国友好合作关系一直健康、顺利地向前发展。双方在政治、经济、军事、文化等各个领域进行了多方合作。两国在一系列重大国际和地区性问题上看法基本一致，在国际事务中密切配合。两国高层领导互访频繁，各种交往不断增加，合作领域不断扩大。

1979年11月，中国与孟加拉国签署两国政府文化合作协定。其后每3年商签一次访华交流执行计划。协定签订后，两国文化体育等方面的交流与合作不断加强。2010年中孟建交35周年之际，中国文化部派艺术团赴孟访问演出。2011年，“北京之夜”大型文艺演出和“魅力北京”图片展在孟举行。2015年是中孟建交40周年，中国双方商定了一系列庆祝活动，2月，中国在孟举办“欢乐春节”活动。2015 年 5 月，中国宣布增加对孟提供的中国政府奖学金和为孟培训汉语教师数量。2016 年 10 月，习近平总书记访孟期间，两国领导人宣布 2017 年为“中孟友好交流年”，大力推动双方在文化、教育等领域交流合作。

中孟自 1976 年开始互派留学生。2018—2019 年度共有 125 名孟加拉国籍学生获得中国政府奖学金。

（二）护照样式

孟加拉国共有三种护照（见图 1、图 2、图 3）：

普通护照（绿色封面）：普通孟加拉国公民用于国际旅行、度假、学习、商务等。

公务护照（蓝色封面）：供孟加拉国政府职员、领导，以及代表政府进行公务访问的个人使用。

外交护照（红色封面）：供孟加拉国外交官、政府高级官员和外交使者使用。

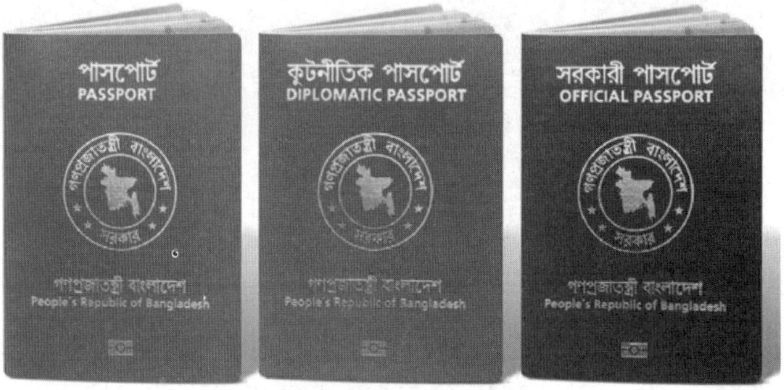

图 1　不同护照封面样式

图 2　护照封面样式

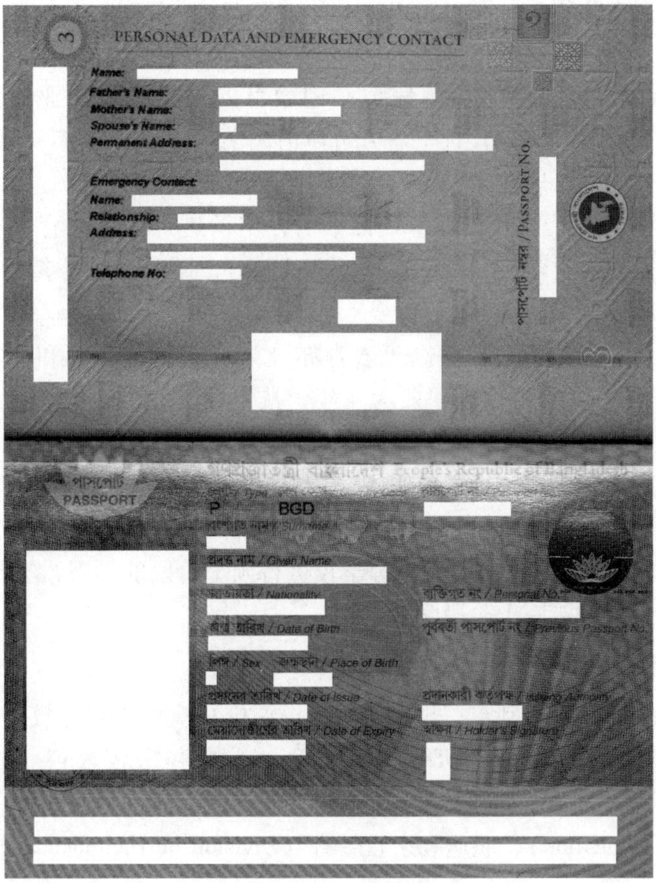

图 3　普通护照信息页样式

二、教育体系简介

（一）教育体系架构

孟加拉国教育大致可以分为四个阶段：

第一阶段：学前教育，接受 3 周岁左右儿童入学。

第二阶段：基础教育，一般为 8 年，其中小学阶段为 5 年（Primary 1～5 年级），衔接教育阶段为 3 年（Junior Secondary 6～8 年级）①。小学入学年龄为 6 周岁，课程包括孟加拉语、数学、英语、社会、自然、宗教、体育、美术和音乐等。

第三阶段：中等教育，一般为 4 年，包括普通教育和职业教育 2 种。

---

① 根据孟加拉国教育部颁布的《国家教育政策 2010 白皮书》，孟加拉国 2018 年完成教育结构的调整，将 6～8 年级下移到初等教育的范畴。

普通教育初中 2 年（Secondary 9～10 年级），完成初中教育的学生参加毕业考试，取得 SSC（Secondary School Certificate）证书后可进入高中学习。高中 2 年（Higher Secondary 11～12 年级），完成高中教育的学生参加毕业考试，取得 HSC（Higher Secondary Certificate）证书后方可申请大学。

学生也可直接进入职业学校学习 4 年，参加职业类 HSC 考试，考试成绩满足要求后可进入大学。或者学生取得 SSC 证书后，申请进入职业教育类学校进行 2～4 年的学习，获得职业类学校颁发的文凭（Diploma），同时也具备参加大学入学考试的资格。

第四阶段：高等教育阶段。高等教育亦分为普通高等教育和高等职业教育两轨。学院/大学的普通本科教育一般为 4 年，技术、工程、农业、商业等主要技术教育领域的专业一般为 5 年。完成本科教育的毕业生可获得学士学位或荣誉学士学位。学士学位获得者攻读硕士学位需要学习 2 年（临床医学除外），荣誉学士学位获得者攻读硕士学位仅需要学习 1 年（临床医学除外）。高等职业教育学制一般为 3 年，完成后可以申请进入职业类高等学校进行硕士阶段的学习，学制一般为 2 年。高等职业教育无法衔接博士阶段学习。

（二）教育管理机构简介

孟加拉国教育部负责制定、规划、监测、评价和执行与高等教育有关的计划和方案，也负责管理职业教育（Technical Education）和宗教教育（Madrasa Education）。教育部下属的两个具体的管理机构，分别负责高等教育（Division of Secondary and Higher Education）、职业和宗教教育（Division of Technical and Madrasa Education）。

初级和大众教育部负责制定、规划、监测、评价和执行与初等教育、中等教育和大众教育有关的计划和方案。

孟加拉国在巴里萨尔、吉大港、科米拉、达卡、迪纳杰普尔、杰索尔、拉贾希和西尔赫分别设有中等教育委员会，负责组织 8 年级、10 年级、12 年级所对应的公共证书考试。中等教育委员会还负责非政府和私营教育机构的认证。

大学拨款委员会主要负责高校事务管理。

三、学制阶段

（一）基础教育

基础教育为期 8 年，是义务教育，师生比大约为 1：30。根据孟加拉国教育机构公布的数据，2017 年，孟加拉国各类初等教育机构为 20,467 所。

第一阶段为 5 年的小学教育，学生年龄通常在 6～10 岁。在大城市学习的 5 年级学生，需要通过 Primary School Certificate（PSC）考试。

第二阶段为3年的衔接教育，学生年龄通常在11~13岁。在此阶段中加入了部分职业教育的课程，使学生形成对职业教育的初步了解和对体力劳动的尊重，即便他们在完成初等教育以后选择不升学，也有一技之长可以安身立命。学生必须尝试在普通教育轨道和职业教育轨道之间进行选择，这种选择可能会决定他们的未来，因此是人生中的一个关键阶段。

完成8年级学习的学生需要通过由教育委员会组织的Junior School Certificate（JSC）考试。考试不鼓励死记硬背。根据这次公开考试的成绩，将颁发分区奖学金。未参加公开考试的学生，可以获得学校颁发的证书，证明其完成8年级学业。学校还将提供校内考试成绩单和发展性评估报告。

（二）中等教育

根据孟加拉国教育机构公布的数据，2017年，孟加拉国各类中等教育机构为2557所。

1. 初中及SSC考试

初中教育学制为期2年，学生年龄通常为14~15岁。初中课程包含人文类、商务类和科技类。10年级的学生需要通过全国统一的Secondary School Certificate（SSC）考试，获得相应证书（见图4）。这次考试的成绩将会影响11~12年级学生的奖学金评定。

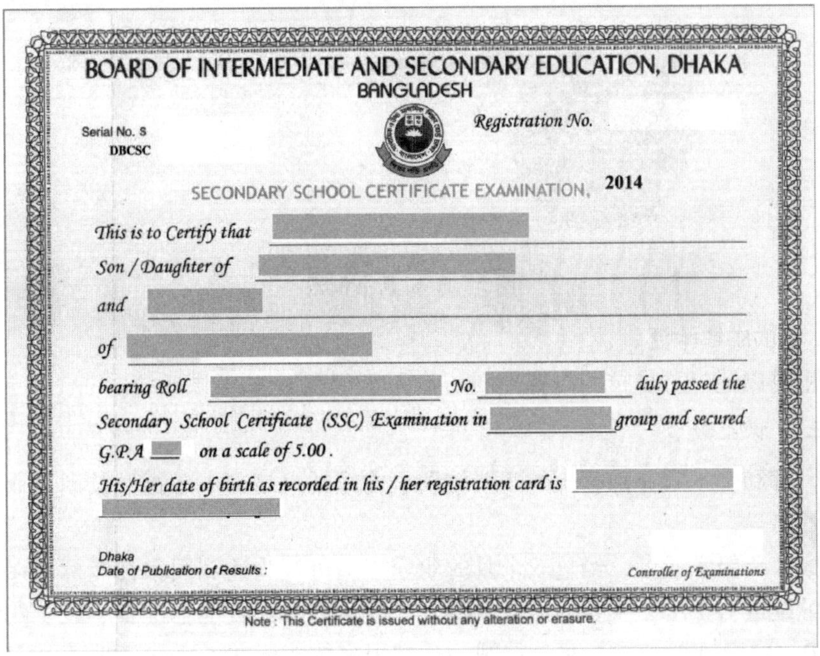
BOARD OF INTERMEDIATE AND SECONDARY EDUCATION, DHAKA
BANGLADESH

Serial No. S
DBCSC

Registration No.

SECONDARY SCHOOL CERTIFICATE EXAMINATION, 2014

This is to Certify that ________
Son / Daughter of ________
and ________
of ________
bearing Roll ________ No. ________ duly passed the Secondary School Certificate (SSC) Examination in ________ group and secured G.P.A ____ on a scale of 5.00.
His/Her date of birth as recorded in his / her registration card is ________

Dhaka
Date of Publication of Results :

Controller of Examinations

Note : This Certificate is issued without any alteration or erasure.

图4　SSC证书模板

2. 高中及HSC考试

高中教育学制为期2年，课程主要为人文类和科技类。12年级的学生需要通过全国统一的 Higher Secondary Certificate（HSC）考试，获得相应证书（见图 5）。

SSC 考试和 HSC 考试由巴里萨尔、吉大港、科米拉、达卡、迪纳杰普尔、杰索尔、拉贾希和西尔赫 8 个地区委员会组织。两种考试都采用创造性的方法设置问题，并按等级进行评估。

如果中学有 1 门或 2 门课程不及格，学生有两次机会参加不及格科目的重考。参加重考时，如果课程和教学大纲改变，学生仍依据变化前的课程或教学大纲进行备考。

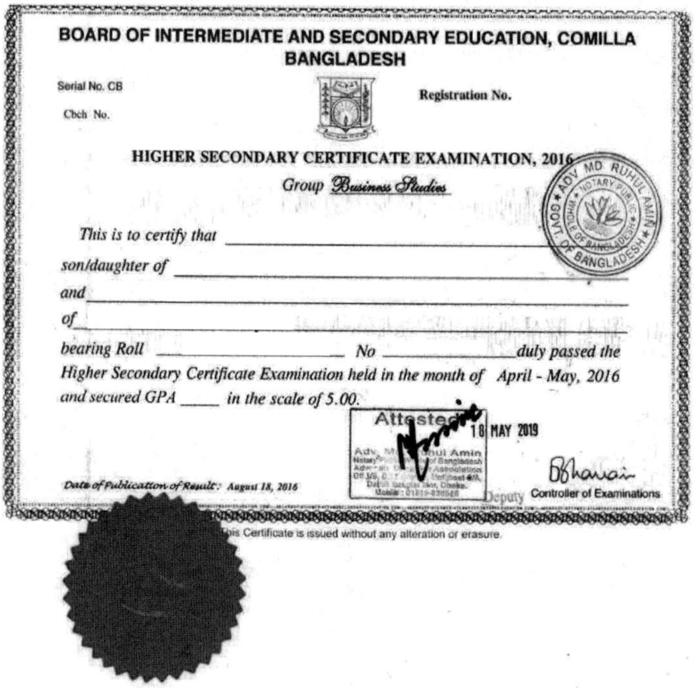
BOARD OF INTERMEDIATE AND SECONDARY EDUCATION, COMILLA
BANGLADESH

Serial No. CB
Cbch No.
Registration No.

HIGHER SECONDARY CERTIFICATE EXAMINATION, 2016
Group Business Studies

This is to certify that ______
son/daughter of ______
and ______
of ______
bearing Roll ______ No ______ duly passed the Higher Secondary Certificate Examination held in the month of April - May, 2016 and secured GPA ____ in the scale of 5.00.

Date of Publication of Result: August 18, 2016
Deputy Controller of Examinations

This Certificate is issued without any alteration or erasure.

Attested 16 MAY 2019

ADV MD RUHUL AMIN NOTARY PUBLIC GOVT. OF BANGLADESH

图 5　HSC 证书模板

3. 考试成绩验证

考生可以通过孟加拉国教育部网站验证 SSC 和 HSC 考试成绩。

（三）职业教育

教育部和劳工就业部管理的职业培训机构或技术培训中心提供长期专业进修和短期职业指导。

完成 8 年级学业者，经过 6 个月的职业培训可视为达到国家技能标准一级；或可申请继续进行 1、2、4 年的职业教育，视为达到国家技能标准二、三、四级。完成 9、10、12 年级学业者，可直接视为达到国家技能标准二、三、四级。

SSC 证书获得者和达到国家技能标准四级者可以继续参加文凭项目和学位项目的学习。

四、本科教育

（一）录取与入学

公立大学采取适当的规则，组织集中入学考试，主要考核语言（孟加拉语和英语）及学科的相关知识。学生既往的全国联考成绩和综合评价也是招生单位所考虑的因素。入学考试一般会在 HSC 考试成绩公布后 2~4 个月内完成。

国立大学系统下的不同学院在国立大学指导下组织入学考试，主要考核语言和考生选定的学科。学生既往的全国联考成绩作为参考因素。各校会根据招生计划划定各校分数线。各类大学均组织入学考试，并参考 HSC 考试成绩完成录取。

孟加拉国立和公立大学一般一年有 2 个学期，分别为 1 月至 6 月，7 月至 12 月，每个学期学校均会组织学期考试。私立大学一般为 3 个学期：春季学期为 1 月至 4 月，夏季学期为 5 月至 8 月，秋季学期为 9 月至 12 月。

（二）内部管理

1. 学分制度

孟加拉国大学实行学分制。3 个学分的理论课，即 2 次课/周，每次课 1.5 小时。2 个学分的理论课，即 1 次课/周，每次课 1 小时。1.5 学分的实验课，即 1 次课/周，每次课 3 小时。学生进行项目/论文工作也可获得学分，学分分配可能因学科而异。

2. 评分系统

期末成绩是根据学生在作业、考试、测验、案例研究、学期论文、实验室测试和课堂出勤率等方面的整体表现来评定的。任课老师决定学生的成绩（见表 1）。

表 1　孟加拉国大学评分系统

观测点	分数占比（%）
课堂出勤率	10
作业、课堂测验、报告、测验等	10
期中考试	20
期末考试	60
总计	100

3. GPA/CGPA

字母评分系统用于评价学生在课程中的表现。“A+、A、A−、B、C、D”为及格，“F”是不及格。

获得学分＝一门课程获得学分×该门课程学时

GPA 是一个学期的平均学分，而 CGPA 是所有学期所有课程的平均学分（见表 2）。

表 2　孟加拉国大学 GPA 参考指标

等级	五分制（分）	百分制（分）	对应美国等级
A+	5.00	80.00~100.00	A+
A	4.00~4.99	70.00~79.99	A
A−	3.5~3.99	60.00~69.99	A−
B	3.00~3.49	50.00~59.99	B
C	2.00~2.99	40.00~49.99	C
D	1.00~1.99	33.00~39.99	D
F	0.00~0.99	0.00~32.99	F

4. 教学计划

大学教学计划规定课程和考试时间，亦包括学年和学期课程的分配信息。通常在大学网站上可以找到（见图 6）。

Department of Theatre and Performance Studies

Exam. Name	Academic Year	Class Start Date	First Mid Term	Second Mid Term	Class Completion Date	Field Work Date	Final Exam Start Date	Final Exam End Date (Appox.)
বি.এ (সম্মান) ১ম বর্ষ ১ম সেমিস্টার ২০২২	2021-2022	6 সেপ্টেম্বর 2022	6 হতে 13 নভেম্বর 2022	1 হতে 8 জানুয়ারি 2023	15 জানুয়ারি 2023	11 হতে 18 ডিসেম্বর 2022	1 ফেব্রুয়ারি 2023 (তত্ত্বীয় ও ব্যবহারিক)	22 ফেব্রুয়ারি 2023
বি.এ (সম্মান) ২য় বর্ষ ৩য় সেমিস্টার ২০২২	2020-2021	1 জানুয়ারি 2023	1 হতে 8 মার্চ 2023	2 হতে 9 মে 2023	15 মে 2023	2 হতে 9 এপ্রিল 2023	1 জুন 2023 (তত্ত্বীয় ও ব্যবহারিক)	22 জুন 2023
বি.এ (সম্মান) ৩য় বর্ষ ৫ম সেমিস্টার ২০২২	2019-2020	1 জানুয়ারি 2023	1 হতে 8 মার্চ 2023	2 হতে 9 মে 2023	15 মে 2023	2 হতে 9 এপ্রিল 2023	1 জুন 2023 (তত্ত্বীয় ও ব্যবহারিক)	22 জুন 2023
বি.এ (সম্মান) ৪র্থ বর্ষ ৭ম সেমিস্টার ২০২২	2018-2019	1 জানুয়ারি 2023	1 হতে 8 মার্চ 2023	2 হতে 9 মে 2023	15 মে 2023	2 হতে 9 এপ্রিল 2023	1 জুন 2023 (তত্ত্বীয় ও ব্যবহারিক)	22 জুন 2023
এম.এ ১ম সেমিস্টার ২০২২	2017-2018	1 ফেব্রুয়ারি 2023	2 হতে 9 এপ্রিল 2023	1 হতে 8 জুন 2023	15 জুন 2023	1 হতে 8 মে 2023	3 জুলাই 2023 (তত্ত্বীয় ও ব্যবহারিক)	27 জুলাই 2023
বি.এ (সম্মান) ১ম বর্ষ ২য় সেমিস্টার ২০২২	2021-2022	1 মার্চ 2023	1 হতে 8 মে 2023	2 হতে 9 জুলাই 2023	17 জুলাই 2023	1 হতে 8 জুন 2023	1 আগস্ট 2023 (তত্ত্বীয় ও ব্যবহারিক)	23 আগস্ট 2023
বি.এ (সম্মান) ২য় বর্ষ ৪র্থ সেমিস্টার ২০২২	2020-2021	3 জুলাই 2023	3 হতে 10 সেপ্টেম্বর 2023	1 হতে 8 নভেম্বর 2023	15 নভেম্বর 2023	3 হতে 10 অক্টোবর 2023	1 ডিসেম্বর 2023 (তত্ত্বীয় ও ব্যবহারিক)	23 ডিসেম্বর 2023
বি.এ (সম্মান) ৩য় বর্ষ ৬ষ্ঠ সেমিস্টার ২০২২	2019-2020	3 জুলাই 2023	3 হতে 10 সেপ্টেম্বর 2023	1 হতে 8 নভেম্বর 2023	15 নভেম্বর 2023	3 হতে 10 অক্টোবর 2023	1 ডিসেম্বর 2023 (তত্ত্বীয় ও ব্যবহারিক)	23 ডিসেম্বর 2023
বি.এ (সম্মান) ৪র্থ বর্ষ ৮ম সেমিস্টার ২০২২	2018-2019	3 জুলাই 2023	3 হতে 10 সেপ্টেম্বর 2023	1 হতে 8 নভেম্বর 2023	15 নভেম্বর 2023	3 হতে 10 অক্টোবর 2023	1 ডিসেম্বর 2023 (তত্ত্বীয় ও ব্যবহারিক)	23 ডিসেম্বর 2023
এম.এ ২য় সেমিস্টার ২০২২	2017-2018	1 আগস্ট 2023	2 হতে 9 অক্টোবর 2023	1 হতে 8 ডিসেম্বর 2023	15 ডিসেম্বর 2023	3 হতে 10 নভেম্বর 2023	1 জানুয়ারি 2024 (তত্ত্বীয় ও ব্যবহারিক)	22 জানুয়ারি 2024

图 6　达卡大学人文学科 2021—2022 年度教学日历

5. 课程计划

在学期开始时，每位教师需提交教学计划，包括教学内容、学时安排，及如何从论文、考试、研讨会报告等方面对学生表现进行评估，等等。

6. 出勤要求

学期内每门课程要求学生出勤率不得少于 70%，否则学生不得参加该门课程的期末考试。若有正当理由，学生可向学校行政管理部门提出申请，获批后出勤百分比可进行适当微调。

（三）毕业证书样式

孟加拉国大学毕业证书内容一般包括证书编号、大学名称、学位类别、被授学位者个人信息、专业和所获 GPA 等（见图7）。后附有相关负责人签名和颁证日期。孟加拉国教育主管部门暂时不提供统一的证书查验方式，毕业证书的真伪可向颁发证书的大学或科研机构核实。

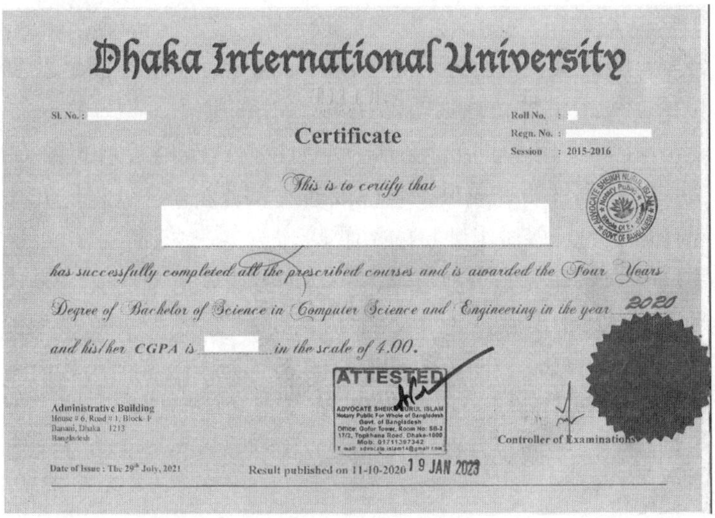
Dhaka International University

Sl. No. :

Roll No. :
Regn. No. :
Session : 2015-2016

Certificate

This is to certify that

has successfully completed all the prescribed courses and is awarded the Four Years Degree of Bachelor of Science in Computer Science and Engineering in the year 2020 and his/her CGPA is ______ in the scale of 4.00.

ATTESTED

Administrative Building

Controller of Examinations

Result published on 11-10-2020 19 JAN 2023

图7　达卡国际大学本科毕业证书样式

五、硕士研究生教育

孟加拉国没有全国统一的研究生入学考试，具体的入学要求和标准由各招生学校自行确定，学生向拟报考的大学咨询后参加大学组织的考试或申请入学。学校会在考试结束或材料审核结束后公布录取人员名单。

（一）申请及录取

一般情况下硕士研究生申请要求及录取程序包括：

（1）具有本科学历或同等学力。

（2）申请人需经所在单位同意，填写申请表格，提交研究计划。

（3）需由所申请院系学术委员会审核，确定推荐录取名单，明确录取后的拟研究领域，论文选题和导师姓名。学校学术委员会审核批准。

（4）导师或论文选题的变更，应经所申请院系学术委员会的同意，报所申请学校学术委员会核准。

（二）培养及毕业要求

学生需完成学校安排的课程，获得规定的学分，完成毕业论文的写作及答辩。评分中有 25、50、75 和 100 分，分别相当于 1、2、3 和 4 个学分。不同大学的培养要求有所区别，具体培养要求由各大学自行决定，一般来说私立大学比公立大学有更大的自由度。毕业的要求由各大学自行确定，毕业证书没有统一样式，证书真伪可直接向证书颁发学校或科研机构核实。一般来说，有关研究生的录取、评价和其他事项按照学校学术委员会制定的规章制度的相关条款执行。

（三）论文

孟加拉国大学的论文要求由各培养学校自行确定，一般需满足以下要求：

（1）学位论文应用孟加拉语或英语书写。用其他语言撰写的论文（如研究阿拉伯语的论文，用阿拉伯语撰写），必须附孟加拉语或英语版本的翻译件。

（2）论文应为原创性研究成果，它应该通过发现新事实或对已知事实和理论的新解释，对现有知识的发展做出独特的贡献。

（3）论文应符合该研究领域所遵循的一般研究方法，符合文字表达规范，并适于在公认的期刊或书籍中出版。

（4）学生可将自己已发表的有关该学科的任何著作内容纳入其论文，但论文中不得包含其他学校授予学位的论文，以及任何获得奖项的著作。

（5）学生须将论文于截止日期当日或之前送交核查负责人。

（四）论文审查

（1）论文审查阶段由学术委员会委任一个由 3 名委员组成的审查委员会，除该学生的导师外，其他 2 名委员应在外校任教，审查委员会主席不得由学生导师担任。3 名委员均应审查论文。

（2）论文审查员可同意授予学位、不赞成授予学位或者允许重新提交论文。

（3）收到审查员一致同意其论文符合答辩标准的意见后，审查委员会可安排考生进行答辩。

（4）如果审查员的意见为不赞成授予学位，审查委员会应根据审查人的报告，拒绝该论文的通过，或建议校长允许学生在审查员建议下对论文进行必要调整和修正，学生应在审查负责人通知之日起 6 个月内重新提交论文。

（5）如果学生在答辩中表现不佳，但论文合格，审查委员会可以向学术委员会建议，在第一次答辩后的 6 个月内，允许该生再参加一次答辩。同一论文的答辩次数不得超过 2 次。

（五）学位证书样式

孟加拉国的硕士学位证书没有统一样式，图 8 列举了达卡大学硕士学位证书样式。

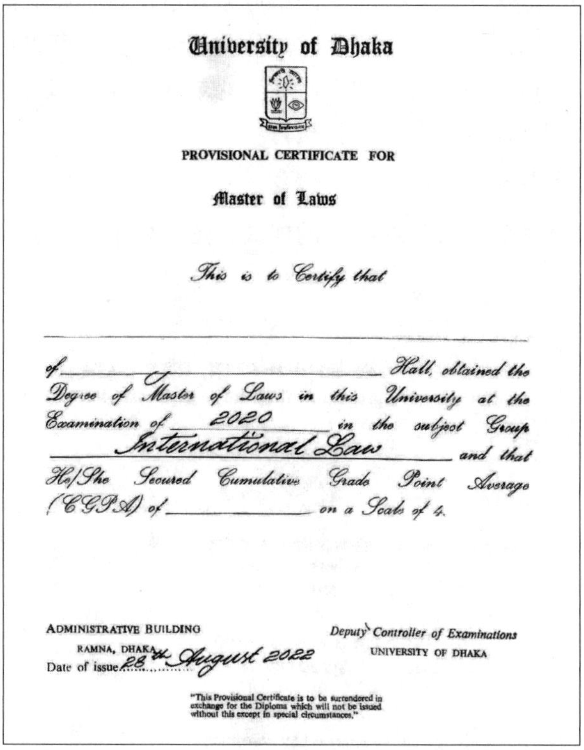
University of Dhaka

PROVISIONAL CERTIFICATE FOR

Master of Laws

This is to Certify that

of ________________ Hall, obtained the Degree of Master of Laws in this University at the Examination of 2020 in the subject Group International Law and that He/She Secured Cumulative Grade Point Average (CGPA) of ________ on a Scale of 4.

ADMINISTRATIVE BUILDING
RAMNA, DHAKA
Date of issue 23rd August 2022

Deputy Controller of Examinations
UNIVERSITY OF DHAKA

"This Provisional Certificate is to be surrendered in exchange for the Diploma which will not be issued without this except in special circumstances."

图 8　达卡大学硕士学位证书样式

六、博士研究生教育

博士阶段学制一般为 3~5 年，入学时要求申请人在硕士阶段 GPA 至少为 2.75。

(一) 申请及录取

博士研究生申请要求及录取程序包括：

(1) 已获得硕士学位证书。

(2) 申请人经所在单位同意，填写申请表格，提交研究计划。

(3) 经申请院系学术委员会审核，确定推荐录取名单，明确录取后的研究方向和导师。

(4) 导师或研究方向的变更，应经院系学术委员会的同意，报学校学术委员会批准后方可调整。

(二) 培养及毕业

学生需在导师的指导下完成既定的研究任务，博士研究生在课题研究期间，须由相关部门组织召开至少两次开放型的研讨会。第一次研讨会在数据收集/实际研究时举行，第二次研讨会在提交论文后的 4 个月内举行。具体培养要求由各大学自行决定，一般来说公立大学比私立大学的毕业要求更严格。毕业的要求由各大学自行确定，毕业证书没有统一样式，个人或单位验证证书真伪可直接向证书颁发学校或科研机构核实。一般来说，有关博士研究生的录取、评价和其他事项按照各学校学术委员会制定的规章制度的相关条款执行。

（三）学位证书样式

孟加拉国的博士学位证书没有统一的样式，图 9 列举了孟加拉国农业大学博士学位证书样式。

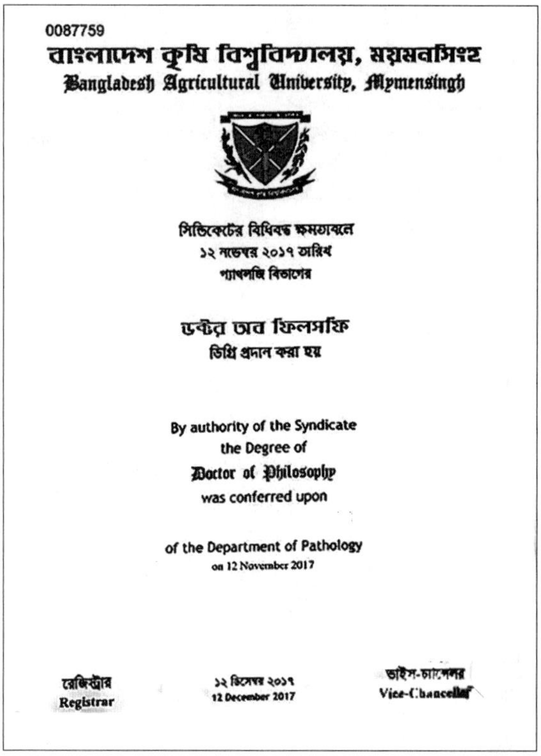
0087759

বাংলাদেশ কৃষি বিশ্ববিদ্যালয়, ময়মনসিংহ

Bangladesh Agricultural University, Mymensingh

সিন্ডিকেটের বিধিবদ্ধ ক্ষমতাবলে
১২ নভেম্বর ২০১৭ তারিখ
প্যাথলজি বিভাগের

ডক্টর অব ফিলসফি
ডিগ্রি প্রদান করা হয়

By authority of the Syndicate
the Degree of
Doctor of Philosophy
was conferred upon

of the Department of Pathology
on 12 November 2017

রেজিস্ট্রার
Registrar

১২ ডিসেম্বর ২০১৭
12 December 2017

ভাইস-চ্যান্সেলর
Vice-Chancellor

图 9　孟加拉国农业大学博士研究生毕业证书样式

附　录

（一）教育主管部门

孟加拉国教育部：https：//moedu. gov. bd

孟加拉国初级和大众教育部：http：//www. mopme. gov. bd/

（二）中华人民共和国驻孟加拉人民共和国大使馆

地址：Plot 2&4，Embassy Road，Block-I，Baridhara，Dhaka，Bangladesh

电话：（0088-02）9987923

传真：+880 22222 96878

网站：bd. china-embassy. gov. cn/sgxx/sgbm.

（三）孟加拉人民共和国驻华使领馆

孟加拉人民共和国驻华大使馆

Embassy of the People's Republic of Bangladesh

办公处：北京市光华路 42 号

Chancery：No. 42，Guang Hua Lu，Beijing，100600

电话：+86-10-65322521　+86-10-65323706

网站：bdembassybeijing. org/

孟加拉人民共和国驻昆明总领事馆

Consulate General of The People's Republic of Bangladesh in Kunming

办公处：云南省昆明市滇池路 1399 号 3 楼

Chancery：3F，1399 Dianchi Road，Kunming，Yunnan Province

电话：0871-64329670/71

传真：0871-64329673

领区：云南、广西、贵州、四川、重庆

DISTRICT：Yunnan，Guangxi，Guizhou，Sichuan，Chongqing

（四）主要高等教育机构

（1）达卡大学（University of Dhaka）

（2）拉吉沙希大学（University of Rajshahi）

（3）孟加拉国农业大学（Bangladesh Agricultural University）

（4）孟加拉国工程技术大学（Bangladesh University of Engineering and Technology）

（5）吉大港大学（University of Chittagong）

（6）贾汉吉尔纳加尔大学（Jahangir Nagar University）

（7）孟加拉国伊斯兰大学（Islamic University Bangladesh）

（8）沙哈拉尔科技大学（Shahjalal University of Science and Technology）

（9）库尔纳大学（Khulna University）

（10）班加班杜谢赫穆吉布医科大学（Bangabandhu Sheikh Mujib Medical University）

（11）班加班杜谢赫穆吉布农业大学（Bangabandhu Sheikh Mujibur Rahman Agricultural University）

（12）哈吉·穆罕默德·达内什科技大学（Hajee Mohammad Danesh Science & Technology University）

（13）毛拉纳·巴沙尼科技大学（Mawlana Bhashani Science and Technology University）

（14）帕图阿卡利科技大学（Patuakhali Science and Technology University）

（15）Sher-e-孟加拉农业大学（Sher-e-Bangla Agricultural University）

（16）达卡工程技术大学（Dhaka University of Engineering & Technology）

（17）拉吉沙希工程技术大学（Rajshahi University of Engineering & Technology）

（18）吉大港工程技术大学（Chittagong University of Engineering & Technology）

（19）库尔纳工程技术大学（Khulna University of Engineering & Technology）

（20）贾甘纳大学（Jagannath University）

（五）孟加拉国名校（部分）名单

（1）达卡大学（University of Dhaka）

（2）拉吉沙希大学（University of Rajshahi）

（3）孟加拉国农业大学（Bangladesh Agricultural University）

（4）孟加拉国工程技术大学（Bangladesh University of Engineering and Technology）

（5）吉大港大学（University of Chittagong）

（6）贾汉吉尔纳加尔大学（Jahangir Nagar University）

（7）孟加拉国伊斯兰大学（Islamic University Bangladesh）

（8）沙哈拉尔科技大学（Shahjalal University of Science and Technology）

（9）库尔纳大学（Khulna University）

（10）班加班杜谢赫穆吉布医科大学（Bangabandhu Sheikh Mujib Medical University）

（高敏、童苏阳、Ostofa Omar，Saleheen Ahmed Fayezus）

缅　甸

一、关于缅甸

（一）国家概况

缅甸，全称为缅甸联邦共和国，国土总面积 676,578 平方千米，是东南亚国土面积第二大国家。缅甸南部雨林三角洲土壤肥沃，缅甸北部喜马拉雅山麓地貌崎岖。缅甸从地理上可划分为山区、中部平原及海岸区。据官方统计，缅甸 2020 年的人口约 5458 万。缅甸的首都是内比都（Nay Pyi Taw），仰光（Yangon）是经济中心，也是缅甸最大的城市。

缅甸属于热带季风气候，一年分为三季，每季持续 4 个月。3 月至 6 月为热季，7 月至 10 月为雨季，11 月至来年 2 月为凉季。在雨季，缅甸北部沿海地区降雨总量超过 5000 毫米，南部三角洲地区降雨总量超过 2500 毫升。较为干旱的中部地区降雨量约 760 毫米。

根据世界银行的报告，缅甸 2018 年人均国民收入 1325.953 美元。缅甸的官方语言是缅甸语（Burmese），但是缅甸的学生从幼儿园到大学，都必须学习英语。据 2014 年缅甸人口普查显示，缅甸 87.9%的人信仰佛教，6.2%的人信仰基督教，4.2%的人信仰伊斯兰教，此外还有少部分印度教、万物有灵论信徒①。

随着中国与东盟关系的发展，越来越多的缅甸学生到中国留学。2017 年约有 3000 名缅甸学生前往中国各类大学学习②。

---

① 缅甸规划与财政部. Statistical Yearbook：Introduction[R]. 2017.

② SI Thu Tun. Voices of Myanmar Students in China/Living Here [EB/OL]. (2017-12-13)[2023-03-08]. https://chinareportasean.com/2017/12/13/voices-of-myanmar-students-in-china-living-here/.

（二）护照样式

缅甸护照的封面及信息页样式见图 1、图 2。

图 1　护照封面样式

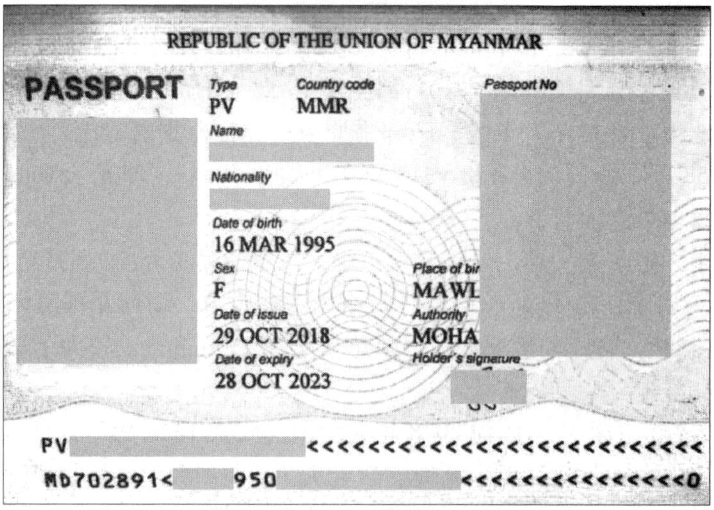

图 2　护照信息页样式

二、教育体系简介

缅甸教育由缅甸教育部统一管理。缅甸的教育体系主要包含以下几个方面①。

① The Goverment of the Republic of the Union of Myanmaar. National Education Strategic Plan 2016－2021 summary[Z/OL].(2019－04－08)[2023－03－08]. https://www.unicef.org/myanmar/reports/national－education－strategic－plan－20162021.

（一）幼儿保育与发展

缅甸教育部及社会福利救济和安置部是提供幼儿保育和发展的牵头部门。此外，还有许多社会组织和私人保育机构为社区的幼儿保育提供支持，促进社区幼儿保育服务的发展。

（二）基础教育和中等教育

缅甸的基础教育和中等教育系统包括 5 年的小学教育，4 年的初中教育和 2 年的高中教育（见表 1）。缅甸目前有 47,000 多所基础教育和中等教育学校，约 926 万学生。这些学校中的大多数由教育部基础教育司管理。此外，部分学生在修道院、私立学校、社区学校和其他类型的学校接受基础教育。

表 1　缅甸学制

层次	学制	年龄
小学	5 年	6~10 岁
初中	4 年	11~14 岁
高中	2 年	15~16 岁
高等教育	4~10 年	17 岁以上

资料来源：缅甸教育部。

（三）高等教育

缅甸有 171 个高等教育机构，2017 学年，约有 89 万名学生在校进行全日制学习，484,786 名学生通过远程教育接受高等教育（缅甸统计年鉴，2018 年）。缅甸的高等教育系统遵循“4—2—3”模式，学士学制为 4 年，硕士学制为 2 年，博士学制为 3 年，但每个学科专业领域又略有不同。比如科技类大学遵循“6—2—3”模式，其他诸如医学类、法律类和计算机类也有各自不同的模式。

三、中等教育（高中）

（一）高中统考

在缅甸无论是公立学校还是私立学校，均要求学生在高中结束时参加大学入学考试。这项考试由缅甸考试委员会组织，用于评估学生的学业水平，以便学生申请相应的大学。每年 3 月，缅甸举行全国统一的大学入学考试。

（二）评分系统

高中所有年级的评分系统均相同，从“A~E”分为 5 个等级，高中评级体系见表 2。

表 2　高中评级体系

等级	分数范围（分）	描述
A	80~100	优秀
B	60~79	良好
C	40~59	一般
D	20~39	不及格
E	0~19	不及格

预科（11 年级）的评分系统与其他年级不同，各科目等级分为"优秀、及格、不及格"，预科评级体系见表 3。

表 3　预科评级体系

科目	分数范围（分）	描述
缅甸语	≥75	优秀
英语	≥75	优秀
数学	≥80	优秀
物理	≥80	优秀
化学	≥80	优秀
生物	≥75	优秀
生态学	≥80	优秀
历史	≥75	优秀
地理	≥75	优秀

资料来源：缅甸教育部。评分高于 40 分低于各科目等级优秀为及格，低于 40 分视为不及格。

（三）高中成绩单和毕业证书样式

缅甸高中毕业证书缅甸语版本、高中成绩单（英文版本）样式和高中毕业证书（英文翻译件）样式分别见图 3、图 4、图 5。

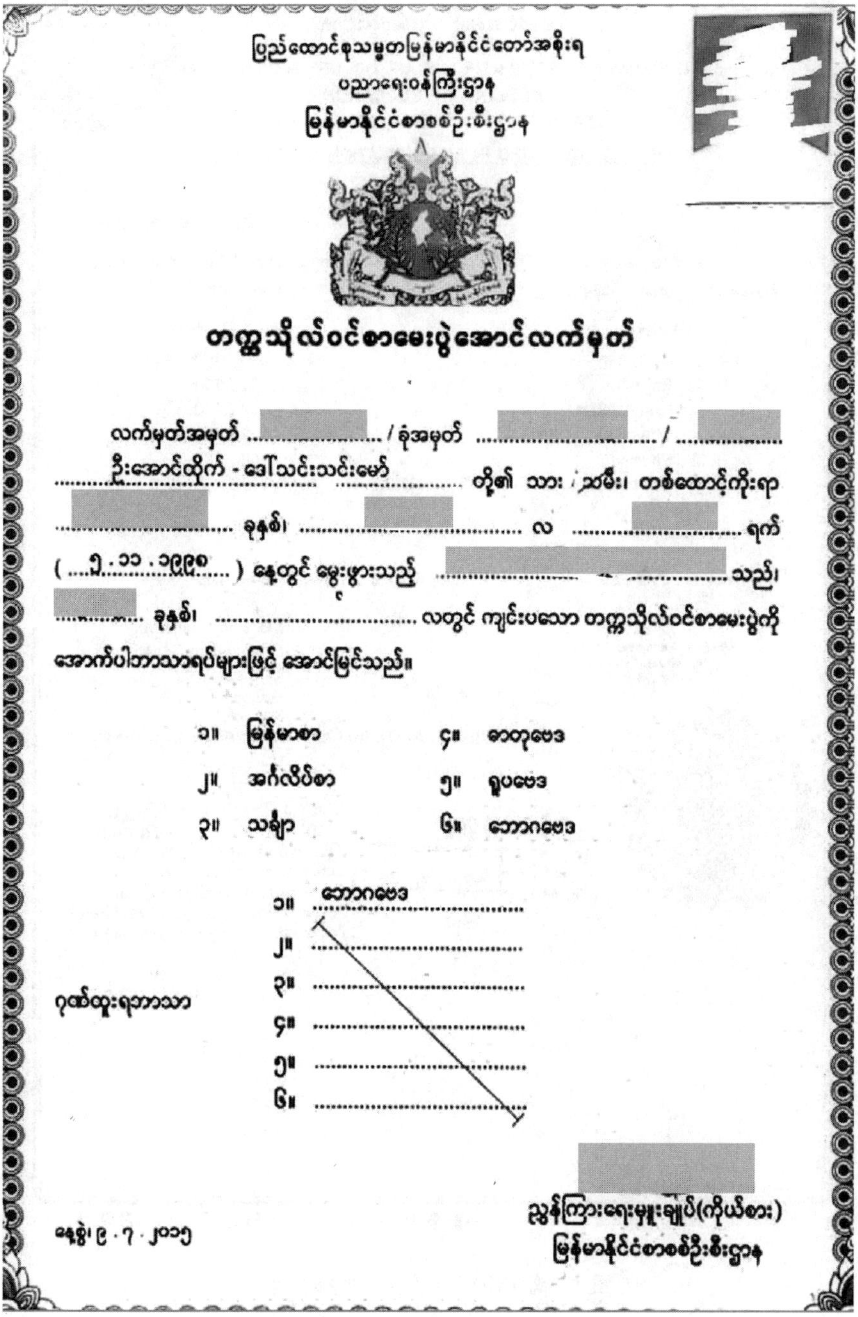

ပြည်ထောင်စုသမ္မတမြန်မာနိုင်ငံတော်အစိုးရ
ပညာရေးဝန်ကြီးဌာန
မြန်မာနိုင်ငံစာစစ်ဦးစီးဌာန

တက္ကသိုလ်ဝင်စာမေးပွဲအောင်လက်မှတ်

လက်မှတ်အမှတ် .... / ခုံအမှတ် .... / ....

ဦးအောင်ထိုက် - ဒေါ်သင်းသင်းမော် .... တို့၏ သား / သမီး၊ တစ်ထောင့်ကိုးရာ .... ခုနှစ်၊ .... လ .... ရက် (၅.၁၁.၁၉၉၈) နေ့တွင် မွေးဖွားသည့် .... သည်၊ .... ခုနှစ်၊ .... လတွင် ကျင်းပသော တက္ကသိုလ်ဝင်စာမေးပွဲကို အောက်ပါဘာသာရပ်များဖြင့် အောင်မြင်သည်။

၁။ မြန်မာစာ	၄။ ဓာတုဗေဒ
၂။ အင်္ဂလိပ်စာ	၅။ ရူပဗေဒ
၃။ သင်္ချာ	၆။ ဘောဂဗေဒ

ဂုဏ်ထူးရဘာသာ
၁။ ဘောဂဗေဒ
၂။ ....
၃။ ....
၄။ ....
၅။ ....
၆။ ....

နေ့စွဲ၊ ၉.၇.၂၀၁၅

ညွှန်ကြားရေးမှူးချုပ်(ကိုယ်စား)
မြန်မာနိုင်ငံစာစစ်ဦးစီးဌာန

图 3　高中毕业证书缅甸语版本样式

Notarial Translation

GOVERNMENT OF THE REPUBLIC OF THE UNION OF MYANMAR
MINISTRY OF EDUCATION
MYANMAR EXAMINATION DEPARTMENT

MARKS OBTAINED IN MATRICULATION EXAMINATION

Date : **10 / 06 / 2015**

This is to certify that [redacted], at the Matriculation Examination held in **March 2015,** under Roll No. [redacted], obtained the marks as follows;-

Subject	Marks Obtained
1. Myanmar	63 / 100
2. English	51 / 100
3. Mathematics	72 / 100
4. Chemistry	62 / 100
5. Physics	55 / 100
6. Economics	75 / 100 D

Examination : **PASSED**

Distinction Subjects: **Economics**

[redacted]

(for) Director General
Myanmar Examination Department
U Htay Hlaing
Branch Clerk

Round Seal of Myanmar Examination Board, Hlaing University Region, Zwegabin Hall

AUTHENTICATED, true and correct English translation.

[redacted]

U MYO MYINT, B.A (Law), LL.B
ADVOCATE & NOTARY PUBLIC
Office: Building No.42/44, 36, Street
Corner of 36 Street & Merchant Road,
Kyauktada Township, Yangon.
The Republic of the Union of Myanmar
Ph: 09-4430129892,09-955174699

15 JAN 2021

Reg No: 36A.15121

D/Notary Form/School/Mark New/126

M2-Online Notary Service ◆◆◆ *Phone No.: 09 7642 33185*

图4　高中成绩单（英文版本）样式

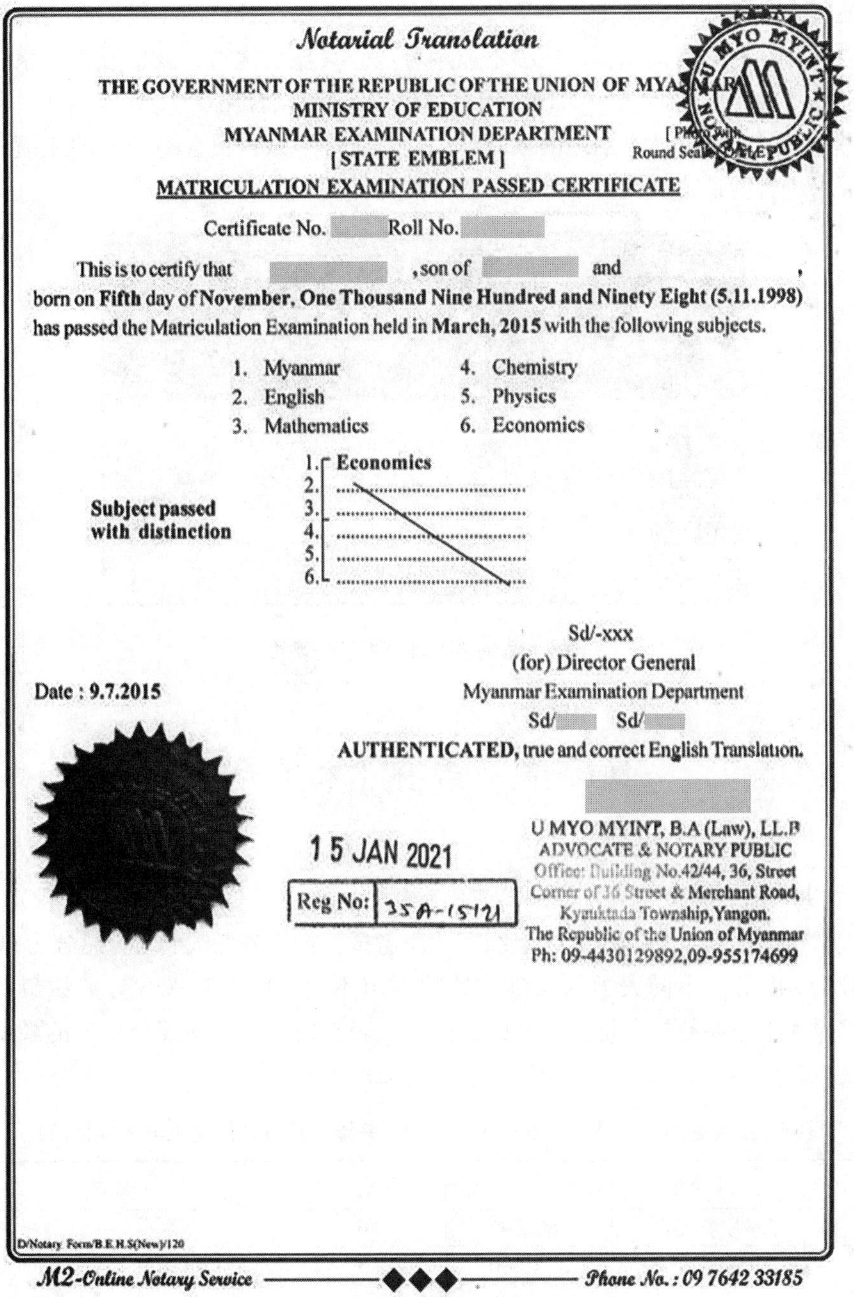

Notarial Translation

THE GOVERNMENT OF THE REPUBLIC OF THE UNION OF MYANMAR
MINISTRY OF EDUCATION
MYANMAR EXAMINATION DEPARTMENT
[STATE EMBLEM]

[Photo with Round Seal]

MATRICULATION EXAMINATION PASSED CERTIFICATE

Certificate No. [redacted] Roll No. [redacted]

This is to certify that [redacted], son of [redacted] and ,
born on **Fifth** day of **November, One Thousand Nine Hundred and Ninety Eight (5.11.1998)** has passed the Matriculation Examination held in **March, 2015** with the following subjects.

1. Myanmar 4. Chemistry
2. English 5. Physics
3. Mathematics 6. Economics

Subject passed with distinction
1. **Economics**
2. ....
3. ....
4. ....
5. ....
6. ....

Sd/-xxx
(for) Director General
Myanmar Examination Department

Date : 9.7.2015

Sd/[redacted] Sd/[redacted]

AUTHENTICATED, true and correct English Translation.

[redacted]

U MYO MYINT, B.A (Law), LL.B
ADVOCATE & NOTARY PUBLIC
Office: Building No.42/44, 36, Street
Corner of 36 Street & Merchant Road,
Kyauktada Township, Yangon.
The Republic of the Union of Myanmar
Ph: 09-4430129892,09-955174699

15 JAN 2021

Reg No: 35A-15121

D/Notary Form/B.E.H.S(New)/120

M2-Online Notary Service ◆◆◆ *Phone No.: 09 7642 33185*

图 5　高中毕业证书（英文翻译件）样式

（四）考试成绩验证

缅甸入学考试的成绩于每年 7 月公布，学生可以在各自的学校、当地的教育办公室或教育部网站查询成绩，成绩不显示分数，只显示优秀、及格或不及格。根据教育部的统计，缅甸 2018—2019 学年的全国入学考试合格率为 31.44%①。学生在得知考试结果后，可通过当地的教育部门向教育部考试委员会对个人的成绩和成绩合格证书进行验证，缅甸教育部证书验证的具体网页见图 6。

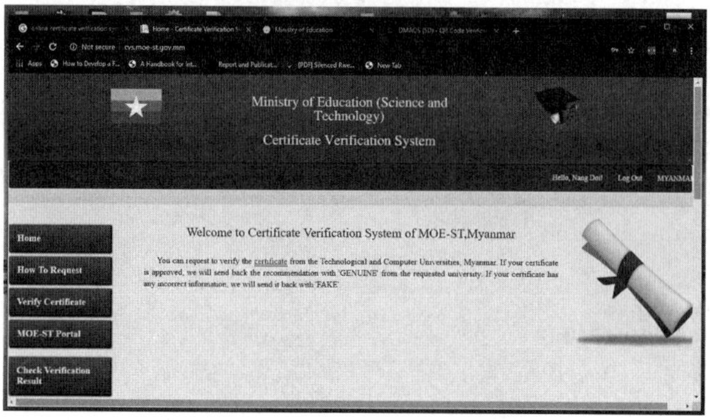

图 6　缅甸教育部证书验证网页

四、高等教育（本科）

（一）入学要求

大学招生参考学生在高中 11 年级（入学考试）的期末考试成绩。总分为 600 分，最低分为 240 分。不同大学的入学分数线要求不同，医学院入学分数线最高。此外，部分大学还要额外举行入学考试和面试。表 4 列举了缅甸部分大学的最低入学分数线。

表 4　缅甸各类大学最低入学分数线（资料来源：2018 年缅甸大学入学指南）

编号	大学类型	分数要求（分）	学习期限（年）	备注
1	科技类大学	360/600	6	
2	计算机大学	360/600	5	
3	经济类大学	380/600	4	
4	医科类大学	420/600	7	毕业后必须为国家服务 3 年
5	文理学院	240/600	4	

① Pass rate of Matriculation Exam[EB/OL]. (2019-06-08)[2023-03-08]. http://www.xinhuanet.com/english/2019-06/08/c_138126847.htm.

（二）评分系统

各大学的评分系统略有不同，特别是不同类型大学之间的差异较大，比如计算机类大学和教育类大学。如计算机大学（Dawei）的 GPA 见表 5：

表 5　GPA 参数

序号	分数（分）	GPA	等级
1	>90	4.00	A
2	85～89	3.75	A-
3	80～84	3.25	B
4	75～79	3.00	B-
5	70～74	2.75	C
6	65～69	2.25	C-
7	60～64	2.00	D
8	55～59	1.75	D-
9	50～54	1.00	E
10	<50	0.00	F

数据来源：Dawei 大学

＊注：CGPA＝各科目 GPA 总和/总学分

（三）学位证书样式

本科学历、学位证书样式分别见图 7、图 8。

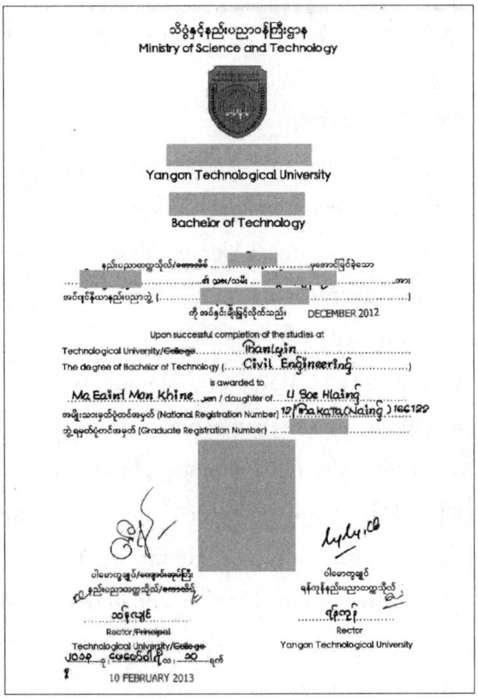
Ministry of Science and Technology

[redacted]

Yangon Technological University

[redacted]

Bachelor of Technology

DECEMBER 2012

Upon successful completion of the studies at

Technological University/~~College~~ ...... Thanlyin ......

The degree of Bachelor of Technology (...... Civil Engineering ......)

is awarded to

Ma Eaint Mon Khine ~~son~~ / daughter of ...... U Soe Hlaing ......

(National Registration Number) 12/(Tha Ka Ta (Naing) 166129

(Graduate Registration Number) ...... [redacted] ......

Rector/~~Principal~~

Technological University/~~College~~

10 FEBRUARY 2013

Rector

Yangon Technological University

图 7　学历证书样式

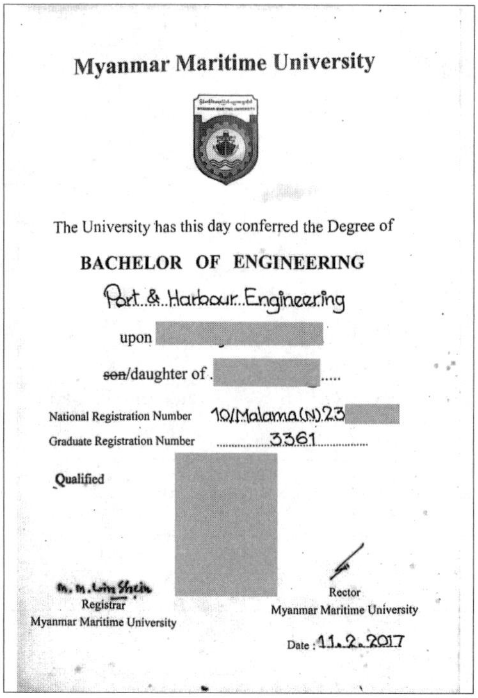

Myanmar Maritime University

The University has this day conferred the Degree of

BACHELOR OF ENGINEERING

Port & Harbour Engineering

upon [redacted]

~~son~~/daughter of [redacted]

National Registration Number 10/Malama(N)23[redacted]

Graduate Registration Number 3361

Qualified

[redacted]

Registrar
Myanmar Maritime University

Rector
Myanmar Maritime University

Date: 11.2.2017

图 8 学位证书样式

（四）高校一览

缅甸部分大学信息及排名参考网址：https：//www.4icu.org/mm/（2023 年 3 月）

1. 仰光大学（Yangon University）
2. 仰光计算机研究大学（University of Computer Studies，Yangon）
3. 仰光科技大学（Yangon Technological University）
4. 叶津农业大学（Yezin Agricultural University）
5. 仰光经济大学（Yangon University of Economics）
6. 达贡大学（Dagon University）
7. 马圭医科大学（University of Medicine，Magway）
8. 曼德勒科技大学（Mandalay Technological University）
9. 曼德勒医科大学（University of Medicine，Mandalay）
10. 曼德勒计算机研究大学（University of Computer Studies，Mandalay）
11. 仰光第二医科大学（University of Medicine 2，Yangon）
12. 仰光外国语大学（University of Foreign Languages，Yangon）
13. 缅甸航天工程大学（Myanmar Aerospace Engineering University）
14. 迈耶克大学（Myeik University）
15. 仰光公共卫生大学（University of Public Health，Yangon）

16. 曼德勒口腔医科大学（University of Dental Medicine，Mandalay）
17. 叶津兽医大学（University of Veterinary Science，Yezin）
18. 西仰光科技大学（West Yangon Technological University）
19. 仰光第一医科大学（University of Medicine 1，Yangon）
20. 仰光口腔医科大学（University of Dental Medicine，Yangon）
21. 卡莱大学（Kalay University）
22. 东仰光大学（East Yangon University）
23. 巴生大学（Pathein University）
24. 蒙育瓦经济大学（Monywa University of Economics）
25. 仰光医学技术大学（University of Medical Technology，Yangon）
26. 曼德勒科技大学（Technological University，Mandalay）
27. 仰光教育大学（Yangon University of Education）
28. 梅克蒂拉经济大学（Meiktila University of Economics）
29. 莫拉明大学（Mawlamyine University）
30. 的莫比科技大学（Technological University，Hmawbi）

五、硕士研究生教育

缅甸硕士可分为文学硕士、理学硕士和法律硕士。硕士学制一般为 2 年（4 个学期），前 3 个学期的课程采用讲座、实践练习、辅导课程、研讨会和课外实习的方式进行，最后一个学期主要用于开展科学研究，撰写研究进度报告，举办研讨会和提交一般性论文，如课程论文。论文合格的学生继续开展一年研究，一年后需提交毕业论文并发表，参加论文答辩，答辩通过后学生会获得所属领域的学术类硕士学位。

（一）入学要求

尽管缅甸各大学的具体录取要求各不相同，但一般而言，申请人必须从缅甸教育部高等教育司认可的大学毕业，具有学士学位，学习成绩良好，评分等级不得低于“A”级。除一般要求外，部分专业的入学申请还有额外要求，如通过入学笔试、面试等。申请者除提交学士学位证书原件和成绩单原件外，还必须提交其他能够证明其有硕士入学资格的文件。

（二）评分系统

硕士招生与本科招生录取类似，也会使用如成绩、GPA 等方式考评学生。尽管细节有所不同，但所有大学的评分系统大体是相似的。

（三）学位证书样式

硕士学位证书样式见图 9。

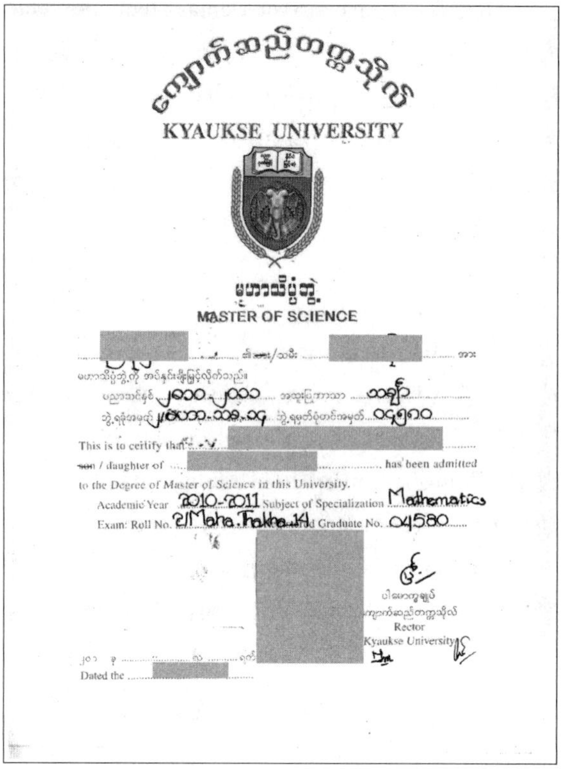

图 9　硕士学位证书样式

（四）学位证书验证

毕业生可以在就读的大学验证学位证书。

六、博士研究生教育

（一）简况

缅甸自 1992 年开始招收博士研究生。截至 2012 年年末，缅甸已有 4890 名学生获得了博士学位。

（二）入学要求

博士招生与硕士招生要求相似，博士研究生申请者也必须参加笔试和面试。尽管每所大学具体的录取要求都不相同，但博士研究生申请者必须在硕士学习期间获得“A”等级。因为每批录取的人数有限，入学竞争非常激烈，尤其是理工类大学的博士研究生申请难度很大。

附 录

（一）部分公立大学名单①

（1）仰光大学（Yangon University）

（2）叶津农业大学（Yezin Agricultural University）

（3）曼德勒大学（Mandalay University）

（4）仰光第一医科大学（University of Medicine 1, Yangon）

（5）仰光经济大学（Yangon University of Economic）

（6）西仰光科技大学（West Yangon Technological University）

（7）曼德勒医科大学（University of Medicine, Mandalay）

（8）缅甸航天工程大学（Myanmar Aerospace Engineering University）

（9）达贡大学（Dagon University）

（10）曼德勒计算机研究大学（University of Computer Studies, Mandalay）

（二）缅甸排名前20位的大学名单②

（1）仰光大学（Yangon University）

（2）仰光计算机研究大学（University of Computer Studies, Yangon）

（3）叶津农业大学（Yezin Agricultural University）

（4）仰光第一医科大学（University of Medicine 1, Yangon）

（5）曼德勒大学（Mandalay University）

（6）仰光科技大学（Yangon Technological University）

（7）缅甸海事大学（Myanmar Maritime University）

（8）仰光外国语大学（University of Foreign Languages, Yangon）

（9）达贡大学（Dagon University）

（10）迈耶克大学（Myeik University）

（11）马圭医科大学（University of Medicine, Magway）

（12）曼德勒计算机研究大学（University of Computer Studies, Mandalay）

（13）曼德勒医科大学（University of Medicine, Mandalay）

（14）仰光护理大学（University of Nursing, Yangon）

（15）曼德勒口腔医科大学（University of Dental Medicine, Mandalay）

（16）仰光第二医科大学（University of Medicine 2, Yangon）

（17）仰光公共卫生大学（University of Public Health, Yangon）

---

① UniRank. Toppublic Universities in Myanmar[Z/OL]. [2022-01-13]. https://www.4icu.org/mm/public.

② UniRank. Top Universities in Myanmar 2023 Burmese University Ranking[Z/OL]. [2023-03-08]. https://www.4icu.org/mm.

（18）仰光口腔医科大学（University of Dental Medicine, Yangon）
（19）耶达纳崩大学（Yadanabon University）
（20）耶达纳崩数码城科技大学（University of Technology, Yadanabon Cyber City）

（李妍、徐福敏、NANG DOI、EAINT MON KHINE）

莫桑比克

一、关于莫桑比克

（一）国家概况

莫桑比克，全称为莫桑比克共和国，地处非洲东南部，东邻印度洋，北接坦桑尼亚，西北与马拉维和赞比亚接壤，西与津巴布韦毗邻，西南与南非等国家为邻。1992 年后，莫桑比克进入了社会经济快速增长期。莫桑比克的通用货币为莫桑比克梅蒂卡尔。莫桑比克拥有广阔的耕地、水源、能源、矿产资源，以及天然气资源。

莫桑比克人口约有 3040 万（截至 2019 年统计数据）。全国行政区划为省、市、县。现有 10 个省，53 个市（含 1 个直辖市），144 个县。莫桑比克的首都是马普托（Maputo），人口约有 110 万（截至 2017 年统计数据）。莫桑比克官方语言为葡萄牙语①。

莫桑比克是农业国，农村人口约占总人口的 2/3。莫桑比克可耕地面积为 3600 万公顷，已开发 600 万公顷。莫桑比克的工业主要是加工工业，有铝加工、制糖、制茶、腰果加工等，主要集中在马普托、贝拉和楠普拉等市。2000 年以来，随着 South 32 矿业公司旗下的 MOZAL 铝厂、巴西淡水河谷煤炭开采项目等大型合资企业的建成投产，工业产值占国内生产总值的比重大幅上升。

中国一直在积极援助莫桑比克的教育，中国对其教育的支持旨在消除文盲并实现联合国可持续发展目标，支持主要包括 5 个方面：人力资源支持（对莫桑比克专业人士和莫籍在华留学生进行短期和长期培训）；学生交换与教师交流；援非青年志愿者；高等教育机构之间的交流与合作；汉语教学支持。

① 中华人民共和国驻莫桑比克共和国大使馆. 莫桑比克国家概况[EB/OL].（2021-05-24）[2022-02-08]. http://mz.china-embassy.org/msbkgk/202105/t20210524_9104090.htm.

（二）护照样式

莫桑比克护照信息页样式见图 1。

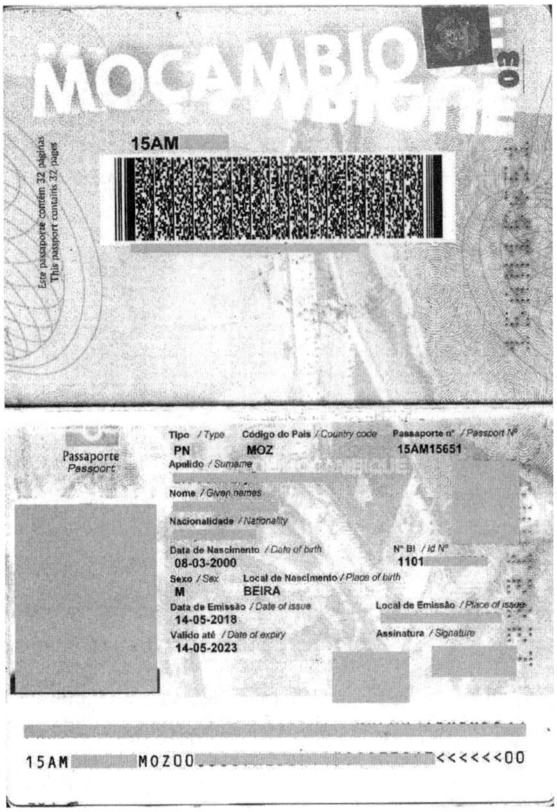

图 1　护照信息页样式

二、教育体系简介

莫桑比克法律规定莫桑比克公民享有受教育的权利和义务。莫桑比克教育和人力发展部（Ministry of Education and Human Development）负责制定教育发展计划，协调管理教育相关工作，统筹监控教育质量及经费使用等。自 1992 年，国民教育体系分为 3 个子系统：学前教育、学校教育和校外教育。学校教育包括 7 年的初等教育（1~7 年级）、5 年的中等教育（8~12 年级），以及 3~6 年的高等教育，包括技术教育和职业教育。

三、中等教育（高中）

莫桑比克的中等教育为期 5 年，分为两个阶段：初中阶段为期 3 年（8~10 年级）和高中阶段为期 2 年（11~12 年级）。各年级学生的必修课是葡萄牙语、英语、数学、哲学、体育；11 和 12 年级的学生可以从应用科学和社会科学中选择一个作为专业，每个专业设有不同的学习科目。职业学校和机构提供专业技术培训和职业培训，以培养技术工人和中级技术人员。

（一）莫桑比克国家考试

莫桑比克的中等教育评估规定，学生在完成本阶段学习前须参加相应的国家考试，即学生在 10 年级和 12 年级学习结束必须参加全国中等学历证书考试。这种考试由教师委员会根据法规中明确的升级标准来确定等级，以确定学生是否可以进入下一年级的学习。国家考试认证和评估中心负责组织、筹备、管理莫桑比克基础和高等级别的国家考试。

（二）评分系统及说明

对学生评分时，首先考核 5 门必修科目成绩，分别是：葡萄牙语、英语、数学、哲学和体育，其他次要科目也在考核之内。莫桑比克教育体系的评分系统使用 20 分制。20 分代表该科目的最高分数。将学生最好的 6 门科目的等级相加，得出学生的总成绩并给出等级，结果以定量和定性形式公布。莫桑比克中学评分系统见表 1。

表 1　莫桑比克中学评分系统

分数（分）	百分比（%）	等级
9 及以下	45	不及格
10~13	50~65	及格
14~16	70~80	好
17~18	85~90	非常好
19~20	95~100	杰出

所有通过国家中学学历考试的学生均有资格接受高等教育，学生可根据院校各个专业的录取分数线，结合个人成绩、排名、等级，选择自己的志愿。

（三）中等教育成绩与证书

全国中等学历证书考试成绩通常在考试 3 个月后公布，学生在成绩公布后即可查询。通过考试的学生通常会在公布成绩约 6 个月之后获得中学学历证书。中学学历证书（英文翻译件）、成绩单样式（葡萄牙语和英文翻译件）、中学学历翻译公证书样式见图 2 至图 5。

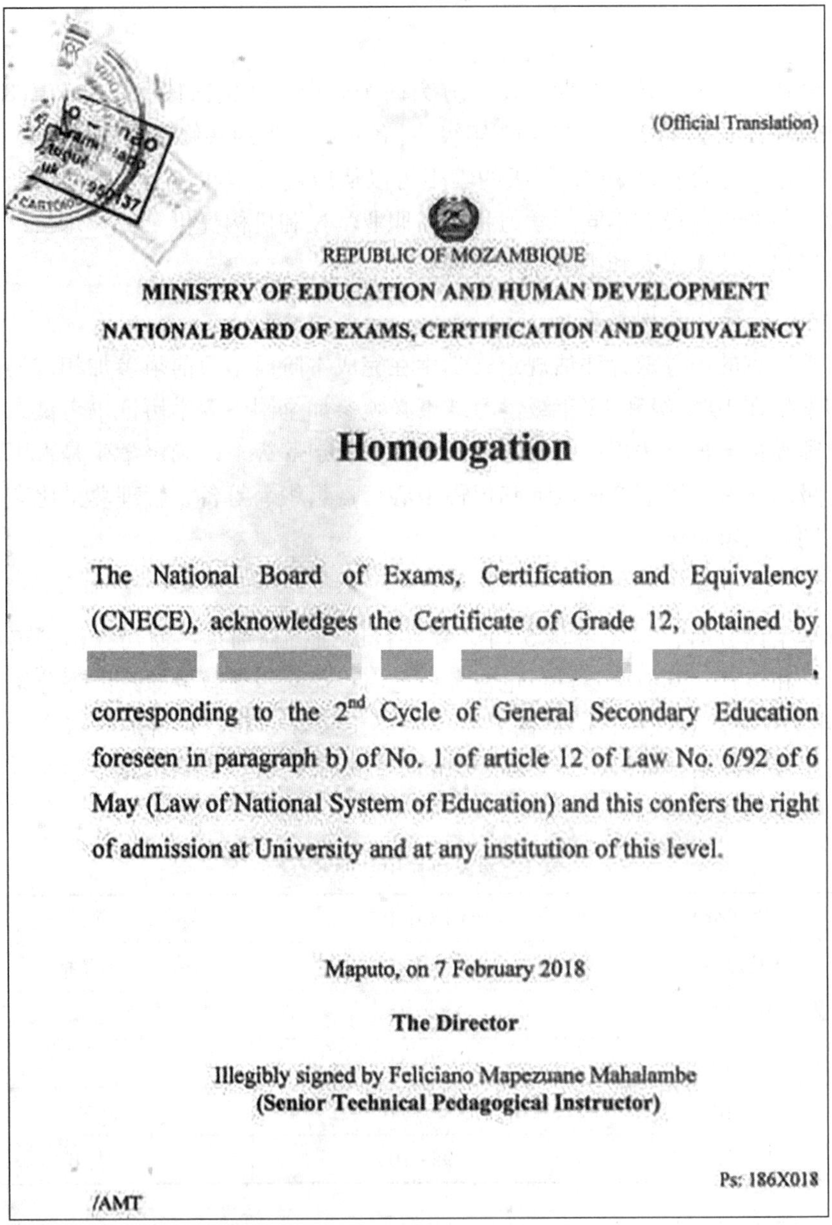

(Official Translation)

REPUBLIC OF MOZAMBIQUE

MINISTRY OF EDUCATION AND HUMAN DEVELOPMENT

NATIONAL BOARD OF EXAMS, CERTIFICATION AND EQUIVALENCY

Homologation

The National Board of Exams, Certification and Equivalency (CNECE), acknowledges the Certificate of Grade 12, obtained by [redacted], corresponding to the 2nd Cycle of General Secondary Education foreseen in paragraph b) of No. 1 of article 12 of Law No. 6/92 of 6 May (Law of National System of Education) and this confers the right of admission at University and at any institution of this level.

Maputo, on 7 February 2018

The Director

Illegibly signed by Feliciano Mapezuane Mahalambe
(Senior Technical Pedagogical Instructor)

Ps: 186X018

/AMT

图 2　中学学历证书（英文翻译件）样式

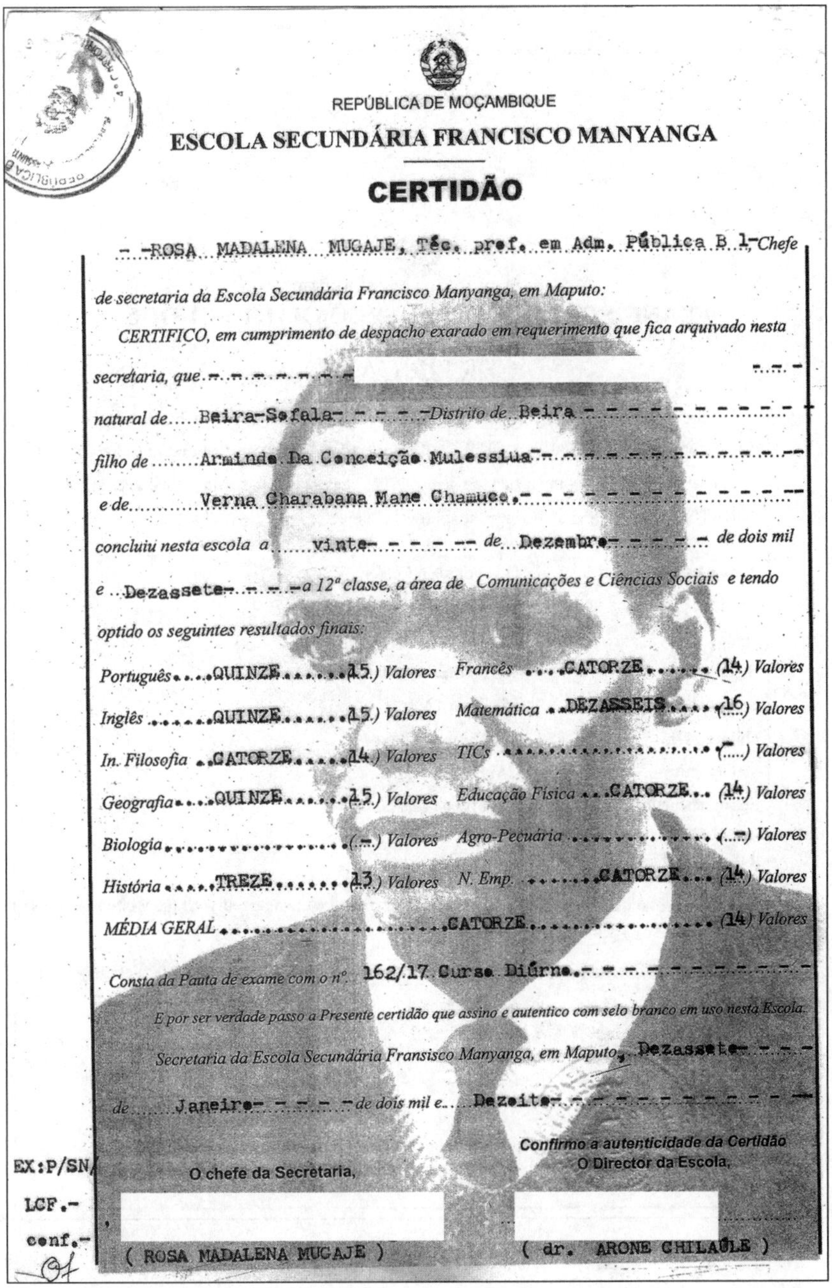

REPÚBLICA DE MOÇAMBIQUE

ESCOLA SECUNDÁRIA FRANCISCO MANYANGA

CERTIDÃO

- -ROSA MADALENA MUGAJE, Téc. pref. em Adm. Pública B 1-Chefe de secretaria da Escola Secundária Francisco Manyanga, em Maputo:

CERTIFICO, em cumprimento de despacho exarado em requerimento que fica arquivado nesta secretaria, que - - - - - - - - - -

natural de Beira-Sofala- - - - -Distrito de Beira - - - - - - - - - -

filho de Arminda Da Conceição Mulessiua- - - - - - - - - - -

e de Verna Charabana Mane Chamuco.- - - - - - - - - - -

concluiu nesta escola a vinte- - - - - de Dezembro- - - - de dois mil e Dezassete- - - -a 12ª classe, a área de Comunicações e Ciências Sociais e tendo optido os seguintes resultados finais:

Português QUINZE (15) Valores | Francês CATORZE (14) Valores

Inglês QUINZE (15) Valores | Matemática DEZASSEIS (16) Valores

In. Filosofia CATORZE (14) Valores | TICs (-) Valores

Geografia QUINZE (15) Valores | Educação Física CATORZE (14) Valores

Biologia (-) Valores | Agro-Pecuária (-) Valores

História TREZE (13) Valores | N. Emp. CATORZE (14) Valores

MÉDIA GERAL CATORZE (14) Valores

Consta da Pauta de exame com o nº. 162/17 Curso Diúrno.- - - - - - - -

E por ser verdade passo a Presente certidão que assino e autentico com selo branco em uso nesta Escola.

Secretaria da Escola Secundária Fransisco Manyanga, em Maputo, Dezassete- - - de Janeiro- - - - de dois mil e Dezoito- - - - - - - - -

EX:P/SN/

LCF.-

conf.-

O chefe da Secretaria,

(ROSA MADALENA MUGAJE)

Confirmo a autenticidade da Certidão
O Director da Escola,

(dr. ARONE CHILAULE)

图3 中学成绩单（葡萄牙语原件）样式

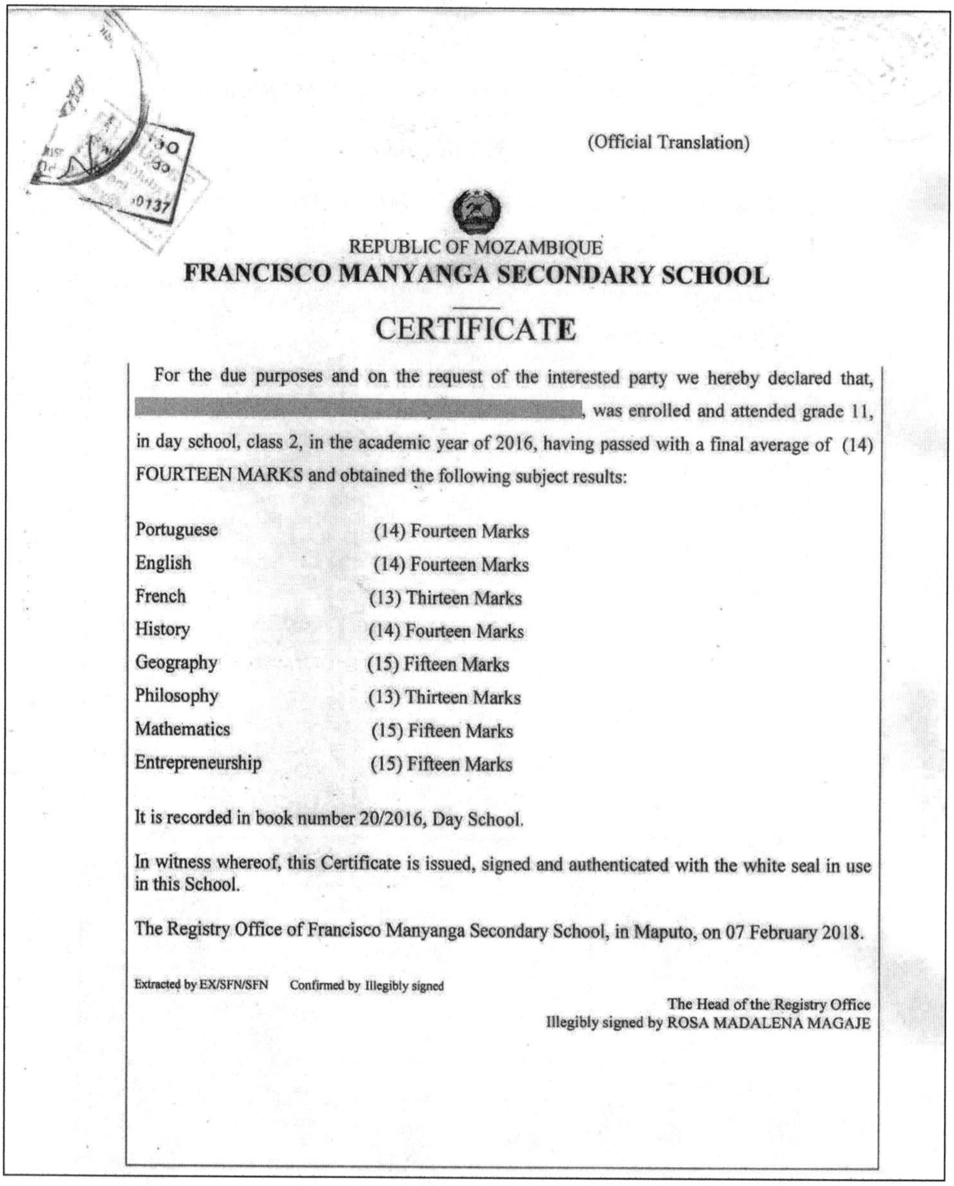

(Official Translation)

REPUBLIC OF MOZAMBIQUE

FRANCISCO MANYANGA SECONDARY SCHOOL

CERTIFICATE

For the due purposes and on the request of the interested party we hereby declared that, [redacted], was enrolled and attended grade 11, in day school, class 2, in the academic year of 2016, having passed with a final average of (14) FOURTEEN MARKS and obtained the following subject results:

Portuguese	(14) Fourteen Marks
English	(14) Fourteen Marks
French	(13) Thirteen Marks
History	(14) Fourteen Marks
Geography	(15) Fifteen Marks
Philosophy	(13) Thirteen Marks
Mathematics	(15) Fifteen Marks
Entrepreneurship	(15) Fifteen Marks

It is recorded in book number 20/2016, Day School.

In witness whereof, this Certificate is issued, signed and authenticated with the white seal in use in this School.

The Registry Office of Francisco Manyanga Secondary School, in Maputo, on 07 February 2018.

Extracted by EX/SFN/SFN Confirmed by Illegibly signed

The Head of the Registry Office
Illegibly signed by ROSA MADALENA MAGAJE

图4 中学成绩单（英文翻译件）样式

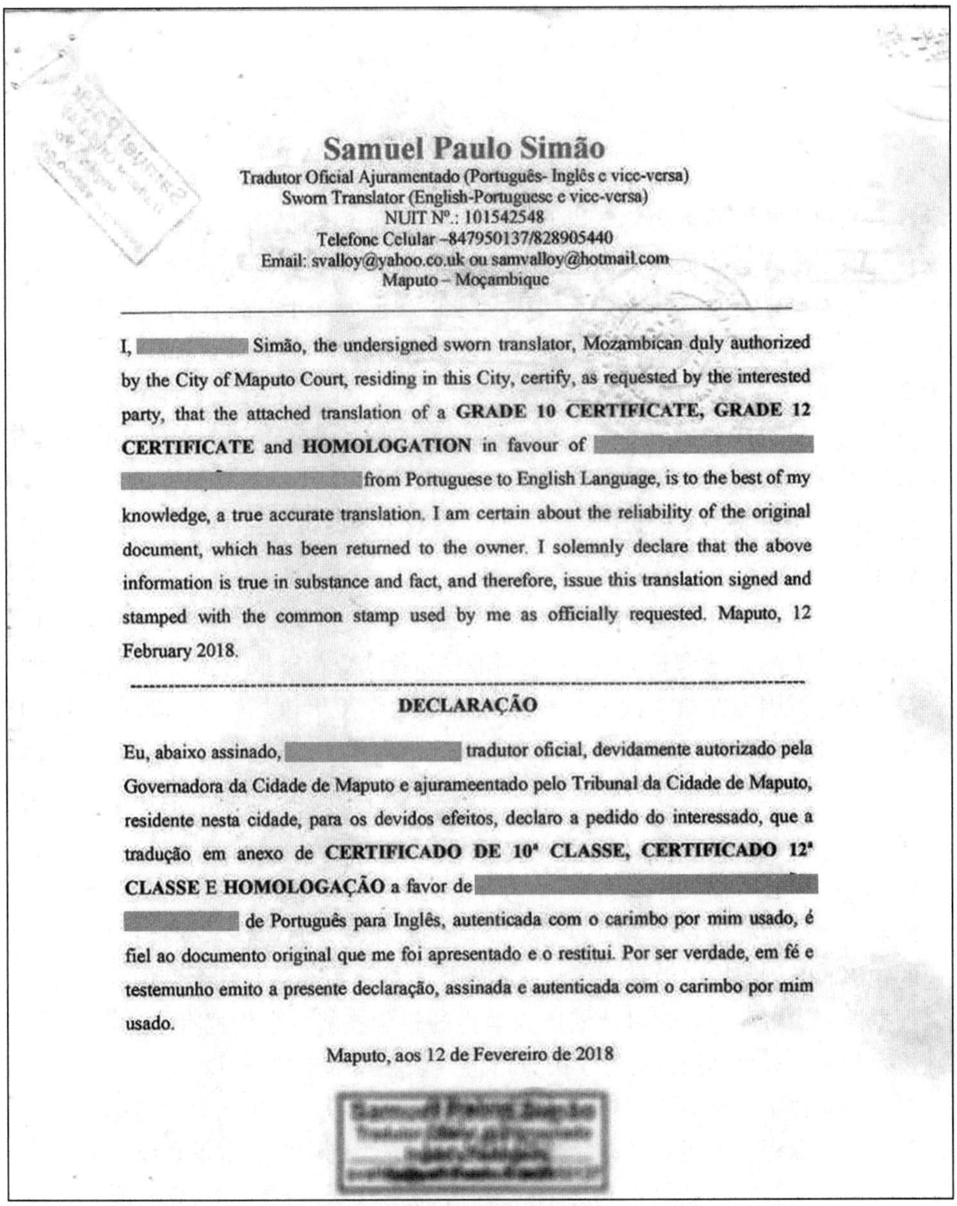

Samuel Paulo Simão

Tradutor Oficial Ajuramentado (Português- Inglês e vice-versa)
Sworn Translator (English-Portuguese e vice-versa)
NUIT Nº.: 101542548
Telefone Celular –847950137/828905440
Email: svalloy@yahoo.co.uk ou samvalloy@hotmail.com
Maputo – Moçambique

I, [redacted] Simão, the undersigned sworn translator, Mozambican duly authorized by the City of Maputo Court, residing in this City, certify, as requested by the interested party, that the attached translation of a **GRADE 10 CERTIFICATE, GRADE 12 CERTIFICATE** and **HOMOLOGATION** in favour of [redacted] from Portuguese to English Language, is to the best of my knowledge, a true accurate translation. I am certain about the reliability of the original document, which has been returned to the owner. I solemnly declare that the above information is true in substance and fact, and therefore, issue this translation signed and stamped with the common stamp used by me as officially requested. Maputo, 12 February 2018.

DECLARAÇÃO

Eu, abaixo assinado, [redacted] tradutor oficial, devidamente autorizado pela Governadora da Cidade de Maputo e ajurameentado pelo Tribunal da Cidade de Maputo, residente nesta cidade, para os devidos efeitos, declaro a pedido do interessado, que a tradução em anexo de **CERTIFICADO DE 10ª CLASSE, CERTIFICADO 12ª CLASSE** E **HOMOLOGAÇÃO** a favor de [redacted] de Português para Inglês, autenticada com o carimbo por mim usado, é fiel ao documento original que me foi apresentado e o restitui. Por ser verdade, em fé e testemunho emito a presente declaração, assinada e autenticada com o carimbo por mim usado.

Maputo, aos 12 de Fevereiro de 2018

图 5　中学学历翻译公证书样式

（四）考试成绩验证

国家考试认证和评估中心（NECA）是负责验证国家考试成绩及证书真实性的机构，莫桑比克大学会在举行大学入学考试前，对通过该中心对考生的成绩和证书进行核实。莫桑比克宪法规定禁止使用伪造证书。凡使用虚假或伪造成绩的学生，立即取消入学考试的资格。

四、本科教育

莫桑比克的大学、学院、理工学校和其他机构共同组成了高等教育体系。国家高等教育与科学技术委员会负责协调、分析和协商莫桑比克高等教育的相关事宜。国家认证及质量保证委员会负责认证高等教育机构资质。大学提供各种学士学位课程（学士学制一般分为3年或4年，法（律）学士为5年，医学学士为7年）。莫桑比克的大学主要采用葡萄牙语授课，部分大学的课程采用英语授课。大学每学年分为2个学期，每学年为期30~35周，一般从8月开始，持续到次年6月。

莫桑比克目前共有52所大学、大专和研究院所，通过全国各地的办事处运作。由于公立大学、大专、研究院所数量过少，无法满足所接受高等教育学生的求学需求，所以近几年莫桑比克私立高等教育机构的数量不断增加。

（一）高等教育入学条件

通过入学考试是进入大学的基本要求。入学考试由各学校组织，考试内容由特定机构提供。大学入学考试分为两次：第一次考试旨在录取参试中成绩优秀的考生，第二次考试则为在第一次考试中未被录取的学生提供填补剩余录取名额的机会。一般将及格分数（10~11分）设为录取的基本标准。如果符合此要求的候选人超过了招生计划人数，将计算候选人两次考试的累计分数，根据分数由高向低依次录取考生。

（二）职业技术教育入学条件

职业技术学校开设技术、职业与专业化培训课程。职业技术学校提供工、商、农业的初级、基础与中级教育课程。基础性技术教育为经济与社会部门培养技术工人，根据课程设置和专业学习计划培养学生的科学技能。学生拥有初等教育学历、基础技术和专业教育学历或同等学力方可进入职业技术学校学习。

根据职业技术教育的评估规定，学生必须通过学习计划中所有学科的考试。此外，基础教育课程学生还要参加专业能力测验。完整的中级教育课程学习还包含学徒期和书面论文答辩。接受技术教育的学生毕业后将获得相应的文凭和证书。

（三）高等教育评分系统

目前，莫桑比克尚没有统一的高等教育机构评分系统，因此，高等教育机构可以自行设置确定适合自己的评分系统。其高等教育的通用评分系统几乎与中学相同。学位或文凭证书将根据学生在班级里所获得的等级授予。学位授予分为一级、二级（上等）、二级（下等）、三等和及格。大学一般通过成绩单上的 Cumulative GPA 来评估学生的表现。莫桑比克高等教育机构使用的一种常见的评分系统形式见表2。

表 2　莫桑比克高等教育机构评分系统

分数（分）	百分比（%）	CGPA	等级
≤9	49	1	不及格
10~11	50~55	2	低分合格
12~14	60~65	3	中分合格
15~17	70~85	4	高分合格
18~20	90~100	5	优秀

（四）学历证书验证

莫桑比克没有独立的官方机构负责学位证书的审核。因此，学位证书的真实性需要由各大学自行验证。学位证书使用羊皮纸进行防伪。此外学位证书的安全功能还包括每个证书的唯一编号、受保护的水印、专门设计的徽标等。以下是高等教育证书的样式，见图 6 至图 8。

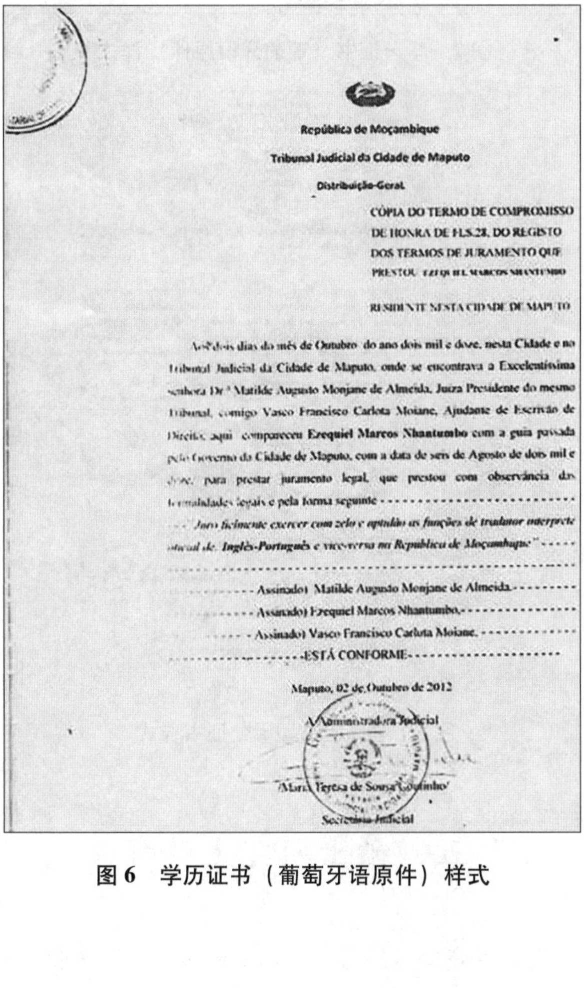

República de Moçambique

Tribunal Judicial da Cidade de Maputo

Distribuição-Geral

CÓPIA DO TERMO DE COMPROMISSO DE HONRA DE FLS.28, DO REGISTO DOS TERMOS DE JURAMENTO QUE PRESTOU [illegible]

RESIDENTE NESTA CIDADE DE MAPUTO

Aos dois dias do mês de Outubro do ano dois mil e doze, nesta Cidade e no Tribunal Judicial da Cidade de Maputo, onde se encontrava a Excelentíssima senhora Drª Matilde Augusto Monjane de Almeida, Juíza Presidente do mesmo Tribunal, comigo Vasco Francisco Carlota Moiane, Ajudante de Escrivão de Direito, aqui compareceu **Ezequiel Marcos Nhantumbo** com a guia passada pelo Governo da Cidade de Maputo, com a data de seis de Agosto de dois mil e doze, para prestar juramento legal, que prestou com observância das formalidades legais e pela forma seguinte ------------------------

--- *"Juro fielmente exercer com zelo e aptidão as funções de tradutor interprete oficial de* ***Inglês-Português*** *e vice-versa na Republica de Moçambique"* -----

----

---------- Assinado) Matilde Augusto Monjane de Almeida.---------

------- Assinado) Ezequiel Marcos Nhantumbo.---------------

----- Assinado) Vasco Francisco Carlota Moiane. ------------

------------------ESTÁ CONFORME---------------------

Maputo, 02 de Outubro de 2012

A Administradora Judicial

Maria Teresa de Sousa Coutinho

Secretaria Judicial

图 6　学历证书（葡萄牙语原件）样式

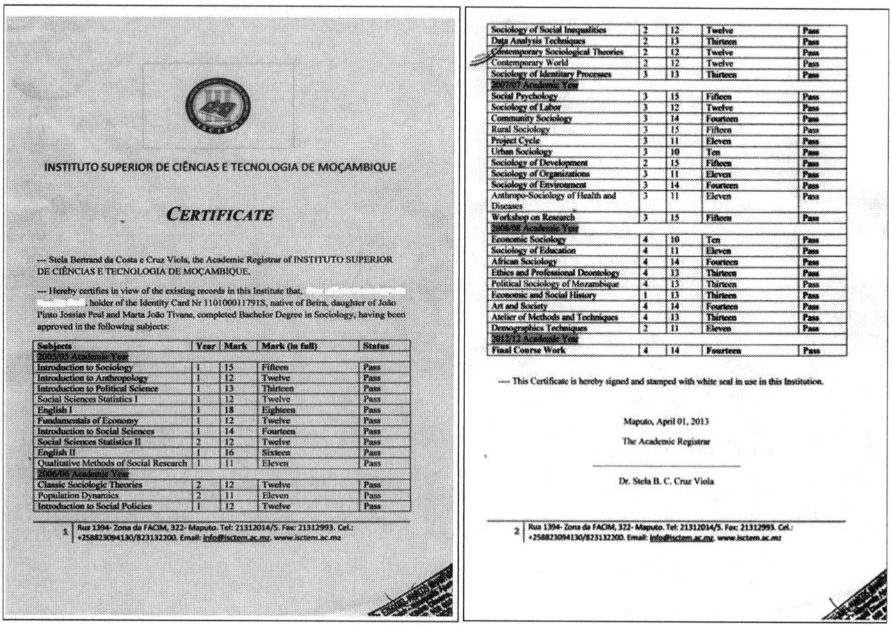

INSTITUTO SUPERIOR DE CIÊNCIAS E TECNOLOGIA DE MOÇAMBIQUE

CERTIFICATE

--- Stela Bertrand da Costa e Cruz Viola, the Academic Registrar of INSTITUTO SUPERIOR DE CIÊNCIAS E TECNOLOGIA DE MOÇAMBIQUE,

--- Hereby certifies in view of the existing records in this Institute that, [redacted], holder of the Identity Card Nr 110100011791S, native of Beira, daughter of João Pinto Jossias Peul and Marta João Tivane, completed Bachelor Degree in Sociology, having been approved in the following subjects:

Subjects	Year	Mark	Mark (in full)	Status
2005/05 Academic Year				
Introduction to Sociology	1	15	Fifteen	Pass
Introduction to Anthropology	1	12	Twelve	Pass
Introduction to Political Science	1	13	Thirteen	Pass
Social Sciences Statistics I	1	12	Twelve	Pass
English I	1	18	Eighteen	Pass
Fundamentals of Economy	1	12	Twelve	Pass
Introduction to Social Sciences	1	14	Fourteen	Pass
Social Sciences Statistics II	2	12	Twelve	Pass
English II	1	16	Sixteen	Pass
Qualitative Methods of Social Research	1	11	Eleven	Pass
2006/06 Academic Year				
Classic Sociologic Theories	2	12	Twelve	Pass
Population Dynamics	2	11	Eleven	Pass
Introduction to Social Policies	1	12	Twelve	Pass

1 Rua 1394- Zona da FACIM, 322- Maputo. Tel: 21312014/5. Fax: 21312993. Cel.: +258823094130/823132200. Email: info@isctem.ac.mz. www.isctem.ac.mz

Sociology of Social Inequalities	2	12	Twelve	Pass
Data Analysis Techniques	2	13	Thirteen	Pass
Contemporary Sociological Theories	2	12	Twelve	Pass
Contemporary World	2	12	Twelve	Pass
Sociology of Identitary Processes	3	13	Thirteen	Pass
2007/07 Academic Year				
Social Psychology	3	15	Fifteen	Pass
Sociology of Labor	3	12	Twelve	Pass
Community Sociology	3	14	Fourteen	Pass
Rural Sociology	3	15	Fifteen	Pass
Project Cycle	3	11	Eleven	Pass
Urban Sociology	3	10	Ten	Pass
Sociology of Development	2	15	Fifteen	Pass
Sociology of Organizations	3	11	Eleven	Pass
Sociology of Environment	3	14	Fourteen	Pass
Anthropo-Sociology of Health and Diseases	3	11	Eleven	Pass
Workshop on Research	3	15	Fifteen	Pass
2008/08 Academic Year				
Economic Sociology	4	10	Ten	Pass
Sociology of Education	4	11	Eleven	Pass
African Sociology	4	14	Fourteen	Pass
Ethics and Professional Deontology	4	13	Thirteen	Pass
Political Sociology of Mozambique	4	13	Thirteen	Pass
Economic and Social History	1	13	Thirteen	Pass
Art and Society	4	14	Fourteen	Pass
Atelier of Methods and Techniques	4	13	Thirteen	Pass
Demographics Techniques	2	11	Eleven	Pass
2012/12 Academic Year				
Final Course Work	4	14	Fourteen	Pass

---- This Certificate is hereby signed and stamped with white seal in use in this Institution.

Maputo, April 01, 2013

The Academic Registrar

Dr. Stela B. C. Cruz Viola

2 Rua 1394- Zona da FACIM, 322- Maputo. Tel: 21312014/5. Fax: 21312993. Cel.: +258823094130/823132200. Email: info@isctem.ac.mz. www.isctem.ac.mz

图 7　学历证书（葡萄牙语原件）样式

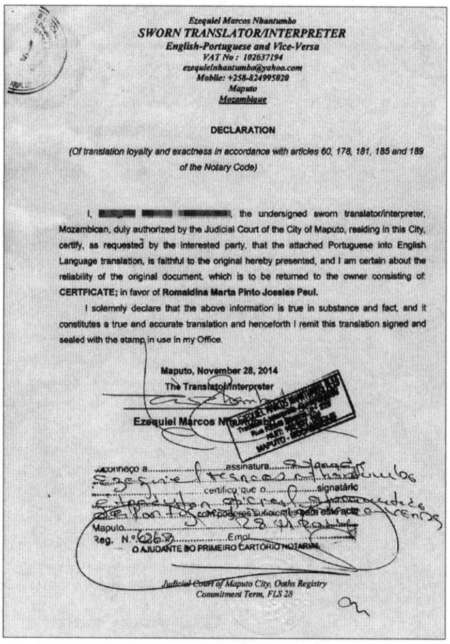

Ezequiel Marcos Nhantumbo
SWORN TRANSLATOR/INTERPRETER
English-Portuguese and Vice-Versa
VAT No : 102637194
ezequielnhantumbo@yahoo.com
Mobile: +258-824995020
Maputo
Mozambique

DECLARATION

(Of translation loyalty and exactness in accordance with articles 60, 178, 181, 185 and 189 of the Notary Code)

I, [redacted], the undersigned sworn translator/interpreter, Mozambican, duly authorized by the Judicial Court of the City of Maputo, residing in this City, certify, as requested by the interested party, that the attached Portuguese into English Language translation, is faithful to the original hereby presented, and I am certain about the reliability of the original document, which is to be returned to the owner consisting of: **CERTFICATE;** in favor of **Romaldina Marta Pinto Jossias Peul.**

I solemnly declare that the above information is true in substance and fact, and it constitutes a true and accurate translation and henceforth I remit this translation signed and sealed with the stamp in use in my Office.

Maputo, November 28, 2014

The Translator/Interpreter

Ezequiel Marcos Nhantumbo

O AJUDANTE DO PRIMEIRO CARTÓRIO NOTARIAL

Judicial Court of Maputo City, Oaths Registry
Commitment Term, FLS 28

图 8　学历证书翻译公证书样式

五、硕士研究生教育

在莫桑比克，随着就业竞争日趋激烈，越来越多的本科毕业生希望通过攻读研究生，增强自己的就业竞争力。高水平大学提供研究生课程，如爱德华多·蒙德兰大学。硕士研究生的学习时间因大学和课程类型而异，大多数项目需要2年。在某些情况下，1.5年也可以完成。一些硕士项目对学生的工作经验也有要求。硕士根据学科和专业可分为三类：哲学硕士（MPhil）、理学硕士（MSc）和文科硕士（MA）。

（一）入学要求

大多数硕士学位项目都要求申请者拥有与其研究领域相关且受国家认可大学的学士学位（二等（上）及以上）。不同的大学对学生有不同的入学要求，如要求学生具备工作经验、提交研究性学习计划、参加入学考试等。学生需要根据这些要求提交证明文件，如成绩单、个人陈述和其他证书。

（二）评分系统

莫桑比克大学硕士学位课程的评分系统与学士学位课程类似，但硕士课程的具体评分制度因院校而异，有时也因学院的师资而有所不同。对于硕士期间取得高分的学生授予优秀，取得平均分的学生授予及格。

（三）硕士学历证书验证

与学士学历证书一样，硕士学历证书的真实性由各大学进行验证。硕士学历证书使用了羊皮纸、证书唯一编号、受保护的水印和专门设计的徽标等进行防伪。硕士学历证书及成绩单样式（葡萄牙文）见图9，硕士学历证书及成绩单（英文翻译件）样式见图10。

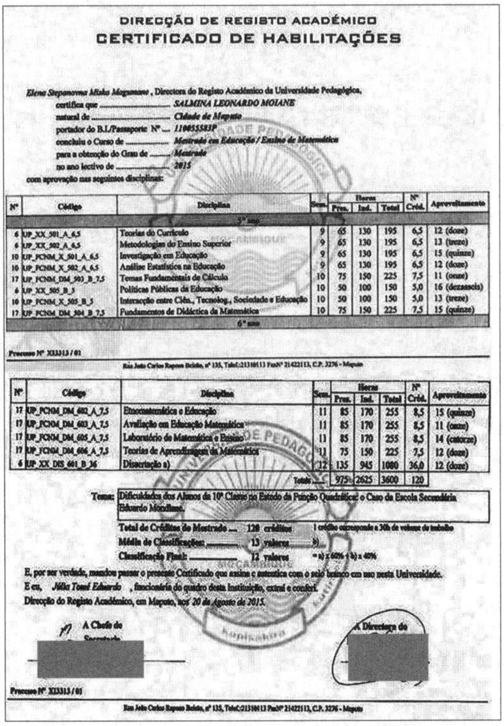
DIRECÇÃO DE REGISTO ACADÉMICO

CERTIFICADO DE HABILITAÇÕES

Elena Stepanovna Misho Mogamane, Directora do Registo Académico da Universidade Pedagógica,
certifica que .... *SALMINA LEONARDO MOIANE*
natural de .... *Cidade de Maputo*
portador do B.I./Passaporte Nº *110855583P*
concluiu o Curso de .... *Mestrado em Educação / Ensino de Matemática*
para a obtenção do Grau de .... *Mestrado*
no ano lectivo de *2015*
com aprovação nas seguintes disciplinas:

Nº	Código	Disciplina	Sem.	Horas Pres.	Horas Ind.	Horas Total	Nº Créd.	Aproveitamento
5º ano								
6	UP_XX_501_A_6,5	Teorias do Currículo	9	65	130	195	6,5	12 (doze)
6	UP_XX_502_A_6,5	Metodologias do Ensino Superior	9	65	130	195	6,5	13 (treze)
10	UP_FCNM_X_501_A_6,5	Investigação em Educação	9	65	130	195	6,5	15 (quinze)
10	UP_FCNM_X_502_A_6,5	Análise Estatística na Educação	9	65	130	195	6,5	12 (doze)
17	UP_FCNM_DM_503_B_7,5	Temas Fundamentais de Cálculo	10	75	150	225	7,5	11 (onze)
6	UP_XX_505_B_5	Políticas Públicas da Educação	10	50	100	150	5,0	16 (dezasseis)
10	UP_FCNM_X_505_B_5	Interacção entre Ciên., Tecnolog., Sociedade e Educação	10	50	100	150	5,0	13 (treze)
17	UP_FCNM_DM_504_B_7,5	Fundamentos de Didáctica da Matemática	10	75	150	225	7,5	15 (quinze)
6º ano								

Processo Nº XI3313 / 01

Rua João Carlos Raposo Beirão, nº 135, Telef.:21310113 Fax Nº 21422113, C.P. 3276 - Maputo

Nº	Código	Disciplina	Sem.	Horas Pres.	Horas Ind.	Horas Total	Nº Créd.	Aproveitamento
17	UP_FCNM_DM_602_A_7,5	Etnomatemática e Educação	11	85	170	255	8,5	15 (quinze)
17	UP_FCNM_DM_603_A_7,5	Avaliação em Educação Matemática	11	85	170	255	8,5	11 (onze)
17	UP_FCNM_DM_605_A_7,5	Laboratório de Matemática e Ensino	11	85	170	255	8,5	14 (catorze)
17	UP_FCNM_DM_606_A_7,5	Teorias de Aprendizagem da Matemática	11	75	150	225	7,5	12 (doze)
6	UP_XX_DIS_601_B_36	Dissertação a)	12	135	945	1080	36,0	12 (doze)
		Totais		975	2625	3600	120	

Tema: Dificuldades dos Alunos da 10ª Classe no Estudo da Função Quadrática: o Caso da Escola Secundária Eduardo Mondlane.

Total de Créditos de Mestrado .... 120 créditos — 1 crédito corresponde a 30h de volume de trabalho
Média de Classificações: .... 13 valores — b)
Classificação Final: .... 12 valores — = a) x 60% + b) x 40%

E, por ser verdade, mandou passar o presente Certificado que assina e autentica com o selo branco em uso nesta Universidade.
E eu, *Júlia Tomé Eduardo*, funcionária do quadro desta Instituição, extraí e conferi.
Direcção do Registo Académico, em Maputo, aos *20 de Agosto de 2015.*

A Chefe de Secretaria [redacted]

A Directora do [redacted]

Processo Nº XI3313 / 01

Rua João Carlos Raposo Beirão, nº 135, Telef.:21310113 Fax Nº 21422113, C.P. 3276 - Maputo

图9　硕士学历证书及成绩单样式（葡萄牙文）

Qualification Certificate

Elena Stepanovna Misko Magumane, directress of the Academic Registration Board, Certifies that ...

... [redacted] from .... Maputo City ....

Bearer of ID / Passport No.: ..... [redacted]

Completed the course of ... Master's Degree in Mathematics Teaching / Education

To obtain the Degree of ... Master's Degree in the academic year of ... 2015

With the following subjects:

No.	Code	Subject / Course	Sem.	Hours			No. Cred.	Grades
						Tot.		
6	UP_XX_501_A_6,5	Curriculum Theories	9	65	130	195	6,5	12/20
6	UP_XX_502_A_6,5	Higher education Methodologies	9	65	130	195	6,5	13/20
10	UP_FCNM_X_501_A_6,5	Education Research	9	65	130	195	6,5	15/20
10	UP_FCNM_X_502_A_6,5	Statistics Analysis in Education	9	6	130	195	6,5	12/20
17	UP_FCNM_DM_503_B_7,5	Fundamental topics of Computation	10	75	150	225	7,5	11/20
6	UP_XX_505_B_5	Public policies of Education	10	50	100	150	5,0	16/20
10	UP_FCNM_X_505_B_5	Interaction Between Science, Technology, Society and Education	10	50	100	150	5,0	13/20
17	UP_FCNM_DM_504_B_7,5	Fundaments of Mathematics Didactics	10	75	150	225	7,5	15/20
17	UP_FCNM_DM_602_A_7,5	Ethnomathematics and Education	11	85	170	255	8,5	15/20
17	UP_FCNM_DM_603_A_7,5	Evaluation in Mathematics Education	11	85	170	255	8,5	11/20
17	UP_FCNM_DM_605_A_7,5	Mathematics and Teaching Laboratory	11	85	170	255	8,5	14/20
17	UP_FCNM_DM_606_A_7,5	Mathematics learning theories	11	75	150	225	7,5	12/20
6	UP_FCNM_DM_601_B_36	Dissertation (a)	12	135	945	1080	36,0	12/20
Total:				975	2625	3600	120	

Topic: Difficulties of the 10th grade students regarding to then study of the Quadratics functions

Total Credit in the Master's Degree — 100 Credits

1 Credit corresponding to 30 hours of work volume

Average Ratings ... 13 marks

Final Classification ... 12 marks

And, be true for had it passed, present Certificate that sis and authenticates with the white seal used in this University.

And, I Julia Tome Eduardo, board worker of this Institute, extracted and checked.

Academic Registration board, in Maputo, at 20 of August of 2015

Chief Secretary:

图 10　硕士学历证书及成绩单（英文翻译件）样式

六、博士研究生教育

莫桑比克博士研究生按照学习方式可分为全日制和非全日制，全日制博士研究生学制为 4 年，非全日制博士研究生为 6 年。莫桑比克目前只有少数几所大学可以提供博士研究生教育课程。

（一）入学要求

申请人须拥有相关领域的硕士学位才能申请博士学位。大学会依据申请人在相关领域所取得的学术成果和初步研究计划，确定是否录取申请人。具有相关工作经验的硕士申请人通常会被大学优先录取。

（二）博士学历证书验证

博士学历证书与学士学历证书及硕士学历证书一样，博士学历证书的真实性也由各大学自行验证。博士学历证书也使用了羊皮纸、唯一证书编号、受保护的水印、专门设计的徽标等进行防伪。

(三) 申请者学历与学位证书验证说明

IECE（Insistute of Examinations, Certification and Equivalence）是莫桑比克负责为高等教育各阶段毕业证书认证的官方机构，但目前仅向证书持有者本人提供认证服务。各招生院校可以要求申请者提供来自 IECE 的认证报告作为申请大学的必要材料。IECE 认证过程文件样式见图 11。

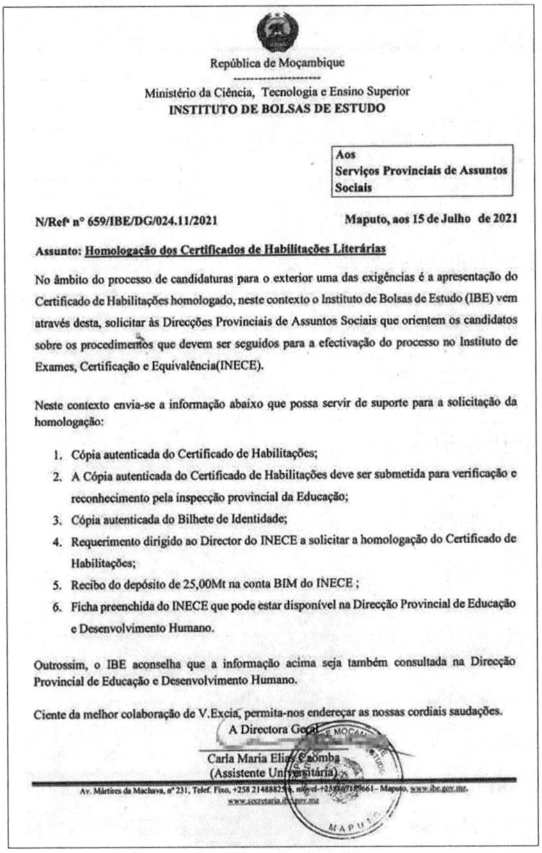

República de Moçambique

Ministério da Ciência, Tecnologia e Ensino Superior
INSTITUTO DE BOLSAS DE ESTUDO

Aos
Serviços Provinciais de Assuntos
Sociais

N/Refª nº 659/IBE/DG/024.11/2021　　Maputo, aos 15 de Julho de 2021

Assunto: Homologação dos Certificados de Habilitações Literárias

No âmbito do processo de candidaturas para o exterior uma das exigências é a apresentação do Certificado de Habilitações homologado, neste contexto o Instituto de Bolsas de Estudo (IBE) vem através desta, solicitar às Direcções Provinciais de Assuntos Sociais que orientem os candidatos sobre os procedimentos que devem ser seguidos para a efectivação do processo no Instituto de Exames, Certificação e Equivalência(INECE).

Neste contexto envia-se a informação abaixo que possa servir de suporte para a solicitação da homologação:

1. Cópia autenticada do Certificado de Habilitações;
2. A Cópia autenticada do Certificado de Habilitações deve ser submetida para verificação e reconhecimento pela inspecção provincial da Educação;
3. Cópia autenticada do Bilhete de Identidade;
4. Requerimento dirigido ao Director do INECE a solicitar a homologação do Certificado de Habilitações;
5. Recibo do depósito de 25,00Mt na conta BIM do INECE;
6. Ficha preenchida do INECE que pode estar disponível na Direcção Provincial de Educação e Desenvolvimento Humano.

Outrossim, o IBE aconselha que a informação acima seja também consultada na Direcção Provincial de Educação e Desenvolvimento Humano.

Ciente da melhor colaboração de V.Excia, permita-nos endereçar as nossas cordiais saudações.

A Directora Geral

Carla Maria Elias Caomba
(Assistente Universitária)

Av. Mártires da Machava, nº 231, Telef. Fixo, +258 21488825…, móvel-+258…661 – Maputo, www.ibe.gov.mz, www.secretaria.i….gov.mz

图 11　IECE 认证过程文件样式

附　录

(一) 部分公立大学名单

(1) 爱德华多・蒙德兰大学

(2) 教育大学

（3）高等国际关系学院
（4）马谢尔·萨莫拉军事学院
（5）警察学院
（6）卢里奥大学
（7）高等航海学校

（二）部分私立大学名单

（1）高等多科技术大学
（2）天主教大学
（3）莫桑比克高等科技学院
（4）穆萨宾比克大学
（5）莫桑比克科技大学
（6）莫桑比克圣托马斯大学
（7）莫桑比克让·皮亚杰大学

（三）排名前10位的大学名单

（1）爱德华多·蒙德兰大学
（2）教育大学
（3）天主教大学
（4）莫桑比克圣托马斯大学
（5）卢里奥大学
（6）高等多科技术大学
（7）莫桑比克科技大学
（8）赞比西大学
（9）高等健康科技学院
（10）高等国际关系学院

（高静、Maurice Simiyu Nyaranga 、Mulvy Armindo da Conceição Mulessiua、Glad Tako Ngwira 、张睿、张婧）

南 非

一、关于南非

（一）国家概况

南非，全称为南非共和国，位于非洲大陆的最南端，东濒印度洋，西临大西洋，北邻纳米比亚、博茨瓦纳、津巴布韦、莫桑比克等国，另有莱索托为南非领土所包围。南非面积约 122 万平方千米，海岸线长约 3000 千米。全国大部分地区属热带草原气候。

南非人口为 5962 万（南非统计局 2020 年年中估计数），按人种可分为黑人、有色人、白人和亚裔四大种族，分别占总人口的 80.7%、8.8%、8.0%和 2.5%。南非有 11 种官方语言，英语和阿非利卡语为通用语言。南非最早的土著是桑人、科伊人及班图人。17 世纪后，荷兰人、英国人相继入侵并不断将殖民地向内地推进。19 世纪中叶，白人统治者建立起四个政治实体：两个英国殖民地，即开普、纳塔尔殖民地；两个布尔人共和国，即德兰士瓦共和国和奥兰治自由邦。1899 至 1902 年，英布战争以英国人艰难取胜告终。1910 年，四个政治实体合并为“南非联邦”，成为英国自治领。“南非联邦”当局长期在国内以立法和行政手段推行种族歧视和种族隔离政策。1948 年，南非国民党执政后，全面推行种族隔离制度，镇压南非人民的反抗斗争，遭到国际社会的谴责和制裁。1961 年，“南非联邦”退出英联邦（1994 年重新加入），成立南非共和国。1989 年，德克勒克出任国民党领袖和总统后，推行政治改革，取消对黑人解放组织的禁令并释放非洲人国民大会（非国大）主席纳尔逊·曼德拉（Nelson Mandela）等黑人领袖。1991 年，非国大、南非政府、国民党等 19 方就政治解决南非问题举行多党谈判，并于 1993 年就政治过渡安排达成协议。1994 年 4 至 5 月，南非举行首次不分种族大选，以非国大为首，由南非共产党、南非工会大会三方联盟以 62.65%的多数获胜，曼德拉出任南非首任黑人总统，非国大、国民党、因卡塔自由党组成民族团结政府。2019 年 5 月，南非举行第六次大选，非国大再次胜选，马塔梅拉·西里尔·拉马福萨（Matamela Cyril Ramaphosa）连任总统。

南非有3个首都：比勒陀利亚（行政首都）、开普敦（立法首都）、布隆方丹（司法首都）。自1994年以来，南非被划分为9个省：东开普省、自由州省、豪藤省、夸祖鲁-纳塔尔省、林波波省、姆普马兰加省、西北省、北开普省和西开普省。

因长期实行种族隔离的教育制度，南非黑人受教育机会远远低于白人。1995年1月，南非正式实施7~16岁儿童义务教育。政府不断加大对教育的投入，着力对教学课程设置、教育资金筹措体系和高等教育体制进行改革。著名的大学有：金山大学、比勒陀利亚大学、南非大学、开普敦大学、斯坦陵布什大学、约翰内斯堡大学等①。

（二）护照样式

南非护照包括以下信息：护照持有人的照片、姓名、国籍、性别、出生日期、出生地、护照号码、护照类型、发行国、发行日期、截止日期、发行机关。护照样式见图1和图2。

图1 护照封面样式

① 李晶. 南非国家概况[EB/OL]. [2023-02-20]. https://www.yidaiyilu.gov.cn/gbjg/gbgk/872.htm.

图 2　护照信息页样式

二、教育体系简介

南非教育系统分为普通教育与培训阶段、继续教育与培训阶段、高等教育与培训阶段，并纳入到国家资格框架（见表 1）中的三段十级①。

表 1　南非国家资格框架表

等级	学位/学历	证书类型	培养阶段
10	博士学位 博士学位（专业型）	—	高等教育与培训阶段
9	硕士学位 硕士学位（专业型）	—	
8	荣誉学士学位 研究生文凭 学士学位	八级职业证书	
7	学士学位 高级文凭	七级职业证书	
6	高级证书文凭	六级职业证书	
5	高等证书	五级职业证书	
4	国家证书	四级职业证书	继续教育与培训阶段（10~12 年级）
3	中级证书	三级职业证书	
2	初级证书	二级职业证书	
1	普通证书	一级职业证书	普通教育与培训阶段（9 年级）

资料来源：Republic of South Africa. Government Gazette：No. 36803，2013-08-30.

① 曹梦婷，方华明. 南非国家资格框架下中高职课程衔接的研究[J]. 职业教育研究，2016(11)：84-87.

目前南非儿童的学前教育从3岁开始至0/R年级，以自愿为原则，还没有被正式纳入国家教育体制。

普通教育与培训阶段包括0/R年级至9年级，可细分为三个阶段，第一个是基础阶段，包括从0/R年级至3年级；第二个是中级阶段，包括4年级至6年级；第三个是高级阶段，包括7年级至9年级。基础阶段的教学语言是学生的母语，主要学习基本的读写与计算，并开始学习第二语言。中级阶段的教学语言使用英语或阿非利加语，主要课程包括两门语言、数学、历史、地理、自然科学、健康教育、宗教教育、手工工艺、体育、音乐等。高级阶段一般有5门必修课，2~5门考试选修课，1门免试选修课"信息技术"。9年级相当于南非国家资格框架中的一级水平，毕业可获得普通教育和培训证书。

继续教育与培训阶段包括10年级至12年级的学校教育、辍学青年的补偿教育和中等职业教育。南非的普通高中、职业导向的继续教育与培训学院、社区学院，以及其他行业和非正规学校都属于继续教育与培训机构。

南非高等教育起源于荷兰殖民时期提供中等教育的学院[①]。1892年，南非历史上第一个高等教育机构——南非学院（现为开普敦大学）在开普敦成立。现南非公立大学共计23所，公立大学主要包括三类：传统大学、科技大学和综合性大学，并有百余所私立高校和入境跨国教育机构。传统大学以传统的学术类项目训练为主；科技大学由原来的技术学院升级而来，并建立了从非学历到博士层次的高等教育体系，主要从事应用型科学研究[②]；综合性大学由原来的传统大学和技术学院合并而成，在传统大学的基础上纳入了职业类项目。形成了普通高等教育与职业教育相结合的公立高等教育体系[③]，以及与公立高等教育构成竞争关系的私立高等教育。南非高等教育在等级上相当于南非国家资格框架的5—10级。

三、中等教育（高中）

继续教育与培训阶段是对南非学生进行的第一次分流，一轨为普通高中，学制3年；一轨是中等职业教育，学制3年，由继续教育与培训学院进行，中等教育对应国家资格框架中的2、3、4级水平，学生通过考试会获得继续教育与培训证书。

（一）毕业要求

南非高中课程通常归类为8个方面的学习领域（见表2），每个学习领域又细化成不同的学习科目，所学的课程分为必修课与选修课。高中学生学习4门必

---

① 赵硕.南非高等教育发展与评估模式及对我国高等教育的启示[J].上海教育评估研究，2014(1):36-39.

② 王娟娟.后种族隔离时期南非教育现状、发展及挑战[J].赤峰学院学报(汉文哲学社会科学版)，2019(8):154-158.

③ 陈恒敏."金砖国家"高等学校分类体系:域外四国的经验[J].比较教育研究，2019(10):19-28,36.

修课及3门选修课。4门必修课程包括两门官方语言（其中1门官方语言必须是本土语言，另外1门可以是本土语言，也可以是第一外语、数学、数学素养、生活指导课程。南非高中选修课丰富多样，学生须至少选择3门科目，最多可以选择2门语言科目，这2门语言科目可以从11种官方语言和13种非官方语言中进行选择①。

南非国家教育政策法案规定，有资格获得高中毕业证书的学生必须是完成了12年基础教育课程的全日制应届生或往届生。南非高中毕业证书属于南非国家资格框架的第4级。学生只有通过国家高中毕业证书考试，才能获得升学的机会。国家高中毕业证书考试时间为每年的10月至12月，若考生在当年规定的时间参加国家高中毕业证书考试没有通过，则可以在下一年的春季（大约在2月至3月）参加第二次考试，这为考生在同批次提供了补考机会。

南非考生要获得国家高中毕业证书除了需要南非高考的考试成绩，还需要提供考生学年所考课程的完整证明。该课程的完整证明由校本评核、实践考核和期末考试组成。10~11年级校本评核一般由学生所在的学校主持，占总成绩的25%，期末考试占总成绩的75%，其中，实践考核任务占期末考试的25%。考生在12年级的校本评核须由基础教育部、认证评估机构、普通和继续教育与培训质量保障委员会三方主持，占国家高中毕业证书成绩的25%。

表2 高中学习领域及科目

学习领域	科目
农业科学	农业管理、农业科学、农业技术
艺术和文化	舞蹈、设计、戏剧艺术、音乐、视觉艺术
商业、贸易与管理学	会计学、商学、经济学
作为第二外语的11种官方语言和13种非官方语言	11种官方语言：英语、阿非利卡语、恩德贝莱语、科萨语、祖鲁语、斯佩迪语、塞索托语、茨瓦纳语、史瓦济语、文达语、聪加语 13种非官方语言：阿拉伯语、法语、德语、古吉拉特语、希伯来语、印地语、意大利语、拉丁语、葡萄牙语、西班牙语、泰米尔语、特卢固语、乌尔都语
工程与技术	土木工程、电气技术、机械技工、工程制图与设计
人文和社会科学	地理、历史、宗教研究、生活指导
物理、数学、计算机和生命科学	物理学、数学、数学素养、计算机应用技术、信息技术、生命科学
服务	酒店管理、旅游管理

资料来源：Department of Basic Education. National Policy pertaining to the Programme and Promotion Requirements of the National Curriculum Statement Grades R-12，2011，62-64.

① 牛长松，李梨. 南非高中课程设置及其特色[J]. 比较教育研究，2013(6)：23-28.

（二）评分系统

南非高中要求学生参加至少 7 门科目的考试，必须有 3 门科目考试成绩均要达到第 3 等级（见表 3），即分数比率至少达到单科总分的 40%，其中一科必须是本土官方语言；剩下的三科成绩均要达到或超过单科总分的 30%，一科成绩可以低于单科总分的 30%。

表 3　南非高中毕业证书分数比率与等级对照表

成绩等级	分数比率（%）	成就描述
7	80~100	杰出的
6	70~79	值得赞赏的
5	60~69	表现良好
4	50~59	表现尚可
3	40~49	适度达到标准
2	30~39	达到标准
1	0~29	未达到标准

资料来源：Department of Basic Education. National Policy pertaining to the Programme and Promotion Requirements of the National Curriculum Implementation from 2010 and beyond, 2011, 5.

（三）高中毕业证书样式

高中毕业证书样式见图 3。

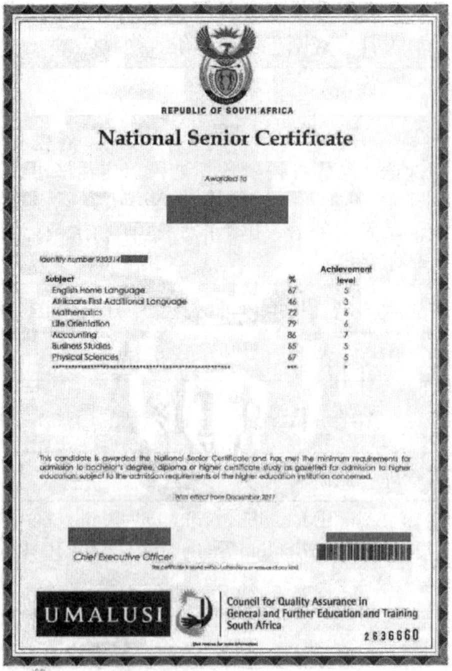
REPUBLIC OF SOUTH AFRICA

National Senior Certificate

Awarded to

[redacted]

Identity number 930314[redacted]

Subject	%	Achievement level
English Home Language	67	5
Afrikaans First Additional Language	46	3
Mathematics	72	6
Life Orientation	79	6
Accounting	86	7
Business Studies	65	5
Physical Sciences	67	5

This candidate is awarded the National Senior Certificate and has met the minimum requirements for admission to bachelor's degree, diploma or higher certificate study as gazetted for admission to higher education, subject to the admission requirements of the higher education institution concerned.

With effect from December 2011

[redacted]

Chief Executive Officer

[redacted]

UMALUSI

Council for Quality Assurance in General and Further Education and Training South Africa

2636660

图 3　高中毕业证书样式

（四）高中毕业证书验证

申请人可以打电话或发信息咨询普通和继续教育及培训质量保证委员会如何验证证书、如何付款、多久可以得到验证结果、如何收到验证结果等。高中毕业证书样式见图 4。

普通和继续教育及培训质量保证委员会（Cuncil for Quality Assurance in General and Further Education and Training）的联系方式

电话：+27（12）349 1510

传真：+27（12）349 1511

邮箱：info@ umalusi. org. za

REPUBLIC OF SOUTH AFRICA

A brief guide to the qualifications that Umalusi Council currently certifies, this booklet is intended as a guide to understanding and verifying the certificates Umalusi issues, as well as those issued by its predecessor, the South African Certification Council (SAFCERT).

Each qualification is described in terms of its most salient features so that the public can understand the relationships between the various qualifications – all of which are on Level 4 of the National Qualifications Framework, except for the GETC(ABET) on NQF Level 1.

Certain visual and security features on Umalusi certificates are highlighted for consideration, especially for people required to verify the authenticity of certificates. These features include the use of watermark paper, the inclusion of certain security features in the printing of the certificate background paper as well as some others introduced when the certificate for each and every individual is personalised.

UMALUSI

Council for Quality Assurance in General and Further Education and Training South Africa

3233061

图 4　高中毕业证书样式

四、专科 & 本科教育

南非的学士学位分为学术性学士学位、专业性学士学位、荣誉学士学位三种。获得学术性和专业性学士学位至少需要 3 年；荣誉学士学位（相当于中国大学的本科毕业）至少需要 4 年（包括 3 年学士学位课程）。在理工学院，获得技术学士学位需 4 年。

（一）入学要求

取得南非国家高中毕业证书的学生在一定条件下可以获得免试进入高校的机

会。高等教育机构会根据候选人的成绩，为学生提供三类课程①：学士学位课程（Bachelor's Programme）、文凭课程（Diploma Programme）和高等证书课程（Higher Certificate Programme）。其中，高等证书课程对申请者要求最低：申请者的高校教育语言成绩只需要达到2级（见表3）或以上即可；文凭课程不但要求申请者的高校教学语言成绩2级以上，还要求申请者的国家高中毕业证书考试科目中的4门成绩达到3级以上；学士学位课程要求高校教学语言成绩达到2级以上，指定科目中4门成绩须达到4级以上，指定科目由各个高校自行决定。

（二）评分系统

南非的学士、硕士和博士阶段都属于高等教育。评分是根据百分比来确定的。南非高等教育评分体系见表4。

表4　南非高等教育评分体系

百分比（%）	含义	等级
75以上	一等	A
70~74	二等偏上	B
60~69	二等偏下	C
50~59	三等	D
0~49	不合格	F

高等证书是高等教育资格的初级证书，学生至少要修完符合第5级资格指标要求的120学分才能获得该证书。获得文凭高级证书至少要修完符合第6级资格指标要求的120学分。该资格获得者可以直接就业，达到专门岗位工作对人员的要求。文凭包括360学分和240学分两种，前者一般包含120学分的工作场所学习，后者则没有。学生至少要修满120学分符合第6级资格指标的要求。高级文凭要求学生至少要修完符合第7级资格指标要求的120学分。学士学位分跨国家资格框架的第7级和第8级这两级，前者要求学生至少修完360学分，后者要求至少修完480学分，荣誉学士学位要求学生至少修完符合第8级资格指标要求的学分，荣誉学士学位的学生必须在导师指导下进行研究，并提交研究报告。

（三）学位证书样式

学士学位证书样式见图5。

① Department of Basic Education. (2012). National Se-nior Certificate Examination Technical Report[EB/OL]. (2013-03-01)[2022-01-16]. http://www.education.gov.za/LinkClick.aspx? fileticket=XRqNS9f%2FjT4%3D&tabid=358&mid=1325.

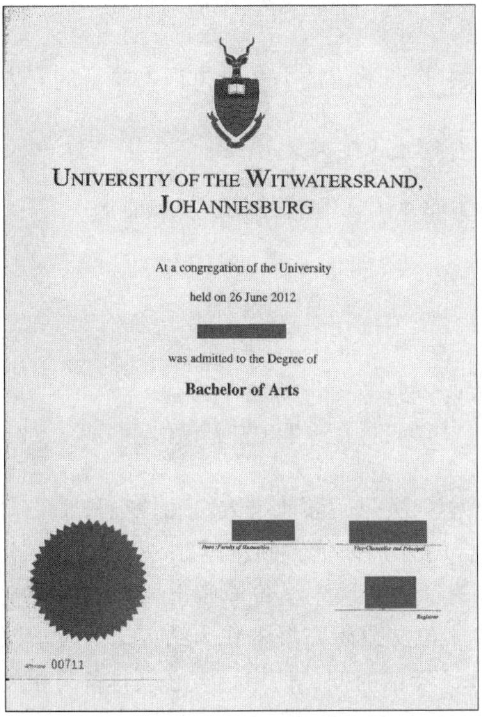

UNIVERSITY OF THE WITWATERSRAND, JOHANNESBURG

At a congregation of the University

held on 26 June 2012

[redacted]

was admitted to the Degree of

Bachelor of Arts

[redacted]

00711

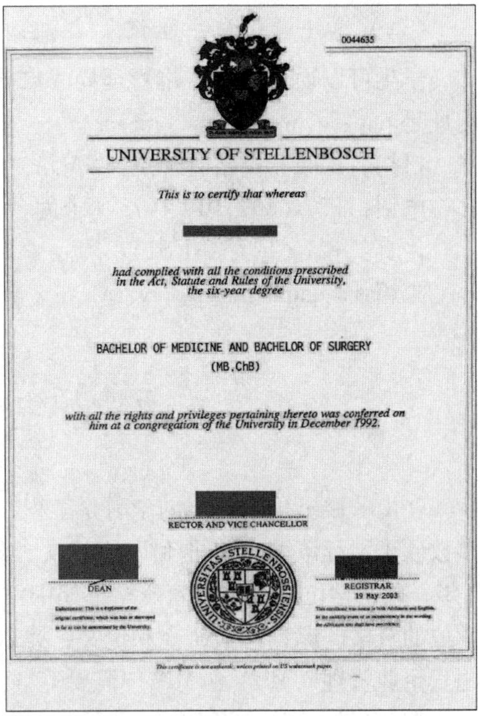

0044635

UNIVERSITY OF STELLENBOSCH

This is to certify that whereas

[redacted]

had complied with all the conditions prescribed in the Act, Statute and Rules of the University, the six-year degree

BACHELOR OF MEDICINE AND BACHELOR OF SURGERY

(MB,ChB)

with all the rights and privileges pertaining thereto was conferred on him at a congregation of the University in December 1992.

[redacted]

RECTOR AND VICE CHANCELLOR

[redacted]

DEAN

[redacted]

REGISTRAR

19 May 2003

12040551

University of Pretoria

The Council and Senate hereby declare that at a congregation of the University the degree

Bachelor of Sports Science

Golf

with all the associated rights and privileges was conferred on

[redacted]

in terms of the Higher Education Act, 1997 and the Statute of the University

On behalf of the Council and Senate

[redacted]

Vice-Chancellor and Principal

[redacted]

Registrar

00009730

2015-04-29

图 5　学士学位证书样式

（四）学士学位证书验证

学生可以通过南非资格管理局的数据库中验证学位证书。学位证书验证的官方网址是 http：//www. saqa. org. za/。

机构名：南非资格管理局（SAQA）

电话：+27（86）011 1673（求助台）；012 431 5000（总机）

传真：+27（12）431 5147

邮箱：saqainfo@ saqa. org. za

五、硕士研究生教育

在南非硕士生中热门的学科是工程、科学、法律、商业、人文和社会科学。大多数硕士课程以课程作业和研究论文相结合的方式评估，硕士学制一般为 1 年至 2 年，硕士学位项目在国家资格框架中被标为 9 级，硕士学位原则上授予攻读博士学位的资格。课程包括研究和论文，或以期末论文或研究报告作为结束语的教学课题。企业管理（MBA 和 MIB）需要 1 年至 1. 5 年的时间，但申请人必须具备与相关专业有关工作经验。

（一）入学要求

学生取得荣誉学士学位是学生申请硕士的必要条件，学生入学后完成 1 年至 2 年的研究生阶段的学习，即可取得硕士学位。3 年制学士要求学生需要得到荣誉学士学位后才能继续攻读硕士。除了学士学位和成绩单外，学生还需要提交校方要求的其他文件来证明他们满足申请条件。

在南非，硕士学位分为三类：第一类，哲学硕士（类似于中国的学术硕士学位），以学术研究为主；第二类是科学应用硕士（类似于中国的专业硕士）；第三类是文学硕士。

（二）学位证书样式

硕士学位证书样式见图 6。

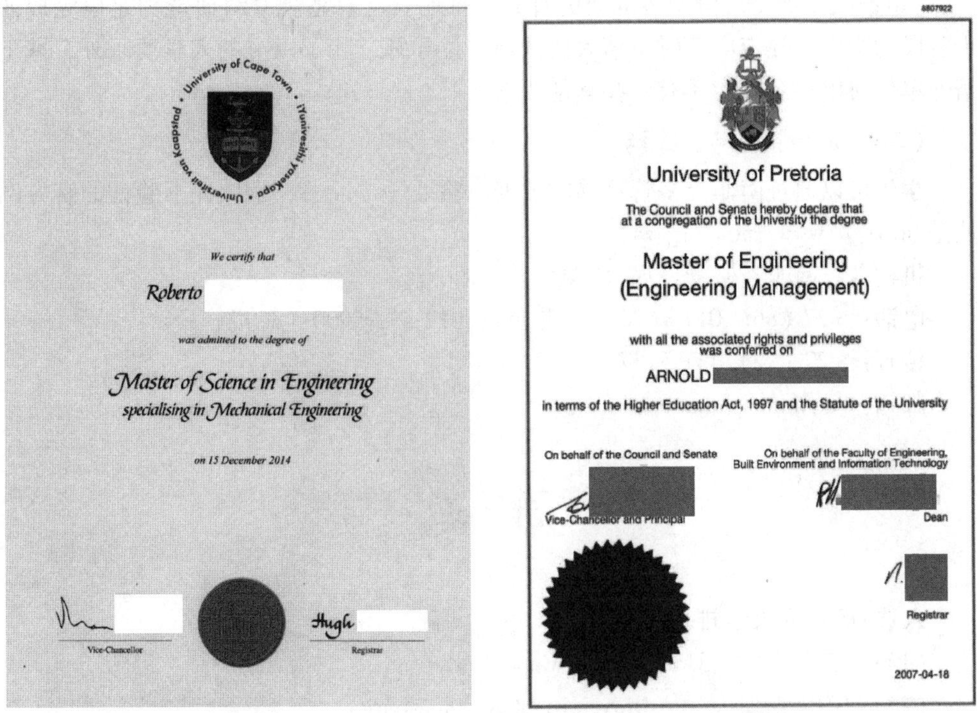

(a) (b)

图 6 硕士学位证书样式

(三) 硕士学位证书验证

学生可以通过南非资格管理局的数据库验证学位证书。学位证书验证的官方网址是 http://www. saqa. org. za/。

机构名：南非资格管理局（SAQA）

电话：+27（86）011 1673（求助台）；012 431 5000（总机）

传真：+27（12）431 5147

邮箱：saqainfo@ saqa. org. za

六、博士研究生教育

(一) 简况

博士学位是南非国家资格框架的第 10 级标准。博士学位的学制最低是 4 年，最多是 5 年。

(二) 入学要求

博士申请人须持有被国家认可的硕士学位（或在特殊情况下，由参议院酌情决定，持有认可的学士学位的申请人或参议院认可的同等学力资格也可申请博士学位）；申请人要提交一份初步的研究计划，证明自己具备独立科研能力足以完成博士阶段的学习；提交申请时申请人要选择一位导师；除了以上的入学要求外，博士培养单位对申请者可能还有一些其他要求。

（三）博士学位证书验证

学生可以通过南非资格管理局的数据库验证学位证书。学位证书验证的官方网址是 http：//www. saqa. org. za/。

机构名：南非资格管理局（SAQA）

电话：+27（86）011 1673（求助台）；012 431 5000（总机）

传真：+27（12）431 5147

邮箱：saqainfo@ saqa. org. za

附　录

入选 QS 世界大学排名 2023 的南非大学①：

（1）开普敦大学（University of Cape Town）

（2）约翰内斯堡大学（University of Johannesburg）

（3）威特沃思兰德大学（University of Witwatersrand）

（4）斯泰伦博斯大学（Stellenbosch University）

（5）比勒陀利亚大学（University of Pretoria）

（6）罗德斯大学（Rhodes University）

（7）夸祖鲁-纳塔尔大学（University of KwaZulu-Natal）

（8）西北大学（南非）（North-West University）

（9）西开普大学（University of Western Cape）

（周萍、柳晖、李盈）

① QS 世界大学排名 2023[EB/OL].[2023-03-10]. https://www. qschina. cn/university-rankings/world-university-rankings/2023.

尼泊尔

一、关于尼泊尔

（一）国家概况

尼泊尔为南亚内陆山国，位于喜马拉雅山南麓，北邻中国，其余三面与印度接壤，印度恒河平原地区部分也在其境内。尼泊尔总人口约3000万（截至2020年），尼泊尔是个多民族、多宗教、多种姓、多语言国家，尼泊尔国民主要信奉印度教和佛教。尼泊尔语是尼泊尔官方语言。尼泊尔只有两个邻国，即印度和中国。

尼泊尔地形多样，有平原和亚高山森林丘陵。世界现存的14座海拔超过8000米的山峰中，有8座位于中尼边界的喜马拉雅山区。尼泊尔共有7个联邦省，首都是加德满都（Kathmandu），也是尼泊尔最大的城市。尼泊尔除采用公元制外，还有4种纪元历法，通常采用超日王纪元历法。

尼泊尔经济落后，是世界上最不发达的国家之一。尼泊尔国内生产总值（GDP）约363亿美元（2021年），人均国内生产总值1210美元（2021年）①。农业是尼泊尔的支柱产业。尼泊尔全国约70%人口为农业人口。

（二）护照样式

尼泊尔是国际民用航空组织（ICAO）的成员，于2015年11月24日起全面使用可机读护照。

目前，尼泊尔可机读护照包含以下信息：签证种类、护照号码、姓、名、国籍、出生日期、性别、签发日期、有效日期、居民身份证号码、出生地、签发地点、持证人签名等。

尼泊尔政府签发护照有四种类型：普通护照（棕色）、公务护照（橘色）、外

① 中华人民共和国外交部. 尼泊尔国家概况[EB/OL].[2023-03-07]. https://www.mfa.gov.cn/web/gjhdq_676201/gj_676203/yz_676205/1206_676812/1206x0_676814/.

交护照（红色）、官员护照（蓝色），护照样式见图 1。

图 1　尼泊尔护照样式

二、教育体系简介

（一）教育体系概况

尼泊尔实施过许多与教育有关的政策。其中，“1971 年国家教育制度规划”为尼泊尔创造了一个更现代化、更公平的基础公共义务教育体系。教育部负责统筹小学、中学、大学教育；而技术教育和职业培训委员会（CTEVT）负责协调技术培训和职业教育。

目前尼泊尔实行 10 年义务教育制（1~10 年级）。目前教育系统结构如下：

学前教育：幼儿园，5 岁及以下。

初等教育：小学，1~5 年级；6~10 岁。

中等教育：初级中等（6~8 年级）、中级中等（9、10 年级）、高级中等（11、12 年级）；11~17 岁。

高等教育：本科、硕士、博士；18 岁及以上。

尼泊尔教育系统体系见图 2。

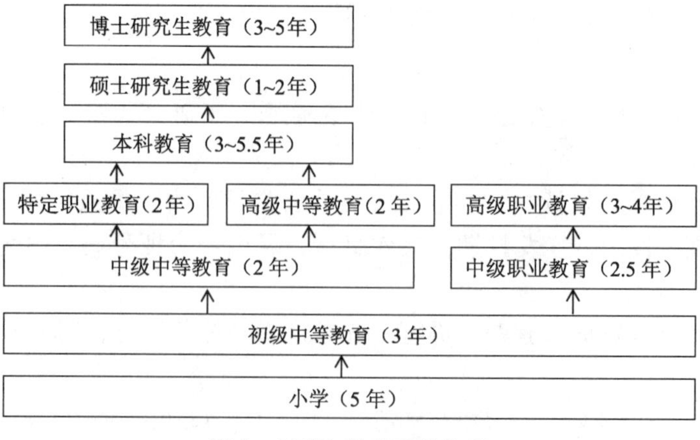

图 2　尼泊尔教育系统体系

截至 2019 年，尼泊尔全国共有约 3.5 万所公立初级和中等教育学校，15 所公立的综合及专科高等教育机构。其中，综合性大学共有 9 所，下设直属学院、研究中心和私立分院，共计 1400 余所。2019 年全国 1 至 12 年级学生中，女性入学人数占 51%；在高等教育阶段，2019 年女性入学人数占 52%（见图 3）。如今，尼泊尔的女性入学率已显著提升，已略高于男性①。

图 3　2019 年教育机构学生入学人数及性别分布

（二）中等教育概况

1989 年，根据《高级中等教育法》，尼泊尔设立了高级中等教育委员会（HSEB）负责高级中等教育。

现行制度下，中学教育包括初级中等教育、中级中等教育及高级中等教育。中级中等教育阶段结束后，即在 10 年级学期末进行统一考试，由各地区分别负责，考试名为“中级中等教育考试”（SEE）。在高级中等教育阶段结束后，即在 12 年级期末，学生将参加由高级中等教育委员会组织的分专业考试。

（三）高等教育及职业教育概况

尼泊尔高等教育院校分为公立院校和私立院校。公立院校为全国高等教育机构，受政府资助。私立院校包括社区学校和私立学校。社区学校是私人非营利性机构，受政府小额资助。私立学校则是经当地政府和教育部门批准，由私人或私人机构投资建立并收取学费的学校，分布在尼泊尔各地，大部分设在首都加德满都，开设少量专业。在尼泊尔高等教育院校中，特里布文大学（Tribhuvan University）是历史最悠久的大学。特里布文大学不受尼泊尔教育文化部管辖，由国家领导，国王亲任校长。

尼泊尔教育文化部主要负责公立职业培训。私立职业培训由技术教育和职业培训委员会负责。技术教育和职业培训委员会成立于 1989 年，下设质量评估部门，通过机构资质和项目质量评估确保私立职业培训机构的教学质量。职业与技术培训

① 尼泊尔教育门户网站(Education Portal for Nepal). Education in Figures 2019[EB/OL].(2022-08-17)[2023-03-07]. https://edusanjal.com/blog/nepal-education-in-numbers-2019.

更侧重农业、医药、林业或工程等技术应用领域。

三、中等教育（高中）

（一）入学要求

学生在10年级期末参加中级中等教育考试，各高中根据学生的考试成绩录取各专业方向的学生。若学生有意攻读科学类专业，则其必须在考试中取得一级以上成绩。科学类专业包括基础科学、计算机科学和农业科学。若学生有意选择其他专业方向，则其考试成绩须达到二级以上。

（二）评分系统

根据高级中等教育委员会学分证书要求，各科满分设置各不相同。所有课程总分由相关部门统一换算成百分比，用于评估该生学习能力。

高级中等教育阶段毕业后，学生将获得高级中等教育委员会学分证书及成绩单。成绩单上仅记录11~12年级各科成绩。此外，高级中等教育委员会还会颁发学位证书，通常该临时证书与学分证书及成绩单会一起发放给学生。各学校还会向学生提供在校期间的表现证明。

尼泊尔高级中等教育评分标准见表1。

表1　尼泊尔高级中等教育评分标准①

比例（%）	评分等级	西方教育体系评分标准对照等级
75~100	优秀	A
60~74	一级	A
45~59	二级	B
35~44	及格	C
0~34	不及格	F

（三）考试成绩验证

学生向高级中等教育委员会考试办公室提出认证申请，同时提交成绩单等材料。

有留学意愿的学生可向学校领馆公证处提出成绩单公证申请。学校公证处受理后，将委托相关教育管理机构核实成绩单的真伪，验证无误后，公证处出具公证材料。

---

① 世界教育服务机构(World Education Services). Education in Nepal[EB/OL].(2018-04-03)[2023-03-07]. https://wenr.wes.org/2018/04/education-in-nepal.

高级中等考试成绩单样式见图 4。

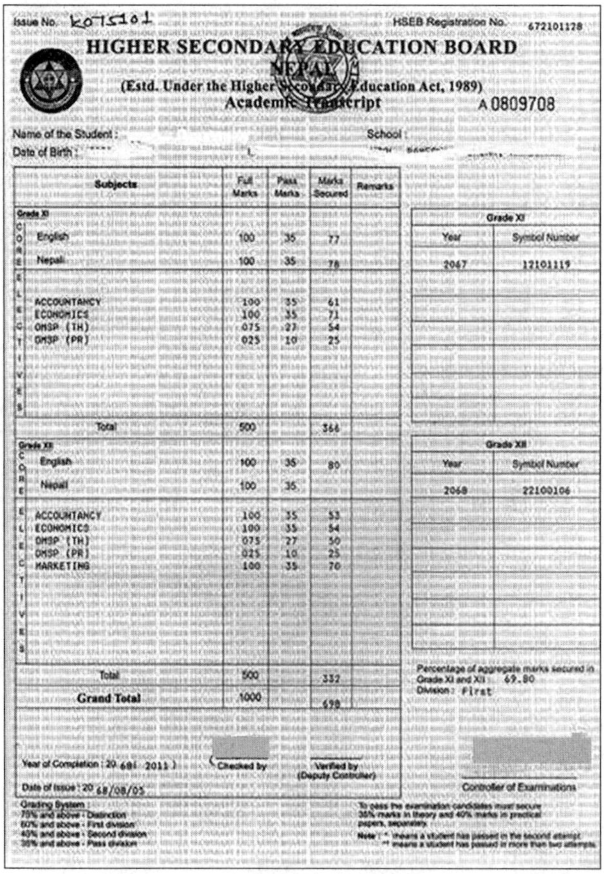

Issue No. K075101　　HSEB Registration No. 672101128

HIGHER SECONDARY EDUCATION BOARD

NEPAL

(Estd. Under the Higher Secondary Education Act, 1989)

Academic Transcript　　A 0809708

Name of the Student :　　School :

Date of Birth :

Subjects	Full Marks	Pass Marks	Marks Secured	Remarks
Grade XI				
CORE English	100	35	77	
CORE Nepali	100	35	78	
ELECTIVES ACCOUNTANCY	100	35	61	
ELECTIVES ECONOMICS	100	35	71	
ELECTIVES OMSP (TH)	075	27	54	
ELECTIVES OMSP (PR)	025	10	25	
Total	500		366	
Grade XII				
CORE English	100	35	80	
CORE Nepali	100	35		
ELECTIVES ACCOUNTANCY	100	35	53	
ELECTIVES ECONOMICS	100	35	54	
ELECTIVES OMSP (TH)	075	27	50	
ELECTIVES OMSP (PR)	025	10	25	
ELECTIVES MARKETING	100	35	70	
Total	500		332	
Grand Total	1000		698	

Grade XI	
Year	Symbol Number
2067	12101119

Grade XII	
Year	Symbol Number
2068	22100106

Percentage of aggregate marks secured in Grade XI and XII 69.80

Division : First

Year of Completion : 20 68(2011)　　Checked by　　Verified by (Deputy Controller)　　Controller of Examinations

Date of Issue : 20 68/08/05

Grading System :
75% and above - Distinction
60% and above - First division
45% and above - Second division
35% and above - Pass division

To pass the examination candidates must secure 35% marks in theory and 40% marks in practical papers, separately.

Note : * means a student has passed in the second attempt.
** means a student has passed in more than two attempts.

图 4　高级中等考试成绩单样式

四、本科教育

（一）简况

尼泊尔本科学制一般为 3~4 年，最长可达 5 年半，学制长短因院校及专业而异。例如，法学专业既有 4 年制，也有 5 年制。少数专业学制更长，比如临床医学专业的期限长达 5 年半；兽医专业一般为 5 年。大多数专业按照自然年进行 1 年 1 次的期末测评，但目前各高校已逐步改为学期制考核，即 1 学期进行 1 次期末测评。

此外，在尼泊尔只有经尼泊尔医学理事会批准的院校才可开设医学及口腔医学专业。截至 2023 年 3 月，尼泊尔医学理事会认可的医学院共有 26 所，口腔医学学院共有3所①。医学类专业申请难度较大，一般需要提供国家考试委员会考试证书（或同等学历证明），还需通过高校组织的入学考试。学生完成临床医学本科教育，可获得医学学士和外科学士学位。临床医学本科学制通常为“4.5+1”年，包括为期4年半的课程学习及为期1年的临床实习。口腔医学本科学制通常为5年，包括为期4年的课程学习及为期1年的临床实习，学生最终可获得口腔医学学士学位。医学类专业毕业生必须通过尼泊尔医学理事会执业医师考试后才可行医。

（二）入学要求

尼泊尔没有统一的高考。学生在完成高中学习后，将根据其高中不同的专业方向参加由高级中等教育委员会组织的考试，并获得学分证书及成绩单。高校的最低入学要求是通过高级中等教育考试。各高校在审核其考试成绩证书等材料的基础上，可自行组织入学考试。入学考试科目及分数的要求因学校和专业而异。

以特里布文大学临床医学专业为例，针对有意报考的高中毕业生，特里布文大学会组织所有申请学生参加入学考试。考试形式为笔试，满分为100分。其中，动物学30分、植物学20分、化学30分、物理20分。学生须达到50分以上。所有通过考试的学生名单将按成绩排序公布。此外，学生结束中等教育后，可选择在特里布文大学接受2年的特定职业教育，其中医学科学专业课程包括物理、化学、植物学、动物学和英语。针对此类学生，特里布文大学要求其获得“10+2”年制学习资格证书或在结业考试中所有科目总成绩占比达到50%以上。

（三）评分系统

学生本科阶段各科的成绩分为五档，即“优秀、一级、二级、及格、不及格”。各科成绩将会换算成百分比，对应其学习表现。

尼泊尔通用本科教育评分标准见表2，本科成绩单样式见图5。

表2 尼泊尔通用本科教育评分标准②

比例（%）	评分等级	西方教育体系评分标准对照等级
75~100	优秀	A+
60~74	一级	A
45~59	二级	B
35~44	及格	C
0~34	不及格	F

① 尼泊尔医学理事会(Nepal Medical Council). List of Medical and dental college[EB/OL].[2023-03-07]. https://www.nmc.org.np/list-of-medical-and-dental-college.

② 世界教育服务机构(World Education Services). Education in Nepal[EB/OL].(2018-04-03)[2023-03-07]. https://wenr.wes.org/2018/04/education-in-nepal.

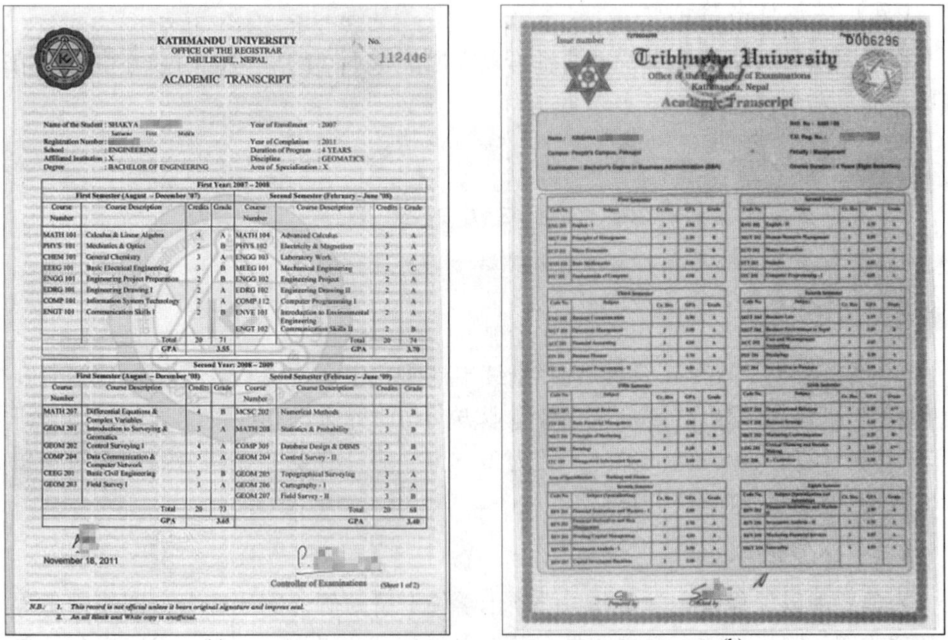

First Year: 2007 – 2008							
First Semester (August – December '07)				Second Semester (February – June '08)			
Course Number	Course Description	Credits	Grade	Course Number	Course Description	Credits	Grade
MATH 101	Calculus & Linear Algebra	4	A	MATH 104	Advanced Calculus	3	A
PHYS 101	Mechanics & Optics	2	B	PHYS 102	Electricity & Magnetism	3	A
CHEM 101	General Chemistry	3	A	ENGG 103	Laboratory Work	1	A
EEEG 101	Basic Electrical Engineering	3	B	MEEG 101	Mechanical Engineering	2	C
ENGG 101	Engineering Project Preparation	2	B	ENGG 102	Engineering Project	2	A
EDRG 101	Engineering Drawing I	2	A	EDRG 102	Engineering Drawing II	2	A
COMP 101	Information System Technology	2	A	COMP 112	Computer Programming I	3	A
ENGT 101	Communication Skills I	2	B	ENVE 101	Introduction to Environmental Engineering	2	A
				ENGT 102	Communication Skills II	2	B
	Total	20	71		Total	20	74
	GPA		3.55		GPA		3.70

Second Year: 2008 – 2009							
First Semester (August – December '08)				Second Semester (February – June '09)			
Course Number	Course Description	Credits	Grade	Course Number	Course Description	Credits	Grade
MATH 207	Differential Equations & Complex Variables	4	B	MCSC 202	Numerical Methods	3	B
GEOM 201	Introduction to Surveying & Geomatics	3	A	MATH 208	Statistics & Probability	3	B
GEOM 202	Control Surveying I	4	A	COMP 305	Database Design & DBMS	3	B
COMP 204	Data Communication & Computer Network	3	A	GEOM 204	Control Survey - II	2	A
CEEG 201	Basic Civil Engineering	3	B	GEOM 205	Topographical Surveying	3	A
GEOM 203	Field Survey I	3	A	GEOM 206	Cartography - I	3	A
				GEOM 207	Field Survey - II	3	B
	Total	20	73		Total	20	68
	GPA		3.65		GPA		3.40

（a）加德满都大学

（b）特里布文大学

图 5　本科成绩单样式

（四）学位证书样式

学士学位证书样式见图 6。

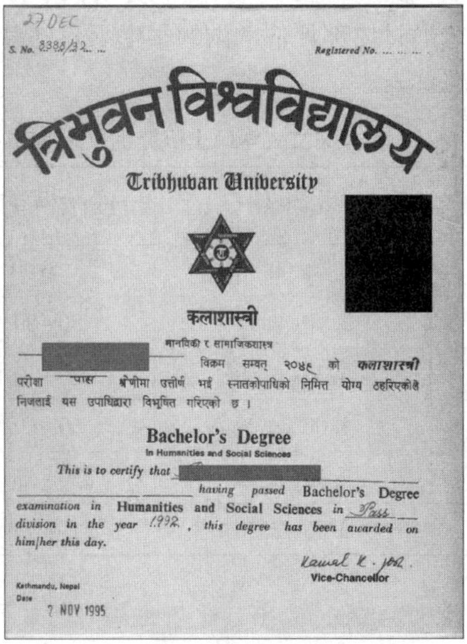

图 6　学士学位证书样式（特里布文大学）

（五）学位证书验证

根据国内外大学的要求，申请者可以在尼泊尔不同的机构部门和办事处申请验证毕业证书和学位证书。

五、硕士研究生教育

（一）简况

学生获得学士学位后，可以选择继续申请研究生学位课程。尼泊尔硕士研究生教育采用导师制，学生必须挑选一位专业方向与研究方向相匹配的导师。硕士研究生学制因专业和专业方向而异，一般为2~3年。硕士研究生阶段教育更侧重于培养学生在特定领域的科学研究技能。

（二）入学要求

入学要求以工程硕士学位和科学硕士学位申请为例，学生应获得四年制工程学士学位或四年制科学学士学位并且CGPA要达到2.0以上（最高4.0）或合计总成绩占总分50%的学生有资格申请科学硕士学位，其他类的硕士学位申请以此类推。

（三）评分系统

以特里布文大学为例，其常务理事会会议修订了硕士研究生的考核评价制度，并于2017学年入学开始使用。特里布文大学对于硕士研究生成绩要求如下：期末考试成绩占50%（GPA 2.7）；学生在单门考试中必须获得50%以上分数或GPA达到2.7，且必须最终该门课程总分达到B级或平均累积学分积点达到3.0或期末考试成绩达总分的60%。未通过内部评估考试的学生不允许参加期末考试。特里布文大学硕士研究生评分标准见表3。

表3 特里布文大学硕士研究生评分标准

评分等级	GPA	CGPA	成绩百分比（%）	学习表现认定
A	4.0	4.00	≥90	优秀
A-	3.7	3.70~3.99	80~89.9	非常好
B+	3.3	3.30~3.69	70~79.9	一级
B	3.0	3.00~3.29	60~69.9	二级
B-	2.7	2.70~2.99	50~59.9	及格
F	<2.7	0.00~2.70	<50	不及格

（四）学位证书样式

硕士学位证书样式见图7。

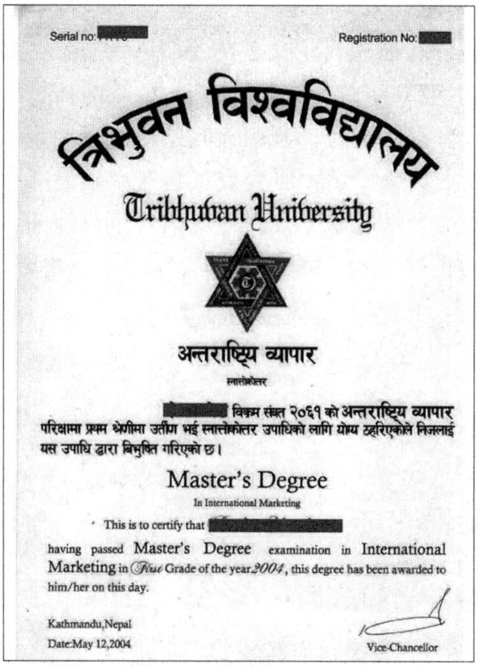

Serial no: [redacted] Registration No: [redacted]

त्रिभुवन विश्वविद्यालय

Tribhuvan University

अन्तराष्ट्रिय व्यापार

स्नात्तोकोत्तर

[redacted] विक्रम संवत २०६१ को अन्तराष्ट्रिय व्यापार परिक्षाम्मा प्रथम श्रेणीमा उत्तीर्ण भई स्नात्तोकोत्तर उपाधिको लागि योग्य ठहरिएकोले निजलाई यस उपाधि द्धारा बिभुषित गरिएको छ।

Master's Degree

In International Marketing

This is to certify that [redacted]

having passed Master's Degree examination in International Marketing in First Grade of the year 2004, this degree has been awarded to him/her on this day.

Kathmandu, Nepal

Date: May 12, 2004

Vice-Chancellor

图 7　硕士学位证书样式（特里布文大学）

（五）学位证书验证

申请者可以在尼泊尔不同的机构部门和办事处申请验证毕业证书和学位证书。

六、博士研究生教育

（一）简况

目前，尼泊尔仅有少数院校设有博士点，博士研究生学制一般为 3~5 年。博士学位要求申请者已获得硕士学位或相关专业硕士学位。博士研究生教育主要以科学研究为主，毕业时须提交论文。

（二）入学要求

入学的基本要求包括：

（1）接受过 17 年正规教育或拥有经官方认证大学的研究硕士学位；

（2）具备良好的英文能力；

（3）CGPA 至少达到 3.0（满分为 4.0）或硕士研究生阶段总成绩占总分 60%；

（4）通过入学考试。

入学学生应提交的申请材料有：

（1）入学申请表；

（2）2 封学术推荐信；

（3）相对成熟完备的科研项目论文，约 5000 字，英文撰写；

（4）任何主题的约 5000 字的研究论文（已发表或未发表均可，英文撰写）。

博士研究生的录取流程通常为，若相关院系通过了申请者的申请，则会将申请者材料提交至学术研究委员会。学术研究委员将对申请者相关材料进行评估并做出最后决定。学术研究委员会将从以下方面对申请者进行评估：

（1）过往学术学习情况；

（2）研究论文；

（3）写作能力（组织笔试）；

（4）推荐信；

（5）相关工作经验（如有）；

（6）面试表现；

（7）科研论文陈述；

（8）任何主题的约 5000 字论文（发表或未发表）。

七、出境留学概况

由于尼泊尔高等教育专业选择面窄、青年失业率较高，国外良好的教育资源及更多的就业机会吸引了许多尼泊尔学生，他们会选择出国深造或就业。尼泊尔学生留学的热门国家有澳大利亚、中国、印度、美国、日本和英国。

2017 年，共有 44,255 名尼泊尔学生留学攻读学位（见图 8）。

2018—2019 学年，约 160 名尼泊尔学生获得了中国政府奖学金并前往中国各大学学习。奖学金学生涵盖了本科、硕士、博士不同层次，专业包括工程、医学、商科、通信和汉语等专业。据中国驻尼泊尔大使于红介绍，截至 2017 年年底，在中国留学的尼泊尔学生有 6400 余人①。

① 新华网. 160 Nepali students to study in China under gov't scholarship[EB/OL]. (2018-08-27)[2020-02-20]. http://www.news.china. com/internationalgd/10000166/20180827/33708166_all. htm.

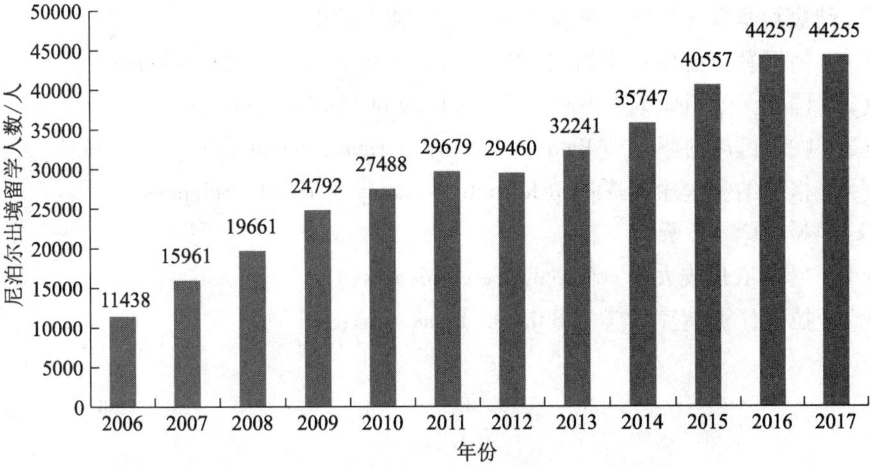

图 8　2006—2017 年尼泊尔出境留学人数统计①

附　录

（一）教育机构名单

（1）教育科学技术部

（2）高级中等教育委员会（HSEB）

（3）考试监管委员会

（4）技术教育和职业培训委员会（CTEVT）

（二）部分大学名单

1. 综合性大学（9 所）

（1）特里布文大学（Tribhuvan University）

（2）尼泊尔梵文大学（Nepal Sanskrit University；原名：马亨德拉梵文大学）

（3）加德满都大学（Kathmandu University）

（4）普尔阪查尔大学（Purbanchal University）

（5）博卡拉大学（Pokhara University）

（6）兰毗尼佛教大学（Lumbini Bauddha University）

（7）中西部大学（Mid-Western University）

（8）远西大学（Far Western University）

（9）农业和林业大学（Agriculture and Forestry University）

---

① 世界教育服务机构(World Education Services). Education in Nepal[EB/OL]. [2020-02-20]. https://moe. gov. np/article/1007/education-in-figures-2017-at-a-glance-1. html.

2. 健康科学院（4 所，隶属于国家卫生和人口部）

（1）柯伊勒拉健康科学院（BP Koirala Institute for Health Sciences）

（2）国家医学科学院（National Academy of Medical Sciences）

（3）帕坦健康科学院（Patan Academy of Health Sciences）

（4）格尔纳利健康科学院（Karnali Academy of Health Sciences）

3. 函授大学（2 所）

（1）尼泊尔开放大学（Nepal Open University）

（2）拉贾什贾纳克大学（Rajarshi Janak University）

（郑宇、尼光明）

苏 丹

一、关于苏丹

（一）国家概况

苏丹，全称为苏丹共和国，位于非洲大陆东北部，东北濒临红海，海岸线长约720千米，东接埃塞俄比亚、厄立特里亚，西接利比亚、乍得、中非，南毗南苏丹，北邻埃及。1956年1月1日，苏丹摆脱英国和埃及的统治，独立为苏丹共和国。苏丹占地面积约188万平方千米，是非洲面积第三大国，也是阿拉伯世界面积第三大国，世界面积第十六大国（在2011年南苏丹分离之前，苏丹曾是非洲和阿拉伯世界占地面积最大的国家，占地面积在世界范围内排名第十，大约250万平方千米）。

苏丹全国共设18个州，首都是喀土穆，全国总人口约4491万（截至2021年），其中阿拉伯人约占80%，贝贾人、努比亚人、富尔人共占10%~15%，其他民族占5%~10%。苏丹人口分布相对集中，首都喀土穆及周边地区约有700万人，其他人口较多的城市有迈达尼、苏丹港、阿特巴拉、达马津等。居民大多信奉伊斯兰教。苏丹的官方语言是阿拉伯语，通用语言包括英语及努比亚语等地方语言。

苏丹是联合国公布的世界最不发达国家之一，经济结构单一，基础薄弱，工业落后，对自然环境及外援依赖性强。受益于石油大量出口及借助高油价的拉动，苏丹曾一度成为非洲经济发展最快的国家之一。2011年南苏丹独立对苏丹经济产生冲击。近年来，苏丹国内物价上涨，货币贬值，财政收入锐减。为消除消极影响，苏丹政府一方面逐步加大对水利、道路、铁路、电站等基础设施，以及教育、卫生等民生项目的投入力度；另一方面，努力改变财政严重依赖石油出口的情况，将发展农业作为长期战略①。

---

① 中华人民共和国驻苏丹共和国大使馆. 苏丹概况[EB/OL]. (2021-03-02)[2022-03-22]. http://sd.china-embassy.org/zjsd/zjsd/201707/t20170710_7260826.htm.

中国和苏丹自1959年初建立正式外交关系以来，双边政治互信日益巩固，中国和苏丹经贸合作不断加深。特别是20世纪90年代中期以来，两国经贸合作领域逐步拓展，合作规模迅速扩大，取得了丰硕成果。2018年中国和苏丹双边贸易额达25.51亿美元，中国商品在苏丹随处可见，成为满足苏丹国民生活物资的重要来源。中国已连续多年保持苏丹第一大投资国、第一大贸易伙伴、第一大承包工程伙伴国的地位，苏丹也成为中国在西亚非洲地区重要的经贸合作伙伴①。

1989年起，苏丹实施“高等教育改革”，旨在增加高等院校数量，提升高等教育入学率。目前苏丹的小学阶段为义务教育。根据世界银行报告，2018年，苏丹小学入学率达到78.795%，高中入学率为45.86%②。苏丹全国有中小学校19,000余所，公立大学35所、私立民办大学19所、私立民办学院52所、技术学院18所③。喀土穆大学始建于1902年，是苏丹最早建立和最负盛名的大学。喀土穆国际阿拉伯语学院直属于阿拉伯教科文组织，在阿拉伯语教学领域有较大影响力。

2018年中国在苏留学生已达500人，苏丹在华留学生超过3000人。中国已成为苏丹学生留学深造的首选国家。苏丹孔子学院成立至今已累计教授汉语29,941人次④。

（二）护照样式

护照样式见图1和图2。

图1 护照封面样式

① 中华人民共和国驻苏丹大使馆.经贸关系[EB/OL].(2019-09-04)[2023-03-09].http://sd.China-embassy.gov.cn/jmwl/201909/t20190904_6756304.htm.

② 世界银行数据库[EB/OL].[2022-03-22].https://data.albankaldawli.org/indicator/SE.PRM.ENRR?view=chart&locations=SD.

③ 作者根据苏丹高等教育与科研部https://www.mohe.gov.sd网站资料整理。

④ 马新民.风雨同舟度甲子,面向未来谱新篇[EB/OL].(2019-02-04)[2022-03-22].http://sd.china-embassy.org/sgxw/201902/t20190204_6748138.htm.

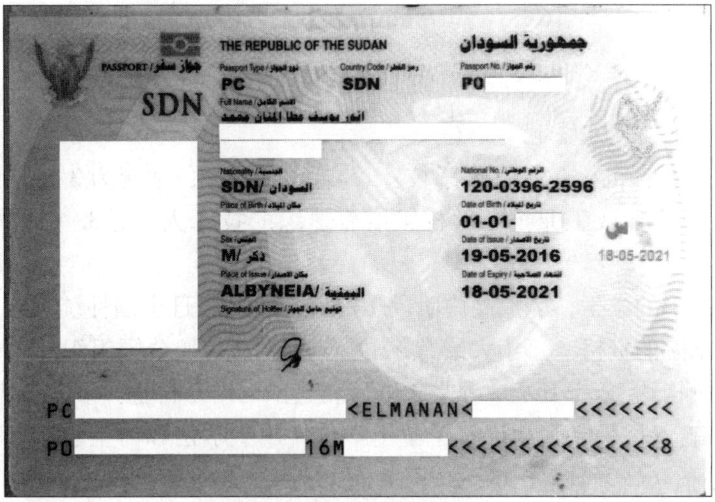

图 2　护照信息页样式

二、教育体系简介

苏丹当前的教育体系分为四个阶段：学前教育、基础教育、高中教育和高等教育。

第一阶段是学前教育，包括幼儿园和日托中心，一般接收 3~6 岁儿童。这一阶段的学习年限由学生的父母决定，可以是 1~4 年。

第二阶段是基础教育，一般接收 6~7 岁儿童，总共需要 8 年完成，教学规模和学科规模逐年扩大。随着学生的身心发展，掌握、吸收知识需付出更多努力。学生一般在 14~15 岁完成基础教育，参加高中入学考试。

第三阶段是高中教育，包括多个学科（学术、艺术、宗教）。这一阶段的学习，除了化学、生物、物理、地理等学科以外，还要掌握其他学科。

第四阶段是高等教育，高等教育由高等教育和科研部监管，包括大学专科、本科、硕士和博士。专科学制（中级文凭）为 3 年，本科学制为 4~5 年，高级文凭学制为 1~2 年，硕士研究生学制为 2~3 年，博士研究生学制为 4~6 年。

苏丹于 2021—2022 学年实施新的教育体系，基础教育 6 年，初中 3 年，高中 3 年。

三、中等教育（高中）

苏丹高中教育机构包括三类学校：1. 学术型高中，学制为3年，为高等院校培养学生；2. 商业或工业技术学校，培养熟练的技术人员；3. 师范学院，培养教师。

学术型高中的学生，完成高中阶段学习后，通过苏丹全国性统考获得进入大学和高等技术学院的资格。每年大约有47万苏丹学生参加全国组织的统一考试来竞争高等教育机构约12.5万个中等文凭生（相当于国内专科生）和本科生入学资格。在苏丹，约有35所公立大学可授予学士学位、硕士学位和博士学位，除此之外还有89所民办私立高等教育机构。

职业教育：根据苏丹的教育体系，职业教育属于公立教育，提供免费的教育服务或是象征性地收取少量费用。职业教育学习阶段相当于高中阶段，其目的是培养工业、农业、卫生、管理和其他专业领域的熟练技术工人。

（一）高中统考

高中统考在高中3年级进行，考试在每年的3月或4月举行，苏丹会委托专门委员会负责批改考卷，宣布学生考试结果。

根据新教育体系，每年高中统考举行，学生顺利通过高中2年级的考试进入3年级后，按照所选学科，可分为理科、文科、艺术类。

核心课程：有4门课程是所有学生的核心课程，即阿拉伯语、英语、伊斯兰教育和数学。

理科科目：除了核心课程外，理科的学生还需要学习物理、化学课程，并从生物、计算机、工程学、艺术和设计4门课程中选择一门作为第7门课程。

文科科目：除了核心课程外，文科的学生还需要学习历史和地理课程，并从军事学、伊斯兰研究2门课程中选择1门作为第7门课程。

（二）评分系统

在给学生评分时，要计算阿拉伯语、英语、伊斯兰教育、数学4门核心科目的成绩及另外3门选修科目的成绩，7门科目的平均分为学生的综合得分，每门科目50分（含50分）以上为合格。各个大学的各个专业都会划定自己的分数线，以2018年喀土穆大学和杰济拉大学部分专业的录取分数线为例（见表1）。

表 1　2018 年喀土穆大学和杰济拉大学部分专业录取分数线

分

专业	University of Khartoum（喀土穆大学）	University of al-Jazirah（杰济拉大学）
医学	92. 9	92. 4
药学	91. 1	91. 3
土木工程	89. 6	85. 1
电气工程	93. 1	-
机械工程	90. 1	-
农学	73. 1	60. 3
经济学	86. 3	81. 9
法学	86. 1	-
文学	83. 6	-
商务管理	88. 9	81. 3
计算机	83. 4	77. 4

（三）查询考试结果和证书

考生在高中考试 3 个月后可以查询考试结果。考生提交获得高中证书的申请，附上个人证明材料并支付规定的费用后，可从喀土穆的教育部总部获得高中毕业证书。

（四）考试成绩验证

批改和核查完试卷后，苏丹高等教育与科研部（Ministry of Higher Education and Scientific Research）录取与评估认证委员会对试卷、分数进行复审。教育部召开新闻发布会正式宣布全国统考结果，以及优秀高中生（前一百名）名单。学生可以通过苏丹的通信公司，如苏丹宰因通信公司、金丝雀公司等查询考试成绩，输入自己的考号即可获得考试结果。

（五）高中毕业证书

高中毕业证书样式见图 3。

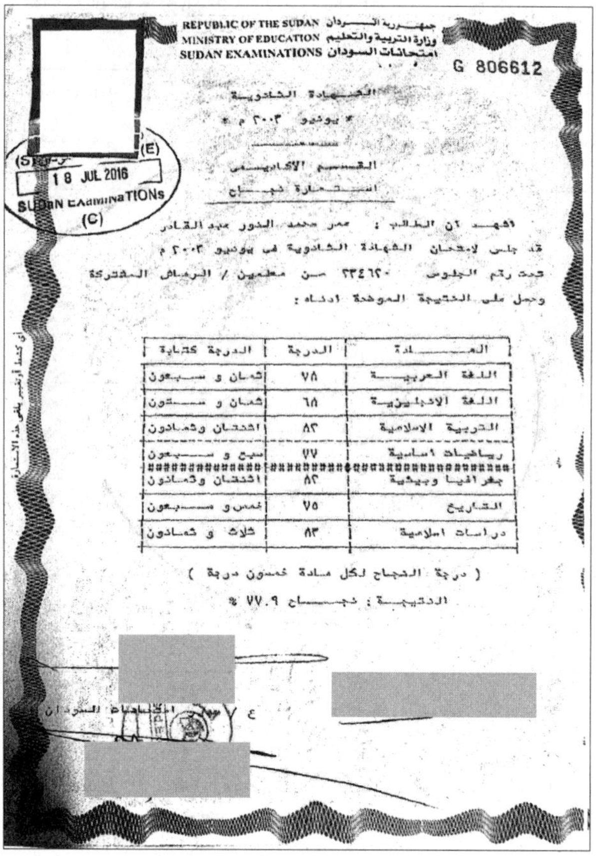
REPUBLIC OF THE SUDAN جمهورية السودان
MINISTRY OF EDUCATION وزارة التربية والتعليم
SUDAN EXAMINATIONS امتحانات السودان
G 806612

الشهادة الثانوية
يونيو ٢٠٠٣ م
القسم الأكاديمي
استمارة نجاح

18 JUL 2016
SUDAN EXAMINATIONS

قد جلس لامتحان الشهادة الثانوية في يونيو ٢٠٠٣ م
تحت رقم الجلوس ٠٢٦٢٠٢٣٤ من معلمين / الرماش المشتركة
وحصل على النتيجة الموضحة أدناه :

المادة	الدرجة	الدرجة كتابة
اللغة العربية	٧٨	ثمان و سبعون
اللغة الانجليزية	٦٨	ثمان و ستون
التربية الاسلامية	٨٢	اثنتان وثمانون
رياضيات اساسية	٧٧	سبع و سبعون
جغرافيا وبيئية	٨٢	اثنتان وثمانون
التاريخ	٧٥	خمس و سبعون
دراسات اسلامية	٨٣	ثلاث و ثمانون

(درجة النجاح لكل مادة خمسون درجة)
النتيجة : نجاح ٧٧.٩ %

图 3　高中毕业证书样式

四、本科教育

(一) 概况

苏丹高等教育的最高管理机构是苏丹高等教育与科研部。苏丹高等教育机构分为公立大学、私立民办大学、技术学院等几类高等教育机构。苏丹高等教育机构根据相关法律法令成立，享有学术、行政、财政独立，由其董事会和行政机构监管。目前苏丹共有 35 所公立大学、19 所私立民办大学、52 所私立民办学院、18 所技术学院。

苏丹高等教育机构中普遍开设的专业可以分为八大学科门类，包括教育学、工程学、人文学、农学、理学、社会学、卫生学、服务类。在一些综合性大学，如喀土穆大学、杰济拉大学、尼亚拉大学等，学科涵盖医学、法学、文学、农学、理学、兽医学、教育学、数学、工程学、计算机学、经济和管理学等学科，许多学科具有培养硕士、博士高层次人才的能力。一些宗教性的大学，如古兰经和伊斯兰科学大学、恩图曼伊斯兰大学等，多开设宗教性学科，其学科涵盖伊斯兰法学、伊斯兰宗教学、伊斯兰教育、阿拉伯语等相关领域，以培养穆斯林宗教法官和伊斯兰宗教与法律学者为主。

办学层次上，苏丹高等教育机构不同层次学位的学制为：专科（3 年）、本科（4~5 年）、高级文凭（1~2 年）、硕士研究生（2~3 年）、博士研究生（4~6 年）。其中专科只修读课程无须完成毕业论文，毕业时获得中级文凭。本科分为 4 年制或 5 年制，学生除修读课程外，还需完成毕业论文，方能获得学士学位；第 5 年由校方选出成绩优异的学生，这部分学生如果希望深造，可以直接攻读硕士。对于本科 4 年制毕业的学生，如果希望攻读硕士，则需要再进行为期 1 年的预备学习，获得高级文凭后，才能进入硕士阶段学习。

（二）入学要求

苏丹大学录取分为普通录取和特殊录取。普通录取是指学生满足所有的入学要求，达到院系划定的分数线，若学生被公立大学录取，每学年只需支付少量学费。特殊录取（自费）是指在第一轮公立大学录取结束后，开始第二轮公立大学和私立大学的录取，第二轮录取的学生要支付的学费费用要比第一轮公立录取的学生所缴纳的学费高。特殊录取的学生成绩低于所报公立大学相关学院分数线的要求。

大学本科阶段分为中级文凭生、本科生和高级文凭生。学生入学需要满足下列条件：

（1）获得高中文凭或同等学力；

（2）向大学提交同年取得的高中毕业证书；

（3）学生提交入学申请需要填写教育部门统一的正式表格，提交后不得进行修改；

（4）在满足所有一般录取要求和大学的特殊录取要求后，学生可以参与竞争各所大学中各个学院的录取资格；

（5）本科生录取根据阿拉伯语、英语、伊斯兰教育、数学这四门课程的成绩综合得分进行，此外，还有 3 门专业课的合格成绩（由相关学院确定）；

（6）中级文凭生录取根据 5 门课程成绩的综合得分，由相关学院确定并经招生委员会批准；

（7）高级文凭生的录取要求学生须获得学士学位且毕业评级不低于良好。高级文凭学制一般为 1 年。

*以上为大学的一般录取条件，此外各所大学还有其他的录取条件。

*大学的学士学位课程学制为 4 年或 5 年，优秀学生进行额外 1 年的学习后可以获得高级文凭。

（三）评分系统

苏丹的大学采用的是学期制，一学年包括两个学期，第一学期从当年的 10 月到次年的 1 月，第二学期从 2 月到 6 月，每个学期约 15 周（各个高校安排有所不同）。学生获得学士学位需要 8~10 个学期，学生获得中级文凭需要 4~6 个学期。课程以学时计算，包含理论课学时和实践课学时，苏丹的大学课程考核形式多样，包括期末考试、平时表现、期中考试、实践考查、报告、作业或其他形式的考核。苏丹的大学评价多采取“A+、A、B+、B、C+、C、F”的评分制。

不同评级系统的示例如表 2、表 3 所示：

表 2　苏丹大学课程评分系统（一）

等级	分数（分）
A+	≥90
A	80~ 89
B+	70~ 79
B	60~ 69
C+	50~ 59
C	40~ 49
F	< 40

表 3　苏丹大学课程评分系统（二）

代码	等级	分数（分）
E	优秀	80 ~ 100
V. G	好	70 ~ 79
G	良好	60 ~ 69
P	及格	50 ~ 59
P+	补考	–

（四）学位证书验证

苏丹高等教育与科研部的国家高等教育评估和认证委员会是负责认证学位证书，该机构录入所有学生的数据信息，可以通过学生学号来验证证书信息。学位证书验证官方网站是：www. mohe. gov. sd/indexphp/ar/pages/details/56/1。

所有从苏丹的大学毕业的学生都会在高等教育部所属的招生办公室注册，高校学生的学位证书信息均已录入计算机系统。每个学生进入大学后都拥有一个专属学号，学生毕业后学号也予以保留。学位证书所用纸张为货币印刷使用的磁性纸张，证书上印有高等教育部徽标和学生所属大学徽标，苏丹籍学生与外国留学生的学位证书都送至招生部备案留存，任何人不得对证书上的信息进行删改。同时，证书需由学术事务处秘书、系主任及记录员签字，证书上的所有签章均会被录入到高等教育部的计算机系统中。

学士学位证书样式见图 4。

بسم الله الرحمن الرحيم

جمهورية السودان

جامعة الخرطوم

أمانة الشؤون العلمية

KU 0015170

شهادة

الرقم الجامعي

03/193429

نشهد نحن الموقعين أدناه أن

عمر محمد النور عبد القادر الفكي

سوداني الجنسية

قد اجتاز الامتحان النهائي في كلية الآداب ومنح درجة بكالوريوس الآداب العام (تعليم نظامي) في (اللغة العربية والاعلام) (بتقدير جيد)

[redacted]

وذلك بموافقة مجلس الأساتذة

[redacted] [redacted]

المسجل

[redacted] [redacted]

بروفيسور عبدالباقي دفع الله أحمد

أمين الشؤون العلمية

تاريخ الإصدار: 2017-05-16

图 4　学士学位证书样式

五、硕士研究生教育

（一）入学要求

硕士录取需要学生具备学士学位和高级文凭，毕业成绩等级不低于良好或三级。硕士学位学习年限通常为 2 年，根据每个专业学习项目的要求，有些专业学习项目可能需要 3 年时间，如医学专业项目。

根据所申请学位的要求，学习类型分为全日制或非全日制。

除了一般条件外，一些专业还有附加的申请条件和要求，例如医学专业。

（二）学位获取方式

学生获取硕士学位的方式有：完成课程学习或提交论文或完成课程学习并提交论文。有些专业只需修读相关课程，不必提交论文而获取硕士学位；有些专业只需完成论文即可获取硕士学位；有些专业需要修读相关课程，并完成毕业论文。

除此以外，硕士学位获取方式还与各高校的具体要求有关。

（三）评分系统

硕士生阶段的成绩评分系统因学校而异，大多数情况下，评分系统的级别划分为"A+、A、B+、B、C+、C、D、F"。"A+、A、B+、B"等级是优秀，"F"则是不及格。与本科生不同，硕士生学位证书上没有类似一等、二等的等级划分，只标注"优秀"和"合格"，获得"优秀"评级的一般是成绩特别优异的学生。

（四）学位证书验证

同学士证书验证一样，硕士学位由苏丹高等教育与科研部国家高等教育评估和认证委员会负责。

硕士学位证书样式见图5。

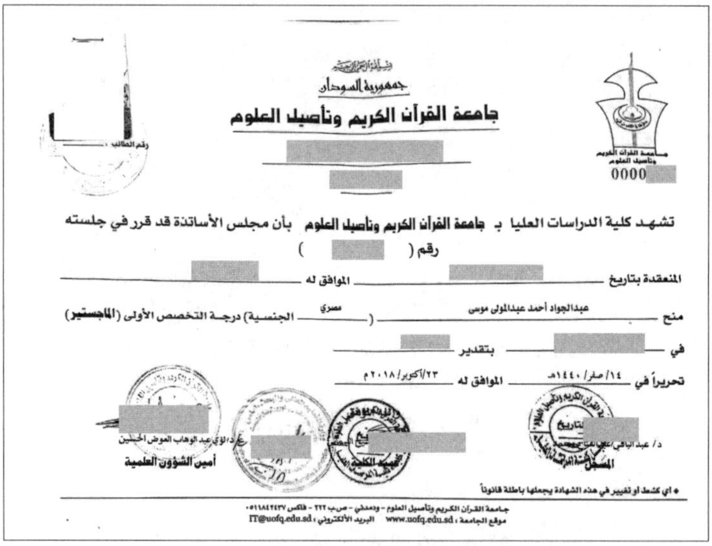
جمهورية السودان
جامعة القرآن الكريم وتأصيل العلوم
رقم الطالب
0000
تشهد كلية الدراسات العليا بـ جامعة القرآن الكريم وتأصيل العلوم بأن مجلس الأساتذة قد قرر في جلسته
رقم ( )
المنعقدة بتاريخ ــــــ الموافق له ــــــ
منح عبدالجواد أحمد عبدالمولى موسى (مصري الجنسية) درجة التخصص الأولى (الماجستير)
في ــــــ بتقدير ــــــ
تحريراً في ١٤/ صفر/ ١٤٤٠هـ الموافق له ٢٣/أكتوبر/ ٢٠١٨م
أمين الشؤون العلمية
المسجل
* اي كشط او تغيير في هذه الشهادة يجعلها باطلة قانوناً
جامعة القرآن الكريم وتأصيل العلوم - ودمدني - ص.ب ٢٢٢ - فاكس ٠٥١١٨٤٢٤٣٧
موقع الجامعة: www.uofq.edu.sd البريد الألكتروني: IT@uofq.edu.sd

图5 硕士学位证书样式

六、博士研究生教育

在苏丹，攻读博士的人并不多，只有少数想进入学术界的学生会选择攻读博士。博士的学习方式分为全日制或非全日制，全日制博士学制为4年，非全日制博士学制为6年。目前，苏丹只有少数公立大学有博士学位点。因此，很多学生选择到国外攻读博士学位。

苏丹的博士入学要求通常为：

（1）学生必须获得与之申请攻读的博士学位学科相关专业的硕士学位。

（2）学生需经相关院系学术委员会或研究生院学术委员会推荐，由学院院长、系主任及指导教师出具接收函，完成在研究生院的注册。

（3）申请攻读博士学位的学生须提供能证明其学习研究经验与能力的证明材料。

以上要求为博士入学的一般条件，不同院校对博士入学还有其他要求。

博士学位证书样式见图 6。

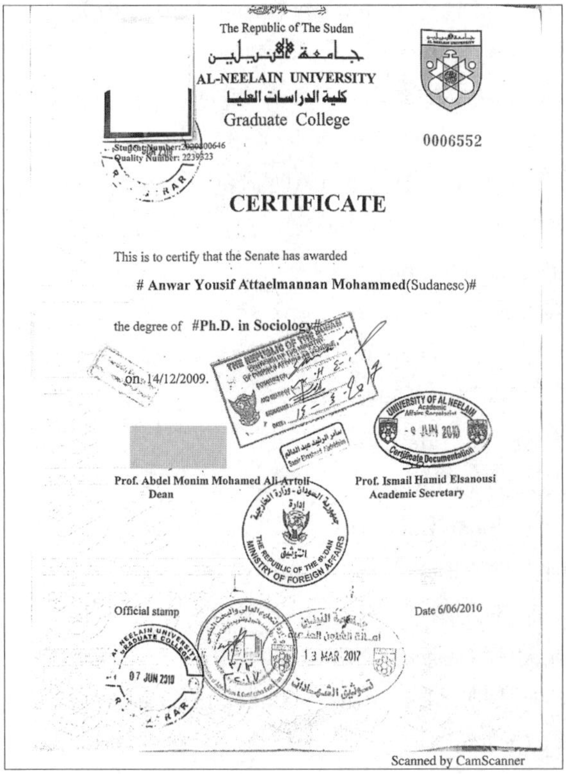

The Republic of The Sudan

جامعة النيلين

AL-NEELAIN UNIVERSITY

كلية الدراسات العليا

Graduate College

0006552

Student Number: 2020400646

Quality Number: 2239523

CERTIFICATE

This is to certify that the Senate has awarded

 # Anwar Yousif Attaelmannan Mohammed(Sudanese)#

the degree of **#Ph.D. in Sociology#**

on 14/12/2009.

Prof. Abdel Monim Mohamed Ali Artoli
Dean

Prof. Ismail Hamid Elsanousi
Academic Secretary

Official stamp

Date 6/06/2010

Scanned by CamScanner

图 6　博士学位证书样式

附　录

机构名：苏丹高教科研部

地址：喀土穆市奥斯曼·迪格纳街和大学街交叉路口

电话：+249183073287

传真：+249183256877

邮箱：gobol@ mohe. gov. sd

网站：www. mohe. gov. sd

1. 苏丹部分公立大学名单（35 所）①

（1）喀土穆大学（University of Khartoum）
（2）苏丹科学技术大学（Sudan University of Science and Technology）
（3）杰济拉大学（University of al-Jazirah）
（4）恩图曼伊斯兰大学（Omdurman Islamic University）
（5）阿尔伯塔大学（University of Alberta）
（6）古兰经和伊斯兰科学大学（University of the holy quran and islamic sciences）
（7）两尼罗河大学（Neelain University）
（8）扎伊姆阿扎里大学（Al Zaiem Al Azhari University）
（9）巴赫里大学（University of Bahri）
（10）神帝大学（Shendi University）
（11）尼罗河谷大学（Nile Valley University）
（12）东奥拉大学（University of Dongola）
（13）红海大学（Red Sea University）
（14）卡萨拉大学（Kassala University）
（15）加达里夫大学（University of al-Qadarif）
（16）辛纳大学（Sinnar University）
（17）青尼罗河大学（Blue Nile University）
（18）伊玛目马赫迪大学（El-Imam El-Mahdi University）
（19）科尔多凡大学（Kordofan University）
（20）巴克塔鲁达大学（University of Bakhtalruda）
（21）达兰大学（Dalanj University）
（22）西科尔多凡大学（University of West Kordofan）
（23）萨拉姆大学（Al Salam University）
（24）法希尔大学（University of Al Fashir）
（25）尼亚拉大学（Nyala University）
（26）扎林盖大学（University of Zalingei）
（27）埃尔吉尼那大学（University of El Geneina）
（28）阿卜杜拉蒂夫哈马德科技大学（Abdulatif Alhamad University of Technology）
（29）伊斯兰翻译学院（Islamic Institute of Translation）
（30）苏丹科技大学（Sudan Technological University）
（31）马纳吉尔科技大学（Managil University of Science and Technology）
（32）东科尔多凡大学（University of East Kordofan）
（33）科技大学（University of Technology）

① 名单详见：https://web.archive.org/web/20190915070229/http://www.webometrics.info/en/Africa/Sudan.

（34）埃尔达因大学（Eldaein University）

（35）苏丹开放大学（Open University of Sudan）

2. 苏丹部分大学排名

（1）喀土穆大学（University of Khartoum）

（2）苏丹科学技术大学（Sudan University of Science and Technology）

（3）杰济拉大学（University of al-Jazirah）

（4）两尼罗河大学（Neelain University）

（5）恩图曼阿利亚大学（Omdurman Ahlia University）

（6）非洲国际大学（International University of Africa）

（7）恩图曼伊斯兰大学（Omdurman Islamic University）

（8）扎伊姆阿扎里大学（Alzaiem Alazhari University）

（9）加达里夫大学（University of al-Qadarif）

（10）科尔多凡大学（Kordofan University）

（11）尼亚拉大学（Nyala University）

（12）阿法德女子大学（Ahfad University for Women）

（13）尼罗河谷大学（Nile Valley University）

（14）红海大学（Red Sea University）

（15）巴彦科技学院（Bayan College of Science and Technology）

（16）马什雷克大学（Mashreq University）

（17）神帝大学（Shendi University）

（18）医学科技大学（University of Medical Sciences and Technology）

（19）东奥拉大学（University of Dongola）

（20）巴赫里大学（University of Bahri）

（21）扎林盖大学（University of Zalingei）

（22）未来大学（The Future University）

（23）恩图曼科技大学（University of Science and Technology）

（24）苏丹开放大学（Open University of Sudan）

（25）国立里巴特大学（National Ribat University）

（26）伊玛目马赫迪大学（El-Imam El-Mahdi University）

（27）卡萨拉大学（Kassala Unversity）

（28）谢赫阿卜杜拉埃尔巴德里大学（Sheikh Abdullah al-Badri University）

（29）卡拉里大学（Karary University）

（30）古兰经和伊斯兰科学大学（University of the Holy Quran and Islamic Sciences）

（郭晓莹、张诗卉、刘星雨、SAMAH MOHAMED MUSTAFA、ABIDALLHA ELTAYIB）

塔吉克斯坦

一、关于塔吉克斯坦

（一）国家概况

塔吉克斯坦，全称为塔吉克斯坦共和国，是中亚的一个山区内陆国家，截至 2022 年 6 月，人口约为 975 万，面积为 14.31 万平方千米。塔吉克斯坦南与阿富汗接壤，西与乌兹别克斯坦接壤，北与吉尔吉斯斯坦接壤，东与中国接壤。山区约占全国土地面积的 93%。由于苏联解体，塔吉克斯坦于 1991 年 9 月 9 日独立[①]。战争结束后，新建立的政权的稳定和国外援助使塔吉克斯坦经济得以增长，其经济从 21 世纪初开始回升，同时开始发行新货币，以稳定和改善国家的财政体制。塔吉克斯坦是独立国家联合体（独联体）成员，是独联体国家中的第八大国。塔吉克斯坦是中亚新兴国家之一，其经济高度依赖国外汇款、铝矿开采和棉花生产。塔吉克斯坦是联合国、独联体、欧安组织、伊斯兰会议组织、经合组织、上海合作组织和集体安全条约组织的成员，也是北约“和平伙伴关系计划”（PfP）的成员。

塔吉克斯坦是一个实行总统制的共和国，全国分为三州一区一直辖市，分别为索格特州（原列宁纳巴德州）、哈特隆州、戈尔诺-巴达赫尚自治州、中央直属区和杜尚别市。塔吉克斯坦 900 多万人中的大多数人属于塔吉克族，官方语言为塔吉克语（波斯语方言）。部分塔吉克斯坦国民也把俄语作为他们的第二语言。塔吉克斯坦位于气候干旱的内陆，冬天寒冷，夏天炎热，晴天多，降水少。由于它是一个多山的国家，气温和降雨量都随海拔和坡度的变化而变化。在高海拔地区，有广阔的冰川和雪原；最东端和西南地区是最干燥的地区，沙漠广布。中亚人主要信奉伊斯兰教，7 世纪阿拉伯人把伊斯兰教带到了该地区。自那以后，伊斯兰教文化成为塔吉克文化的组成部分。塔吉克斯坦的大多数穆斯林信奉伊斯兰教的逊尼派分支，

---

① 塔吉克斯坦[EB/OL].(2023-02-23)[2023-02-23]. https://www.britannica.com/place/Tajikistan.

小部分穆斯林信奉伊斯兰教的什叶派。由于苏联时期的教育制度，塔吉克斯坦的识字率很高。包括私立学校在内的学校和教育机构相对较多，这些教育机构为塔吉克斯坦培育了有文化、有潜力和有技能的毕业生。在过去几十年中，选择出国留学的塔吉克斯坦学生人数大幅度增加。中国和塔吉克斯坦之间长期保持友好关系，目前已有3000多名塔吉克斯坦学生在中国学习。

（二）护照样式

塔吉克斯坦的国际护照也称为生物特征护照，有两种类型：普通公民护照（N系列）（封面样式见图1，信息页样式见图2）和公务护照（见图3）。公务护照又分为两类：服务护照（S系列）和外交护照（D系列，红色封面，多为外交使团雇员使用）。

图1　普通公民护照封面样式

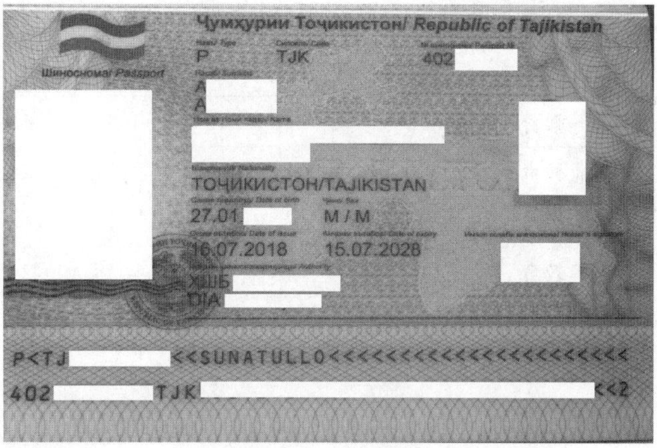

图2　普通公民护照信息页样式

(a)　(b)

图3　公务护照样式

二、教育体系简介

塔吉克斯坦的教育体系[①]包括四个层次：学前教育、基础教育和初级教育、中等教育、职业教育和高等教育。教育体系具体划分见表1。

表1　塔吉克斯坦教育体系

教育名称	所处阶段	年龄（岁）	时间（年）	证书
学前教育	幼儿阶段	3~6	4	
基础教育	基础阶段	7~11	4	毕业证书
初级教育	初级阶段	11~16	5	初级教育毕业证书
中等教育	中级阶段	16~18	2	中等教育毕业证书
职业教育	职业阶段		3	职业技能证书
高等教育	学士		4~5	学士学位证书
	硕士		2	硕士学位证书
	博士		3	博士学位证书

三、中等教育（高中）

塔吉克斯坦的高中一般为2年。塔吉克斯坦高中阶段的教育与现代西方的教育相似，公立学校的环境和设施一般较差，一些私立学校和学院应运而生。

（一）高中考试

在塔吉克斯坦的学校，高中毕业时那些在考试中成绩不及格的学生，将有机会在秋季学期再考一次。通过毕业考试的学生将被授予"中等—高等教育证书"。

（二）评分系统

学生每年必须通过学校所有科目的考试，考试的结果将作为判断学生是否可以继续进行下一学期学习的依据。塔吉克斯坦所有学校都有评分系统，这种对学生学习结果的评价方法自苏联时期沿用至今，学校成绩评价制度具体见表2。

① 塔吉克斯坦教育系统预览[DB/OL].[2022-04-16]. https://education.stateuniversity.com/pages/1505/Tajikistan-EDUCATIONAL-SYSTEM-OVERVIEW.html.

表 2　学校成绩评价制度

塔吉克斯坦学校评价	评选标准	总成绩的百分比（%）
5	优秀	90-100
4	良	80-90
3	及格	60-70
2	不及格	权 0 以下
无	0	无

根据塔吉克斯坦高等教育机构的要求，评价结果为“5、4、3”的学生可以通过考试。那些没有通过考试，即考核不及格的学生，在复试前不能进入下一学期的学习，他们必须在一年中规定的时间参加复试。

（三）高中毕业证书样式

高中毕业证书证明学生已从学校毕业（证书样式见图 4）。

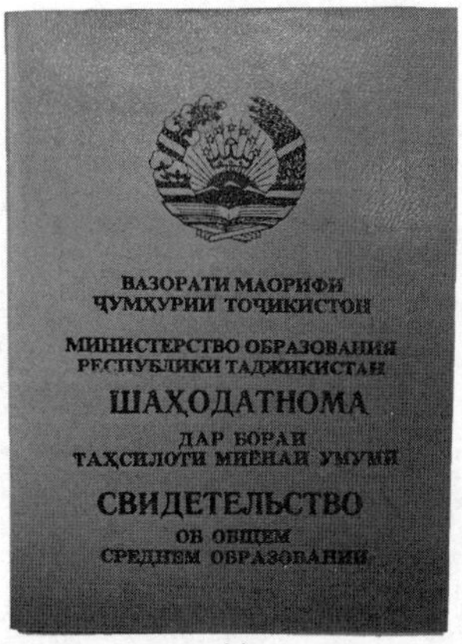

(a)

(b)

图 4　高中教育毕业证书样式

该证书是表明学生"受教育水平"的重要文件，同时还包含年度考核及考试成绩单（具体见图5）。

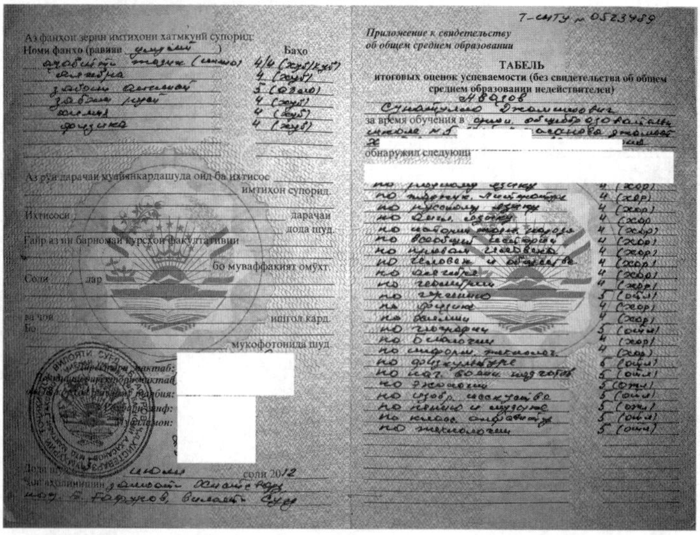
Аз фанҳои зерин имтиҳони хатмкунӣ супорид:
Номи фанҳо
Баҳо
Приложение к свидетельству об общем среднем образовании
ТАБЕЛЬ
итоговых оценок успеваемости (без свидетельства об общем среднем образовании недействителен)
за время обучения в
обнаружил следующие

(a)

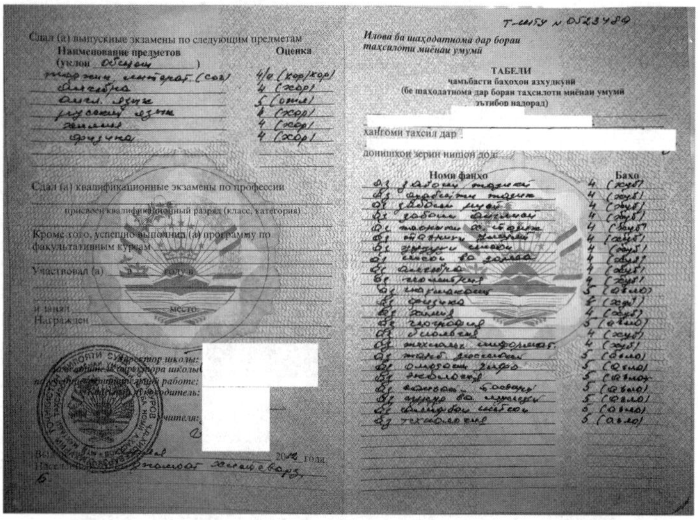
Сдал (а) выпускные экзамены по следующим предметам
Наименование предметов
Оценка
Сдал (а) квалификационные экзамены по профессии
Кроме того, успешно выполнил (а) программу по факультативным курсам
Участвовал (а)
Награжден
Илова ба шаҳодатнома дар бораи таҳсилоти миёнаи умумӣ
ТАБЕЛИ
ҷамъбасти баҳоҳои азхудкунӣ
(бе шаҳодатнома дар бораи таҳсилоти миёнаи умумӣ эътибор надорад)
Номи фанҳо
Баҳо

(b)

图5　年度考核和考试成绩单样式

（四）考试成绩验证

塔吉克斯坦共和国教育部组织的特别委员会（Ministry of Education of Republic of Tajikistan，以下简称MERT委员会）。MERT委员会在学生考试成绩的验证中起着重要的作用，负责组织考试和成绩核查。该委员会通过学校开展工作，并制定每所学校必须遵守的标准。

在所有考试结束后，学校委员会将审核所有学生的学习情况，并根据MERT委员会制定的标准对学习情况进行评估。

四、本科教育

塔吉克斯坦的高等教育机构包括授予初级专业资格、学士学位（学制为4~5年）、硕士学位（学制为2年）和博士学位（学制为3年）的大学和研究机构。塔吉克斯坦高等教育分为两种体系：传统教育体系和学分制教育体系。传统教育体系始于苏联时期。现今，塔吉克斯坦的大多数教育机构，尤其是学校，都采用传统教育体系。另一种是学分制教育体系，高等学校的学分制是通过本科生、硕士和专科学位来实现的。

（一）入学要求

根据塔吉克斯坦共和国教育部的规定，所有本科（理工学院除外）入学的学生应符合几个重要的要求。申请本科学位的学生需要准备的文件有：

（1）护照；

（2）高中毕业证书；

（3）医学证明表086-U；

（4）照片3 cm×4 cm；

（5）推荐信；

（6）国家考试中心（出示）的成绩。

前5项比较好理解，重点对第6项国家考试中心进行介绍。

2008年，塔吉克斯坦政府成立了国家考试中心（National Testing Center，NTC），作为建立国家教育评估体系的第一步，目的是提高塔吉克斯坦教育的普及率及教育质量。

国家考试中心（NTC）采用可靠和有效的学生学习评估形式，包括：大学入学测试（大学统一入学考试）、选定年级的总结评估及大规模的国家和国际评估。

考试内容的种类（见表3）分为：单项选择题（四选一）、综合题、开放式问题（由学生口述和书面分别完成）。

考试时间为135~165分钟。

表3　考试内容的种类

序号	考试类型	分值（分）
1	单项选择题	1
2	综合题	4
3	开放式问题	2

资料来源：National Testing Center under the President of Tajikistan，https：//www. nct. tj.

国家考试中心（NTC）组织的考试需要考生注册并出示以下文件：身份证、教育机构出具的 11 年级学习证明、银行收据、健康证明、其他证明文件。

考试时，参考者必须持有国家考试中心（NTC）发送的邀请函，邀请函是考试的入场券（见图 6）。

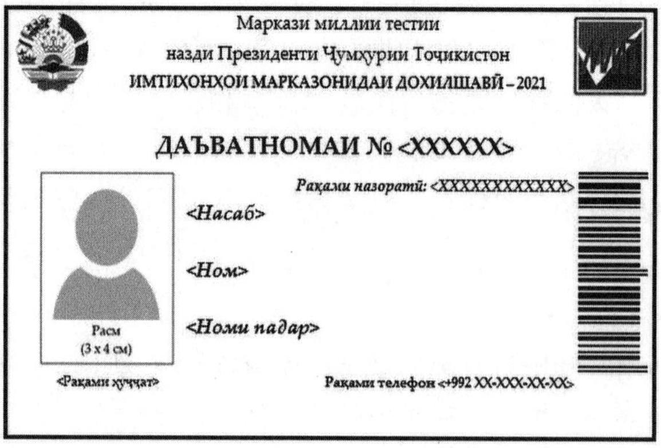

图 6　NTC 检查中心的邀请函示意图

资料来源：National Testing Center under the President of Tajikistan, https://www.nct.tj/tj.

理工学院的入学要求

在塔吉克斯坦，理工学院的申请者们需要具备完成中等（全部）普通教育或中等职业教育，同时理工学院在入学第一年根据入学考试成绩依次录取学生。

所有申请理工院校的申请人，须提交以下资料给学校相关人员审核：

（1）接受过中等教育的原始文件；

（2）医学证明表 086-U；

（3）6 张 3 cm×4 cm 照片；

（4）工作记录的复印件（对于有工作经验者）；

（5）护照（护照复印件移交给甄选委员会）；

（6）军事 ID 或军事服务登记证书；

（7）其他证明文件。

（二）评分系统

在塔吉克斯坦的高等教育机构中，评价成绩的评分系统正在迅速发展。学生学习成果的考核包括学生的课堂表现（当前评分），期末成绩（分科评分）和考试成绩（考试评分）。因此，学期排名和期末排名都是按照一定的公式计算的，具体公式如下：

$$b=\frac{b_1t_1+b_2t_2+\cdots+b_nt_n}{t_1+t_2+\cdots+t_n}$$

其中 $i=1, 2, \cdots, n$ 表示本学期中学生参与的课程数目，评估次数为 n 次。学生的各学科（模块）的个人分数评估（在没有自动计数系统的情况下）是通过对一个学期中不同类型教育活动评估的总和来计算的。

即：在学科 b 中学生的学习成绩以学生参加的课程（b_i）乘以他们在该课程中的学习表现情况（t_i）的总和，除以他们所参加的课程的学习表现情况之和来计算。该计算结果四舍五入为整数，并且可以取 0~100 的值。

由于评分系统的不同，最简便的方法是通过使用 CGPA 来评估学生的成绩（见表 4)。每所大学 CGPA 的制度也略有不同。

表 4　大多数大学的 GPA 制度

等级	CGPA	总成绩的百分比（%）
第一等级	3.60~4.00	90~100
第二等级-上等	3.00~3.59	80~90
第二等级-下等	2.50~2.99	70~80
第三等级	2.00~2.49	60~70
通过	1.50~1.99	50~60
不通过	0.00~1.50	0~49

（三）毕业证书样式

顺利完成塔吉克斯坦大学学业的学生会获得毕业证书。毕业证书有两种：蓝色和红色。平均绩点较高的学生将获得红色封面的毕业证书。毕业证书样式见图 7 至图 9。

图 7　本科毕业证书封面样式

图 8　本科毕业证书内容样式

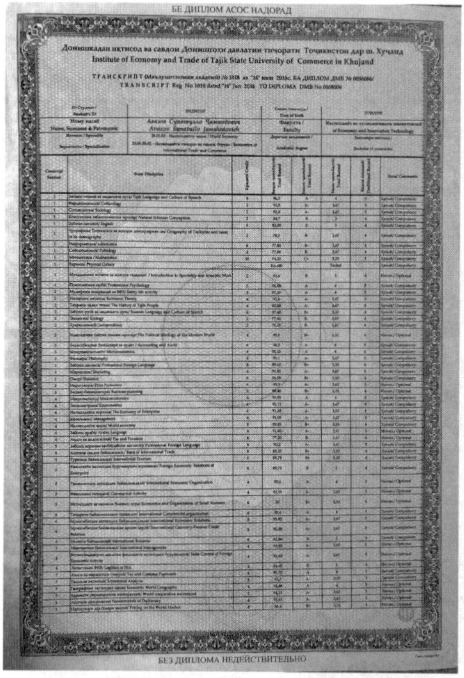

(a)

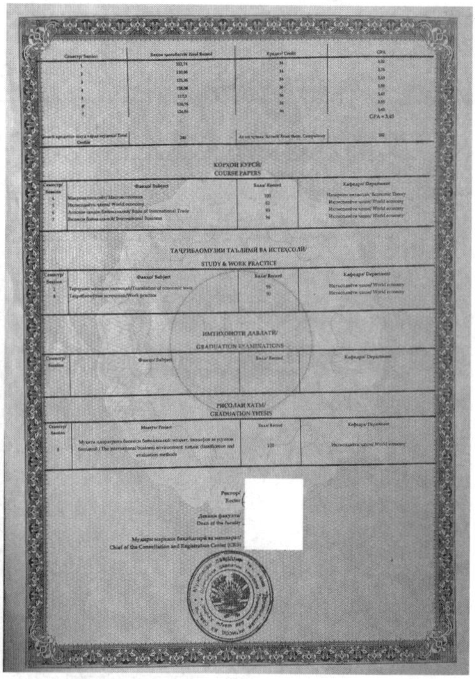

(b)

图 9　本科成绩单样式

（四）学位证书验证

学位证书由塔吉克斯坦共和国教育部颁发，由学生所在院校的校长、教务长、教委主任和注册中心主任审核。

塔吉克斯坦部分知名大学的名单具体见表 5。

表 5 塔吉克斯坦部分知名大学名单

大学中文名称	大学英文名称
塔吉克国立大学	Tajik National University
俄罗斯-塔吉克（斯拉夫）大学	Russian-Tajik Slavonic University
塔吉克国立医科大学	Tajik State Medical University
塔吉克技术大学	Tajik Technical University
塔吉克斯坦国立法律、商业和政治大学	Tajikistan State University of Law, Business and Politics
塔吉克国立商业大学	Tajik State University of Commerce
塔吉克斯坦理工大学	Technological University of Tajikistan
塔吉克国立师范大学	Tajik State Pedagogical University
塔吉克农业大学	Tajik Agrarian University
库詹州立大学	Khujand State University
莫斯科罗蒙诺索夫国立大学（杜尚别）	Moscow State University Lomonosov in Dushanbe
塔吉克创业与服务学院	Tajik Institute of Entrepreneurship and Service
塔吉克斯坦国家金融和经济大学	State Financial and Economic University of Tajikistan
塔吉克斯坦语言学院	Tajik Institute of Languages
库洛布州立大学	Kulob State University
霍洛格州立大学	Khorog State University
丹加拉州立大学	Dangara State University
潘雅肯特教育学院	Pedagogical Institute of Panjakent
N. R. U. 莫斯科电力工程学院	N. R. U. Moscow Power Engineering Institute
塔吉克斯坦国立艺术学院	Tajikistan State Institute of Art

（五）各类高等教育机构一览

塔吉克斯坦各类高等教育机构概况见表 6。

表 6 高等教育机构概况①

序号	类别	数目（个/所）
1	塔吉克斯坦国立大学	16
2	研究所及其分支机构	18
3	理工学院	4
4	提供学位课程的私立教育机构	1
5	未经认可的高等院校	23
6	获得认可的公立大学	11

① 塔吉克斯坦高等教育情况[EB/OL].(2019-12-01)[2022-02-27]. https://collegewikipedia.com/asia/tajikistan/top-universities-in-tajikistan.

五、硕士研究生教育

在塔吉克斯坦，越来越多的本科毕业生选择攻读硕士，以便在就业市场中获得竞争优势。硕士学制通常为 2 年。

（一）入学要求

在塔吉克斯坦，申请攻读硕士学位的学生须获得塔吉克斯坦共和国教育部认可的学士学位，并取得良好的成绩。除了这些一般要求外，某些院校和专业还有其他要求，如入学考试或面试，尤其是申请学术型硕士学位的学生。除了学士学位证书和成绩单外，学生还须提交其他证明文件，以证明自己有能力攻读硕士[①]。

（二）评分系统

如今，塔吉克斯坦大部分大学都实行学分制。与本科生学士学位不同的是，硕士学位不按等级划分，如一级、二级上、二级下等，而只分优秀、良好和通过三个等级。通常分数较高的学生会被授予优秀等级。

（三）学位证书样式

硕士学位证书样式具体见图 10。

图 10　硕士学位证书样式

① 塔吉克斯坦大学的申请要求[DB/OL].[2023-03-15]. https://www.rocapply.com/study-in-tajikistan/about-tajikistan/application-requirements.html.

（四）学位证书验证

学位证书由塔吉克斯坦共和国教育部颁发，由学生所在院校的校长、教务长、教委主任和注册中心主任审核。

六、博士研究生教育

（一）简况

拥有外国国籍的塔吉克斯坦公民与塔吉克斯坦共和国本国公民一样享有接受博士教育的权利。根据塔吉克斯坦共和国的立法和塔吉克斯坦共和国的国际条约，外国公民和永久居民都可申请攻读博士学位。

（二）入学要求

塔吉克斯坦博士研究生入学所需文件清单：

（1）攻读博士学位的申请书，该申请书必须已得到所申请专业所在学院的专业负责人和学院院长的认可；

（2）文凭副本及摘录；

（3）个人陈述及两张 4 cm×6 cm 照片；

（4）个人简历；

（5）个人特点；

（6）候选人须交付证明书副本一份（如有）；

（7）一份已发表作品的清单（如有）或一篇关于该专业的论文（至多 32 页），并附有评论（同行评论）；

（8）学院（系）学术委员会对新获荣誉文凭毕业生的推荐及国家工商管理委员会的推荐信；

（9）医学证明表 086-U；

（10）全日制研究生工作簿或非全日制研究生工作簿的副本；

（11）护照。

在塔吉克斯坦，申请人必须满足以上所有要求，并携带以上文件至所申请院校的招生办公室。

（张琦、李玲、郭波宏、PARVINA ABDUQODIROVA、SUNATULLO AVAZOV）

坦桑尼亚

一、关于坦桑尼亚

（一）国家概况

坦桑尼亚，全称为坦桑尼亚联合共和国，位于非洲东部、赤道以南，由坦噶尼喀（大陆）和桑给巴尔（岛）两部分组成，领土总面积约为 94.5 万多平方千米（其中桑给巴尔 2654 平方千米）。坦桑尼亚北与肯尼亚和乌干达交界，南与赞比亚、马拉维、莫桑比克接壤，西与卢旺达、布隆迪和刚果（金）为邻，东濒印度洋。坦桑尼亚 2019 年全国总人口约为 5589 万。

坦桑尼亚东部沿海地区和内陆的部分低地属热带草原气候，西部内陆高原属热带山地气候，全年温差较小，年平均气温在 21~26 ℃之间。桑给巴尔的 20 多个岛屿属热带海洋性气候，终年湿热，年平均气温 26 ℃。坦桑尼亚每年 12 月至次年 3、4 月炎热，6—9 月比较凉爽。全国雨量偏少，80%的地区年降水量不足 1000 毫米①。

坦桑尼亚是农业大国，主要经济支柱产业为种植业、林业、渔业和牧业。2018 年世界银行非洲财政第 19 期报告显示，坦桑尼亚是非洲少数经济增长率超过 6%的国家②，但是由于坦桑尼亚经济结构单一、基础薄弱、发展水平低下，仍是联合国公布的 48 个世界上最不发达国家之一。坦桑尼亚的出口以初级农产品为主，棉花、剑麻、腰果、咖啡、烟草、茶叶、丁香的出口占外汇收入的 80%。2019 年，其对外贸易总额为 133.05 亿美元，其中出口额为 53.77 亿美元，进口额为 79.28 亿

---

① 商务部国际贸易经济合作研究院，中国驻坦桑尼亚大使馆经济商务处，商务部对外投资和经济合作司. 对外投资合作国别（地区）指南坦桑尼亚（2021 年版）[EB/OL]. [2023-03-08]. http://www.mofcom.gov.cn/dl/gbdqzn/upload/tansangniya.pdf.

② 坦桑尼亚经商代表处. 世界银行对坦桑经济发展持乐观态度[EB/OL]. (2019-04-10)[2023-03-08]. http://tz.mofcom.gov.cn/article/jmxw/201904/20190402851489.shtml.

美元①。中坦两国长期保持着友好的关系，多年来这种关系不断深化，虽然与其他国家相比，中国与坦桑尼亚的贸易总额并不大，但贸易涉及货物品种相当广泛。

坦桑尼亚有 100 多种语言，坦桑尼亚的母语是斯瓦希里语，和英语同为坦桑尼亚的官方语言，用于官方文件、行政、商业、高等教育等领域。斯瓦希里语多被用于议会辩论、下级法院和小学教学。英语多被用于对外贸易、外交、高等法院以及作为中等和高等教育的教学媒介。桑给巴尔岛主要用阿拉伯语交流。坦桑尼亚官方货币是坦桑尼亚先令。

2019 年是坦桑尼亚联合共和国成立 55 周年，同时也是坦桑尼亚与中国建交 50 周年。近年来，中坦友好合作关系进一步发展，各领域合作取得新成果。两国高层交往和政治互信不断加深，经贸合作成效显著。两国在人文交流方面开展了积极合作，中国文化中心建设取得积极进展。多多马大学和达累斯萨拉姆大学开设了 2 所孔子学院。截至 2019 年 8 月，中国已向坦桑尼亚提供了 1900 多个奖学金名额和 6000 多个职业技术培训机会。

（二）护照样式

坦桑尼亚政府根据《坦桑尼亚护照和其他旅行证件条例》（2002 年第 42 章）及有关规定，签发各类护照和其他旅行证件②。2018 年年初，坦桑尼亚成为东非地区自布隆迪和肯尼亚后，第三个使用新版电子护照的国家。2020 年 1 月起，该国全面采用新型电子护照。新版护照采取了多项防伪技术，如光变油墨、隐形图文、荧光油墨、微缩文字、全息图等。新版电子护照增加了指纹数据库和自动验证系统，可最大限度地减少利用伪造护照的犯罪行为。新版电子护照的费用为 15 万先令（约 66 美元），护照有效期延长至 10 年。坦桑尼亚护照封面样式见图 1，护照信息页样式见图 2。

图 1　护照封面样式

① 中国一带一路网. 坦桑尼亚国家概况. [2021-02-20]. https://www.yidaiyilu.gov.cn/gbjg/gbgk/66288.htm.

② 坦桑尼亚移民局. Passports and Travel Documents Information[EB/OL]. [2021-02-20]. https://www.immigration.go.tz/index.php/immigration-services/passports-and-travel-documents.

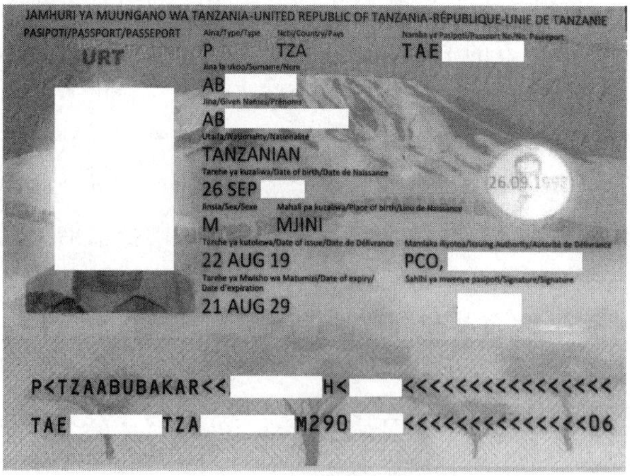

图 2　护照信息页样式

二、教育体系简介

坦桑尼亚的教育体系分为四个阶段：学前教育、初等教育、中等教育和高等教育。

学前教育是第一阶段。在坦桑尼亚，学前教育是教育周期中至关重要的阶段。坦桑尼亚政府已正式将其纳入正规教育体系，并要求每个小学都要有一个可接纳5~6岁儿童的学前班。学前教育周期为2年，无升学考试。根据1995年教育和培训政策，学前教育旨在促进儿童的人格全面发展、身体、心理、道德和社会特征及能力。这一阶段对于塑造儿童的性格和接受学校文化至关重要。

初等教育是第二阶段。在坦桑尼亚，初等教育属于义务教育，所有儿童享有接受初等教育的权利。初等教育周期为7年（7~13岁）。政府为学前教育和初等教育提供保障。小学毕业考试标志着小学教育的结束，是学生参加中等教育的前提。

中等教育是第三阶段。中等教育阶段包括4年普通中等教育（14~17岁）和2年高级中等教育（18~19岁）。自2004—2009年实施《中等教育发展规划》（SEDP），2010—2015年实施《中等教育发展规划Ⅱ》（SEDP Ⅱ）以来，坦桑尼亚的中等教育取得了显著成绩。该计划的战略重点是改善这一级的教育机会、教育公平和教育质量。

高等教育是第四阶段。高等教育部与坦桑尼亚大学委员会合作，负责协调高等教育政策和指导方针，制定标准、方案，确保高等教育质量。高等教育部还负责协调下设的所有高等学校和机构。研究生分为硕士研究生和博士研究生两个层次，硕士研究生通常需要2~3年完成学业，博士研究生需要3年或更长时间才能完成学业。坦桑尼亚教育系统见图3。

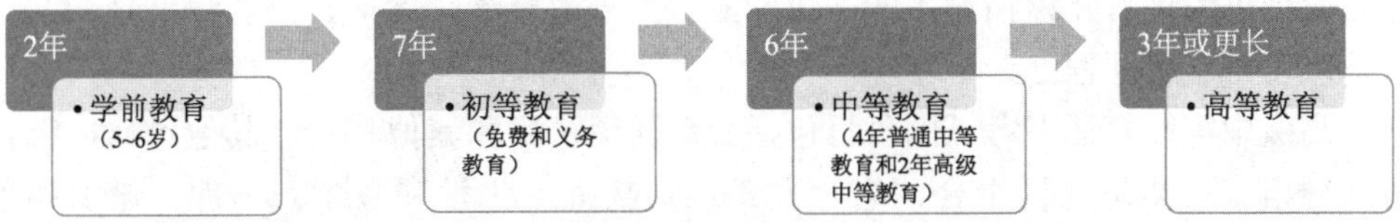

图 3　坦桑尼亚教育系统

此外，坦桑尼亚还提供成人教育、继续教育和非正规教育。其目的是确保失学儿童、青年和成人，特别是女童、妇女和其他弱势群体平等享有受教育的权利。根据成人和非正规教育发展计划，坦桑尼亚教育部制定了坦桑尼亚综合社区成人教育（ICBAE）和补充基础教育（COBET）框架。

为了实施坦桑尼亚综合社区成人教育和补充基础教育，教育和职业培训部发起了“是的，我可以”扫盲计划及加强无线电教学教育项目（RISE）。“是的，我可以”招盲计划旨在提升坦桑尼亚国民的阅读、写作、算术等基本知识技能。加强无线电教学教育项目相当于补充基础教育，旨在为失学儿童和无法进入正规小学的儿童提供基础教育。技术和职业教育培训部负责规划、开发、维护、协调、评估和管理下属的技术教育部门，通过向社区、政府和私营部门提供必要服务，支持和促进人力资源的开发。

三、中等教育（高中）

坦桑尼亚的中等教育包括 4 年普通中等教育（14~17 岁）和 2 年高级中等教育（18~19 岁）。中学包括 8 门课程，分别是斯瓦希里语、英语、数学、家政经济、健康、科学、艺术和宗教。普通中等教育学制为 4 年，学生在这一阶段结束时要参加国家考试，这次考试成绩将决定学生是否有资格接受高级中等教育。完成高级中等教育后，学生参加国家考试，学生可根据考试成绩和个人意愿升入大学、大专、职业培训学院或开始工作。

（一）坦桑尼亚国家考试委员会

坦桑尼亚国家考试委员会（The National Examinations Council of Tanzania, NECTA）是根据 1973 年第 21 号议会法案设立的政府机构。坦桑尼亚国家考试委员会负责管理坦桑尼亚的所有国家考试，包括小学毕业考试（Primary School Leaving Examination）、中等教育证书考试（Certificate of Secondary Education Examination, CSEE）、高级中等教育证书考试（Advanced Certificate of Secondary Education Examination, ACSEE）等。

（二）高级中等教育证书考试

高级中等教育证书考试（ACSEE）是为已完成 2 年高级中等教育且通过 3 门中等教育证书考试（CSEE）科目的考生开设的，于每年 5 月的第一周举行。高级中等教育证书考试旨在评估学生的知识和能力是否适合继续深造，以获得更高的文凭或深入学习学位课程。

高级中等教育证书考试的科目包括必修通识科目和其他科目，其他科目按组合方式分组。一类是理科组合，组合方式包括物理、化学和数学，物理、化学和生物，物理、地理和数学，经济学、地理和数学，化学、生物和地理，化学、生物和农业，以及化学、生物和人类营养学。另一类是文科组合，组合方式包括历史、地理和英语，历史、地理和斯瓦希里语，历史、斯瓦希里语和英语，斯瓦希里语、英语和法语，经济、商业和会计，历史、地理和经济。

（三）高级中等教育证书考试评分体系和证书

高级中等教育证书考试（ACSEE）的评分体系如下：“A”表示优秀（excellent），“B”表示较好（very good），“C”表示良好（good），“D”表示中等（satisfactory），“E”表示中下（unsatisfactory），“S”表示通过（subsidiary pass），“F”表示未通过（fail）。若考生某一科目获得 A—E 等级成绩，则该科目视为通过。ACSEE 证书根据总体评分共分四个级别，Ⅰ级（Division ONE）为最低级，Ⅳ级为（Division Four）最高级。

在线查询的成绩单样式见图 4。

NATIONAL EXAMINATIONS COUNCIL OF TANZANIA

ACSEE 2019 EXAMINATION RESULTS

P0101 AZANIA SECONDARY SCHOOL CENTRE

DIV-I = 0; DIV-II = 13; DIV-III = 26; DIV-IV = 22; DIV-0 = 20

CNO	SEX	AGGT	DIV	DETAILED SUBJECTS
P0101/0501	F	12	II	G/STUDIES - 'E' HISTORY - 'E' KISWAHILI - 'C' ENGLISH - 'D'
P0101/0502	F	16	III	G/STUDIES - 'F' HISTORY - 'S' KISWAHILI - 'D' ENGLISH - 'S'
P0101/0503	F	19	IV	G/STUDIES - 'F' PHYSICS - 'F' CHEMISTRY - 'F' ADV/MATHS - 'E'
P0101/0504	F	17	III	G/STUDIES - 'F' HISTORY - 'F' KISWAHILI - 'D' ENGLISH - 'S'
P0101/0505	F	11	II	G/STUDIES - 'E' HISTORY - 'E' KISWAHILI - 'C' ENGLISH - 'C'
P0101/0506	F	12	II	G/STUDIES - 'F' HISTORY - 'E' GEOGR - 'D' ENGLISH - 'C'
P0101/0507	F	18	IV	PHYSICS - 'F' CHEMISTRY - 'F' BIOLOGY - 'D' BAM - 'F'
P0101/0508	F	21	0	G/STUDIES - 'S' PHYSICS - 'F' CHEMISTRY - 'F' BIOLOGY - 'F' BAM - 'F'
P0101/0509	F	11	II	G/STUDIES - 'S' HISTORY - 'E' KISWAHILI - 'B' ENGLISH - 'D'
P0101/0510	F	15	III	G/STUDIES - 'S' HISTORY - 'F' KISWAHILI - 'C' ENGLISH - 'E'
P0101/0511	F	11	II	G/STUDIES - 'E' HISTORY - 'D' KISWAHILI - 'C' ENGLISH - 'D'
P0101/0512	F	15	III	G/STUDIES - 'S' HISTORY - 'E' GEOGR - 'E' ENGLISH - 'E'
P0101/0513	F	18	IV	G/STUDIES - 'S' HISTORY - 'F' GEOGR - 'E' BAM - 'F' ECONOMICS - 'S'

图 4　在线查询的成绩单样式

高级中等教育考试（ACSEE）证书样式见图5。

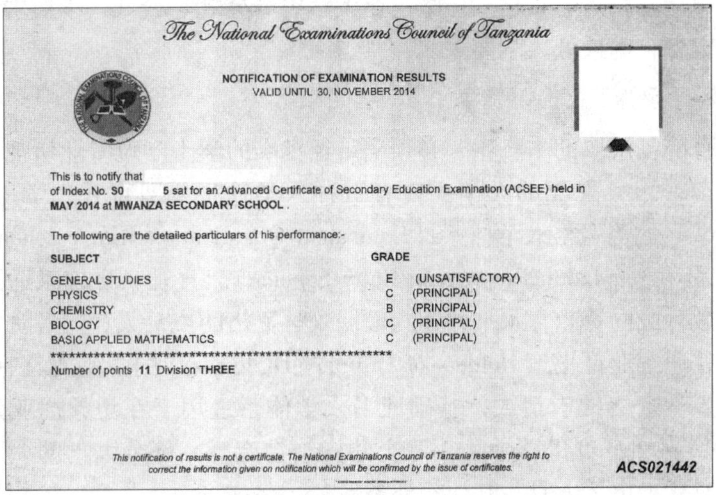

The National Examinations Council of Tanzania

NOTIFICATION OF EXAMINATION RESULTS
VALID UNTIL 30, NOVEMBER 2014

This is to notify that
of Index No. S0 5 sat for an Advanced Certificate of Secondary Education Examination (ACSEE) held in
MAY 2014 at MWANZA SECONDARY SCHOOL .

The following are the detailed particulars of his performance:-

SUBJECT	GRADE	
GENERAL STUDIES	E	(UNSATISFACTORY)
PHYSICS	C	(PRINCIPAL)
CHEMISTRY	B	(PRINCIPAL)
BIOLOGY	C	(PRINCIPAL)
BASIC APPLIED MATHEMATICS	C	(PRINCIPAL)

Number of points 11 Division THREE

This notification of results is not a certificate. The National Examinations Council of Tanzania reserves the right to correct the information given on notification which will be confirmed by the issue of certificates.

ACS021442

图5　高级中等教育考试（ACSEE）证书样式

（四）考试成绩验证

个人或机构可以通过坦桑尼亚国家考试委员会官网查询高级中等教育证书考试成绩，坦桑尼亚国家考试委员会每年会在其官网公开发布考生成绩，考生登录网址https：//www. necta. go. tz/acsee_results 即可查询个人成绩。

四、本科教育

坦桑尼亚的高等教育院校分为公立和私立两种，包括技术学院（工学院）（Technical Colleges）、职业技术学院（Institutions of Technology）、大学学院（Colleges/Campuses）和大学（Universities）。高等教育院校按照办学水平可以分为三类，即大学、大学学院和专科学校①。

坦桑尼亚大学委员会（Tanzania Commission for Universities）是根据2005年第7号大学法案于2005年7月1日成立的法人团体，旨在确保该国高等教育的质量，同时监督和规范高等学校的管理和业绩。坦桑尼亚大学委员会通过高校网络促进知识共享，负责大学和大学学院的注册和认证，学术项目的验证、认证和学生入学的协调，监督和控制高校素质教育，收集和发布有关高等教育的资料和数据②。持有高级中等教育考试证书的学生（Form Six Leavers）、持有普通毕业证书的学生（Holders of Ordinary Diplomas）、持有完全技术证书（Full Technician Certificates）、

① 徐序雅．坦桑尼亚高等教育研究[M]．北京：中国社会科学出版社，2009：68.

② 坦桑尼亚联合共和国大学委员会官网．坦桑尼亚联合共和国大学委员会介绍[Z/OL]．[2021-02-20]．https：//www. tcu. go. tz/.

坦桑尼亚开放大学基础证书（Foundation Certificate of the Open University of Tanzania）的学生可以申请本科入学资格。坦桑尼亚大学委员会规定最低入学要求，各院校在此基础上制定各自的最低入学要求。

（一）入学要求

高等教育院校录取的本科生，必须满足经批准的学士学位专业所规定的最低入学要求。目前，坦桑尼亚的大学主要有三种入学途径，即直升入学体系（Direct Entry Scheme）、同等资格入学体系（Equivalent Qualifications Entry Scheme）及基础证书入学体系（Foundation Programme Entry Scheme）。直升入学体系适用于所有完成高级中等教育或同等教育水平并达到最低入学资格的申请人；同等资格入学体系适用于持有普通毕业证书（Holders of Ordinary Diplomas）的学生或具有同等资格，并达到最低入学资格的申请人；基础证书入学体系适用于在坦桑尼亚开放大学学习，并且 GPA 达到 3.0 的毕业生。除上述资格规定外，部分大学的个别专业可能还会在录取时要求申请人具备其他额外条件①。

（二）评分系统

在坦桑尼亚，中等教育阶段考试有统一的评分体系，但是到高等教育阶段，不同高等教育机构评分制度并不相同。评分的等级有"A、B、C、D、E、F"。通常来说，"A"和"B"等级被认为是优秀等级。由于评分系统不同，评估学生表现的最便捷方式是使用成绩单的 CGPA。然而，应该注意的是，即使是 CGPA，每所大学还是略有不同。坦桑尼亚对 GPA 系统没有严格的规定，各校可自己决定使用它们认为最好的 GPA 评分系统。

大多数高校使用 A 类和 B 类 GPA 系统，少量高校使用 C 类、D 类和 E 类系统。对于学生的成绩等级，可以参考学生学位证书上和成绩单上的说明进行确认。

（三）学位证书样式

达累斯萨拉姆大学学士学位证书样式见图 6。

① 坦桑尼亚联合共和国大学委员会. Undergraduate Entry pathways[EB/OL]. [2021-02-20]. https://www.tcu.go.tz/? q=content/undergraduate-entry-pathways.

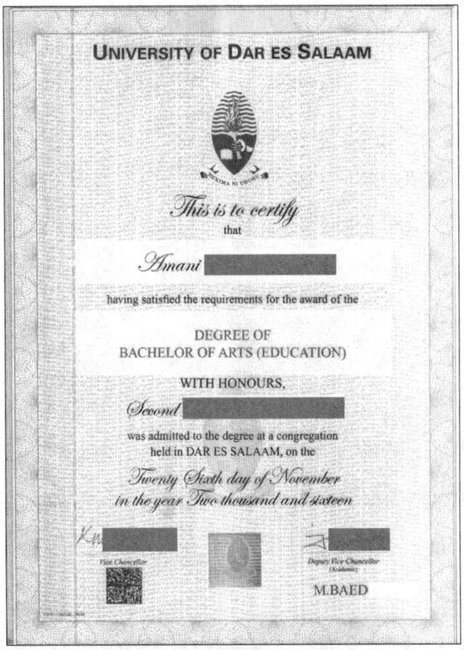

图 6　达累斯萨拉姆大学学士学位证书样式

索可茵农业大学学士学位证书样式见图 7。

图 7　索可茵农业大学学士学位证书样式

（四）学位证书验证

坦桑尼亚国家技术教育委员会（National Council for Technical Education,

NACTE）和坦桑尼亚大学委员会（Tanzania Commission for Universities，TCU）是负责坦桑尼亚学位认证的官方机构，可通过联系这两个官方机构验证学位真伪。它们的联系方式分别为：

坦桑尼亚国家技术教育委员会（NACTE）

电话：（+255）22 2780 077/2780312

邮箱：info@ nacte. go. tz

网址：https：//www. nacte. go. tz/

坦桑尼亚大学委员会（TCU）

电话：（+255）（0）-22-2772657

邮箱：es@ tcu. go. tz

网址：https：//www. tcu. go. tz/

（五）各类高校数量一览①

截至 2019 年 8 月 31 日，坦桑尼亚批准的各类高等教育院校的类别和数量见表 1。

表 1　获批准的各类高等教育院校的类别和数量

序号	类别	数量
1	公立大学（Public Universities）	12
2	私立大学（Private Universities）	19
3	公立大学学院（Public University Colleges）	4
4	私立大学学院（Private University Colleges）	11
5	公立大学校区、中心和机构（Public University Campuses，Centres and Institutes）	3
6	私立大学校区、中心和机构（Private University Campuses，Centres and Institutes）	7

五、硕士研究生教育

（一）入学要求

随着本科毕业生人数不断增加，不少本科毕业生为了让自己更具竞争力，找到更好的工作，会选择攻读硕士学位。攻读硕士的基本要求包括：获得认可高等院校的学士学位、高级文凭或同等学力。硕士研究生学制一般为 2~3 年。

---

① 坦桑尼亚联合共和国大学委员会. List of Approved University Institutions in Tanzania［EB/OL］.（2019-08-31）［2021-02-20］. https：//www. tcu. go. tz.

（二）评分系统

硕士研究生阶段的成绩评分系统与本科阶段一样，也采用等级制，但各个学校的评分系统略有差别。大多数情况下，课程的评分等级分为“A、B+、B、C+、C、D、F”。获得“A”、“B”+和“B”等级的学生可视为这一课程表现优秀。与本科阶段不同的是，硕士学位证书没有划分等级，如一等、二等上、二等下等。

（三）学位证书样式

硕士学位证书样式以多多马大学和姆桑比大学为例，多多马大学硕士学位证书样式见图8。

图8　多多马大学硕士学位证书样式

姆桑比大学硕士学位证书样式见图9。

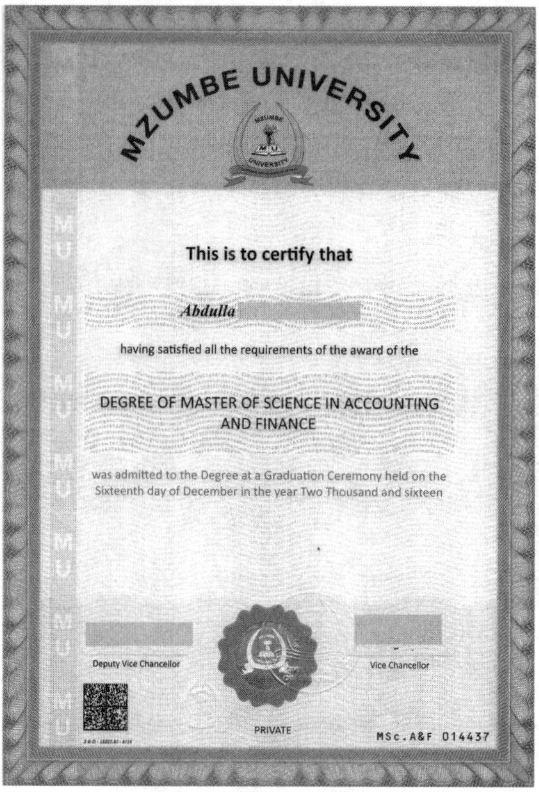

图 9　姆桑比大学硕士学位证书样式

（四）学位证书验证

硕士学位证书的认证方式与本科学位证书相同。

六、博士研究生教育

（一）简况

在坦桑尼亚，拥有博士学位的人并不多，只有少数有意愿投身学术界的学生才会选择攻读博士学位。攻读博士学位通常需要 3 年甚至更长的时间。目前，只有少数公立大学设有博士学位点。

（二）入学要求

以坦桑尼亚历史最悠久、规模最大的达累斯萨拉姆大学（University of Dar es Salaam）为例，该大学提供博士学位课程，哲学博士课程的最低入学资格要求申请人至少拥有达累斯萨拉姆大学或坦桑尼亚大学委员会认可的任何其他大学的二等下（Lower Second Class）或二等下等级以上的学位。

附　录

（一）部分公立大学名单[①]

（1）达累斯萨拉姆大学（University of Dar es Salaam）

（2）索可茵农业大学（Sokoine University of Agriculture）

（3）坦桑尼亚开放大学（Open University of Tanzania）

（4）阿迪大学（Ardhi University）

（5）桑给巴尔国立大学（The State University of Zanzibar）

（6）姆桑比大学（Mzumbe University）

（7）穆希比利卫生和联合科学大学（Muhimbili University of Health & Allied Sciences）

（8）尼尔逊·曼德拉非洲科学技术学院（Nelson Mandela African Institute of Science and Technology）

（9）多多马大学（University of Dodoma）

（10）姆贝亚科技大学（Mbeya University of Science and Technology）

（11）摩西合作大学（Moshi Co-operative University）

（12）姆瓦里穆·朱利叶斯. 尼雷尔农业科技大学（Mwalimu Julius K. Nyerere University of Agriculture and Technology）

（二）2022年坦桑尼亚排名前20位的大学名单[②]

（1）达累斯萨拉姆大学（University of Dar es Salaam）

（2）索可茵农业大学（Sokoine University of Agriculture）

（3）穆希比利卫生和联合科学大学（Muhimbili University of Health & Allied Sciences）

（4）多多马大学（The University of Dodoma）

（5）桑给巴尔国立大学（The State University of Zanzibar）

（6）尼尔逊·曼德拉非洲科学技术学院（Nelson Mandela African Institution of Science and Technology）

（7）阿迪大学（Ardhi University）

（8）天主教卫生及相关科学大学（Catholic University of Health and Allied Sciences）

---

① 坦桑尼亚联合共和国大学委员会. List of Approved University Institutions in Tanzania[EB/OL].(2019-08-31)[2021-02-20]. https://www.tcu.go.tz.

② UniRank. 2022 Tanzanian University Ranking[EB/OL].(2022-08-20)[2022-09-30]. https://www.4icu.org/tz.

(9) 休伯特凯鲁基纪念大学（Hubert Kairuki Memorial University）
(10) 图马尼大学（Tumaini University Makumira）
(11) 坦桑尼亚圣奥古斯丁大学（St. Augustine University of Tanzania）
(12) 坦桑尼亚圣约翰大学（St John's University of Tanzania）
(13) 国际医科大学（International Medical and Technological University）
(14) 坦桑尼亚圣约瑟夫大学（St. Joseph University in Tanzania）
(15) 姆贝亚科技大学（Mbeya University of Science and Technology）
(16) 桑给巴尔大学（Zanzibar University）
(17) 阿鲁沙大学（The University of Arusha）
(18) 姆桑比大学（Mzumbe University）
(19) 摩西合作大学（Moshi Co-operative University）
(20) 鲁哈天主教大学（Ruaha Catholic University）

（唐雯琬）

土耳其

一、关于土耳其

（一）国家概况

土耳其，全称为土耳其共和国，地跨亚、欧两洲，濒临地中海、爱琴海、马尔马拉海和黑海之间。全国总面积约 78.36 万平方千米，其中 97%的国土位于亚洲的小亚细亚半岛，3%的国土位于欧洲巴尔干半岛。土耳其东接伊朗，东北邻格鲁吉亚、亚美尼亚和阿塞拜疆，东南与叙利亚、伊拉克接壤，西北和保加利亚、希腊连接，北濒黑海，西与西南隔地中海与塞浦路斯相望。博斯普鲁斯海峡和达达尼尔海峡，以及两海峡间的马尔马拉海，是沟通黑海和地中海的唯一水道，战略位置十分重要。土耳其海岸线长 7200 千米。地形东高西低，大部分为高原和山地，仅沿海有狭长平原。土耳其南部沿海地区属亚热带地中海气候，内陆高原向热带草原和沙漠型气候过渡。温差较大。

2020 年，土耳其全国总人口约 8315.5 万人，土耳其族约占人口总数的 80%，库尔德族约占 15%。土耳其人是现代土耳其共和国的主体民族，多是从 11 世纪以后由中亚迁入小亚细亚的乌古斯人，多数信奉伊斯兰教的逊尼派（Sunnite），少数信奉伊斯兰教什叶派的支派阿列维派（Alevi），另有少数居民信仰基督教和犹太教[①]。

土耳其是传统的农牧业国家，农业较好，粮、棉、蔬菜、水果、肉类等基本可满足国内需求，农业生产总值占整个国内生产总值的 20%左右。土耳其农业从业人口占总人口的 46%。矿产资源丰富，主要有硼、铬、铜、铁、铝矾土及煤等。但石油、天然气紧缺，需大量进口。西部沿海地区工农业十分发达，东部内陆地区交通

---

① 中国一带一路网. 土耳其国家概况[EB/OL].（2019-06-21）[2021-07-30]. http://cs.mfa.gov.cn/zggmcg/ljmdd/yz_645708/teq_647632/.

闭塞、生产力水平相对滞后①。土耳其享有得天独厚的旅游资源，境内历史古迹星罗棋布，有世界七大奇迹的阿耳忒弥斯女神庙，历史名城伊斯坦布尔、埃菲斯古城等。旅游业已成为土耳其国民经济的重要支柱产业之一。

（二）护照样式

护照样式见图 1 和图 2。

图 1　护照封面样式

图 2　护照信息页样式

---

① 郝遥. 土耳其：迈向现代化的星月之国[J]. 百科知识，2011(23)：35-37.

二、教育体系简介

土耳其教育系统受土耳其国家教育部监管和控制。土耳其共和国宪法规定每个公民都有接受教育的权利。6~14 岁的儿童和青少年必须在国立学校接受义务教育。土耳其政府根据教育委员会的决定起草了新的教育法案，将义务制教育从现在的 8 年延长至 12 年。根据新的教育法案，十二年制义务制教育将分为三个阶段，小学和初中教育分别为 4 年，高中教育（含职业教育）为 4 年。这样，高中教育被列入基本教育和义务制教育范围①。目前，土耳其小学的入学率高达 98%。土耳其学校的学年一般从 9 月中旬或 10 月上旬开始，一直持续到次年 5 月或 6 月初。学生于每年 2 月可以享受为期 2 周的寒假。

（一）土耳其教育体制

土耳其教育体制的各个阶段：

（1）学前教育：6 岁及以下孩童的幼儿园教育（非强制）。

（2）初等教育：8 年义务教育（4 年小学和 4 年初中）（6~14 岁的儿童及青少年）。

（3）中等教育：4 年高中或中专教育（15~18 岁青少年）。有的学校会额外设置有 1 年的语言学习课程。高中大多由政府开办和管理，学生可在公立高中免费接受教育。

（4）高等教育：4 年本科或 2 年大专教育。有的学校会额外设置有一年的语言学习课程。硕士学位一般须修满 2 年、博士学位须修 3~5 年。这些学校都由高等教育委员会进行监管。

学校的课程设置多样，注重外语教学，能够为土耳其的学生们创造国际化的环境。公立学校的学生从 2 年级（8 岁）开始学习第一外语，大部分学生会选修英语。学生在高中第一年（14 岁）时开始学习第二外语，学生选修较多的是德语，但学生也可以按照自己的喜好选择法语、意大利语、日语、西班牙语、阿拉伯语、俄语或者汉语等。

（二）土耳其国民教育系统

根据土耳其基本法第 1739 条有关国民教育的规定，土耳其的国民教育体制主要由两部分构成：正式教育与非正式教育。正式教育指学校教育系统，包括学前教育、初等教育、中等教育和高等教育。非正式教育指所有的校外教育活动或与学校并行的教育活动。非正式教育活动包括为那些从未接受过正式教育的人们，或为那

---

① 央视网. 土耳其新教育法案：义务教育将从 8 年延至 12 年[EB/OL].(2012-01-08)[2021-07-30]. http://news.cntv.cn/20120108/109128.shtml.

些具备某一级正式教育水平的和离开正式教育的人们提供的培训、指导和作为正式教育补充的实用性教学活动。非正式教育的目标是对那些没有机会学习阅读和写作的成年人教授读写教程，为他们提供基本知识，在他们原有的教育层次上提升他们的知识和能力，为他们在谋生能力方面创造新的机会。非正式教育主要涉及两个方面，即普通非正式教育和职业非正式教育。

女子实用艺术学校、女子高级技术学校、工业实用艺术学校、成人技术教育中心、公共教育中心和学徒培训中心均属于非正式教育机构。非正式教育分为公共教育、学徒培训和远程教育。提供远程教育服务是为了保证每一个公民都有平等的教育机会，同时也为了强化和充实初等和中等教育。这方面的远程教育服务包含开放小学教育、开放中学教育，以及开放职业技能教育。

三、中等教育（高中）

中等教育指的是4年高中或中专教育（15~18岁青少年），有的学校可能还会额外设置有一年的语言学习课程。高中大多由政府开办和管理，学生可免费接受教育。普通高中除设学术课程外，重视外语教学，英语、法语或德语均可作为教学语言。学生毕业后可升入大学。职业技术学校强调专业课学习，培养学生掌握某项专门技能，使他们毕业后能就业或升入4年制的高等专科学院。

（一）高中分类

（1）国立普通高中：完成八年制义务教育的学生都可升入高中继续学习。通过全国统考的高中毕业生可报读高等院校进行进一步深造。高中毕业生可获得高中文凭。

（2）职业高中：毕业生可凭自己的意愿入读各专业高职院校（2年制职业学校）。通过考试的毕业生还可报读4年制大学进行深造。

（3）安纳托利亚中学：学生要完成1年英语学习和3年普通高中教育。这些学校的数学和科学科目有时用英语教授。安纳托利亚中学的某些课程用德语或法语教学。

（4）科学中学：这些特殊的公立学校只招收在科学方面有突出天赋的学生，为学生提供科学、技术和医疗领域的高级教育。安纳托利亚科学中学的数学和科学科目有时用英语教授。

（5）私立中学：大部分私立中学收费极高，极具竞争力[①]。

（二）高中统考

高中毕业后，毕业生要通过"YKS"考试，类似中国的高考。2018年，土耳其

---

① 了解一点土耳其教育系统[EB/OL].[2023-03-08]. http://www.goturkey.cn/i/Travel1618.html.

高考迎来新一轮改革，在考试的流程上仍采取两阶段考试。第一阶段是基本能力测试“TYT”，第二阶段是专业领域测试“AYT”。TYT 的题目主要来自 9 年级和 10 年级的教学内容，而 AYT 的题目主要来自 11 年级和 12 年级的教学内容。仅通过 TYT 考试的学生可选择 2 年制职业学校，4 年制及以上大学教育必须要通过 TYT 和 AYT 两级考试①。

TYT 考试：第一级考试达到 150 分的学生有权参加 AYT 考试。考试科目包含土耳其语，社会学，数学和科学。

AYT 考试：第二级考试达到 180 分，可进入高校的录取与安置阶段。考试包括 4 类综合科目（数学、社会研究、科学、文学及地理），组合后可生成 3 种选考模块，即数学类、人文类及文数类。在各高校专业招考要求的基础上，考生可以选择单一选考模块，也可以选择多个选考模块。外语类考生在第二阶段至少需要选择 2 个科目（除外语考试 YabancıDil，DiL）②。

（三）评分系统

高等院校的高考录取工作集中由学生选拔和学习中心组织进行。该中心成立于 1974 年，1981 年归属于土耳其国家教育部管理。全国统考包括试卷分数和量化测试两部分，根据考生的高考分数和中学阶段各科成绩平均积点对考生进行录取。

（四）高中毕业证书

高中毕业证书样式见图 3：

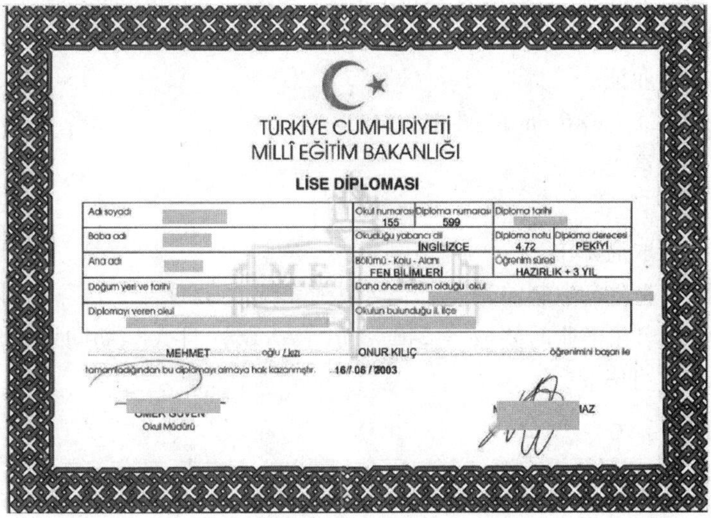

TÜRKİYE CUMHURİYETİ
MİLLÎ EĞİTİM BAKANLIĞI

LİSE DİPLOMASI

Adı soyadı [redacted]	Okul numarası 155	Diploma numarası 599	Diploma tarihi [redacted]
Baba adı [redacted]	Okuduğu yabancı dil İNGİLİZCE		Diploma notu 4.72 / Diploma derecesi PEKİYİ
Ana adı [redacted]	Bölümü - Kolu - Alanı FEN BİLİMLERİ		Öğrenim süresi HAZIRLIK + 3 YIL
Doğum yeri ve tarihi [redacted]	Daha önce mezun olduğu okul [redacted]		
Diplomayı veren okul [redacted]	Okulun bulunduğu il, ilçe [redacted]		

MEHMET oğlu / kızı ONUR KILIÇ öğrenimini başarı ile tamamladığından bu diplomayı almaya hak kazanmıştır. 16/ 06 / 2003

[redacted]
Okul Müdürü

[redacted]

图 3　高中毕业证书样式

① 土耳其国家教育部[EB/OL].[2023-03-08].https://www.osym.gov.tr/TR,25349/2023-yks-basvurula-rin-alinmasi-08032023.html.

② YENi SINAV SiSTEMi (TYT-AYT)[EB/OL].[2023-03-08].https://www.beraegitim.com.tr/yeni-sinav-sistemi-tyt-ayt-nedir.

（五）高中毕业证书验证

考生可通过下面的链接能查到高中毕业证 https：//www. turkiye. gov. tr/milli-egitim-lise-mezuniyet-belgesi-sorgulama。

可在此网址查询考试成绩：https：//sonuc. osym. gov. tr。

四、高等教育（本科）

土耳其的大学系统由高等教育委员会监督和管理。高等教育是指所有中等教育后的教育形式，土耳其现有 80 多所大学（其中包括 53 所公立大学、23 所基金会资助大学）和非大学形式的高等教育机构如警校和军事院校。学生通过高考后可升入大学。本科为 4 年或高等职业学校为 2 年，硕士学制为 2~5 年，但有些领域，例如医学（6 年）、口腔医学（5 年）和兽医学（5 年）等专业需要更长的时间。博士学制为 3~5 年。

（一）入学要求

公立或私立大学均会为学生开设学士学位课程。两年制职业学校只提供副学士（大专）层次的职业教育。考试结果公布后考试分数 150 分以上的考生可以有机会按照考试结果报考自己心仪的大学。考生收到考试成绩后登录 https：//ais. osym. gov. tr 网站按照自己的分数排名选择和填报大学和专业志愿。被录取后考生需要准备以下材料及费用：

（1）高中毕业证

（2）12 张 4. 5 cm×6 cm 的照片

（3）入学申请表

（4）报名费

（5）大学录取通知书

大学按照专业会有学制的调整，比如法律专业需要 4 年，医学专业需要 6 年。学生按照专业要求在毕业时要取得 240 学分（AKTS）且大学期间课程的平均分数不低于 2. 00，方可毕业。

（二）评分系统

大学课程以字母“A~F”或数字“0. 00~4. 00”的指标体系来评分，常见的是 9 级或 11 级，具体见表 1 和表 2。大学用 D、S、E、G、M、K 来表示学生课程情况的特殊含义，具体见表 3。

表1　9级指标体系简表

分数	字母等级	数字等级
90~100	AA	4.00
85~89	BA	3.50
80~84	BB	3.00
75~79	CB	2.50
70~74	CC	2.00
65~69	DC	1.50
60~64	DD	1.00
50~59	FD	0.50
0~49	FF	0.00

表2　11级指标体系简表

分数	字母等级	成功度
90~100	AA	通过
86~89	AB	通过
81~85	BA	通过
76~80	BB	通过
70~75	BC	通过
65~69	CB	通过
60~64	CC	通过
57~59	DC	通过
54~56	DD	通过
50~53	FD	通过
0~49	FF	不通过

表3　大学课程评分中其他字母含义

其他字母	含义
D	未参加
S	进行中
E	未完成
G	非学分课程及格
M	豁免
K	非学分课程不及格

（三）学位证书样式

毕业证书（diploma），亦称"文凭"，是毕业生完成学业后所取得的一种学历凭证。高等学校的毕业证书由国家高等教育委员会统一制发，学士学位证书样式见图 4。

TÜRKİYE CUMHURİYETİ - REPUBLIC OF TURKEY

EGE ÜNİVERSİTESİ

EGE UNIVERSITY

İZMİR

[redacted]

Diploma No : 2015/05/0032

Mühendislik Fakültesi

Kimya Mühendisliği

Bölümünde gerekli çalışmaları başarıyla tamamlayarak

Lisans

derecesini

Kimya Mühendisi

unvanıyla, dereceye tanınan bütün yetkileriyle birlikte almaya hak kazanmıştır.

([redacted]ccedir.)

[redacted] 10 Şubat 2016

Prof. Dr. Candeğer YILMAZ

Rektör - (Rector)

Having successfully completed all the requirements of the Department of

Chemical Engineering

in the

Faculty of Engineering

has been awarded the

Bachelor's Degree

and Chemical Engineer

title, with all the rights and privileges thereto pertaining.

(M[redacted] is English.)

[redacted] On February 10, 2016

Prof. Dr. Süheyda ATALAY

Dekan - (Dean)

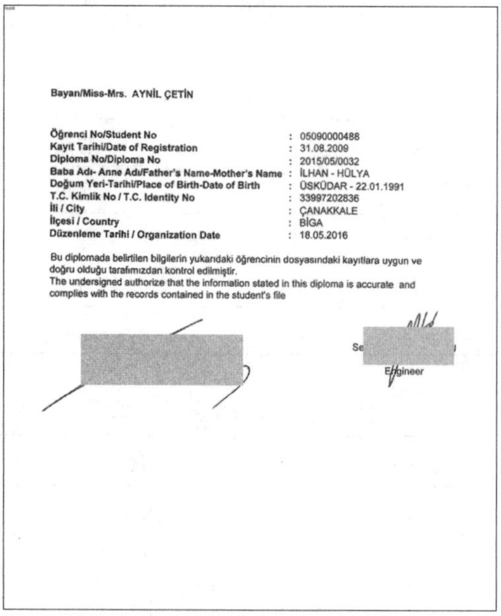

Bayan/Miss-Mrs. AYNİL ÇETİN

Öğrenci No/Student No	:	05090000488
Kayıt Tarihi/Date of Registration	:	31.08.2009
Diploma No/Diploma No	:	2015/05/0032
Baba Adı- Anne Adı/Father's Name-Mother's Name	:	İLHAN - HÜLYA
Doğum Yeri-Tarihi/Place of Birth-Date of Birth	:	ÜSKÜDAR - 22.01.1991
T.C. Kimlik No / T.C. Identity No	:	33997202836
İli / City	:	ÇANAKKALE
İlçesi / Country	:	BİGA
Düzenleme Tarihi / Organization Date	:	18.05.2016

Bu diplomada belirtilen bilgilerin yukandaki öğrencinin dosyasındaki kayıtlara uygun ve doğru olduğu tarafımızdan kontrol edilmiştir.
The undersigned authorize that the information stated in this diploma is accurate and complies with the records contained in the student's file

[redacted]

Se[redacted]

Engineer

图 4　学士学位证书样式

（四）学士学位证书验证

在下面的网站能核查与验证学士学位证书信息：
https：//www. turkiye. gov. tr/yuksekogretim-mezun-belgesi-sorgulama。

（五）高校一览

土耳其现有大学 209 所。著名高等学府有安卡拉大学、哈杰泰普大学、中东理工大学、毕尔坎特大学、伊斯坦布尔大学、海峡大学、爱琴海大学[①]。其中 5 所位于北塞浦路斯土耳其共和国，大多数私立大学都在伊斯坦布尔（35 所）[②]。

（1）国立大学

土耳其的国立大学学费相对较低，而私立大学学费较高，甚至有学费超过 15,000 美元一年的学校。所有大学的容量大概为 30 万学生，而每年的联考人数有 100 万人左右。

（2）私立或基金会大学

土耳其为了创建一个高等教育及研究中心，为社会输送高级人才，1984 年土耳其允许创办私立大学。

（3）高等职业院校

土耳其为高中毕业生提供 2 年制大学教育，类似于美国的社区大学，两者的唯一区别在于，由于名额有限，高职院校的毕业生必须参加全国入学考试（Dikey Gecis Sınavı），成绩优秀的学生才能报读 4 年制大学。

五、硕士研究生教育

（一）入学要求

（1）要求申请人获取本科学位；

（2）需要参加 ALES 考试（土耳其语 Akademik Personel ve Lisansüstü Eğitimi Giriş Sınavı）且考试成绩不低于 55 分；

（3）提供大学成绩单；

（4）填写申请表，硕士入学申请表如表 4 所示。

---

① 中华人民共和国外交部. 土耳其国家概况[EB/OL].（2023-02）[2023-03-08]. https://www.mfa.gov.cn/web/gjhdq_676201/gj_676203/yz_676205/1206_676956/1206x0_676958/.

② 这里是土耳其教育[EB/OL].（2019-11-22）[2023-03-08]. https://baijiahao.baidu.com/s?id=1650882391438197003&wfr=spider&for=pc.

表 4　硕士入学申请表

<table>
<tr><td colspan="3">MÜRACAAT EDILEN 要申请的专业</td><td rowspan="3">Fotoğraf
照片</td></tr>
<tr><td>Anabilim Dalı 专业</td><td colspan="2"></td></tr>
<tr><td>Program Türü 系</td><td colspan="2"></td></tr>
<tr><td colspan="4">MÜRACAAT EDENIN 申请人</td></tr>
<tr><td colspan="2">Adıve Soyadı 姓名</td><td colspan="2"></td></tr>
<tr><td colspan="2">T. C. Kimlik Numarası 身份证号</td><td colspan="2"></td></tr>
<tr><td colspan="2">Mezun Olduğu Üniversite 毕业的大学名称</td><td colspan="2"></td></tr>
<tr><td colspan="2">Mezun Olduğu Bölüm ve Yılı 从哪个专业毕业</td><td colspan="2"></td></tr>
<tr><td colspan="2">Lisans Not Ortalaması 大学毕业分数</td><td colspan="2"></td></tr>
<tr><td colspan="2">ALES Sayısal Puan ve Dönemi ALES 考试结果</td><td colspan="2"></td></tr>
<tr><td colspan="3">Ev Adresi：地址</td><td>is Adresi：工作单位地址</td></tr>
<tr><td colspan="3" rowspan="2">GSM：手机号</td><td>Ev Telefonu：家里电话</td></tr>
<tr><td>is Telefonu：工作单位电话</td></tr>
</table>

（二）评分系统

硕士学位分两种：一种学制为 2 年，学生需要提交论文且总学分数达到 21 分。另一种学制为 1.5 年，不需要提交论文，但需要完成中期项目且累计学分达到 30 分才能毕业。

（三）毕业证书样式

硕士毕业证书样式见图 5。

图 5　硕士毕业证书样式

（四）硕士学位证书验证

学生可通过下列网站能验证硕士学位证书：

https：//www. turkiye. gov. tr/yuksekogretim-mezun-belgesi-sorgulama。

六、博士研究生教育

（一）简况

大学与硕士毕业的学生均有资格攻读博士学位。学生在博士学习时间内需要修读7门课程，获取总学分21分，完成博士论文且参加并通过博士论文答辩方可获得博士学位。

（二）课程概况

博士课程为全日制课程，在校生可以申请全额学费奖学金及每月生活费，享受全额奖学金的学生需担任教学和研究助理；在校生也可申请部分奖学金。此外学生可享受私人医疗保险和住宿。

（三）入学要求

硕士毕业学生攻读博士课程，需要满足以下条件：

（1）申请者需要参加ALES考试且至少达到50分，分数越高对学生越有利。

（2）需要考英文语言考试YÖK-DIL（土耳其语Yüksek Öğretim Kurulu-Yabancı Dil Sınavı），YDS（土耳其语Yabancı Dil Seviye Tespit Sınavı）考试分数需要最低达到55分。除了YÖK-DIL考试，YDS还有可以接受TOEFL（托福）或者IELTS（雅思）等语言考试成绩。

（3）需要完成2年的硕士学习，提交硕士学位论文，总学分达到21分的硕士毕业生方可申请博士课程。

大学毕业生也可以读博士但是要求更为严格。

（1）学习时间要比硕士毕业多一年。

（2）需要参加ALES考试并至少达到80分。

（3）大学期间所有课程的平均学分积点（4分制GPA）达到3分及以上。

（四）学位证书样式

博士学位证书样式见图6。

FIRAT ÜNİVERSİTESİ
1975
TÜRKİYE CUMHURİYETİ
FIRAT ÜNİVERSİTESİ
DOKTORA DİPLOMASI

SAĞLIK BİLİMLERİ ENSTİTÜSÜ

VETERİNER PROGRAMI

DOĞUM VE JİNEKOLOJİ ANABİLİM DALINDA
GEREKLİ ÇALIŞMALARI BAŞARI İLE TAMAMLAYAN

[redacted]

BÜTÜN YETKİ VE SORUMLULUKLARI İLE
BU DİPLOMAYI ALMAYA HAK KAZANMIŞTIR

Elazığ, 04.05.2007 Diploma no: 247

[redacted] Pr [redacted]

MÜDÜR REKTÖR

图 6　博士学位证书样式

（五）博士学位证书验证

博士学位证书验证网址：

https：//www. turkiye. gov. tr/yuksekogretim-mezun-belgesi-sorgulama。

附　录

（一）高中统考机构联系方式

地址：Üniversiteler Mahallesi lhsan Doğramacı Bulvarı No：1 06800 Bilkent / ANKARA

电话：444 6796

（二）土耳其排名前 30 位的大学名单

土耳其大学排名【2020 US News 版】

（1）海峡大学（Boğaziçi University）

（2）中东理工大学（Orta Doğu Teknik University）

（3）伊斯坦布尔理工大学（Istanbul Teknik University）

（4）哈斯特帕大学（Hacettepe University）

（5）伊兹密尔理工学院（Izmir Yüksek Teknoloji Enstitüsü）

（6）毕尔坎特大学（Bilkent University）

（7）安卡拉大学（Ankara University）

（8）伊斯坦布尔大学（Istanbul University）

(9) 科奇大学（Koc University）
(10) 耶尔德兹理工大学（Yıldız Teknik University）
(11) 切库罗瓦大学（Çukurova University）
(12) 梅尔辛大学（Mersin University）
(13) 萨班哲大学（Sabancı University）
(14) 加济安泰普大学（Gaziantep University）
(15) 马尔马拉大学（Mamara University）
(16) 爱琴海大学（Ege University）
(17) 咖兹大学（Gazi University）
(18) 阿德亚曼大学（Adıyaman University）
(19) 卡夫卡斯大学（Kafkas University）
(20) 加齐奥斯曼帕夏大学（Gaziosmanpaşa University）
(21) 杜库兹伊鲁尔大学（Dokuz Eylül University）
(22) 阿纳多卢大学（Anadolu University）
(23) 阿塔图尔克大学（Atatürk University）
(24) 阿克登尼基大学（Akdeniz University）
(25) 黑海理工大学（Karadeniz Teknik University）
(26) 菲拉特大学（Fırat University）
(27) 埃尔吉耶斯大学（Erciyes University）
(28) 塞尔丘克大学（Selçuk University）
(29) 苏莱曼德米雷尔大学（Süleyman Demirel University）
(30) 格布泽技术大学（Gebze Teknik University）

（朱苏静、钮菊生、AYTAC SAID FETHULLAH、NAZIM DURSUNOGLU）

土库曼斯坦

一、关于土库曼斯坦

（一）国家概况

土库曼斯坦位于中亚西南部，科佩特山以北，为内陆国家。该国东接阿姆河，北部和东北部与哈萨克斯坦、乌兹别克斯坦接壤，西濒里海，土库曼斯坦与阿塞拜疆、俄罗斯隔海相望，南邻伊朗，东南与阿富汗交界。土库曼斯坦是中亚第二大的内陆国，首都位于阿什哈巴德，全国分为 5 个州。土库曼斯坦国土面积为 49. 12 万平方千米，人口约为 634. 2 万①。

土库曼斯坦属于典型的温带大陆性气候，是世界上最干旱的地区之一，昼夜和冬夏季节的温差很大。该国陆地面积约占 96. 3%，水域面积约占 3. 7%。土库曼斯坦全国约 80%的国土被卡拉库姆大沙漠覆盖，仅有 4%的土地是可耕地，近 2. 5%的土地是可灌溉的②。

土库曼斯坦境内石油和天然气资源储量较为丰富，特别是天然气储量居全球第四。近年来，土库曼斯坦在积极扩大天然气出口规模的同时，也在大力发展多元化经济，加快工业化进程，逐步推进市场化和私有化改革，落实进口替代和扩大出口政策，积极向数字经济转型，大力发展交通运输枢纽，倡导发展区域经济合作，积极融入全球经济一体化③。2020 年土库曼斯坦国内生产总值同比增长 5. 9%。

土库曼斯坦的主要民族有土库曼族、乌兹别克族和俄罗斯族。此外，还有哈萨

---

① 世界银行. 人口，总数-Turkmenistan[EB/OL].（2021-11-28）[2023-03-07]. https://data. worldbank. org/country/turkmenista.

② 兰州大学土库曼斯坦研究中心. 土库曼斯坦地理[EB/OL].（2021-11-28）[2023-03-07]. http://tkmst. lzu. edu. cn/m/detail. php? aid=12225.

③ 商务部国际贸易经济合作研究院. 2020 年对外投资合作国别（地区）投资指南-土库曼斯坦[R]. 北京：商务部出版社，2020.

克族、亚美尼亚族、鞑靼族、阿塞拜疆族等 120 多个民族。土库曼斯坦的官方语言为土库曼语，俄语为通用语言，英语普及程度不高。该国大多数居民信仰伊斯兰教（逊尼派），俄罗斯族和亚美尼亚族信仰东正教。

2017 年，土库曼斯坦批准了数字教育系统发展方案，并计划于 2024 年前建立完善的外语教学体系。为给经济发展提供专业人才，土库曼斯坦于 2019 年扩大大专院校和中等技术学校的招生人数，并扩大同中国、日本、俄罗斯等国家高校的校际合作。

（二）护照样式

2005 年 10 月开始，土库曼斯坦开始采用新版护照，新版护照的最大不同之处在于包含护照持有者的生物学鉴别数据，比如指纹等。护照封面样式见图 1，护照信息页样式见图 2。

图 1　护照封面样式

图 2　护照信息页样式

二、教育体系简介

土库曼斯坦教育体系分为四个阶段：学前教育、普通中等教育、初等职业教育、高等教育与中等职业教育[①]。

学前教育是第一阶段。根据土库曼斯坦教育计划，学前教育分为两个阶段的学习：第一阶段是针对3岁以下的儿童；第二阶段是针对3~6岁的儿童[②]。

普通中等教育是第二阶段。普通中等教育由国家教育机构提供，是免费且强制性的。普通中等教育又分为两个阶段：土库曼语普通中等教育第一阶段面向1~3年级的7~9岁的学龄儿童，第二阶段面向4~9年级的10~15岁的学龄儿童。而在俄语教学的普通中等教育中，第一阶段向1~4年级的7~10岁学龄儿童开放，第二阶段向5~10年级的11~16岁学龄儿童开放。

初等职业教育是第三阶段。初等职业教育面向16~19岁青少年。完成初等职业教育之后，学生可参加由土库曼斯坦国家教育部组织的高校入学考试。

高等教育与中等职业教育是第四阶段。根据土库曼斯坦国情，学生完成普通中等教育后，先在初等职业教育学校接受职业培训，在具备一定的职业技能之后再自行选择继续进入高校接受高等教育，或者进入中等职业教育机构接受进一步的职业培训。

根据土库曼斯坦相关法令，高等教育机构的学制为5年，医学专业学制与部分艺术类专业学制为6年。

三、中等教育（高中）

从2013—2014学年开始，土库曼斯坦政府开始实行12年制普通中等教育，改革后的完全中等教育（11年级至12年级）可以被视为高中阶段。通常学生在18岁时毕业，毕业后可继续在初等、中等或高等专业教育系统学习，也可就业。新法令从2013—2014学年开始实施，这意味着新法令颁布后第一批入学的学生将在2026年完成12年义务教育[③]。

（一）入学考试

土库曼斯坦的大学入学考试通常在7月至8月，通常7月为入学考试文件受理

---

① Best Country. Образование в Туркменистане [EB/OL]. (2019-09-30)[2023-03-07]. https://www.best-country.com/ru/asia/turkmenistan/education.

② Türkmenistanyň Bilim Ministrligi. Mekdebe çenli bilim we terbiýe [EB/OL]. (2022-06-20)[2023-03-07]. https://education.gov.tm/tm/preschool_edu.

③ 肖贵纯．土库曼斯坦国民教育发展沿革及相关问题探析[J]. 比较教育研究,2021,43(07):47-55.

阶段，7 月下旬至 8 月下旬为大学入学考试阶段，结束考试后申请人可携带规定的入学文件办理入学手续。在文件受理阶段考生须明确报考院校及专业。土库曼斯坦所有完成普通中等教育及大部分完成中等职业教育的学生均可报名参加入学考试①。

大学入学考试分为两类共四门科目，包括两门必考科目，分别是土库曼语和土库曼斯坦历史。两门选考科目根据报考的大学专业来确定，如报考国际关系专业的学生需选考英语与地理科目，报考工程类专业的学生需选考数学与物理科目，报考语言类专业的学生参加文学及写作等考试，具体选考科目以教育部当年通知为准。

此外，土库曼斯坦学生的高中毕业成绩是对学生学业水平的鉴定，是基于学习兴趣、态度、习惯、能力、水平、个性特长等方面对学生的全面评价，该成绩沿用苏联时期的做法，将学科成绩等级形式划分为 5 分制。在土库曼斯坦每个学生还有一份学业成长档案，内容包括学生综合素质评价手册、奖惩记录等。

（二）评分系统

大学入学考试评分标准与中等教育评分标准相似，入学考试总分为 20 分，每门科目满分为 5 分，单科成绩最低不得低于 3 分，具体等级对照关系如表 1 所示。

表 1　土库曼斯坦大学入学考试评分标准

等级	等级描述
5	优秀（Excellent）
4	好（Good）
3	满意（Satisfactory）
P	通过（Pass）
1	不合格（Fail）

（三）大学入学考试的结果与验证

在大学入学考试结束后 1~2 天内公布考生的单科成绩，考试成绩由招生办公室工作人员通过电话通知考生或设立固定的成绩咨询时间，只有通过前一门科目考试的考生有资格进入下一门考试科目，否则将无法继续入学考试。土库曼斯坦高中毕业成绩单样式见图 3。

① Turkmenportal. Time for entrance exams has begun in Turkmenistan[EB/OL]. [2021-07-29] https://turkmenportal.com/en/blog/38509/time-for-entrance-exams-has-begun-in-turkmenistan.

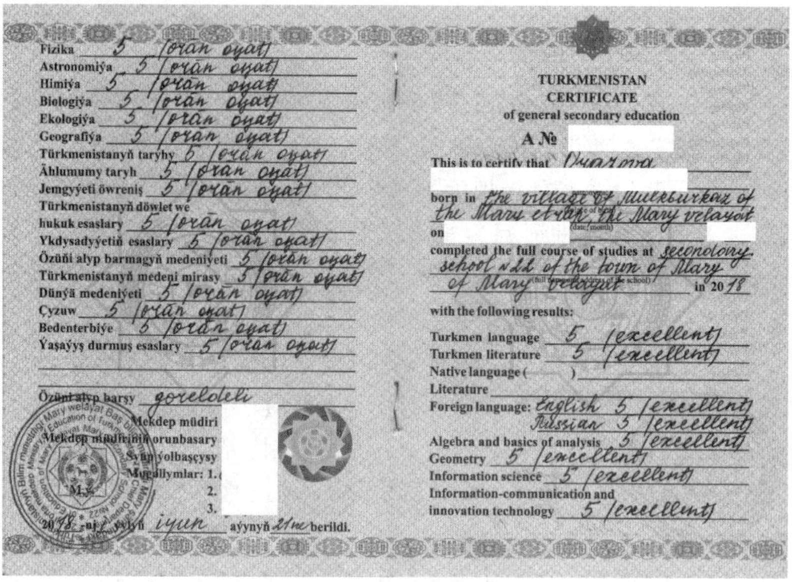
Fizika 5 (oran oyat)
Astronomiýa 5 (oran oyat)
Himiýa 5 (oran oyat)
Biologiýa 5 (oran oyat)
Ekologiýa 5 (oran oyat)
Geografiýa 5 (oran oyat)
Türkmenistanyň taryhy 5 (oran oyat)
Ählumumy taryh 5 (oran oyat)
Jemgyýeti öwreniş 5 (oran oyat)
Türkmenistanyň döwlet we hukuk esaslary 5 (oran oyat)
Ykdysadyýetiň esaslary 5 (oran oyat)
Özüňi alyp barmagyň medeniýeti 5 (oran oyat)
Türkmenistanyň medeni mirasy 5 (oran oyat)
Dünýä medeniýeti 5 (oran oyat)
Çyzuw 5 (oran oyat)
Bedenterbiýe 5 (oran oyat)
Ýaşaýyş durmuş esaslary 5 (oran oyat)
Özüňi alyp barşy gorelodeli
Mekdep müdiri
Mekdep müdiriniň orunbasary
Synp ýolbaşçysy
Mugallymlar: 1.
2.
3.
2018-nji ýylyň iyun aýynyň 21-ne berildi.

TURKMENISTAN
CERTIFICATE
of general secondary education
A №
This is to certify that
born in the village of Mulkburkaz of the Mary etrap, the Mary velayat
(place of birth)
on (date; month)
completed the full course of studies at secondary school №22 of the town of Mary of Mary velayat (full name and address of the school) in 2018
with the following results:
Turkmen language 5 (excellent)
Turkmen literature 5 (excellent)
Native language ( )
Literature
Foreign language: English 5 (excellent)
Russian 5 (excellent)
Algebra and basics of analysis 5 (excellent)
Geometry 5 (excellent)
Information science 5 (excellent)
Information-communication and innovation technology 5 (excellent)

图 3 高中毕业成绩单样式

（四）考试成绩验证

土库曼斯坦大学入学考试和高中毕业成绩不开放在线查询，验证考生成绩需联系指定招生办公室。

四、本科教育

除位于土库曼斯坦纳巴特的土库曼斯坦国家教育学院、马雷州的土库曼斯坦国家能源研究所、达沙古兹的土库曼斯坦农业大学 3 所高等院校外，其余土库曼斯坦高校大多位于首都阿什哈巴德。国家规定学生完成大学学业后必须在国家单位实习 2 年方可取得毕业证，2 年期间只发给毕业证复印件。实习期满 2 年后，补发毕业证书[①]。土库曼斯坦的大学学制一般为 5 年至 6 年不等，医学专业与部分艺术专业为期 6 年。

（一）入学要求

土库曼斯坦国内各高校具有一定的自主招生权。高校自主招生体现在高校自行组织、自主命题、自主选拔，采取公平定额招生方式，选拔标准主要是基于入学考试成绩，择优录取[②]。

① 肖贵纯．土库曼斯坦高等教育的特色及启示[J]．西北民族大学学报（哲学社会科学版），2012(05)：128-132.

② 李睿，李敬欢．土库曼斯坦教育状况与改革初探[J]．民族教育研究，2017，28(03)：140-144.

土库曼斯坦每年有近 10 万名高中毕业生。而在最近几年，高校每年仅平均接收 8000~8500 名学生。即使高校 2019 年的录取人数达到 1.2 万以上，但能够接受高等教育的学生仍只有一小部分①。在这种情况下，土库曼斯坦大学对学生的入学要求极为严格，部分学生因此选择到海外留学。

（二）评分系统

土库曼斯坦的大学评分系统采用 5 分制，2~5 分各分数对应的成绩是通过、合格、良好和优秀（见表 2）。一般来说 4 分及以上被认为是成绩较好。评分基于考勤情况、期中考试成绩、期末考试成绩、作业情况与教师反馈问卷确定，具体评分细则视高校类型与课程内容而定。

表 2　土库曼斯坦的大学评分系统

评分	土库曼斯坦成绩	评级	美国评分标准
5	Örän Yagşy	优秀	A
4	Yagşy	良好	B
3	Kanagatlanarlyk	合格	C
2	Zaçyot	通过	P

（三）学位证书样式

大学学位文凭（Ýokary bilim hakynda şahadatnama）也被称为“专家文凭”。毕业成绩附含在证书册内的纸上，其大小与证书尺寸相吻合。

国际石油和天然气大学本科文凭证书样式见图 4。

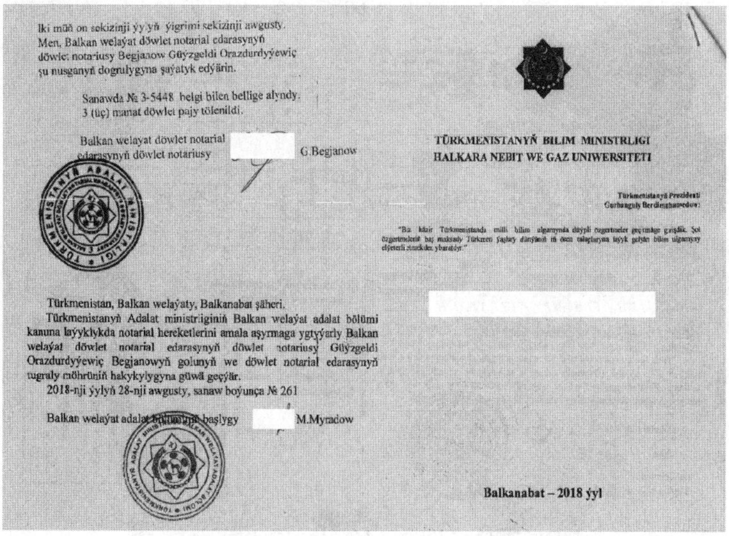

Iki müň on sekizinji ýyl'yň ýigrimi sekizinji awgusty.
Men, Balkan welaýat döwlet notarial edarasynyň döwlet notariusy Begjanow Güýzgeldi Orazdurdyýewiç şu nusganyň dogrulygyna şaýatyk edýärin.

Sanawda № 3-5448 belgi bilen bellige alyndy.
3 (üç) manat döwlet pajy tölenildi.

Balkan welayat döwlet notarial edarasynyň döwlet notariusy G.Begjanow

Türkmenistan, Balkan welaýaty, Balkanabat şäheri.
Türkmenistanyň Adalat ministrliginiň Balkan welaýat adalat bölümi kanuna laýyklykda notarial hereketlerini amala aşyrmaga ygtyýarly Balkan welaýat döwlet notarial edarasynyň döwlet notariusy Güýzgeldi Orazdurdyýewiç Begjanowyň golunyň we döwlet notarial edarasynyň tugraly möhrüniň hakykylygyna güwä geçýär.
2018-nji ýylyň 28-nji awgusty, sanaw boýunça № 261

Balkan welaýat adalat bölüminiň başlygy M.Myradow

TÜRKMENISTANYŇ BILIM MINISTRLIGI
HALKARA NEBIT WE GAZ UNIWERSITETI

Türkmenistanyň Prezidenti
Gurbanguly Berdimuhamedow:

Balkanabat – 2018 ýyl

图 4　国际石油和天然气大学本科文凭证书样式

---

① 中亚科技服务中心．土库曼斯坦中学毕业生近 10 万，为何上大学的人却不足一万？[EB/OL].(2019-08-21)[2023-03-09]. http://zykjfwz. com/index. php? m=content&c=index&a=show&catid=876&id=1471.

土库曼斯坦国立大学本科文凭证书样式见图 5。

图 5　土库曼斯坦国立大学本科文凭证书样式

（四）学位证书验证

目前，暂时没有官方渠道对土库曼斯坦的大学的毕业证和成绩单等材料进行核验，故通常这些材料需要经过该国领事认证后才能在国外使用。领事认证过程相对复杂且费用较高，文件需要经过本国外交部（或司法部）和驻使用国家的大使馆均认证后才能生效。

（五）高校一览

截至 2017 年，土库曼斯坦现有高等院校 24 所，其中包括 6 所大学：土库曼斯坦马赫图姆库里国立大学、土库曼斯坦国立医科大学、土库曼斯坦农业大学、国际石油与天然气大学、土库曼—土耳其国际大学（土库曼斯坦与土耳其联合办学）、土库曼斯坦国际人文科学与发展大学；此外还有土库曼斯坦阿扎季世界语言学院、土库曼斯坦国立艺术学院、土库曼斯坦国立体育与旅游学院、土库曼斯坦国家运输和通讯学院等 18 所学院。

五、硕士研究生教育

2007 年 6 月，土库曼斯坦总统古尔班古雷·别尔德穆罕默多夫签署了《关于土库曼斯坦科学院工作的决定》和《关于完善土库曼斯坦科学体系的决定》，推进国家科研改革，2008 年 1 月通过了旨在培养高级科学人才，对科研活动给予特别支持的决议，确定了 2008 年培养硕士、博士及临床住院医师的目录，以及统一的科研水平等级及学术称号目录。从 2008 年 3 月，土库曼斯坦开始恢复研究生教育，培养高层次科技人才①。土库曼斯坦硕士学制一般为 2 年。

（一）入学要求

土库曼斯坦高校和科研机构招收硕士研究生要经过考试，考生必须要接受过高等教育，且工龄不少于 5 年，对报考专业方向具备一定的科研能力；医学专业的硕士研究生招生同样要经过考试，担任临床住院医师的考生必须要有不少于 3 年的工龄，未担任临床住院医师的考生必须要有不少于 5 年的工龄。

（二）评分系统

土库曼斯坦硕士生阶段的成绩评分系统因学校而异。大多数情况下，评分系统采用 5 分制，获得 4 分及以上的学生是优秀的学生。

（三）学位证书验证

同学士学位证书一样，硕士学位证书无法通过官方渠道进行验证，故必须对证书进行公证后才可在国外使用。

六、博士研究生教育

（一）简况

博士研究生教育着力培养高级科研人才，属土库曼斯坦教育层级的最高一级。在土库曼斯坦，博士并不常见，只有少量想进入学术界的学生会选择攻读博士。土库曼斯坦的副博士（相当于我国的博士）研究生学制为 3 年（可获得博士研究生学位证书），取得副博士学位后，可以选择攻读国家博士。学生的学制视情况而定，通常为 3~5 年。“国家博士” 等同于中国 “博士后”。目前，只有少数公立大学有博士学位点。因此，很多学生选择到国外攻读博士。

（二）入学要求

攻读博士的前提是申请者已获得相关专业的硕士学位。高校一般仅录取有材料证明其能成功完成博士学位的申请者，如过往成绩好，学术潜力大。此外，与招收硕士一样，土库曼斯坦的大学在招收博士时也会对申请者的工作经验提出一定要求。

---

① 杨建梅．土库曼斯坦公布具备研究生招生资格的高校及科研机构名单[J]．中亚信息,2008(05):35.

附　录

部分公立大学名单①：

（1）土库曼斯坦国立医科大学（Turkmen State Medical University）

（2）土库曼斯坦奥古兹-汉工程和技术大学（Oguz Han Engineering and Technology University of Turkmenistan）

（3）国际石油和天然气大学（International university of oil and gas）

（4）土库曼斯坦国家经济与管理学院（Turkmen State Institute of Economics and Management）

（5）土库曼斯坦国家音乐学院（Turkmen National Conservatory）

（6）土库曼斯坦国家建筑和建设学院（Turkmen State Architecture and Construction Institute）

（7）土库曼斯坦国立大学（Turkmen State University）

（8）土库曼斯坦农业大学（Turkmen Agricultural University）

（9）土库曼斯坦国家能源研究所（Turkmen State Power Engineering Institute（Mary city））

（10）土库曼斯坦国家教育学院（Turkmen State Pedagogical Institute）

（11）土库曼斯坦阿什哈巴德国立世界语言学院（D. Azadi Turkmen National Institute of Foreign Languages）

（12）土库曼斯坦国家体育和旅游学院（Turkmen National Institute of Sports and Tourism）

（13）土库曼斯坦国家美术学院（State Academy of Arts of Turkmenistan）

（14）土库曼斯坦国家文化学院（Turkmen State Institute of Culture）

（15）土库曼斯坦国家运输和通讯学院（Turkmen State Institute of Transport and Communication）

（16）土库曼斯坦外交部国际关系学院（The Institute of International Relations of the Ministry of Foreign Affairs of Turkmenistan）

（17）土库曼斯坦国家金融学院（Turkmen State Institute of Finance）

（韩小杰、ULAN）

---

① Turkmenportal. ВУЗЫ[EB/OL].(2022-06-20)[2023-03-07]. https://turkmenportal.com/catalog/a/index?path=obrazovanie%2Fvuzy.

委内瑞拉

一、关于委内瑞拉

（一）国家概况

委内瑞拉，全称为委内瑞拉玻利瓦尔共和国（西班牙语：República Bolivariana de Venezuela），是位于南美洲北部的国家，首都为加拉加斯。委内瑞拉北与加勒比海相邻，西与哥伦比亚相邻，南与巴西交界，东与圭亚那接壤。委内瑞拉国土面积91.64万平方千米，海岸线长2813千米。截至2019年，委内瑞拉人口约3222万。委内瑞拉官方语言为西班牙语。委内瑞拉全国98%的居民信奉天主教，1.5%的居民信奉基督新教，且不存在宗教冲突。加拉加斯首都区地处委内瑞拉中北部海岸，是该国政治、经济和文化中心，也是全国最大的城市，面积达845平方千米，人口约327万，年均气温为21 ℃①。

委内瑞拉1811年7月5日独立，1830年建立委内瑞拉联邦共和国，1864年更名为委内瑞拉合众国，1999年改为委内瑞拉玻利瓦尔共和国。1974年6月28日同中国建交。建交以来，中国同委内瑞拉在政治、经贸、科技、文化等领域的友好合作关系全面发展。

委内瑞拉的矿产资源丰富，主要有石油、天然气、铁矿砂、煤炭、铝矾土、黄金等，石油（含重油）探明可采储量约为3000亿桶，居世界第一位。委内瑞拉是南美洲国家联盟和石油输出国组织的成员国，也是世界上重要的石油生产国和出口国。石油产业是其经济命脉，委内瑞拉经济对石油依赖度极高。委内瑞拉国家石油

---

① 商务部国际贸易经济合作研究院，中国驻委内瑞拉大使馆经济商务处，商务部对外投资和经济合作司．对外投资合作国别（地区）指南 委内瑞拉（2021年版）[Z/OL]．[2022-04-08]．http://www.mofcom.gov.cn/dl/gbdqzn/upload/weineiruila.pdf.

公司（PDVSA）的收入已经在整个国家外汇收入中占据主导地位①。委内瑞拉农产品不能自给，委内瑞拉国家食品公司每年需大量进口食品以满足国内需求。

（二）护照样式

图 1 和图 2 分别为委内瑞拉护照的封面样式和护照信息页样式。

图 1　护照封面样式

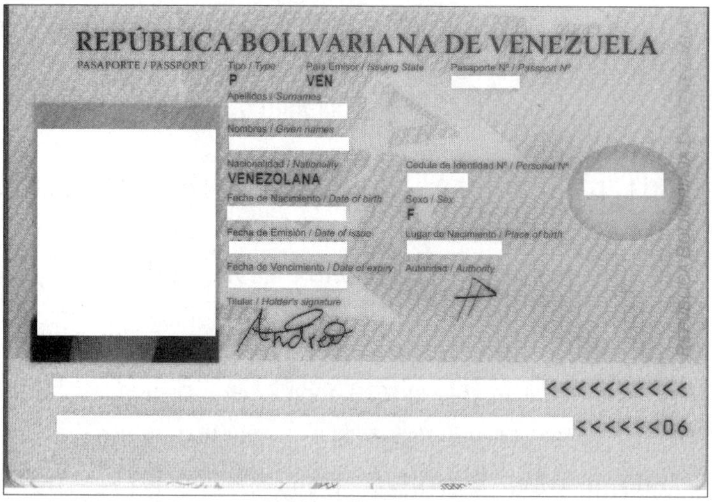

图 2　护照信息页样式

① 商务部国际贸易经济合作研究院，中国驻委内瑞拉大使馆经济商务处，商务部对外投资和经济合作司. 对外投资合作国别（地区）指南 委内瑞拉（2021 年版）[Z/OL]. [2022-04-08]. http://www.mofcom.gov.cn/dl/gbdqzn/upload/weineiruila.pdf.

二、教育体系简介

委内瑞拉的公立教学机构实行全学制免费教育，从学前班、小学、中学直到大学全部免收学费，有些学校甚至免费提供午餐。委内瑞拉政府规定，全国所有学校都必须在教育部立案，并按统一规定课程教学。

除公立教育机构外，委内瑞拉也存在私立的中小学和大学，一般来说，公立学校特别是中小学的教学条件和质量不如私立学校，有经济条件的家庭更倾向于送子女到私立学校就读。私立学校要收取费用，其标准不等。私立大学入学也要经过考试，国家认可私立大学的学历。

委内瑞拉的教育体系分类如下（见表 1）：

基础教育包括学前班、小学教育和中等教育。

学前班包括孕期婴儿学前班的阶段，专为 0~6 岁的婴幼儿设计。

小学教育为期 6 年，从 6 岁开始，直到 12 岁获得小学教育证书。

中等教育包括两种，一种是普通中等教育，为期 5 年，从第 1 年到第 5 年；另一种是中等技术教育，为期 6 年，从第 1 年到第 6 年。这两种教育都可以获得相应证书[①]。

大学教育系统包括本科和研究生教育。通常本科学制为 4~5 年，毕业生会获得特定领域的学士学位。硕士学制为 2~3 年，毕业生会在选定的专业领域获得硕士学位。博士学制为 3~4 年。部分大学会为尚未发表研究成果的博士提供 2~3 年的学习时间。

表 1　委内瑞拉教育体系

教育类别	年龄	学制	获得的证书
学前班（任选）	0~6 岁	6 年	-
小学教育（义务教育）	6~12 岁	6 年	证书
中等教育（义务教育）	12~17 岁	5 年	高中毕业文凭
大学（本科）（公立大学免费）	17 岁以上	4~5 年	本科证书
硕士研究生	无年龄限制	2~3 年	硕士证书
博士研究生	无年龄限制	3~4 年	博士证书

① Federación venezolana de Asociaciones de consumidores y usuarios. Ley Orgánica de Educación [Z/OL]. (2009-01-27) [2022-04-30]. http://www.defiendete.org/html/de-interes/LEYES%20DE%20VENEZUELA/LEYES%20DE%20VENEZUELA%20II/LEY%20ORGANICA%20DE%20EDUCACION.htm.

三、中等教育（高中）

委内瑞拉的中学教育被称为“Bachillerato”，含 3 年初中和 2 年高中。在委内瑞拉，没有特殊的中学教育考核机制。只要学生完成小学教育，就可以直接升入中学，唯一的要求是学生须获得小学毕业证书。委内瑞拉也没有全国性的高中入学考试，初中毕业后，学生可以直接升入高中，但是，一些私立学校会对学生进行评估或举行入学考试。

在委内瑞拉，接受中等教育的学生一般在前 3 年内学习大约 12 门课程，后 2 年，课程会变为 10 门。

在前 3 年，中学生学习语言、历史、物理、化学、数学等课程。从第 4 年开始，学生可以选择科学、人文、计算机科学、会计等学科。接下来中学生将参加与该领域相对应的特定课程考试。也就是说，如果学生选择的是人文学科，他们将学习法语、拉丁语、哲学、社会学等科目，而理科学生将专注于物理学、生物学、化学等。

高中毕业证书样式见图 3。

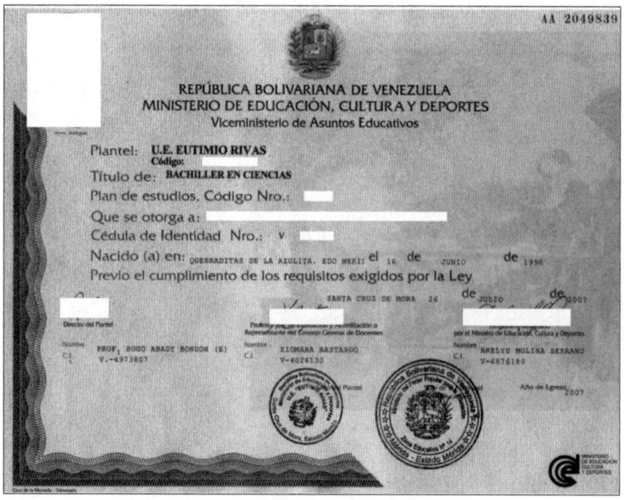

图 3　高中毕业证书样式

（一）评估系统

高中的评分系统将根据定量评估的标准，记录青少年学习过程中形成的潜力①。总的来说，每所中学都有一个学习评分系统，但各中学评分系统并不相同。一般来说，大多数中学评分等级为 20 分，0~9 分为“不及格”，10~15 分为“及格”，16~18 分为“良好”，19~20 分为“优秀”。委内瑞拉没有全国性或全州统一的中学毕

① 详细信息见:https://www.urbe.edu/portal-biblioteca/descargas/Ley-Organica%20de-Educacion.pdf.

业考试。一般来说，每所学校都有自己的评估系统，应该在教育部的指导下进行，但是某些私立学校可以举行考试以招收新学生①。

高中阶段的成绩评估是在这三个学年过程中进行的，总分为 100%，综合三个学年的评估后，得出最终得分。第二和第三学年的评估结果占总分的 70%，加上第一学年的 30%的评估结果得出最终分。总分为 20 分，学生取得 10 分及以上会被判定为通过。

学校根据教育部计划的内容开展工作，教师根据教育部制定的评估计划，将评估细则提供给学生。这其中包含了每次评估的目标和细节，例如各个年级、各个班级的课程时间安排和学时，以及学生的作业完成情况、课堂表现等。

如果某学生在某一学年的期末分数没达到及格分，则需要参加补考，补考一般在每年的 9 月上旬左右。补考包含了该学年的所有考试内容。如果参加补考的学生到年底仍有 3 门以上的课程未通过，则学生必须重修该课程；如果 3 年级某学生在年底有 3 门以上的课程未通过，那么他必须再次注册 3 年级。

如果学生在高中阶段重修 2 次以上的课程，他们将进入教育部的特殊项目（parasistema）计划。这个项目的安排较为特殊，安排时间多在晚间②。

（二）考试成绩验证

考试成绩及证书的真实性是可以核查的，有两种核查方式。

第一种方式是通过毕业学校。申请人申请课程所完成的中学提供中等教育的成绩认证等级。如果原所在学校关闭了，则必须到对应的学校管辖范围的教育区验证成绩。2010 年之前高中毕业的申请人必须在其当地教育区验证成绩。在此日期之后的毕业生就不需要到教育区了，因为证书和成绩单已经换成新格式和新版本，可直接在学校验证③。

第二种是通过外交部完成验证。申请出国留学的学生需要在委内瑞拉外交部进行成绩认证。考生的原始成绩附加到考生的毕业证书背面，保障考生成绩在其他国家有效。

四、本科教育

委内瑞拉的高等教育包括大学（公立大学、公立实验/技术学院、私立大学）、部分学院和研究所（如理工学院和专业机构）等机构。

公立大学行使自治权（组织自治、学术自治、行政自治、财政自治），但这些

---

① Herrera Mariano（N. d.）El Sistema Educativo de Venezuela（*Venezuelan EducationSystem*[EB/OL].[2022-04-30]. https://www.cice.org.ve/descargas/Sistema%20Educativo%20Venezolano.pdf.

② Organic Law of Education[Z/OL].[2022-04-30]. http://actualidad.over-blog.com/pages/LEY_ORGANICA_DE_EDUCACION-1670892.html.

③ Fe Y alegría: Venezuelan Education System[Z]. Feyalegria, https://feyalegria.edu.ve.

大学的经费源于委内瑞拉国家财政部和高等教育部，公立大学本科阶段一律免学费，研究生阶段根据不同专业收取一定费用。此外，公立大学会提供一顿免费午餐（近2年部分大学因经济困难已不再提供），但无住宿安排。私立大学也由委内瑞拉高等教育部负责部分经费，但他们的主要收入来自学生学费和一些社会捐赠。

委内瑞拉的教育政策涵盖普遍性原则，即保证任何人在任何时候，在国家的任何地方都能获得平等受教育的机会；平等原则，即保证满足全体人民享有平等的条件、机会、权利和义务。

（一）入学要求

委内瑞拉大学招生对象主要是在委内瑞拉23个州任何一所学校注册的应届高中毕业生或往届生。大学招生规划办公室（OPSU）会对他们进行大学入学情况统计，包含个人信息、经济状况、生活状况、学术背景和职业状况。对于想进入大学专业学习的学生来说，这是一个必不可少的过程。

大学从学生提供的个人信息选拔考生。分别为：从高中的第一年到第三年的平均成绩（占比50%）；社会经济状况（占比30%）；报考高校与其居住地（占比15%）[①]，当学生选择位于他们所居住的同一州的大学时，将获得此部分占比；参与的课外活动占比5%[②]。根据1970年颁布实行的《委内瑞拉大学法》第九条，每所大学都有自主自治权，允许大学根据其内部组织建立自己的入学考评系统。

在委内瑞拉，大学入学申请系统称为SISMEU（http：//www. opsu. gob. ve），学生必须进入MPP Education University / OPSU的页面并上传他们的中学毕业考试的分数，该系统会根据学生中学时期的平均成绩，将他们分到不同的大学和专业中。大多数的大学，都会开设一个大学预科课程，称为大学启动课程（PIU），该课程持续一个学期，如果学生通过该课程，就可以在这个大学里选择大学专业。很多公立大学入学申请没有年龄限制，比如委内瑞拉西蒙·玻利瓦尔大学，一个班级中既有18岁的年轻人，也有中年人，甚至还有60岁以上的老年人。

（二）评分系统

评估方法取决于各个大学，以委内瑞拉中央大学（UCV）大学为例，有两种方式评估学生的成绩。第一种是学生所有得分的平均分。第二种是通过指数进行评估，即该学生所选课程与实际通过考试之间的比值[③]。例如，某位学生通过了所有考试，那么其指数为1。如果有学生初次考试未通过，补考通过的，其指数就会小于1。每个学期学生的成绩由老师评估。

多数学校的评估分值范围是1~20分。20是最高分。也有的学校采用1~10分

---

① 编者注：因为委内瑞拉的大学无法提供学生住宿，因而鼓励就近入学。

② 编者注：如果学生选择的大学与自己的居住地不同一州的话，学生需自行解决住宿。且学生无法享受到就近入学的政策性加分。

③ UCV. Central University of Venezuela：Instructional system for academic merit and comprehensive diagnosis [Z]. http://www. ucv. ve/organizacion/secretaria-general/proceso-de-admision-ucv-2019. html.

的评分方式，5 分为及格分。对于每个班级，教师每学期会评估三次。第一次评估是在课程的前 4 周，占总分的 10%，第二次评估在第 5～8 周，占总分的 35%，最后一次评估是第 9～16 周，将占总分的 55%。大学教学计划一般为 16 周，老师会用测验、论文、演讲等方式给学生评分。

学校对学生表现的评估是通过学生在校期间的表现，以累积方式进行的，通常包括笔试、研究论文、学生在校期间的表现情况。

（三）学位证书样式

学士学位证书的样式见图 4。

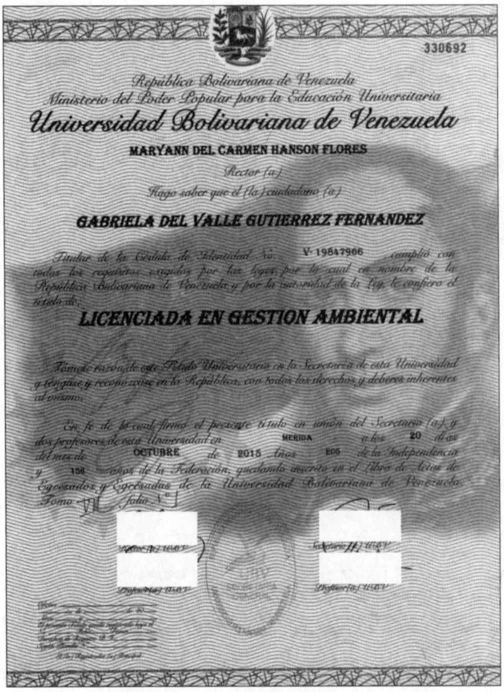
330692

República Bolivariana de Venezuela
Ministerio del Poder Popular para la Educación Universitaria
Universidad Bolivariana de Venezuela

MARYANN DEL CARMEN HANSON FLORES
Rector (a)
Hago saber que el (la) ciudadano (a)

GABRIELA DEL VALLE GUTIERREZ FERNANDEZ

Titular de la Cédula de Identidad No. V-19847966 cumplió con todos los requisitos exigidos por las leyes, por lo cual en nombre de la República Bolivariana de Venezuela y por la autoridad de la Ley, le confiero el título de:

LICENCIADA EN GESTION AMBIENTAL

Tómese razón de este Título Universitario en la Secretaría de esta Universidad y téngase y reconózcase en la República, con todos los derechos y deberes inherentes al mismo.

En fe de lo cual firmo el presente título en unión del Secretario (a) y dos profesores de esta Universidad en MERIDA a los 20 días del mes de OCTUBRE de 2015 Años 205 de la Independencia y 156 años de la Federación, quedando inscrito en el Libro de Actas de Egresados y Egresadas de la Universidad Bolivariana de Venezuela. Tomo VII folio Nº

Profesor (a) UBV   Secretario (a) UBV
Profesor (a) UBV   Profesor (a) UBV

图 4　学士学位证书样式

（四）学位证书验证

委内瑞拉大学教育部（MPPEU）是委内瑞拉大学认证证书的官方机构。它的官方网站是 http：//me. gob. ve/。大学文凭的验证过程为：通过网页预约，个人在上文提及的机构选择日期，前往该部门的办公大楼支付费用，完成验证。

（五）高校一览

委内瑞拉排名前 10 位的大学名单[①]：

（1）安第斯大学-ULA（公立）University of the Andes-ULA（Public）

（2）委内瑞拉中央大学- UCV（公立）Central University of Venezuela-UCV

---

① 排名详见网址：https：//www. universityguru. com/es/universidades-venezuela.

(Public)

(3) 西蒙·玻利瓦尔大学-USB（公立）Simon Bolivar University-USB (Public)

(4) 安德列斯·贝洛天主教大学-UCAB（私立）Andres Bellos Catholic University-UCAB (Public)

(5) 祖里亚大学-LUZ（公立）University of Zulia-LUZ (Public)

(6) 卡拉博沃大学-UC（公立）University of Carabobo-UC (Public)

(7) 拉斐尔·贝洛索·查干大学-URBE（私立）Dr. Rafael BellosoChacín University-URBE (Private)

(8) 西部中央大学-UCLA（公立）Lisandro Alvarado Central Western University-UCLA (Public)

(9) 西部平原国立实验大学-UNELLEZ（公立）National Experimental University of the Western Plains-UNELLEZ (Public)

(10) 塔奇拉国立实验大学-UNET（公立）National Experimental University of Táchira-UNET (Public)

这个排名是基于每年各大学优秀毕业生数量，由传统教育系统测评，通常基于学生的课堂出勤率，以及学生参与各个领域学术类型课外活动，如模拟联合国、辩论俱乐部、专业发展中心等情况，多方面综合考量的结果。这个排名只能用以参考，每年会有变化①。

五、硕士研究生教育

在委内瑞拉，硕士生的数量多年来一直保持不变。很多已经完成了学士学位的学生通过研究生阶段的学习以增加自身就业竞争力，或提高他们在不同兴趣领域的专业化程度。由于研究生课程的难度大，因此硕士学位具有更高的学术价值。大多数硕士学制是2年，学生在最终通过了其专业的研究工作后，会获得Magister Scientiae的称号，并且取得硕士学位。

硕士学位的分类是基于大学的院系部门，例如，委内瑞拉中央大学（UCV）的药学院，安德列斯·贝洛天主教大学（UCAB）的法学院等大学的学院都自主提供某些相关的硕士项目（例如：药物化学硕士、临床—社区心理学硕士、教育管理硕士、禽类医学硕士等）。这些硕士项目仅受该学院自主管理、监督和指导②。

（一）入学要求

硕士项目入学要求没有统一标准。不同大学、不同院系甚至同一个院系的不同

---

① Ministerio de Educación de Venezuela. Grading scale in University education of Venezuela[Z/OL]. [2022-04-30]. http://www.certificaciones.ucv.ve/escala_calificaciones.php.

② Ministry of Popular Power for Education. Self-management to the worker[Z/OL]. [2017-02-20]. http://autogestionrrhh.me.gob.ve.

专业对硕士入学要求都不尽相同。这些要求可能包含：学生本科期间的在校成绩、个人简历、面试表现、硕士考试专业测试中的得分（能力测试和知识测试）等。

（二）评分系统

硕士的评分取决于院系，导师可以在规定范围内自主地以主题测验的方式，在部分考试或期末考试及其他活动中进行评估。硕士评分方式与委内瑞拉教育系统的常见的评分方式相同。通常标准在 0~20 分之间，0 分是最低分，20 分是最高分。在最后阶段的硕士论文中，使用 0~20 分的评分标准对其进行评分。

（三）学位证书样式

硕士学位证书样式见图 5。

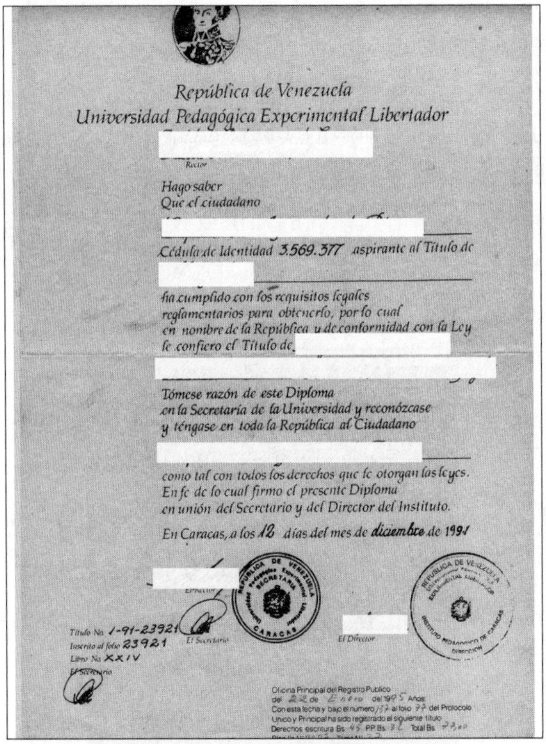

República de Venezuela
Universidad Pedagógica Experimental Libertador
Rector

Hago saber
Que el ciudadano
Cédula de Identidad 3.569.377 aspirante al Título de
ha cumplido con los requisitos legales
reglamentarios para obtenerlo, por lo cual
en nombre de la República y de conformidad con la Ley
le confiero el Título de
Tómese razón de este Diploma
en la Secretaría de la Universidad y reconózcase
y téngase en toda la República al Ciudadano
como tal con todos los derechos que le otorgan las leyes.
En fe de lo cual firmo el presente Diploma
en unión del Secretario y del Director del Instituto.
En Caracas, a los 12 días del mes de diciembre de 1991

El Rector
Título No. 1-91-23921
Inscrito al folio 23921
Libro No. XXIV
El Secretario
El Secretario
El Director

Oficina Principal del Registro Publico
del 22 de Enero del 1995 Años
Con esta fecha y bajo el numero 137 al folio 77 del Protocolo
Unico y Principal ha sido registrado el siguiente titulo
Derechos escritura Bs 45 PP Bs 32 Total Bs 77,00

图 5　硕士学位证书样式

（四）学位证书验证

申请人需要先将要认证的证书带到就近颁发该证书的民事登记处，然后经过高等教育部的电子验证，并且为保障其国际有效性，最后交由委内瑞拉外交部领事关系部门再次进行验证①。

① Ministerio de Educación de Venezuela. Organic Law of Education[Z/OL]. [2022-04-30]. http://actualidad. over-blog. com/pages/LEY_ORGANICA_DE_EDUCACION-1670892. html.

六、博士研究生教育

（一）简况

在委内瑞拉那些拥有博士学位的人都在大学教学岗位上，在大学工作超过 20 年，有丰富的科研经历和教学经验。获得博士学位一般需要 3~4 年，博士毕业需按规定修够学分，完成学位论文的撰写，并通过论文答辩。部分公立和私立大学开设博士教学点，在全国排名前 10 名的大学中通常也设立博士点。

（二）入学要求

申请人通常需要通过至少 2 年的研究生学习并且获得了相关专业的硕士学位，且申请者最好曾在有影响力的期刊上发表过文章，或曾参加过与专业有关的学术会议，并在相关领域工作过，具有一定的实践经验等。申请人需在入学申请时，将毕业证书的复印件和原件，以及相关材料和工作证明等一起提交。除此之外，校方还可以对申请人进行面试，对申请人掌握的知识或技能等进行考核。①

（三）学位证书样式

博士学位证书样式见图 6。

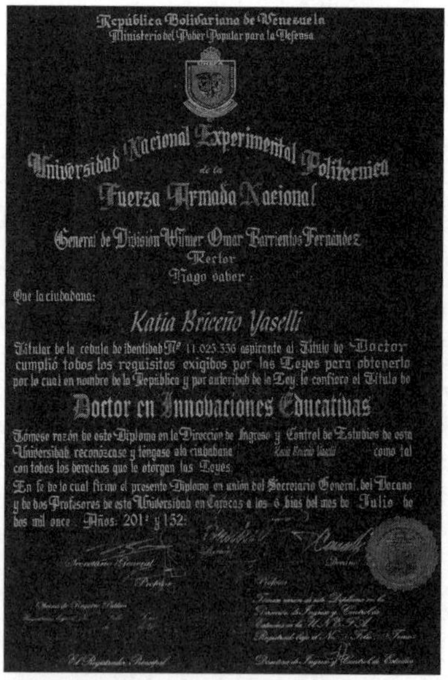

图 6 博士学位证书样式

（沈莉芬、Matheus Andrea、魏繁华、郭漪娜、Esperanza Aquerreta、马泊功）

---

① Study in Venezuela. Admission process[Z/OL]. [2022-04-30]. https://www.universia.es/estudiar-extranjero/venezuela/sistema-educativo/proceso-admision/4526.

乌干达

一、关于乌干达

（一）国家概况

乌干达，全称为乌干达共和国（The Republic of Uganda），位于非洲东部，横跨赤道，东邻肯尼亚，南接坦桑尼亚和卢旺达，西接刚果（金），北连南苏丹，总面积约 24 万平方千米。乌干达全境大部位于东非高原，多湖，平均海拔 1000~1200 米，有“高原水乡”之称。

乌干达官方语言为英语和斯瓦希里语。各部族均有自己的语言，但大多数只有发音而无文字。其中，卢干达语是乌干达第一个拥有详细文字记载的书写语言，是乌干达中部（包括首都坎帕拉）国民普遍使用的语言。在乌干达北部和东北部一些地区普遍使用斯瓦希里语。

（二）护照样式

乌干达于 1962 年 10 月 9 日宣布独立，保留布干达等 4 个自治王国，成立乌干达联邦。1967 年 9 月乌干达废除封建王国和联邦制，建立乌干达共和国。自此，所有护照都冠以乌干达共和国头衔。护照样式见图 1 和图 2。

图 1　护照封面样式

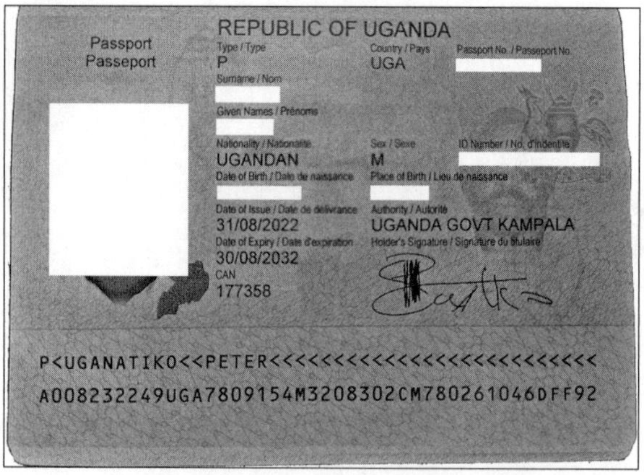

图 2　护照信息页样式

二、教育体系简介

乌干达公共教育体系按“7-4-2-3”划分，即 7 年小学、4 年初中、2 年高中和 3 年或 3 年以上的大学。麦克雷雷大学为乌干达最高学府，始建于 1937 年，目前在校本科生约 3.5 万名，研究生约 3000 名。此外还有姆巴莱伊斯兰大学、姆巴拉拉科技大学、东非基督教大学、乌干达烈士大学等 20 余所大学。全国 10 岁以上人口识字率为 70%。自 1997 年起乌干达实行免费教育制度，政府为全国每户 4 个孩子提供免费小学教育①。

（一）学前教育

根据乌干达教育与体育部 2007 年报告，全国有 717 所幼儿园，其中，国立幼儿园 15 所，私立幼儿园 490 所，社区办幼儿园 188 所，其余 24 所为有关单位所办，共有 52,402 名 3~5 岁儿童入园。政府组织建设的学前教育机构仅占整体教学机构的 1.3%，非政府组织资助的占 91.2%。为了发展儿童的早期教育，乌干达教育与体育部制定了幼儿发展政策。目前，乌干达的幼儿园主要集中在城镇地区，由于幼儿园费用较高，送幼儿园接受学前教育的家庭较少。

（二）初等教育

小学分为两个阶段，初小 1~3 年级，高小 4~7 年级，入学年龄为 6 岁。初等教育开设英语、数学、普通科学和社会科学 4 门主课。小学毕业须通过上述 4 门主课考试，方可获得毕业证书。副课有基本生产技能、农务、斯瓦希里语、音乐、舞蹈、戏剧、体育和宗教知识。

---

① 驻乌干达经商参处. 教育科技[EB/OL]. (2018-07-31)[2023-01-25]. http://ug.mofcom.gov.cn/article/ddgk/201305/20130500112311.shtml.

（三）中等教育

中等教育学制为6年，初中为4年（亦称O级），高中为2年（亦称A级）。初中开设7门必修课，包括英语、数学、化学、物理、生物、历史和地理。农业原理与实践、英国文学和宗教教育为初中1、2年级的选修课，3、4年级学生选修课有8~10门。教育部要求初中毕业生不仅能够学会读写、计算，而且能够掌握解决问题的技能。初中4年通过毕业考试，可获得乌干达教育证书。

（四）高等教育

自20世纪80年代末以来，乌干达政府实行自由化政策、允许私人或非政府组织开办学校，高等院校如雨后春笋一般创建起来。由1987年1所大学发展到2009年的5所国立大学、25所私立大学和70所大专院校，其中包括教师培训学院、商学院和职业专科学院等。乌干达大学实行奖学金制度，政府每年为4000多名不同学科的大学生提供奖学金。此外，非政府组织及私人机构还资助公立大学的24366名大学生。同时，政府重视培养科技人才，对公立专科院校6000名学生给予资助。过去，乌干达公立大学学生完全由政府资助，包括学生的各种费用，2005—2006年度公立大学招生开始实行地区配额制，每个地区有11个招生名额，以这种配额方式招生的学生数量每年约896人，全部费用由政府资助①。

三、中等教育（高中）

高中开设的课程平均为16~22门。22门课程一般有：数学、物理、化学、生物、历史、地理、农业、英国文学、宗教教育、美术与工艺、音乐、法语、阿拉伯语、卢干达语、德语、拉丁语、斯瓦希里语、商务或企业家教育、家政管理、工业设计、电力与能源等。通过毕业考试的高中生可获得乌干达高中毕业证，根据考试成绩，他们可选择继续深造，接受高等教育。

（一）高中统考

乌干达国家考试委员会（Uganda National Examinations Board）是一个教育评估机构，其考试形式和评分方法延续使用剑桥大学设于当地的考试联合会的做法。1968年，东非考试委员会（East African Examinations Council）成立，并与剑桥大学当地考试联合会合作，开始举办中学考试并颁发联合证书。

1971年，东非考试委员会开始进行高中入学考试，并颁发东非教育证书（East African Certificate of Education）和东非高级教育证书（East African Advanced Certificate of Education）。东非考试委员会还接管了伦敦市皇家艺术协会的商业考试和伦敦城市行业协会的技术考试。这种情况一直持续到1980年6月东非共同体（East

---

① 魏翠萍. 列国志 · 乌干达[M]. 北京:社会科学文献出版社,2012.

African Community）破裂，东非教育证书被重新命名为乌干达教育证书（Uganda Certificate of Education），东非高级教育证书被重新命名为乌干达高级教育证书（Uganda Advanced Certificate of Education）。

1983 年，初中毕业考试的组织从教育部移交给了乌干达国家考试委员会。1991 年至 1998 年，乌干达国家考试委员会还负责小学教师的考试。1999 年，政府将小学教师的考试转移到了乌干达理工大学的教师教育学院。

2008 年，《国会法》设立了乌干达商业和技术考试委员会，负责商业、技术和职业培训的考试。2008 年《商业、技术和职业教育与培训法案》取消了乌干达国家考试委员会组织商业和技术考试的责任，并将其分阶段归属于乌干达商业和技术考试委员会。此后，乌干达国家考试委员会将负责中小学以下学校的考试：初中毕业考试、乌干达教育考试证书、乌干达高级教育考试证书。

（二）评分系统

乌干达对学生的评估采用分数或合计的形式，例如"A、B、C、D、E、O"，这些分数分别与"6、5、4、3、2、1"相对应。

（三）乌干达国家考试委员会考试结果和证书

参加乌干达国家考试委员会（UNEB）考试的学生通常会在考试后 3 个月左右得知成绩。考试成绩只能在网上进行查看，学生可以在线查询考试结果并自行打印。UNEB 将在发布成绩之日起 6 个月内向所有参加考试的学生提供证书原件。在线查询成绩单样式和正式证书样式分别见图 3 和图 4。

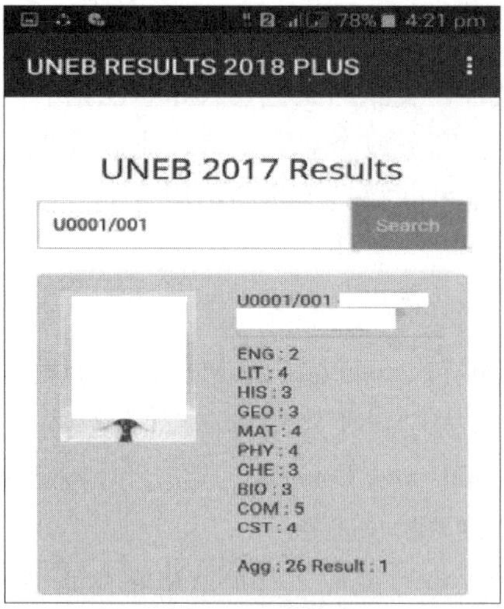

图 3　在线查询成绩单样式

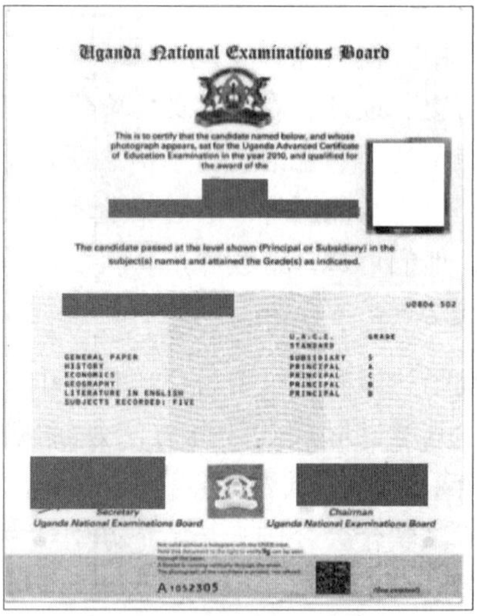

图 4　正式证书样式

（四）考试成绩验证

如需在线申请个人成绩证明必须准备以下材料：

（1）学校给乌干达国家考试委员会执行秘书的介绍信；

（2）有效的身份证件；

（3）警察局开具的相关证明；

（4）5~10 万乌干达币（平信的价格为 5 万乌干达币，而专信的价格为 10 万乌干达币，相当于证书的价格）。

四、本科教育

（一）入学要求

乌干达的高等教育机构主要包括大学及其附属机构、师范学院、技术学院、卫生学院、管理和社会发展机构、商学院、神学院、酒店和旅游培训机构、媒体和传播培训中心、农业学院、林业学院和渔业学院、气象学院，以及航空院校等。学校教务部门公开发布入学申请信息，并在大学网站和报纸上发布课程要求，以通过两门主修课程作为主要入学要求。也有一些学生在上学时填写了《公立大学联合招生委员会》表格后，因高分获得了政府资助的地区资助配额。

（二）评分系统

本科每学期期末进行评分，采用积累制。每门课程的满分为 100 分，50 分合格，相应的等级评分和 CGPA 分别见表 1 和表 2。

表 1　等级评分表

分值（%）	等级	GPA
80~100	A	5.0
75~79.9	B+	4.5
70~74.9	B	4.0
65~69.9	B-	3.5
60~64.9	C+	3.0
55~59.9	C	2.5
50~54.9	C-	2.0
45~49.9	D+	1.5
40~44.9	D	1.0
35~39.9	D-	0.5
<35	E	0

表 2　累计平均绩点（CGPA）对照表

等级	CGPA
First Class（Honor）	4.40~5.00
Second Class-Upper Division（Honor）	4.00~4.30
Second Class-Lower Division（Honor）	3.00~3.90
Pass	2.00~2.90

（三）学位证书样式

学士学位证书样式见图 5。

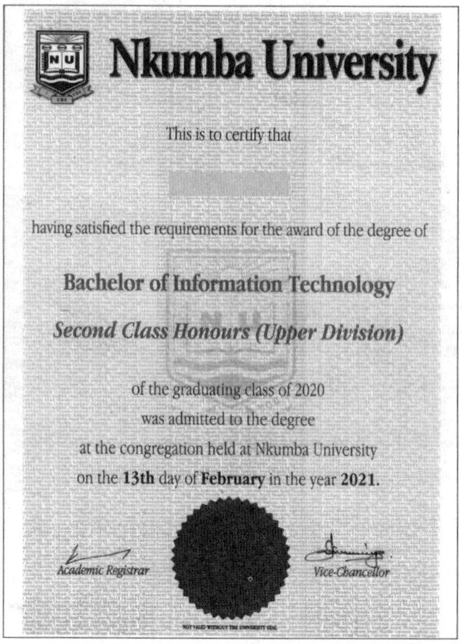
Nkumba University

This is to certify that

having satisfied the requirements for the award of the degree of

Bachelor of Information Technology

Second Class Honours (Upper Division)

of the graduating class of 2020
was admitted to the degree
at the congregation held at Nkumba University
on the **13th** day of **February** in the year **2021**.

Academic Registrar

Vice-Chancellor

图 5　学士学位证书样式

（四）学位证书验证

乌干达国会根据《议会法》（2001 年）成立了乌干达高等教育全国委员会（Uganda National Council for Higher Education），以监督乌干达所有的大学和大专院校，如麦克雷雷大学。

由于乌干达大学种类的多样性，乌干达高等教育委员会委托每所大学的学术事务中心对他们所有在校学生的学术论文、专利、专著等科研成果进行验证核实。如麦克雷雷大学所有学术文件的验证核实工作均由麦克雷雷大学的学术事务中心进行。如需了解更多相关信息，请访问网址：http：//www. mak. ac. ug。

有关乌干达高等教育委员会的更多详细信息，请访问网址 http：//www. unche. or. ug。

五、硕士研究生教育

乌干达的许多大学，例如乌干达管理研究所、麦克雷雷大学和乌干达理工大学，均设有硕士点提供硕士学位课程。

（一）入学要求

（1）获得国家高等教育委员会认可的大学或机构的学士学位；

（2）得分需达到二等以上；

（3）硕士学位的最短学习期限为 3 年，某些专业课程要求至少有 2 年的工作经验。

硕士学位的学习如下：

第一阶段学生需要完成研究生文凭所需学习的课程。

第二阶段学生需要完成相关研究和学习计划，相关研究和学习计划主要有三个要素：

（1）为期两周的管理研究和咨询研讨会。学生必须在一开始参加为期 2 周的管理研究和咨询研讨会，以使他们能够增强以下能力：制订研究计划书，并要求其以书面或口头形式提交计划书给答辩委员会；设计定量和定性研究工具；内化并将论文指导方针应用到自己的研究中；安排管理研究和咨询工作，并严格遵守进度表。

（2）参加的研讨会总时长需达到 4 周。学生必须参加 4 个为期 1 周的研讨会，在此期间他们需要报告自己的研究进度，并与导师和同门进行磋商。在每次研讨会中，他们的研究工作都将受到严格审查。

（3）研究论文。每位学生都会获得一名老师的指导，同时与其研究领域相关的部门也将为其安排一名指导老师。答辩过程中，如果研究计划书获得专业的认可，学生即可以进入研究阶段。学生需要严格按照所制定的要求撰写论文，在专家小组面前完成论文答辩后，仍需根据审查员的建议进行修改。

（二）评分系统

麦克雷雷大学硕士生的评分系统与其本科学生的评分系统是类似的。尽管可能存在微小的差异，但大多数高校使用的评分系统是相似的。大多数情况下，评分的范围为“A+、A、B+、B、C+、C、D+、D、E、E−、F”。获得“A+、A、B+、B”级的学生被认为是杰出学生。

（三）硕士学位证书验证

与学士学位证书验证方法相似，硕士学位证书和成绩单均由大学事务中心盖章验证核实。

六、博士研究生教育

入学要求：

（1）申请人需取得认可/特许大学的硕士学位，且申请人所学专业需与所申请专业具有相关性。

（2）申请人需提交 3~5 页研究计划书，且研究计划需具有可行性。在此基础上，申请人可进行最长一学年的预科学习。

（3）第一年预科学习结束后，学生需按要求进行答辩。如果学生的研究计划和答辩得到学院/学术委员会的认可，则正式录取意见将会报送学校，学生随后被正式录取，学习期限一般为 3~4 年。

附 录

部分大学名单：

（1）麦克雷雷大学（Makerere University）

（2）乌干达管理研究所（Uganda Management Institute）

（3）姆巴拉拉科技大学（Mbarara University of Science and Technology）

（4）麦克雷雷大学商学院（Makerere University Business School）

（5）卡巴莱大学（Kabale University）

（6）基安博戈大学（Kyambogo University）

（7）古卢大学（Gulu University）

（8）布塞特马大学（Busitema University）

（9）里拉大学（Lira University）

（10）穆尼大学（Muni University）

（11）索罗蒂大学（Soroti University）

（张广磊、王小刚、ONANG DANIEL、KUGONZA PETER、KALEMA BENON）

希 腊

一、关于希腊

（一）国家概况

希腊，全称为希腊共和国（希腊文为 Ελληνική Δημοκρατία；英文为 The Hellenic Republic），首都为雅典。希腊位于巴尔干半岛最南端。北同保加利亚、马其顿、阿尔巴尼亚相邻，东北与土耳其接壤，西南濒爱奥尼亚海，东临爱琴海，南隔地中海与非洲大陆相望。海岸线长约 15,021 千米，领海宽度为 6 海里。希腊属亚热带地中海气候。

希腊大部分人信仰希腊正教会（占希腊总人口的 90%），也有人信仰其他宗教教派，如伊斯兰教（占希腊总人口的 2%）、天主教（不足 1%）等[①]。希腊现行宪法于 1975 年 6 月 11 日生效。希腊的国家体制为总统议会共和制，总统为国家名义元首，任期 5 年，可连任一次。立法权属议会和总统，行政权属总理，司法权由法院行使。希腊主要政党包括激进左翼联盟、新民主党、希腊解决方案党、希腊共产党、欧洲抵抗先锋党和泛希社运—变革运动党。

希腊在欧盟属中等发达国家。其海运业发达，与旅游、侨汇并列为希腊外汇收入三大支柱。希腊农业较发达，工业主要以食品加工和轻工业为主。希腊的货币为欧元[②]。

希腊是历史最悠久的国家之一，被称为西方文明的摇篮，为西方哲学、西方文学、历史学、政治科学、民主制度、科学、数学和西方戏剧的发源地，曾对世界具

---

① Pew Research Center. RELIGIOUS BELIEF AND NATIONAL BELONGING IN CENTRAL AND EASTERN EUROPE[EB/OL]. (2017-05-10)[2023-03-21]. https://www.pewresearch.org/religion/2017/05/10/religious-affiliation.

② 中华人民共和国驻希腊大使馆. 希腊概况［EB/OL］.（2015-07-28）[2022-03-21]. http://gr.china-embassy.org/chn/xlgk/t1309807.htm.

有极大影响。截至2021年8月，希腊拥有18处世界遗产，包括文化遗产16处，文化与自然双重遗产2处①。

希腊独特的文化地位、旅游业、海运业及战略地位使其被归为中等发达国家，是巴尔干地区最大的经济体。同时，希腊是联合国创始成员国之一，也是欧盟和北约的成员国。希腊于2001年成为欧元区成员国。

（二）护照样式

希腊自2006年8月26日起发行电子护照，旧式护照自2007年1月1日起失效。自2009年6月起，希腊在其护照中添加了RFID芯片，其中储存有护照持有居民的两个索引指纹和高分辨率图像。以下分别为希腊旧式护照、当代希腊外交护照封面、当代希腊公民护照封面及其信息页样式（分别见图1、图2、图3、图4）。

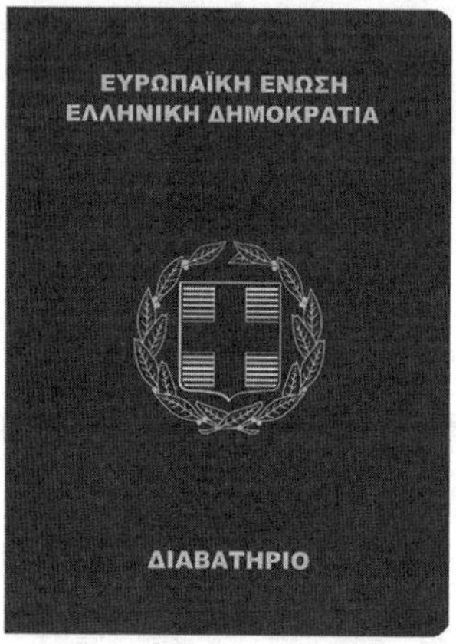

图1　希腊旧式护照封面样式（现已停用）

图2　当代希腊外交护照封面样式

图3　当代希腊公民护照封面样式

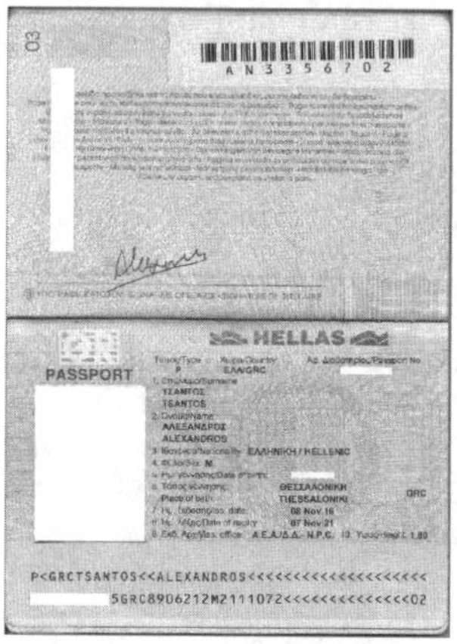

图4　当代希腊公民护照信息页样式

① UNESCO. 联合国教科文组织世界遗产名录：希腊［EB/OL］.（2016-10-10）［2020-03-21］. http://whc.unesco.org/en/statesparties/gr.

二、教育体系简介

希腊有着优秀的基础教育。作为世界上最早建立教育制度的国家之一，希腊对全世界的教育思想有杰出贡献。

希腊的教育体系主要分为四个部分：学前教育，小学教育，中等教育和高等教育。依据法律规定，希腊儿童在4~15岁需接受义务教育，且无须交纳学费。

希腊学前教育的宗旨是促使幼儿的身心健康发展。学前教育包括学前启蒙和幼儿教育两个阶段，均为义务教育。学前启蒙班接收4~5岁的儿童，幼儿园接收5~6岁的儿童。同时，学前教育的所有机构，不论其为公立或私立，均受希腊教育部、健康福利部和内政部协同监管。

希腊小学教育的宗旨是促进学生身体和智力的发展。该阶段的学制为6年，入学年龄为当年10月1日前满5岁半的儿童。据2020年希腊公布的第4926号法律规定，小学阶段的6个年级的周学时数均为30小时。学习内容随年级改变，大致包括现代希腊语、数学、英语、历史、物理、地理、美术和体育等16门课程。其中：1、2年级不为学生提供官方成绩；3、4年级的成绩分A、B、Γ、Δ（对应英文字母A、B、C、D）四个等第；5、6年级的成绩则采用10分制。小学毕业后，学生凭毕业证书即可免试升入普通初中①。

希腊的中等教育分为初中和高中两个阶段。

希腊的初中分为9类，除普通初中以外，还有模范初中、实验初中、音乐初中等。初中学制为3年。普通初中各年级周学时数均为32小时，学习内容包括现代希腊语、现代希腊文学、数学、宗教、古希腊语、古希腊文学、英语、地理、物理、化学、生物和信息技术等20门课程。初中毕业后，学生凭毕业证书即可免试升入普通高中。

希腊的高中分为11类，除普通高中以外，还有职业高中、模范高中、实验高中、音乐高中、艺术高中等。高中学制为3年。普通高中以通识教育为主，高一和高二年级周学时数为35小时，高三年级周学时数为32小时②。普通高中毕业后，学生可凭毕业证书和全国统考（即希腊高考）成绩升入大学。而其他类型高中的课程安排则与普通高中有所差异，例如职业高中的学习内容既包括一部分普通高中的课程，也包括

---

① 希腊议会. 关于推进学校教育的规定及其他（ΑΝΑΒΑΘΜΙΣΗ ΤΟΥ ΣΧΟΛΕΙΟΥ ΚΑΙ ΑΛΛΕΣ ΔΙΑΤΑΞΕΙΣ）[Z/OL].（2020-06-12）[2022-03-21]. https://www.hellenicparliament.gr/Nomothetiko-Ergo/Anazitisi-Nomothetikou-Ergou?law_id=9482a9af-3c7d-4b3e-a20c-abc9015ecb30.

② 希腊法律电子库. 希腊共和国教育和宗教事务部：普通高中一、二、三年级课程安排（Ωρολόγιο πρόγραμμα των μαθημàτων των Α′, Β′ και Γ′ τàξεων του Γενικού Λυκείου）[Z/OL].（2020-06-15）[2022-03-21]. https://web.archive.org/web/20210411072008/https://www.e-nomothesia.gr/kat-ekpaideuse/deuterobathmia-ekpaideuse/upourgike-apophase-74181-d2-2020.html.

其独特的职业技术课程，以兼顾学生的基础素质教育和职业技术教育。

希腊的高等教育分为大学教育和高等职业教育。

希腊的大学分为政府开办的公立大学和外方在希腊开办的私立大学。本科教育通常为4年制，部分工程专业、少数技术和艺术专业为5年制，医学专业为6年制。硕士教育的学制为1~2年，博士教育则为3~8年。希腊的大学主要从事教学与科研，并鼓励科技成果转化。大学的学业评价基本采用欧洲互认学分系统（ECTs），学生修完相应学分后即可获得相应的学位。由于大学的运行主要依托于政府财政拨款，学校若想开设新的学位课程，均须向政府申请报批，由政府决定是否为其提供经费支持。希腊既是欧盟成员国也是申根国，因其在欧洲重要的地理位置，吸引了许多外国的著名学府在希腊开办分校，如英国的谢菲尔德大学和美国的州立纽约大学。另外，还有一些英国的名校如曼彻斯特大学、肯特大学、伦敦大学城市学院与希腊的高等院校合作开办学校，提供高水平、多元化的高等教育。

希腊的高等职业教育学校主要从事职业技术教育，学制为2~3年。职业教育包括金融、贸易、旅游、计算机与通信，以及艺术等领域。近年来，随着希腊的高等职业教育学校良性发展，越来越多的希腊高中毕业生选择进入高等职业教育学校深造。

希腊的教育主要有两个方向：一是随时根据社会需求而定的职业教育，为学生将来的就业和职业发展打下基础；二是科技、哲学、数学等纯理论领域的研究，为有意愿做研究的学生提供充足和良好的资源。

希腊的高等教育学历受国际认可，学生凭借在希腊取得的学历，可选择去其他欧盟国家或者美国留学，并享受欧盟生待遇。

三、中等教育（高中）

希腊的高中形式多样，其中通识教育最受重视，与高等教育衔接较为紧密的为普通高中。希腊普通高中英文全称为 General Lyceum（简称 GEL；希腊语全称为 Γενικό Λύκειο，简称 ΓΕ. Λ.）。在此阶段，学生可以按其兴趣选修课程组别，并按组别参加希腊高考，以升入大学。

（一）教育体系

希腊各普通高中的教学体系大致相同。根据希腊共和国教育和宗教事务部文件，希腊高中3年教学目标有所差异。

在高一年级，学生的周学时数为35小时，主要进行通识课程的学习。在升入高二年级前，学生可以在人文与科学两大类中择其一学习，周学时数均为35小时。在通识教育的基础上，学校在高二年级依据学生的大类对其进行初步的选科培养。在升入高三年级前，学生再次细化选科，此时他们面临3个可选组别：人文科学、科学与健康科学、经济与计算机研究。学校在高三年级依据学生的选科对其进行定向培养，学生也在毕业时按照选科类型参加希腊高考。

希腊普通高中的具体课程内容与课时见表1、表2、表3。

表1 希腊普通高中的具体课程内容与课时①

科目	各年级周学时数			科目	各年级周学时数		
	高一	高二	高三		高一	高二	高三
现代希腊语与文学	–	–	6	政治学	2	–	–
现代希腊语	2	2	–	宗教学	2	2	1
现代希腊文学	2	2	–	体育	2	2	3
古希腊语	5	2	–	计算机应用	2	2	–
数学（几何）	2	2	–	现代英语	3	2	2
数学（代数）	3	3	–	外语（可选现代德语或现代法语）	2	1	–
化学	2	2	–	计算机科学原理介绍	–	2	–
物理	2	2	–	高二年级学科大类课程（依据选科而定）	–	5	–
生物	2	2	–	高三年级学科组别课程（依据所选组别而定）	–	–	18
历史	2	3	–	各年级总周学时数	35	38	32
哲学	–	2	–				

表2 高二年级学科大类课程内容与课时

类别	科目	周学时数
人文大类	拉丁语	2
	古希腊语与古希腊文学	3
科学类	数学	3
	物理	2

① 希腊法律电子库. 希腊共和国教育和宗教事务部：普通高中一、二、三年级课程安排（Ωρολόγιο πρόγραμμα των μαθημὰτων των Α′, Β′ και Γ′ τὰξεων του Γενικού Λυκείου）[Z/OL].（2020-06-15）[2023-03-21]. https://web. archive. org/web/20210411072008/https://www. e-nomothesia. gr/kat-ekpaideuse/deuterobathmia-ekpaideuse/upourgike-apophase-74181-d2-2020. html.

表 3 高三年级选科课程内容与课时

组别	科目	周学时数
人文科学（组别一）	拉丁语	6
	古希腊语	6
	历史	6
科学与健康科学（组别二）	生物（仅限健康科学类学生） 数学（仅限科学类学生）	6
	化学	6
	物理	6
经济与计算机研究（组别三）	计算机科学	6
	数学	6
	经济	6

（二）评分系统

希腊的高中采用20分制的评分系统（20分为满分），单科9分及以上为合格。学生每学年需修满至少38分方可进入下一学年的学习。任课教师结合学生的课堂表现、作业质量和考试分数等指标给予学生综合性评价。具体分数与等级对应关系见表4。

表 4 希腊高中分数与等级对应关系

分数	对应等级（英语）	对应等级（希腊语）
18.1~20	Excellent	Άριστα
16.1~18	Very good	Λίαν καλώς
13.1~16	Good	Καλώς
9.5~13	Almost good	ΣΧεδόν καλώς
5.1~9.4	Insufficiently	Ανεπαρκώς
0~5	Badly	Κακώς

（三）高中统考

希腊的高中生在毕业前需要参加2次独立并行的考试，分别为毕业考试和国家统考。

毕业考试属于学校内部评价，由各高中单独进行，政府对考试内容和考试难度不做统一要求。高中毕业证书希腊语名称为Απολυτήριο，上面会标注毕业考试的各科成绩，均为20分制。

国家统考（PanHellenic Examinations）则是全国统一举行的大学入学考试，于每年 5 月底举行。考试科目依据学生的目标大学和目标专业而定，少部分专业对学生有额外的要求。在统考中，每一科的满分均为 20 分，学生的最终考试成绩按平均分计。考试结果在每年的 6 月底或 7 月初公布，学生可以自行登录教育和宗教事务部的网页进行查询。高中也会向学生公布成绩，并发放一份名为 Βαθμοί Πρόσβασεις 的成绩证明单。

（四）考试成绩验证

希腊高中各类考试的成绩单均为一式两份。一份交予学生，一份高中留档。验证考试成绩的程序是将需要验证的考试成绩单复印件邮寄给原就读高中的学籍管理部门，该部门负责将该复印件与高中留档成绩单原件进行比对，并反馈所验证考试成绩单的真实性。

四、本科教育

（一）入学要求

希腊本国学生凭借高中毕业证书和国家统考成绩申请相应大学和专业就读。国家统考成绩和少部分专业的加试成绩为大学录取学生的唯一标准，其录取流程与中国高考类似，学生的统考成绩与所填报的志愿相匹配即可被大学录取。

非希腊籍学生申请希腊的大学就读，则需要将以下文件在规定时间内寄给希腊的教育和宗教事务部：

（1）一份带有申请人签名的申请表格（需自行从教育和宗教事务部网站上下载填写）。

（2）一份带有申请人签名的 L. 1599/1986 官方声明。

（3）一份由希腊留学部签署认证的申请人高中毕业证书复印件。

（4）一份由希腊留学部、中等教育局或教育部三个部门之一签署承认的申请人的平均成绩认证（转换为 20 分制，20 分为最高分，0 分为最低分）。如果申请人的毕业证书由职业中学签发或申请人就读于希腊国际高中，则必须同时提交一份由国家资格认证和职业指导部门（英语为 National Organisation for the Certification of Qualifications and Vocational Guidance；希腊语缩写为 E. O. Π. Π. E. Π.）签署的等效证明。

（5）2 张 ID 卡样式照片。

（6）一份护照或其他带照片的身份证明复印件。

（7）一份证明申请人不持有本地高中的毕业证明、不持有任何希腊高等教育学位，且在近 2 年内没有被任何希腊高等教育机构录取的官方声明。

同时，以上所有文件若非希腊语，则需要由希腊外事部提供翻译服务或经外事部认证的律师或机构翻译成希腊语。

需要注意的是，申请文件每年均会有微调，申请人需以当年官方文件为准①。

（二）评分系统

希腊的大学本科阶段的评分系统为10分制（10分为最高分），学生取得5.00分及以上即合格。5.00～6.49分为好，6.50～8.49分为很好，8.50～10.00分为优秀。

希腊的大学本科阶段的学分系统采用欧洲学分互认体系（ECTS）。一般来说，学生在校期间取得240 ECTS及以上方可毕业。

希腊的大学本科阶段评分与ECTS等第、美国通用等第互换表见表5。

表5　希腊的大学本科阶段评分与ECTS等第、美国通用等第互换表

希腊大学本科阶段评分（0.00~10.00）	ECTS 等第	美国通用等第
8.50~10.00（英语：Excellent；希腊语：'Αριστα）	ECTS A	B，B+，A-，A，A+
6.50~8.49（英语：Very Good；希腊语：Λίαν Καλώς）	ECTS B	D+，C-，C，C+，B-
5.00~6.49（英语：Good；希腊语：Καλώς）	ECTS C	D-，D

（三）学位证书样式

希腊不同大学的学位证书均不一致，但总体包括：大学和学系全称、证书编号、协议编号、学生信息、校长签名、系主任签名、教学秘书签名、学校公章等内容。

（四）学位证书验证

希腊的大学学士学位证书均为一式两份，一份交予学生，一份大学留档。验证学位证书的程序是将需要验证的学位证书复印件邮寄给原就读大学所属学院的教学秘书。其将该复印件与大学留档的原件进行比对，并反馈所验证学位证书的真实性。

五、硕士研究生教育

（一）入学要求

希腊大学或学院对于招收硕士研究生有比较大的自主权。因此，其入学要求也有所不同。总体来说，希腊本国学生在获得本科毕业证书后即可参照相应的招生要

① 希腊共和国教育和宗教事务部. 希腊共和国教育和宗教事务部新闻办公室的新闻公告[Z/OL].（2018-07-13）[2023-03-21]. https://www.minedu.gov.gr/publications/docs2018/press_announcement_2018.pdf.

克里特科技大学. 希腊大学国际学生录取要求[EB/OL].（2020-03-13）[2023-03-21]. https://www.tuc.gr/index.php?id=1303.

求，自主向意向学校或学院提出申请。申请材料包括：

（1）本科毕业证书和学士学位证书；

（2）本科阶段各科成绩单；

（3）两封推荐信。

申请材料通过审核后，申请人需参加由学校或学院组织的笔试和面试。笔试内容为与专业方向相关的基础知识测试，重在测试知识的广度；面试则注重对申请人基本素质和学习能力的考察，重在测试申请人的知识的深度。学校或学院结合 2 次考试成绩的加权得分进行排名，并按照排名择优录取。

对外国本科毕业生，入学申请材料包括：

（1）本科毕业证书和学士学位证书；

（2）本科阶段 GPA 高于 7.5 分（10 分制）；

（3）针对母语非英语的申请者，英语水平需达到 C1 advanced，或者提供托福或雅思成绩；

（4）GMAT 成绩高于 500 分（主要针对 MBA 学位申请者）；

（5）有 2~4 年工作经验（仅针对 MBA 学位申请者）。

部分大学的硕士项目还可能要求申请者提供希腊语语言证明、本科毕业论文、推荐信、研究计划等申请材料①②。

（二）评分系统

希腊的大学硕士阶段的评分系统为 10 分制（10 分为最高分），学生取得 6.00 分及以上即为合格。6.00~6.99 分为好，7.00~8.49 分为很好，8.50~10.00 分为优秀。

希腊的大学硕士阶段的学分系统则采用欧洲学分互认体系（ECTS），通常学生在校期间取得 120 ECTS 及以上方可毕业。

（三）学位证书样式

希腊不同大学不同学系的硕士学位证书均不一致，但大体包括大学和学系全称、证书编号、协议编号、学生信息、导师签名、学校公章等内容。

（四）学位证书验证

希腊的大学硕士学位证书均为一式两份，一份交予学生，一份大学留档。验证学位证书的程序是将需要验证的学位证书复印件邮寄给原就读大学所属学院的教学秘书。教学秘书将该复印件与大学留档的原件进行比对，并反馈所验证学位证书的真实性。

---

① 爱奥尼亚大学历史学系. 爱奥尼亚大学历史学系历史与文献硕士生招生要求[EB/OL].（2017-01-19）[2022-03-21]. https://history.ionio.gr/postgraduate/documentation/entry/selection.

② 雅典大学. 雅典大学雅典国际神经科学硕士生招生要求[EB/OL].（2020-03-13）[2022-03-21]. http://masterneuroscience.biol.uoa.gr/admissions.html.

六、博士研究生教育

（一）简况

希腊的博士生教育分为传统博士生项目和“美式”博士生项目。传统博士生项目仅招收已经取得硕士学位的学生。学生申请成功后，大学为申请人选择一名导师。在此期间，导师不对学生进行任何形式的授课，仅指导其从事为期3~8年的专题研究。

“美式”博士生项目仅在少数专业中招生。招收对象为已取得学士学位但尚未接受硕士阶段教育的学生，项目持续4~5年。学生在前3年内学习与研究课题相关的课程、参加讲座。在第一学年结束后，学生会被授予硕士学位证书。从第2年起，学生从事专题研究①。

（二）入学要求

希腊各大学或学院对博士生要求有所不同。一般情况下，申请人需在每年5月或10月向意向学院提交申请材料，并在通过学院组织的专家委员会的面试后，方可被录取。

申请材料包括但不限于：

（1）本科毕业证书和学位证书（非欧盟大学的学位证书需要取得认证；非希腊语的学位证书必须由希腊外事部提供翻译服务或经外事部认证的律师或机构翻译成希腊语）；

（2）大学或学院相应的申请表格；

（3）个人简历；

（4）两名教授的推荐信；

（5）博士论文纲要（需简单阐述博士阶段的研究方向及内容）；

（6）非希腊语母语的学生需提供希腊语语言能力证明②。

附　录

（一）希腊国家资格认证和职业指导部门联系方式

地址：41 Ethnikis Antistaseos Avenue，142 34 Athens，GREECE

① Findaphd. Find a phD：PhD Study in Greece - A Guide for 2023[EB/OL]. [2023-03-21]. https://www.findaphd.com/study-abroad/europe/phd-study-in-greece.aspx.

② Kirsty Smitten. Find a phD：PhD Study in Greece - A Guide for 2020. Findaphd[EB/OL]. https://www.findaphd.com/study-abroad/europe/phd-study-in-greece.aspx.

电话：（+30）210 2709000
传真：（+30）210 2709142
网站：www. eoppep. gr

（二）部分大学名单

（1）塞萨洛尼基亚里士多德大学（Αριστοτέλειο Πανεπιστήμιο Θεσσαλονίκης）

（2）雅典大学（Εθνικό και Καποδιστριακό Πανεπιστήμιο Αθηνών）

（3）国立雅典理工大学（Εθνικό Μετσόβιο ΠολυτεΧνείο）

（4）希腊地中海大学（Ελληνικό Μεσογειακό Πανεπιστήμιο）

（5）雅典农业大学（Γεωπονικό Πανεπιστήμιο Αθηνών）

（6）西阿提卡大学（Πανεπιστήμιο Δυτικής Αττικής）

（7）帕特雷大学（Πανεπιστήμιο Πατρών）

（8）克里特大学（Πανεπιστήμιο Κρήτης）

（9）克里特理工大学（ΠολυτεΧνείο Κρήτης）

（10）约阿尼纳大学（Πανεπιστήμιο Ιωαννίνων）

（11）德谟克里特斯克利特大学（Δημοκρίτειο Πανεπιστήμιο Θράκης）

（12）色萨利大学（Πανεπιστήμιο Θεσσαλίας）

（13）雅典经商大学（Οικονομικό Πανεπιστήμιο Αθηνών）

（14）派迪昂社会政治科学大学（Πάντειον Πανεπιστήμιο Κοινωνικών και Πολιτικών Επιστημών）

（15）比雷埃夫斯大学（Πανεπιστήμιο Πειραιώς）

（16）马其顿大学（Πανεπιστήμιο Μακεδονίας）

（17）西马其顿大学（Πανεπιστήμιο Δυτικής Μακεδονίας）

（18）伯罗奔尼撒大学（Πανεπιστήμιο Πελοποννήσου）

（19）爱琴大学（Πανεπιστήμιο Αιγαίου）

（20）爱奥尼亚大学（Ιόνιο Πανεπιστήμιο）

（21）哈睿寇蓓大学（Χαροκόπειο Πανεπιστήμιο）

（22）希腊开放大学（Ελληνικό Ανοικτό Πανεπιστήμιο）

（23）国际希腊大学（Διεθνὲς Πανεπιστήμιο της Ελλὰδος）

（三）进入 2022 年 QS 世界大学排名的 6 所希腊大学①

（1）国立雅典理工大学（National Technical University of Athens）（第 421 名）

（2）塞萨洛尼基亚里士多德大学（Aristotle University of Thessaloniki）（第 551~560 名）

① QS 世界大学排名 2022. [EB/OL]. QSTOPUNIVERSITIES. [2022-04-23]. https://www. topuniversities. com/university-rankings/world-university-rankings/2022.

（3）雅典大学（National and Kapodistrian University of Athens）（第651~700名）

（4）克里特大学（University of Crete）（第651~700名）

（5）帕特雷大学（University of Patras）（第801~1000名）

（6）雅典经商大学（Athens University of Economics and Business）（第1001~1200名）

（李敏、薛佳妮、王楚宁）

伊　朗

一、关于伊朗

（一）国家概况

伊朗，全称为伊朗伊斯兰共和国，位于亚洲西南部，东邻巴基斯坦和阿富汗，北与土库曼斯坦接壤，西北与阿塞拜疆和亚美尼亚为邻，西与土耳其和伊拉克接壤，中北部紧靠里海，南靠波斯湾和阿曼湾，国土面积约 164.5 万平方千米。

伊朗是文明古国，古称波斯，具有五千多年的历史，1925 年建立巴列维王朝，1979 年建立共和国，实行政教合一制度，官方语言为波斯语。

伊朗人口约 8502 万人（截至 2021 年），其中波斯人约占 66%，阿塞拜疆人约占 25%、库尔德人约占 5%，其余为阿拉伯人、土库曼人等。伊朗约 98.8%的居民信奉伊斯兰教（国教）。人均国内生产总值 5935 美元（截至 2021 年）①。

伊朗是联合国的创始成员之一，也是不结盟运动（NAM）和石油输出国组织（OPEC）成员。

伊朗是亚洲主要经济体之一，经济实力较强。伊朗经济以能源经济为主，石油储量居世界第四位，天然气储量居世界第二位。伊朗的石油化工业、钢铁业、汽车制造业发达。

（二）护照样式

截至 2023 年 3 月，伊朗普通护照持有人可以免签或落地签前往 44 个国家和地区。伊朗的护照封面和信息页样式分别见图 1 与图 2。

---

① 中华人民共和国外交部. 伊朗国家概况[EB/OL].[2023-03-10]. https://www.mfa.gov.cn/web/gjhdq_676201/gj_676203/yz_676205/1206_677172/1206x0_677174/.

图 1　护照封面样式

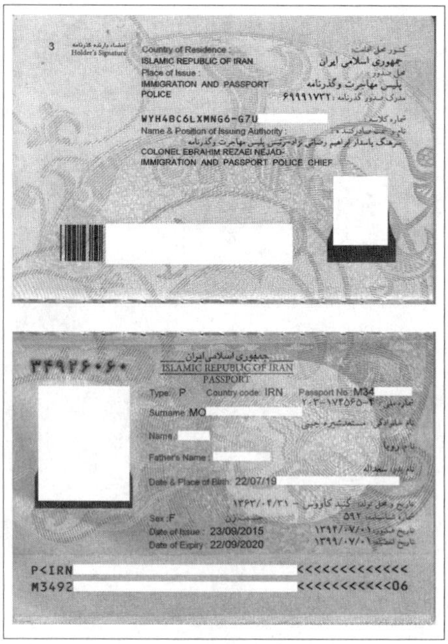

图 2　护照信息页样式

二、教育体系简介

伊朗教育体系实行中、小学免费教育，6 岁以上受教育人口占全国人口的 82.5%。伊朗重视高等教育，并于 1989 年制订高等教育 5 年发展计划，通过提供贷款和给予物质、政策支持等措施鼓励民办高等教育。伊朗全国共有高等院校 2515 所，大学生近 340 万人。德黑兰大学是伊朗著名的高等学府。

1962 年巴列维国王发动以"扫盲大军"下乡和免费教育为主要内容的"白色革命"，主要解决扫盲和初等教育问题。

虽然 1911 年伊朗第一部《教育法》中规定年满 7 岁的儿童要入学，但直至 20 世纪 70 年代，地方小学入学率仍只有约 70%，女孩入学率尤其低，仅为 22.5%。1979 年巴列维王朝被推翻，伊斯兰共和国成立，将初等教育收归国有，取消用西方语言教学，实行男女同校，采用"5-3-4"制，即小学 5 年，初中 3 年和高中 4 年，实施八年制义务教育。

小学除原有的阅读、写作、算术、手工课和宗教课以外，增设社会、自然科学基础、初级几何、书法、音乐等课程。

初中为期 3 年，亦称定向课程学习阶段，除实施普通教育外，最后 1 年还实施偏重某一学科的教育。

高中分为 3 年制和 4 年制。四年制高中主要为升学做准备，最后 1 年相当于大学预科。

中等教育阶段还设职业技术教育，1~2 年制学校主要培养熟练技术工人，4 年制学校主要培养技术员。

政府重视师资培训工作，师范学校培养小学教师，师范大学和师范学院培养中学教师。各地设教师培养中心，为在职教师举办时间长短不等的教学讲座，并帮助游牧地区与部落发展教育。

综合大学和其他高等院校修业年限为 4~5 年，实行免费教育。但学生毕业后须为政府服务一定年限。伊朗著名的综合大学有德黑兰大学、设拉子大学、沙希德·贝赫什提大学。教育部通过中央机构和地方代表机构管理中、小学公共教育，并进行财政拨款。地方代表机构由人民代表、地区教育官员代表、学校校长代表和教师代表组成。高等教育由国家科学和高等教育部管理。

三、中等教育（高中）

（一）高中统考

公立学校没有入学考试。少数公立学校为特殊学生学校和资优学生学校，这类学校提供高标准和高质量教育，入学考试竞争非常激烈。另有提供高教育标准的私立学校，部分私立学校不需入学考试。

9 年级学生需决定各自的学习领域，主要有 6 个领域：

（1）数学和物理；

（2）自然科学；

（3）人文科学；

（4）艺术；

（5）职业与技术教育；

（6）一般教育。

学生的兴趣和能力是影响学生决策和方向的主要因素。

（二）评分系统

多数情况下学校评分系统是 20 分制。得分为 16 分及以上是高分，10 分是及格分。

（三）高中毕业证书和成绩单样式

高中毕业证书和成绩单样式见图 3 和图 4。

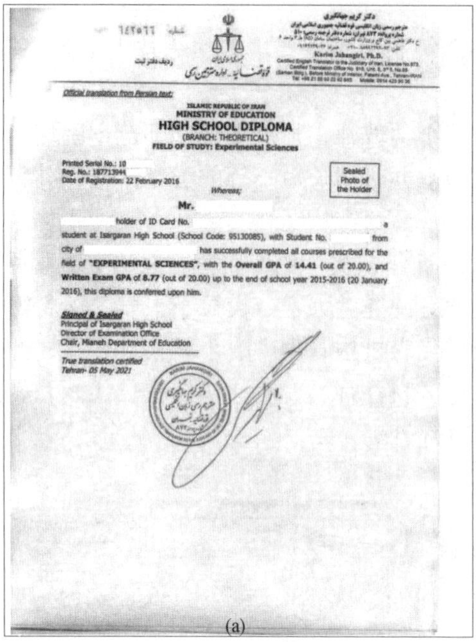
Karim Jahangiri, Ph.D.

Official translation from Persian text:

ISLAMIC REPUBLIC OF IRAN
MINISTRY OF EDUCATION
HIGH SCHOOL DIPLOMA
(BRANCH: THEORETICAL)
FIELD OF STUDY: Experimental Sciences

Printed Serial No.: 10
Reg. No.: 187713944
Date of Registration: 22 February 2016

Sealed Photo of the Holder

Whereas;

Mr.

holder of ID Card No. a student at Isargaran High School (School Code: 95130085), with Student No. from city of has successfully completed all courses prescribed for the field of "EXPERIMENTAL SCIENCES", with the Overall GPA of 14.41 (out of 20.00), and Written Exam GPA of 8.77 (out of 20.00) up to the end of school year 2015-2016 (20 January 2016), this diploma is conferred upon him.

Signed & Sealed
Principal of Isargaran High School
Director of Examination Office
Chair, Mianeh Department of Education

True translation certified
Tehran- 05 May 2021

(a)

图 3　高中毕业证书样式

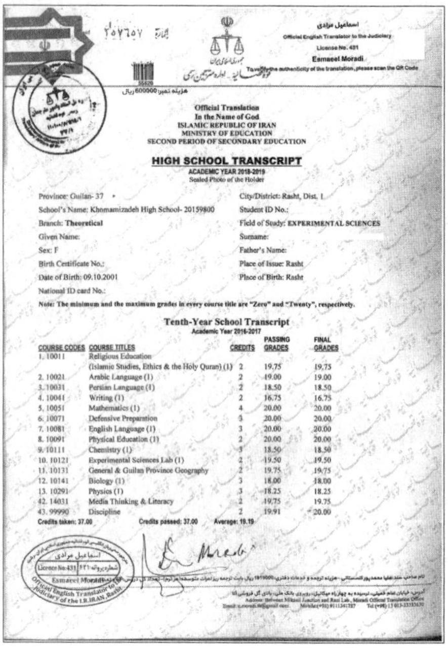
اسماعیل مرادی
Official English Translator to the Judiciary
License No. 431
Esmaeel Moradi
To verify the authenticity of the translation, please scan the QR Code

Official Translation
In the Name of God
ISLAMIC REPUBLIC OF IRAN
MINISTRY OF EDUCATION
SECOND PERIOD OF SECONDARY EDUCATION

HIGH SCHOOL TRANSCRIPT
ACADEMIC YEAR 2018-2019
Sealed Photo of the Holder

Province: Guilan- 37　City/District: Rasht, Dist. 1
School's Name: Khomamizadeh High School- 20159800　Student ID No.:
Branch: Theoretical　Field of Study: EXPERIMENTAL SCIENCES
Given Name:　Surname:
Sex: F　Father's Name:
Birth Certificate No.:　Place of Issue: Rasht
Date of Birth: 09.10.2001　Place of Birth: Rasht
National ID card No.:

Note: The minimum and the maximum grades in every course title are "Zero" and "Twenty", respectively.

Tenth-Year School Transcript
Academic Year 2016-2017

COURSE CODES	COURSE TITLES	CREDITS	PASSING GRADES	FINAL GRADES
1. 10011	Religious Education (Islamic Studies, Ethics & the Holy Quran) (1)	2	19.75	19.75
2. 10021	Arabic Language (1)	2	19.00	19.00
3. 10031	Persian Language (1)	2	18.50	18.50
4. 10041	Writing (1)	2	16.75	16.75
5. 10051	Mathematics (1)	4	20.00	20.00
6. 10071	Defensive Preparation	3	20.00	20.00
7. 10081	English Language (1)	3	20.00	20.00
8. 10091	Physical Education (1)	2	20.00	20.00
9. 10111	Chemistry (1)	3	18.50	18.50
10. 10121	Experimental Sciences Lab (1)	2	19.50	19.50
11. 10131	General & Guilan Province Geography	2	19.75	19.75
12. 10141	Biology (1)	3	18.00	18.00
13. 10291	Physics (1)	3	18.25	18.25
42. 14031	Media Thinking & Literacy	2	19.75	19.75
43. 99990	Discipline	2	19.91	20.00

Credits taken: 37.00　Credits passed: 37.00　Average: 19.19

Licence No.431
Esmaeel Moradi
Official English Translator to the Judiciary of the I.R.IRAN, Rasht

图 4　高中成绩单样式

（四）考试成绩验证

12 年级的学生参加全国统一考试。通过全国统一考试后，学生可以根据考试成绩获得高中毕业证书。

在伊朗的教育体系中，学生取得高中毕业证书后，需要完成 1 年的大学前教育（修满 24 学分），取得大学预科证书后，方可申请大学。

四、本科教育

（一）入学要求

伊朗大学可分为公立大学、公立自费大学、私立大学、私立自费大学、职业院校等。

大部分公立大学和私立大学都有入学考试。伊朗的顶尖大学大多数是公立大学，进入公立大学的难度普遍高于其他大学。少数私立大学也较为有名。随着私立大学在全国各地分支机构数量的增加，有些私立大学没有入学考试，学生获得无入学考试的私立大学、职业院校的入学资格比较容易。

（二）评分系统

学士学位的及格分数是 10 分，满分为 20 分。

伊朗的分数不能直接转换为 GPA（4 分制）。通常在满分为 20 分的情况下，

16 分以上为优秀。常见的国际机构和大学对伊朗评分制进行的转换表如表 1 所示。

表 1 常见国际机构和大学对伊朗评分制进行的转换表

伊朗分数	对应等级	对应 GPA	对应等级	备注
16.00~20.00	A	4	极好	最高荣誉
12.00~15.99	B	3	非常好	较高荣誉
11.00~11.99	C	2	好	一般荣誉
10.00~10.99	D	1	及格	-
0~9.99	E	0	不及格	-

（三）学位证书样式

学士学位证书样式见图 5。

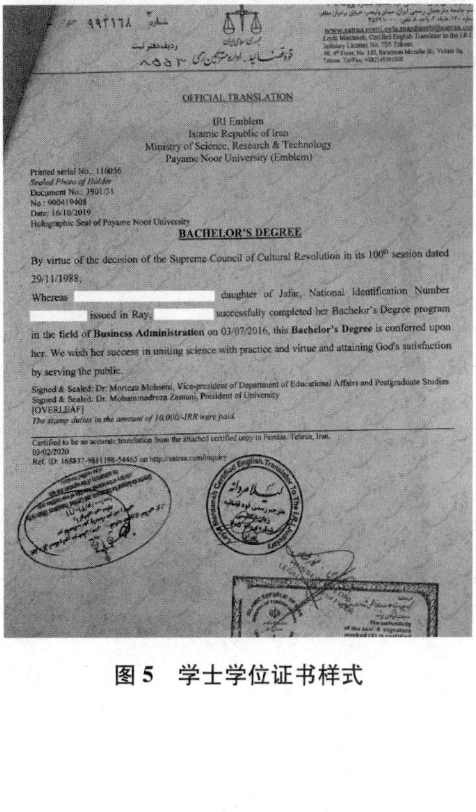

OFFICIAL TRANSLATION

IRI Emblem
Islamic Republic of Iran
Ministry of Science, Research & Technology
Payame Noor University (Emblem)

Printed serial No.: 116056
Sealed Photo of Holder
Document No.: 3901/31
No.: 900419408
Date: 16/10/2019
Holographic Seal of Payame Noor University

BACHELOR'S DEGREE

By virtue of the decision of the Supreme Council of Cultural Revolution in its 100th session dated 29/11/1988;

Whereas [redacted] daughter of Jafar, National Identification Number [redacted] issued in Ray, [redacted] successfully completed her Bachelor's Degree program in the field of **Business Administration** on 03/07/2016, this **Bachelor's Degree** is conferred upon her. We wish her success in uniting science with practice and virtue and attaining God's satisfaction by serving the public.

Signed & Sealed: Dr. Morteza Mohseni, Vice-president of Department of Educational Affairs and Postgraduate Studies
Signed & Sealed: Dr. Mohammadreza Zamani, President of University
[OVERLEAF]
The stamp duties in the amount of 10,000/-IRR were paid.

Certified to be an accurate translation from the attached certified copy in Persian. Tehran, Iran.
03/02/2020
Ref. ID: 168837-9811198-54465 on http://satraa.com/inquiry

图 5 学士学位证书样式

（四）学位证书验证

根据大学毕业的类型，申请人应向不同验证机构申请验证。

（1）从公立大学、私立大学毕业获得的学位，申请人须向伊朗科学研究技术部申请学位认证。申请认证系统为 https：//portal. saorg. ir/。

（2）从公立自费大学、私立自费大学取得的学位，因其学位在 2010 年 1 月 2 日并入国家学位验证系统，在此之前毕业的申请人须向所在学校申请学位认证，在 2010 年 1 月 2 日之后毕业的学生则不需认证。

（3）从私立大学取得的医学学位的申请人，须向国家医学科学部或国家卫生部申请学位认证。

大学毕业的学位证书上应有相对应验证机构的验证签章。

（五）部分高校名单

伊朗进入 QS 2023 世界大学排名的高校：

（1）谢里夫理工大学（Sharif University of Technology）（第 380 名）

（2）阿米尔卡比尔理工大学（Amirkabir University of Technology）（第 443 名）

（3）德黑兰大学（University of Tehran）（第 501~510 名）

五、硕士研究生教育

（一）入学要求

学生要攻读硕士学位需先取得学士学位，参加硕士入学考试，合格后方可入学。成绩优异的本科生可免试入学。有特长的学生（如参加学科奥林匹克竞赛的学生）也可免试。

（二）评分系统

硕士研究生课程满分为 20 分，及格对应分数是 12 分，低于 12 分视为不及格，超过 16 分即为优秀。

（三）学位证书样式

硕士学位证书样式见图 6。

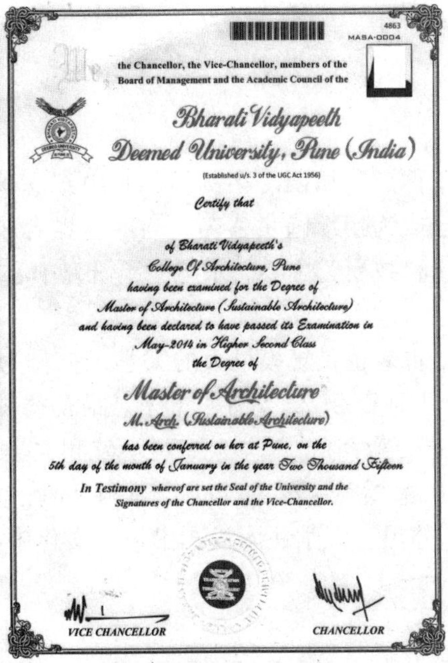
4863
MASA-0004
We, the Chancellor, the Vice-Chancellor, members of the Board of Management and the Academic Council of the
Bharati Vidyapeeth
Deemed University, Pune (India)
(Established u/s. 3 of the UGC Act 1956)
Certify that
of Bharati Vidyapeeth's
College Of Architecture, Pune
having been examined for the Degree of
Master of Architecture (Sustainable Architecture)
and having been declared to have passed its Examination in
May-2014 in Higher Second Class
the Degree of
Master of Architecture
M. Arch. (Sustainable Architecture)
has been conferred on her at Pune, on the
5th day of the month of January in the year Two Thousand Fifteen
In Testimony whereof are set the Seal of the University and the Signatures of the Chancellor and the Vice-Chancellor.
VICE CHANCELLOR
CHANCELLOR

图 6　硕士学位证书样式

（四）学位证书验证

硕士学位证书验证方法与本科学位证书的验证类似。

六、博士研究生教育

（一）简况

在伊朗，博士类型有两种：基于研究，基于课题的研究及研究指导（后者在伊朗更受欢迎且更有含金量）。

学生获得博士学位需修满 36 学分：

公立大学（以课程为基础）要求学生须获得 36 学分，包括 12~18 的课程学分和 18~24 的研究学分；

私立大学要求学生须获得 36 学分，包括 15~18 的课程学分和 18~21 的研究学分；

研究型博士学位要求学生须获得 36 学分，包括 3~8 的课程学分和 28~33 的研究学分。

（二）入学要求

伊朗有博士课程入学笔试考试。通过入学笔试考试后，考生还需参加面试。

附　录

谢里夫理工大学位于德黑兰城西著名的伊朗自由纪念碑附近。经过 50 年的发展，谢里夫理工大学业已成为伊朗最负盛名、与产业界合作最为紧密的理工大学。学校在各学院内建有纳米科技研究中心、水与能源研究中心、海洋工程研究中心等 15 个高水平研究中心。

德黑兰大学是伊朗最古老也是规模最大的大学，被誉为“伊朗大学之母”。德黑兰大学建于 1934 年，占地面积 22.5 万平方米。最初德黑兰大学只有 6 个学院，分别是医学院、技术学院、哲学院、法学院、科学院和文学院，后来逐渐发展为伊朗规模最大的大学。现在德黑兰大学有 111 个本科专业、177 个硕士专业，以及 156 个博士专业。此外，德黑兰大学还附设图书馆、文化中心、医疗中心和娱乐中心等。

（马廷淮、高明、卢宇彬、ROYA MOSTAEDSHIREHJINI、YASIN OROOJI、张昳丽）

意大利

一、关于意大利

（一）国家概况

意大利，全称为意大利共和国，位于欧洲南部，主要由欧洲南部的靴型亚平宁半岛（意大利半岛）及两个地中海岛屿（西西里岛和撒丁岛）组成。意大利北方的阿尔卑斯山地区与法国、瑞士、奥地利及斯洛文尼亚接壤，其领土包围着圣马力诺共和国和梵蒂冈城国两个国家。意大利东、南、西三面临海，海岸线长约 7200 千米。

意大利有 20 个行政区，其中 5 个为特别自治行政区、15 个为普通自治行政区，首都为罗马。意大利人口约 5898 万（截至 2020 年 1 月）。除西北部和东北部的少数民族地区讲法语、德语和斯洛文尼亚语外，大多数居民讲意大利语。意大利国民多信奉天主教。

意大利是议会共和制国家，在 2021 年人类发展指数列表中名列第 30 位[①]，并拥有较高的人均国内生产总值。据意大利国家统计局统计，2021 年人均国内生产总值约 3 万欧元。意大利是发达工业国家，欧洲第四大、世界第八大经济体。其中小企业发达，被誉为“中小企业王国”，中小企业数量占企业总数的 98%以上。意大利地区经济发展不平衡，北方工商业发达，南方以农业为主，经济较为落后。

（二）护照样式

意大利护照样式见图 1 和图 2。

---

① UNITED NATIONS DEVELOPMENT PROGRAMME. Human Development Report 2021：Human Development Index and components［R/OL］.（2021-12-15）［2023-03-08］. https：//hdr. undp. org/data-cenber/documentation-and-downloads.

图 1　护照封面样式

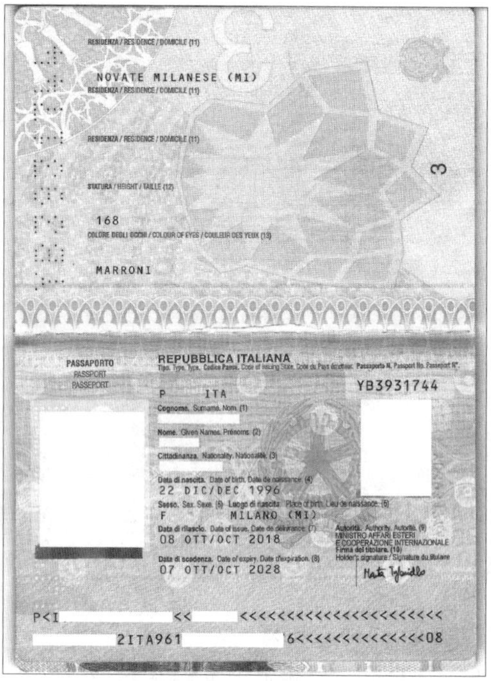

图 2　护照信息页样式

二、教育体系简介

根据 2007 年 8 月 22 日第 139 号部长令，意大利义务教育至少为 10 年，全国约有六成的幼儿园、九成的中小学、八成的高中及九成以上的大学属公立学校，学费低廉。全国文盲率不到 3%。意大利的教育体系分为三个阶段（见图 3）：5 年初级教育（小学），8 年中级教育（3 年初中、5 年高中），高等教育（大专、本科、研究生等）。

高中分为普通高中、职业高中和技术高中三大类。意大利高中学制多数为 5 年，部分艺术类学校为 4 年，部分职业高中为 3 年。大学学制一般为 3 年，部分专业超过 3 年，如工程、建筑专业为 5 年，医学专业为 6 年。

根据 509/1999 号法令的规定，意大利高等教育体系有三个阶段，即“3+2+3”学位制度和学分系统①：

第一阶段：3 年本科学习阶段，完成后授予学士学位（Laurea）。修满 180 个学分。

第二阶段：硕士研究生学习阶段。该阶段有两种学习方式：

① 意大利教育系统[EB/OL].[2023-03-08]. https://www.unipd.it/cn/italian-education-system.

1 年的初级研究生学习，学生在修满 60 个学分后被授予初级硕士学位（Master universitario di 1° livello）。

2 年的硕士研究生学习，后被授予硕士学位（Laurea specialistica）。

第三阶段：博士研究生学习阶段，有两种学习方式和学位。

1 年的中级硕士研究生学习，学生在修满 60 个学分后被授予中级硕士学位（Master universitario di 2° livello）。

3 年博士研究生学习，学生在修满 60~300 个学分后被授予博士学位（Dottorato di ricerca）。

在第三阶段，还有专业学科学院（Scuola di Specializzazione）提供的高级培训班课程，毕业生可获得专业人员称号（Specialista）。

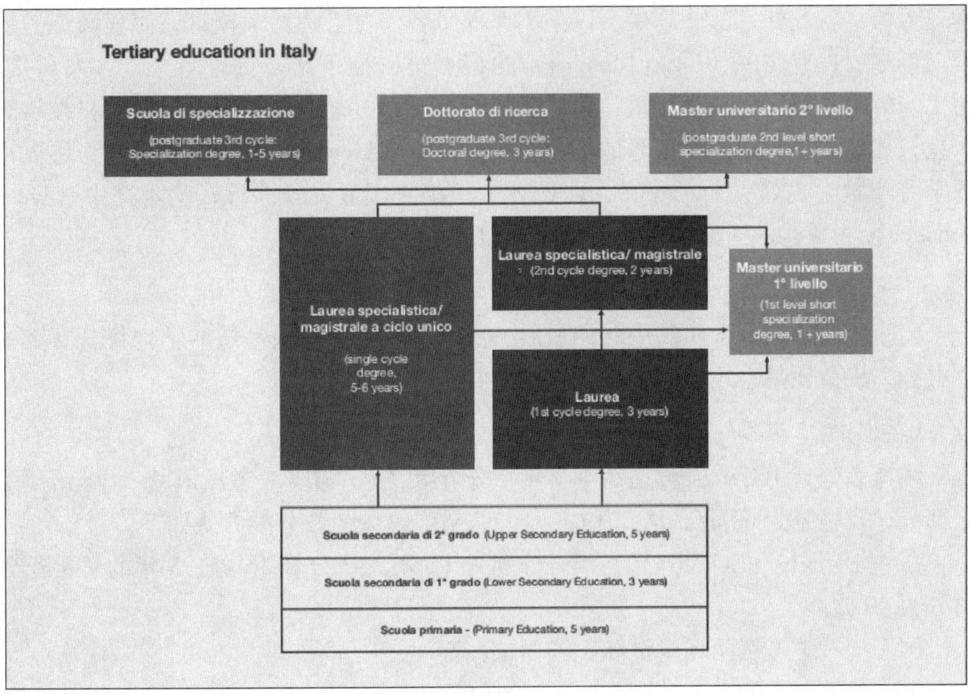

图 3　意大利教育体系

三、中等教育（高中）

意大利中小学教育体制在近几十年经历了数次改革。改革对教学科目、教学计划、师生关系及学制等均进行了调整。如今，意大利的义务教育至少为 10 年，涉及 6~16 岁年龄组。完成义务教育的目的是在 18 岁之前获得高中学历或至少 3 年的专业资格。①

（一）高中分类

高级中学教育针对年龄为 14~18 岁的学生。高级中学分为普通高中（Liceo）、技术高中（Istituto Tecnico）和职业高中（Istituto Professionale）。技术高中是 5 年制，学生主要学习经济、科学和技术知识。职业高中有 3 年制和 5 年制两种，学生学习工业和手工业生产、维修知识，以及各种服务业知识。技术高中或职业高中修完课程后必须参加每年 6~7 月的国家考试，通过考试者方可取得毕业证书，同时获得大学入学资格，学生可以选择自己主修或有兴趣专攻的学系就读。

普通高中为学生进入高一级学校学习做准备。意大利的高中分科较早，使用 Liceo 名称的中学，大都注重科学和艺术教育。对一些公共课程，如意大利文或数学较为注重。此外，部分高中会以某类课程命名，表示此类学校对该课程训练的重视。例如：古典高中（Liceo Classico）的特点是以拉丁文、古希腊文、意大利文、历史与哲学等课程的教育为重；科学高中（Liceo Scientifico）强调对科学和数学的重视，如数学、化学、物理等课程；语言学高中（Liceo Linguistico）比较注重语言的学习与教学，如英文、法文、西班牙文、德文、俄文等课程；艺术高中（Liceo Artistico）注重艺术理论与教学、艺术史和实际绘画技巧等。

（二）高中统考

国家统一考试是学生高中时期最后一次考试。通过这项考试的学生将获高级中学文凭，该文凭是进入大学和找工作的必要条件。

（三）评分系统

统考满分为 100 分，包括高中学年积分（40 分）和统一考试成绩（60 分）两个部分，及格分为 60 分。从 2019 年开始，最终得分的新分配方式如下：

高中学年积分：高三到高五积分分别为 12 分、13 分和 15 分，3 年的学年积分总分为 40 分。

国家统一考试有两场笔试和一场面试：

第一场笔试：最高分数为 20 分（全国统一考意大利语科目）；

第二场笔试：最高分数为 20 分（按照高中的主要方向，参加由教育部指定的考试科目）；

面试：最高分数为 20 分（面试主要内容是高中最后一年的教学内容）

（四）高中毕业证书

通过高中全国统考后，学生所拿到的毕业证书是完成 5 年高级中学学习的合法证明。该证书是大学入学所需的。高中毕业证书样式见图 4。

---

① 意大利教育部[EB/OL].[2023-02-20]. https://www.miur.gov.it/obbligo-scolastico#:~:text=%2D%20Legge%2027%20dicembre%202006%2C%20n,diciottesimo%20anno%20'ET%C3%A0%20%E2%80%9C.

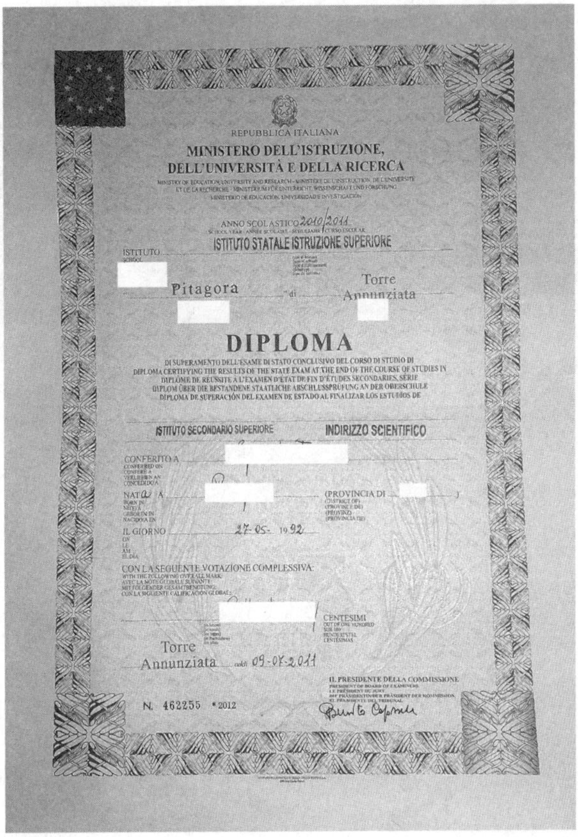

图 4　高中毕业证书样式

（五）考试成绩验证

意大利高中生的平时成绩、课堂表现及上课出勤情况都可随时随地核查。与意大利教育部合作的 Argo Software 公司开发了“家庭平台”（意大利语：PortaleFamiglia）信息管理系统（网站是 argofamiglia. it），以便高中生和家长查询学生在学校学习的所有相关信息。据“家庭平台”网页数据，目前有 4183 所学校 220 多万名学生在使用该平台。家长可以直接通过该系统向学校为学生请假，查询每学期的期中考试成绩、期末考试成绩，以及毕业考试成绩。高中全国统考过后，“家庭平台”也将为毕业生提供毕业证书。家庭平台登录页面见图 5 和图 6。

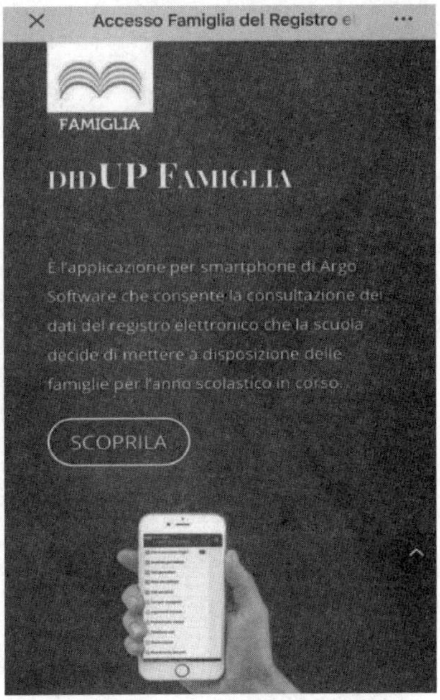

图 5　手机端家庭平台登录页面

图 6　家庭平台登录页面

四、本科教育

意大利教育首开现代大学教育制度的先河，在世界教育史上占有十分重要的地位。意大利全国现有 97 所大学，其中有 67 所国立大学，法律认可的非国立大学 19 所，法律认可的非国立在线大学 11 所。美术、设计、音乐、体育等专业在世界上享有盛誉。

综合性大学是意大利高等教育最重要的部分。意大利约有 64 所综合性大学，300 多个系及专业。这些大学既是学习和研究中心，也是职业培训中心。其中，人文科学、自然科学、药物学、数学、信息科学等学科学制为 4 年，物理、化学、工程学等学科学制为 5 年，医学和外科学等学制为 6 年。意大利各高等院校在法律规定范围内有权颁布自治规章。每所高等院校均设有教育委员会。

（一）入学要求

在完成了高中 5 年学业后，意大利学生即可以进入高等院校学习，高中结业后必须参加每年 6~7 月举行的国家考试。通过考试者方可取得毕业证书，同时获得大学入学资格，可以选择自己主修或有兴趣专攻的专业就读。

大学包括两个衔接的等级，第一等级是 3 年制本科，学业结束获得毕业证；第二等级是 2 年制硕士研究生。学生就读高等院校需要按年交付注册费，数额取决于不同的大学或院校。学习成绩优异的学生可申请奖学金，家庭经济条件十分困难的学生可以申请助学金。

（二）评分系统

意大利大学评分系统以考试为主。考试通常在课程结束后进行。考试的重要目标是证明考生已经掌握了有关科目的知识。考试形式可分为笔试、面试、实验等。

意大利大学考试满分为 30 分，及格分为 18 分。另外，也有学分不高（1、2 学分）的测试（意大利语：idoneità），此类测试的成绩只分“通过”或“未通过”①。

最终毕业成绩由所有考试成绩的平均分数加毕业论文分数组成。考试成绩平均分数以加权平均数为主。

（三）学位证书样式

学士学位通常是由高等教育机构（通常是大学）授予。在欧盟国家，该文凭必须按照《博洛尼亚进程》要求颁发，受国家教育部认可，一般需修满 180 学分。学士学位证书样式见图 7。

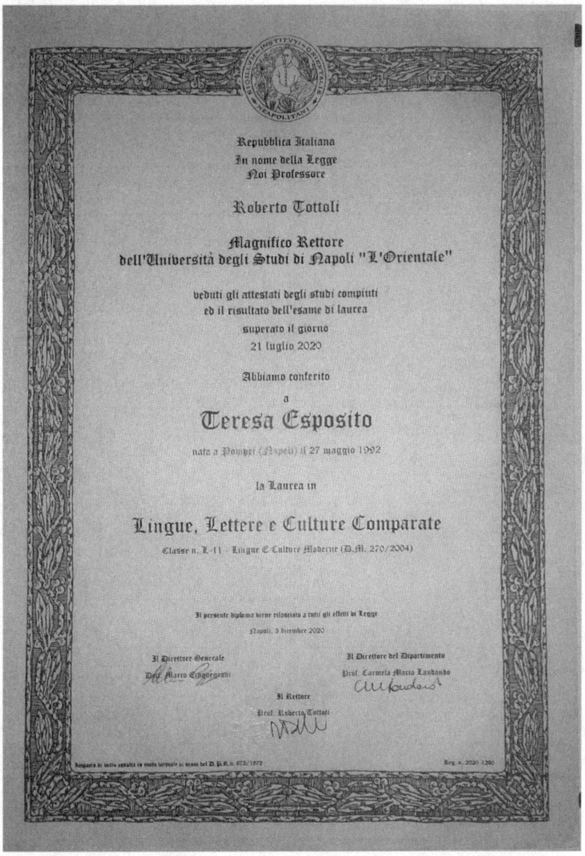
Repubblica Italiana
In nome della Legge
Noi Professore
Roberto Tottoli
Magnifico Rettore
dell'Università degli Studi di Napoli "L'Orientale"
veduti gli attestati degli studi compiuti
ed il risultato dell'esame di laurea
superato il giorno
21 luglio 2020
Abbiamo conferito
a
Teresa Esposito
nata a Pompei (Napoli) il 27 maggio 1992
la Laurea in
Lingue, Lettere e Culture Comparate
Classe n. L-11 - Lingue e Culture Moderne (D.M. 270/2004)
Il presente diploma viene rilasciato a tutti gli effetti di Legge
Napoli, 3 dicembre 2020
Il Direttore Generale
Il Direttore del Dipartimento
Prof. Carmela Maria Laudando
Il Rettore
Prof. Roberto Tottoli

图 7　学士学位证书样式

（四）学位证书验证

意大利国家学生和毕业生数据库（意大利语：Anagrafe Nazionale Studenti，简称 ANS）是一个教育部级数据库，可使用此数据库查询所有攻读高等教育院校专业课

① Accreditation in Italian university system[EB/OL].[2023-03-08]. https://www.cimea.it/Upload/Documenti/9449 2003-Accreditation%20in%20the%20Italian%20University%20System.pdf.

程的学生情况。数据库所管理的信息由每所大学上交，包括新生注册到毕业生的所有学业活动都在 ANS 备案。用户可在线搜索和查询①，在线 ANS 数据库网址为 http：//anagrafe. miur. it/index. php。

（五）部分高校排名

意大利部分高校排名见表 1。

表 1　意大利部分高校排名

超大型国立大学（4 万名学生以上）排名		中型国立大学（1 万至 2 万名学生）排名	
1	博洛尼亚大学	1	锡耶纳大学
2	佛罗伦萨大学	2	萨萨里大学
3	帕多瓦大学	3	特伦托大学
4	罗马大学（罗马第一大学）	4	德里亚斯特大学
5	比萨大学	5	马尔凯理工大学
6	巴里大学	6	萨兰托大学
7	都灵大学	7	布雷西亚大学
8	米兰大学	8	马切拉塔大学
9	卡塔尼亚大学	9	乌迪内大学
10	那不勒斯费德烈二世大学	10	卡罗博乌尔比诺大学
大型国立大学（2 万至 4 万名学生）排名		理工大学排名	
1	佩鲁贾大学	1	米兰理工大学
2	卡拉布里亚大学	2	威尼斯建筑大学
3	帕尔马大学	3	都灵理工大学
4	帕维亚大学	4	巴里理工大学
5	卡利亚里大学	艺术大学排名	
6	摩德纳大学	1	佛罗伦萨美术学院
7	巴勒莫大学	2	罗马美院
8	热那亚大学	3	威尼斯美术学院
9	罗马第二大学	4	米兰布雷拉美院

① 教育部《国家学生和毕业生数据库》Open data-MIUR[DB/OL].[2023-03-08]. http://ustat. miur. it/opendata.

五、硕士研究生教育

大学教育第二层次的学历教育（意大利语：Laurea Magistrale，简称 LM）相当于硕士研究生教育。想申请 LM 的学生必须具有大学学历或国外同等学力，学习期 2 年。在大学之后，意大利部分大学还会开设专业硕士课程（英语：Specializing Master）。学生在获得本科学位后可申请一级硕士课程（意大利语：Master Universitario di Ⅰ Livello；英语：First Level Specializing Master），学习一年获得 60 个学分后可获得一级硕士学位，如果选择再学习一年可申请二级硕士课程（英语：Second Level Specializing Master）。专业硕士学位由所在学校颁发，但不能用于申请意大利高校的博士课程。

（一）入学条件

硕士申请需准备的资料有本科毕业证和学位证、完整的成绩单、所修课程描述，申请艺术类专业的学生还需提供作品集。本科所学专业和硕士申请专业匹配度需达到 80%及以上。

如果所报专业和其本科专业一致或相似，一般可以直升且不需要考试，除非本科段成绩平均分很低。申请者如果想申请非本科专业的硕士课程，需要参加分专业进行的入学考试。一般文学语言类的考试是笔试加面试，设计类的考试是作品集加面试，传媒管理类的考试是笔试（一般都是选择题）。

欧盟对于有些 LM 的课程有特殊的规定，如牙科、人体药学、兽医药学、药物学、建筑学等，入学时需要由一所意大利学校或相应的外国学校出具参加入学考试证明。

（二）评分系统

意大利院校研究生学习阶段主要以修学分为主。学生修完学分，撰写完毕业论文并通过论文答辩就能顺利毕业。学生一般要修满 120 学分，学制为 2 年。意大利的本硕连读形式要求至少修满 300 学分，学制为 5 年。

（三）学位证书样式

硕士学位证书样式见图 8。

POLITECNICO DI MILANO

Repubblica Italiana
In nome della Legge

Noi Prof. Ing. Giovanni Azzone Rettore del

POLITECNICO DI MILANO

visti gli attestati degli studi compiuti
visto il risultato della prova finale superata in questo Politecnico il giorno 18 dicembre 2014
conferiamo a

[redacted]

nato a Cremona (CR) il giorno 24 luglio 1988
la Laurea Magistrale in

Ingegneria Elettronica
Classe delle Lauree n. LM-29 - Ingegneria Elettronica

Il presente diploma viene rilasciato a tutti gli effetti di legge.

Il Rettore
Giovanni Azzone
[redacted]

Milano, addì 18 dicembre 2014

Il Direttore Generale
Graziano Dragoni
[redacted]

Reg. n. 1214-0887

Il Preside della Scuola
Giovanni Lozza
[redacted]

图 8　硕士学位证书样式

（四）学位证书验证

用户可在国家学生和毕业生数据库在线搜索和查询①，在线 ANS 数据库网址为 http：//anagrafe. miur. it/index. php。

六、博士研究生教育

（一）简况

意大利每年博士招生数量较少，主要包括博士学位招生和高级培训班招生。前者学制一般至少为 3 年，后者一般期限为 1~5 年。意大利几乎没有提供相关硕博连读课程，但可以选择本硕连读课程，其学制一般为 4~6 年。

博士学位的目标是培养学生的独立科研能力，使其可胜任高等院校研究工作。

高级培训班的目标是培养学生具备从事高等职业的知识和技能。高校只有在意大利法律或欧盟的法规要求的特定的情况下，才能开设高级培训班。

（二）入学要求

意大利与其他欧洲国家不同，大部分 3 年制公立学校的博士招考方式与中国的博士统考类似，获得硕士学位的学生报名后由学校核实人数和材料，然后统一安排考试，按照排名录取。在意大利，博士研究生资格的取得需要有导师的推荐并通过严格公平的竞争考试，考试分为面试和笔试，笔试满分为 60 分，及格分为 40 分，笔试分数达到 40 分才可以参加面试。

---

① 教育部《国家学生和毕业生数据库》Open data－MIUR［DB/OL］.［2023－03－08］. http：//ustat. miur. it/opendat.

附　录

（一）高中统考机构的联系方式

意大利高中统考主要负责机构为意大利教育部（意大利语：Ministero dell'Istruzione，Università e Ricerca，简称 MIUR）。关于高中教育体系和统考信息，可在线查询，网址为 https：//www. miur. gov. it/we b/guest/scuola。中央教育部高中教育秘书处电子邮箱地址[①]为 DPIT. segreteria@ istruzione. it。

（二）排名前 25 位的大学名单[②]

（1）米兰市：米兰理工大学（Polytechnic University of Milan）

（2）博洛尼亚市：博洛尼亚大学（University of Bologna）

（3）罗马市：罗马大学（Sapienza University of Rome）

（4）帕多瓦市：帕多瓦大学（University of Padua）

（5）米兰市：米兰大学（University of Milan）

（6）都灵市：都灵理工大学（Polytechnic University of Turin）

（7）比萨市：比萨大学（University of Pisa）

（8）那不勒斯市：那不勒斯费德里科二世大学（University of Naples Federico Ⅱ）

（9）米兰市：圣拉斐尔生命健康大学（Vita-Salute San Raffaele University）

（10）特伦托市：特伦托大学（University of Trento）

（11）佛罗伦萨市：佛罗伦萨大学（University of Florence）

（12）都灵市：都灵大学（University of Turin）

（13）罗马市：罗马第二大学（University of Rome Tor Vergata）

（14）米兰市：意大利天主教圣心大学（Catholic University of the Sacred Heart）

（15）帕维亚市：帕维亚大学（University of Pavia）

（16）巴里市：巴里理工大学（Politecnico di Bari）

（17）米兰市：米兰比可卡大学（University of Milano Bicocca）

（18）热那亚市：热那亚大学（University of Genoa）

（19）波尔扎诺市：波尔扎诺自由大学（Free University of Bozen）

（20）的里雅斯市：的里亚斯特大学（University of Trieste）

（21）锡耶纳市：锡耶纳大学（University of Siena）

---

① 中央教育部高中教育秘书处 MIUR-Dipartimento per il sistema educativo di Istruzione e Formazione：[EB/OL]．[2023-03-08]．https：//www. miur. gov. it/web/guest/indirizzi-di-posta-elettronica-ordinaria-peo-dell-amministrazione-centrale

② 详细信息请参考 QS 2023 世界大学排名[EB/OL].[2023-03-08]. https://www. qschina. cn/university-rankings/world-university-rankings/2023.

（22）威尼斯市：威尼斯大学（University of Venice）
（23）卡塔尼亚市：卡塔尼亚大学（University of Catania）
（24）安科纳市：马尔凯理工大学（University of Ancona）
（25）费拉拉市：费拉拉大学（University of Ferrara）

（朱苏静、MARCO LOVISETTO、VINCI MARCELLO、ROSSI MARINELLA）

越 南

一、关于越南

（一）国家概况

越南，全称为越南社会主义共和国（英语：Socialist Republic of Vietnam，越南语：Cộng hòa Xã hội Chủ nghĩa Việt Nam）。

越南国土面积约 329,556 平方千米。越南地处东南亚中南半岛东部，北与中国广西、云南接壤，西与老挝、柬埔寨交界，东面和南面临海。越南境内 3/4 面积为山地和高原，主要河流为北部的红河和南部的湄公河①。越南属于东七时区，首都河内时间比北京时间晚一个小时。

全国行政区划为 58 个省和 5 个直辖市，主要城市包括首都河内、胡志明市、海防等。越南人口 9826 万人（截至 2021 年）。全国共有 54 个民族，其中京族人口占比约 90%。越南的官方语言和通用语言均为越南语，主要宗教包括佛教、天主教、和好教、高台教②。

越南气候属热带季风气候，高温多雨，年平均气温 24 ℃左右，年平均降雨量为 1500~2000 毫米。北方分春、夏、秋、冬四季。南方雨旱两季分明，大部分地区 5~10 月为雨季，11 月至次年 4 月为旱季。

越南的教育理念可追溯到中国的孔子的教育思想，平等对待每一位求学者。现在由教育培训部负责统筹全国的教育工作，教育阶段可分为幼儿教育、中等教育、职业教育和高等教育。

---

① 中国驻越南大使馆官网. 越南一瞥. Embassy of the People's Republic of China in the Socialist Republic of Viet Nam [EB/OL]. (2012-04-01) [2020-12-21]. http://vn.china-embassy.gov.cn/chn/ynyp/.

② 越南投资促进局官网. 越南国家简介. General Information [EB/OL]. [2021-08-02]. http://en.vietrade.gov.vn/.

（二）护照样式

越南普通护照的有效期是 10 年，护照样式见图 1 和图 2。

图 1　护照封面样式

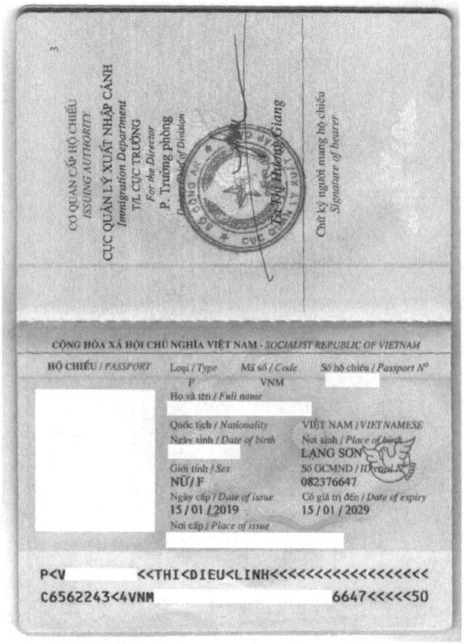

图 2　护照信息页样式

二、教育体系简介

越南教育文化的根源来自对儒家思想的崇尚①。儒家思想强调"人人受教育，不受歧视"②。越南人民的传统价值观之一就是尊师重教。

1986 年，越南实行革新开放（意为"做出改变"）③。改革使教育机构除了公立之外，还可以实行部分或完全私有化。自此，"半公立"和"集体创办"机构越来越普遍，非公有制形式在学前教育及技术和职业培训方面受到欢迎④。

自 1990 年以来，教育培训部（MOET）一直负责越南所有形式的教育。教育培

① Mongabay. Vietnam Education[EB/OL]. [2021-09-08]. https://data. mongabay. com/history/vietnam/vietnam-education. html.

② Gao Ruiquan. The source of the idea of equality in Confucian thought[J]. Frontiers of philosophy in China, 2010,5(4):486-505.

③ Jeffrey Hays. DOI MOI (VIETNAM'S ECONOMIC REFORMS) AND VIETNAM'S ECONOMY DURING THE 1980s AND 1990s[EB/OL]. [2021-10-03]. http://factsanddetails. com/southeast-asia/Vietnam/sub5_9g/entry-3470. html.

④ Kristy Kelly. The Higher Education System in Vietnam[EB/OL]. [2021-04-01]. https://wenr. wes. org/2000/05/ewenr-mayjune-2000-the-higher-education-system-in-vietnam.

训部的职责包括向国民议会提交建立新学校或教育机构的建议，编写和出版新的教科书，开发新的课程，发布招生指南，以及颁发证书和文凭。

1998 年，越南颁布了第一部《教育法》，为教育的发展提供了法律框架。2005 年，国民议会修订和补充了《教育法》，以增加民众受教育的机会。《教育法》明确允许公立、集体和私立学校的创办。2017 年，教育培训部发布了《教育培训可持续发展计划至 2025 年、面向 2030 年》。

越南的教育包括四个类别（阶段）：

幼儿保育和教育：托儿所和幼儿园。

中等教育：小学、初中和高中。

职业教育：初级、中级、高等。

高等教育：专科、本科、硕士研究生、博士研究生。

国家组织和管理各类别教育的入学考试，以确保选拔优秀学生继续深造。

（1）幼儿保育和教育（ECCE）：越南的幼儿保育和教育为 3 个月至 6 岁的儿童提供照料和学习服务。托儿所接受 3 个月至 3 岁的婴孩。幼儿园接收 3 岁至 5 岁的儿童。

（2）中等教育：分为小学、初中和高中三个阶段。

a. 小学：小学教育由 5 个年级（1~5 年级）组成，面向 6~11 岁的学生。

b. 初中：初中教育由 4 个年级（6~9 年级）组成，面向 11~15 岁的学生。小学毕业的学生都可以进入 6 年级。

c. 高中：高中教育由 3 个年级（10~12 年级）组成，面向 15~18 岁的学生。所有初中生都必须通过选拔考试才能升入高中。

（3）职业教育：越南通过职业教育培养学生的专业技能，帮助他们找到工作或提高他们的专业/技术技能/资格。职业教育可分为初级、中级和高等职业教育三种类型。初级培训为期不到 1 年，中级和高等职业教育将持续 1~3 年，具体视专业特点和要求而定。

（4）高等教育：可分为专科、本科、硕士研究生、博士研究生四个层次①。

a. 专科：专科教育是在完成中等教育基础上进行的比本科教育学习年限短的专业教育，学制为 2~3 年，学生毕业后可获得毕业证书。

b. 本科：为高中或职业教育毕业生提供的 4~6 年以上的学制学习。

c. 硕士：为大学毕业生提供 1~2 年的学制学习。

d. 博士：为大学毕业生提供 4 年以上的学制学习，或为硕士毕业生提供 2~3 年的学制学习。

---

① N. V. Nhã, V. N. Tú：Higher Education Reform in Vietnam：Current Situation, Challenges and Solutions[J]. VNU Journal of Science, 2015,31(4):85-97.

三、中等教育（高中）

（一）入学要求

越南初中毕业生升入高中通过两种方式：参加考试和直接录取。

（1）参加高中入学考试：分为考取非专业高中和专业高中两种类型。

a. 非专业高中：学生参加包括文学、数学、外语及1门初中科目所组成的入学考试。在2019年的高中入学考试中，单独科目是历史。进入非专业高中后，培养课程分为基础课、自然科学（和数学）、社会科学（和外语）3大类，包括以下科目：文学、历史、地理、数学、物理、化学、生物、外语、政治、体育。

b. 专业高中：学生参加由文学、数学、外语（非专业）和1门专业课所组成的入学考试。进入专业高中后，其设置的专业课程包括：数学、计算机科学、物理、化学、生物、文学、历史、地理、英语、法语、俄语、汉语。

（2）直接录取：有4种方式，如下所示：

a. 少数民族寄宿制中学毕业的学生可直接进入少数民族寄宿制高中10年级学习。

b. 少数民族学生。

c. 患有残疾的学生。

d. 获得文化、艺术、体育、科技竞赛国家和国际奖项的学生。

（二）全国高考

高中学生必须参加越南全国高考（Kỳ thi Trung học phổ thông Quốc gia），根据越南教育培训部2019年3月18日发布的《全国高中毕业考试条例修正案》（No. 03/2019/TT-BGDDT），高考结果用于3个方面：（1）高中毕业的验证；（2）中等教育质量的评估；（3）申请高等教育或职业教育的入学资格①。

越南一般在春季学期的期末统一组织高考，全国中学毕业生同时参加为期3天的考试，总分60分。考生需要参加3门必修课（数学、文学、外语）的独立考试，以及1门组合类课程考试。组合类课程考试有物理、化学和生物的组合和历史、地理和公民教育的组合两种，学生可以选其中一种。

（三）结果和证书

每门科目的最高成绩是10分，5分表示及格，学生的总分达到30分，才被认为通过高考，通过高考的考生将获得高中毕业证书，同时获得申请高等教育入学的资格，他们可以根据不同的科目组合选择申请高等教育入学。表1为考试成绩级别

---

① 越南教育培训部. The Ministry of Education and Training. Regulation on National High School Graduation Examination[S]. 2019.

评定表，其中，9~10 分为优秀，7~8 分为良好，5~6 分为及格，5 分以下为不及格。

表 1　官方认定的平均成绩等级表

分数（分）	评价	描述
9~10	优秀	通过
7~8	良好	通过
5~6	及格	通过
<5	不及格	未通过

在越南，拥有高中临时毕业证书的学生才有参加高等教育入学考试的资格，最终毕业证书颁发后临时毕业证书便失效。图 3 和图 4 分别为高中毕业证书和临时毕业证书样式。

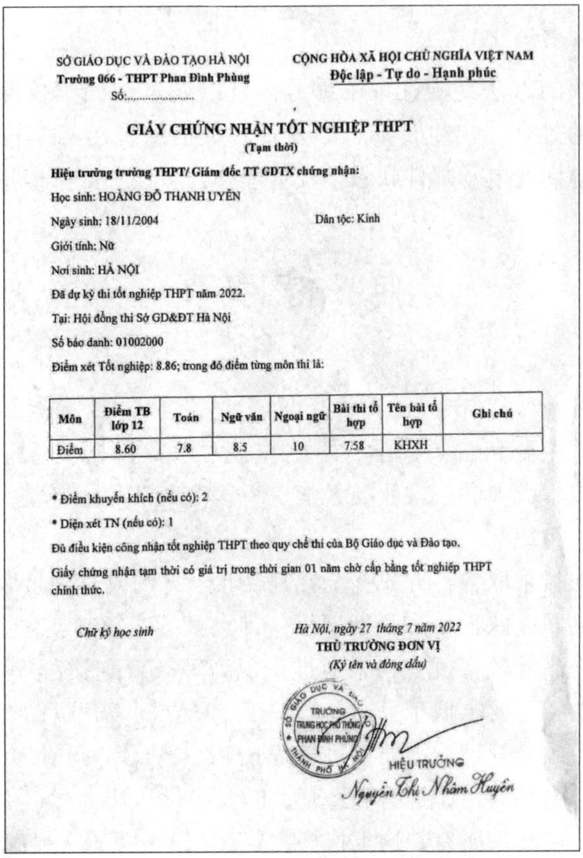
SỞ GIÁO DỤC VÀ ĐÀO TẠO HÀ NỘI
Trường 066 - THPT Phan Đình Phùng
Số:........................

CỘNG HÒA XÃ HỘI CHỦ NGHĨA VIỆT NAM
Độc lập - Tự do - Hạnh phúc

GIẤY CHỨNG NHẬN TỐT NGHIỆP THPT
(Tạm thời)

Hiệu trưởng trường THPT/ Giám đốc TT GDTX chứng nhận:

Học sinh: HOÀNG ĐỖ THANH UYÊN

Ngày sinh: 18/11/2004　　Dân tộc: Kinh

Giới tính: Nữ

Nơi sinh: HÀ NỘI

Đã dự kỳ thi tốt nghiệp THPT năm 2022.

Tại: Hội đồng thi Sở GD&ĐT Hà Nội

Số báo danh: 01002000

Điểm xét Tốt nghiệp: 8.86; trong đó điểm từng môn thi là:

Môn	Điểm TB lớp 12	Toán	Ngữ văn	Ngoại ngữ	Bài thi tổ hợp	Tên bài tổ hợp	Ghi chú
Điểm	8.60	7.8	8.5	10	7.58	KHXH	

* Điểm khuyến khích (nếu có): 2

* Diện xét TN (nếu có): 1

Đủ điều kiện công nhận tốt nghiệp THPT theo quy chế thi của Bộ Giáo dục và Đào tạo.

Giấy chứng nhận tạm thời có giá trị trong thời gian 01 năm chờ cấp bằng tốt nghiệp THPT chính thức.

Chữ ký học sinh

Hà Nội, ngày 27 tháng 7 năm 2022
THỦ TRƯỞNG ĐƠN VỊ
(Ký tên và đóng dấu)

SỞ GIÁO DỤC VÀ ĐÀO TẠO
TRƯỜNG TRUNG HỌC PHỔ THÔNG PHAN ĐÌNH PHÙNG
THÀNH PHỐ HÀ NỘI

HIỆU TRƯỞNG
Nguyễn Thị Nhâm Huyên

图 3　高中毕业证书样式

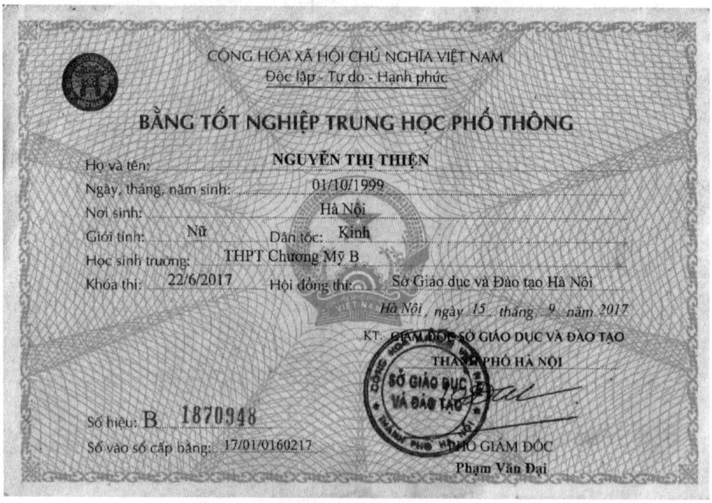
CỘNG HÒA XÃ HỘI CHỦ NGHĨA VIỆT NAM
Độc lập - Tự do - Hạnh phúc

BẰNG TỐT NGHIỆP TRUNG HỌC PHỔ THÔNG

Họ và tên: NGUYỄN THỊ THIỆN
Ngày, tháng, năm sinh: 01/10/1999
Nơi sinh: Hà Nội
Giới tính: Nữ Dân tộc: Kinh
Học sinh trường: THPT Chương Mỹ B
Khóa thi: 22/6/2017 Hội đồng thi: Sở Giáo dục và Đào tạo Hà Nội

Hà Nội, ngày 15 tháng 9 năm 2017
KT. GIÁM ĐỐC SỞ GIÁO DỤC VÀ ĐÀO TẠO
THÀNH PHỐ HÀ NỘI
PHÓ GIÁM ĐỐC
Phạm Văn Đại

Số hiệu: B 1870948
Số vào sổ cấp bằng: 17/01/0160217

图 4　高中临时毕业证书样式

（四）毕业证书验证

验证证书最快的方法是验证证书编号。可以通过访问学校网站，输入证书编号，查看证书中的姓名、出生日期、颁发日期等信息是否与学校网站上的数据匹配，也可以通过电话或电子邮件联系学校管理办公室核实证书信息。

四、本科教育

（一）高等教育简介

越南高等教育主要包含了大学、学院和学术研究机构。越南有各种类型的大学：开放大学、技术类大学、农业类大学、医学类大学和经济类大学。高等教育由教育与培训部统一组织①。

越南的教育项目采取各种方式：全日制、非全日制或直接录取；短期课程（指学院提供的 3 年制职业课程）和长期课程（即大学的 4 年制或 5 年制学士课程）也有区别。同时私立高等教育机构为未通过正规高等教育选拔程序的学生提供课程。因此，这些院校的招生要求低于普通高等院校。私立的教育机构有 3 种：

· 半公立：由政府管理，需要支付学费；
· 私人组织：由私人组织拥有和经营，需要支付学费；
· 完全私立：由私人所有，这类机构主要存在于初等和基础普通教育中。

---

① 越南总理令 . Prime Minister of Vietnam. (2017). Decision No. 582/QD-TTg on Approving the list of extremely difficult hamlets, communes of Region Ⅲ, Region Ⅱ, Region Ⅰ of ethnic minority and mountainous areas in the period of 2016—2020.

目前，越南高等教育系统共有237所大学和研究所（包括172所公立学校、60所私立学校、5所100%外资的学校）、31所师范学院、2所师范中学和37所可培养博士研究生的科研机构。据教育部统计，截至2019年6月30日，全国共有121所高等教育机构和3所师范院校符合质量认证标准。规范化培训高等学校约占全国高校总数的51%。有6所大学通过了国际认证机构（HCERES、AUN-QA）的认证。在培训项目认证方面，有7所大学的16个培训项目按国内标准评定和认可，24所大学和研究所的128个培训项目按地区和国际标准评定和认可。此外，还有2所大学首次进入世界上最好的1000所大学行列①。

教育培训部与12个部委和省政府一起代表国家管理高等教育机构。大多数“重点”大学实行教育部直属管理。其他的大学则由不同的部委（根据专业领域）或省级政府管理。各部委（包括教育部）和省级政府对高等教育机构的直线管理包括预算的分配、校长的任命和财政收支等重大决策的监管。

迄今为止，越南85家高等教育机构与33个国家和地区的258所高等教育机构建立国际合作，现有550个具有活力的项目。对外联合培养计划共招收学生8.6万人，其中毕业人数约4.8万人（大学毕业生1.8万人，硕士毕业人数2.8万人，博士毕业人数60人，其他学位毕业人数1900人），在读学生达到3.8万人。越南高等教育正日益受到国际关注，与澳大利亚、新西兰和美国建立了联合培养学生的伙伴关系。

（二）入学要求

越南全国高考的成绩将用于申请高等教育或职业教育的入学资格②。因此，普通高等教育入学需要选择各科成绩的组合进行申请，常见的5种组合方式分别是：

A：数学、物理、化学；

A1：数学、物理、英语；

B：数学、化学、生物；

C：文学、历史、地理；

D：文学、数学、外语。

各大学/学院根据分组科目和每年新入学人数给出录取分数线。通常情况下，分数因专业而异。越南学生可以申请多所大学。然而，学生必须根据个人的分数和意愿按优先顺序列出志愿进行报名，如果第一志愿未被录取，将按志愿排列的先后顺序进行录取。各省的要求分数也各不相同，例如，竞争性较强的省/市（如河内、胡志明市）的学生录取分数线比竞争性较弱的地区（如Thai Nguyen市和Thua Thien Hue省）的学生录取分数线更高③。

---

① 泰晤士报世界大学排行榜. Times Higher Education Best Universities World Ranking 2023[EB/OL].[2023-03-10]. https://www.timeshighereducation.com.

② 越南内政部. Ministry of Home Affairs-Article 3 of Decree No. 61/2012/ND-CP[S]. 2012.

③ 越南教育培训部. MOET. Circular No. 07/2018/TT-BGDDT on amending, supplementing the name and some articles of the regulation of regular university enrollment, college enrollment with the formal teacher training issued. 2018.

（三）评分系统

图 5 所示为本科成绩单。成绩单是以学分制为基础，综合各科的成绩标准计算统计而得出加权平均 GPA，GPA 满分为 4。

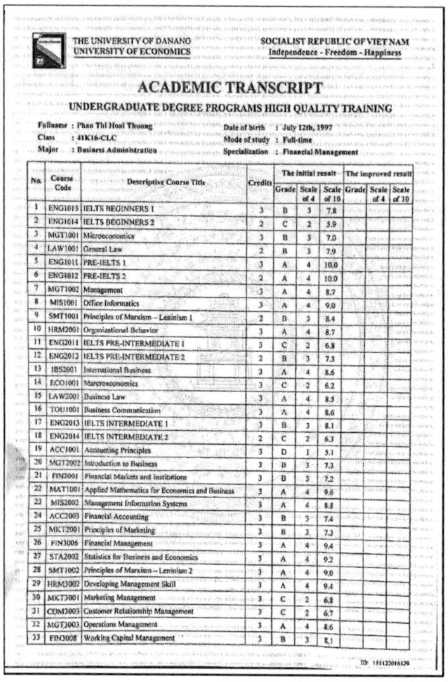
THE UNIVERSITY OF DANANG
UNIVERSITY OF ECONOMICS

SOCIALIST REPUBLIC OF VIET NAM
Independence - Freedom - Happiness

ACADEMIC TRANSCRIPT

UNDERGRADUATE DEGREE PROGRAMS HIGH QUALITY TRAINING

Fullname : Phan Thi Hoai Thuong
Class : 41K16-CLC
Major : Business Administration
Date of birth : July 12th, 1997
Mode of study : Full-time
Specialization : Financial Management

No.	Course Code	Descriptive Course Title	Credits	The initial result			The improved result		
				Grade	Scale of 4	Scale of 10	Grade	Scale of 4	Scale of 10
1	ENG1013	IELTS BEGINNERS 1	3	B	3	7.8			
2	ENG1014	IELTS BEGINNERS 2	2	C	2	5.9			
3	MGT1001	Microeconomics	3	B	3	7.0			
4	LAW1001	General Law	2	B	3	7.9			
5	ENG1011	PRE-IELTS 1	3	A	4	10.0			
6	ENG1012	PRE-IELTS 2	2	A	4	10.0			
7	MGT1002	Management	3	A	4	8.7			
8	MIS1001	Office Informatics	3	A	4	9.0			
9	SMT1001	Principles of Marxism – Leninism 1	2	B	3	8.4			
10	HRM2001	Organizational Behavior	3	A	4	8.7			
11	ENG2011	IELTS PRE-INTERMEDIATE 1	3	C	2	6.8			
12	ENG2012	IELTS PRE-INTERMEDIATE 2	2	B	3	7.3			
13	IBS2001	International Business	3	A	4	8.6			
14	ECO1001	Marcroeconomics	3	C	2	6.2			
15	LAW2001	Business Law	3	A	4	8.5			
16	TOU1001	Business Communication	3	A	4	8.6			
17	ENG2013	IELTS INTERMEDIATE 1	3	B	3	8.1			
18	ENG2014	IELTS INTERMEDIATE 2	2	C	2	6.3			
19	ACC1001	Accounting Principles	3	D	1	5.1			
20	MGT2002	Introduction to Business	3	B	3	7.3			
21	FIN2001	Financial Markets and Institutions	3	B	3	7.2			
22	MAT1001	Applied Mathematics for Economics and Business	3	A	4	9.6			
23	MIS2002	Management Information Systems	3	A	4	8.8			
24	ACC2003	Financial Accounting	3	B	3	7.4			
25	MKT2001	Principles of Marketing	3	B	3	7.3			
26	FIN3006	Financial Management	3	A	4	9.4			
27	STA2002	Statistics for Business and Economics	3	A	4	9.2			
28	SMT1002	Principles of Marxism – Leninism 2	3	A	4	9.0			
29	HRM3002	Developing Management Skill	3	A	4	9.4			
30	MKT3001	Marketing Management	3	C	2	6.8			
31	COM3003	Customer Relationship Management	3	C	2	6.7			
32	MGT3003	Operations Management	3	A	4	8.6			
33	FIN3008	Working Capital Management	3	B	3	8.1			

ID: 151122016129

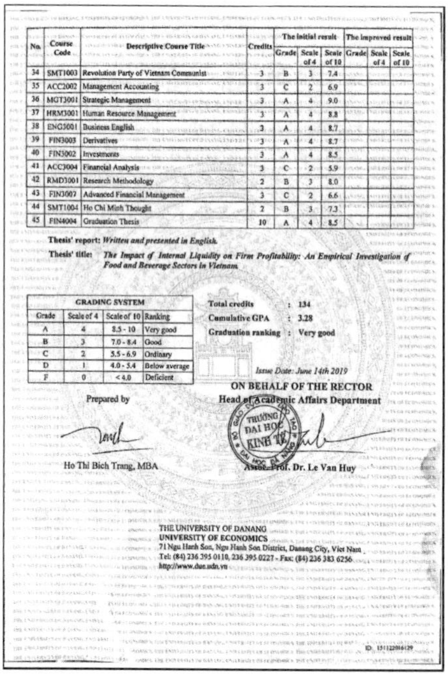
No.	Course Code	Descriptive Course Title	Credits	The initial result			The improved result		
				Grade	Scale of 4	Scale of 10	Grade	Scale of 4	Scale of 10
34	SMT1003	Revolution Party of Vietnam Communist	3	B	3	7.4			
35	ACC2002	Management Accounting	3	C	2	6.9			
36	MGT3001	Strategic Management	3	A	4	9.0			
37	HRM3001	Human Resource Management	3	A	4	8.8			
38	ENG3001	Business English	3	A	4	8.7			
39	FIN3003	Derivatives	3	A	4	8.7			
40	FIN3002	Investments	3	A	4	8.5			
41	ACC3004	Financial Analysis	3	C	2	5.9			
42	RMD3001	Research Methodology	2	B	3	8.0			
43	FIN3007	Advanced Financial Management	3	C	2	6.6			
44	SMT1004	Ho Chi Minh Thought	2	B	3	7.3			
45	FIN4004	Graduation Thesis	10	A	4	8.5			

Thesis' report: *Written and presented in English.*
Thesis' title: *The Impact of Internal Liquidity on Firm Profitability: An Empirical Investigation of Food and Beverage Sectors in Vietnam.*

GRADING SYSTEM			
Grade	Scale of 4	Scale of 10	Ranking
A	4	8.5 - 10	Very good
B	3	7.0 - 8.4	Good
C	2	5.5 - 6.9	Ordinary
D	1	4.0 - 5.4	Below average
F	0	< 4.0	Deficient

Total credits : 134
Cumulative GPA : 3.28
Graduation ranking : Very good

Issue Date: June 14th 2019

Prepared by
Ho Thi Bich Trang, MBA

ON BEHALF OF THE RECTOR
Head of Academic Affairs Department
Assoc. Prof. Dr. Le Van Huy

THE UNIVERSITY OF DANANG
UNIVERSITY OF ECONOMICS
71 Ngu Hanh Son, Ngu Hanh Son District, Danang City, Viet Nam
Tel: (84) 236 395 0110, 236 395 0227 - Fax: (84) 236 383 6256
http://www.due.udn.vn

ID: 151122016129

图 5 本科成绩单样式

教育部于 2007 年修订了高等教育评估体系，修订后的考试成绩评分系统等级结果如表 2 所示。

表 2 考试成绩评分系统等级

GPA	描述（越南语）	评价
3.60~4.00	Xuat sac	出色
3.20~3.59	Gioi	很好
2.50~3.19	Kha	好
2.00~2.49	Trung binh	中等

（四）毕业要求

根据教育培训部的《第 57/2012/TT-BGDDT 号通知修订大学和大专培训条例》要求，大学毕业需要达到如下条件：

a. 学分数量要求：6 年制的大学学生需获得不少于 180 学分；5 年制的大学学生需获得不少于 150 学分；4 年制的大学学生需获得不少于 60 学分；3 年制的大专学生需获得不少于 90 学分；2 年制的大专学生需获得不少于 60 学分；2007 年教育培训部颁布《第 3/2007/QD-BGDDT 号学分制的正规高等教育培训制度》规定：一

学分相当于 15 小时的课堂教学、30~45 小时的实践培训、45~90 小时的实习或 45~60 小时的研究和论文写作。这是教育与培训部给予的指导性规范，一些高等教育机构可以使用自己的学分制。

b. 加权平均 GPA 不能少于 2. 00 分；

c. 满足主要课程和培训领域规定的学习要求；

d. 持有国防和非军事、专业训练类学科体育证书。

（五）学位证书样式及验证

目前，学士学位课程的期限通常为 4 年，并颁发本科毕业证书，注明获得的学士学位类型，如理学学士学位，也有附加专业的学位命名的方式，如经济学学士学位或外国语言文学学士学位。大多数工程和农学的学士学位需要 5 年才能完成。图 6 为本科学士学位证书的样式。

专科学校提供以实践为重点的 3 年制专业课程（短期高等教育），并向符合毕业要求的学生授予专科文凭。这些专业主要与医疗、行政和金融行业有关。获得这类证书的学生可以继续攻读学士学位。

SOCIALIST REPUBLIC OF VIETNAM

RECTOR OF
UNIVERSITY OF ECONOMICS,
THE UNIVERSITY OF DANANG

has conferred

IN BUSINESS ADMINISTRATION

Upon:
Date of birth: 12 July 1997
Year of graduation: 2019
Degree classification: Very good
Mode of study: Full-time

Danang, 14 June 2019

Reg. No:

CỘNG HÒA XÃ HỘI CHỦ NGHĨA VIỆT NAM

HIỆU TRƯỞNG
TRƯỜNG ĐẠI HỌC KINH TẾ, ĐẠI HỌC ĐÀ NẴNG

cấp

NGÀNH QUẢN TRỊ KINH DOANH

Cho:
Ngày sinh: 12/7/1997
Năm tốt nghiệp: 2019
Xếp loại tốt nghiệp: Giỏi
Hình thức đào tạo: Chính quy

Đà Nẵng, ngày 14 tháng 6 năm 2019
HIỆU TRƯỞNG

TRƯỜNG ĐẠI HỌC KINH TẾ

TS. NGUYỄN MẠNH TOÀN

Số hiệu: DND.6.
Số vào sổ cấp bằng: DDQ.6.1219.19

图 6　学士学位证书样式

验证越南学士学位证书可在颁发相应证书的大学/学院网站上核验证书信息。另一种确认证书的方法是联系大学/学院的行政办公室进行核验。

（六）越南在校大学生和教师数量（2013—2018 年）

根据越南教育与培训部的数据显示①，越南 2013—2018 年在校大学生和教师的数量持续增长，其中，大学生人数已达 170 万人，教师接近 7.5 万人，生师比约为 23∶1，显示教师数量不足。具体数据如表 3 所示。

表 3　越南在校大学生和教师数量（2013-2018 年）

人

No	Criteria	2013—2014 年		2014—2015 年		2015—2016 年		2016—2017 年		2017—2018 年	
		University	College	University	College	University	College	University	College（*）	University	College（*）
1	Total number of students	1,670,023	655,428	1,824,328	539,614	1,753,174	449,558	1,767,879	-	1,707,025	-
	Public	1,493,354	543,607	1,596,754	453,568	1,520.807	392,025	1,523,904	-	1,439,495	-
	Private	176,669	111,821	227,574	86,046	232,367	57,533	243,975	-	267,530	-
2	Total number of teacher/lecture	65,206	26,427	65,664	25,519	69,591	24,260	72,792	-	74,991	-
	Public	52,500	22,714	52,689	21,181	55,401	20,309	57,634	-	59,232	
	Private	12,706	3,713	12,975	4,338	14,190	3,951	15,158		15,759	

（*）2016—2017 年和 2017—2018 年的专科师生数据未提供。

五、硕士研究生教育

根据 2014 年越南教育培训部颁布的文件规定，在越南攻读硕士学位需要 1 至 2 年的时间，具体视专业而定②：

a. 学生需修满 150 学分，获得本科（5 年以上）学历的学生至少要进行专业学习 1 年；

b. 在其他专业学习 1 年半到 2 年；

c. 硕士学位延期不得超过 2 年，整个期限不得超过 4 年。

（一）入学要求

目前越南的硕士研究生招生有两种招生方式：越南本土学生统一入学考试和国际学生入学。每年有 2 次机会，各高校的培训部门需要在 9 月份向教育部递交申请书，按要求上报预招生人数，等待确认考生人数方能录取。考试时间为 1 天。各院校的录取结果必须在大学官方网站上发布。考试科目为外语及考生本专业的两门重

① 越南教育培训部. The Ministry of Education and Training [EB/OL]. [2020-09-08]. https://moet.gov.vn/thong-ke/Pages/thong-ko-giao-duc-dai-hoc.aspx.

② 越南教育培训部. The Ministry of Education and Training. Circular No. 15/2014/TT-BGDDT[S]. 2014.

要科目，考察学士学位阶段所学知识或有关的工作经验。如果考生获得了国际英语证书，他们可以免试外语。考试结束后，考生的成绩由硕士培养单位进行评定，录取结果通过电子邮件发送给考生，同时在网站上发布。

（二）评分系统

越南硕士考试成绩使用3种类型的量表来计算：字母量表（A、B、C、D、F）、十分制表（从0.0到10.0）或四分制表（从0.0到4.0）。3种类型计分制可以相互转换，如表4所示：

表4 硕士成绩的三种转换方式

十分制	等级	四分制
9.0~10.0	A+	4.0
8.5~8.9	A	3.7
8.0~8.4	B+	3.5
7.0~7.9	B	3.0
6.5~6.9	C+	2.5
5.5~6.4	C	2.0
4.0~5.4	D	1.5
<4.0	F	1.0

（三）毕业要求

硕士研究生毕业要求：学生所有课程的平均分必须高于10分制中的5.5分（对应字母表中的C和4分制中的2.0），全部课程都要及格（不及格是指：10分制中的分数低于4.0，字母表中的F或4分制中的1.0）。此外，硕士研究生还需要做一些重要的研究、提交相关论文、完成实验等，其结果将被用来评价是否达到了毕业论文的要求。表5显示了硕士层次的成绩等级：

表5 硕士层次的成绩等级

加权平均成绩（四分制）	评价
3.60~4.00	出色
3.20~3.59	很好
2.50~3.19	好
2.00~2.49	中等

硕士研究生若未取得托福、雅思、BULLATS等英语语言证书中的一种，则必须参加外语水平测试。

学生的毕业论文需要1~2名导师指导。如果有2位导师，毕业论文中需要按正确的顺序写上导师的姓名。指导老师要有博士学位。教授可以指导7名学生，副教授可以指导 5 名学生，获得博士学位超过 1 年的教师指导的学生数量不可超过 3 名。

（四）学位证书验证

越南硕士学位证书样式如图 7 所示。验证硕士学位证书，可访问网站 https：//en. naric. edu. vn/，输入信息并进行验证①。所有有关毕业学生的信息都将保存在各大学的数据库中，因此可以通过直接与大学联系或进入其官方网站进行认证。

SOCIALIST REPUBLIC OF VIETNAM
THE RECTOR OF
THE UNIVERSITY OF ECONOMICS HO CHI MINH CITY
confers
THE DEGREE OF
MASTER OF BUSINESS ADMINISTRATION
Upon: Mr (Ms)
Born on: 13 June 1985 In: Ho Chi Minh City
Gien under the seal of:
THE UNIVERSITY OF ECONOMICS HO CHI MINH CITY
Serial number:
Reference Number: 11/2012

CỘNG HÒA XÃ HỘI CHỦ NGHĨA VIỆT NAM
HIỆU TRƯỞNG
TRƯỜNG ĐẠI HỌC KINH TẾ TP. HỒ CHÍ MINH
cấp
BẰNG THẠC SĨ
QUẢN TRỊ KINH DOANH
Cho:
Ngày tháng năm sinh: 13/6/1985 Tại: TP. Hồ Chí Minh
TP. Hồ Chí Minh, ngày 09 tháng 05 năm 2012
HIỆU TRƯỞNG
GS.TS. Nguyễn Đông Phong
Số hiệu:
Số vào sổ cấp bằng: 11/2012

图 7 硕士学位证书样式

六、博士研究生教育

（一）入学要求

（1）越南的博士教育学制是 3~4 年，根据专业的划分，最多延期时间不超过 2 年。

（2）申请人必须具有学士学位证书（级别要求：很好）或硕士学位证书。此外，申请博士学位前，申请人应当在近 3 年的时间内，至少发表 1 篇有影响力的论文。

（3）如果申请者是越南人，需要雅思考试不低于 5.0，托福考试不低于 45 分，

① 越南国家学术认证信息中心 . Vietnam National Academic Recognition Information Centre[EB/OL].[2020-09-08]. https://en. naric. edu. vn/.

或者是英语专业毕业的学生。

(4) 如果申请者是国际学生，则必须拥有越南语四级证书和足够的工作经验。

(5) 申请材料必须包括：申请书、个人简历、证书复印件、学习计划、教授推荐信等。

(二) 评分系统

越南的博士成绩评分系统与硕士成绩评分系统相同。

(三) 毕业要求

(1) 申请博士学位前，学生如最高学历是本科，则需要修满 120 学分，如果最高学历是研究生，则需要修满 90 学分。在读期间需要定期汇报研究进展，提交研究成果报告。

(2) 毕业要求学生的各科均分必须高于 10 分制中的 5.5 分（对应字母表中的 C 和 4 分制中的 2.0），并且全部课程都要及格（不及格是指：10 分制中的分数低于 4.0，字母表中的 F 或 4 分制中的 1.0）。

(3) 毕业论文必须产出对社会有益的成果，并通过专业委员会的评审。

(四) 学位证书验证

越南博士研究生的证书样式如图 8 所示。可访问网站 https：//en. naric. edu. vn/，输入信息并进行验证证书。此外，也可直接与越南的大学或教育部联系，以检查证书信息的准确性。

图 8　博士研究生证书样式

附　录

（一）教育机构联系方式

1. Ministry of Education and Training

地址：No. 35 Dai Co Viet Street, Hai Ba Trung District, Hanoi, Vietnam

电话：+84-02438695144

传真：+84-02438694085

网站：www. moet. gov. vn

2. National Council for Education and Human Resources Development

地址：No. 35 Dai Co Viet Street, Hai Ba Trung District, Hanoi, Vietnam

电话：+84-0243218. 1770

传真：+84-0243869. 4085

网站：hoidongquocgiagiaoduc. moet. gov. vn

3. The Vietnam National Institute of Educational Sciences

地址：No. 101 Tran Hung Dao Street, Hoan Kiem District, Hanoi, Vietnam

电话：+84-024394232639

网站：www. vnies. edu. vn/

4. Vietnam National University, Hanoi

地址：No. 144 Xuan Thuy Street, Cau Giay District, Hanoi, Vietnam

电话：+84-437547670

传真：+84-437547724

网站：vnu. edu. vn

（二）部分大学名单

（1）Vietnam National University, Hanoi

（2）Ho Chi Minh City University of Technology

（3）The University of Da nang

（4）Hanoi University of Science and Technology

（5）Can Tho University

（6）Ho Chi Minh City University of Information Technology

（7）Duy Tan University

（8）Ho Chi Minh City University of Technology

（9）University of Economics Ho Chi Minh City

（10）Ho Chi Minh City University of Technology and Education

（11）Hue University

(12) Ho Chi Minh City University of Science
(13) Vietnam National University, Ho Chi Minh City
(14) National Economics University
(15) Thai Nguyen University
(16) Foreign Trade University
(17) Hanoi National University of Education
(18) Ho Chi Minh City University of Social Sciences and Humanities
(19) Ho Chi Minh City University of Agriculture and Forestry
(20) Hanoi University of Mining and Geology

(王新瑞、阮玉秀、阮文孝、陈忠诚、阮敏闻)

赞比亚

一、关于赞比亚

（一）国家概况

赞比亚，全称为赞比亚共和国，是非洲的一个内陆国家，地处撒哈拉沙漠以南，与马拉维、莫桑比克、津巴布韦、博茨瓦纳、纳米比亚、安哥拉、刚果民主共和国和坦桑尼亚等八国接壤。赞比亚首都为卢萨卡，是国家政治、经济、文化和交通中心。全国下设10个省，100多个区，货币为克瓦查（KMW）。赞比亚面积为752,614平方千米，是撒哈拉南部城市化程度最高的国家之一，全国约40%的人口居住在城市。根据赞比亚中央统计局数据，赞比亚人口约1890万人（2021年数据）。

赞比亚位于南纬8～18度、东经20～35度之间，植被多为稀树草原林地及草地。赞比亚属热带草原气候，温和凉爽。全年分为三季：温湿季（11月至3月中旬）、干凉季（3月中旬至7月中旬）、干热季（7月中旬至11月）。

赞比亚的官方语言是英语，主要用于官方事务及学校教学。赞比亚共有31种部族语言，首都卢萨卡地区的主要语言是娘加语，奔巴语次之；铜带省的主要语言是奔巴语，第二才是娘加语。城镇居民主要讲奔巴语和娘加语，除此之外，还有其他民族语言，包括洛兹语、卢瓦勒语和伦达语等，奔巴语和娘加语也是赞比亚国家广播公司本地语节目的主要语言。

赞比亚自然资源丰富，已探明的矿藏包括铜、钴、铁、煤、宝石等，其中，铜矿蕴藏量达9亿多吨，是世界第七大产铜国，被誉为“铜矿之国”。钴是铜的伴生矿物，赞比亚的钴储存量居世界第二位。赞比亚经济结构较为单一，采矿业、零售业、建筑业和农业是主要经济支柱，经济增长形势相对平稳，中国是赞比亚主要的外资来源地之一。

（二）护照样式

护照样式见图 1 和图 2。

图 1　护照封面样式

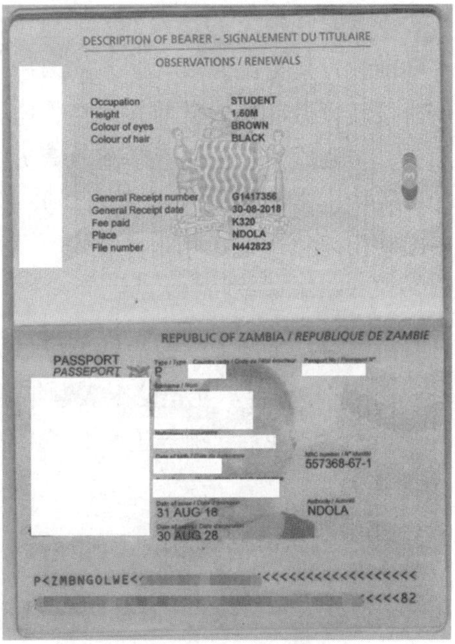

图 2　护照信息页样式

二、教育体系简介

赞比亚政府持续改革教育政策，完善教育制度，提高教育水平。普通教育部的任务就是确保所有赞比亚公民都能接受教育，学习知识技能，捍卫民主理想，自尊自重，不因他人性别、宗教、种族及其他特征而对之排斥轻视。根本上讲，赞比亚的教育旨在促进所有学习者在体能、智能、交际、情感、道德及精神方面全面发展。

赞比亚教育体系分为三个阶段：学前教育、基础教育（包括小学教育、初中教育、高中教育），以及高等教育。基础学校和高中是赞比亚学校系统的基本单位。传统的 7 年制毕业升中学、9 年制基础教育毕业升高中及两种体制下完成 12 年级教育升大学的学生均须参加全国统一考试方能被择优录取。私立学校也采取类似的结构，但可根据各自情况自行调整。[①]

除正规的教育体系外，政府还向部分人群提供非正规教育，主要面向难民、辍学或从未接受学校教育的适龄儿童、偏远地区儿童、流浪儿童、童工及意欲脱盲的成人。普通教育部认可两种替代小学教育的方式，即社区学校、教育广播节目里的

① 中华人民共和国驻赞比亚共和国大使馆．赞比亚国情系列之八：文教、卫生、体育、新闻[EB/OL].(2020-02-27)[2021-12-20]. http://zm. china-embassy. org/chn/zbyjk/t920589. htm.

互动中心；此外，教育部也同样认可开放式教育及远程教育（包括在线学习）这两种教育模式。

（一）学前教育

学前教育是赞比亚教育体系的第一阶段，3~6岁儿童须在幼儿园注册入读，为下一阶段教育做准备。学前教育在赞比亚尚不普及，只有少数赞比亚儿童能接受学前教育，主要原因是赞比亚学前教育机构数量少，而且大部分集中在城市。少数学前教育机构也多由私人和地方当局开办，收费较高。赞比亚教育部鼓励非政府组织、宗教团体和个人开办此类学校。

（二）基础教育

基础教育是赞比亚教育事业的发展方向，目的是保证所有的赞比亚儿童都能接受①正常的9年教育。儿童法定入学年龄为7岁。2002年7月起实行1至7年级免费教育。小学毕业后，升学有两种途径：转入传统的中学或继续留在基础学校接受8、9年级教育。

1. 小学教育

赞比亚小学实行7年制教育，包括两个阶段：低年级（1年级至4年级），中年级（5年级至7年级）。小学阶段教授的科目有：赞比亚语、英语、数学、环境科学、家庭经济学、社会学、技术学、会话及体育等。授课以英语为主，但碰到对英语理解有困难的同学，老师也会使用当地话。赞比亚政府实行七年制义务教育，因此小学教育学费全免。小学结束后，学生会参加全国考试，获得小学毕业证书。

小学毕业考试由赞比亚考试委员会组织。7年级结束时，学生参加由考试委员会组织的考试。考试及格者获得小学毕业证书，分数的高低决定这些学生能否继续接受中等教育。

2. 初中教育

初中教育时长2年，分为8年级和9年级。与小学教育不同，该阶段学生须支付学费。初中阶段的必修科目包括英语、数学、环境科学、历史、地理和公民学。选修科目包括：宗教教育、商业科目（即办公室实践、打字、簿记）、工业艺术（即技术制图、木工工程和金属工程）、音乐、创意艺术、家庭经济学和法语。初中科目成绩评分情况见表1。值得注意的是，整个初中阶段的所有科目均使用英语授课，而非赞比亚语。

初中结束时，学生要参加初中毕业考试（JSSLE），通常称作9年级考试。想上高中的学生必须参加9年级考试，考试通过方可升至10年级。此外，有了初中毕业证书才有资格报名12年级考试。初中毕业考试通常在11月的第一周开始，一直持续到11月底。赞比亚初中学历证书样式见图3。

---

① 中华人民共和国驻赞比亚共和国大使馆．赞比亚国情系列之八：文教、卫生、体育、新闻[EB/OL].(2020-02-27)[2021-12-20].http://zm.china-embassy.org/chn/zbyjk/t920589.htm.

表 1　初中评分表

百分比（%）	等级说明
≥75	一级
60～74	二级
50～59	三级
40～49	四级

Certificate No. JS

EXAMINATIONS COUNCIL OF ZAMBIA

JUNIOR SECONDARY
SCHOOL LEAVING CERTIFICATE

This is to certify that

of in

completed TWO years of Junior Secondary course and studied
the following Subjects ENGLISH CIVICS HISTORY
R.E MATHS ENV.SC XXXXXXXXXX
XXXXXXXXXXXXXXXXXXXXXXXXXXXXXXXXXXXXXXXXXXXX
XXXXXXXXXXXXXXXXXXXXXXXXXXXXXXXXXXXXXXXXXXXX

and was successful in NINE Subjects
The candidate obtained the results and grades shown hereunder

SUBJECT	GRADE
ENGLISH	TWO
CIVICS	TWO
HISTORY	TWO
RELIGIOUS EDUCATION	THREE
MATHEMATICS	THREE
ENVIRONMENTAL SCIENCE	TWO
XXXXXXXXXXXXXXXXXXXXXX	XXXXX

Description of Grades:
Grade I 75% and above
Grade II 60% to 74%
Grade III 50% to 59%
Grade IV 40% to 49%

Chairman
EXAMINATIONS COUNCIL OF ZAMBIA

图 3　初中毕业证书样式

三、中等教育（高中）

高中，是基础教育的最后一个阶段，随后就是高等教育。高中阶段 3 年，分成三个年级（10 年级、11 年级和 12 年级）。这一阶段学生也需要支付学费，且金额高于初中阶段的学费。赞比亚高等教育实行政府和受益人共担教育成本的方式，政府提供教师的工资和日常管理费用，个人和家庭缴纳学费、学校基金和文具、住宿费用等。此外，为了帮助贫困学生完成高中学业，政府出台了奖、助学金计划。高中阶段学生学习的科目包括英语、数学、生物、物理、化学、英语文学、地理、历史、商业、会计原理、附加数学、附加科学、工艺美术、几何和机械制图、木工工程、金属工程、食品和营养学及宗教教育。高中阶段的所有科目也都用英语授课。

1. **高中统考**

与之前的考试相同，赞比亚全国高中阶段统测也是由考试委员会主要负责。该阶段的全国性统测有两次：第一次考试拿毕业证书，适用于在校期间参加过 6 门科目考试的本校注册生（注：本校生指就读于正规学校、遵循教育部批准的规定授课形式及课程大纲的学生）。如果本校生因成绩欠佳未能获得毕业证书，只能拿到普通教育证书，这些学生要想获得高中毕业证书需要参加全国统测的第二次考试。第一次考试通常在 10 月或 11 月举行，被称作 10 月考试或 11 月考试，而第二次考试通常在来年的 7 月或 8 月举行，又称 7 月考试或 8 月考试。赞比亚高中学历证书样式见图 4。

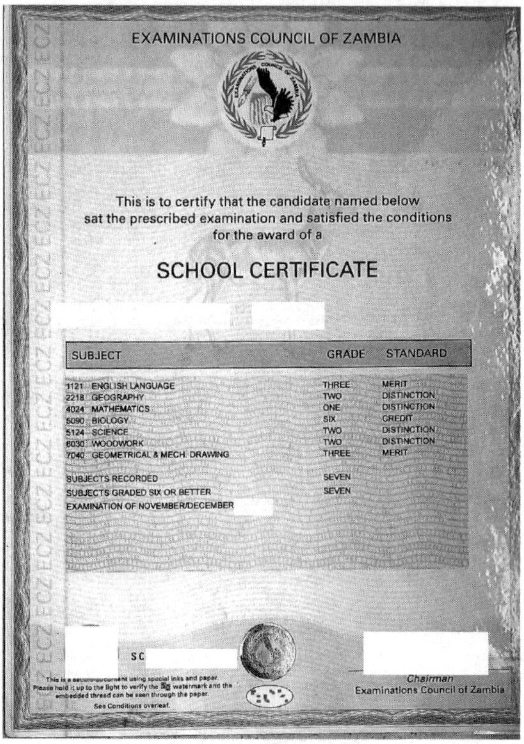

图 4　高中学历证书样式

2. **高中学历证书**

符合以下条件的学生可以获得高中学历证书：

（1）通过 6 门科目（包括英语，数学和科学），并且 6 门科目中至少有 1 门等级为 A。

（2）通过 5 门科目（包括英语，数学和科学），并且 5 门科目中至少有 2 门等级为 A。

（3）评分系统

高中评分系统有赞比亚考试委员会（ECZ）评分系统和英国剑桥大学管理的国

际测试系统（IGCSE）两种，见表2。

表2　高中评分表

ECZ（%）	等级/分数	描述	IGCSE（%）	等级/分数	描述
75~100	1/A+	优秀	90~100	1/A+	优秀
70~74	2/A	优秀	80~89	2/A	优秀
65~69	3/B	优良	70~79	3/B	优良
60~64	4/B	优良	60~69	4/C	良好
55~59	5/C	良好	50~59	5/D	满意
50~54	6/C	良好	40~49	6/E	满意
45~49	7/D	满意	30~39	7/F	未及格
40~44	8/D	满意			
<40	9/E	不满意			

四、高等教育

赞比亚高等教育包括大学、职业技术教育、特殊教育等。职业技术教育在赞比亚占有极重要的地位。职业教育学制为2~3年不等，专业范围颇广，接受职业教育的人较多。赞比亚本科学制通常为4年。进入高等院校学习的学生必须完成高中课程，通过12年级毕业会考。研究生文凭课程通常是全日制的，为期两个学期。硕士学位课程至少需要4个学期的全日制学习（6个学期非全日制）。临床硕士学位课程（医学和兽医）是非全日制的，学习期限少则4年，长则8年。博士学位的课程通常持续6个学期的全日制学习（8个学期非全日制）。赞比亚的学年从8月到来年6月。它分为3个学期，每个学期时长大约3个月，每个学期间有大约一个月的假期。平均而言，除假期外，每学年约有180天的课程。

赞比亚较有名的大学有位于卢萨卡的赞比亚大学和位于基特韦的铜带大学，以及2003年政府批准由位于卡布韦的全国管理和发展研究学院改建成的穆隆古希大学。

（一）本科教育

1. 申请条件

为获得学士学位课程的入学资格，不论是从高中毕业的申请人或已取得Diploma文凭的申请人，均须符合所需的评核条件。获得Diploma文凭的申请人需要提供Diploma文凭并满足以下要求：

- A 类[①]的必修科目中数学和英语必须通过；
- 通过 B 类科目中的一或两个科目，并通过 C 类科目的一或两个科目；
- A、B、C 三类科目中通过的科目总共达到 5 个。

因为大学使用的教学语言是英语，所以所有申请者都需要熟练掌握英语，英语成绩也是申请大学的必要的条件。赞比亚大学本科入学申请表示例见图 5。

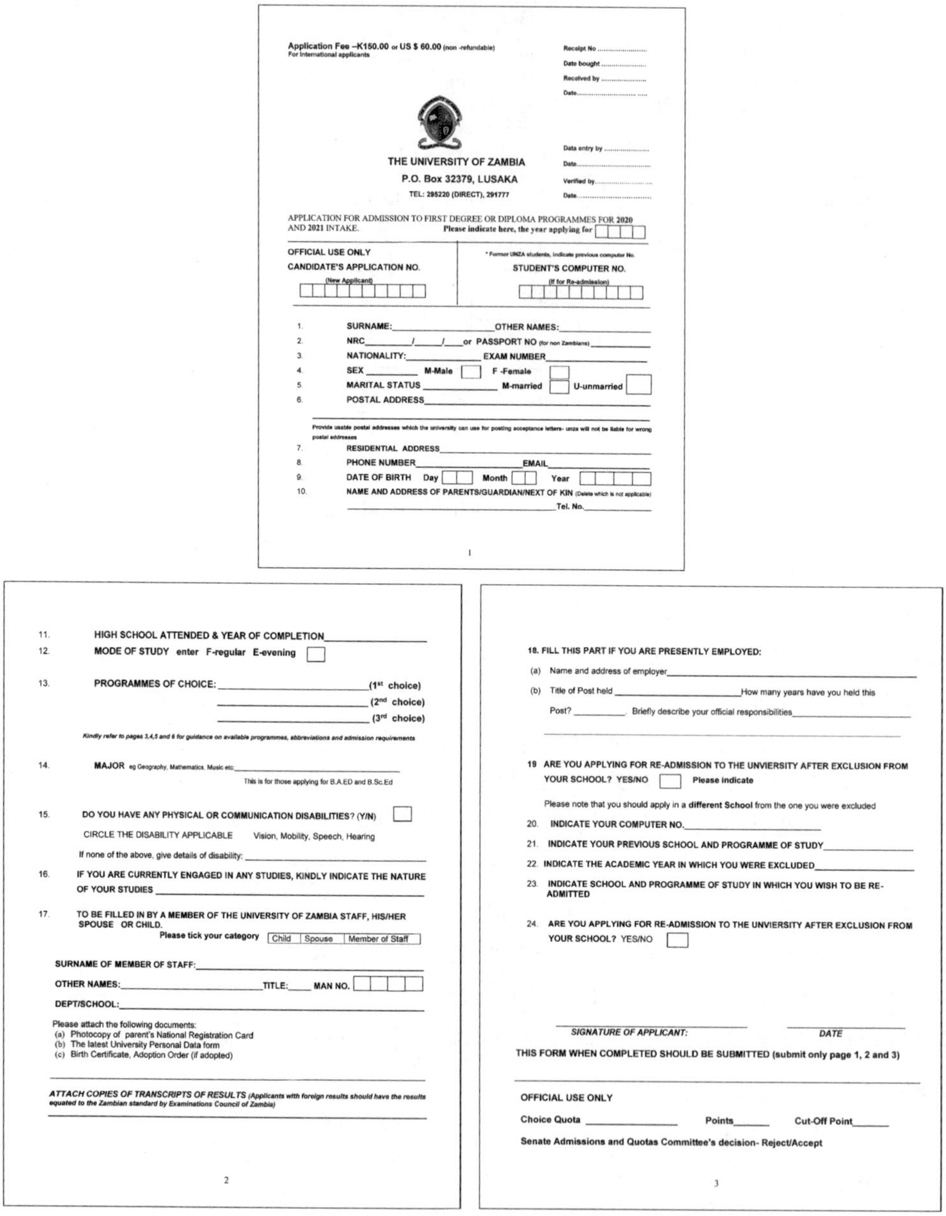

Application Fee –K150.00 or US $ 60.00 (non -refundable)
For International applicants

Receipt No ....
Date bought ....
Received by ....
Date......................

Data entry by ....
Date......................
Verified by......................
Date......................

THE UNIVERSITY OF ZAMBIA
P.O. Box 32379, LUSAKA
TEL: 295220 (DIRECT), 291777

APPLICATION FOR ADMISSION TO FIRST DEGREE OR DIPLOMA PROGRAMMES FOR 2020 AND 2021 INTAKE. Please indicate here, the year applying for

OFFICIAL USE ONLY
CANDIDATE'S APPLICATION NO.
(New Applicant)

* Former UNZA students, indicate previous computer No.
STUDENT'S COMPUTER NO.
(If for Re-admission)

1. SURNAME:________ OTHER NAMES:________
2. NRC____/____/____or PASSPORT NO (for non Zambians)________
3. NATIONALITY:________ EXAM NUMBER________
4. SEX ________ M-Male F -Female
5. MARITAL STATUS ________ M-married U-unmarried
6. POSTAL ADDRESS________

Provide usable postal addresses which the university can use for posting acceptance letters- unza will not be liable for wrong postal addresses

7. RESIDENTIAL ADDRESS________
8. PHONE NUMBER________EMAIL________
9. DATE OF BIRTH Day Month Year
10. NAME AND ADDRESS OF PARENTS/GUARDIAN/NEXT OF KIN (Delete which is not applicable)
________Tel. No.________

1

11. HIGH SCHOOL ATTENDED & YEAR OF COMPLETION________
12. MODE OF STUDY enter F-regular E-evening
13. PROGRAMMES OF CHOICE: ________(1st choice)
________(2nd choice)
________(3rd choice)

Kindly refer to pages 3,4,5 and 6 for guidance on available programmes, abbreviations and admission requirements

14. MAJOR eg Geography, Mathematics, Music etc________
This is for those applying for B.A.ED and B.Sc.Ed
15. DO YOU HAVE ANY PHYSICAL OR COMMUNICATION DISABILITIES? (Y/N)
CIRCLE THE DISABILITY APPLICABLE Vision, Mobility, Speech, Hearing
If none of the above, give details of disability: ________
16. IF YOU ARE CURRENTLY ENGAGED IN ANY STUDIES, KINDLY INDICATE THE NATURE OF YOUR STUDIES ________
17. TO BE FILLED IN BY A MEMBER OF THE UNIVERSITY OF ZAMBIA STAFF, HIS/HER SPOUSE OR CHILD.
Please tick your category | Child | Spouse | Member of Staff |

SURNAME OF MEMBER OF STAFF:________
OTHER NAMES:________TITLE:____ MAN NO.
DEPT/SCHOOL:________

Please attach the following documents:
(a) Photocopy of parent's National Registration Card
(b) The latest University Personal Data form
(c) Birth Certificate, Adoption Order (if adopted)

ATTACH COPIES OF TRANSCRIPTS OF RESULTS (Applicants with foreign results should have the results equated to the Zambian standard by Examinations Council of Zambia)

2

18. FILL THIS PART IF YOU ARE PRESENTLY EMPLOYED:
(a) Name and address of employer________
(b) Title of Post held ________How many years have you held this Post? ________. Briefly describe your official responsibilities________

19 ARE YOU APPLYING FOR RE-ADMISSION TO THE UNVIERSITY AFTER EXCLUSION FROM YOUR SCHOOL? YES/NO Please indicate
Please note that you should apply in a **different School** from the one you were excluded
20. INDICATE YOUR COMPUTER NO.________
21. INDICATE YOUR PREVIOUS SCHOOL AND PROGRAMME OF STUDY________
22. INDICATE THE ACADEMIC YEAR IN WHICH YOU WERE EXCLUDED________
23. INDICATE SCHOOL AND PROGRAMME OF STUDY IN WHICH YOU WISH TO BE RE-ADMITTED
24. ARE YOU APPLYING FOR RE-ADMISSION TO THE UNVIERSITY AFTER EXCLUSION FROM YOUR SCHOOL? YES/NO

SIGNATURE OF APPLICANT: *DATE*

THIS FORM WHEN COMPLETED SHOULD BE SUBMITTED (submit only page 1, 2 and 3)

OFFICIAL USE ONLY
Choice Quota ________ Points______ Cut-Off Point______
Senate Admissions and Quotas Committee's decision- Reject/Accept

3

图 5 赞比亚大学本科申请表

① 赞比亚不同的学校不同的专业会提供不同的科目组合供申请者参考，有 A、B、C 三类科目，其中 A 类是两门必修科目，B 类和 C 类是选修科目。

2. **录取标准**

不同的学校通常会按照专业的不同提供不同的科目组合以供申请者参考，表 3 至表 8 列举了一些科目组合。

表 3　商学院

A 类	必修科目：英语和数学
B 类	选修一或两个科目： 附加数学、经济学、会计原理、商业、地理或历史、物理或化学、自然科学、金属加工/木工、几何与机械绘图（用于产品管理）
C 类	选修一或两个科目： 农业科学、生物学、工程科学、人文与社会生物学、食品与营养、通识科学、英语文学、计算机科学与公民教育

表 4　建筑环境学院

A 类	必修科目：英语和数学
B 类	选修一或两个科目： 科学（物理或化学或两者）
C 类	选修一或两个科目； 附加数学、生物学、经济学/会计/商业、历史、英语文学、几何与机械绘图、计算机科学、地理、木工和公民教育

表 5　工程学院

A 类	必修科目：英语和数学
B 类	选修一或两个科目： 科学（物理或化学或两者）
C 类	选修一或两个科目； 附加数学、生物学、经济学/会计/商业、历史、英语文学、几何与机械绘图、木工工程、金属工程、计算机科学、地理和公民教育

表 6　数学和自然科学学院

A 类	必修科目：英语和数学
B 类	选修一或两个科目： 科学（物理、化学和生物学）
C 类	选修一或两个科目： 附加数学、地理、几何与机械绘图、木工、英语历史文学、赞比亚语、人文与社会生物学、商业会计原则、宗教、计算机科学、农业科学、生物学、公民教育

表7　医学院

A类	必修科目：英语和数学
B类	选修一或两个科目： 科学（物理、化学和生物学）
C类	选修一或两个科目： 附加数学、地理、几何与机械绘图、技术制图/木制品、历史、英语文学、人文与社会生物学、商业、会计原理、计算机科学、农业科学和公民教育

表8　矿业与矿物科学学院

A类	必修科目：英语和数学
B类	选修一或两个科目： 科学（物理、化学和生物学）
C类	选修一或两个科目： 附加数学、地理、几何与机械绘图。技术制图/木制品、历史、英语文学、人文与社会生物学、商业、会计原理、计算机科学、农业科学和公民教育

3. 评分系统

每个在校学生的每一门课程在每学年或者每个学期末，都会按照其表现被给定一定的等级。该等级由字母"A+、A、B+、B、C+、C、D+、D、F"来表示，所有课程的及格门槛是"C"级，具体的等级制度如表9所示。

表9　成绩等级制度

等级	分数（分）	评价
A+	86~100	优秀
A	75~85	良好
B+	70~74	中等
B	65~69	一般
C+	55~64	很一般
C	50~54	及格
D+	45~49	不及格
D	40~44	差
F	0~39	很差

（二）硕士研究生教育

1. 普通硕士入学资格

下列人员有资格申请硕士学位：

- 具有相应学士学位的大学毕业生；

- 拥有同等学力的其他大学毕业生；
- 通过笔试并收到大学录取的申请人。

赞比亚大学研究生申请表示例见图 6。

Attach photo here

Issuing Officer……

Receipt No:……

Date ……

THE UNIVERSITY OF ZAMBIA
APPLICATION FOR ADMISSION TO POSTGRADUATE STUDY

INSTRUCTIONS

Two copies of this form should be completed and submitted to the Director, Directorate of Research and Graduate Studies, University of Zambia. P.O. Box 32379, Lusaka, together with copies of certificates, transcripts of results and other documents relevant to your application stated below and the appropriate fee of K150 for Zambians and S60 Dollars for non-Zambians.

The checklist for submission of the application form apart from the above is as follows; two (2) application forms two(2) academic references from two different former lecturers, one(1) professional recommendation from the employer and two (2) passport size photos.

SECTION A
PERSONAL DATA

1. **Prof/Dr/Mr./Mrs./Miss**…… SURNAME (Last Name)
2. **Other names**…… First Name/Middle Names
3. **Postal Address**……
4. **E-mail address**……
5. **Phone Number (Business)**…… **Fax**…… **Res.Tel: No**……
6. **Nationality**…… **Sex: Male/Female**……
7. **National Registration Card Number/Passport Number**……
8. **Place of Birth**…… **Date of Birth**……
9. **Marital Status:- Single/Married/Divorced/Widowed**……
10. **Number of Children**……

11. **Country in which you are now living**……
12. **Name and address of Parent, Guardian or Next of Kin**……

FOR OFFICIAL USE ONLY

Application No…… School……

FINAL COMMENT……ACCEPTED/REJECTED

SECTION B

13. EDUCATION

Last School Attend……

Qualification Obtained……

Date……

14. UNIVERSITY EDUCATION

	First Degree	Second Degree	Third Degree
Title of Degree……			
Date of Graduation……			
Field of Specialization……			

15. OTHER ACADEMIC OR PROFESSIONAL QUALIFICATIONS

Institution	Qualification	Date Obtained
……	……	……
……	……	……
……	……	……

16. Are you currently studying? Yes…… No……

If Yes, Please specify……

17. HIGHER DEGREE APPLIED FOR

Title of Degree/Diploma……

Field of Study……

School/Department……

Make a brief statement of not more than 200 words on your proposed/study/research.
This should be done on a separate sheet: Not applicable to Diploma Applicants.
Also make a brief statement explaining why you have chosen to apply to postgraduate study.

SECTION C

18. EMPLOYMENT

Present Employment……

Employer……

Date of employment……

Nature of Employment (give details)……

19. PREVIOUS EMPLOYMENT (List under the following headings):

Date(s) From: To:	Employer	Nature of Employment
……	……	……
……	……	……
……	……	……

20. REFERENCES

There should be 3 references, (2) Two academic and (1) One professional and you are to indicate the names and address of each referee in this section and also ensure that references from these people reach the Directorate in good time. Soliciting for references to support your application is your responsit Your application is incomplete without supporting references.

(i) A person who may comment on your academic qualifications:

Name:……	Name……
Position Held:……	Position Held:……
Postal Address:……	Postal Address……

(ii) A person who may comment on your academic qualifications:

Name:……	Name……
Position Held:……	Position Held:……
Postal Address:……	Postal Address……

(iii) A person who may comment on your professional work:

Name:……

Position Held:……

Postal Address:……

21. FINANCES

Name of Sponsor(s)……

SECTION E

22. OTHER INFORMATION

If you wish to give additional information which has a bearing upon your application, please do so on the space provided or on a separate sheet and append a copy to each of your application forms.

Signature of Applicant	**Date**

SECTION F

FOR OFFICIAL USE ONLY

	Signature of Officer Making entry
Date of receipt of Application……	……
Date receipt Acknowledged……	……
Result of Application……	……
Receipt No. of Application Fee……	……
Date result Communicated……	……
Documents Received	……

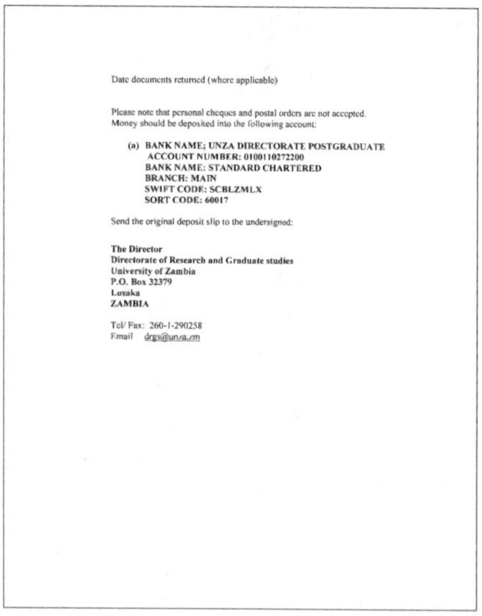

Date documents returned (where applicable)

Please note that personal cheques and postal orders are not accepted.
Money should be deposited into the following account:

(a) BANK NAME; UNZA DIRECTORATE POSTGRADUATE
ACCOUNT NUMBER: 0100110272200
BANK NAME: STANDARD CHARTERED
BRANCH: MAIN
SWIFT CODE: SCBLZMLX
SORT CODE: 60017

Send the original deposit slip to the undersigned:

The Director
Directorate of Research and Graduate studies
University of Zambia
P.O. Box 32379
Lusaka
ZAMBIA

Tel/ Fax: 260-1-290258
Email drgs@unza.zm

图 6 赞比亚大学研究生申请表示例①

（2）教育硕士入学资格

下列人员有资格申请教育硕士学位：

- 具有相应学士学位且取得规定学分的大学毕业生；
- 具有相应学士学位并获得二等及以上荣誉的其他公立大学的毕业生；
- 在特殊情况下，具有学士学位或同等学力（至少有 4 年被认可的专业经验，或具有相应的与研究生学习有关的其他资格）的毕业生。

但是，上述标准可能会根据实际情况进行修订。此外，考生还必须满足相关学习计划中规定的其他入学要求。

（3）管理硕士入学资格

下列人员有资格申请管理硕士学位：

- 具有相应学士学位且至少有 1 门科目为 A 的大学毕业生；
- 获得与赞比亚大学同等层次学校学位证书的大学毕业生；
- 在特殊情况下，具有学士学位或同等学力（至少有四年被认可的专业经验，或具有适当水平的与学位相关的其他资格）的毕业生。

根据上述资格进入硕士课程的学生应具备一定的研究经验或者承担一个研究课题（如有），该课题必须在学生被允许注册硕士学位之前结题。

（三）博士研究生教育

1. 哲学博士的入学资格

以赞比亚大学为例，以下人员有资格申请赞比亚大学哲学博士学位：

① 赞比亚大学. 赞比亚大学研究生申请表［EB/OL］.（2020-02-28）［2021-12-13］. https://www.unza.zm/index.php/how-apply.

- 赞比亚大学或其他拥有相应硕士学位的知名大学的毕业生；
- 大学承认的具有与大学硕士学位有同等学力的候选人；
- 不具备基础学位但已完成硕士学位的候选人。

哲学博士课程的申请人可能需要根据相关学校的规定参加资格考试，详细要求可从研究生部下属的各个学校获得。申请者在申请时需提供其符合学校对所申请的学习项目规定的入学要求的证明材料。

2. 评分系统

硕士学位的评分系统与学士学位的评分系统相同，分为“A+、A、B+、B、C+、C、D+、D、F”。

附　录

部分大学名单：

（1）赞比亚大学（University of Zambia）

（2）铜带大学（Copperbelt University）

（3）卢萨卡大学（University of Lusaka）

（4）信息与通信大学（Information and Communication University）

（5）穆隆古希大学（Mulugunshi University）

（6）中华理工大学（ZCAS University）

（7）鲁桑古大学（Rusangu University）

（8）德米-圣尤金大学（DMI-St. Eugene University）

（9）诺斯里斯大学（Northrise University）

（10）夸梅恩克鲁玛大学（Kwame Nkrumah University）

（11）赞比亚大学联合教会（The United Church of Zambia University）

（12）非洲基督教学院（African Christian University）

（13）武板大学（Mukuba University）

（14）赞比亚天主教大学（The Zambia Catholic University）

（15）利文斯通国际旅游卓越大学（Livingstone International University of Tourism Excellence and Business Management）

（16）特克西拉美国大学（Texila American University Zambia）

（17）胡斯托·姆瓦莱大学（Usto Mwale University）

（18）维多利亚瀑布科技大学（Victoria Falls University of Technology）

（戴国伟、刘妍汝、MUMBULUMA CHUULU MAAMBO、BUSIKU SIAKASUNGU）

编后语

在江苏省教育厅对外合作与交流处的大力支持下，历经数年，由江苏省来华留学教育管理干部、来华留学生及中国学生共同参与编写的这部书终于跟读者见面了。最初参与编写本书的来华留学生中已有不少人毕业回国，也有一些老师已经离开了留学生管理战线。"衣带渐宽终不悔，为伊消得人憔悴"，为了本书的顺利付梓，全体参编人员付出了艰辛的努力，克服新冠疫情的影响，迎难而上，最终取得了胜利。

"千淘万漉虽辛苦，吹尽狂沙始到金。"本书的编写设想源于来华留学生招生工作的实际需要，得到了江苏省高等教育学会外国留学生教育管理研究委员会和全省各高校的大力支持。为顺利开展本书的编写工作，江苏省教育厅对外合作与交流处为"一带一路"国家教育信息研究提供了经费资助，鼓励来华留学生积极参与来源国教育概况的研究。在本书的编写过程中，我们专门组建了编写委员会。编委会对本书的编写提出了具体的工作建议：在申报项目获批后，由各国别项目负责老师组织来华留学生研究团队搜集关于该国教育信息的原始资料，按照统一的架构和体例，用该国官方语言书写第一稿，获得小组集体研讨认可后，发至该国使馆或该国教育主管部门，由该国权威高校的专家审阅认可，随后译成中文，反复斟酌，最终成稿。编委会对书稿进行仔细审定、互相校稿、盲审校稿，以不记名方式投票选出首批 39 个国别的稿件。再经出版社精心打磨，克服疫情等多种因素的影响，最终得以出版发行。在此，要特别感谢参与本书编写各环节的专家、老师、中外学生和外国友人。

本书是集体智慧的结晶，是多方齐心协力结出的硕果。在本书编写和出版过程中，还得到包括北京世华易网教育科技有限公司（CUCAS）、南京双日教育科技有限公司和武汉在华网络科技有限公司（ATCHINA）等来华留学教育服务机构的大力支持，在此一并表示感谢。

虽然作者们在本书的编写过程中小心求证，力求完美，但百密一疏，总有不尽如人意之处，敬请广大读者不吝指正，以便再版时信息更加精准。

江苏大学国际处　教育管理副研究员　邹时建

2023 年 3 月